# 中国农业绿色发展理论与实践

张福锁　申建波　朱齐超　主编

中国农业大学出版社
·北京·

**图书在版编目(CIP)数据**

中国农业绿色发展理论与实践 / 张福锁，申建波，朱齐超主编. --北京：中国农业大学出版社，2022.3
ISBN 978-7-5655-2536-0

Ⅰ.①中… Ⅱ.①张…②申…③朱… Ⅲ.①绿色农业—农业发展—研究—中国 Ⅳ.①F323

中国版本图书馆 CIP 数据核字(2021)第 055446 号

**书　　名** 中国农业绿色发展理论与实践
**作　　者** 张福锁　申建波　朱齐超　主编

| | | | |
|---|---|---|---|
| **策划编辑** | 梁爱荣 | **责任编辑** | 梁爱荣 |
| **封面设计** | 郑　川 | | |
| **出版发行** | 中国农业大学出版社 | | |
| **社　　址** | 北京市海淀区圆明园西路 2 号 | **邮政编码** | 100193 |
| **电　　话** | 发行部 010-62733489，1190 | 读者服务部 | 010-62732336 |
| | 编辑部 010-62732617，2618 | 出 版 部 | 010-62733440 |
| **网　　址** | http://www.caupress.cn | **E-mail** | cbsszs @ cau.edu.cn |
| **经　　销** | 新华书店 | | |
| **印　　刷** | 涿州市星河印刷有限公司 | | |
| **版　　次** | 2022 年 3 月第 1 版　　2022 年 3 月第 1 次印刷 | | |
| **规　　格** | 210 mm×285 mm　　16 开本　　24.25 印张　　650 千字 | | |
| **定　　价** | 109.00 元 | | |

# 编 委 会


**主　编**　张福锁　申建波　朱齐超

**编　者**　（按姓氏拼音排序）

陈晓辉　陈新平　陈永亮　丛汶峰　崔振岭　樊　帆
樊胜根　高　强　管诗华　郭超仪　何　刚　侯　勇
黄成东　贾燕翔　江丽华　姜远茂　焦小强　李　茉
李婷玉　李晓宇　李学贤　刘　彬　刘东晖　刘学军
马锋旺　马　林　马文奇　马怡斐　孟　婷　米国华
宁　鹏　申建波　石孝均　佟丙辛　王朝辉　王红亮
王　锴　王　寅　温　馨　吴良泉　徐玖亮　许　稳
薛　澄　焉　莉　叶优良　营　浩　昝林森　张福锁
张建杰　张江周　张思文　张　涛　张卫峰　张　意
郑朝元　朱齐超　庄明浩

# 前　言

推进农业绿色发展是农业发展观的一场深刻革命。党的十八大以来，党中央高度重视农业绿色发展，提出以农业绿色发展引领乡村振兴，密集出台了一系列农业绿色发展相关文件，开展了专项行动计划，探索先行先试支撑体系建设，并取得了显著成效。农业空间布局持续优化、农业资源利用效率稳步提升、主要化学投入品提前实现零增长、农业废弃物资源化利用水平稳步提高、农业绿色发展综合样板初具规模。

习近平总书记在十九大报告中强调，我国社会主要矛盾已经转化为人民日益增长的美好生活需要和不平衡不充分的发展之间的矛盾。在世界农产品需求持续上升、国际贸易环境不确定性增大等百年未有之大变局背景下，中国迫切需要提高自身农业生产能力的可持续性，立足新发展阶段、贯彻新发展理念、构建新发展格局，推动农业绿色高质量发展。本书以理论与实践相结合为指导原则，深入剖析农业绿色发展的理论、内涵和外延，从农业绿色发展科学研究及国家行动方面作了系统总结，为我国农业绿色发展建设提供理论支撑，推动区域农业绿色转型，为全球农业绿色可持续发展提供中国经验。

本书包含三大部分共 14 章，系统阐述了我国农业绿色发展的理论与实践。第一部分包含七章，从理论角度剖析农业绿色发展的内涵和外延、研究思路、理论框架和实现途径。从绿色作物种植、绿色种养一体化、绿色农产品与产业、营养与健康、绿色生态环境五个板块阐述其与农业绿色发展系统的关系及实现路径。第二部分包括六章，从实践出发阐述我国农业绿色发展战略与国家行动，用五个章节详细介绍我国华北、西北、东北、华南、长江经济带等五大地区农业绿色发展的现状、总体思路及实现路径，描绘区域农业绿色发展蓝图。第三部分重点论述农业绿色发展模式从我国走向全球，总结我国农业绿色发展的成功经验以及典型模式对世界农业的意义，阐述我国农业绿色发展对世界可持续发展目标的支撑关系及作用，把我国农业绿色发展理念推向全球新高度。

全书由张福锁、申建波和朱齐超设计、组织和统稿。第 1 章由焦小强、申建波等编写；第 2 章由张福锁、朱齐超、申建波、马文奇、马林、张建杰等编写；第 3 章由丛汶峰、营浩、张江周、宁鹏、张卫峰、黄成东、米国华、薛澄等编写；第 4 章由侯勇、王红亮、佟丙辛、马怡斐、张涛等编写；第 5 章由李学贤、徐玖亮、庄明浩、张意等编写；第 6 章由张福锁、樊胜根、丛汶峰、温馨、李茉等编写；第 7 章由许稳、李婷玉、樊帆、王错、刘学军等编写；第 8 章由朱齐超、孟婷、申建波、贾燕翔、管诗华等编写；第 9 章由陈永亮、姜远茂、叶优良、江丽华、崔振岭等编写；第 10 章由何刚、昝林森、马锋旺、王朝辉等编写；第 11 章由高强、李晓宇、王寅、焉莉等编写；第 12 章由吴良泉、郑朝元、刘东晖、陈晓辉、张思文等编写；第 13 章由陈新平、石孝均、郭超仪、刘彬等编写；第 14 章由马林、张福锁、朱齐超、焦小强、申建波等编写。

感谢中国工程院重点咨询项目“县域农业绿色发展策略与实现途径（2019-XY-015）”提供出版经费资助。

本书的出版旨在与有关科研、教学和政府部门的同行进行学术交流，共同推动农业绿色发展科学理论与实践研究。书中难免存在错误和不足之处，一些观点可能存在争论，请读者和同行们批评指正。

编者

2021 年 8 月

# 目　录
# Contents

# 第 1 章 农业绿色发展的新挑战与新思路

## 1.1 农业发展演变规律

农业是利用动植物的生长发育规律，转化自然界物质和能量为人类所需产品的生产部门。一直以来，农业的发展以满足人类对物质的需求为目标，受人口、资源、环境和社会等多目标的限制与驱动。人类文明的进程是缓慢、曲折而艰辛的，其间经历了大约 30 万年的原始文明、1 万年的农业文明和近 300 年的工业文明。而人与自然的关系，也经历了从人类被迫适应自然、主动适应自然到主动改变自然的历史变迁。同样，农业的发展也大致可分为早期农业、中期农业和现代农业三个阶段。

**早期农业发展：**早期人类一般以穴居为主，自农业诞生开始，人类开始由山地走向平原，由打鱼和狩猎转为种植、驯化、养殖，由游居过渡到定居。在南纬 10°到北纬 50°之间的一些地区，率先开始了从采集、狩猎向原始农业的过渡。始于新石器时代的原始农业以磨制石器工具为主、采用撂荒耕作方法、通过简单协作的集体劳动进行农业生产，农业生产以人力为主，刀耕火种的生产模式形成了单纯质朴的氏族制度，而这种制度反过来又推进了农业技术的发展，与此同时，人类开始敬畏自然，从浅显的认知探索早期自然规律。

在这一阶段，人类在住所附近生产作物，大部分作物由人类直接消费，或者经动物食用后由人类消费。作物生产、动物生产、人类消费在物理上是相连的，农业产生的粪污可以很容易地重新回到土地上。但由于生产力水平低下，对自然的改造能力不足，这时的人类仅仅是生态系统食物链上的一环，对自然的影响只能通过食物链反馈到生态系统中去。因此，从整体来看，早期农业更接近一种闭合循环，虽然生产力和循环强度低，但资源利用效率较高(图 1-1a)。

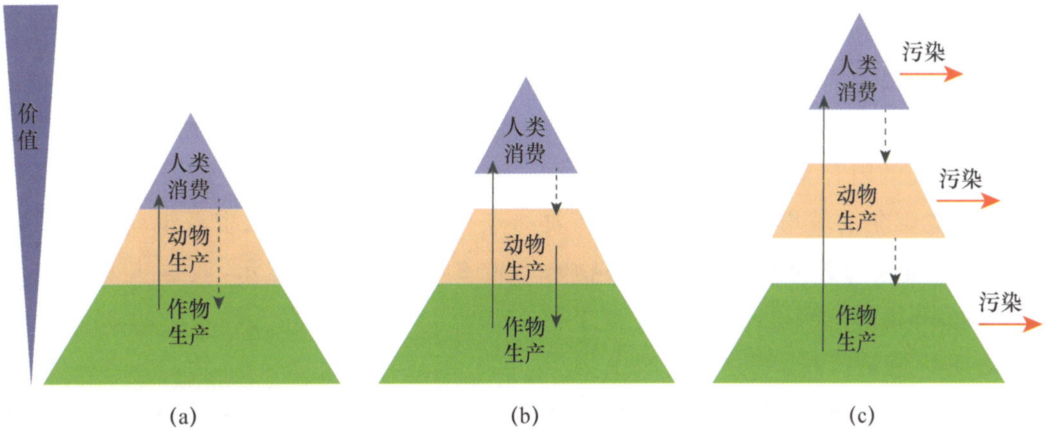


图 1-1 农业发展演变规律(a)早期农业，(b)中期农业，(c)现代农业

**中期农业发展**:中期农业是使用木制、铁制农具,利用人力、畜力、水力、风力和有机肥料,凭借经验从事生产活动的农业发展阶段(图 1-1b)。在西方,希腊、罗马率先由原始农业进入中期农业,而在古代中国,则发端于春秋战国时期。在这一阶段,在东、西方,农业是整个国民经济中最重要的部门。

由于土地生产力的提升,农业生产的增长超过了家庭消费的需要,逐渐出现产品剩余,驱动社会分工变化,部分农业人口转向商业、服务业,推动了城镇化与工业化的发展。这时的人类能够在一定程度上摆脱自然环境的制约,但对自然资源的掠夺性开发也急剧增加。随着城市的发展,人类生存与动植物生产空间分离,更多以消费者身份存在于系统当中,营养物质通过食物链经养殖业流向人类,被运输到城市的养分很少会离开城市,并返回到最初种植农作物、养殖动物的土壤中。这种农业模式养分循环在人与农业生产间割裂,破坏了保持土壤肥力所必需的条件,农业养分循环效率明显下降(图 1-1b)。

**现代农业发展**:从 20 世纪 20 年代开始,农业生产在一些经济发达国家进入了现代化时期。由内燃机牵引的轮式通用拖拉机逐步成为农业生产的主要动力来源。英、法、德等欧洲国家从 30 年代初开始,到 1955 年基本上实现了农业机械化。现代农业集成优良品种、农业机械、农业化学品、栽培技术等集约化生产方式,粮食作物产量实现大幅提升。农业生产逐渐向专业化种植过渡,出现了小麦、玉米、棉花等大规模专业化经营,畜牧业和蔬菜产业中还出现了更加集约化的设施型农业。但随着人类消费者、作物生产者与动物生产者的分离,养分流动的闭合循环难以实现,很少有养分物质离开人类聚集的城市回归到最初生产农作物的土壤中去,盈余的养分更多被以污染物来对待,造成了诸多环境污染问题(图 1-1c)。由于种植和养殖间缺乏协调链接,种养分离割裂了物质循环,造成了大量物质与能量的浪费,环境污染问题愈发突出。这一现象进一步加剧了环境问题,过量的营养物质进入地表水和地下水,造成严重的面源污染问题。资源短缺与环境污染问题的加剧,以及人类对生态系统的认知,使得现代农业向绿色可持续的转变需求变得越发迫切。

## 1.2 我国农业绿色发展的新需求与新挑战

自 1978 年改革开放以来,我国在粮食生产方面取得了巨大进展,为降低世界营养不良做出了重要贡献。中国粮食产量从 1978 年的 3 亿 t 增长到 2015 的 6.2 亿 t(图 1-2),人均粮食占有量从不到 300 kg 到 2015 年高达 400 kg。我国利用 9%的耕地,养活了世界 22%的人口,饥饿和绝对贫困问题基本消失,成为世界第一个实现千年发展目标的国家。

化学投入品的使用为我国粮食增产及农业发展做出了巨大贡献(Fan et al., 2012; Jiao et al., 2016)。我国已成为世界上最大的化肥使用国,占世界化肥使用量的 35%,同时,我国每年农药的使用量约为 118 万 t,受农药污染耕地有 1 300 万～1 600 万 $hm^2$,占全国耕地 10%以上,主要集中在经济发达地区。化学投入品,尤其是化肥过量使用,但有效利用率不足,造成部分区域土壤质量明显退化,限制农产品质量提升。重施化肥、轻施甚至不施有机肥,使土壤有机质积累缓慢。我国土壤有机质平均含量为 1.8%,仅为发达国家的 1/2。土壤板结、酸化、生物网络失衡,土壤健康问题无法保障,退化耕地阻控及耕地质量提升已成为我国新时期的重大需求。

与此同时,我国水资源也面临着严峻的挑战。2012 年统计结果显示,我国人均水资源量只有 2 007 $m^3$,仅为世界人均水平的 25%,目前全国城市中有约三分之二缺水,约四分之一严重缺水。农业灌溉消耗了我国 60%的可利用水资源,但用水效率仅为 30%～40%,远低于发达国家 70%～80%

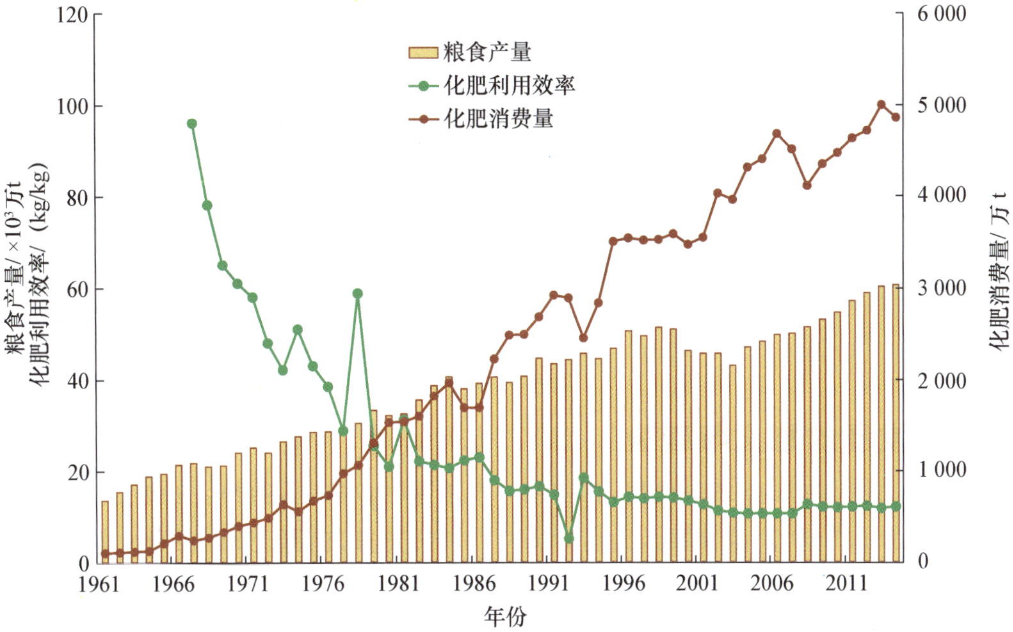


图 1-2 1961—2015 年中国粮食产量、化肥投入量和化肥利用效率的变化

的水平。在华北地区，过度开采地下水资源导致地下水位不断下降，包括浅层漏斗和深层漏斗在内的华北平原复合地下水漏斗面积超过 7 万 $km^2$。

同时，集约化农业生产高度依赖化学投入品，消耗了大量化石能源，它是固体颗粒物、温室气体排放的主要来源，成为雾霾以及全球气候变暖的主要因素之一。农业机械化的发展带动柴油、汽油、电力等动力大量消费，带来大量直接能源消耗。生产、运输化肥、农药等农业投入品也间接消耗大量能源。数据表明，生产单位农产品的能源消费有 37%是在生产、运输过程中产生的。在中国，每年生产化肥消耗的能源占全国总能源消耗的 5%。以大量使用化肥、高度机械化为主要特征的现代农业模式更应被称之为“石油农业”(Pingali 2012)。农业还是最大的水污染源之一。过量施用氮肥在导致土壤酸化的同时，也引发了地下水硝酸盐超标(Guo et al., 2010)。与此同时，农业是最大的废水生产部门，在农业生产过程中，大量农用化学品、有机物、沉积物和盐排入水体中是造成水体污染的罪魁祸首，这种污染影响了数十亿人，每年造成的损失超过数十亿美元。

随着农业资源环境问题的凸显，绿色发展成为农业发展的主流。绿色是农业永续发展的必要条件。自农耕时代起，人们就依托赖以生存的自然资源，发展种植、养殖和农副产业，利用秸秆资源发展畜牧业，利用畜禽粪便还田以培肥地力，开展休耕轮作让土地休养生息。在农业生产过程中，形成了一个个利用自然、涵养自然的生态微循环，也逐渐树立了“顺应自然”“天人合一”的绿色文明观。但随着人口增长、专业化分工和社会化大生产的出现，人们不得不大范围、大规模、高强度开发耕地等自然资源，以支撑快速增长的工业化城镇化对农产品的需求，但“石油农业”“白色农业”的出现加剧了农业面源污染和生态环境退化的趋势。我国的农业农村发展迫切需要以绿色理念为引领，以绿色保护为基础，以绿色科技为支撑，以绿色供给为目标，以绿色政策为保障，共同推进现代农业的永续发展(金书秦等，2020)。

党的十八大以来，尤其是以十八届五中全会提出五大新发展理念为标志，我国开启了全面高质量发展的新纪元，绿色理念正在融入乡村振兴战略，极大地促进农业生产方式加快转变。我国农业农村正在进入高质量发展新阶段，对绿色优质农产品的新需求，对生态宜居乡村的新期盼，对加快农业农村现代化进程的新要求快速增长。党的十九大报告指出：“坚持人与自然和谐共生。建设生态文明是中华民族永续发展的千年大计。”这一要求也为转变农业发展方式，促进产业转型升级，全面推进农业供给侧结构性改革指明了行动方向，确立了基本遵循。我们要深刻理解农业绿色发展的深刻要义和时代特征，明确支持农业绿色发展的重大政策和战略举措，加快培育和形成农业绿色生产方式与农村绿色生活方式。

## 1.3 农业绿色发展的意义与趋势

实现可持续发展已成为全球的当务之急。尽管现代农业的成就斐然，但高产品种和与之相关的化肥农药大量施用导致的环境污染也招致了一些批评，农业面源已成为中国重要的污染源。农业是整个社会经济的基础，是最接近“绿色”的产业，农业绿色发展是整个经济社会绿色发展的一部分，为落实绿色发展新理念提供了基本支撑。

农业绿色发展有助于实现系统内的物质循环，经济价值最大化。美国于20世纪80年代初提出了“可持续农业”，不仅强调通过生态循环，尽可能减少化工产品，如化肥、农药、添加剂等的使用，节约资源、降低成本，而且强调遵循农业循环经济3R原则(减量化、再利用、再循环)，对农业生产要素进行统筹规划和系统开发利用，提高农产品质量，增加农民收益。日本于20世纪90年代初制定了“环境保全型农业”的发展目标，主张发挥农业特有的物质循环机能，注重与生产效率的协调，减轻由于使用化学肥料和农药而造成的环境负荷。

农业绿色发展有助于多目标的协同实现。传统的农业生产发展方式只解决单一问题，旧有的理念、技术、标准已不可持续。我们必须找到稳定农业生产和生态环境保护协同的结合点，其根本出路是农业绿色发展。与以往专注于强调农业的生产功能，以及强调单一的农业面源污染防治的政策导向相比，农业绿色发展战略更多地强调综合发挥农业的生产、环境、文化等多种功能，是在观念上尊重自然规律、行动上顺应自然规律的发展方式，是从农业投入以及农产品生产、加工、流通、消费等全过程的绿色化。

农业绿色发展有助于构建系统的科学研究方法论。农业绿色发展关注的对象不仅局限于农业生产系统，而且涉及整个农业和食物系统。农业绿色发展的跨学科研究创新将侧重于理解不同子系统之间物质、能量、信息和价值流的耦合机制，特别是在四个界面：水土—空气系统、植物—土壤系统、动物—作物生产系统和绿色生产和消费系统(Shen et al.，2020)。绿色作物生产平台，致力于创制绿色生产资料投入品，全程精准控制绿色生产过程，土壤健康，生产绿色优质农产品；绿色种养一体化平台，致力于绿色优质饲料生产，绿色动物养殖过程的管理，废弃物处理与循环利用；绿色产品与产业平台，致力于绿色优质产品与营养健康，绿色产业、农业物联网与智能工程，农业培训教育与服务产业；绿色生态环境平台，致力于水—土—气污染控制，农业农村生态环境监测系统及优化工程，生态环境建设工程与技术(马文奇等，2020)。

国际上，农业绿色发展以不同的形式出现，例如欧盟倡导的“多功能农业”强调农业除了传统的生产功能外，还具有社会功能和保护环境功能。法国、荷兰等国以多功能农业为导向修改了其原有的农业支持政策。韩国的“亲环境农业”以农业与环境协调发展为理念，提出两大基本目标：一是通过确立适宜于区域条件、农民经营规模、农作物特点的亲环境农业体系，提高农民收入，保障农产品安全；二是通过确立农产、畜产、林产相联系的自然循环农业体系，保护农业环境，增进农业的多元性公益职能。中国农业大学发起的科技小院是践行农业绿色发展的典型模式，2018年，内蒙古自治区杭锦后旗被列为国家农业可持续发展试验示范区暨全国全域绿色发展先行先试区，优越的光热资源、特殊的气候和便利的引黄自流灌溉条件为杭锦后旗农业发展提供了得天独厚的优势，但土壤盐碱化普遍、水资源利用率低、农业面源污染严重等问题，一直成为制约当地农业绿色发展的重要因素。为深入推进农业绿色发展、加快建设现代农业，切实增加农民收入，杭锦后旗高度重视“科技小院”的建设，最终依据杭锦后旗不同产业、不同地理位置和不同技术需求，确定了头道桥镇联增村全域种植业绿色生产、三道桥镇和平村西甜瓜特色产业、蛮会镇红星村向日葵标准化生产、蒙海镇西渠口村玉米面源污染、双庙镇尖子地村小麦提质增效和陕坝镇春光村设施农业和特色果蔬建设6个急需科技支撑的“科技小院”，带动六大产业全面发展。

世界人口数量在21世纪还将持续增长，中国推进农业绿色发展，也将为世界农业可持续发展贡献中国方案。中国是世界上最大也是最具经济活力的发展中国家，2019年中国人均GDP首次超过1万美元，这既是对世界经济发展的巨大贡献，也使国际社会对中国为实现全球可持续发展目标贡献力量寄予更多期待。在此背景下，保护和提升耕地地力，避免过度消耗资源环境，实施粮食产业的绿色转型升级，实现农业生产的可持续，对于全球范围内实现可持续发展目标(SDGs)意义重大。因此，中国在新时代背景和新的国际环境下提出的农业绿色发展道路，可以为其他发展中国家贡献中国经验，为世界农业可持续发展提供中国方案。

正如习近平总书记所说：建设绿色家园是人类的共同梦想。绿色发展只有起点没有终点，中国在建设美丽中国的同时，还将携手世界各国，共同维护全球生态安全，共同建设天蓝、地绿、水净的美丽世界，一起走向生态文明新时代。

## 参考文献


陈文胜．资源环境约束下中国农业发展的多目标转型[J]．农村经济，2014(12)：3-9.

金书秦，牛坤玉，韩冬梅．农业绿色发展路径及其“十四五”取向[J]．改革，2020(2)：30-39.

马文奇，马林，张建杰，等．农业绿色发展理论框架和实现路径的思考．中国生态农业学报(中英文)，2020，28(8)：1103-1112.

Fan M. S., Shen J. B., Yuan L. X., et al. Improving crop productivity and resource use efficiency to ensure food security and environmental quality in China. Journal of Experimental Botany, 2012, 63: 13-24.

Guo J. H., Liu X. J., Zhang Y., et al. Significant acidification in major Chinese croplands. Science, 2010, 327: 1008-1010.

Jiao X. Q., Lyu Y., Wu X. B., et al. Grain production versus resource and environmental costs: towards increasing sustainability of nutrient use in China. Journal of Experimental Botany, 2016, 67: 4935-4949.

Pingali P. L. Green Revolution: Impacts, limits, and the path ahead. Proceedings of the National Academy of Sciences, 2012, 109: 12302-12308.

Shen J. B., Zhu Q. C., Jiao X. Q., et al. Agriculture green development: a model for China and the world. Frontiers of Agricultural Science and Engineering, 2020, 7(1): 5-13.

# 第 2 章 农业绿色发展科学理论

2015 年 10 月 29 日，第十八届中央委员会在“十三五”规划建议中提出绿色是永续发展的必要条件和人民对美好生活追求的重要体现。我国必须坚持节约资源和保护环境的基本国策，坚定走绿色发展的道路，推进美丽中国建设，为全球生态安全和可持续发展做出新贡献。2017 年 9 月中央办公厅和国务院办公厅印发《关于创新体制机制推进农业绿色发展的意见》，提出推进农业绿色发展是贯彻新发展理念、加快农业现代化、促进农业可持续发展的重大举措，对保障国家食物安全、资源安全和生态安全，维系当代人福祉和保障子孙后代永续发展具有重大意义。为贯彻落实中办、国办《关于创新体制机制推进农业绿色发展的意见》部署要求，切实推进农业绿色发展建设，我国分两批建设国家农业绿色发展先行区试点，制定《农业绿色发展先行先试支撑体系建设管理办法(试行)》，从典型模式和支撑体系方面探索农业绿色发展的经验和路径。农业绿色发展已经成为探索我国农业高质量、可持续发展道路的重要研究课题。因此，从系统的角度理解农业绿色发展内涵、外延及与可持续发展的关系，对于有效推进我国农业绿色发展落地实现具有重要指导意义。

## 2.1 农业绿色发展的内涵与特征

绿色发展是推进生态文明建设的基本途径和方式，也是转变经济发展方式的重点任务和重要内涵。党中央国务院高度重视绿色发展，近年来，总书记多次指出，我们要坚持“生态优先、绿色发展”，坚持传统产业与新兴产业互促共进、深度融合，严守生态功能保障基线、环境质量安全底线、自然资源利用上线“三大红线”。推进农业绿色发展，是贯彻落实新发展理念、推进农业供给侧结构性改革的必然要求，是加强资源环境保护与生态安全、实现可持续发展的必然选择，是发展优质、高效、生态、安全农业，全面提高农产品质量安全水平的有效途径，也是切实增加农民收入、加快建设现代农业的重大举措，是实施国家生态文明和乡村振兴战略的“主抓手”。

农业绿色发展是以绿色发展理念为引领，以农业全产业链绿色发展为核心，以资源环境承载力为基准，以生态环境质量为约束，以绿色科技与体制机制创新为驱动，以优质、安全、充裕农产品供给和人体营养健康为目标，构建多学科交叉、政产学研用一体化创新模式，逐步形成产业兴旺、生态宜居发展格局的农业发展方式。

资源节约高效是农业绿色发展的基本特征。农业绿色发展将实现经济、社会和环境的可持续发展以及营养健康的食物供应作为绿色发展的目标。资源投入不但关系到食物系统的产出数量，也关系到氮、磷、重金属和农药等向环境的排放及生态环境效应和资源的可持续利用。在复杂的系统内如何分配、利用、节约、循环有限的资源，实现资源效益的最大化，降低向生态环境的排放是农业绿色发展研究的根本问题。其途径主要包括：①从源头端节约资源投入，减少不必要的浪费；②从过程端加强管理，充分利用绿色农资、绿色技术，提升资源利用效率；③从系统间优化资源配置，强化上下游匹配和循环利用，最大化利用资源；④从末端加强回收利用和综合治理，减少向环境的排放。

环境友好是农业绿色发展的内在属性。农业绿色发展需要从山水林田湖草生命共同体的角度系统考虑农业绿色生产，大力推广绿色生产技术，降低环境压力；同时加快农业环境突出问题治理，提升环境质量。可以通过：①构建系统解决方案，从源头控制农业化学品的输入量，增加绿色农资投入和替代比例，同时防止工业和城镇污染向农业农村转移，从中端加强农业生产环节管控，降低环境排放量，从后端加强农作物秸秆、废旧地膜和包装等废弃物资源化利用等农业清洁生产措施，不断提升自然生态环境质量；②提升农民环境保护意识，增强农村群众保护环境的主动性，杜绝严重危害生态环境行为，全面提升农村环境质量，促进农业农村的绿色发展。③完善生态环境立法，形成完备的生态环境法案，做到有法可依，同时加强生态环境执法强度，有法必依，执法从严，严防重大生态环境污染事件发生。

多目标协调是农业绿色发展的必然要求。农业绿色发展涉及自然生态系统、食物系统以及社会经济系统，强调生产、生活与生态的三生协调、不同利益主体协同，其核心是实现社会效益、经济效益、生态效益的最大化(图 2-1)。自然系统提供了农业生产和人类生活所必需的场所、物质和能量，以支持包括人类在内的生命系统的生长和进化。食物系统包括种植、养殖和水产等生产过程，以及其后续贮存、运输、加工和消费相关的全链条(Shen et al.，2020)。社会经济系统是以人为核心，包括社会、经济、教育、心理、文明、科技等领域，涉及人类生存诸多因素的复杂系统。社会经济系统是人类活动的主要场所，自然系统提供了人类生存最基本的资源，食物系统衔接于二者之间，又受到二者的影响。通过生产系统、生态系统、生活系统的和谐统一，山水林田湖草生命共同体的共同治理与保护，实现产业兴旺、环境

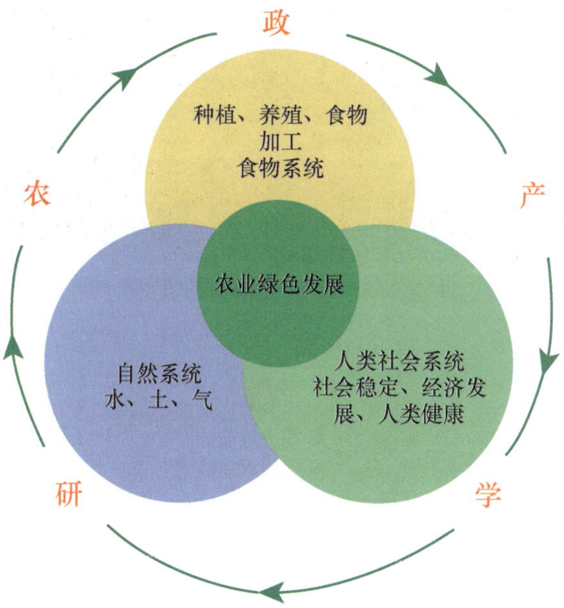


图 2-1　农业绿色发展的边界及内涵

友好、生态宜居的多目标协同成为农业绿色发展的必然追求。

学科交叉是农业绿色发展的内在动力。农业绿色发展的内涵决定了其复杂性和综合性。农业绿色发展包含种养系统、食物加工消费系统、人类社会经济系统以及生态环境系统等多个子系统。农业绿色发展研究旨在创新全产业链系统理论和各学科界面交叉理论，以农业全产业链物质循环及其生态环境效应的定量分析、系统设计、综合创新、区域验证、优化实现为主线，解决农业绿色发展各交叉界面融合的关键问题，提出区域农业绿色发展的实现途径，重点突破水—土—气界面、土壤—植物界面、种植—养殖界面、生产—消费界面、系统优化—落地验证界面五个交叉界面上的前沿科学问题和关键技术，揭示界面间的耦合机制，阐明区域农业绿色发展的实现途径(图 2-2)。另外，多学科交叉也是农业绿色发展的必要前提，通过多系统整合和政产学研农多主体协作，将科学技术进步与产业发展、社会需求有机结合，以科技促发展，以发展提要求，才能快速推进我国农业绿色发展的落地实现(Shen et al.，2020)。

全产业链提升是农业绿色发展的实现途径。种植系统作为初级生产系统，与养殖系统结合，向运

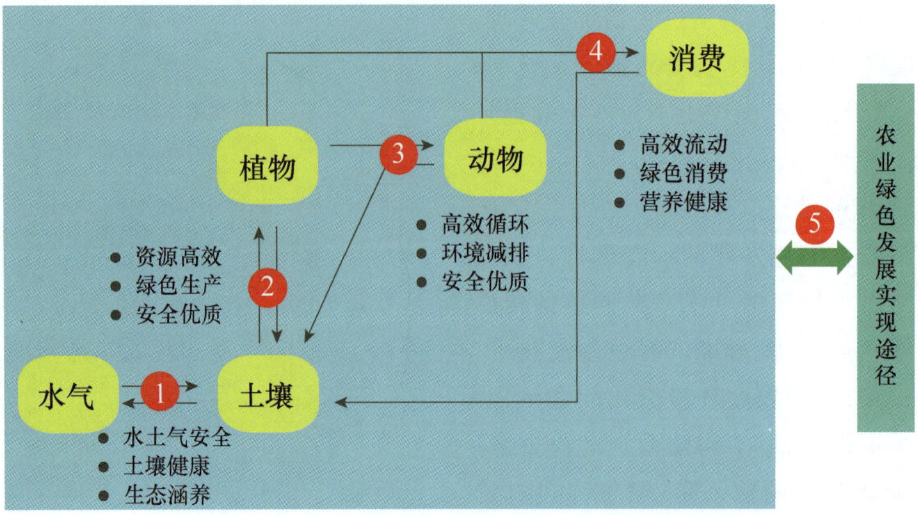


图 2-2 农业绿色发展科学命题与系统设计总体思路

①水—土—气界面；②土壤—植物界面；③种植—养殖界面；④生产—消费界面；⑤系统优化—落地验证界面

输、贮藏、加工等产业延伸，组成了整个食物系统，供给了几乎人类社会所必需的全部食物，同时也是生态环境的重要污染物排放来源。合理配置资源、系统提升食物系统生产与供给能力是保障人类营养健康，实现绿色生态环境的重要前提。市场作为食物的流通交易场所，链接食物生产与消费系统，有效协调了农业主产区食物生产过剩和农产品消费区食物需求旺盛的问题，充分发挥了农业对社会经济稳定快速发展的压舱石作用。食物生产与消费系统之间存在着双向的支撑与反馈，体现为社会、经济、生态环境系统间的交互（图 2-3）。构建全产业链解决方案，突破食物生产、加工、消费与生态环境治理中的关键瓶颈，集成组装全产业链绿色生产技术，是最大限度解决经济与环境矛盾，协调绿色和发展的关系，实现绿色与发展协同提升的重要途径。

综上所述，农业绿色发展包含绿色和发展双重内涵，是未来我国农业发展的必由之路，对于维持我国粮食安全、乡村振兴和生态安全战略具有重要意义。通过对农业绿色发展科学内涵的梳理，能够加深对农业绿色发展理念的认知，为推进我国农业绿色发展提供坚实的理论支撑，同时为世界上众多以小农户生产为主的国家农业发展道路提供案例与经验，共同推进世界可持续发展（Kroeze，2020）。

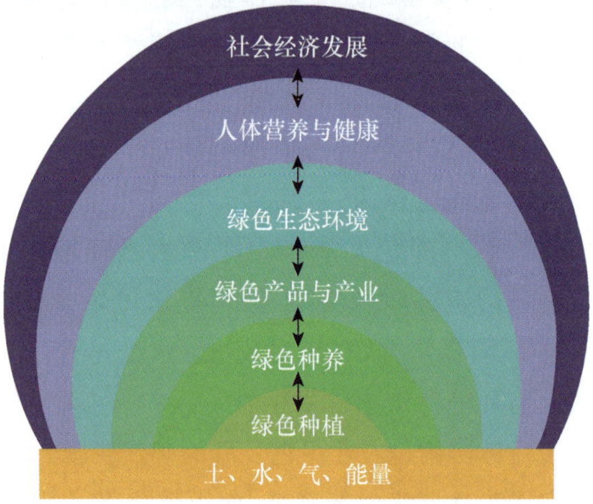


图 2-3 农业绿色发展的研究尺度与单元

## 2.2 农业绿色发展的理论框架

### 2.2.1 农业绿色发展的框架体系

推进农业绿色发展，是贯彻新发展理念、促进农业可持续发展的重大举措，对保障国家食物安全、资源安全和生态安全具有重大意义。党的十八大以来，党中央、国务院做出一系列重大决策部署，农业绿色发展实现了良好开局。农业绿色发展的理论核心是农业生产与生态环境和社会经济发展的协同，即农业生产应基于资源的承载能力和生态环境的承受能力，通过降低资源投入，增强系统耦合，减少资源消耗；通过科技创新提高资源利用效率，降低向环境的排放，进而实现绿色与发展并重。因此，农业绿色发展的框架体系包括以下五个方面，可概括为：一个系统、两个重心、三个支柱、四个板块、五个界面、六大支撑体系（图 2-4）。一个系统指农业绿色发展需从整个系统的角度进行协调发展与全面提升；两个重心是指农业绿色发展要兼顾农业的“发展”和生态环境的“绿色”两个重心；三个支柱是农业绿色发展的方向需要协同资源节约保育、食物（营养）安全和生态环境可持续三个维度的共同发展；四个板块是推进农业绿色发展落地的主要对象，分别为绿色种养系统、绿色产品与产业系统、绿色食品与消费系统、绿色生态环境系统；五个界面是进行学科交叉研究的主要界面，分别为水—土—气界面、土壤—植物界面、种植—养殖界面、生产—消费界面、系统优化—落地验证界面；六大支撑体系是实现农业绿色发展的重要保障，分别为技术体系、标准体系、产业体系、经营体系、政策体系、数字体系。

### 2.2.2　农业绿色发展的理论基础

**1. 农业绿色发展是“两山理论”的具体体现和深化**

“两山理论”是对习近平总书记提出的“绿水青山就是金山银山”思想的简称。2005 年 8 月，时任中共浙江省委书记的习近平，到浙江省安吉县余村考察，在座谈会上，听村干部介绍了关停污染环境的矿山，靠发展生态旅游实现了“景美、户富、人和”的致富之路。习近平同志高兴地说：“我们过去讲，既要绿水青山，又要金山银山。其实，绿水青山就是金山银山。”紧接着在 8 月 24 日《浙江日报》“之江新语”专栏上，习近平同志发表《绿水青山也是金山银山》一文，鲜明提出两山理论：“我们追求人与自然的和谐，经济与社会的和谐，通俗地讲，就是既要绿水青山，又要金山银山。如果能够把生态环境优势转化为生态农业、生态旅游等生态经济的优势，那么绿水青山也就变成了金山银山。”

“绿水青山”指资源节约和环境保护，其具有多种内涵：第一，“绿水青山”是一种自然生态环境，或者说是经济开发利用之前的生态环境。第二，

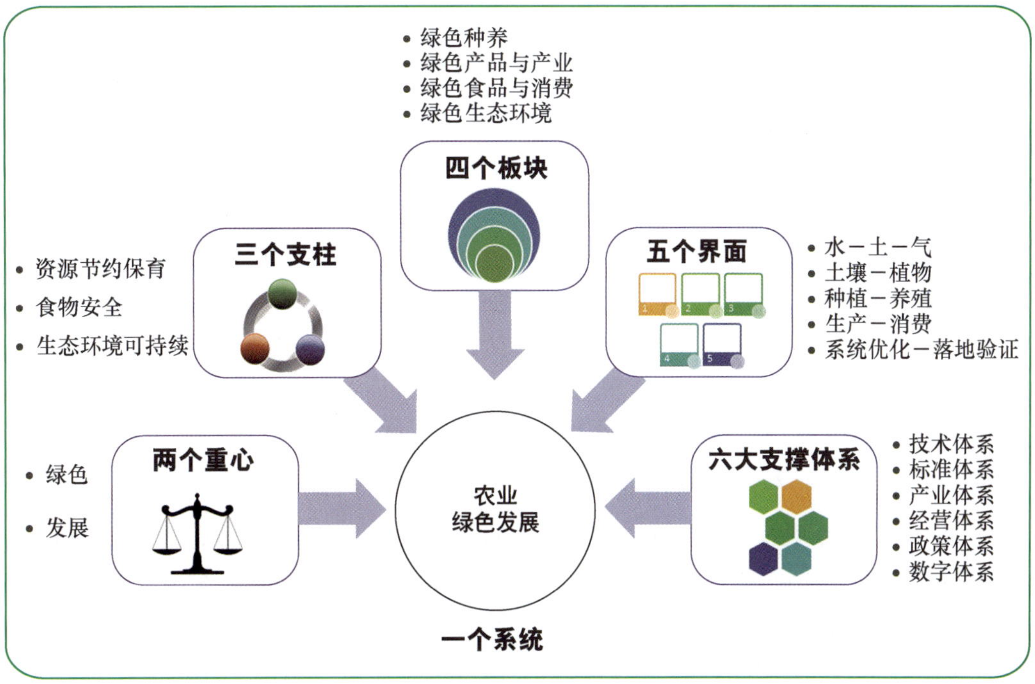


图 2-4　农业绿色发展的框架体系

“绿水青山”是优质的、稀缺的自然生态环境，特指一个地区具有而其他地区没有，或者本地区好于其他地区的生态资源禀赋。第三，“绿水青山”包括有形的生态资源和无形的生态服务功能。“金山银山”指经济发展，从更加广义的概念来说，“金山银山”是与经济收入水平相关的民生福祉，表现为经济和社会发展两个范畴，前者为经济收益概念，后者为民生幸福概念（王勇，2019）。

“两山理论”是习近平生态文明思想的重要组成部分（樊子微，2019）。2013 年 9 月，习近平总书记在哈萨克斯坦回答学生提问时提出“建设生态文明是关系人民福祉、关系民族未来的大计。我们既要绿水青山，也要金山银山。宁要绿水青山，不要金山银山，而且绿水青山就是金山银山”，指出绿色发展的基本原则是决不能以牺牲生态环境去换取一时的经济发展，应从实际出发，因地制宜地的发展生态产业，积极有效的将生态优势转化为经济优势。2015 年 3 月 24 日，习近平总书记主持召开中央政治局会议，通过了《关于加快推进生态文明建设的意见》，正式把牢固树立“绿水青山就是金山银山”的理念写进中央文件，“两山理论”全面确立。2017 年 10 月，党的十九大报告正式提出“必须树立和践行绿水青山就是金山银山的理念”。

“绿水青山”与“金山银山”之间既是矛盾的，又是辩证统一的。我国对“两山理论”的认识可大致分三个阶段：第一阶段是用绿水青山换金山银山，经济发展优先，不考虑或者很少考虑环境承载能力。第二阶段是既要金山银山，又要绿水青山，由于经济发展和资源匮乏、环境恶化之间的矛盾越发凸显，人们意识到环境是人类生存发展的根本，经济发展的同时必须要留住绿水青山。第三阶段是绿水青山本身就是金山银山，将生态环境优势变成经济发展优势，实现共赢，包含了循环经济和可持续发展理念。

“两山理论”与绿色发展理论一脉相承，指人类发展不仅要发展好经济，还要保护好生态环境，要在发展的同时保护好生态环境，在保护生态环境的同时实现发展，实现发展与生态环境保护的双赢。

在农业生产领域，更需要“两山理论”的全面支撑与深化。农业绿色发展强调经济效益、生态效益、社会效益的统一与最大化。农业绿色发展的基本原则是绿色与发展的协同。农业生产提供了社会绝大部分的生活必需品，打造了粮食安全和经济发展的“金山银山”，在生产中，通过绿色技术的应用，组织模式提升，体制机制改革，降低农业生产的环境排放，提升农产品产量和品质，增加产品竞争力和产品产值，既要绿水青山又要金山银山。其次，农业绿色发展要注重绿色的赋值，为消费者提供更为健康、优质、放心的农产品，将绿水青山的生态价值、绿色生态环保的文化价值赋值于农业生产，提高农产品价值，把绿水青山变为金山银山。我们更需要意识到农业不仅提供粮食和生产资料，还具有涵养水源、防风固沙等生态功能，其既是“金山银山”，又是“绿水青山”。整体而言，农业绿色发展是“两山理论”在农业生产领域的具体应用和巩固深化，为我国农业绿色发展、农业产业振兴和人民共同富裕提供了重要的理论支撑。

**2. 农业绿色发展是可持续发展理论在农业的应用和深化**

1962 年，美国女生物学家 Rachel Carson 发表了一部引起重大轰动的环境科普著作《寂静的春天》，描绘了由农药污染引发的可怕景象，在世界范围内引发关于发展观念的争论。1981 年，美国学者 Lester R. Brown 出版《建设一个可持续发展的社会》，首次对可持续发展观做了系统阐述，可持续发展理论基本形成。1987 年，联合国世界与环境发展委员会发表报告《我们共同的未来》，正式提出可持续发展概念，并以此为主题对人类共同关心的环境与发展问题进行了全面论述，受到世界各国政府组织和社会公众的极大重视。1992 年联合国环境与发展大会上正式确立了可持续发展是当代人类发展的主题。

可持续发展理论是指既满足当代人的需要，

又不对后代人满足其需要的能力构成危害的发展，以公平性、持续性、共同性为三大基本原则，最终目的是达到共同、协调、公平、高效、多维的发展。公平性原则包括本代人间的公平和代与代之间的公平，即代内之间的横向公平与世代之间的纵向公平性相协调。可持续发展要满足当代人美好生活的需求，可持续的利用有限的自然资源，实现当代人与未来各代人之间的公平。持续性原则是指生态系统受到某种干扰时能保持其生产力的能力。资源的持续利用和生态系统的可持续性是保持人类社会可持续发展的首要条件。因此，要求人们合理调整生活方式，合理开发利用自然资源，保持再生性资源的再生产能力，不过度消耗非再生性资源并得到替代资源的补充，环境自净能力能得以维持。共同性原则是指可持续发展关系到全球、全人类的发展。每个国家或地区都是地球不可分割的子系统。因此，可持续发展追求的是整体发展和协调发展，即共同发展要实现可持续发展的总目标，必须争取全球共同的配合行动，这是由一个地球的整体性和相互依存性所决定的。

可持续发展涉及可持续经济、可持续生态和可持续社会三方面的协调统一，要求人类在发展中讲究经济效率、关注生态和谐，追求社会公平，最终达到全面发展。在经济可持续发展方面：可持续发展不仅重视经济增长的数量，更追求经济发展的质量。改变传统的以"高投入、高消耗、高污染"为特征的生产模式和消费模式，实施清洁生产和文明消费，以提高经济活动中的效益，节约资源，减少废弃物产生。在生态可持续发展方面：可持续发展要求经济建设和社会发展要与自然承载能力相协调。发展的同时必须保护和改善地球生态环境，保证以可持续的方式使用自然资源和环境成本，使人类的发展控制在地球承载能力之内。在社会可持续发展方面：世界各国的发展阶段可以不同，发展的具体目标也各不相同，但发展的本质应包括改善人类生活质量，提高人类健康水平，创造一个保障人们平等、自由、教育、人权和免受暴力的社会环境。

马文奇等（2020）利用DPSIR（驱动力—压力—状态—影响—响应）理论，比较了农业绿色发展和农业可持续发展的异同。两者的不同主要体现在绿色和发展能否协调实现的理念上，农业绿色发展更强调不能因为保护资源环境而牺牲发展，更不是污染转移的权宜之计，需要绿色技术与模式促进发展，通过发展进一步带动绿色，最终促进绿色和发展的同步提升和全球实现。从应对资源和环境的约束上来看农业绿色发展的主动性更强，但整体而言，农业绿色发展与可持续发展的理念均强调可持续的发展方式，在发展中要协调实现发展与生态环境保护，减少对生态环境的负面影响。

**3.农业绿色发展是多学科、多发展理念的交叉融合**

发展是解决人类社会逐渐增长的物质和精神需求的必要手段，也是社会进步的动力所在。农业生产是农业经营主体对劳动、资本、信息、技术等生产要素按照收益最大化原则进行要素最佳配置的决策过程。因此，利润最大化原则支撑着生产者的行为。但历史经验证明，农业生产发展不能以牺牲生态环境为代价，必须充分考虑生态资源环境的承载力，向绿色发展转型。

农业绿色发展追求全产业链的绿色生产。与狭义的农业绿色种植技术不同，农业绿色发展包含产前农业生产要素投入、产中农业生产技术支撑与管理，产后农产品加工、运输与销售的全产业链，强调"从农田到餐桌"的全链条的绿色技术应用，不同系统间的循环与融合、全链条关键问题提升方案。农业绿色发展需要统筹农学、经济学、生态学等多个学科，多学科交叉是农业绿色发展的重要理论基础。

农业绿色发展的关键问题是如何协同绿色与发展，不能为了发展牺牲生态环境，亦不能为保护生态环境而牺牲发展。其核心是一系列农业科学理论、发展科学理论、生态科学理论的交叉融合，最大化农业生产力的同时最小化生态环境效应，部分核心理论总结如下：

1)木桶理论

木桶理论最初是由 Laurence J. Peter 提出的,主要用于企业管理,随后被拓展至各个领域。在农业养分管理科学中,农业生产如同多块木板箍成的木桶,盛水量是由这些木板共同决定的,特别是其中最短的一块木板,该短板即木桶盛水量的"限制因素"(或称"短板效应")。

传统木桶理论表达的意义是农业生产的各项技术措施与养分供应不应出现明显的偏颇和短板,这样才能达到最高生产力。随着木桶理论的发展,新木桶理论指出,木桶的储水量除了短板因素外还取决于木桶的直径大小,指农业生产最大生产力实现还取决于耕地地力水平和产量潜力。另外,木桶的使用状态和相互配合也显著影响木桶的最终储水量。在特定使用状态下,通过把木桶向长板方向倾斜或将长板截下补到短板处,通过相互配合增加一定储水量。因此,木桶理论泛指在农业生产中要综合考核各项技术间的匹配组合,最大化其正交互效应,进而最大化农业生产力。该理论可扩展至农业全产业链,指在全产业链中不应存在明显的"短板"。

2)报酬递减律

报酬递减律是农业的基本规律,也是目前确定农业生产合理投资的理论基础。报酬递减律是指在既定条件下,在单位面积上连续追加投入的劳动和资本,当投入的劳动和资本超过一定界限时,追加部分所得报酬会逐渐减少,从而使农业生产总收益的增加呈现递减趋势。

但报酬递减律是有条件的、相对的,仅适用于技术不变的情况。当科学技术有新突破且被广泛应用后,报酬递减律又会在新的条件下重新出现,因此报酬递减表现为梯度式的周期性变化。虽然报酬递减不意味着生产力停止增长,但随着资源的投入,单位资源的生产效率逐渐降低,对生态环境的负面影响越大。正确认识和应用这一规律,对发展我国农业生产、提高经济效益,最大化生态服务功能具有十分重要的理论意义和现实意义。

3)循环经济理论

循环经济理论是美国经济学家波尔丁在 20 世纪 60 年代提出的。波尔丁受宇宙飞船启发,将该理念用于分析地球经济的发展。他认为地球如同飞船一样是一个孤立无援、与世隔绝的独立系统,靠不断消耗自身资源而运转,最终将会因资源耗尽而毁灭。只有实现对资源循环利用的循环经济,地球才能得以长存。

当前单一线性的农业经济发展模式产生了大量有害物质,危及生态环境。同时,不可再生资源储量急速降低,影响了经济的可持续发展(Ritzén and Sandström,2017)。基于资源循环再利用的循环经济理论是解决上述问题的关键(Chojnacka et al.,2020)。循环经济的核心是物质和资源的循环利用,重新定义产品和服务来控制废弃物的产生,实现物质和资源的闭合流动,尽可能减少负面影响(Foundation,2018)。"4R"策略是实现循环经济的基本原则,即:修复(Repair),再利用(Reuse),再配置(Recondition)和循环(Recycle)。农业绿色发展同样强调链、环式的资源利用方式,最大化资源价值,降低资源损耗和废弃物产生量,协同实现资源节约、高效、循环,经济发展和生态环境可持续。

4)低碳经济理论

2003 年,英国政府在其发表的白皮书中第一次使用"低碳经济"的概念。白皮书中指出,低碳经济产生于全球气候变暖背景,其核心是降低碳排放,减少温室效应。低碳经济的实质是可持续发展理念的延伸,通过制度创新、技术创新、产业转型、新能源开发等手段,尽量减少煤炭、石油等高碳能源消耗,减少温室气体排放,实现社会经济发展和生态环境保护双赢的发展形态。为保证巴黎气候变化协议所定的控制温度增长在 1.5℃ 范围内的目标,到 2030 年,全球 $CO_2$ 排放量需要比 2010 年的水平下降大约 45%,到 2050 年左右达到碳中和(Masson-Delmotte et al.,2018)。2020 年 12 月,中央经济工作会议上国新办发布《新时代的中国能源发展》白皮书,明确提出我国二氧化碳排放力争在 2030 年前到达巅峰,2060 年前实现碳中和的目标。这就要求包括农业在内的各行各业实现低碳转化，发展低碳经济(Geels et al.，2017)。

食物系统(包含农业生产、食品加工、食品供应等环节)碳排放量占全球碳排放总量的26%(Poore and Nemecek，2019)。通过加强数字技术运用，革新贮藏保鲜技术，优化膳食结构，减少食物浪费等措施能有效降低食物系统的环境效应。

## 2.3 农业绿色发展的外延

从广义上来看，凡是能提升农业绿色发展水平的行为均属于农业绿色发展范畴。农业绿色发展的外延从全产业链的角度可分为绿色产前环节、绿色生产环节、绿色加工环节和绿色消费环节；从生产要素视角来看农业绿色发展的外延可分为绿色技术研发与应用、绿色资金投入与产品创制、绿色经营主体培育、绿色信息市场与服务体系建设；从系统提升角度农业绿色发展的外延可放大至农村产业兴旺和美丽乡村建设。

### 2.3.1 全产业链视角

基于全产业链视角，农业绿色发展的外延是全链条的农业绿色发展行为，包括农业生产产前环节、产中环节、产后环节的全链条绿色发展理念的形成、绿色技术的应用和绿色发展行为的普及。

(1)绿色产前环节　主要包括土地利用规划、耕地质量提升、生产资料的开发与制备等一些环节。在区域层面，把节约资源和保护环境放在优先位置，合理规划布局，减少对陡坡、河湖边坡等高风险土地的开发利用，合理制定土地利用规划，同时，加快高标准农田建设，开展土地整治、中低产田改造、农田水利设施建设，在保证农产品可持续供给能力的同时，降低农业污染风险；在生产层面，注重绿色农资的投入，选育高产、高效、抗逆性强的优良品种，开发创制高效、低毒、易降解、低环境效应的绿色农业化学品，研发制备高效、低排放、实用性强的绿色农机具，培育一批服务于农业绿色发展的农资研发、生产、销售、服务主体，提升农业生产力和农产品品质的“天花板”，从源头降低化学品需求，应用低污染高效率的农资产品与设备减少对生态环境的影响，支撑农业绿色发展。

(2)绿色生产环节　以绿色发展理念为指导，从生产环节推广绿色技术的应用，对农业生产经营主体行为进行引导、服务和监管，形成农业绿色发展的良好局面。主要包括：①建立绿色生产技术库。依据因地制宜原则，选择一批适用性强的绿色管理技术，如水稻侧深施肥、测土配方施肥技术等，形成适用于典型地区主要产业的全链条管理技术数据库；②建立主要产业绿色生产技术规程。依托国家和地方科研院所和高校，组织一批力量，挖掘绿色生产模式，针对主要农业产业和特色产业形成国家及地方绿色生产技术规程；③建立农业绿色生产管理制度。针对区域关键问题和实际条件，逐步完善覆盖农业生产全部环节的农业绿色发展管理制度，如少耕免耕制度、农资定额管理制度、农资准入制度、农业废弃物资源化利用制度，对接农业生产管理与区域生态环境监测网络，完善区域农业绿色发展水平监管与激励机制，形成农业生态补偿、补奖制度，形成农业经营主体全面服务农业绿色发展的格局。

(3)绿色加工环节　链接一产和二产，以低碳、低耗、循环、高效为目标，实施农产品收获、贮藏、加工、流通全过程控制，建立绿色农产品加工体系，促进农产品加工业转型升级发展、农民增收、农村增绿。主要包括：①鼓励农产品产地初加工，支持新型经营主体，集中连片建设冷藏库、烘干房等初储藏、保鲜设施，减少储存导致的农产品损失及环境污染，因地制宜进行高效节能环保的产品初加工，打造农产品仓储—加工—流通综合基地；②推动加工业副产物资源化利用。节约、循环利用农业资源，坚持资源化、减量化发展方向，充分利用农业及农产品加工业副产物，推广肥料化、能源化、基质化、原料化、饲料化全量利用，充分挖掘其增值空间和残余价值，减少环境排放的同时最大化其价值。

(4)绿色消费环节　农业生产的核心任务是提供健康优质的农产品,供给市场消费主体。从管理角度要加强农业生产主体绿色产品的认证与监管,建立生产者与消费者的互信机制,在消费端倡导消费者购买、使用绿色农产品,从市场端拉动绿色产业。另外,要将农业绿色发展和可持续发展的理念逐步由生产者扩大至消费者,鼓励绿色消费、绿色饮食等绿色低碳行为,减少食物浪费,建立起全社会支持、全主体参与的农业绿色发展良好氛围。

### 2.3.2　生产要素视角

从农业生产要素的视角,农业绿色发展的外延包括技术研发与应用、资金安排与服务、经营主体培育与认证、信息市场与服务培育等。

(1)绿色技术研发与应用　科技是第一生产力,科技进步是生产力提升的内在动力。农业绿色发展相较于传统集约化生产对农业技术提出了更高的要求。开发具有高产、高效、优质特性的绿色生产技术服务于农资生产、农业管理以及加工贮藏等环节,形成一大批绿色技术、专利。通过绿色技术的集成、组装、整装,形成全链条农业绿色发展技术规程,并在区域范围内推广应用是我国农业绿色发展的重要方向之一。

(2)绿色资金投入与产品　资金是农业生产的要素之一。合理地利用国家财政资金,安排绿色发展创新专项,鼓励绿色技术研发;成立绿色发展基金,加强生态文明建设与绿色发展的宣传,辅助开展多种形式的生态公益宣传与交流研讨活动,倡导绿色发展理念;鼓励金融机构适当开发绿色金融产品,满足市场主体的绿色资金需求,服务于农业绿色发展;通过补贴、奖励等方式,引导农业经营、服务主体采购、使用绿色农资、农机、农技,充分发挥财政资金、公益基金、社会资本的市场作用,形成服务于全链条农业绿色发展的绿色金融体系。

(3)绿色经营主体培育　农业生产要有人经营,人是技术选择、农业生产管理的决策者。加强对农业经营主体的认知培训、技能培训,逐步建立从激励培训、免费培训到有偿培训的绿色经营主体能力建设方案,逐步完善农业经营主体持证上岗、认证上岗的农业经营制度,提高农业经营主体新技术接受能力、使用能力、判断能力等综合素质,从生产决策者的角度出发,提高绿色技术的普及应用率,培育一批懂农业、爱农业、支持农业绿色发展的新型农业经营队伍。

(4)绿色信息市场与服务体系建设　信息业逐渐成为整个社会经济的主导产业,并被称为“第四产业”。加强信息的流通和服务,连接农业供给侧和需求侧,降低农产品供给与需求不对称所造成的缺乏与浪费。主要通过:①健全农产品信息披露服务、反馈机制,完善农产品供求、流通信息通道,服务好农业生产、加工和消费决策,逐步建立农产品信息咨询服务市场;②完善农业技术服务体系,强化农技推广中心、农业专业化服务组织技术力量,对农业生产决策者提供绿色、高效的技术服务,解决农业生产科技水平低、劳动力老龄化的问题。

### 2.3.3　系统提升视角

基于系统发展理论视角,农业绿色发展的外延是生产、生活、生态的协调,是把农业打造成为人人向往的职业,把农村打造成人人向往的乐园,建设产业兴旺、生态宜居、全民富裕的美丽乡村,实现乡村振兴和美丽中国的新局面,为世界可持续发展提供中国案例。

农业绿色发展强调农业产业兴旺。产业兴旺是乡村振兴和美丽中国建设的基础。①农业绿色发展强调可持续的发展,通过优化产业布局,推行绿色生产方式,促进一二三产融合,构建农业绿色发展产业链、增值链,培育具有区域特色和国际竞争力的农产品品牌,通过绿色增值大幅度增加农民收入,实现农业高质量发展;大力发展创意休闲农业，通过共享农庄、采摘体验、垂钓鲜食等，提升农业质量效益和竞争力，保持农业生产活力和优质、健康、绿色农产品供给，坚持质量兴农、绿色兴农，使农业成为人人愿意参与的绿色产业。②农业绿色发展强调绿色发展氛围。农民是农业经营的参与者、决策者和受益者，通过新型农民、农业经营主体、农业专业化服务组织等培育，提升农业经营人员业务素养和农业从业人员收益，提高农业生产绿色发展水平，把农业服务打造成为人人向往的职业。通过宣传引导，提升农产品消费人群的绿色消费观念，在获取营养安全的食物的同时，注重绿色行为，保护生态环境。③农业绿色发展强调农业生态环境保护。通过全产业链提升，统筹山水林田湖草系统治理，降低农业生产的环境效应，最大化农业的生态涵养功能，把生态文明建设摆在突出位置。坚持生态服务功能价值最大化原则，有机统一生态价值与经济价值，把良好生态环境作为最普惠的民生福祉，通过农业绿色发展，推进水土气污染治理、种养结合、"绿水青山"提值增效、生态脆弱区绿色升级、草原与山区绿色发展，推动美丽乡村和生态文明建设，实现蓝天、碧水、净土的宏伟蓝图，提升人居环境质量，打造成为人人向往的美丽乐园。④农业绿色发展强调系统提升。乡村作为农业生产的承载者，也是实现蓝天、碧水、净土目标的重要载体，更是农业绿色发展的重要目标。农业绿色发展要始终坚持绿色的底色，坚持资源循环节约、环境友好、生态协调的生产体系，把农业绿色发展的理念从生产扩展至生活，把农村从农业生产基地的单一功能扩展为具有农事体验、乡村旅游、文化展示、乡村康养的田园综合体，把农村建设成治理有效、乡风文明、产业兴旺的新型美丽乡村。

## 2.4 农业绿色发展的系统研究方法

集约化农业向农业绿色发展转型不仅是我国的重大需求，也是联合国农业和食物系统可持续发展目标（Sustainable Development Goals，SDGs）的全球战略（Ma et al.，2019）。农业绿色发展涉及"食物生产—加工—消费"的全过程，同时与资源环境间存在着复杂的相互作用，因此需要明确不同过程（或单元）之间的关联和互馈关系，将农业绿色发展研究扩展到整个食物系统。而驱动力—压力—状态—影响—响应概念框架（Driver-Pressure-State-Impact-Response，DPSIR）是理解食物系统的驱动因素（Driving force）、各单元间的关联关系（Pressure and state）和互馈机制（Impact and response）的重要方法之一，也成为农业绿色发展的重要科学命题与挑战（Bai et al.，2018c）。马文奇等（2020）基于农业绿色发展内涵和理论框架，阐述了农业绿色发展系统研究思路、方法和案例，以食物系统为研究对象，提出了"自上而下"和"自下而上"的农业绿色发展系统设计和定量研究的思路。

### 2.4.1 农业绿色发展系统研究思路

农业绿色发展的研究对象是整个食物系统，包含动植物生产、加工、消费和环境等多个相互联系、相互作用的要素（或部分），是具有一定结构和功能的有机整体，属于系统科学范畴，主要研究系统的要素（或元素）、结构和系统的行为（性质）（Hieronymi，2013）。系统研究的基本特征包括：整体性、关联性、等级结构性、动态平衡性、时序性等。因此，将系统思维引入农业绿色发展研究时，需要充分考虑系统研究的基本特征：①立足食物系统和农业产业链的整体性；②分析食物系统各单元的关联性；③阐明系统与各单元、国家与区域（流域）的等级结构性；④协调水、氮、磷、碳等各类物质的动态平衡性；⑤揭示系统和各单元的时空变化特征。基于系统研究的整体性、关联性、等级结构性、动态平衡性、时序性等基本特征，并结合农业绿色发展全链条和多尺度的特性，提出农业绿色发展"自上而下"和"自下而上"的研究思路，两个研究思路既有区别又有联系，统一于农业绿色发展实践中（图2-5）。

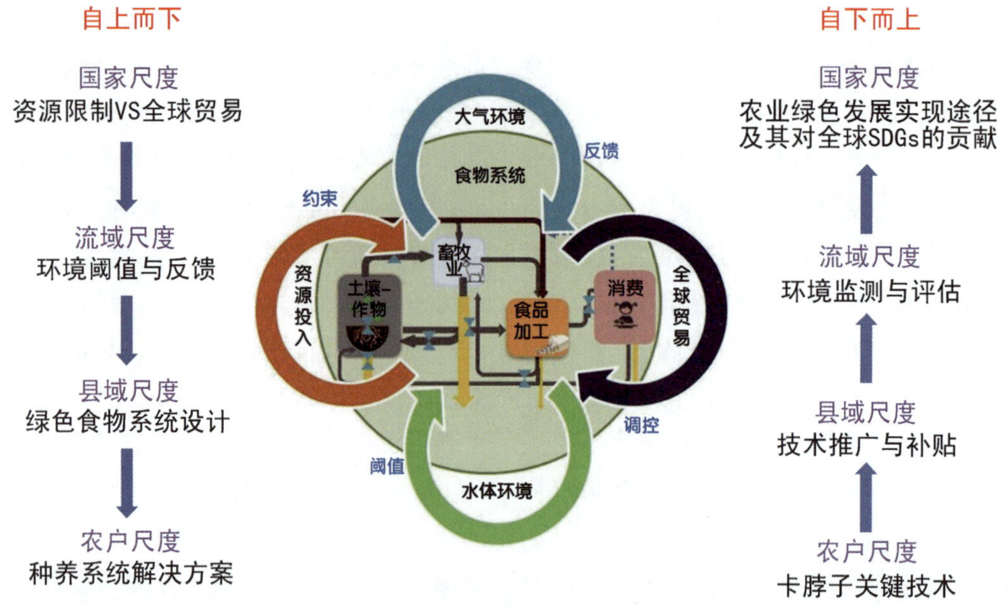


图 2-5　农业绿色发展系统研究思路

“自上而下”研究思路是从宏观到微观、从整体到局部的演绎方法，有助于从整体理解局部问题，把复杂难题分解成具体问题，利用系统方法提出解决方案。农业绿色发展“自上而下”的研究思路，包括：①定量分析国家尺度水、耕地、矿产、能源等资源限制和全球贸易背景下农业生产潜力；②划定流域尺度大气和水环境阈值，以此为依据优化流域农业空间布局；③构建县域尺度绿色发展指标体系，剖析全产业链绿色转型的瓶颈问题，提出绿色食物系统优化策略；④对标先锋农户（企业）关键环节，分析种、养、加全产业链绿色发展限制因素，提出系统解决方案。

“自下而上”研究思路是从微观到宏观、从局部到整体的归纳方法，有助于理解系统内部单元的相互作用，揭示客观事物构成的原因及其演化的历程。农业绿色发展“自下而上”的研究思路包括：①调研和跟踪农户（企业），分析全产业链农业绿色发展的瓶颈问题，研发关键技术，探索全产业链农业绿色发展实现模式；②对标县域农业绿色发展关键指标，探讨县域农业绿色转型的科技瓶颈、政策保障与路径，提出县域农业绿色特色产业的系统解决方案；③完善流域生态环境监测网，联网监测与模型结合，健全绿色生态环境的监测、评估、政策解决方案和农业绿色发展管理机制；④提出我国农业绿色发展的科技战略、创新重点、政策保障与实现途径，为我国农业绿色发展战略提供科技与政策支撑，为实现全球 SDGs 提供成功案例。

“自上而下”和“自下而上”的关系是辩证统一的，二者相互作用、相互影响，形成推动农业绿色发展的合力。两种思路在形式上的区别是显而易见的，尤其是在农户尺度和全球尺度，“自上而下”的思路注重把握绿色的方向，以区域和流域环境阈值为限制因素，通过耕地资源配置，最大化农户尺度的生产力水平和农业效益；“自上而下”的思路强调农田和畜禽尺度绿色技术革新并落实到主体上，使某个环节的提升“呈现”为区域和国家生产力质的提升。而在中等尺度的流域和县域中，强调生态监测和构建可比的绿色发展指标评价体系，二者更多地体现为相互促进的关系，“自上而下”的思路通过划定阈值、指标分解，为“自下而上”的技术实践指明方向、设置标准；“自下而上”的研究在解决具体绿色生产技术问题的同时，为“自上而下”研究提供本地化参数和验证数据，为增强模型模拟、情景分析能力提供可能，两条思路共同推动国家尺度的农业绿色发展实现。

## 2.4.2　农业绿色发展系统研究模型

绿色发展强调人与自然的和谐共生，相关研究需要准确理解和评价人与自然复杂的交互关系。具体到农业领域，食物系统既是农业生态系统的核心，又是人类与环境相互作用最为频繁的界面，因此农业绿色发展以食物系统为研究对象，重点研究人类需求驱动和强烈干扰下的食物系统与生态环境的互馈关系。围绕“自上而下”和“自下而上”的农业绿色发展系统定量研究的思路，在农户—流域—区域—国家—全球多尺度下，构建了农业绿色发展系统分析耦合模型（NUFER-AGD）（图 2-6），为定量分析食物系统行为，探索农

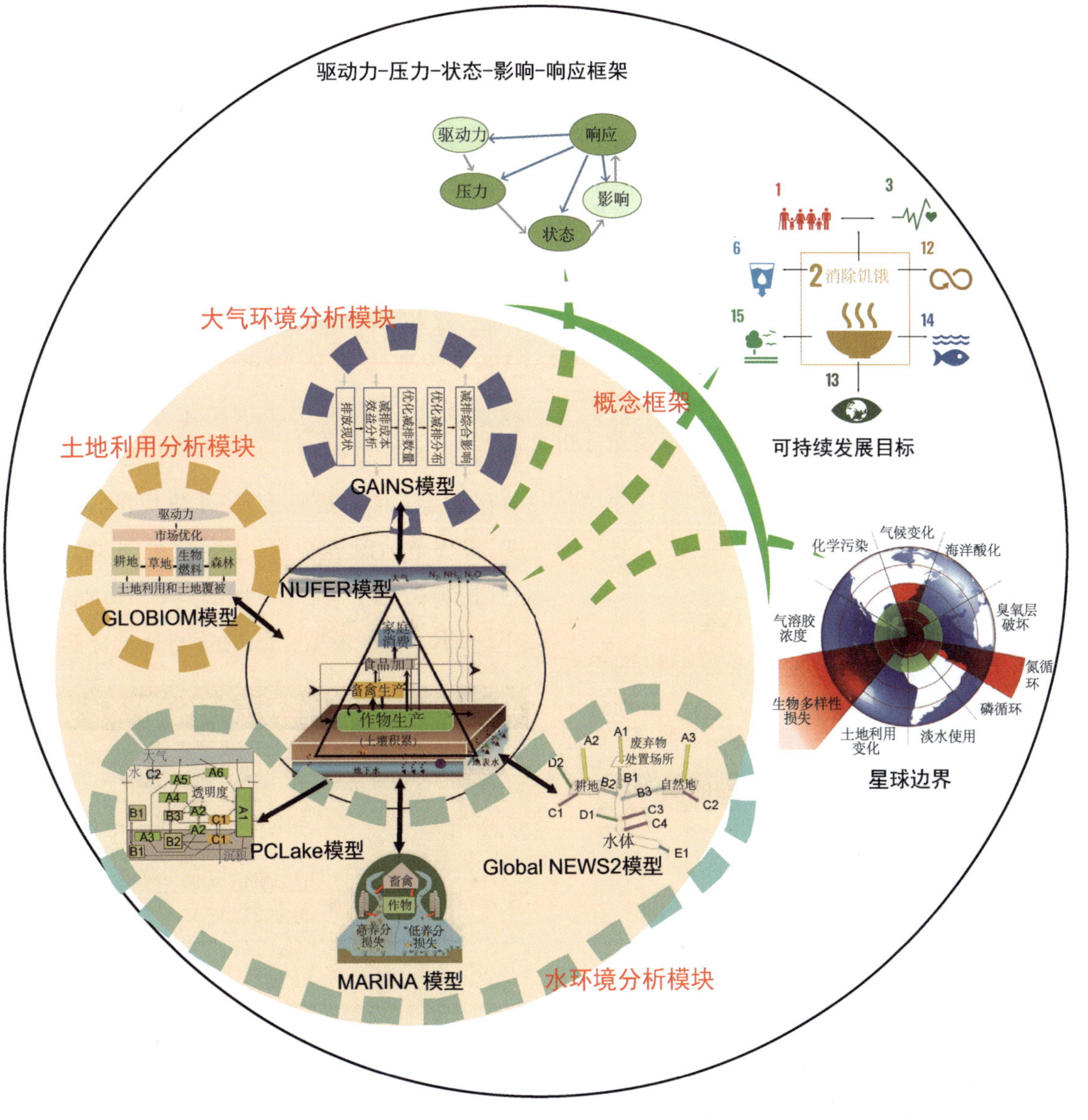


图 2-6　农业绿色发展系统分析耦合模型系统（NUFER-AGD）

注 1：为适应作图要求，图中各模型适当简化，详细内容可参考各模型对应文献。

注 2：图中 PCLake 和 Global NEWS2 模型源、汇、流状况较为复杂，采取了标号的形式，各标号含义如下：

PCLake 模型：A（食物网）：A1 沉水植物；A2 藻类；A3 底栖动物；A4 浮游动物；A5 食浮游动物或底栖动物的鱼类；A6 食鱼性鱼类。B（物质库）：B1 无机物；B2 有机质；B3 岩屑。C（重要生物化学循环）：C1 氮、磷、硅；C2 氧气。

Global NEW2 模型：A1 生活废弃物养分输入；A2 耕地养分输入；A3 自然地养分输入；B1 养分点源损失；B2 养分面源损失（耕地）；B3 养分面源损失（自然地）；C1：耕地养分留存；C2：自然地养分留存；C3：河流养分留存；C4：水库养分留存；D1：取水养分输出；D2：作物收获养分输出；E1：河流养分输出（最终输出或至下一级河网）

业绿色发展策略提供了方法。NUFER-AGD以食物系统分析为核心，涵盖农牧产品生产—加工—消费—贸易全过程，集成水体—土壤—大气环境全要素分析功能，并耦合驱动力—压力—状态—影响—响应概念框架（Driver-Pressure-State-Impact-Response，DPSIR）、可持续发展目标（Sustainable Development Goals，SDGs）和星球边界理论框架（Planetary Boundaries，PBs）。该耦合模型由1个核心模型（食物系统模型NUFER）、3个关联模块（水、大气和土地利用分析模块）和1个指标关联分析模块（耦合DPSIR、SDGs或PBs概念框架）构成。食物系统模型（NUFER，图2-7）作为核心模型（Ma et al.，2010），其主要功能是以养分为定量载体，量化食物系统的氮磷等养分流动、利用效率和环境效应（马林等，2018）；为增强对地球系统关键过程的模拟和综合评价能力，对核心系统功能进行延伸，利用3个关联模块和1个指标关系分析模块分别对水体、大气和土地利用等要素进行定量分析以及可持续发展指标评价（图2-6）。上述模型系统总称为农业绿色发展系统分析耦合模型NUFER-AGD，是农业绿色发展系统研究的核心工具。

**1. 农业绿色发展系统分析耦合模型**

NUFER作为农业绿色发展系统分析耦合模型的核心模型，其在整个NUFER-AGD模型框架下的优势和具备的功能是：①基于物质流分析方法，揭示氮磷等养分流动的时空特征，有助于分析其时空演变的驱动力、揭示当前农业发展存在的资源环境问题；②涵盖“农畜产品生产—加工—贸易—消费”多环节，可以锁定养分资源利用效率低、环境排放超标的关键环节，具备与其他模块耦合的基础；③以多尺度食物系统为研究对象，这是开展“自上而下”和“自下而上”系统研究的基础；④利用情景分析方法，可以分析农业绿色发展技术和政策调控途径的影响，并可以与最优化分析结合，提出切实可行的策略组合（表2-1）。

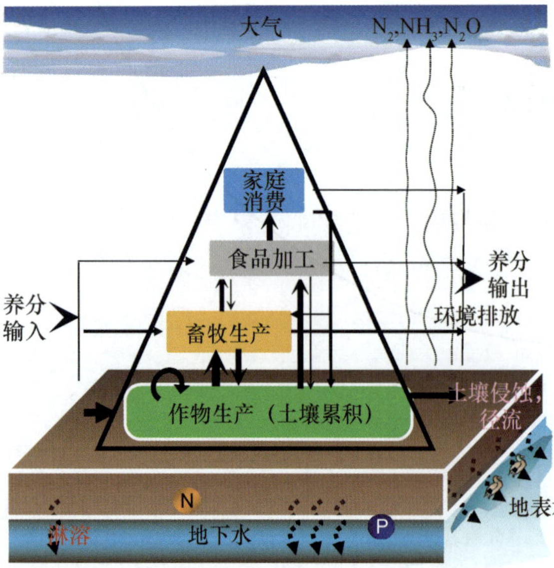


图2-7 食物链系统养分流动模型（NUFER）

不可否认的是NUFER也存在某些不足，例如：对各类环境排放模拟不够细致，缺乏验证；情景分析往往以技术情景为主，只是针对某一方面“最乐观”的影响，不考虑差异性、不计成本地采用某种技术组合减排，这种减排策略对于改善环境是“最乐观”的，但得出的结论只能用于方向性指导，缺乏实际操作性。尽管NUFER模型在某些方面存在不足，但是具有不可替代的全面性（多尺度、多环节），兼容性好，不足之处可通过耦合其他专门模块加以完善，因此NUFER模型作为NUFER-AGD模型框架的核心是最优选择。

表2-1 不同尺度食物系统养分流动研究重点及其意义

| 研究尺度 | 主要研究对象 | 模型主要功能 | 重要应用领域 |
|---|---|---|---|
| 全球/国家尺度 | 整个食物系统 | 分析不同国家养分流动历史变化特征及影响因素，阐明农牧生产技术改进、区域环境政策调控、膳食结构优化和全球贸易增加对食物系统的影响 | 为国家农业绿色发展重大战略提供科学支撑 |
| 区域/流域尺度 | 种养生产与环境系统的关系 | 分析不同流域养分环境排放特征，识别热点环境排放区和生态脆弱区 | 为区域环境管理政策的制定提供科学依据 |
| 农户/农场尺度 | 种养生产系统 | 分析不同类型和管理模式的农田、畜禽养殖和农户（农场）的养分利用效率和环境排放特征及其影响因素 | 为优化农户养分管理行为提供科学依据 |

NUFER 模型的土壤模块引入了著名的 MITERRA 模型的土壤机理过程，MITERRA 模型利用消减因子建立了一套模拟区域和国家尺度农田氮素淋溶和径流的方法。其特点为：①模型运算和参数相对较少，适合于区域和国家尺度研究；②基于区域农田氮素投入与产出等人为影响因素进行计算；③引入土壤类型、土壤有机质含量、作物根长度、土壤耕层厚度、坡度、植被覆盖情况、平均温度和有效降雨量等自然影响因子使模拟结果更接近于真实值。

在农户尺度重点关注种养生产系统，NUFER 模型可以分析不同类型和管理模式的农田、畜禽养殖和农户（农场）的养分利用效率、环境排放特征及其影响因素，为优化农户养分管理行为提供科学依据，可作为农户尺度农业绿色发展指标体系的定量工具。Zhao 等（2017）利用 NUFER 模型，分析了海河流域 400 余个不同类型农户的种养系统养分流动特征，发现种养结合农场的养分利用效率比单一作物种植户和单一集约化养殖场高 5%～9%，同时其氮、磷环境损失分别较集约化养殖场低 20%～42%和 69%～78%。Wei 等（2016）利用 NUFER 模型，分析了北京都市型集约化养殖场养分流动特征、氮磷养分利用效率及环境损失途径，同时选取 13 个指标对都市畜牧业环境、经济和社会效益进行了定量评价，完善了农户尺度种养系统的评价指标体系。

在区域和流域尺度重点关注种养生产系统与环境系统的关系，NUFER 模型通过分析不同流域养分环境排放特征，识别热点环境排放区和生态脆弱区，为区域环境管理政策的制定提供科学依据，可以作为区域和流域尺度农业绿色发展指标体系的定量工具。Ma 等（2012）在省域尺度上揭示了 1980—2005 年氮磷流动时空变化规律，揭示了京津冀、珠三角、长山角地区 25 年间氮素损失量快速增长的事实。基于上述特征和农业面源污染和水环境问题，Bai 等（2018b）将 NUFER 模型与地下水硝酸盐监测数据、环境公报发布的水质数据、分县农业统计资料和土壤地质信息等数据结合，揭示了我国县域尺度农牧系统氮磷养分环境排放的历史变化趋势，初步划分了我国氮磷生态脆弱区和潜在脆弱区（Wang et al.，2018）。该研究为推进化肥减施、有机肥替代、畜禽粪尿资源化、面源污染阻控和农业绿色发展等重大行动提供了重要依据。针对农牧系统氨挥发和空气质量下降问题，Bai 等（2019）利用 NUFER 模型，提出初步构建划定我国区域氨排放阈值的理论框架，即①以氨与 $PM_{2.5}$ 联动的人体健康评价为核心；②兼顾氨排放与区域森林、草地和海洋生态多样性关系；③统筹生态红线划分和氨减排的成本效益。同时避免农业源污染的空间转移和形态转变，即：避免因设定氨排放阈值导致贫困地区氨排放增加或硝酸盐脆弱区的氮素淋失风险增加（Bai et al.，2019a）。上述研究为大气雾霾、区域面源污染综合防控的技术研发和政策制定提供了科学依据。此外，Zhao 等（2017，2019b）还针对农业主产区和养分环境排放热点区域（华北平原/海河流域）进行综合分析，揭示了海河流域农牧系统氨挥发和未来减排潜力。

在国家尺度重点关注整个食物系统，NUFER 模型可用于分析不同国家养分流动的历史变化特征及其影响因素，阐明农牧生产系统技术改进、区域环境政策调控、膳食结构优化和全球贸易增加对食物系统养分利用效率的影响，为国家农业绿色发展重大战略提供科学支撑。因此该模型可作为国家尺度农业绿色发展指标体系的定量工具。Ma 等（2010）利用 NUFER 模型分析发现我国作物生产氮效率从 1980 年的 32%降低到 2005 年的 26%；而畜牧业氮效率提高了 1 倍；食物系统氮效率从 16%降低到 9%。1980—2005 年，土壤—作物系统的氮环境损失由 940 万 t 增加到 2 700 万 t；畜牧业氮环境损失增加了近 4 倍；食物系统氮环境损失约增加了 2 倍。该结果揭示了我国食物系统养分利用效率较低且持续下降、损失高且持续增加的历史演变规律，加深了对食物系统与环境损失之间定量关系的理解（Hou et al.，2015）。以中国奶业产业为例，通过定量分析中国牛奶消费与全球环境之间的关系，研究表明，2050 年中国牛奶消费总量将达到 2010 年牛奶产量的 3 倍，在基准情境下耕地需求量、温室气体排放量和活性氮损失量将分别增加 32%、35%和 48%；通过提高饲料品质、奶牛养殖生产效率和畜禽粪污资源化利用效率等全产业链提质增效的绿色生产措施，不仅能满足未来奶产品需求，同时减少 30%耕地需求和 12%温室气体排放。该研究为中国奶业振兴提供了科学依据，对全球牛奶生产体系可持续发展也具有重要借鉴意义。

**2. 水环境系统分析模块的研究方法**

水环境分析模块是 NUFER 模型定量分析向水环境分析的延伸，该模块包含 3 个模型、两项功能，其中 Global-NEWS 2(Mayorga et al.，2010)和 MARINA 模型(Strokal et al.，2016a，2016b)用来量化养分流从源头向河口、入海口的迁移和滞留于各级河网的情况，并通过 ICEP(沿海富营养化潜力)等指标体现其环境影响，选用这两个模型是由于不同尺度下氮磷养分在水体中迁移机制不同，并且二者原理一致，与 NUFER 模型同属养分流动经验模型，因此耦合效果较佳；PCLake 模型(Scheffer and Jeppesen，2007)属于系统动力学模型，具有强大的展现稳态转换的能力，用于确定湖泊水体氮磷投入的阈值，并可进一步利用该阈值进行情景分析、提出减少氮磷负荷的建议。

Global NEWS 2 模型作为一个空间明确的全球流域营养盐输出模型，以年或季节为时间步长来模拟全球 6 000 多个流域不同来源(点源、面源)、不同元素(氮磷、碳、硅)、不同形式(有机可溶性、无机可溶性、悬浮性)的营养盐从陆地向河口及近海的输出量(McCrackin et al.，2014；Mayorga et al.，2010)，该模型已经用于分析全球和多个国家过去(1970—2000 年)及未来(2030—2050 年)流域营养盐的输出情况(Seitzinger et al.，2010)，可作为流域环境管理的定量分析工具。聚焦子流域，Strokal 等(2016a)发展了区域子流域尺度的 MARINA 模型，进一步考虑了畜禽粪尿和人粪尿直接排放入水体的情况，并且针对中国 6 大水系进行了参数的更新和校验，将模型应用于中国长江、黄河、珠江以及海河等重要流域，发现在 1970—2000 年河流中溶解态氮和磷的输出量增加了 2～8 倍，其中 20%～78%溶解态氮和磷来自畜禽养殖点源排放。未来到 2050 年，气候和社会经济变化将会使中国的河流污染情况更加复杂(Wang et al.，2020b)。从季节尺度来看，长江流域氮素输入的季节变化较大，河流输出的氮素夏季最高，冬季最低(Chen et al.，2019)。另外，MARINA 模型也被应用于中国典型湖库流域，Yang 等(2019)研究发现，在 2012 年，官厅水库和白洋淀流域氮磷排放主要来自农业生产，在中国现行农业与环保政策全面执行的情景下，到 2050 年，两个流域氮磷年排放水平可以降至 2012 年排放水平之下。

PCLake 是考虑水生态过程的机理模型，被广泛应用于水生态系统食物网及其环境影响研究中，通过模拟水生态环境和沉积物之间的生物、物理和化学过程相互作用，定量分析污染物排放与水生态环境的响应关系，可为湖库面源污染治理提供科学依据。PCLake 已被应用于中国的太湖、巢湖和滇池等重要湖泊的研究，用于分析湖泊生态系统状态和污染负荷的响应关系(Janssen et al.，2017)。太湖总氮磷负荷需要削减一半以上才能使湖泊大部分区域叶绿素的浓度达到 30～40 μg/L，为了防止太湖浮游植物的大量繁殖即叶绿素的浓度低于 20 μg/L，需要减少近 90%的磷和氮的负荷(Janssen et al.，2017)，可以通过在太湖流域减少肥料氮的应用和提高磷的污水处理效率来实现(Wang et al.，2019a)。Kong 等(2017)在巢湖的研究中发现，与仅由养分负荷驱动的动态变化相比，水位控制降低了临界磷负荷，导致藻华出现的时间大约提早 10 年。PCLake 在滇池应用的结果表明，2012 年，流域向滇池输入的氮磷负荷量分别是草海和外海的氮磷负荷限值的 82 倍和 17 倍(Li et al.，2019b)。

**3. 大气环境系统分析模块的研究方法**

GAINS(Greenhouse Gas-air Pollution Interactions and Synergies)模型与食物系统模型(NUFER)

耦合，是 NUFER-AGD 模型的大气环境分析模块。在农业绿色发展系统研究模型运用中，主要发挥作用的是其大气化学—扩散转化模块和成本—效益分析模块，食物系统各环节释放的 $NH_3$、$N_2O$ 等气体驱动大气化学－扩散转化模块，进而模拟历史和未来各时期气体的空间分布情况，成本效益分析模块是整个模型系统优化分析的一部分，寻求最大综合效益下的大气污染、气候变化缓解政策和技术组合。

GAINS 模型是由国际应用系统研究所(International Institute for Applied Systems Analysis，IIASA)开发的研究温室气体和大气污染协同作用的综合评估模型，主要为环境政策制定提供科学依据(Amann et al.，2011)。模型从研究区域未来经济发展、能源结构变化以及减排措施等驱动因素出发，利用大气化学转化—扩散模型模拟未来大气污染物分布状况，在此基础上综合考虑减排技术成本、量化人类和环境健康价值，通过成本效益分析寻求代价最小的温室气体减排和大气污染防治方案。目前模型能够对 5 种大气污染物($PM_{2.5}$、$SO_2$、$NO_x$、VOC、$NH_3$)和 6 种温室气体($CO_2$、$CH_4$、$N_2O$、HFCS、PFCs、$SF_6$)进行综合评估，并且针对亚洲开发了 GAINS-Asia 版本。模型对农业 $NH_3$ 排放的计算主要考虑化肥施用和畜禽粪尿管理两部分，其中畜禽粪尿 $NH_3$ 排放是采用物质流分析的方法估计的，即通过计算"畜禽圈舍—粪尿储藏与处理—施用"链条各阶段的养分损失来提高估算结果的准确性，但是该模型尚未考虑畜禽粪尿直接水体排放对 $NH_3$ 排放结果的影响；在估计化肥 $NH_3$ 排放量时，考虑了不同化肥种类的氨排放系数差异，但该模型仅区分了尿素/碳铵和其他化肥两种类型。GAINS 模型还可用于评价氨排放对 $PM_{2.5}$ 环境浓度的影响，其中年均 $PM_{2.5}$ 浓度采用源—受体矩阵来估计。Zhao 等(2017)利用 GAINS 模型，定量分析了海河流域农牧系统氨挥发特征和未来的减排潜力，研究表明海河流域农牧系统氨排放量为 1 179 Gg，全流域 54%的氨挥发来自占流域总面积 17%的 6 个热点区域，通过优化农牧系统养分管理技术可使氨排放数量比基线情景减少 45%，且有助于减少区域 $PM_{2.5}$ 产生数量。

**4. 土地利用分析模块的研究方法**

土地既是农业活动中最重要的生产资源也是保持生态稳定、缓解气候变化重要的生态资源，而土地面积是固定的，生态承载力也在一定限度之内，基于这一特性，我们将 GLOBIOM(Global Biosphere Management Model)模型(Havlík et al.，2011)与 NUFER 模型耦合，作为整个系统研究方法的土地利用模块，试图合理地预估未来食物系统生产、消费和贸易情况。该模块的工作机制是：以生态足迹理论和理性人假设为基础，事先折算非货币化的社会、生态效益，以各利益相关者的综合效益最大化为目标，土地面积不变、产品市场出清、土地生态承载力为平衡或约束条件，进而探索和设计国家或区域农业绿色发展路径。

GLOBIOM 模型耦合了 4 个宏观尺度的全球模型：EPIC(Environmental Policy Integrated Climate Model)、RUMINANT、BIOENERGY 和 G4M(The Global Forest Model)模型，分别用于计算全球栅格尺度下作物、畜禽、生物燃料和木材的供给情况，并具有对土地利用类型变化和温室气体排放模拟功能。在需求侧，模型基于未来人口、人均 GDP、产品生产成本和均衡价格(包括关税、运输成本和能力约束)的预测，对商品的内生需求和区域间的双边贸易流动进行预测，从而形成了一个由 30 个经济区域(中国是其中独立的经济体)组成，包括 18 种主要作物和 7 种牲畜产品的商品市场。该市场以总盈余(消费者盈余＋生产者盈余)最大化为目标，资源限制和市场出清为约束，以 10 年为步长进行动态优化，实现了对资源利用—产品生产—贸易—温室气体排放过程的综合模拟。利用 GLOBIOM 模型分析土地利用，Havlík 等(2011)发现用于生物质燃料生产与耕地、草地争地时，对资源环境产生的负面效应高于与林地或未利用地争地的情形，并可能导致农产品价格的上升，因此政府制定生物质燃料生产政策时要综合考虑经济、生态、社会效益。Havlík 等

(2014)利用 GLOBIOM 模型定量分析了不同畜牧业政策对温室气体排放的影响，揭示了畜牧生产与土地利用结合的政策优化情景较单纯畜牧生产优化的情景温室气体减排高 5～10 倍，并且能保障发展中国家民众的营养健康和生态系统的稳定性。

**5. 农业绿色发展与全球可持续发展目标关联分析模块**

尽管通过模型耦合能够输出定量的结果，但这些结果多是基于生物物理或数理统计知识得到的各个过程的流量和存量，未能在农业绿色发展研究框架下给出系统的研究结果，更不能进行全链条定量评价，且对社会经济驱动机制的理解也较弱。因此我们将模型与国内外广泛运用的理论框架和全球重大行动耦合，构建农业绿色发展指标体系，以期实现农业绿色发展从系统认知到实际运用的跨越。在资源环境研究领域，被广泛接受并实际应用的概念框架主要包括驱动力—压力—状态—影响—响应概念框架(DPSIR)、可持续发展目标(SDGs)以及行星边界理论(PBs)概念框架。这些理论和概念框架覆盖了资源环境和人类发展的各个方面，并且有着相对严谨的推理论证过程，但是都不同程度地存在着量化不足的问题。

DPSIR 框架最初由经济合作与发展组织(OECD)在 1993 年对压力—状态—响应(PSR)模型和驱动力—状态—响应(DSR)模型修订而提出，其中压力指标表征人类经济和社会活动对环境的作用，状态指标表征特定时间段的环境状态和环境变化情况，响应指标指社会和个人如何行动来减轻、恢复和预防人类活动对环境的负面影响的措施，很好地揭示环境与人类活动的因果关系。SDGs 框架(van Noordwijk et al.，2018)是 2015 年 9 月在联合国峰会提出的，它可以被理解为一个可持续发展蓝图，针对人类面临的全球性挑战，提出了包括贫困、气候变化、环境退化、和平和公平议题在内的 17 个相互关联的总体目标，但各目标之间并非是相互促进的，甚至某些具有相互抑制的趋势，因此需要基于不同研究背景对其进行权衡。Planetary Boundaries(PBs)最初由 Johan Rockström 提出(Rockström et al.，2009)，从 9 个关键的地球系统过程出发定量了人类发展的扰动限值，即全球安全利用资源或环境排放的限值，但是该框架立足于全球尺度，对各个国家和地区并没有强约束力，因此亟须降低尺度到国家甚至更小的尺度增强其政策关联性(Lucas et al.，2020)。

在农业绿色发展领域，国内学者针对上述概念框架做出了有益的探索，Bai 等(2018c)基于 DPSIR 框架，构建了包括经济社会因素(人均 GDP、城市化水平等指标)、资源环境因素(饲料、土地、外源氮素、温室气体、活性氮和氮素利用率等)等在内的畜牧业绿色发展指标体系，剖析了中国畜牧业转型驱动力及其对资源环境的影响。Ma 等(2019)以资源需求、资源利用效率和环境影响为纽带将食物系统养分流动与 SDG 目标相联系，将上述三部分细化为 NUFER 模型可量化的指标，具体包括：资源需求(水、土地和化肥投入)，资源利用效率(氮、磷利用效率)，环境影响(氮、磷和温室气体排放量)，构成了食物系统绿色发展指标体系，探索了未来食物系统可持续发展情景。

### 2.4.3 农业绿色发展系统定量研究的案例

以食物系统为研究对象，基于“自上而下”和“自下而上”相结合的定量研究的思路，利用多指标关联分析模型和评价指标体系，协同国家农业绿色发展多目标，以流域尺度绿色资源和环境阈值为约束，定量设计农业绿色发展系统解决方案，提出全产业链农业绿色发展技术实现路径。以下介绍农业绿色发展系统定量研究案例。

**1. 我国食物系统绿色发展的多目标优化的潜力**

伴随着农业生产结构和方式迅速转型，我国集约化农业和畜牧业数量快速增长，对国内和全球的粮食安全、土地利用、资源消耗、温室气体排放和氮磷等环境损失产生了非常重要的影响，但是之前的研究对农业转型和农业绿色发展指标体系的分析不足，多是定性的描述，缺乏定量分析。

Ma 等(2019)在 NUFER 模型的基础上，发展了多指标关联和评价模块，对中国可持续食物系统的目标、实现途径和可持续性评价开展深入研究。利用自上而下的方法，从食物链视角设计农牧生产结构，研究表明：2030 年，我国饲料粮、口粮和各种畜产品的需求量还将大幅度增加。如果不做任何改进，与 2010 年相比，2030 年耕地、草地、水、氮肥、磷肥等资源代价将增加 10%～81%，氮、磷、温室气体等环境代价将大幅度增加 28%～39%。提高农牧业生产力、鼓励健康饮食，适当增加进口将是缓解未来资源环境压力的最优路径，相对于照常路径到 2030 年，可以降低上述资源消耗或环境排放 7%～55%。研究指出在全国范围内继续加强和完善测土配方施肥、耕地地力提升、粪污资源化利用、“科技小院”、居民膳食推荐等具体助农惠农举措对实现农业密切相关的 8 个可持续发展目标具有重要意义。该案例属于“自上而下”的研究思路，也为国家尺度农业绿色发展指标体系构建(张建杰等，2020)和相关政策制定提供了定量方法。

**2. 我国种养系统绿色转型的关键环节及其调控途径**

畜牧业绿色转型是食物系统绿色发展的关键。Bai 等(2018c)利用自上而下的思路聚焦农牧系统，首次将 DPSIR 理论和“食物—土地—水—养分—温室气体”多指标关联分析方法(food-land-water-nutrients-GHGs nexus)结合，定量地描述了过去几十年中国畜牧业转型的变化趋势，揭示了该转型的驱动因素、资源环境效应，并设计了我国未来农牧系统绿色发展的路径。

研究表明，在人口、经济、城镇化以及相关农业政策的驱动下，中国的畜牧业革命以国际上前所未有的速度——仅仅在改革开放前 30 年间就完成了从几千年的农户散养复合功能型向集约化单一功能型的转变。畜禽养殖数量增加了 3 倍，动物蛋白供给增长了 4.9 倍，同时气态和水体氮损失分别升至原水平的 2 倍和 3 倍，满足国民营养需求同时也成为我国农业面源污染的重要原因，并通过饲料贸易(进口增长 49 倍)对全球环境造成巨大影响。新一轮的畜牧业转型必须站在“生产资料—生产过程—农产品—市场—消费”全产业链的高度，以饲料和牲畜集约化生产、畜禽粪尿全链条管理以及饮食结构转变为抓手深入推进。情景分析结果表明上述路径下，环境影响降低至常规情景的 50%～60%，这需要政府、生产企业、零售商和消费者的共同努力。该研究案例属于“自上而下”的研究思路，可为中国畜牧业绿色发展提供理论依据，也对其他发展中国家畜牧业转型发展具有重要的借鉴意义。

通过聚焦关键环节，分析农牧系统和“饲料—粪尿排泄—饲舍—储藏—处理—施用”全链条养分流动特征，指出饲舍和储藏环节氨挥发是养分环境排放的主要环节(Bai et al.，2016，2017)。该研究揭示了农牧结合的关键是探索种养废弃物资源化和减少环境损失的技术途径与模式，包括：①明确不同“土壤—作物—畜牧”系统养分循环规律和环境影响；②探索有机肥替代化肥调控机理与技术途径；③研发畜禽粪尿“畜禽饲喂—畜禽圈舍—粪尿储藏—粪尿加工—粪尿施用”全链条养分循环利用机理和减排技术。该案例属于“自上而下”的研究思路，研究表明发展种养一体化绿色技术，保持种养系统养分高效循环，减少环境损失，提高农牧系统利用率是种养系统绿色发展的关键。

**3. 流域生态环境阈值为约束的农业绿色发展系统解决方案**

在流域尺度设置环境阈值、优化农业布局是自上而下思路的重要体现。Li 等(2019a)基于食物系统养分流动和水环境富营养化的定量关系，提出了基于流域水环境阈值为约束条件的农业绿色发展研究框架：①通过农户调研与监测数据结合，耦合食物链养分流动模型和流域水质模型，定量分析食物系统区域养分流动特征，揭示流域氮磷养分水体排放规律；②阐明流域氮磷排放与水环境富营养化互馈机制，获得水环境富营养化阈值；③利用模型情景分析和农业绿色发展技术经济效益分析结合，探索基于水环境阈值的食物系统绿色发展调控途径。基于上述思路，利用 Back-casting 的研究方法开展了案例研究，以黄淮海流域对海洋富营养化阈值（富营养化潜势—ICPI）为约束条件，分析了农牧业生产系统向水环境养分排放的最大阈值是全氮和全磷，这比现有排放减少了 50%～90%；通过情景分析，验证了 54 种技术组合，其中 7～25 个技术组合可以实现不同子流域的氮磷减排目标的 40%～100%，畜禽废弃物循环及有机肥替代化肥、低氮磷饲料喂养和污水磷回收等是减排的关键技术途径。该案例属于“自上而下”的研究思路，可为流域和区域农业环境政策的制定提供了科学依据，从而支撑农业绿色发展。

Bai 等（2018b）出于对我国水体氮磷污染严重以及相关治理政策缺乏数据支撑的考量，建议并初步划分了中国氮磷生态脆弱区和潜在脆弱区，结果表明：两类区域合计约 6 800 万 $hm^2$ 耕地，其中脆弱区占 78%，潜在脆弱区占 21%。大部分硝酸盐脆弱区分布在农业生产密集的环渤海区域。东北地区的黑龙江省及长江三角洲部分地区，由于作物和畜牧生产集约化、地下水位浅，且地下水硝酸盐浓度高等因素，也被划分为脆弱区。此外，位于西南地区的四川和重庆地区，由于当地属丘陵地貌，氮磷径流损失风险较高，因此也被列入了脆弱区内。基于上述划定结果，Lu 等（2019）构建了硝酸盐脆弱区分区养分管理策略，将施肥、灌溉和粪污管理措施按脆弱区类型进行分级，较以往国家层面研究有效提高了各管理措施的可行性和情景模拟的精度。该案例属于“自上而下”的研究思路，结果表明分区策略可使农牧生态系统氮素水体排放量减少 40%～52%，潜在脆弱区面积可消减 50%以上。

**4. 全链条技术路径支撑农业绿色发展**

以我国奶牛生产系统氨挥发减排为例，结合自上而下与自下而上的研究思路，养殖场原位监测、技术验证实验和模型结合，介绍全链条技术途径如何支撑农业绿色发展的案例。利用 NUFER 模型，系统地分析了中国奶牛养殖系统氮素利用及不同氮素损失途径的时空变异，阐明了 1980—2010 年中国奶牛养殖系统在不同水平的氮素利用效率以及不同途径氮素损失的历史变化，其中氨挥发是最重要的氮素环境排放途径。同时，利用光声谱—二氧化碳平衡法对华北平原两种典型的清粪模式的奶牛圈舍的氨挥发进行了原位测定，每年每头标准牛氨损失量分别为 21～25 kg（$NH_3$），相当于总饲料氮投入的 9.7%和 12%，弥补了中国氨排放清单中奶牛圈舍环节排放参数的空白，也进一步验证了氨挥发是奶牛养殖系统氮素环境损失的最主要途径。

利用“自上而下”的研究识别了奶牛养殖系统氮素主要损失途径是圈舍和储藏过程氨挥发，进而利用模拟试验和监测，开展了“圈舍—储藏”全链条氨减排试验，探索了不同减排措施对“圈舍—储藏”链条氨气排放的影响，并在分析氨气排放的同时，分析了氨减排措施对甲烷和氧化亚氮排放的影响，提出了低蛋白日粮投入、漏缝地板下粪污表面酸化、蛭石覆盖粪尿混合物、乳酸酸化蛭石覆盖粪尿混合物、蛭石覆盖液体粪污、乳酸酸化蛭石覆盖液体粪污、塑料薄膜覆盖固体粪污和固体粪污压实等奶牛场全链条氨挥发减排的技术途径。“自下而上”的研究思路和 GAINS 模型方法相结合，分析了奶牛场不同减排技术途径在各个环节的氨减排效果（3%～98%），验证了区域和国家尺度氨减排潜力和成本[15～45 $/kg(N)]。从国家尺度来看，通过圈舍表面粪污酸化可以得到最好的减排潜力，考虑技术实施成本，降低日粮蛋白投入具有最佳经济效益（Zhang et al.，2019）。该案例属于“自下而上”的研究思路，可为奶牛养殖氨挥发减排政策的制定提供理论依据，从而支撑奶牛养殖业绿色发展。

系统分析方法是农业绿色发展研究重要研究方法之一，有助于理解食物系统各环节之间的关联关系，定量分析农业绿色发展的目标、指标、解决途径和系统评价，阐明各种优化措施对全产业链的影响。本研究提出了“自上而下”与“自下而上”结合的农业绿色发展系统定量研究思路；在农户—流域—区域—国家—全球多尺度下，构建了以食物系统定量分析为核心的农业绿色发展系统分析耦合模型；初步梳理了农业绿色发展系统定量研究案例。

利用“自上而下”和“自下而上”的研究思路和系统分析方法，以农业绿色发展系统分析耦合模型(NUFER-AGD)为工具，农业绿色发展系统研究：①定量了国家尺度食物系统多目标优化的潜力，指明提高农牧生产力、引导健康饮食是减小我国未来资源环境压力、实现可持续发展目标的最优路径；②明确了畜牧业转型是农业绿色发展的关键，尤其要以饲料和牲畜集约化生产、畜禽粪尿全链条管理以及饮食结构转变为重点来推进这一进程；③以流域环境阈值为约束条件划定了我国重点流域的氮磷排放限值、确定了我国氮磷生态脆弱区的范围，强调了有机肥替代化肥等促进畜禽废弃物循环措施是减少水体污染的关键；④通过发展粪尿全链条管理技术，遴选了圈舍表面粪污酸化、降低日粮蛋白投入等高效减氨增效技术，支撑奶牛养殖业绿色发展。“自上而下”的研究思路，结合了“自下而上”研究提供的技术参数、调研数据定量设计国家、流域、县域和全产业链的农业绿色发展系统解决方案。“自下而上”的研究思路，落实了“自上而下”研究中提出的政策、技术路径，研发畜牧业减排关键技术，切实助力农业农村生态生活环境改善，二者相互支撑、相互促进。

## 2.5 农业绿色发展的评价体系

推进农业绿色发展已经成为实施乡村振兴战略和满足人民美好生活需求的重大国家需求。然而，农业绿色发展如何进行科学的定量表征？如何对不同尺度的农业绿色发展进行定量评价？如何系统设计农业绿色发展的实现路径？上述问题的存在表明亟需从科学视角构建农业绿色发展指标体系和定量分析方法。为此，在明确了农业绿色发展的科学内涵、基本特征和主要目标(马文奇等，2020)的基础上，从社会、经济和生态环境3个维度入手，建立了一套适用于科学研究的指标体系，涵盖社会、经济、生产力、资源、环境5个方面。一方面实现对我国农业绿色发展现状的定量评估，另一方面为定量设计区域农业绿色发展的实现路径研究提供方法(金欣鹏等，2020)。

### 2.5.1 指标体系构建方法

**1. 指标体系构建原则**

基于中国农业绿色发展的科学内涵和要义，在构建农业绿色发展指标体系时，主要体现了系统性、完整性、协同性、科学性和可行性的原则。系统性主要是突出了整个食物系统(“食物生产—加工—消费”全链条)和“绿色”与“发展”协调的系统目标，并具体体现在社会发展、经济增长、生产高效、资源节约和环境友好等全方位目标；完整性则明确了农业绿色发展的研究边界是从生产环节、加工环节到最终的消费环节，指标的选择覆盖了从“生产—加工—消费”整个链条的主要因素，指标的评价对象则涉及山、水、林、田、湖、草等整个生命共同体；协同性强调了指标之间的响应、联动关系，通过对指标体系中指标的优化和调控，来协调整个食物系统的良性发展；科学性则强调指标对农业绿色发展内涵、特征和目标的科学表达，有利于解析农业绿色发展的瓶颈问题、制约因素及其实现途径；可行性主要考虑了数据可得性和基础数据获取的难易程度，确保每个指标都有可靠的数据来源和科学的计算过程。

**2. 指标体系构建过程**

首先根据农业绿色发展的概念、内涵与总体目标，对相关的指标元素进行列单；然后从社会、经济、生产、资源和环境5个方面定义、选取和分类指标；进一步剔除数据不易获取和内相关性很强的指标，部分生态环境指标虽然暂时无法获取数据，但对于评价农业绿色发展意义重大，因此进行了保留；并多次通过专家论证的方式对指标进行进一步的筛选，最终建立了相对完善的中国农业绿色发展评价指标体系。考虑到各个指标的特征及其在指标体系中的作用，进一步将每一类指标细化为3个子类，即直接指标、间接指标和可选指标。直接指标是能够直接表征农业发展在社会、经济、生产、资源和生态环境方面特征，并对农业绿色发展的基本性状进行评价的一类指标，譬如农业资源使用强度、生产效率、环境代价、饮食结构等直接反映食物生产-消费特征的指标；间接指标本身不直接反映农业绿色发展的特征，却是国际公认的农业可持续发展的重要驱动或影响因素类指标，如人均GDP、城镇化率等社会经济指标，或者反映农业绿色发展产生的间接效应，如水体、土壤与大气的环境质量等；可选指标则为了体现区域特色，并根据区域自然条件与社会经济发展条件进行设定，例如在反映区域植被覆盖时，建议在山区选择森林覆盖率，而在牧区或半牧区则优先选择草地覆盖率(表2-2)。

**3. 指标数据获取来源与计算**

农业绿色发展指标体系中各项指标均可从《中国统计年鉴》《中国农村统计年鉴》《中国农业统计年鉴》《中国畜牧统计年鉴》《中国环境年鉴》《中国休闲农业年鉴》《环境公报》等年鉴资料中获取，对于区域尺度的农业绿色发展研究，可以从相应区域的对应年鉴资料中获取基础数据。社会、经济指标的计算依赖于统计资料，而生产、资源和环境指标的计算，涉及食物“生产-加工-消费”系统的物质流动与养分平衡，需要借助于食物链养分流动模型(Ma et al.，2010)(Nutrient Flows in Food Chains, Environmental and Resources, NUFER)计算区域的资源投入、利用效率、生产力水平和环境损失等指标。

**4. 农业绿色发展水平分级**

在确定指标后，以联合国可持续发展目标、中国政府发布的农业发展行动纲要和发展目标以及国际先进国家的环境减排水平等作为分等定级的原则和依据，通过查阅文献、分析区域发展水平、结合专家咨询的方式将每个入选指标的绿色发展程度分为4个等级：Ⅰ级表示绿色发展程度最好，Ⅱ级次之，Ⅲ级较差，Ⅳ级表征绿色发展程度最差(具体分级依据见表2-2)。

**5. 资源投入与环境排放类指标的计算**

考虑到农业生产过程中资源投入和环境排放涉及耕地、园地和草地等多种类型，本研究为了尽量准确评估资源投入强度和环境排放强度，在计算氮、磷、农药、农膜等使用强度时，把农作物播种总面积作为分母；在计算灌溉水的单位用量时，则考虑的是农田灌溉面积；而在考虑氮盈余、氮淋洗、氮径流、氨挥发、$N_2O$排放与温室气体(GHG)排放等环境损失时，考虑了耕地、园地和草地等多种土地利用方式，在内蒙古、宁夏、甘肃、西藏和新疆5个牧区，则进一步考虑了天然草地的贡献。

## 2.5.2 指标体系概况

**1. 社会发展指标**

社会发展指标主要反映区域农业生产的基本条件和发展水平、社会发展对农业生产的驱动作用和农业发展如何满足人类消费需求、对促进民生福祉的作用。所有指标的具体含义及分级依据如表2-2所示。

农业投入占财政总支出比例(S-D-1)为直接指标，用于反映区域内政府对农业的重视程度和支持力度。卡路里作为能量标准单位，任何动植物产品都可以进行折算，而蛋白也是常用的营养标准单位，且与食物氮素含量有很好的相关性，因此将人均卡路里摄入量(S-D-2)和人均蛋白摄入量(S-D-3)作为直接指标，分别从粮食需求和营养角度反映了农业发展对民生福祉的影响。农业机械化水平(S-D-4)和农田灌溉水平(S-D-5)作为农业发展的基础保障，在不同农业自然条件和生态类型都具有普遍适用性，将二者作为直接指标来反映区域的农业生产条件。农民受教育程度(S-D-6)可以直接表征区域农民的知识水平和接受新科学、新技术的能力，且数据可以从统计年鉴中获取，将其设定为直接指标。

表 2-2 中国农业绿色发展评价指标体系与分级标准

| 分类 | 编号 | 指标 | 指标分级标准 | | | | 分级依据 | 指标含义 | 数据获取途径 |
|---|---|---|---|---|---|---|---|---|---|
| | | | Ⅰ | Ⅱ | Ⅲ | Ⅳ | | | |
| 社会发展 | S-D-1 | 农业财政投入比例/% | >20 | 15～20 | 10～15 | <10 | 马晟祯,2014 | 区域当年农业财政投入占政府总财政支出的百分比,反映政府对农业发展的支持力度 | 统计年鉴,农村统计年鉴 |
| | S-D-2 | 人均卡路里摄入量/[kcal/(cap.·d)] | 2 200～2 300 | 1 700～2 200<br>2 300～2 800 | 1 200～1 700<br>2 800～3 800 | <1 200<br>>3 800 | Chaudhary,2018;喻朝庆,2019 | 区域当年人均每日消费各种食物的能量总和 | 统计年鉴,农村统计年鉴,食物链养分流动模型 |
| | S-D-3 | 人均蛋白质摄入量/[(kg/(cap.·年)] | >23.7 | 21.3～23.7 | 19～21.3 | <19 | 中国营养学会,2002 | 区域当年人均每年消费各种食物的蛋白总和 | 统计年鉴,农村统计年鉴,食物链养分流动模型 |
| | S-D-4 | 农业机械化水平/[kW/(hm$^2$·年)] | >5 | 3～5 | 1～3 | <1 | 李安宁,2017 | 区域当年单位耕地面积机械动力投入量 | 统计年鉴 |
| | S-D-5 | 农田灌溉水平/% | >50 | 30～50 | 10～30 | <10 | 专家咨询 | 区域当年有效灌溉面积占耕地面积的百分比 | 统计年鉴 |
| | S-D-6 | 农业人口受教育程度/% | >50 | 30～50 | 10～30 | <10 | 专家咨询 | 区域当年农民家庭劳动力中高中及以上学历数量占农业劳动力的百分比 | 统计年鉴,农村统计年鉴 |
| | S-I-1 | 城镇化率/% | >60 | 40～60 | 20～40 | <20 | 联合国经济和社会事务部人口司,2014 | 区域当年城镇人口与总人口的百分比 | 统计年鉴 |
| | S-I-2 | 人均耕地占有水平/(hm$^2$/cap.) | >2.5 | 0.79～2.5 | 0.2～0.79 | <0.2 | 专家咨询 | 区域当年单位农村劳动力所拥有的耕地面积 | 统计年鉴 |
| | S-I-3 | 动物蛋白消费比例/% | 30～35 | 25～30<br>35～40 | 20～25<br>40～45 | <20<br>>40 | 专家咨询 | 区域当年动物性食品蛋白摄入量占总蛋白摄入量的百分比 | 统计年鉴,农村统计年鉴,食物链养分流动模型 |
| | S-O-1 | 食物自给率/% | >100 | 75～100 | 50～75 | <50 | 喻朝庆,2019 | 以氮为指示指标,区域内当年所生产各种食物的氮素产生量总和与所消费食物的氮素总和的百分比 | 统计年鉴,农村统计年鉴,食物链养分流动模型 |
| | S-O-2 | 土地流转比例/% | >50 | 30～50 | 10～30 | <10 | 专家咨询 | 当年区域内流转土地与耕地总面积的百分比 | 统计年鉴 |

续表 2-2

| 分类 | 编号 | 指标 | 指标分级标准 | | | | 分级依据 | 指标含义 | 数据获取途径 |
|---|---|---|---|---|---|---|---|---|---|
| | | | Ⅰ | Ⅱ | Ⅲ | Ⅳ | | | |
| 经济增长 | E-D-1 | 单位面积农业产值/(万元/hm²) | >16.3 | 5.1～16.3 | 1.3～5.1 | <1.3 | 专家咨询 | 区域当年农业总产值与耕地、园地和人工草地总面积之和的比值 | 统计年鉴，农村统计年鉴 |
| | E-I-1 | 人均 GDP/(万元/cap.) | >9 | 3～9 | 0.7～3 | <0.7 | The World Bank，2019 | 区域当年地区生产总值与总人口的比值 | 统计年鉴 |
| | E-I-2 | 食品工业化水平/% | >3 | 2～3 | 1～2 | <1 | 戴小枫，2018 | 区域当年食品工业产值与农业生产总值的比值 | 食品工业年鉴 |
| | E-O-1 | 农村恩格尔系数/% | <30 | 30～40 | 40～50 | >50 | 温鑫，2015 | 区域当年农村居民用于食品消费支出与消费总支出的百分比 | 统计年鉴，农村统计年鉴 |
| | E-O-2 | 农村居民人均可支配收入/(万元/cap.) | >3.8 | 1.18～3.8 | 0.3～1.18 | <0.3 | 车文斌，2015 | 区域当年农村居民人均可支配收入 | 统计年鉴 |
| | E-O-3 | 农业产值占 GDP 比例/% | >35 | 25～35 | 15～25 | <15 | 专家咨询 | 区域当年农业生产总值占地区生产总值的百分比 | 统计年鉴 |
| 农业生产 | P-D-1 | 单位面积卡路里产量/(×10⁴ kcal/hm²) | >2 827 | 2 262～2 827 | 1 696～2 262 | <1 696 | 专家咨询 | 区域内当年各种作物与动物产品的卡路里总产量与耕地面积的比值 | NUFER 模型 |
| | P-D-2 | 单位面积植物蛋白产量/(kg/hm²) | >1 125 | 750～1 125 | 450～750 | <450 | 专家咨询 | 区域内当年各种作物蛋白总产量与耕地面积的比值 | NUFER 模型 |
| | P-D-3 | 单位动物蛋白产量/(kg/LU) | >60 | 40～60 | 20～40 | <20 | 专家咨询 | 区域内当年各种动物蛋白的总产与标准动物单位总数的比值 | NUFER 模型 |
| | P-D-4 | 农田系统氮素利用效率/% | >70 | 50～70 | 30～50 | <30 | Panel E U N E，2015；Ma，2012 | 区域内当年作物系统各种作物氮素携出量与氮素投入总量的百分数 | NUFER 模型 |
| | P-D-5 | 畜牧系统氮素利用效率/% | >19 | 15～19 | 10～15 | <10 | Ma，2012 | 区域内当年畜牧系统各种动物产品(肉、蛋和奶)的氮素携出量与氮素投入总量的百分数 | NUFER 模型 |
| | P-D-6 | 食物系统氮素利用效率/% | >30 | 25～30 | 18～25 | <18 | Ma，2012 | 区域内当年生产食物的氮素携出量与整个食物系统氮素投入量的百分数 | NUFER 模型 |
| | P-O-1 | 蔬菜单产水平/(t/hm²) | >52 | 42～52 | 31～42 | <31 | 专家咨询 | 区域内当年单位面积的蔬菜产量 | 统计年鉴 |
| | P-O-2 | 水果单产水平/(t/hm²) | >28 | 22～28 | 17～22 | <17 | 专家咨询 | 区域内当年单位面积的水果产量 | 统计年鉴 |

续表 2-2

| 分类 | 编号 | 指标 | 指标分级标准 | | | | 分级依据 | 指标含义 | 数据获取途径 |
|---|---|---|---|---|---|---|---|---|---|
| | | | Ⅰ | Ⅱ | Ⅲ | Ⅳ | | | |
| 资源投入 | R-D-1 | 氮素使用强度/(kg/hm$^2$) | <180 | 180～225 | 225～315 | >315 | 朱兆良，2008 | 区域内当年作物生产系统氮素投入总量与总播种面积的比值 | 统计年鉴 |
| | R-D-2 | 磷素使用强度/(kg/hm$^2$) | <35 | 35～50 | 50～65 | >65 | Oenema，2004 | 区域内当年作物生产系统磷投入总量与总播种面积的比值 | 统计年鉴 |
| | R-D-3 | 农药使用强度/(kg/hm$^2$) | <3.5 | 3.5～5.3 | 5.3～7 | >7 | 王禹昕，2017 | 区域内当年农药投入总量与总播种面积的比值 | 统计年鉴 |
| | R-D-4 | 农膜使用强度/(kg/hm$^2$) | <9.78 | 9.78～12.70 | 12.70～26.62 | >26.62 | 专家咨询 | 区域内当年农膜使用总量与总播种面积的比值 | 统计年鉴 |
| | R-D-5 | 灌溉水使用强度/(m$^3$/hm$^2$) | <1 350 | 1 350～2 025 | 2 025～2 700 | >2 700 | 专家咨询 | 区域内当年灌溉用水总量与总灌溉面积的比值 | 统计年鉴 |
| | R-D-6 | 农业劳动力投入水平/(人/hm$^2$) | >5 | 1.26～5.0 | 0.4～1.26 | < 0.4 | 专家咨询 | 区域内当年农业劳动力总数与耕地、园地面积之和的比值 | 统计年鉴 |
| | R-I-1 | 粪尿循环利用率/% | >75 | 55～75 | 35～55 | <35 | 专家咨询 | 区域内当年畜禽粪尿氮还田量与总产生量的百分比 | NUFER 模型 |
| | R-I-2 | 秸秆循环利用效率/% | >80 | 65～80 | 50～65 | <50 | 专家咨询 | 区域内当年秸秆氮还田量与饲用量总和与秸秆产生总量的百分比 | NUFER 模型 |
| | R-I-3 | 农业水足迹/[(m$^3$/(cap.·年)] | 540 | 590 | 640 | 690 | 操信春，2011 | 区域内当年人均农业水足迹 | NUFER 模型 |
| | R-O-1 | 单位农业产值能耗/[kW/万元] | 2 450 | 5 000 | 7 500 | 13 370 | 专家咨询 | 区域内当年各种农业能耗(机械能耗、用电能耗)总和与农业生产总值的比值 | 统计年鉴 |
| | R-O-2 | 单位动物抗生素投入/(kg/LU) | 0.02 | 0.07 | 0.12 | 0.17 | Zhang，2015 | 区域内当年动物抗生素投入总量与标准动物单位总数的比值 | 畜牧统计年鉴 |

续表 2-2

| 分类 | 编号 | 指标 | 指标分级标准 | | | | 分级依据 | 指标含义 | 数据获取途径 |
|---|---|---|---|---|---|---|---|---|---|
| | | | Ⅰ | Ⅱ | Ⅲ | Ⅳ | | | |
| 生态环境 | EN-D-1 | 农田氮素盈余/(kg/hm$^2$) | <80 | 80～160 | 160～240 | >240 | Panel E U N E,2015; Zhang,2019 | 区域内当年作物系统氮素盈余总量与耕地、园地和人工草地总面积之和的比值 | NUFER 模型 |
| | EN-D-2 | 农田氮素径流/(kg/hm$^2$) | <6 | 6～9 | 9～18 | >18 | Chen,2014 | 区域内当年农田氮素径流总量与耕地、园地和人工草地总面积的比值 | NUFER 模型 |
| | EN-D-3 | 农田氮素淋洗/(kg/hm$^2$) | <10 | 10～20 | 20～30 | >30 | 专家咨询 | 区域内当年农田氮素淋洗总量与耕地、园地和人工草地总面积的比值 | NUFER 模型 |
| | EN-D-4 | 农业系统氨挥发/(kg/hm$^2$) | <60 | 60～90 | 90～120 | >120 | 专家咨询 | 区域内当年农牧生产系统的氨挥发总量与耕地、园地和人工草地面积的比值 | NUFER 模型 |
| | EN-D-5 | 生产单位食物氮素环境代价[/kg(N)/kg(N)] | <3 | 3-4.5 | 4.5-6 | >6 | 专家咨询 | 区域内当年整个食物系统的活性氮损失总量与食物氮生产总量的比值 | NUFER 模型 |
| | EN-D-6 | 农业源 GHG 排放强度/[kg($CO_2$ eq)/hm$^2$] | <2 000 | 2 000～3 000 | 3 000～400 | >4 000 | 姚波,2016 | 区域内当年整个食物系统的各种温室气体排放当量总和与耕地、园地和人工草地面积的比值 | NUFER 模型 |
| | EN-D-7 | 土壤有机质水平/% | >75 | 50～75 | 25～50 | <25 | 刘军,2014 | 区域内当年测土施肥数据土壤有机质 3 级水平以上的样点数与样点总数的比值 | 全国科学施肥网(测土配方数据集) |
| | EN-D-8 | 土壤侵蚀模数/(t/hm$^2$) | <1 000 | 1 000～2 500 | 2 500～5 000 | >5 000 | 中华人民共和国环境保护部,2015 | 区域内当年水土流失总量与国土面积的比值 | 水利部(局) |
| | EN-I-1 | 地表水质量/% | >90 | 70～90 | 50～70 | <50 | 中华人民共和国环境保护部,2019 | 区域内当年地表水安全质量 | 中国生态环境状况公报 |
| | EN-I-2 | 地下水质量/% | >90 | 70～90 | 50～70 | <50 | 中华人民共和国环境保护部,2019 | 区域内当年地下水安全质量 | 中国生态环境状况公报 |
| | EN-I-3 | 空气质量/% | >80 | 50～80 | 20～50 | <20 | 中华人民共和国环境保护部,2019 | 区域内当年空气质量 | 中国生态环境状况公报 |
| | EN-I-4 | 生态环境质量/% | >75 | 55～75 | 35～55 | <35 | 中华人民共和国环境保护部,2019 | 区域内当年生态环境质量 | 中国生态环境状况公报 |
| | EN-I-5 | 农村污水处理率/% | >90 | 70～90 | 45～70 | <45 | 专家咨询 | 区域内农村污水处理总量与污水产生总量的百分数 | 中国生态环境状况公报 |

续表 2-2

| 分类 | 编号 | 指标 | 指标分级标准 | | | | 分级依据 | 指标含义 | 数据获取途径 |
|---|---|---|---|---|---|---|---|---|---|
| | | | Ⅰ | Ⅱ | Ⅲ | Ⅳ | | | |
| 生态环境 | EN-I-6 | 农村垃圾处理率/% | >90 | 70～90 | 45～70 | <45 | 专家咨询 | 区域内当年农村垃圾处理总量与垃圾产生总量的百分数 | 中国生态环境状况公报 |
| | EN-O-1 | 森林覆盖率/% | >30 | 22.5～30 | 15～22.5 | <15 | 中华人民共和国中央人民政府，2019 | 区域内当年森林面积与国土面积的百分比(为山区评价指标) | 统计年鉴 Statistical Yearbook |
| | EN-O-2 | 草地覆盖率/% | >30 | 22.5～30 | 15～22.5 | <15 | 专家咨询 | 区域内当年草地面积与国土面积的百分比(为牧区、半牧区评价指标) | 统计年鉴 |
| | EN-O-3 | 畜禽承载量/(LU/$hm^2$) | <2 | 2～4 | 4～6 | >6 | 董红敏，2019 | 区域内当年标准畜禽单位总量与耕地面积的比值 | NUFER 模型 |

注：表中指标分级标准值采取下含上不含的原则；内蒙古、甘肃、青海、西藏和新疆 5 大牧区在计算环境排放时，还应考虑天然草地的面积。

城镇化率(S-I-1)本身不能反映农业绿色发展水平,但是城镇化率是一个国际公认的驱动食物系统饮食消费的重要因素,因此将其纳入间接指标中。人均耕地占有水平(S-I-2)是反映农业发展条件的重要指标,但主要受区域自然条件约束,不易改变,因此将其设定为间接指标。动物蛋白消费比例(S-I-3)用于评价人体动物营养的摄入情况,间接反映饮食消费结构,因此也将其归入间接指标中。

食物自给率(S-O-1)反映一个国家(区域)的食物生产是否能够满足本国(区)消费,在国家尺度上体现战略需求,但是在区域尺度上,食物的供需可以通过国内贸易来协调,因此作为可选指标。土地流转比例(S-O-2)反映区域农业集约化水平,考虑到地区间数据获取的难易程度将其设定为可选指标。

**2. 经济增长指标**

经济增长指标主要评价农业生产的经济效益、农业发展对于经济的贡献和经济发展如何影响农业绿色发展(表 2-2)。

单位耕地面积农业产值(E-D-1)能够直接表征当地农业的经济发展水平,具有普遍适用性,设定为直接指标。

人均 GDP(E-I-1)是国际公认的影响饮食消费的重要因素,设定为间接指标。食品工业化水平(食品工业与农业产值的比例,S-I-2)可以用于间接反映农业产业链发展水平,将其归入间接指标。

恩格尔系数是用来衡量家庭富足程度的重要指标,一个家庭收入越低,用于购买食物支出所占的比例就越大。本书用农村恩格尔系数(E-O-1)来反映农村家庭的富裕程度,归入可选指标。农村人均可支配收入(E-O-2)用于评价农村人口的经济收入水平,农业产值占 GDP 比例(E-O-3)则可以反映农业产业在当地整个经济产业中的地位,因此将这两个指标归入可选指标。

**3. 农业生产指标**

农业生产指标反映农业绿色发展的生产水平,一方面强调农产品的数量与质量并重,在直接指标中选取单位面积卡路里产量(P-D-1)来表征农产品产量水平(数量),用单位面积植物蛋白产量(P-D-2)来表征农作物产品营养生产能力,用单位动物蛋白产量(P-D-3)来表征畜牧的营养生产力水平(质量);另一方面注重资源的利用效率,将农田系统氮素利用效率(P-D-4)、畜牧系统氮素利用效率(P-D-5)和食物链系统氮素利用效率(P-D-6)分别表示 3 个系统的氮素利用效率(表 2-2)。

农业生产指标中未设定间接指标。根据区域发展水平与农业种植结构的特点,将蔬菜单产水平(P-O-1)和水果单产水平(P-O-2)设定为可选指标(表 2-2)。

**4. 资源投入指标**

资源投入指标是指贯穿整个农业产业链的各种能量、物质与劳动力的投入(其中机械投入作为机械化水平已经在社会发展类指标体现,在此不再重复)。农田氮、磷、农药、农膜、灌溉水和劳动力是基本的农业生产投入,将氮素使用强度(R-D-1)、磷素使用强度(R-D-2)、农药使用强度(R-D-3)、农膜使用强度(R-D-4)、灌溉水使用强度(R-D-5)和农业劳动力投入水平(R-D-6)作为直接指标。畜禽粪尿、秸秆等属于二次利用的资源而非直接投入的资源,粪尿循环利用效率(R-I-1)、秸秆循环利用效率(R-I-2)体现农牧生产系统内部农业废弃物资源循环利用程度,将二者设定为间接指标。相对于灌溉水投入强度,农业水足迹(R-I-3)不能直接反映水资源利用强度,因此将其归入间接指标。根据区域间产业发展差异,将单位农业产值能耗(R-O-1)和单位动物抗生素投入(R-O-2)作为可选指标(表 2-2)。

**5. 生态环境指标**

生态环境主要考虑水体、土壤和大气以及整个农业生态系统的环境质量。将单位面积农田氮素盈余(EN-D-1)、农田氮素径流(EN-D-2)、农田氮素淋洗(EN-D-3)、农业系统氨挥发(EN-D-4)、生产单位食物氮素环境代价(EN-D-5)、农业源 GHG 排放强度(EN-D-6)、土壤有机质水平(EN-D-7)、土壤侵蚀模数(EN-D-8)等作为直接指标,将地表水质量(EN-I-1)、地下水质量(EN-I-2)、空气质量(EN-I-3)、生态环境质量(EN-I-4)、农村污水处理率(EN-I-5)和农村垃圾处理率(EN-I-6)作为间接指标。考虑到区域农业产业发展的差异性,将森林覆盖率(EN-O-1)、草地覆盖率(EN-O-2)和畜禽耕地承载力(EN-O—3)作为可选指标(表 2-2)。

### 2.5.3 指标体系的应用例证

**1. 国家尺度的农业绿色发展时空特征及特征分析**

本研究所建立的农业绿色发展指标体系,能够定量分析中国农业发展过程中的资源环境代价。过去几十年,氮素在中国农业集约化进程中总体呈现投入不断增加、农田利用效率开始回升,资源环境代价加剧的特征。本研究所构建的农业绿色发展指标体系,涵盖了作物种植、动物生产、食品加工与食物消费环节的氮素投入、循环利用及各种环境损失等方面,实现了对整个食物系统氮素流动的定量分析。一方面可以用氮素指标来表征农业绿色发展的水平,另一方面可以通过分析指标间关系来调控氮素的管理,进而探明农业绿色发展的实现路径。崔石磊等(2020)选取了其中与氮素相关的 18 个指标,定量阐明了中国 1980—2017 年食物系统氮素的时空变化特征:氮素使用强度总体增加,由 121.2 $kg/hm^2$ 增加至 309.3 $kg/hm^2$;氮素生产能力稳步提升,单位动物蛋白产量和单位面积植物蛋白产量分别由 11.0 kg/LU 和 231.2 $kg/hm^2$ 提高到 28.7 kg/LU 和 582.7 $kg/hm^2$;农田氮素利用效率呈现先下降后回升的变化趋势,由 1980 年的 30.53%下降至 2003 年的 23.89%,之后出现回升的趋势,于 2017 年达 30.14%;环境排放急剧增加,农业源 GHG 排放由 2 362.5 $kg(CO_2\ eq)/hm^2$ 增加至 4 018.5 $kg(CO_2\ eq)/hm^2$。研究进一步系统分析了经济增长、饮食结构改变、农业生产方式转变等因素对氮素指标的影响和驱动作用。该研究是立足国家尺度,选取食物系统绿色发展中氮素相关指标,开展时空变化特征和影响因素分析应用研究的一个案例;该指标体系可为开展国家尺度农业绿色发展相关指标评价、影响因素解析和动态关联分析提供方法。

**2. 区域农业绿色发展关键问题解析**

中国幅员辽阔,地域之间自然条件、资源禀赋和农业生产特征存在明显差异,制约各个区域农业绿色发展的瓶颈问题和影响因素也不尽相同。基于本文构建的农业绿色发展指标体系,通过定量分析指标的变化特征,可以解析出不同区域制约农业绿色发展的各自特色鲜明的瓶颈问题。

宋晨阳等(2020)选取了该指标体系中的 20 个指标,其中直接指标 15 个,间接指标 1 个,可选指标 4 个,定量分析了海南岛农业绿色发展现状和特征,并解析了热带特色农业绿色发展存在的主要问题。海南省制约农业绿色发展的主要瓶颈问题是农药、氮素使用强度过高,2017 年分别达 47.1 $kg/hm^2$ 和 411.7 $kg/hm^2$;农牧系统环境排放较高,2017 年农业源氨排放达 131.4 $kg/hm^2$,其主要驱动因素是种植业结构中热带水果和蔬菜种植比例过高(2017 年二者的种植面积占农作物播种面积的 68.9%),以及畜禽养殖密度过高(2017 年达 7.4 $LUs/hm^2$,远高于本研究所规定的Ⅳ级水平)等。

李雨濛等(2020)则选取了 27 项指标,包含直接指标 18 个,间接指标 6 个,可选指标 3 个,定量分析了河北省县域尺度农业绿色发展的时空变化特征及主要影响因素。结果表明影响河北省农业绿色发展的主要问题是农业化学品投入过高,区域氮素平均投入水平达 330 $kg/hm^2$,农业源环境排放较高,2017 年农业源氨排放达 156 $kg/hm^2$,而农田与畜牧生产环节严重脱节是主要的影响因素。

上述研究是针对不同区域尺度,通过指标体系定量分析各个区域的农业绿色发展指标的时空变化特征;该指标体系可以解析各自区域农业绿色发展的瓶颈问题,以期为区域农业绿色发展的落地实现提供科学支撑。

**3. 产业发展对标分析与综合挖潜**

产业发展是推进农业绿色发展的重要支撑,

产业兴旺也是乡村振兴战略的重中之重。借助于本文所构建的农业绿色发展指标体系,可以实现全产业链的对标分析,找出差距,进而提出挖掘产业潜力的途径。高巍等(2020)以中国奶业为例,基于该指标体系,从社会发展、经济效益、产品生产、资源投入和生态环境 5 个方面选择 28 个指标,进一步丰富和完善了奶业发展指标体系,通过分析中国奶业绿色发展指标的时空变化特征,阐述了中国奶业发展水平虽得到大幅度的提升,但依然存在社会发展缓慢、经济效益差、生产水平低、资源投入高和环境代价大的问题;进一步对标国际奶业发展水平,找出了中国奶业发展在饲料生产、奶牛养殖和奶制品消费等各个环节与国际发展水平的差距,解析了奶业产业发展过程中存在的瓶颈问题与限制因素:①饲料种植环节的资源过量投入,生产单位牛奶的蓝水、耕地、化肥等投入水平远高于国际先进水平,化肥、人工和机械费用投入是影响奶牛饲料生产的主要因素;②奶牛养殖环节的产品生产水平低、资源投入和生态环境代价大,牛奶生产成本高、效益低,其主要影响因素为饲料种植和奶牛养殖技术、管理水平低,种养分离以及不合理的定价机制;③此外,受居民收入、乳品质量、销售渠道和乳糖耐受性等因素影响,中国奶制品消费远低于亚洲平均水平。通过上述指标的对标分析和瓶颈问题诊断,提出了在前端饲料生产环节优化产业布局和生产结构,降低农业化学品投入的建议;而在奶牛养殖环节建议适当增加养殖规模,降低饲料等投入成本、注重环境质量控制;在末端消费环节则建议通过"居民营养计划"等政策制度创新拉动消费需求,促进产业升级。该研究的全产业链指标分析和瓶颈问题诊断,可以为我国"奶业振兴"计划提供定量科学依据。此外,该指标体系可以用于剖析奶企和奶农全产业链中的主要瓶颈问题与具体环节的限制因素,作为奶业升级和优化的重要工具。同时该案例也可为其他农业产业问题诊断、探明优化措施提供借鉴。

### 2.5.4 农业绿色发展指标体系的研究展望

**1. 指标体系的完善与国家基础数据的监测和采集**

农业绿色发展本身是一个综合性的复杂系统,本文力求从科学层面进行尝试性的探索,构建一个全面、系统、定量化的评价指标体系,然而就目前指标的选取、计算和目标值的确定仍然有很大的完善和提升空间。关于指标的选取,考虑到数据可获取性的原则,本研究所确立的绝大多数指标可以通过统计数据和文献资料来获取并进行计算。但是,尽管一些生态环境指标对于农业绿色发展的意义重大,却暂时无法获取,建议未来国家科技管理部门通过设置重点研究专项予以支持。此外,建议国家加强农业生态环境监测与数据采集,并通过特定渠道进行数据公开,为农业绿色发展的评价与系统分析提供基础数据支撑。

除了依赖统计数据作为获取指标的主要来源之外,有些指标譬如杀虫剂和抗生素的使用可能需要在区域有代表性的农场进行实地调研,生物多样性则可能需要借助于遥感的手段来进行监测。另外,国家尺度的指标可能不适用于区域尺度和农场尺度,比如食物自给率,在国家尺度上升为一个战略问题,但在区域尺度则仅仅反映一个区域的农业发展类型。而考虑到中国幅员辽阔,地域之间自然条件、资源禀赋和农业生产特征差异较大,今后可以尝试通过 Benchmarking 的方法并结合区域特点来确定各个指标的区域目标值。

**2. 指标体系的应用与对政策制定和产业发展的支撑**

未来可首先基于本研究构建的指标体系分析中国农业绿色发展现状水平,通过对标分析阐明中国农业绿色发展的差距;然后通过 DPSIR 理论框架进一步分析指标间关系,明确农业绿色发展的影响因素及驱动响应机制,为中国农业绿色发展这项国家战略的政策制定提供决策依据;进而通过 Backcasting 的方法,来定量农业绿色发展过程中的瓶颈问题,同时提出解决具体问题的"撬动杠杆";

最终通过指标体系与系统方法论、数学模型的结合，构建多目标的系统分析方法，系统设计中国农业绿色发展的实现路径。

## 2.6 农业绿色发展的科技创新

### 2.6.1 农业绿色发展科技创新面临的挑战

农业绿色发展是一项非常复杂的系统工程，需要解决诸多科学技术问题，不但要创新理论、方法和技术，还要解决监测与评价、全产业链解决方案和区域落地应用问题，同时也需要构建绿色农业生产标准及法律法规体系，因此，农业绿色发展科技创新面临多方面的挑战，具体表现在以下几个方面。

**1. 农业绿色发展系统研究理论和方法亟待创新**

农业可持续发展一直是国际社会关注的热点。中国农业发展仍然面临着粮食数量和质量日益增长、农业生产资源（耕地、水、养分等）日趋紧缺、生态环境持续恶化、农村人口增收困难等严峻挑战。中国农业向绿色发展转型势在必得，即在解决中国粮食安全问题的基础上，实现资源高效、环境友好、经济增长和营养健康。因此需要建立多目标协同实现和系统分析方法，构建评价指标体系和定量分析的工具。而当前多学科交叉的理论和系统研究方法相对滞后，难以为我国正在全面推进的农业绿色发展提供强有力的科技支撑。

**2. 急需构建区域农业绿色发展监测和评价体系**

在建立科学监测体系基础上，定量评价农业绿色发展既是查找限制农业绿色发展瓶颈问题并提出应对策略的重要手段，也是进行绩效考核、推进区域农业绿色发展的基础性工作，更是科学研究的关注热点。农业绿色发展要依靠科技进步和制度创新，把经济效益、社会效益和生态效益统一起来，走资源节约、环境友好、产出高效、产品安全的农业现代化道路，其中多产出，少污染，大幅度提高效率；提品质，增价值，大幅度提高效益，增加农民收入；节资源，保环境，把绿水青山变成金山银山，实现绿色可持续，这是推进区域农业绿色发展的主攻方向，也是评定区域农业绿色发展的重要指标。目前，我国已经有一些农业绿色发展指标体系的研究工作，但仍是起步阶段，并且没有形成共识；同时，这些指标的监测数据也有较大缺失，即使存在，也分散在不同部门并缺乏统一的标准，更缺少监测数据与评估体系结合的监督机制。

国际上针对可持续发展的评价做了大量工作。联合国 2015 年提出可持续发展议程确定了 17 个大类目标和 169 个具体目标，到 2017 年进一步明确为 262 个具体指标，用来评价各个国家可持续发展状况，但仍然面临数据指标监测、统计和预测模型能力不足的限制。指标体系的构建有利于将不能定量化的问题定量化、将复杂事物变成更容易理解和沟通的条目，并且能够在复杂系统中搭建知识沟通的桥梁，在聚焦缺陷、准确解决问题方面发挥重要作用，但也存在诸如问题过于简化的风险、目标受价值取向主导、政策偏重易定量化的指标等不足。偏颇的指标体系不但不能发挥应有的作用，有可能还会带来负面影响，指标体系的应用要慎重。这些研究为我们提供了可以借鉴的经验。因此，加强科技创新，尽快建立完善的农业绿色发展指标体系及其监测与评估体制，并且与奖惩措施挂钩，就成为农业绿色发展实现的重要保障。

**3. 进一步增强农业绿色发展全产业链解决方案创新动力**

农业绿色发展提倡绿色与发展的协调，而经济是发展的具体表现和评价指标，受市场影响大；绿色生态环境属于公共资源范畴，常常市场失灵，需要政策调控和良好的市场机制设计。食物系统涉及动植物生产、加工、销售和消费多个环节和多个利益主体，目前在资源环境问题上往往生产端贡献较大，而在经济利益分配上后端加工和销售主导性强。因此，做好全产业链融合设计，需要建立全链条资源环境保护和利益分配的市场驱动和政策调控机制。这种良性机制也是农业绿色发展中实现发展带动绿色、绿色促进发展的重要保障。

国际上也十分重视全产业链的融合，Poore 和 Nemeeek 于 2018 年在 Science 撰文指出通过生产者和消费者之间的良好协作可以减少食物生产消费所带来的环境影响，他们建议首先生产者要利用数字工具监测产品的环境影响，其次政策制定者要设定环境阈值并给予生产者税收、补贴等方面的支持以鼓励降低环境影响，之后给生产者提供减排和增加生产力的技术措施，最后是通过供应链和消费者的有效沟通，鼓励消费者通过改变膳食结构、减少食物浪费等途径降低环境效应。然而，目前我国农业产业链不完整，产业链创新动力不足，资源配置不合理，缺乏有效融合，效率低，价值增值受限，产品竞争力不强，无法持续获得利润，不能满足消费者对高品质农产品的需求。管理层面农业全产业链绿色生产标准体系不健全，缺乏标准化绿色生产的保障机制，产业链一体化生产流通体系仍未打通，这些问题制约着农业绿色发展的实现。

**4. 完善县域绿色和发展协同的落地模式**

目前，农业绿色发展作为一项国家战略正在我国不同层面逐步实施，但仍然缺乏具体的区域农业全产业链解决方案和落地的实施路径。县域是我国行政调控的基本单元，具有地域特色和完备的政治经济功能，在国民经济发展中极具代表性，是农业绿色发展战略研究落地的最佳单元。目前农业农村部开展了县域农业绿色发展先行区的试点工作，但县域农业绿色发展仍然面临各系统界面不衔接、农业产业链系统创新乏力、政策和市场匹配不到位等现实问题；同时，农业绿色产业存在供给结构不合理，有效需求不足，产业组织化程度低，科技创新能力薄弱，产业服务化体系缺乏等问题。

### 2.6.2 农业绿色发展科技创新的研究重点

农业绿色发展作为一种新理念和新模式，其科技创新也需要新思路。传统农业科研分类太细，学科壁垒日趋严重，高校—企业—政府等各类创新主体协同攻关体制机制缺乏，尤其是理论与实践脱节、科研与产业脱节，已经不能适应农业绿色发展科技创新的需要。因此农业绿色发展的科技创新需要从系统的角度考虑多目标协同和多学科交叉创新，其研究重点包括：

**1. 农业绿色发展的交叉研究和系统研究方法**

总体来说，自然资源（土地、水、空气、光热等）和社会资源（人力资源、技术、工具、信息资源以及劳动创造的物质财富）是农业绿色发展的根本。但在复杂的系统内如何分配、利用、节约、循环，实现资源效益的最大化是农业绿色发展研究的根本问题。譬如如何合理利用氮资源进行农业活动，以生产足够的粮食支撑人类健康生活，同时没有过多的活性氮损失危害生态环境，影响人类健康。因此，农业绿色发展的研究覆盖整个食物系统及其各个环节，研究物质、能量、价值和信息的流动规律及其相互关系；突破水—土—气界面、土壤—植物界面、种植—养殖界面、生产—消费界面、系统优化—落地验证界面上的前沿科学和关键技术，揭示界面间的耦合机制；明确各系统界面物质流动、时空动态及其对经济效益、资源效率、环境效应、生态功能和营养健康等的影响；探明食物生产与消费整个链条的驱动和响应机制，特别是市场、政策和认知 3 个驱动因素的贡献及其影响因素（图 2-8）；构建政策驱动和市场引导的农业绿色和发展协调机制，提出多目标协同优化的调控途径。研究方法上要以农业全产业链物质循环及其生态环境效应的系统定量分析、系统设计、区域验证、优化实现为主线，建立多学科交叉、自上而下和自下而上相结合、从农户、流域、区域、国家和全球多尺度的系统研究方法体系。

**2. 流域和区域农业绿色发展监测体系、评价指标和控制阈值**

建立完善的农业绿色发展指标体系及其监测、评估体系，完善与奖惩措施挂钩的考核制度是实现农业绿色发展的重要保障。设置农业绿色发展环境控制阈值，完善监测体系和评价指标，推行

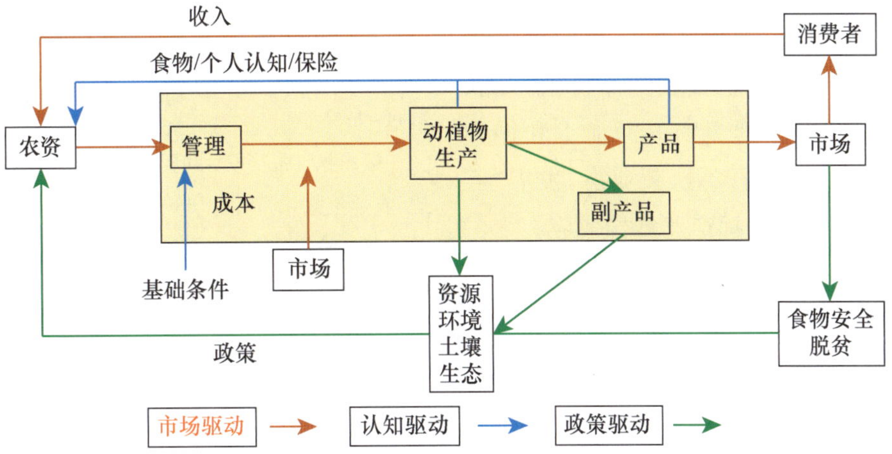


图 2-8 农业绿色发展驱动力和影响因素

绿色生产技术和政策，遏制资源、环境、生态指标恶化是推进农业绿色发展的重要前提。包括：将农业绿色发展相关指标长期定位监测纳入国家中长期科技发展规划纲要，逐步构建农业绿色发展基础数据库；根据区域变异和指标特性，建立农业绿色发展的综合监测体系；根据区域资源和生态环境现状，以星球界限理论、发展目标等为依据，通过全国联网研究，设定区域农业绿色发展的资源环境目标值和调控阈值，并以此为依据，进行区域农业绿色发展的规划设计。最后，围绕农业绿色发展目标，建立完善的绿色环境政策约束和激励机制，丰富和完善农业绿色发展的考核制度，通过奖惩措施推动农业绿色发展的区域实现。

**3. 农业全链条绿色产品、技术创新与应用**

目前农产品生产、加工、消费等各个环节严重脱节，绿色和发展中利益分配不合理，制约了绿色生产技术的应用。推进农业绿色发展应积极倡导、贯彻农业全产业链理念，以生产优质、安全、营养的绿色农产品为目标，实施产前、产中、产后的全过程控制，强调农业整个链条的标准化、绿色化，突破各个环节的技术瓶颈，构建“绿色生产—绿色产业—绿色消费”的产业链条（图 2-9）。主要包括：①建立全链条农业绿色发展技术规程，集成创新农业产业不同阶段的绿色技术，最大化技术正交互效应，降低损耗和环境排放，加强产业交叉融合，形成全链条绿色技术标准与规程；②建立绿色食品全产业链认证、标准与监管机制，加强绿色食品的信用建设，完善认证与监管机制，以消费端倒逼绿色生产，以发展带动绿色；③围绕资源节约、环境友好、提质增效等目标，实现关键环节技术突破，如研发绿色投入品（肥料、生物降解膜、杀虫剂、除草剂、饲料等），创新并推行关键绿色生产技术，探索创新农业绿色发展的关键技术标准化、产品化、机械化、信息化、集成化等技术应用模式，

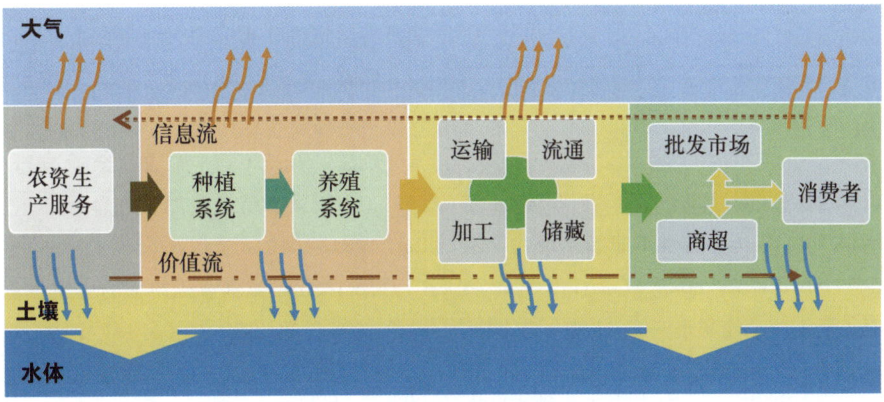


图 2-9 农产品全产业链示意图

以降低资源环境影响，促进绿色优质高产高效生产，实现系统提升；④充分挖掘农产品价值，延长产业链，推进农产品加工副产物的深加工和循环利用，创新农业绿色发展新产业、新业态，发展“互联网+”农业，聚链成网，发挥产业集群效应。

**4. 农业绿色发展落地模式和大面积实现途径**

农业绿色发展立足整个食物系统，需要多重目标的协调实现，进而在区域实现真正落地。县域由于具有完整的行政主体，被认为是农业绿色发展落地实现的最佳单元。如何以县域为单元，实现区域农业绿色发展是要研究的重大命题之一。①结合农业绿色发展指标体系，协同区域农业绿色发展定位与总体目标，设计区域农业绿色发展中远期规划及实现路径，完善考核指标体系，是保障农业绿色发展落地的重要举措；②系统诊断区域农业绿色发展的瓶颈问题与限制因素，开展全产业链绿色和发展协同模式创新；通过“政产学研用”多主体协作，探明农业绿色发展政策创新、制度创新和科技创新的路径，以绿色环境与资源为卡口提出县域农业绿色发展全产业链的系统解决方案。③探索农户参与式与企业为主体、政府和科教力量支撑的新模式和技术应用新机制，打造基层一线的企业、农业合作社样板，助推绿色产业发展。目前国家已分两批选定80个国家农业绿色发展先行区，探索农业绿色发展体制机制改革和支撑体系建设的模式和经验。对先行区开展综合评估，提炼可复制可推广的农业绿色发展模式对于大面积落地实现同样具有重要意义。

## 参考文献


操信春，吴普特，赵西宁，等. 1998—2008年中国农业水足迹演变分析及评价//2011年国际智能信息技术应用学会会议论文集. 马来西亚：AASRI，2011：62-67.

车文斌，潘兴扬，周淼葭. “规划十三五，冲刺全面小康”我们离全面小康还有多远？山区县域篇. 当代县域经济，2015：28-31.

崔石磊，张建杰，佟丙辛，等. 中国农业绿色发展相关氮素指标的时空变化特征. 中国生态农业学报(中英文)，2020，28：1141-1155.

戴小枫，张德权，武桐，等. 中国食品工业发展回顾与展望. 农学学报，2018，8：133-142.

董红敏，左玲玲，魏莎，等. 建立畜禽废弃物养分管理制度促进种养结合绿色发展. 中国科学院院刊，2019，34：180-189.

樊子微. 习近平生态文明思想研究. 昆明理工大学，2019.

高巍，张建杰，张艳舫，等. 中国奶业全产业链绿色发展指标的时空变化特征. 中国生态农业学报(中英文)，2020，28：1181-1199.

金欣鹏，马林，张建杰，等. 农业绿色发展系统研究思路与定量方法. 中国生态农业学报(中英文)，2020，28：1127-1140.

李安宁. 聚焦重大问题 推进农业机械化供给侧结构性改革. 中国农机监理，2017：4.

李雨濛，张建杰，崔石磊，等. 河北省县域农业绿色发展指标时空变化特征. 中国生态农业学报(中英文)，2020，28：1168-1180.

联合国经济和社会事务部人口司. 世界城市化展望. 纽约：联合国经济和社会事务部人口司，2014.

刘军，刘松忠，鲁韧强，等. 北京地区梨园土壤养分状况调查与分析. 山东农业科学，2014，1：73-75.

马林，马文奇，张福锁，等. 中国食物链养分流动与管理研究. 中国生态农业学报，2018，26：1494-1500.

马晟祯. 中国财政农业投入的效应及规模分析. 北京交通大学，2014.

马文奇，马林，张建杰，等. 农业绿色发展理论框架和实现路径的思考. 中国生态农业学报(中英文)，2020，28：1103-1112.

宋晨阳，张建杰，刘玲，等. 海南岛农业绿色发展指标时空变化特征. 中国生态农业学报(中英文)，2020，28：1156-1167.

王勇. “两山”理论内涵的经济学思考. 环境与可持续发展，2019，44：52-55.

王禹昕. 豫南雨养区麦田肥料和农药使用现状、存在问题及科学施用对策. 郑州：河南农业大学，2017.

温鑫. 基于IFMOP模型的四平市水环境承载力及环境经济系统综合规划研究. 长春：吉林大学，2015.

姚波，Ross K，朱晶晶. 全面减排 迈向净零排放目标——中国非二氧化碳温室气体减排潜力研究. Washington：WRI，2016.

喻朝庆. 水-氮耦合机制下的中国粮食与环境安全. 中国科学：地球科学，2019，49：2018-2036.

张建杰，崔石磊，马林，等. 中国农业绿色发展指标体系的构建与例证. 中国生态农业学报(中英文)，2020，28：1113-1126.

中国营养学会. 中国居民膳食营养素参考摄入量Chinese DRIs（简要本）. 北京：中国轻工业出版社，2002.

中华人民共和国环境保护部. HJ 1992—2015 生态环境状况评价技术规范. 北京：中国环境科学出版社，2015.

中华人民共和国生态环境部. 2018 中国生态环境状况公报. 北京：中华人民共和国生态环境部，2019.

中华人民共和国中央人民政府. 中华人民共和国森林法[EB/OL]. [2019-10-08]. http://www.gov.cn/banshi/2005-09/13/content_68753.htm

朱兆良. 中国土壤氮素研究. 土壤学报，2008，45:778-783.

Amann M., Bertok I., Borken-Kleefeld J., et al. Cost-effective control of air quality and greenhouse gases in Europe: Modeling and policy applications. Environmental Modelling & Software, 2011, 26:1489-1501.

Bai Z., Jin S., Wu Y., et al. China's pig relocation in balance. Nature Sustainability, 2019a, 2:888.

Bai Z., Lee M. R. F., Ma L., et al. Global environmental costs of China's thirst for milk. Global Change Biology, 2018a, 24:2198-2211.

Bai Z., Li X., Lu J., et al. Livestock housing and manure storage need to be improved in China. Environmental Science & Technology, 2017, 51:8212-8214.

Bai Z., Ma L., Jin S., et al. Nitrogen, phosphorus, and potassium flows through the manure management chain in China. Environmental Science & Technology, 2016, 50:13409-13418.

Bai Z., Ma W., Ma L., et al. China's livestock transition: Driving forces, impacts, and consequences. Science Advances, 2018b, 4:eear8534.

Bai Z., Winiwarter W., Klimont Z., et al. Further improvement of air quality in China needs clear ammonia mitigation target. Environmental Science & Technology, 2019b, 53:10542-10544.

Bai Z., Zhao H., Velthof G. L., et al. Designing vulnerable zones of nitrogen and phosphorus transfers to control water pollution in China. Environmental Science & Technology, 2018c, 52:8987-8988.

Chaudhary A, Gustafson D, Mathys A. Multi-indicator sustainability assessment of global food systems. Nature Communications, 2018, 9: 1-13.

Chen X, Cui Z, Fan M, et al. Producing more grain with lower environmental costs. Nature, 2014, 514: 486-489.

Chen X., Strokal M., Kroeze C., et al. Seasonality in river export of nitrogen: A modelling approach for the Yangtze River. Science of the Total Environment, 2019, 671: 1282-1292.

Chojnacka K., Moustakas K., Witek-Krowiak A. Bio-based fertilizers: A practical approach towards circular economy. Bioresource Technology, 2020, 295:122223.

Foundation, E. M. What is a circular economy? [Online], 2018. Available: https://www.ellenmacarthurfoundation.org/circular-economy.

Geels F. W., Sovacool B. K., Schwanen T., et al. Socio-technical transitions for deep decarbonization Accelerating innovation is as important as climate policy. Science, 2017, 357:1242-1244.

Havlik P., Schneider U. A., Schmid E., et al. Global land-use implications of first and second generation biofuel targets. Energy Policy, 2011, 39:5690-5702.

Havlik P., Valin H., Herrero M., et al. Climate change mitigation through livestock system transitions. Proceedings of the National Academy of Sciences of the United States of America, 2014, 111:3709-3714.

Hieronymi A. understanding systems science: A visual and integrative approach. Systems Research and Behavioral Science, 2013, 30:580-595.

Hou Y., Velthof G. L., Oenema O. Mitigation of ammonia, nitrous oxide and methane emissions from manure management chains: A meta-analysis and integrated assessment. Global Change Biology, 2015, 21:1293-1312.

Janssen A. B. G., de Jager V. C. L., Janse J. H., et al. Spatial identification of critical nutrient loads of large shallow lakes: Implications for Lake Taihu (China). Water Research, 2017, 119:276-287.

Kong X., He Q., Yang B., et al. Hydrological regulation drives regime shifts: Evidence from paleolimnology and ecosystem modeling of a large shallow Chinese lake. Global Change Biology, 2017, 23:737-754.

Kroeze C. Comments on the article of "Agriculture green development: A model for China and the world". Frontiers of Agricultural Science and Engineering, 2020, 7(1): 106-107.

Li A., Strokal M., Bai Z., et al. How to avoid coastal eutrophication-a back-casting study for the North China Plain. Science of the Total Environment, 2019, 692:676-690.

Li X. ,Janssen A. B. G. ,de Klein J. J. M. ,et al. Modeling nutrients in Lake Dianchi (China) and its watershed. Agricultural Water Management,2019,212:48-59.

Lucas P. L. ,Wilting H. C. ,Hof A. F. ,et al. Allocating planetary boundaries to large economies:Distributional consequences of alternative perspectives on distributive fairness. Global Environmental Change-Human and Policy Dimensions, 2020,60:102017.

Lu J. ,Bai Z. ,Chadwick D. ,et al. Mitigation options to reduce nitrogen losses to water from crop and livestock production in China. Current Opinion in Environmental Sustainability,2019,40:95-107.

Ma L. ,Velthof G. L. , Wang F. H. , et al. Nitrogen and phosphorus use efficiencies and losses in the food chain in China at regional scales in 1980 and 2005. Science of the Total Environment, 2012, 434: 51-61.

Ma L. ,Bai Z. ,Ma W. ,et al. Exploring future food provision scenarios for China. Environmental Science & Technology,2019,53:1385-1393.

Ma L. ,Ma W. Q. ,Velthof G. L. ,et al. Modeling nutrient flows in the food chain of China. Journal of Environmental Quality,2010,39:1279-1289.

Ma L. ,Velthof G. L. ,Wang F. H. ,et al. Nitrogen and phosphorus use efficiencies and losses in the food chain in China at regional scales in 1980 and 2005. Science of the Total Environment,2012,434:51-61.

Masson-Delmotte, V. , Zhai, P. , Pörtner, H. O. , et al. Global warming of 1. 5℃. An IPCC Special Report on the impacts of global warming of 1. 5℃ above pre-industrial levels and related global greenhouse gas emission pathways, in the context of strengthening the global response to the threat of climate change, sustainable development, and efforts to eradicate poverty,2018,1.

Mayorga E. , Seitzinger S. P. , Harrison J. A. , et al. Global nutrient export from WaterSheds 2 (NEWS 2):Model development and implementation. Environmental Modelling & Software,2010,25:837-853.

McCrackin M. L. ,Harrison J. A. ,Compton J. E. Factors influencing export of dissolved inorganic nitrogen by major rivers:A new,seasonal,spatially explicit,global model. Global Biogeochemical Cycles,2014,28:269-285.

Oenema O. , Van Liere L. , Plette S. , et al. Environmental effects of manure policy options in the Netherlands. Water Science and Technology, 2004, 49: 101-108.

Panel E. U. N. E. Nitrogen Use Efficiency (NUE) an indicator for the utilization of nitrogen in agriculture and foodsystems. Wageningen University, Alterra, Wageningen, Netherlands, 2015.

Poore J. , Nemecek T. Reducing food's environmental impacts through producers and consumers. Science,2019,363: 939-939.

Ritzen S. ,Sandstrom G. O. Barriers to the Circular Economy-integration of perspectives and domains//T. C. Mcaloone, D. C. A. Pigosso, N. H. Mortensen, et al. 9th Cirp Industrial Product/Service-Systems,2017,7-12.

Rockstrom J. ,Steffen W. ,Noone K. ,et al. A safe operating space for humanity. Nature,2009,461:472-475.

Scheffer M. ,Jeppesen E. Regime shifts in shallow lakes. Ecosystems,2007,10:1-3.

Seitzinger S. P. , Mayorga E. , Bouwman A. F. , et al. Global river nutrient export: A scenario analysis of past and future trends. Global Biogeochemical Cycles, 2010, 24:GB0A08.

Shen J, Zhu Q, Jiao X, et al. Agriculture green development: A model for China and the world. Frontiers of Agricultural Science and Engineering, 2020, 7(1): 5-13.

Strokal M. ,Kroeze C. ,Wang M. ,et al. The MARINA model (model to assess river inputs of nutrients to seas): Model description and results for China. Science of the Total Environment,2016a,562:869-888.

Strokal M. ,Ma L. ,Bai Z. ,et al. Alarming nutrient pollution of Chinese rivers as a result of agricultural transitions. Environmental Research Letters,2016b,11:024014.

Van Noordwijk M. ,Duguma L. A. ,Dewi S. ,et al. SDG synergy between agriculture and forestry in the food,energy, water and income nexus: reinventing agroforestry? Current Opinion in Environmental Sustainability,2018,34:33-42.

Wang M. ,Kroeze C. ,Strokal M. ,et al. Global change can make coastal eutrophication control in China more difficult. Earths Future,2020,8:õe2019EF001280.

Wang M. ,Ma L. ,Strokal M. ,et al. Hotspots for nitrogen and phosphorus losses from food production in China: A county-scale analysis. Environmental Science & Technology, 2018,52:5782-5791.

Wang M. , Strokal M. , Burek P. , et al. Excess nutrient loads to Lake Taihu: Opportunities for nutrient reduction. Science of the Total Environment, 2019, 664: 865-873.

Wei S. , Bai Z. H. , Qin W. , et al. Environmental, economic and social analysis of peri-urban pig production. Journal of Cleaner Production, 2016, 129: 596-607.

Yang J. , Strokal M. , Kroeze C. , et al. Nutrient losses to surface waters in Hai He basin: A case study of Guanting reservoir and Baiyangdian lake. Agricultural Water Management, 2019, 213: 62-75.

Zhang C. , X. Ju, Powlson D , et al. Nitrogen surplus benchmarks for controlling N pollution in the main cropping systems of China. Environmental Science & Technology, 2019, 53: 6678-6687.

Zhang N. , Bai Z. , Winiwarter W. , et al. Reducing ammonia emissions from dairy cattle production via cost-effective manure management techniques in China. Environmental Science & Technology, 2019, 53: 11840-11848.

Zhang Q. Q. , Ying G. G. , Pan C. G. , et al. Comprehensive evaluation of antibiotics emission and fate in the river basins of China: Source analysis, multimedia modeling, and linkage to bacterial resistance. Environmental Science & Technology, 2015, 49: 6772-6782.

Zhao Z. , Bai Z. , Wei S. , et al. Modeling farm nutrient flows in the North China Plain to reduce nutrient losses. Nutrient Cycling in Agroecosystems, 2017, 108: 231-244.

Zhao Z. , Qin W. , Bai Z. , et al. Agricultural nitrogen and phosphorus emissions to water and their mitigation options in the Haihe Basin, China. Agricultural Water Management, 2019, 212: 262-272.

# 第 3 章 绿色作物种植

## 3.1 绿色种植的现状与挑战

中国是世界上最大的农业生产国之一，以世界 9%的耕地面积，养活了 22%的世界人口（Fan et al.，2012）。过去几十年，我国的粮食产量快速增长，种植结构调整成效显著，经济作物种植面积与产量大幅增加，满足了人们对食物多样性的需求。化肥、水及农药的大量投入，优良品种的选育与推广以及政府适宜的宏观政策调控是我国粮食安全"奇迹"的重要原因（Zhang，2011；Huang and Zhang，2017）（图 3-1）。

我国种植业同样面临着严峻的挑战，我们用世界年消费量 30%的化肥生产了全世界 19%的粮食（West et al.，2014；Jiao et al.，2016）。化肥大量、持续的投入使肥料效率降低，造成巨大的资源浪费和经济损失，大量养分损失到环境中引起一系列环境问题，如全球变暖、水体富营养化和土壤酸化等（Davidson，2009；Guo et al.，2010；Ju et al.，2009），严重制约了我国种植业的绿色发展。

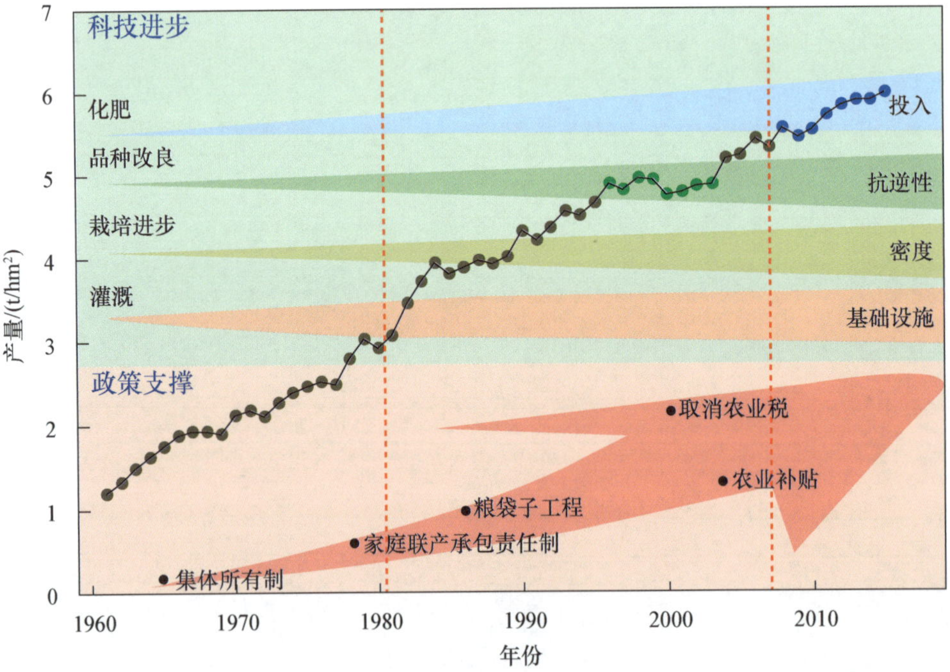


图 3-1　20 世纪 60 年代至 21 世纪初期支撑中国粮食生产的技术进步和政策支撑

（数据来源：Jiao et al.，2017）

## 3.1.1　作物种植的现状与成就

新中国成立以来，我国种植业取得了突破性进展，粮食作物、水果、蔬菜、油料、糖料、棉、茶等主要农产品产量大幅度增长，不仅满足了全国十几亿人的吃饭和城乡居民生活改善的需要，而且推动了饮食服务、烟草、交通运输、纺织服装、仓储等行业的发展，为我国经济社会平稳快速发展起到了重要支撑作用。

**1. 粮食作物产量实现跨越式增长**

1961—2018 年，我国粮食总产增加了约 3.8 倍，从 1961 年的 1.36 亿 t 增加到 2018 年的 6.58 亿 t。在此期间粮食作物的播种面积基本稳定，甚至略有下降，粮食总产增加主要归因于单产的提高。粮食单产从 1961 年的 1.12 t/hm² 增加到 2018 年的 5.62 t/hm²，增加了约 4 倍(图 3-2)。

**2. 经济作物产量全面快速增长**

蔬菜作物总产从 1995 年的 2.57 亿 t 上升到 2018 年的 7.03 亿 t，增加了约 1.7 倍。与粮食作物不同，蔬菜作物的播种面积增加了约 1.1 倍，从 1995 年的 950 万 hm² 上升到 2018 年的 2 040 万 hm²。蔬菜作物单产增加幅度相对较小，从 1995 年的 27.0 t/hm² 上升到 2018 年的 34.6 t/hm²，增加了 28%。可以看出蔬菜作物总产的增加主要是由于播种面积的扩张。水果总产增加了约 2.8 倍，从 2001 年的 0.67 亿 t 上升到 2018 年的 2.57 亿 t。果园面积从 1995 年的 900 万 hm² 上升到 2018 年的 1 190 万 hm²(图 3-3)。

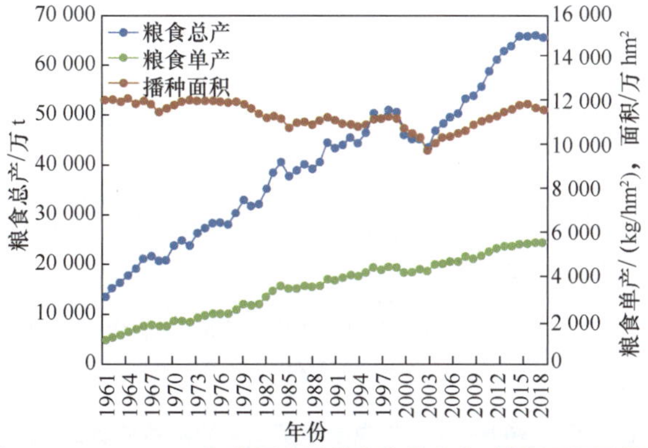


图 3-2　1961—2018 年我国主要粮食作物总产、播种面积及单产

(数据来源：《中国统计年鉴 2018》、国家统计局)

其他经济作物还包括油料、棉花、麻类、烟叶、糖料作物等。其总产从 1970 年的 0.22 亿 t 上升到 2018 年的 1.62 亿 t，增加了 6.3 倍。播种面积仅从 1 100 万 hm² 增加到 1 900 万 hm²，单位面积产量增幅较大，增加了 3.3 倍，从 2.1 t/hm² 增加到 8.6 t/hm²。其中，糖料作物的产量较高，从 1970 年的 13.1 t/hm² 增加到 73.6 t/hm²(图 3-3)。

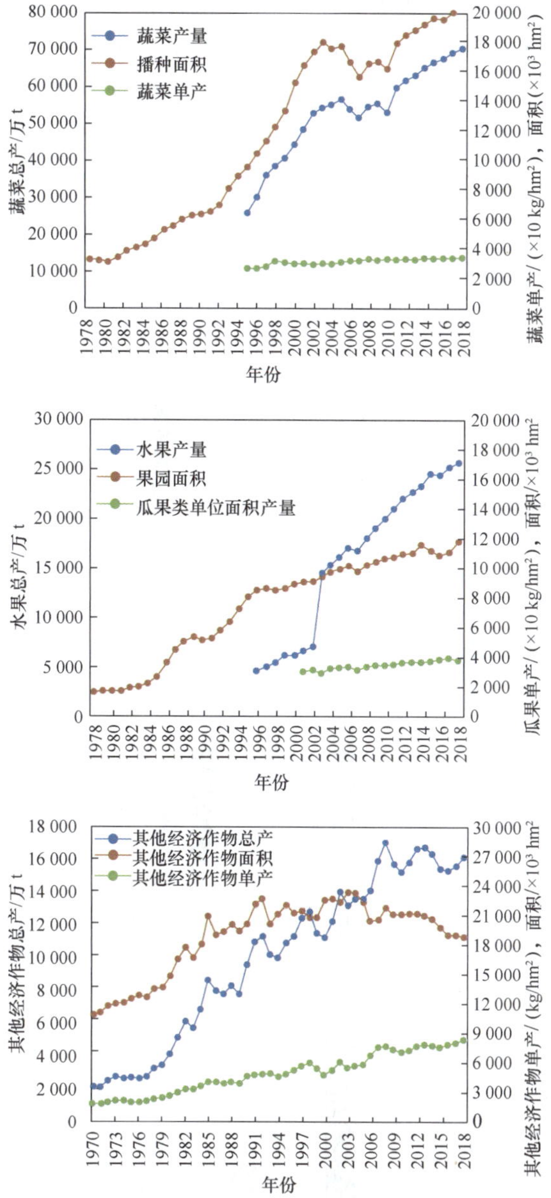


图 3-3　1970—2018 年我国主要经济作物(蔬菜、水果及其他经济作物)总产、播种面积及单产

(数据来源：《中国统计年鉴 2018》、国家统计局)

## 3.1.2 绿色种植的限制因素及挑战

**1. 作物产量潜力实现率低**

进入 21 世纪以来，虽然我国农业投入不断增加，但主要作物单产未见明显提高，资源效率持续下降，产量实现率低。当前，我国粮食作物、果树、蔬菜及其他经济作物单产分别为 7.0、33.7、50.0、6.8 t/hm$^2$，仅相当于可实现产量（以农户前 10%产量平均值计算）的 74%～86%，而玉米、大豆、马铃薯产量仅为产量实现率的 30%～72%（图 3-4）。可以发现，我国各类作物仍然存在较大的产量差，产量仍有待进一步提升。

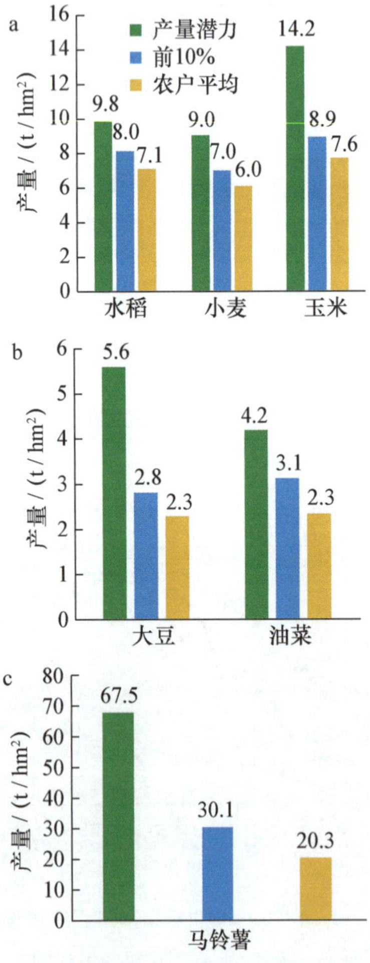


图 3-4 水稻、小麦、玉米、大豆、油菜及马铃薯的农户平均产量、农户前 10%产量及产量潜力

（数据来源：2005—2014 年农户调研数据）

**2. 养分投入不合理，生产效率低**

新中国成立以来，中国农田化肥用量不断增加，自 1960 年的 1.0 Mt，增至 2017 年的 46.4 Mt，其增幅远远大于美国、日本和欧洲。我国年化肥使用总量占世界的 30%以上，排名第一，相当于美国（第二位）和印度（第三位）的总和。2015 年，中国单位面积化肥用量达到 401 kg/hm$^2$，约为日本单位面积化肥用量的 2 倍，为美国、欧洲的 3 倍有余（图 3-5）。

粮食作物、果树、蔬菜及其他经济作物县域尺度氮肥投入量（包括化肥、有机肥、沉降、固定）分别为 268、562、502、253 kg N/hm$^2$，均处于严重过剩的状态，四类作物的氮素盈余分别为 160、426、275、132 kg N/hm$^2$，导致我国粮食作物氮肥效率低，偏生产力为 28.8～45.4 kg/kg，仅为发达国家和地区的 58%～69%（图 3-6）。这也意味着我们

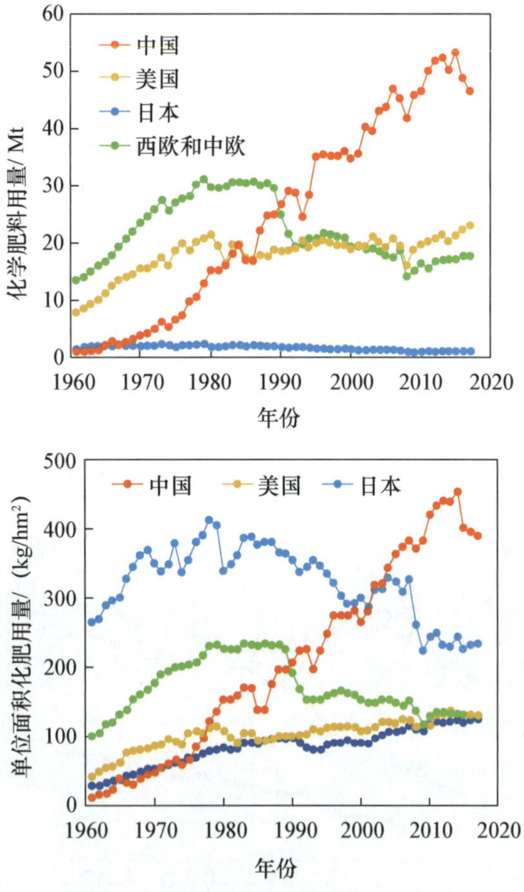


图 3-5 1960—2020 年中国种植业化肥消费的历史变化

（数据来源：IFA，2018）

为了获得粮食安全付出了更高的资源环境代价。

与氮肥投入情况相似，粮食作物、果树、蔬菜及其他经济作物磷肥投入同样表现为整体盈余，四类作物的磷素盈余分别为 21、81、79、10 kg P/$hm^2$。但钾肥投入量相对偏低，全国范围来看，果树、蔬菜钾素平衡呈现盈余状态，分别为 57、11 kg K/$hm^2$，粮食作物、其他经济作物的钾素平衡处于亏缺状态，分别为－28、－30 kg K/$hm^2$。

**3. 农田灌溉水资源利用效率水平低**

我国人均水资源仅为世界平均水平的 1/4，其中农业用水占全国总用水量的 60%～65%。农业用水量的高峰态势维持了粮食安全，实现了 2004—2015 年粮食产量“十二连增”。另外，我国水资源空间分布严重不均，作为中国主要粮食生产基地的北方地区拥有全国 64.1%的耕地，水资源量却仅占全国总量 19%。南方地区水资源丰

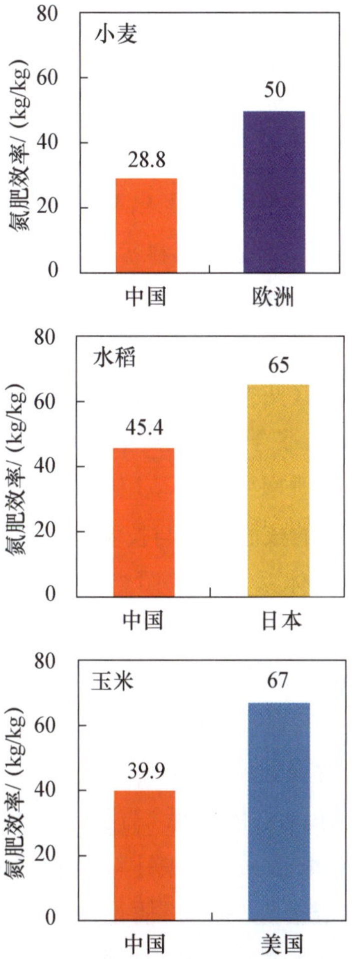


图 3-6　中国粮食作物氮肥效率与发达国家和地区对比

富，但耕地资源相对较少。

我国农业灌溉面临诸多问题，如灌溉定额普遍偏高，全国平均实际灌溉量达到 6 750～7 500 $m^3/hm^2$，超过实际需水量的 1 倍，部分地区甚至高达 2 倍以上，农田灌溉水有效利用系数仅为 0.554，与发达国家 0.7～0.8 的用水效率相差甚远。另外，作物水分生产率不高。目前以色列的水分生产能力已经超出 2.50 kg/$m^3$，部分欧美发达国家水分生产能力也超过了 2 kg/$m^3$，而我国每立方水产生的农作物产量尚不足 1 kg。

根据有关科研机构分析，以色列、德国、奥地利和塞浦路斯的现代灌溉技术应用面积达到 61%以上，美国、澳大利亚、埃及和意大利的现代灌溉技术应用面积为 11%～30%。而我国喷、滴灌面积仅占有效灌溉面积的 1.5%。整体而言，我国仍需要全面改良灌溉技术，大力发展节水灌溉技术，充分利用水资源，提高水资源生产效率。

**4. 农药过量施用情况严重**

从全国农药施用总量上看，我国农药施用量逐年增长，由 1991 年的 76.5 万 t 增长至 2015 年的 178.3 万 t，年均增速为 3.44%，远超过了同时期粮食产量年均 1.4%的增速。自 2004 年以来，我国开始逐步实施农业税减免、农产品最低收购价等惠农政策，农户为追求高产量和高利润，农药用量快速增加，2015 年农药投入强度高达 14.8 kg/$hm^2$，远高于其他国家（图 3-7）。虽然，2015 年农业部启动了“2020 年农药使用量零增长行动”，抑制了农药用量增长的势头，但截至 2017 年，我国农药用量仍高达 178.3 万 t，农药施用量为 11.7 kg/$hm^2$，仍为世界平均水平的 2.5 倍。

## 3.2 绿色种植的理论框架

绿色种植的核心目标是实现粮食安全、营养安全、资源高效与环境可持续。其中，粮食安全是

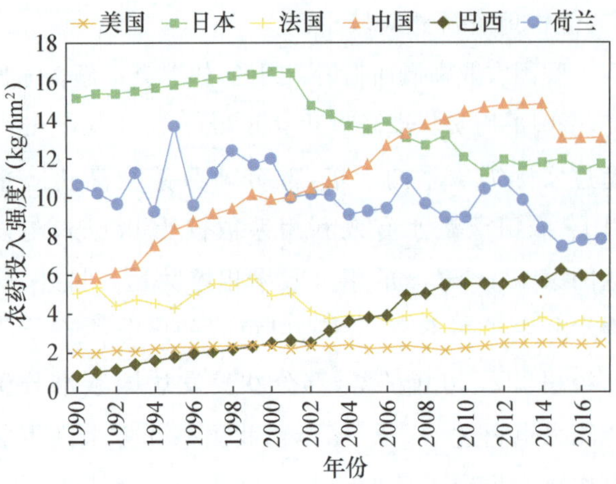


图 3-7　1990—2017 年中国与其他国家农药投入强度比较
(数据来源:FAO,2018)

农业绿色发展的根本。由于人口增长迅速,预计到 2050 年全球粮食需求与 2005 年相比将会增加 60%～110%(Alexandratos,2009; Tilman et al.,2011)。近几十年来化肥用量逐年增长,但粮食产量却增长缓慢,部分区域粮食单产甚至停滞不前(Ray et al.,2013);农业生产的过量投入导致资源利用效率低,引发了一系列环境问题,如土壤酸化、水体富营养化、温室气体排放增加等(Guo et al.,2010; Le et al.,2010; Liu et al.,2013)。未来,由于人口持续增长和膳食结构改变对口粮的需求以及环境安全的需求越发紧迫,需要不断优化创新绿色种植理论和方法体系,突破关键技术,以实现作物高产、资源高效、营养安全和环境可持续等多目标协同发展(图 3-8)。

### 3.2.1　绿色种植的核心理论

农田尺度上,绿色种植的关键过程在于作物地上需求与地下供应的时空匹配,涵盖"五大规律",即作物生长发育规律、养分需求规律、土壤养分供应规律、产量和品质形成规律、全生育期调控规律。基于上述规律,绿色种植的基础理论和方法体系主要体现于三个方面:①地上部作物群体动态过程与干物质积累、作物养分、水分需求特征及调控理论与技术;②地下部根层水肥供应时空特征及调控、土壤生态系统功能与质量保育、根际互作与根层调控机制、植物与微生物协同增效与调控等;③基于生物学和生态学原理重塑的养分资源管理,通过选用养分和水分高效作物品种,优化根层养分供应强度与方式,结合生物互作调控,最大化植物—土壤—微生物互作的生物学潜力及其与地上部的协同,实现土壤—微生物—作物—环境系统物质高效循环与互作增效。

### 3.2.2　绿色种植的核心技术模式

绿色种植在绿色产地环境中进行,产地环境通过其自然资源禀赋以及环境需求对作物生产进行双重约束。一方面,自然资源禀赋是决定或制约某一特定区域农业绿色发展的物质基础,绿色种植体系设计以及高产栽培管理(如品种、播期、密度等要素)均应基于当地水、土、气、热等自然条件;另一方面,基于人口和社会发展的需求、气候变化及环境承载能力等,绿色产地环境又从环境污染阈值"自上而下"地约束整个绿色种植过程,包括种植制度、养分投入、环境损失阻控等方面。同时,这需要考虑绿色的投入品,如研制新型绿色肥料(如缓控释肥、稳定性肥料等)、新型绿色农药、以及绿色农机等。基于此,在农田尺度上,通过绿色高产高效的技术整装来进一步提高资源利用效率,减少环境污染。这些技术整装包括绿色的种植体系、高产栽培、水肥综合管理和病虫害绿色防控、土壤健康管理以及提质增效与环境阻控等技术模块,也构成了绿色种植的核心模块与技术(图 3-8)。

绿色种植体系是指按照当地的自然资源禀赋和环境阈值进行最优的时空轮作体系布局(如间套作、轮作和覆盖作物),如建立不同目标导向的新型农作制度,包括粮食安全型、资源节约型、环境友好型和营养健康型等。

在确定好种植体系后,需针对特定区域的水热条件,选用最适品种,并针对品种生物学特性,进行高产栽培措施(播期、播量或密度等)优化与管理,基于"五大规律",进行水肥综合调控(地上需求与地下供应的全程动态时空匹配等)和病虫草绿

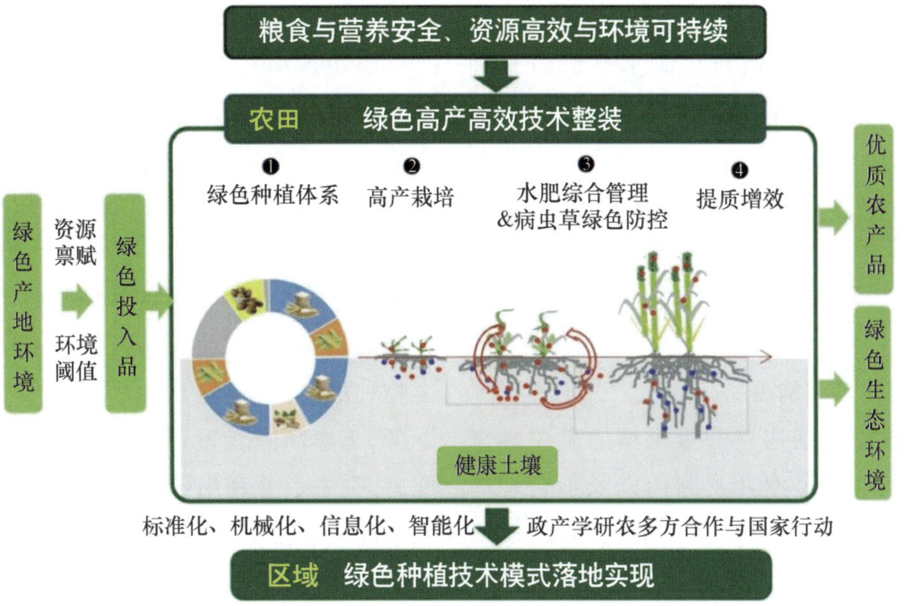


图 3-8　绿色种植的理论框架与实现途径

色防控(施用数量、比例、方式、时期、位置等)。

健康的土壤环境是绿色种植的基础,整个绿色种植过程很大程度依赖于土壤健康及其生态系统服务功能,而健康土壤培育又与作物种植体系、土壤条件、气候条件、水肥和栽培管理等因素相互影响。

通过绿色种植体系设计、养分资源优化、健康土壤培育等模块的有机整合,结合生物强化等方式提高作物的品质和营养,通过施肥方式、施用新型肥料等方式阻控养分损失,最终实现优质农产品产出和绿色生态环境建设。

### 3.2.3　绿色种植的区域落地实现

在区域结构上,优化绿色布局,坚持适区适种、划定最宜区、发展特色区。在要素投入上,推广绿色模式,推进化肥农药减量增效、有机肥替代化肥、节水灌溉农业发展等,形成绿色种植技术标准、农业资源与产地环境技术标准等。最终在区域尺度上,通过作物生产标准化、机械化、信息化与智能化相结合,大面积推广绿色种植技术,结合政产学研农的多方组织模式与国家行动(测土配方施肥等),实现绿色高产高效整装技术落地实现(图 3-8)。

## 3.3　健康土壤

全球人口的持续增长对粮食的需求量越来越大,保障粮食安全是联合国实现全球可持续发展面临的重大挑战。过去近 40 年,我国粮食的产量足以满足国民的需求,但高度集约化生产给土壤带来一系列负面影响,如土壤板结、土壤酸化、土壤盐渍化等问题,耕地质量严重下降。因此,如何培育健康土壤,提高土壤生产力,生产健康食物,成为农业绿色发展的重要需求。农业绿色发展的特点是发展中减少资源环境代价,走出一条资源节约、环境友好、食品安全、人类健康的高质量绿色农业发展道路。

### 3.3.1　土壤环境主要问题

**1. 土壤地力总体水平不高**

我国耕地地力处于中下等水平。2019 年全国耕地质量等级情况公报显示,全国耕地质量平均等级为 4.76 等。其中,中低产田占比达 68.76%,总面积为 13.91 亿亩,低产耕地为 4.44 亿亩,这部分耕地基础地力相对较差,生产障碍因素突出,生产力低下。目前,全国农田耕层土壤有机质平均含量为 2.5%,按照全国第二次土壤普查耕地质量分级标准,处于三级水平。但 42% 的耕层土壤有机质含量为 1%～2%,处于中等水平(杨帆等,2017)。因此,消除土壤障碍因子,提升耕地土壤质量和中低产田产能,对提高我国农产品供给能力具有重要意义。

**2. 土壤耕层物理结构差**

良好的土壤物理结构是健康土壤的重要标志之一。但随着土地的过度开发利用以及不合理的耕作和灌溉,加剧了土壤团粒结构的破坏,致使土壤板结越来越严重,直接影响到土壤的缓冲能力。2016 年全国耕地质量监测报告显示,25.9% 监测点土壤容重大于 1.35 g/cm$^3$,高于作物适宜生长的范围。同时随着机械化程度的加剧,使耕层变浅,加上降雨和灌水等农事措施,使耕层土壤犁底层上移,形成坚硬的阻隔层,影响了土壤水分和养分的运输,从而造成土壤耕性变差、土壤板结、通气性不佳,蓄水和渗透能力变差,影响了作物根系的生长,降低作物抗逆能力。据统计,我国 65.5% 的耕层土壤厚度小于 20 cm,低于美国耕层厚度(35 cm)。

**3. 土壤退化严重**

我国土壤退化现象非常严重。据统计,由于水土流失、盐渍化、土壤酸化、沼泽化、土壤肥力下降等造成的土壤退化面积约 4.6 亿 hm$^2$,占全国土地面积的 40%。其中,土壤侵蚀总面积 2.74 亿 hm$^2$,占国土面积的 28.6%(2018 年全国水土流失动态监测成果),是世界上水土流失最为严重的国家之一。农田长期不合理的施用化肥,尤其是长期施用氮肥(尿素、铵态氮等)会显著降低土壤 pH,加剧土壤酸化进程(Guo et al.,2010)。土壤酸化会增加土壤中铝离子的浓度,产生铝毒效应,影响作物根系生长,降低作物产量和品质。同时长期过量化肥投入,使土壤中盐分不断积累,形成土壤表层次生盐渍化,破坏了土壤物理结构,阻碍养分运输,造成作物生长不良。

**4. 耕地土壤污染严重**

过量使用化肥、农药、农膜、未经处理的含有抗生素和病原菌的有机肥,一旦超出土壤自净能力后会直接造成农田土壤污染。据国家统计局数据显示,农用塑料薄膜和农药使用量分别由 1991 年的 64.2 万 t 和 76.5 万 t 增至 2018 年的 246.5 万 t 和 150.4 万 t。大量污染物进入土壤后,破坏了土壤生态平衡,使土壤有益生物大量死亡,土壤生物种群减少,土壤理化生物性质恶化,土壤活性下降、土壤功能变差,严重污染会使土壤丧失生产能力,失去农业利用价值。据 2014 年《全国土壤污染状况调查公报》显示,我国土壤污染总超标率达到 16.1%,主要以无机污染为主,占总污染的 80% 以上。全国每年受重金属污染的粮食多达 1 200 万 t,因重金属污染而导致的粮食减产高达 1 000 多万 t,合计经济损失至少 200 亿元。

**5. 土壤连作障碍严重**

现代农业复种指数高、作物种植种类单一,由于同一种作物对土壤中某些营养元素的连续吸收导致养分失衡,也使相应病原菌在土壤中大量积累,同时前茬作物根系分泌物会累积有毒物质而形成连作障碍。连作障碍会导致微生物区系失衡,土壤食物网趋于简单化,病虫害增加。连作障碍在经济作物上表现尤为严重,全国超过 3 000 多万 hm$^2$ 的耕地遭受土传病害的困扰。番茄青枯病、香蕉枯萎病等都是由于连作障碍导致的土传病害累积引起的。研究结果显示,连作 5 年大豆的土壤里孢囊线虫的数量呈急剧上升趋势,严重影响大豆的生长,造成大豆减产(Zhu et al.,2013)。

### 3.3.2 健康土壤培育的理论和思路

健康土壤应因作物、土壤、气候和管理目标等而定。张俊伶等(2020)提出健康土壤培育的三个阶段(图 3-9)。

第一个阶段主要是消除土壤的障碍因子,即找到影响作物产量和品质的限制因子,同时厘清生态环境的障碍因子,针对性消除,对于多种障碍

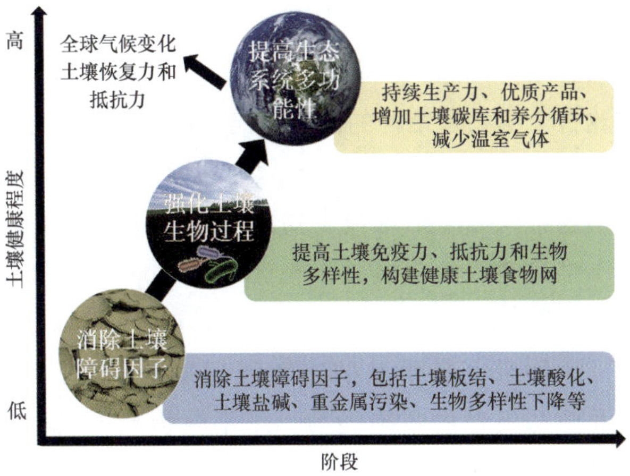


图 3-9 健康土壤培育的思路

（来源：张俊伶等，2020）

因子共存的土壤或生产体系，按照障碍因子对作物产量或品质的“贡献率”逐一进行消除，为作物生长创造安全的土壤环境。在障碍因子消除过程中要注意保障良好的土壤结构，构建理想的耕层。

第二个阶段主要是强化土壤生物学过程，提高土壤有机碳；利用植物—土壤—生物（尤其是微生物）互作，提升土壤免疫力和抵抗力，提高作物抵御病虫害的能力。

第三个阶段是提升土壤生态系统服务，通过农田景观配置和生态系统重构，提高土壤生物和地上部的生物多样性，利用地上—地下生物互作提升土壤生态涵养功能，保障生态安全；引入土壤生态服务定量化模型，建立土壤生态服务功能的评价体系，提出健康土壤管理的优化解决方案。

**1. 消除健康土壤障碍因子，构建理想耕层结构**

不合理的土壤管理是造成土壤障碍的重要因素。随着机械化进程的加速，越来越多的农田采用机械进行耕作。长期的机械压实作用，严重影响了土壤的物理结构，造成土壤板结、耕层变薄和犁底层变浅。构建理想耕层土壤结构，需要结合深耕、增施有机物料和土壤改良剂及秸秆还田，打破土壤犁底层，提高土壤团聚体数量，增加土壤通透性和缓冲能力，促进作物生长，提高作物产量和品质。

**2. 增碳提质，培育高质量农田**

土壤碳在维持土壤健康和生态系统多功能性发挥着重要作用，土壤有机碳的减少影响土壤的抵抗性和敏感性（Kuzyakov et al.，2020）。研究表明在目前的生产水平下，土壤有机质含量从 1%提升到 2%，粮食的产量平均增加 5%～10%，且氮肥的投入量可以减少 70%（Oldfield et al.，2019）。我国耕层土壤有机碳库增加 1.0 t/hm$^2$，粮食产量可以提升 0.7 t/hm$^2$（徐明岗等，2017）。同时土壤有机碳库的增加可以降低全球温室气体的排放，2015 年联合国倡导的 4‰计划，即全球 2 m 深土壤的有机碳储量每年增加 4‰，就可以抵消当前全球矿物燃料的碳排放，从而发挥土壤在世界粮食安全和全球气候变化方面的重要作用。保护性耕作，如少耕、免耕等可以有效地提高土壤中有机碳含量。此外通过秸秆还田、增施有机肥物料、合理轮作、种植覆盖作物及多样化种植体系等同样可以增加土壤有机碳固，影响土壤微生物群落结构和促进土壤团聚体形成，提高农田土壤抵抗风险的能力。

**3. 强化生物过程，提高生态系统服务多样性**

农业绿色发展需要提升土壤生态系统多功能性，实现土壤生产力与其他生态系统服务的协同发展与同步提升。提高土壤生态系统生物多样性，维持地上与地下生物的协同调控是提升土壤生态系统服务的重要途径之一。土壤生物多样性是维持生态系统结构和功能的重要内容，在生态系统乃至整个生物圈的能量流动和物质循环中发挥着关键作用。土壤根际微生物与植物生长紧密相连，其在土壤养分循环和维持植物健康方面发挥着重要的作用。根际有益微生物作为根系的屏障，可以提高植物抗病性和土壤抑病性（Raaijmakers and Mazzola，2016）。根际免疫作为植物免疫的组成部分，需要将植物病理学、微生物组、土壤学和农学结合起来，为提升植物健康保驾护航（Wei et al.，2020）。

土壤的微生物组和食物网复杂多变，任何不合理的土壤管理措施都会影响土壤生态系统服务功能和食物网的稳定性。随着人们对土壤微生物组和土壤食物网认识的深入，通过不同营养级生物互作也可以有效提高土壤免疫，控制土传病害的发生，构建稳定土壤食物网。有研究表明，土壤噬菌体组合可以有效抑制土传病原菌活性，使之丧失竞争能力和致病能力，提升了根际土壤微生物抵御病原菌入侵的能力（Wang et al.，2019）。作物—根际有益微生物协同进化的研究为创制抗逆性生物肥料奠定了基础。合理土壤管理措施结合有效种植模式有助于培育健康土壤，如增施有机肥、多样化种植、种植覆盖作物等措施均可提高土壤生物多样性。这样可以调控土壤生物区系，优化土壤内部调控过程，深度挖掘土壤生物尤其是土壤微生物资源，发挥功能微生物和土壤生物的作用，实现生物定向调控，增强土壤抵抗病原菌的能力，促进土壤健康和农业绿色发展。

### 3.3.3 健康土壤培育技术途径

我国仍然有13.91亿亩中低产田，这些中低产田土壤障碍因子明显，有机质含量低，且容易发生土壤退化。目前可以通过增施土壤调理剂、农艺措施等改善土壤物理结构，提高土壤有机质含量和养分有效性；通过增施有机肥、多样化种植、种植覆盖作物和保护性耕作等措施提升土壤有机碳含量，增加土壤微生物活性，强化生物过程，构建健康生物网络，提升土壤生态系统服务功能。

**1. 土壤调理剂施用**

土壤调理剂的主要作用在于改善土壤的物理化学特性，如增加土壤透气透水性，调节土壤酸碱度，促进土壤团聚体形成等。常见的土壤调理剂包括矿物类（如石灰、石膏、泥炭及工业副产物等）、天然或人工合成的高分子物质等。在酸化土壤上施用石灰可以显著提高土壤pH和养分有效性，施用石灰可以使表层土壤pH从4.1～4.3提升到5.1～6.2，同时提高作物产量2%～255%，以蔬菜（255%）和玉米（149%）最为显著（曾廷廷等，2017）。钙镁磷肥、硅钙肥、磷矿粉及工业副产物，如碱渣、钢渣、磷石膏、脱硫石膏、草木灰等也常被用作土壤调理剂。

腐殖酸类土壤调理剂是一类聚合物，具有较多的活性官能团和较强的吸附能力，能有效地促进土壤团粒结构形成，提高土壤保水保肥性能。腐殖酸在改善土壤物理结构的同时也能增加土壤中养分的生物有效性，刺激植物生长。增施腐殖酸类土壤调理剂还可以提高土壤微生物的活性和酶的活性，有助于维持健康的土壤微生物区系（Carpenter et al.，2000）。

生物炭也是常见的土壤调理剂，其本身具有大孔隙和极强的吸附能力。施用生物炭可以有效改善土壤物理结构，降低土壤容重，减少氮肥的淋失，增加土壤中磷的有效性。在沙质土壤上施用生物炭可以显著提高土壤的田间持水量，增加土壤中总碳和有机碳含量。

此外，土壤调理剂的施用需要结合土壤—植物养分综合管理，其对提升土壤健康至关重要。不合理的养分投入会导致土壤酸化、土壤次生盐渍化等障碍因素。而土壤—植物养分综合管理不仅可以保障土壤肥力状态，满足当季作物生长所需养分，还可以促进养分循环、改善土壤耕性、保持地上和地下生物功能，提升土壤健康水平。

**2. 增施有机肥**

有机肥种类繁多，包括绿肥、动物粪便、秸秆及工业生产的副产物等。有机肥在改善土壤物理结构，提高土壤有机质含量，活化土壤养分，增加土壤中酶、微生物活性和土壤的酸缓冲能力，维持土壤健康和促进作物生长等方面发挥着重要的作用。在南方蕉园酸性土壤上施用有机肥能使土壤pH由4.5提升到5.5，香蕉产量提高10%～15%，增加了香蕉果实中钙的含量，有效地降低香蕉的裂果率。

随着有机肥产业的发展出现了种类繁多的产品，生物有机肥的施用在提高土壤中有益微生物的数量，减轻土传病害的危害上具有重要意义。利用生物有机肥中的功能微生物激发土著功能假单胞菌与芽孢杆菌合作，成功抵御病原菌在香蕉根际定殖（Xiong et al.，2017）。激发土著菌则通过改善土著菌的生长环境激发土著菌的作用，这种方式结合作物管理、施肥等多种措施效果更好。

在香蕉生产中连续两年施用生物有机肥可以显著增加根际土壤酸杆菌、厚壁菌和小球腔菌的相对丰度，显著降低变形菌、子囊菌和镰刀菌的相对丰度(Shen et al.，2015a)。同时有机肥可以增加土壤中某些有益菌，如芽孢杆菌、链霉菌等的数量，从而有效地减少土壤病原菌(如镰刀菌)的数量(Shen et al.，2015b)，有助于香蕉植株健康生长。

**3. 种植覆盖作物**

覆盖植物种类繁多，常见的覆盖作物有苜蓿、三叶草、豌豆、黑麦草、毛苕子等。覆盖作物可以单播或混播，其能为土壤提供植物覆被，可作为地表覆盖物或者绿肥翻入土壤。多种覆盖作物混合播种为野生生物和有益昆虫提供栖息地，增加生物多样性，对农田病害虫防控效果较好。覆盖作物已经在果园中得到广泛的应用，植物进入土壤，可以防止土壤板结，保持土壤的渗透率，有效地减少表层土壤径流；当地表径流发生时，覆盖作物可以减缓径流流速，减少养分和沉积物的流失。在葡萄园种植覆盖作物后，可以明显减少土壤裂缝的发生，增加土壤湿度，减少地表水分蒸发量减少；同时根系在土壤中的穿插，有助于耕层土壤物理结构构建，对土壤碳提升具有重要的作用。如在农田生态系统中，覆盖作物种植可以增加土壤微生物多样性和碳固持。这主要是由于不同类型的覆盖作物根系形态、根系分泌物、根际微生物及根际碳的形态存在较大的差异，覆盖作物死亡后根系和凋落物进入土壤有助于土壤有机碳的固持和稳定。研究结果显示，种植冬季覆盖作物和配合有机肥施用不但可以增加0～30 cm土壤有机碳含量，也可以显著增加30～200 cm土壤有机碳含量，使整个2 m的土壤剖面土壤有机碳含量增加了12.6%(Tautges et al.，2019)。根系通过改变土壤物理结构影响土壤有机碳固持。植物的根系特性在土壤结构形成中起着重要作用，根系增加了土壤团聚体的稳定性、土壤渗透性和孔隙度，有效改善土壤物理结构，从而提高土壤健康水平。

**4. 保护性耕作措施**

保护性耕作是指通过少耕、免耕、地表微地形改造技术及地表覆盖、合理种植等综合配套措施，从而减少农田土壤侵蚀，保护农田生态环境，并获得生态效益、经济效益及社会效益协调发展的可持续农业技术。其核心技术包括少耕、免耕、缓坡地等高耕作、沟垄耕作、残茬覆盖耕作、秸秆覆盖等农田土壤表面耕作技术及其配套的专用机具等，配套技术包括绿色覆盖种植、作物轮作、带状种植、多作种植、合理密植、沙化草地恢复以及农田防护林建设等(张海林等，2005)。

(1)免耕　免耕的类型包括不耕、条耕、根茬覆盖及其他不翻动表土的耕作措施。免耕措施可以增加土壤中农田土壤有机质，采用免耕措施土壤中微生物量、土壤有机质以及矿质化氮的含量均高于传统耕作土壤，且可以显著提高土壤中大团聚体的数量(Kushwaha et al.，2001)。在免耕土壤表面会形成露出土面的大孔隙(如蚯蚓洞)，雨水和灌溉水可以通过这些空隙迅速向地下移动，减少对土壤的侵蚀。

(2)少耕　在作物生长过程中减少不必要的耕作次数，减少对土壤生态系统的扰动和对土壤结构的破坏，降低温室气体排放，保护土壤肥力。避免频繁的机械或人工田间操作造成土壤压实板结，破坏土壤物理结构的形成。

(3)合理轮作　在同一块农田上，有顺序地在季节间或年间轮换种植不同的作物或复种组合。能够减少对单一养分的消耗，降低土壤病害的累积，同时减少土壤侵蚀、提升土壤肥力和农作物产量。与单作体系相比，轮作体系可以减少产量变异，提高土壤碳和氮的量，并提高土壤生产力。

土壤健康提升是一项系统工程，针对不同作物体系构建健康土壤定向培育技术和全套解决方案，并借助数字化技术和智能应用平台等现代手段，依托覆盖全国主要作物体系的示范基地和科技小院网络，在区域尺度上实现土壤健康技术落地，为作物种植体系生产健康的农产品保驾护航，助力我国农业绿色发展。

## 3.4 绿色关键技术及集成

全链条的绿色化设计和绿色技术集成是实现作物生产高产高效技术的抓手。绿色种植的实现包括设定绿色安全的环境卡口、创制绿色安全的投入品、制定合理的种植体系，实现绿色减肥增效、增产增效和高质高效。

### 3.4.1 建立环境卡口，优化区域模式

农业可持续发展面临着巨大挑战，需要在增加产量、保障粮食安全的同时降低环境损失以满足环境安全。在农业生产中运用“自下而上”方法进行区域推荐施肥，取得了显著增产、降低环境损失的效果。然而，未来作物的增产能否满足人口增长、膳食结构改变对口粮的需求，降低的环境排放能否低于环境污染阈值仍尚未可知。因此，基于社会发展需求、气候变化及环境承载能力，运用“自上而下”(Top Down)的方法限量氮肥投入，准确判断环境排放是否处于生态系统可承载范围之内显得尤为重要。

学术界为此展开了不懈探索，相继提出了增长的极限(Limits to growth)(Meadows et al.，1972)、最低安全标准(Safe minimum standard)(Bishop et al.，1978)、承载力(Carrying capacity)(Daily et al.，1992)、可承受窗口(Tolerable windows)(Bruckner et al.，2003)、临界载荷(Critical loads)(Linder et al.，2013)等相关概念。近些年，行星边界(Planetary boundaries)概念(Steffen et al.，2015)被广泛提及，其框架被认为是近些年国际资源环境承载力量化领域的标志性成果。行星边界框架从全球视角出发，对地球关键生物物理过程的安全边界进行了设置，为人类活动的安全操作、社会的发展和繁荣定义了安全空间(safe operating space)。

行星边界具有广阔的前景，已被广泛应用于资源环境等多个领域。例如，Fanning 等(2016)将行星氮边界和区域磷边界分别乘以区域耕地面积的全球占比，得到加拿大和西班牙区域尺度的氮边界和磷边界。Cole 等(2017)根据南非政策目标以及历史消费情况，自上而下来确定各省臭氧边界。由于政策行动和投资行为普遍发生在区域大尺度上，行星边界框架的应用需要综合考虑特定国家或地区的发展目标以及实际情况，尤其是在氮肥施用过量、肥料利用率低的热点地区(例如中国)。然而，行星边界框架在中国运用相对较少，且重点关注环境安全及相关阈值，往往忽略了粮食安全。为增强限量标准对政策制定的科学指导价值，应通过完善概念框架，综合考虑作物产量、经济效益、生态保护和人类健康多个目标，分析优化技术以满足环境阈值卡口，实现多目标协同(图 3-10)。依据区域环境卡口与资源禀赋，创新既能满足粮食安全，又不至于对大气、水体、土壤环境等造成污染的土壤一作物系统综合管理区域技术模式是未来工作重点。

### 3.4.2 绿色投入品:绿色智能肥料创新

肥料是粮食的“粮食”，是国家粮食安全的基础，也是我国农业绿色发展的重要物质保障。2018年农业农村部发布的《农业绿色发展技术导则(2018—2030 年)》明确指出要加快绿色投入品创制步伐，显著提升农业生产过程中投入品的有效利用效率；其中，绿色高效肥料产品是关键一环，面向我国农业绿色发展，必须要创新肥料产品，有效突破我国农业生产中减量、高效、增产、提质等瓶颈问题。

**1. 肥料产品创新“三步走”战略**

当前，我国肥料发展面临着：①产能过剩，产品同质化竞争严重；②结构单一，高效环保产品占比低；③重工轻农、中微量元素添加不足等关键问题，但这也为肥料产品创新带来了挑战和机遇。面向不同阶段的农业发展需求，肥料产品创新需要实

施“减肥增效—提质增效—绿色发展”的“三步走”战略(图 3-11)。

(1)减肥增效　我国化肥产品经历了从无到有、从不足到过量、从单质肥到复合肥的发展过程,肥料产能与生产量也经历了从不足到过剩的发展阶段,加之肥料施用不合理的问题一直存在,造成了肥料消费过剩的局面,产生了一系列环境问题。根据农业农村部公布的数据,2019 年我国三大粮食作物化肥利用率为 39.2%,虽然较 2017 年和 2015 年分别提高了 1.4 个和 4 个百分点,但与欧美发达国家相比还有很大的差距,美国粮食作物氮肥利用率在 50%左右,而欧洲主要国家则达到了 65%。因此,我国要加强适应于区域—土壤—作物系统的专用型肥料产品生产与应用,在合理施用量的基础上,不断提升肥料利用率。

由于我国从事农业生产的主要是分散经营的小农户,受教育程度较低,通过将施肥技术物化到肥料产品是实现科学施肥的关键举措。实现肥料产品创新的第一步“减肥增效”,需要以作物为重点研究对象,根据作物养分需求,设计适宜的专用配方肥料产品。第一步的关键在于解决肥料过量的问题,尤其是氮肥的过量问题,这与企业生产的高氮配方肥料产品有着很大的相关性。据统计 2013 年登记的 8 071 个配方中,有 3 445 个是高氮配方,占到了总量的 43%;粮食作物专用肥配方占 17%,其中高氮肥配方占 43%(张卫峰等,2017)。

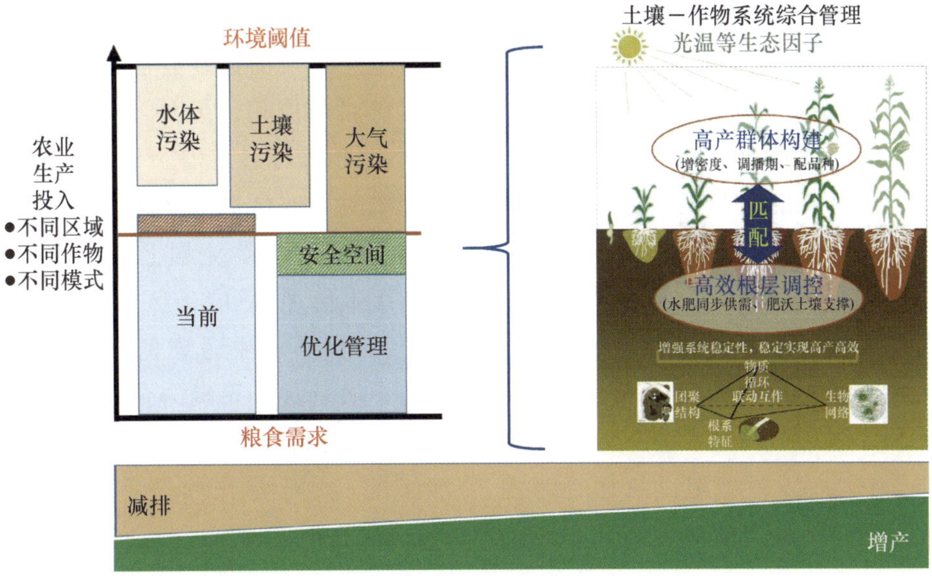


图 3-10　绿色种植环境卡口及区域模式优化框架图

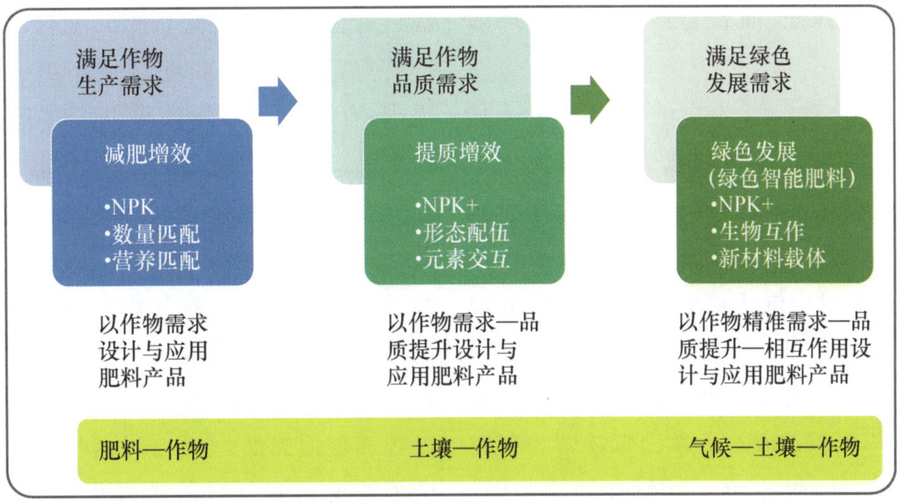


图 3-11　肥料产品创新“三步走”战略

大量的通用型配方产品在市场流通，一方面加剧了产品间的竞争，另一方面了也造成了农业生产过程中养分利用效率低下。

当前阶段，要大力推进国家化肥零增长行动方案，有效降低肥料过量问题，针对区域主要作物生产体系，设计出适宜于作物生产需求的专用型配方产品，在不增加或小幅度增加肥料生产成本的前提下，重点匹配氮、磷、钾养分需求，大幅度降低养分盈余与浪费，有效提高养分利用效率，实现氮磷钾养分与数量上的双重匹配；在一些生产区域，注重肥料养分投入与农田养分带走的平衡，有效补充土壤养分，避免因投入过低引发土壤肥力耗竭。

(2)提质增效　随着社会经济发展水平和人类日益增长的物质需求，农业生产也需要不断提升农产品质量，尤其是营养健康安全。由于农业生产过度追求作物产量，而忽视了农产品质量，使得化肥过量施用现象长期存在，加之重视工业生产技术和忽视农业生产需求等影响，使得肥料养分形态单一，且忽视了中微量营养元素的添加。重工轻农的问题导致了肥料一直是以商品属性为主存在的，而忽略了其服务于农业生产的特性。我国肥料产品中氮肥以尿素为主，磷肥以磷酸一铵和磷酸二铵为主，钾肥则以氯化钾为主，与发达国家多样化的肥料产品品种相比，还有着不少的差距。以氮肥产品为例，缺乏多形态氮肥的生产和高效环保产品的创新，导致氮素形态供应与作物需求的不匹配，而且易产生大量的环境排放。

长期以来，以分散经营为主的小农户生产只重视氮、磷、钾大量营养元素的投入，而忽视了中微量营养元素的投入，导致农田中微量元营养元素缺乏问题加剧，制约了我国农作物产量和农产品质量的提升。根据全国土壤普查和全国农业技术推广服务中心的资料总结显示，我国农田土壤锌、硼、钼等微量元素缺乏问题突出（林葆和李家康，1997）；近几年以福建农林大学国际镁营养研究所牵头组建的全国镁营养协作网研究结果表明，全国土壤—作物镁营养缺乏较为严重，尤其是在我国南方酸性土壤地区（王正，2020）。经过全国多年多点的试验研究结果表明，施用镁肥可以分别节约氮、磷和钾肥料 116 kg $N/hm^2$、113 kg $P_2O_5/hm^2$ 和 44 kg $K_2O/hm^2$，同时可以实现平均增产 7.5%和有效提升作物关键品质的效果（王正，2020）。再如，我国耕地缺锌面积占到了 40%，尤其是在北方石灰性土壤上，导致小麦籽粒锌营养含量为 20～35 mg/kg，远低于人体锌供应目标值 45 mg/kg 的需求（Ortiz-Monasterio et al.，2007；Zhang et al.，2010；Cakmak et al.，2004；Rengel et al.，1999），而施用锌肥能有效提高小麦籽粒产量和锌营养水平，平均增产幅度可达 10%以上（王孝忠等，2014；刘敦一，2017）。通过以上两个例子不难看出，我国农业生产必须加强复合肥创新，有效提升中微量元素肥料的应用。另外，不同区域土壤—作物系统对氮、磷养分形态需求不同，如北方石灰性土壤施用磷酸二铵易造成氨挥发和磷固定，钙镁磷肥宜施用在南方酸性土壤上等。

综上所述，适应于区域土壤—作物系统的肥料产品设计，需要考虑氮、磷养分形态，以及氮、磷与中微量营养元素的合理搭配，结合精准施肥技术，实现肥料产品与区域土壤—作物系统的精准匹配，协同提升养分利用效率与作物关键品质。

(3)绿色发展(绿色智能肥料创制)　面向新时期农业绿色发展，肥料产品创新也将面临巨大挑战。绿色智能肥料是根据作物营养特性和农业生产特点，具有精准匹配区域土壤—作物系统养分需求，有效强化根际生命共同体过程的创新型肥料产品。面向绿色发展的绿色智能肥料产品，不仅具备提供作物养分、增加作物产量、改善作物品质的基本功能，还能够充分发挥作物生物学潜力，精准调控根系周围养分供应，做到养分智能释放，满足作物养分实时需求；同时，考虑了肥料加工过程低消耗、低排放或零排放、资源全量利用，应用过程养分损失低、全元高效利用，能够满足作物全营养需求和养分智能精准供应。因此，需要充分挖掘作物生物学过程、土壤养分供应能力、新材料/新物质载体调控能力(养分释放能力、活化土壤养分能力、调控根系生长能力等),智能匹配当地气候与生产条件,能够有效增强根际/根系互作生物学潜力、作物抗逆能力等,强化养化供应与吸收能力,最大化养分利用效率,实现资源利用最大化、环境排放最小化等目标,充分满足农业绿色发展的战略目标需求。

已有不少研究者提出,利用高分子材料能够制成响应环境变化的高效肥料产品,在外界刺激条件下(如温度、pH、盐分含量变化等)实现降解,形成一定的水渗透性以实现养分的缓慢释放,但是人工合成的高分子材料一般成本较高且降解性能较差,天然高分子材料易被土壤微生物降解,是未来研发的重点方向(李涛等,2018;Foster,2013;Mastronardi et al.,2015;Roy and Gupta,2003;Calabi-Floody et al.,2018)。最近的研究借鉴了药物输送系统的思路,设计出了对pH响应敏感的肥料涂层,利用了壳聚糖在中度酸性条件(pH4~5)溶解的特性,当根际分泌酸性物质时,能够降解壳聚糖涂层,使得其中的肥料养分释放出来供植物吸收利用,而未接触到根分泌物部分的肥料养分仍然处于保护状态,避免与土壤中的其他物质发生反应被固定,研究者设计出了$FeSO_4$肥料并得到了很好的验证,证明基于根际pH响应的肥料创新思路能够有效提升肥料养分利用效率,并很好地发挥了作物根系生物学潜力(Bindra et al.,2019)。中国农业大学研究团队利用滴施激发碳能够强化土壤微生物磷活化能力,提高土壤水溶性磷浓度,从而促进作物生长的原理,在田间建立了"激发碳"技术,通过滴施激发碳溶液可获得与施磷肥相同的作物产量,每滴施1 kg激发碳可节省0.67 kg磷肥($P_2O_5$),并申请了相应发明专利(冯固等,2021;Zhang et al.,2020)。上述探索研究与田间试验验证充分说明,未来肥料产品创新需要立足于多学科交叉,利用植物营养学、土壤学、微生物学、生物工程、高分子材料学、化学工程等原理与技术,创制具备充分挖掘土壤养分供应能力,有效发挥作物生物学潜力,高效智能调控能力的创新型肥料产品。

**2. 肥料创新设计**

肥料作为农业生产的必需品,其创新设计必须满足于农业生产的需求。农业生产中与肥料密切相关的因素有气候、土壤和作物。气候是农业生产系统的环境,土壤是农业生产系统的根本,作物是农业生产系统的对象,是肥料的最终接受主体。气候—土壤—作物系统是农业生产的重要组成部分,三者之间相互影响,密不可分,共同影响着作物对肥料养分的吸收与利用。

在农业生产中,气候是关键的环境影响因素。气候的组成要素光照、温度、湿度、降水等影响了土壤发育与理化特性、微生物活动、物质合成与分解、养分迁移扩散与淋失等,影响了作物光合作用、养分与水分吸收、生长发育、植物体内物质合成与代谢等关键活动。气候虽然不会直接对肥料产品表现产生影响,但可以通过土壤与作物,间接对肥料产品的田间表现特性产生显著影响,比如肥料养分的释放、淋洗等方面,均与温度、降水等有着很大的关系。土壤与作物共同构成了农田作物生产系统,二者共同构成了养分供应与吸收系统,是肥料产品创新需求的基础来源;土壤是养分供应与吸收的介质,其物理、化学与生物学特性会影响肥料养分释放与供应能力,也会影响自身供应养分能力;作物是养分吸收的主体,其养分需求特性决定了肥料与土壤养分的供应种类与数量,进而实现养分种类、数量和作物需求的精准匹配,而其生物学特性又对土壤和肥料养分形态供应与活化提出了更高的要求,形成了作物对养分种类、数量与形态的需求方案,为肥料产品创新提供了基础。由于肥料本身是由多种物质形成的,各种物质之间可能会产生相互作用,即养分间的兼容性以及养分与非养分物质间的兼容性,这会影响肥料养分的有效性,所以在肥料产品设计上要加强对营养元素交互作用的理解与认识,通过非养分物质在养分智能调控与有效活化土壤养分供应能力上的作用,充分发挥土壤—作物系统的自身潜力。

基于气候—土壤—作物系统的绿色智能肥料产品创新设计思路(图 3-12),能够在满足作物需求的前提下,充分挖掘作物的生物学潜力,同时很好地利用了区域气候与土壤特点,最大化养分利用效率,有效降低了养分损失。肥料产品创新需要基于化学技术与工艺来实现,要构建基于肥料产品创新设计思路的营养元素添加、养分保活、养分智能控释、肥料合成等技术体系,实现高效肥料生产技术体系的建立,在此基础上构建满足肥料目标需求的快速高效评价技术与方法体系,从物理、化学、农学和生物学等方面来综合评价肥料产品创新是否满足农业绿色发展需求。从产品创新设计到高效生产技术体系建立,再到快速高效评价体系,形成了肥料产品创新链条,有效实现了各个环节的对接,也有利于交叉学科的研究与生产创新。

**3. 肥料创新应用案例**

基于气候—土壤—作物系统计的肥料产品创新设计需要综合考虑多方面的因素。以高效硼肥产品创新为例,气候是影响硼肥利用率的重要因素。有效硼在土壤中主要以硼酸分子形态存在,极易随水淋失,所以在强降雨、砂性土壤地区等,硼肥利用率和土壤中有效硼含量比较低(Abat et al.,2014)。硼在土壤中的有效性还受土壤 pH、土壤质地、土壤水分以及有机质含量等多方面因素的影响(Havlin et al.,2014)。对于作物来说,其生长前期对硼的需求量较少,而中后期需求大,如油菜约 70%的硼营养是在蕾薹期以后吸收的(徐光璧等,1991)。基于此提出硼肥创新方向,即养分缓慢释放且与大量营养元素肥料混合造粒。

澳大利亚阿德莱德大学肥料技术研究中心的一系列研究提出了基于农业生产中作物需求的硼肥产品创新思路。以农业生产中硼肥施用问题为导向,考虑降雨、灌溉等对硼养分淋洗损失的影响,以硼在土壤中的循环转化特点为核心,借鉴缓释肥料研发的经验,设计出具有缓释特性的绿色高效安全的硼肥产品,通过物质合成及验证、物质基本特性探究、作物苗期毒性评价、作物生长效果试验、工业化生产与应用等一系列过程,形成了全链条的绿色高效硼肥产品创新链条(图 3-13)。

面向新时期农业绿色发展,我国肥料产业与产品发展面临着多重挑战,大力推进肥料产业良性发展,着重加强绿色智能肥料产品创新与应用,能够为农业绿色发展提供绿色投入品,有利于实现

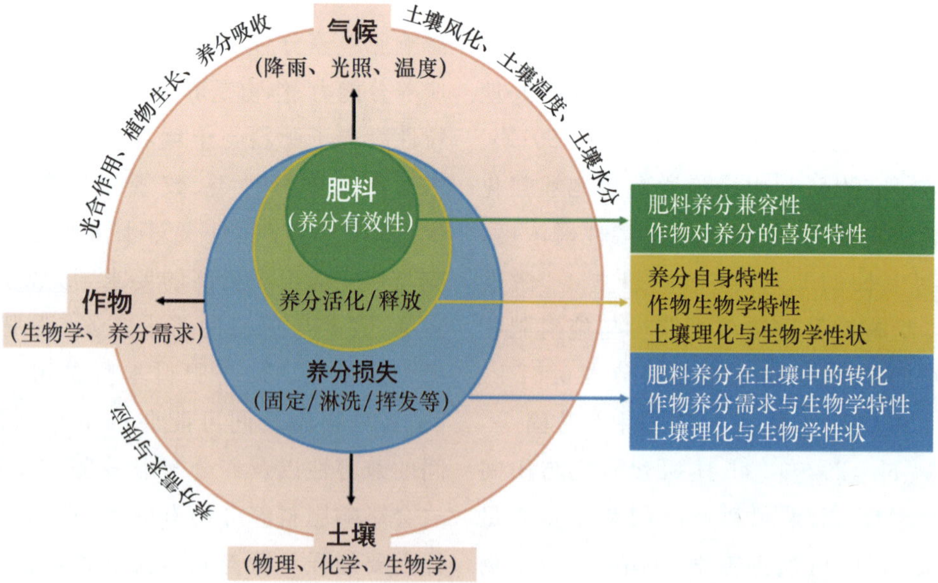


图 3-12　基于气候—土壤—作物系统的肥料产品创新设计思路

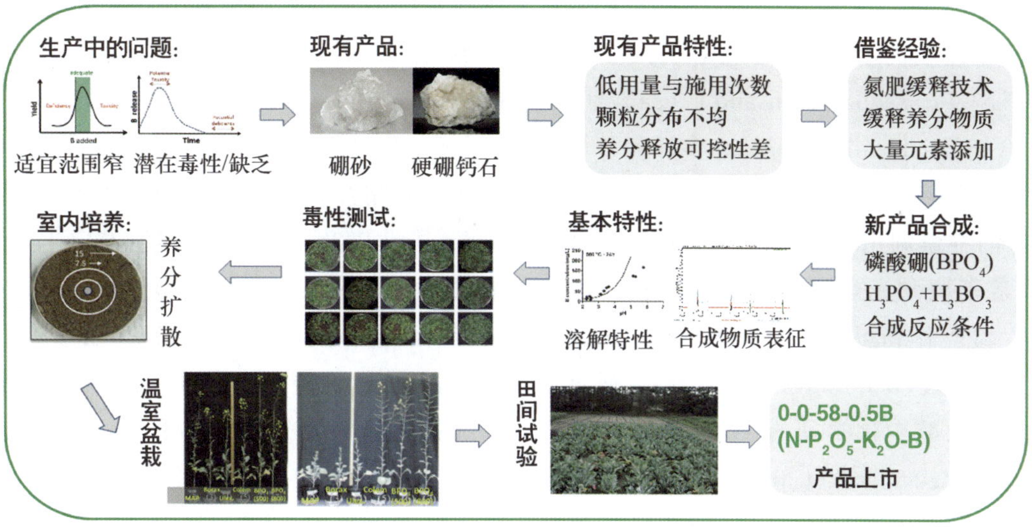


图 3-13　基于气候—土壤—作物系统的硼肥产品创新链条

（来源：姜润等，2021）

粮食安全、营养健康、资源高效、环境友好的绿色发展道路，助推乡村振兴。科技交叉创新是肥料产品创新的关键，以农业生产关键问题为导向，打通农业需求与工业生产技术/工艺的障碍，有效解决肥料产品创新需求与应用难题。

## 3.4.3　多样化种植体系

### 1. 多样化种植体系的必要性及优势

集约化农业以高投入高产出为特点，对保障粮食安全做出了巨大贡献，然而它对环境和生态系统也产生了诸多不良的影响（Matson et al.，1997；Tilman et al.，2001；Gaba et al.，2015），比如土壤酸化、土壤质量下降、物种丰富度和多样性降低造成生态服务功能减弱（Renard and Tilman，2019，Guo et al.，2010）。为减少集约化农业带来的不良影响，同时确保人口增加对粮食供应的刚性需求，农业生产亟须一种可持续性强且稳定性好的种植模式（Beillouin et al.，2019；Grebmer et al.，2016）。国内外科学家通过积极探索和不懈努力，建立了减少集约化农业负面影响的技术体系，比如通过养分资源综合管理实现作物生产的高产高效，以较少的投入生产更多的粮食（Chen et al.，2014）、通过挖掘作物生物学潜力提高资源利用效率（Zhang et al.，2010）等。作物的多样化种植能够在发展同时兼顾环境、产量和经济效益，促进农业可持续发展。与集约化单一种植相比，间套作体系的单产往往更高（Yu et al.，2015；Martin-Guay et al.，2018），对气候环境变化引起减产的风险具有更强的抵御能力（Raseduzzaman and Jensen，2017）。因此，采用间套作、轮作和覆盖作物等多样化种植模式，促进作物之间正相互作用，提高资源获取和利用能力，增加作物产量，同时减少农用化学品的投入，是农业绿色发展的重要支撑。

多样化种植体系是生态集约化农业的重要组成部分，依据生态学原理，增强正相互作用，提高作物产量，减少对化肥和农药的依赖。与集约化单一种植相比，多样化种植体系提高农田生态系统的生态服务功能主要体现在田块、农场和景观三个尺度上。

（1）田块尺度　与单一化体系相比，在相同或略低的化学品投入条件下，多样化种植体系更具有产量优势（Li et al.，2020），间套作体系可以增产 30%（Martin-Guay et al.，2018），轮作体系可增产 20%（Zhao et al.，2020）；在化学品投入显著降低条件下，多样化种植体系可以通过增加物种数或豆科作物比例来缓解产量降低的问题（Barbieri et al.，2017），维持产量不变或略有减产（Hossard et al.,2016)。此外,大量研究表明,多样化种植体系的产量稳定性较高,能较好地应对气候变化带来的不利影响(Raseduzzaman and Jensen,2017;Knapp and van der Heijden,2018)。多样化种植体系利用不同作物在形态学或生理学方面的差异,通过对资源的补偿利用极大地提升了资源的利用效率,如氮素资源和光热资源的补偿利用(Xu et al.,2020)。覆盖作物可以减少地表裸露,从而减小水分的无效蒸发(Beillouin et al.,2019),通过功能性作物的加入减少化学品的投入,降低了35%的硝酸盐淋洗(Quemada et al.,2013)。另外,多样化作物体系可以破坏适合害虫、病菌生长繁殖的环境,抑制其繁殖、生长和传播,减少虫害和土传病害的传播(Bellon et al.,2020)。

(2)农场尺度　与单一化种植农场相比,多样化种植(种养)农场在经济、生态与社会效益上都体现出了一定的优势。

在经济效益层面,多样化种植农场主要通过三种途径实现经济增收:①高商业价值作物的合理引入以及种植多样化饲料作物带来的动物生产收益(Groot et al.,2012;Bonaudo et al.,2014);②应用间套作与轮作可以减少农用化学品投入并增加产量收益(Xu et al.,2020;Zhao et al.,2020);③对单一作物气候与市场条件变异的适应与规避(Rosa-Schleich et al.,2019)。

在生态效益层面,多样化种植农场实现资源高效利用与生态环境友好的方式主要包括:①轮作、间套作以及覆盖作物等多样化种植模式发挥生态功能,可以控制病虫草害、提升土壤肥力,进而减少农场生产中农药和肥料投入,降低其带来的负面环境影响(Lechenet et al.,2016);②作物时空布局的优化调整可以适应农场中不同地块的资源约束(特别是灌溉水的可获得性),实现资源高效利用(Dogliotti et al.,2006);③通过多样化种植与动物养殖相结合,实现养分高效循环,增加土壤有机质含量并减少农场体系的养分损失(Bell et al.,2013)。

在社会效益方面,有研究表明多样化种植可以在农场中生产多种植物源食品并提供多元膳食营养,进而保障农户的食物与营养安全(Estrada-Carmona et al.,2020)。

(3)景观尺度　农业景观是农业、自然资源与环境之间相互作用产生的可见结果,并涵盖了文化、宜居性以及其他社会价值(OECD,2001)。农业集约化以及景观单一化会导致生物多样性丧失,从而使得农业生态系统调节和支持服务能力减弱,可持续性降低(Landis,2017)。在景观尺度增加农业景观复杂性可以提升农业生态系统调节、支持服务的能力,使得各种服务之间整体趋于均衡(Foley et al.,2005)。增加农业景观复杂性通常有土地节约策略以及土地共享策略(Phalan et al.,2011)。①土地节约策略主要通过增加农业景观中的半自然生境实现。半自然生境可提供昆虫的栖息地及食物资源等(Holland et al.,2017),有利于生物防治和授粉服务的提升(Dainese et al.,2019),如小麦田中种植花带可有效降低害虫数量,减少61%的产量损失(Tschumi et al.,2015)。农林复合系统可提供减少侵蚀、增加生物多样性、提高土壤肥力等服务功能(Torralba et al.,2016)。②土地共享策略主要通过在同一块土地上增加物种多样性来增加生态系统服务的多样性,例如,间套作、混合种植等。间套作会增加土壤的碳和氮,提升土壤支持服务(Cong et al.,2015);作物与开花植物的间套作也会增加授粉服务,提高产量和品质(Pereira et al.,2015)。

**2. 多样化种植体系的设计**

(1)多样化种植体系设计的理论框架　多样化种植体系的设计需要结合当地自然禀赋和限制因素(包括光、温、土、水等因素),同时考虑农业绿色发展指标(包括环境阈值、农民收益等),制定目标导向的种植体系(图3-14)。这些目标包括优先粮食安全、发展适水农业、保障环境安全以及保证农民收益等。多样化体系的设计采用自上而下与自下而上的方法相结合。自上而下的方法主要借助模型方法,从景观、农场、田块以及个体尺度进行设计与预评估,提出满足以上目标导向的种植体系；自下而上的方法主要依据生态学原理（生物多样性、植物—土壤互作与反馈、种间补偿与促进）、养分循环原理以及当地的长期定位试验和农民实践的经验。最终目标是充分发挥生物学潜力，降低农业化学品投入，增加环境可持续与农民效益，实现满足农业绿色发展的多样化种植体系。

（2）多样化体系设计的基本原理　多样化种植体系的设计基于在田块尺度上通过合理的作物搭配和种植顺序（例如，间套作、轮作和覆盖作物等）提高作物体系在时间和空间上的多样性，通过地上部种间互作和地下部根系互作协同提高地上—地下资源利用效率（图 3-15）。不同作物对资源利用的策略存在差异，合理的作物组合能利用作

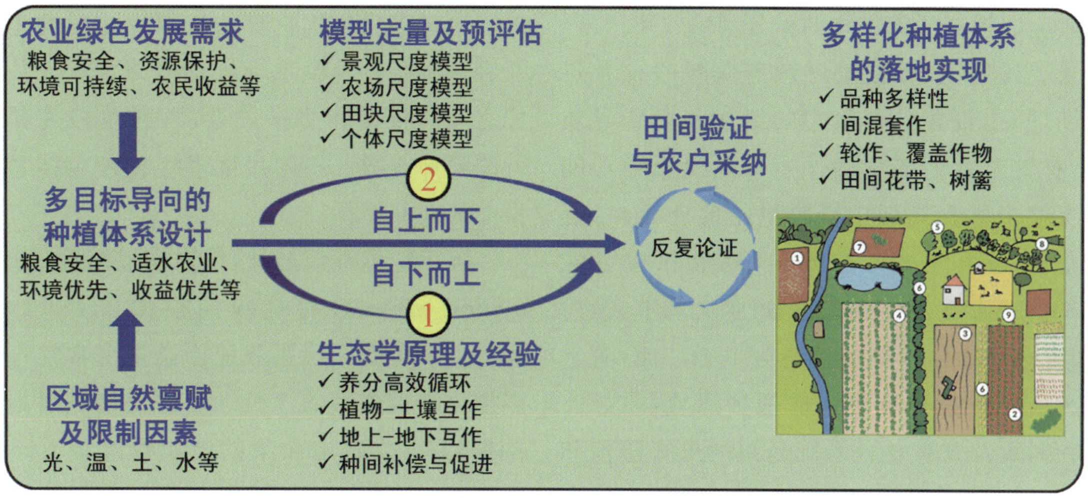


图 3-14　多样化种植体系设计的理论框架

（修改自：Julia et al.，2019）

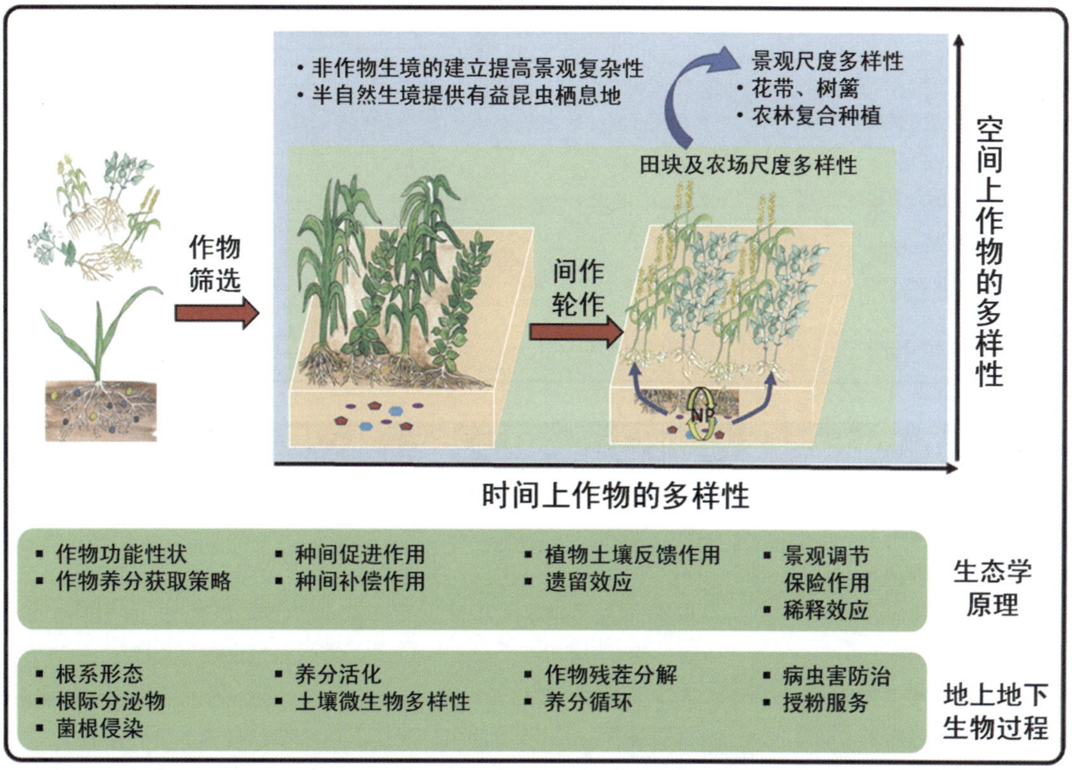


图 3-15　基于植物营养、生态学理论的多样化体系设计原理

物间的互补作用提高对资源的补偿性利用。例如，具有不同株高的间作作物能扩大光的截获量，减少种间光竞争；根系深浅的物种组合能充分利用不同土层中的养分；豆科植物的生物固氮作用和根际分泌物对土壤中难溶性磷的活化作用与禾本科作物根系对氮磷的直接吸收形成养分利用的补偿机制和促进作用；前茬作物的根茬分解形成的遗留效应能提高后茬作物的养分利用效率。

在景观尺度上，根据景观调节保险假说及资源连续性理论，设置农业景观的组成和配置异质性，采用有针对性的措施确保生态系统服务功能提供者在整个生命周期中资源供给的连续性，有效地增加生态系统服务的贮量，流量和稳定性(图 3-15)。多年生植被具备净水、水文调节、授粉服务、害虫和病原体种群的控制等生态功能，对气候变化和极端干扰具有更强的抵御能力，通过设计花带和树篱及农林复合系统起到病虫害防治和授粉服务，提高粮食生产的可持续性。

(3)不同尺度多样化种植体系设计和评估的方法　探索性土地利用研究旨在结合农业生产中的生物物理过程知识，利益相关者目标和农田系统外部的影响变量，从经济/农学角度为未来区域农业发展开启一扇“机遇之窗”(van Ittersum et al.，1998)。种植系统设计模型可以生成多种可行的多样化土地利用及管理方案(如轮作、间套作等)，通过多目标优化算法选取优化后的土地利用及管理组合。种植系统优化模型可以评估各个目标之间的权衡和协作关系，由利益相关者确定可行的设计方案。不同尺度多样化种植体系设计模型如表 3-1 所示。

除了探索性模型外，作物模拟模型(Crop simulation model)、目标导向模型(Target-oriented model)和生态系统服务评价模型也常常作为评估多样化种植体系的工具。评估模型一般不涉及利益相关者，为自上而下的组织模式。不同类型模型之间对比如表 3-2 所示。

表 3-1　不同尺度多样化种植体系设计和评估模型的对比

| 模型对比 | ROTAT / ROTAT+ | Farm Design | Farm STEPS | Landscape IMAGES |
|---|---|---|---|---|
| 类型 | 静态/ 动态 | 静态模型 | 静态模型 | 静态模型 |
| 空间尺度 | 田块/农场 | 农场 | 田块/农场 | 区域/农场 |
| 时间尺度及周期 | 长期(2～12 年) | 短期(1 年) | 长期(1～5 年) | 短期(1 年) |
| 模型模块 | 作物/土壤+作物+环境 | 土壤+作物+动物+环境+农户 | 土壤+作物 | 土壤+作物+环境+农户 |
| 学科交叉 | 自然科学 | 自然科学+社会科学 | 自然科学 | 自然科学+社会科学 |
| 结果呈现 | 轮作体系 | 农场/合作社规划 | 农场规划合作社规划 | 区域农业土地利用/农业景观规划 |

表 3-2　不同尺度多样化种植体系评估模型的对比

| 模型对比 | 目标导向模型 | 作物模拟模型 | 生态系统服务评价模型 |
|---|---|---|---|
| 模型类型 | 动态模型 | 动态模型 | 动态模型 |
| 典型模型 | NDICEA | APSIM，DSSAT，STICS，DNDC | InVest |
| 空间尺度 | 田块 | 田块/农场/区域/国家 | 区域/国家 |
| 时间尺度及周期 | 长期 | 可短期也可长期 | 可短期也可长期 |
| 模型模块 | 土壤+作物 | 土壤+作物+动物+环境 | 土壤+作物+动物+环境+经济 |
| 学科交叉 | 自然科学 | 自然科学 | 自然科学+社会科学 |
| 结果呈现 | 轮作周期的土壤氮动态 | 作物体系的资源利用及产量表现 | 量化作物体系提供的生态系统服务 |

(4)国外典型案例　Salle 农场是一家英国现代化私营农场，耕地面积达 2 500 $hm^2$。该农场在田块尺度上采用周期为 7 年的轮作序列(谷类作物与经济作物交替种植)，并在农场尺度上对 7 个田块上的作物进行时空轮换。在优化农事管理与栽培覆盖作物基础上，充分发挥了农场多样化轮作的生态效应(土壤培肥与病虫害控制等)与经济效益。长期监测结果显示该农场作物产量呈现逐年递增的趋势，明显高于英格兰地区作物的产量水平，体现出了良好的节本增收优势。Salle 农场在临近水道的区域同时建立了牧草缓冲带，并在农田的角落和边缘种植花卉，以吸引蜜蜂和昆虫天敌，增强了农田的生态服务功能。

国际灯塔农场网络(https://www.lighthouse-farmnetwork.com/)旨在挖掘和连接全球范围内可持续发展的现代化农场，联动科学研究和参与式创新。荷兰 B. V. ERF 农场(https://www.erf-bv.nl/nl)是其中的典型之一，该农场是荷兰最大的私人有机农场。其耕地面积约为 1 800 $hm^2$，种植约 20 种有机蔬菜和粮食作物，与瓦赫宁根大学开展合作研究。该农场在时间和空间上尝试各种多样性种植系统，设计 5 种作物和花带的条带种植，结合机械化生产，并凭借地理位置优势拥有广泛的市场供应链，将景观生物多样性与可持续生产结合起来。

**3. 多样化种植体系的实施路径**

多样化种植体系设计的实施将以土壤—作物系统的供给、调节和文化三个生态服务功能的协调为核心，结合区域特点和生产目的，利用植物—土壤互作原理、农作制与现代化管理、作物—土壤综合系统管理和作物系统模型模拟四个方面的理论知识确定多样化种植模式(图 3-16)。在国家层面上要根据不同区域的生态特点来建立适宜的种植制度。如在光温条件“一季有余、两季不足”的西北地区和“人多地少”的西南地区采用间套作方式；而在集约化程度比较高但资源(如水资源)相对紧缺的华北平原考虑轮作；对于风蚀、水蚀等严重的区域采用覆盖作物的方式；对于光热资源充足的华南地区，复种指数高，经济作物种植面积大，考虑轮作打破连作障碍，通过间作改善土壤质量，果园采用覆草、与豆科间作，从而在基因型、作物物种、种植体系和景观生态等不同层次上实现多样化种植。在多样化种植体系实施中，应先了解当地实际生产情况，根据具体的生产目的凸显生态服务功能的某个方面或多个方面，进而确定多样化种植模式。

### 3.4.4　养分资源综合管理

**1. 农业绿色发展与养分管理**

农业绿色发展的本质是一种发展理念，是实现农业可持续发展的根本路径，强调正确处理农业发展和生态环境保护的关系，转变农业发展方

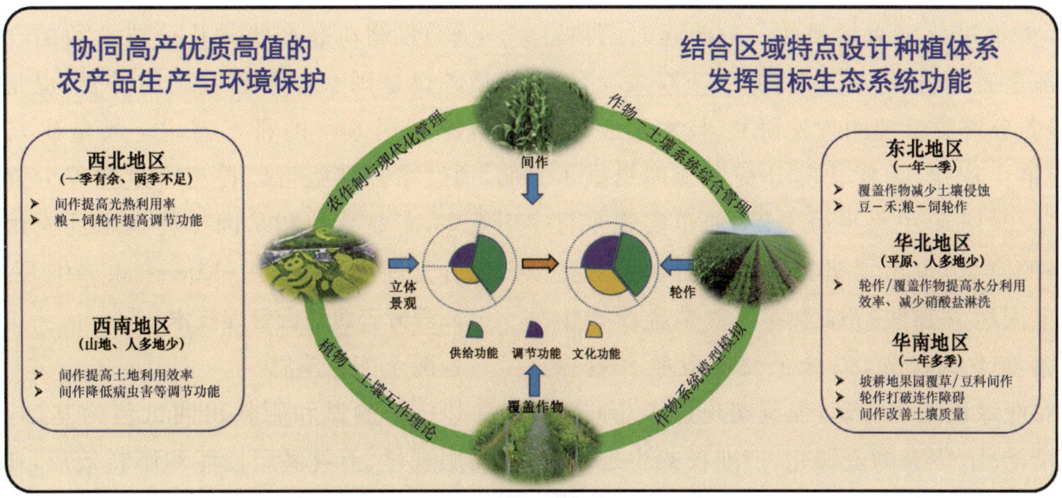


图 3-16　多样化种植体系设计的实施思路

式、价值导向、思想观念、消费习惯等(李福夺等,2020)。

一般来说,人们把一定条件下的植物和动物生产过程看作一个系统,将土壤、肥料和环境所提供的养分都作为养分资源。土壤是作物的养分资源库,肥料是人工给作物补充养分的物质,包括来源于生物体的农家肥料和用天然的矿物、盐类或空气中的物质制成的化学肥料。环境中一些通过尘埃、降水、灌溉水、生物固氮等形式进入土壤的养分都是养分资源。

养分资源综合管理要以可持续发展理论为指导,在充分挖掘自然养分资源潜力的基础上,以协调养分投入与产出平衡、调节养分循环与利用强度为基本内容,以有机肥和无机肥的合理投入、土壤培肥与土壤保护、生物固氨、植物改良和农艺措施的综合利用为基本手段,高效利用人为补充的有机和无机养分;重视养分作用的双重性,兴利除弊,把养分投入量限制在生态环境可承受的范围内,避免养分盲目过量的投入。它是一种理论,也是一种综合技术,更是一种理念。合理施肥仍是其主要手段,但不是唯一手段。以地块、农场(户)、区域和全国等不同层次的生产体系为对象,以生产单元中养分资源种类、数量以及养分平衡与循环参数等背景资料的测试与估算结果为依据,制定并实施详细的管理计划(张福锁等,2006)。

2015 年,农业部发布《化肥使用量零增长行动方案》,大力推进化肥减量增效。与此同时,科技部、农业部全面启动“十三五”化肥农药双减项目,支持开展养分资源管理的理论研究、技术集成、示范培训与推广应用,为优化养分资源管理提供了新的机遇。2018 年中央一号文件“关于实施乡村振兴战略的意见”提出了坚持人与自然和谐共生的原则,牢固树立和践行绿水青山就是金山银山的理念,落实节约优先,以绿色发展引领乡村振兴,开展农业绿色发展行动,强调实现投入品减量化、生产清洁化、废弃物资源化、产业模式生态化,推进有机肥替代化肥、畜禽粪污处理、农作物秸秆综合利用等具体措施,对养分资源管理提出了更高的要求。近些年来,科研工作者在粮食作物养分管理的理论与技术创新方面开展了大量工作,概括为“三步走”战略,即减肥增效、增产增效、绿色优质高效,技术成效显著,取得了不少重要进展。

**2. 养分资源综合管理的基本原理**

农田养分资源综合管理强调多种养分资源的综合管理和多种技术的综合运用。农田尺度养分资源综合管理的主要理论基础是:

(1)根据不同养分资源的特征确定不同的管理策略　由于氮素资源具有来源的多源性、转化的复杂性、去向的多向性及其环境危害性、作物产量和品质对其反应的敏感性等特征,因此氮素资源的管理应是养分资源综合管理的核心,氮的管理必须进行实时、实地精确监控。肥料磷、钾资源有限,土壤磷库总量大但有效性低,磷肥不易损失且具有长期后效,且土壤对磷钾有较强的缓冲性,因此,磷钾的管理可以进行实地恒量监控。对中微量元素的管理应做到因缺补施。

(2)根据不同作物的氮素需求规律确定不同的管理策略　在氮素资源的综合管理中,既要满足作物的氮素需求又要避免造成氮素的损失,因此,应充分考虑不同作物生长发育规律、品质形成规律和氮素需求规律的不同,通过综合管理,实现作物氮素需求与氮素资源供应的同步(Chen et al.,2011)。

(3)强调与高产优质栽培技术的结合　高产优质不仅是国家需求和农民的需要,也是提高养分资源利用效率的科学需求。大量研究工作证明,通过综合措施可以提高产量和养分资源的利用效率,高效品种和基因工程技术的应用也离不开综合管理技术的应用(Xue et al.,2013)。

**3. 养分资源综合管理技术**

1)测土配方施肥

以土壤测试和肥料田间试验为基础,根据作物需肥规律、土壤供肥性能和肥料效应,在合理施用有机肥料的基础上,提出氮、磷、钾及中、微量元素等肥料的施用数量、施肥时期和施用方法。测土配方施肥技术的核心是调节和解决作物需肥与土壤供肥之间的矛盾，有针对性地补充作物所需的营养元素，实现养分平衡供应，达到减少用量，提高肥料利用率和作物产量，改善农产品品质，节支增收的目的(Zhang et al.，2014)。

测土配方施肥是以养分归还(补偿)学说、最小养分律、同等重要律、不可代替律、肥料效应报酬递减律和因子综合作用律等为理论依据，以确定养分的施肥总量和配比为主要内容。但为了发挥肥料的最大增产效益，施肥必须综合考虑良种、肥水管理、种植密度、耕作制度和气候变化等诸多因素，形成一套完整的施肥技术体系。

2)养分替代技术

有机肥包括动物粪、厩肥、堆肥、绿肥、饼肥、沼气肥等，其中含有有机物质，可以改善土壤、促进生物生长等。虽然养分全面，但含量较低，运输成本和施用人力成本较高。

(1)有机肥和秸秆　有机肥和秸秆可以提高土壤微生物数量和土壤酶活性，提高有机质含量，改善土壤质量。在河西绿洲玉米间作豌豆生产中配施有机肥表明，氮用量减少15%，土壤中微生物数量增加，两物种产量不变。

(2)绿肥　绿肥是由绿色植物制成的肥料，也是养分充足的生物肥料，在我国拥有长远的使用历史。种植绿肥可以改善土壤质地。而且绿肥来源比较广，数量较多，成本也低，效益高。通过在河北省种植二月兰，可减少化肥15%，玉米产量增加28.6%。

(3)腐殖酸类肥料　腐殖酸类肥料主要是由泥炭、风化煤等组成，经过处理再加入一定比例的无机肥合成，也属于缓效有机肥。有研究发现，在玉米的叶面喷洒黄腐酸钾可以提高玉米产量。在化肥减量20%，配施腐殖酸肥料条件下，与不减肥相比，玉米产量和氮利用率均显著提高。

3)新型肥料品种

新型肥料是指加入新材料，采用新工艺，新设备，改变品种或剂型，提高肥料利用率的肥料，如新型包膜缓(控)释肥料、含抑制剂的稳定态肥料、添加肥料增效剂的肥料等。

(1)树脂包膜缓释肥料　化肥用树脂包膜，可制成缓释肥。缓释肥又称缓效肥或控释肥，肥料中的养分可以缓慢释放或者可以控制释放的速度，达到农作物吸收速度和化肥释放速度的平衡(李欣，2016)。市场上常见的缓释肥多是由氮肥经过包树脂或包硫之后，按一定比例与其他肥料混合而成的一种肥料。一般将缓释肥分为难溶于水的化合物、包膜或涂层肥料和载体缓释肥料三大类。树脂包膜缓释肥料可以更好地利用土壤中的氮，其氮利用率较常规肥料高出一倍，有效地降低了环境负面效应。

(2)含抑制剂的稳定态肥料　硝化抑制剂是一类能够抑制铵态氮转化为硝态氮的生物转化过程的化学物质。硝化抑制剂通过减少硝态氮在土壤中的生成和累积，从而减少氮肥以硝态氮形式的损失及对生态环境的影响。部分研究结果表明，硝化抑制剂有利于减少氮素淋溶损失和温室气体(氮氧化物)排放，一定条件下对提高肥效有积极作用。类似的添加剂还有脲酶抑制剂等，可以有效地减少氮素损失，从而提高氮利用率。

(3)添加肥料增效剂　氨基酸肥料增效剂主要通过增加聚谷氨酸和聚天门冬氨酸两种氨基酸。其中，第一种主要是通过提高土壤中氮含量促进光合作用；第二种主要是对玉米幼苗起作用，可以增加叶绿素的含量以及叶片中的光合速率。

4)水肥一体化技术

水肥一体化技术是水和肥同步供应的一项农业应用技术，它是根据土壤养分含量和作物种类的需肥规律和特点，及作物根系可耐受肥液浓度，将可溶性固体或液体肥料稀释配制成的肥液，借助压力系统，与水一起灌溉，均匀、定时、定量输送到作物根系发育生长区域的技术。该技术充分利用可控管道系统供水、供肥，根据不同作物的需肥特点，定时定量供给水分养分，满足作物不同生长期对水分、养分的需求，从而达到提高作物产量与品质的目的。

水肥一体化技术主要应用于追肥，在肥料选择方面，宜依据作物需肥特点，选择符合行业标准或国家标准的作物专用尿素、氯化铵、碳酸氢铵、硫酸钾、硫酸铵、氯化钾、磷酸二氢钾等可溶性肥料，应当注意微灌追肥的肥料品种必须是可溶性肥料（刘效红，2019）。这些肥料杂质较少、纯度较高，溶于水后不会产生沉淀。

氮磷钾比例、总施肥量及底肥、追肥的比例，应根据地块肥力水平、种植作物的需肥规律及目标产量确定，从而制订合理的微灌施肥制度。由于微灌施肥技术和传统施肥技术存在显著差别，微灌施肥用肥量为常规施肥的 50%～60%（赵树武，2020）。整地前施入底肥，追肥次数和数量则按照不同作物生长期的需肥特性而确定，这样实施微灌施肥技术可使肥料利用率提高 40%～50%。

### 3.4.5 绿色增产增效

近年来，国际上在养分资源管理理论与技术研究方面取得了快速进展，先后提出因土养分管理、实地养分管理、实时作物养分管理等理论与技术，使传统的半定量施肥走向精准调控。我国科学家在减肥增效技术领域创新了根层养分调控机制与技术，定量了根层氮素供应与地上部需求动态匹配关系，建立了小麦和玉米等氮素实时监控技术途径与指标，实现氮肥供应与作物氮素吸收的时空匹配，节氮稳产，并大幅度降低了不同途径的氮素损失，特别在区域适宜施氮量确定和农田养分资源综合管理技术创新等方面取得了突出成绩。通过实时测定根层土壤无机氮（或硝态氮）含量以及植株诊断，准确定量土壤养分供应强度和施肥总量，量化根层氮素调控技术指标及其实现途径；明确了集约化生产体系养分高效的关键是将根层养分供应与高产群体需求在数量上匹配、时间上同步、空间上耦合。然而，鉴于我国粮食安全和农业生产的资源环境代价越来越高，减肥、增效、稳产无法满足农业发展需求，作物高产与资源高效是否能够同时实现成为一大问题。基于此，我国学者创建了土壤—作物系统综合管理（ISSM）理论框架与技术途径（Chen et al.，2011；Zhang et al.，2011），并在田块和区域尺度上实现了增产增效和环境减排（Chen et al.，2014；Cui et al.，2018）。

**1. 土壤—作物系统综合管理的理论基础**

前期关于因土养分管理、实地养分管理等技术，多数能够在维持作物稳产的同时，降低肥料投入和活性氮损失，未能同时实现作物可持续高产和资源高效利用的协同。以玉米为例，过去 20 多年中 195 个高产纪录（大于 15 $hm^2$）基本都是在最适生长条件下获得的，但施氮量却超过植株氮素需求 2 倍多，造成氮磷资源投入高、利用率低、损失严重等问题普遍发生。经过 30 多年研究与应用，中国农业大学联合我国 30 多家研究机构，建立了 ISSM 理论框架和技术途径（Chen et al.，2011；Zhang et al.，2011）。

ISSM 的基本原理为最大化利用地上资源（光照、温度）和地下资源（根层养分）以及土壤和环境中养分投入与作物需求的动态匹配。ISSM 的技术途径主要包括两个方面，一是基于作物生态生理模型（Hybrid-Maize Model）和多年气象资料，从品种、密度和播期等角度对作物生产体系进行优化设计，以最大限度利用光温资源，提高作物产量；二是基于根层养分实时调控原理，合理施肥满足高产群体的养分需求，实现数量匹配、时间同步、空间耦合，避免不合理施肥造成的资源浪费和环境污染（图 3-17）。

积温条件是影响作物出苗、开花及成熟的关键因子，但对于某一既定产地而言，其热力条件不可控，但可以基于当地多年的气象资料，从作物品种、播期、密度等方面优化栽培管理措施，来最大化利用光温资源。基于 Hybrid-Maize 模型和北京周边 15 年气象数据进行高产玉米体系设计，产量达 11.6～16.9 $t/hm^2$，与常规措施平均 8.9 $t/hm^2$ 的产量相比大幅增产。根系的养分吸收过程主要发生在根际，即根系—土壤—微生物明显互作区

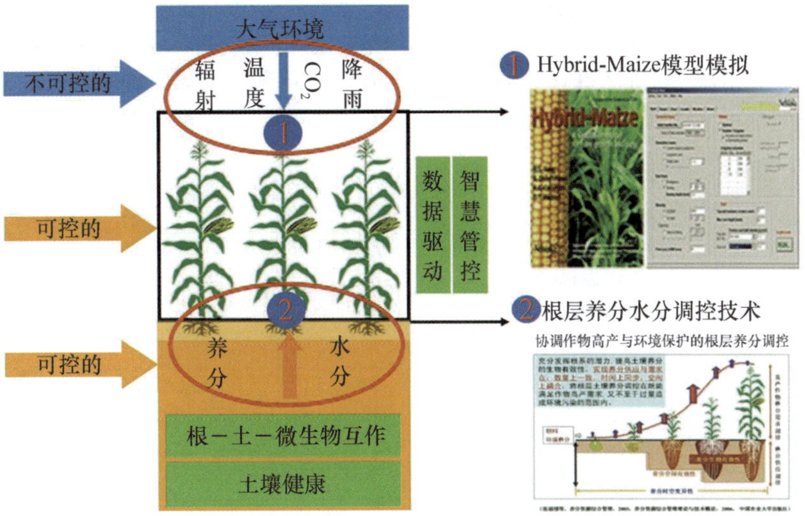


图 3-17　土壤—作物系统综合管理的理论框架和技术途径

（来源：改自 Chen et al.，2011）

域。根系一方面通过改变自身形态来适应土壤环境的变化，另一方面通过生理变化（如质子释放、有机酸分泌、信号物质等）来改变根际互作过程。因此，根层养分管理以及根际调控（包括根际互作过程中的养分活化、扩散及吸收利用等环节）是 ISSM 技术模式重要的策略，而非单纯地依赖化肥投入量的多少，并根据根层养分供应强度，以及作物阶段性养分需求，从数量、时间、空间上进行优化匹配。

作物生长发育中后期的干物质以及氮磷养分积累是影响产量的另一关键因子，如玉米开花期后、小麦拔节后、水稻抽穗后，这与部分关于作物产量主要依赖于前期同化产物和氮素的转移等观点不同。与农民传统习惯相比，ISSM 技术模式中全生育期氮素管理是基于作物氮素需求曲线模拟计算进行，氮肥一般是分次、后移施入，小麦常分为两次（基肥和拔节追肥），玉米分为三次（基肥和 V6 及 V10 追肥），水稻分为三次（基肥、分蘖肥和穗肥）。

综上，ISSM 技术要点包括优化养分投入时应尽可能考虑所有来源的养分、根层养分供应和作物需求的时空匹配，有效降低集约化生产体系中氮素损失（Zhang et al.，2011；Cui et al.，2020）。对于既定区域，品种、播期、密度等可根据作物模型进行模拟以最大化利用光温资源；水肥供应可基于土壤测试和作物生长需求；而病虫害防控以及耕作措施可根据当地生态条件进行优化。

**2. 土壤—作物系统综合管理——从田块到区域**

前期关于华北平原玉米产量的一项研究表明，在不增加氮肥投入的前提下，利用 ISSM 技术能够实现从农民传统管理的 6.8 t/hm$^2$ 增产至 13 t/hm$^2$，同时氮肥偏生产力由 26 kg/kg 增加至 57 kg/kg（Chen et al.，2011）。高产条件下，ISSM 技术能够比农户习惯增产 70%，达到 14.8 t/hm$^2$，而氮肥用量仅增加了 38%，$N_2O$ 和温室气体排放分别降低 12% 和 19%（Cui et al.，2013）。

2009—2012 年，在全国 11 个省主要农业生产区域开展了 153 个点—年田间试验，用于验证 ISSM 技术模式的效果，种植作物包括小麦和水稻。与玉米相比，因为小麦和水稻分蘖过程中会改变群体结构，其增产增效减排调控相对困难。最终在区域尺度上，ISSM 技术模式在没有明显增加氮肥投入的前提下，小麦、玉米和水稻较农民习惯增产 21%～87%，活性氮损失和温室气体排放强度分别降低 50%～56% 和 31%～47%（表 3-3）。22 个省、5 147 个点—年田间实证进一步表明，ISSM 可平均增产 12%，氮肥投入降低 24%，氮素利用率增加 40%，农民净收入增加约 132 美元/hm$^2$

表 3-3 土壤—作物系统综合管理(ISSM)和农民习惯的作物产量、施氮量、氮素利用率、活性氮与温室气体排放及强度

| 作物 | 处理 | 产量/(t/hm²) | 施氮量/(kg/hm²) | $PFP_N$/(kg/kg) | 活性氮损失/(kg N /hm²) | 活性氮损失强度/(kg/t N) | 温室气体/($kg\ CO_2/hm^2$ eq) | 温室气体排放强度/($kg\ CO_2$/t eq) |
|---|---|---|---|---|---|---|---|---|
| 水稻 | ISSM | 8.5 | 162 | 54 | 55 | 4 | 9 535 | 1 077 |
| | 农民习惯 | 7 | 209 | 41 | 66 | 10 | 10 343 | 1 574 |
| | 差值/% | 21 | −22 | 32 | −16 | −56 | −8 | −32 |
| 小麦 | ISSM | 8.9 | 220 | 41 | 59 | 6 | 4 182 | 463 |
| | 农民习惯 | 5.7 | 210 | 33 | 65 | 12 | 3 707 | 671 |
| | 差值/% | 56 | 5 | 24 | −9 | −50 | 13 | −31 |
| 玉米 | ISSM | 14.2 | 256 | 56 | 125 | 9 | 4 575 | 329 |
| | 农民习惯 | 7.6 | 220 | 43 | 120 | 17 | 4 436 | 621 |
| | 差值/% | 87 | 16 | 30 | 4 | −50 | 3 | −47 |

来源:引自 Chen et al.(2014)和 Cui et al.(2020)。

(Zhang et al.,2012),实现了从田块到区域的转变。

基于 ISSM 技术模式,我国小麦、玉米和水稻主产区建立了绿色增产增效技术体系,通过 13 123 个田间实证研究验证了技术的增产、增效、减排、增收潜力。与全国 2 090 万小农户一起,应用绿色增产增效技术的玉米、水稻和小麦平均产量达到 9.54、8.41 和 6.73 t/hm²,较当地农民习惯增产 20.6%(18.3%~21.8%);同时,降低氮肥用量 14.5%(8.5%~15.6%)。通过实地测定、模型模拟和生命周期评价,基于 ISSM 的绿色增产增效技术不仅能增产节氮,还能显著降低活性氮的排放强度 34.8%(22.9%~35.4%),减少温室气体排放强度 27.0%(18.6%~29.1%)。实现了粮食作物大面积高产、养分资源高效和环境保护的协同,增产和环境减排的双赢(Cui et al.,2018)。

**3. 绿色高产高效的新需求——根际生命共同体生物学调控技术**

绿色高产高效是一个从土壤到植物、从微生物到农业生产多界面互作的系统过程。任何单一过程的研究都无法破解整个系统的运行机制,也就难以从整体上大幅度提高植物生产力和养分效率。高产高效一直是农业绿色发展的重大科学命题,当前面临的主要挑战为作物生产投入大,环境排放高,现有增产增效技术无法满足生态涵养和环境安全的需求。例如,WHO 关于地下水硝酸盐安全的标准为 11.3 mg N / L,据此华北硝态氮临界淋溶量为 28~35 kg N/(hm² · 年),基于硝态氮临界淋溶量定量化氮肥投入量为 200~300 kg N/(hm² · 年),然而,当前华北平原小麦和玉米轮作体系通过增产增效技术优化管理后,每年氮肥用量为 379 kg/hm²(基于 Cui et al.,2018 计算)。可见,当前增产增效技术无法满足农业绿色发展的需求。近年来,随着生命科学的快速发展,国际上提出了运用生物学和生态学原理重塑养分管理模式的观点,对如何充分发挥植物—土壤系统的生物学潜力来支撑农业绿色发展提出了新的机遇和挑战。

长期以来,化肥显著的增产效应,使人们在生产实践中往往只重视肥料养分的投入,却忽视了植物—土壤系统巨大的生物学潜力,尤其是没有认识到根际生命共同体多界面互作增效提高养分效率的作用,因此常常施肥过量,导致根系生长受阻、根际过程减弱、植物—微生物互作紊乱、根际微生态环境恶化,从而严重制约了养分效率的提高。在"植物—根系—土壤—微生物"系统中,植物将光合产物输送到地下,驱动了地下多样化生命过程的运转。光合产物一部分用于支撑根系生长及其生理活动,另一部分以根分泌物的形式释放到根际环境中,极大地改变了根际土壤的物理、化学和生物学性质,招募和供养微生物,使根际成为植物—微生物、微生物—微生物互作最活跃的热

点区域，成倍提升植物对土壤养分的活化与利用效率。这种自上而下的能量流与自下而上的养分流形成一个完整的闭环系统，将“植物—根系—土壤—微生物”连接成一个以根际互作为核心的根际生命共同体。因此，通过增加有机资源投入管理，提升土壤健康，深入揭示根际生命共同体互作增效机制，建立生物学调控新途径，提高养分效率，有望从根本上改变高投入、高污染的农业生产方式(图3-17)；同时，未来针对环境变化(特别是气候条件)做出实时动态调整和管控，借助大数据、人工智能、机器学习、区块链等技术的发展，提供更快速地收集、分析、集成、动态研究高产高效作物体系地下—地上协同作用的能力和高级分析方法，在动态变化条件下自动整合数据并进行实时建模，可促进形成数据驱动的田间全程精准调控(图3-17)。

综上，通过根际生命共同体(根—土—微生物)互作增效来挖掘生物学潜力，通过加强有机资源利用管理来提升土壤健康，通过作物生产全程智慧管控来适应多变气候，既是国内外农业科技创新的交叉前沿，又是破解我国农业绿色转型的关键突破口。

### 3.4.6 绿色高质高效

**1. 农业生产“提质增效”的时代需求及重要意义**

随着粮食增产、经济发展和人民生活水平提高，我国粮食生产出现了新的需求，即保障农作物产量的同时提高农作物品质，保证生态环境安全，实现农业由资源消耗型向资源高效型的转变。为此，中国共产党第十八届五中全会把绿色发展上升到五大发展理念之一，政府也陆续出台文件，将推进农业绿色发展作为农业工作重点和未来发展方向(金书秦等，2020)。因此，我国农业生产进入以“提质增效、绿色发展”为主要目标的新阶段。

“提质增效”从农作物的生产端把控，通过合理的品种改良、栽培优化及养分资源综合管理调控措施，使生产端生产出满足需求、品质优良的产品，同时降低资源消耗，减少环境污染，对于农业绿色发展实现具有重要推动作用。

以小麦为例，我国是世界上小麦种植面积最大和消费量最高的国家之一，总产量占世界小麦生产量的17.5%(FAO，2019)。我国小麦蛋白质含量水平并不比欧美等国家和地区低，但面粉性状相对较差，面筋强度弱、面团流变学特性差、沉淀值小，整体加工品质不佳，导致我国需要大量进口面包用强筋小麦和饼干糕点用弱筋专用小麦，年进口需求量超过200万t(曹卫星等，2005)。此外，在小麦生产、加工和消费链条中，资源环境代价主要发生在生产端，其对全球变暖潜势、富营养化潜势、酸化潜势等贡献率占小麦生产、加工、消费全产业链环境代价的40%～60%，其中来自不合理施肥(过量施肥)造成的环境代价占20%～40%(Goucher et al.，2017)。再如经济作物苹果，我国已成为世界上最大的苹果生产国和消费国，2016年我国苹果种植面积和总产量分别占世界的45.0%和49.8%(朱占玲，2019)。然而，我国苹果达到出口要求的高档果率不足20%，且化肥投入量过高，施氮量高达490～837 $kg/hm^2$，显著高于世界上苹果生产发达国家150～200 $kg/hm^2$的推荐施氮量，由此导致生产成本高、水体污染、温室气体排放增加和土壤质量下降等效益和环境问题(葛顺峰等，2017)。同样，我国蔬菜生产，尤其是设施蔬菜生产中化肥过量投入导致蔬菜品质下降(硝酸盐含量超标、农药残留超标等)、环境污染和土壤质量退化等问题尤为严重(刘文科，2019)。可见，我国当前农产品供求的主要矛盾已不是供求数量之间的矛盾，而是消费者日益增长的对高品质农产品(安全、营养、感官、加工等方面)的需求和供应不足的矛盾，以及农业生产与资源消耗、环境保护和可持续发展之间的矛盾。因此，我国农业生产迫切需要进入“提质增效、绿色发展”的新阶段，而从生产端“提质增效”必将是推动“农业绿色发展”的关键环节和重要保障。

**2.“提质增效”的理论框架和实现路径的思考**

1)理论框架

农业生产中“提质增效”的内涵和主要目标是在生产环节提高资源利用效率、降低资源消耗,减少环境代价,获得满足消费者和加工企业经济、足量和高品质需求的优质农产品(图3-18)。具体来看,从稳产优质的角度,在保障农产品数量满足需求的前提下,针对消费者和生产者对于不同农产品的品质需求,生产出安全健康、营养丰富、加工性状符合需求、口感等感官品质和贮藏性状优良的优质农产品。从资源高效的角度,要求生产者更新观念、优化集成配套技术,合理灌溉,提高水分利用效率;合理平衡施肥,提高养分利用效率;减少农药等生物化学品的不合理施用,降低农药等残留率;采取先进、适用的耕作栽培方式,降低人工和机械的投入,提高生产和经济效益。从环境友好的角度,在农业生产过程中,利用和培肥土壤相结合,保障土壤健康和生产力;作物生长期控制和减少化肥等养分损失,降低作物收获后土壤氮素、磷素等残留,减少其通过挥发、淋溶和径流等途径进入大气和水体,保障土壤、水体和大气环境;通过土壤、大气、水体环境的优化,提高土壤和农田生态系统中生物活性和多样性;通过减少农用化学品投入,合理循环利用农业生产废弃物,减少农业生产过程的废弃物产出(如废弃农膜、化肥和农药包装等),优化农村居住和生活环境,保障良好的社会效益。

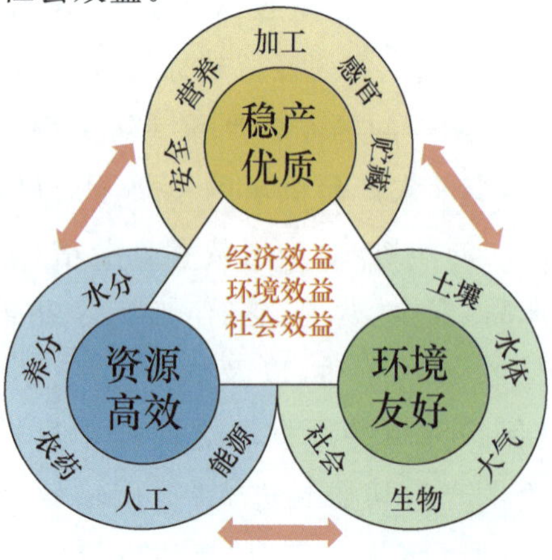


图3-18　农业提质增效的内涵示意图

“品质”的概念较为复杂,满足消费者的需求是有关品质定义的共有特征。严格来讲,农作物品质与农产品品质的概念也有明显的区别。农作物品质主要指作物收获物的质量,而农产品品质则涉及更大范围的农业产品,包括植物性产品和动物性产品的品质(张宏彦等,2009)。提高农作物品质首先需要从消费者和加工企业的需求出发,针对不同农作物明确其特定的“优质”的内涵与标准。例如小麦品质指小麦籽粒对某种特定最终用途的适合性,也包含其对制造某种面食要求的满足程度。具体来讲,小麦籽粒的营养品质(如微量元素的含量、蛋白质含量)、加工品质(消费者和加工企业对制造某种面食要求的满足程度,制粉企业对于出粉率等的品质需求)等均属于重要的品质指标;果品品质是指果品满足某种使用价值的全部有利特征的综合,主要包含食用时的果品外观、风味和营养价值的优越程度等;蔬菜品质除了营养品质、外观品质和感官品质外,其安全品质(如叶菜类硝酸盐超标等问题)也引起了广泛重视。因此,农作物提质是一个复杂的概念,需要从消费者和加工企业的需求出发,针对不同农作物明确其品质需求,倒逼生产者向生产出符合品质需求的优质农产品努力。

农业生产中资源投入不仅关系到食物系统产品的产出数量、品质,也关系到氮、磷、农药等的环境排放及其生态环境效应,还关系到资源的可持续利用。资源高效是“提质增效”的重要内容,也是作物稳产优质与环境友好之间的重要桥梁,包含水分、养分、农药、人工和能源等资源在农作物生产中的高效利用。水资源短缺是我国乃至全球面临的共同问题,全球只有17%的耕地具备灌溉条件,而这些耕地生产了40%的粮食,农业用水占淡水资源消耗量的70%(Yu et al.,2020)。节约并合理利用农业用水,改进灌溉方式、优化灌溉技术,提高水分利用效率对于保障农业高效可持续发展至关重要。养分资源在农业生产中的重要意义和面临的主要问题在前文中已描述。一方面,养分不仅是植物的生命元素,而且是人类、动物和微生物的必需营养物质，具有自然资源的多用性；另一方面它又是潜在的环境污染因子，如氮和磷超过环境承载容量时会导致污染。因此，在保障农作物稳产优质、环境友好的前提下，通过合理的养分资源综合管理，减少养分投入，提高养分利用效率是实现农业生产资源高效的关键环节。我国农药生产量和使用量均居世界第一，年使用量达 180 万 t，其中 80%～90%最终进入土壤环境（Pan et al.，2019）。养分和农药问题也导致农作物品质降低（如叶菜类硝酸盐含量超标、农作物农药残留超标等），制约农作物安全品质和营养品质的提高。此外，由于我国以分散小农户为主的农业生产特点，农业机械化水平低，导致单位粮食产量的能源消耗及人工投入较高，能源利用效率和经济效益也需要进一步提高。因此，资源高效是我国农业提质增效中重要方面，是实现农作物优质和环境友好的基础。

2）“提质增效”实现路径的思考

农业提质增效涉及多个目标和利益主体（图 3-19）。实现农业提质增效，首先要明确需求，从“质”和“效”的角度，分别从消费者、政府和企业三个层面明确提质增效的主要需求。消费者对于农业提质增效的需求主要是获得品质优良（如营养丰富、风味美好、质量安全）、价格低廉的农产品及其加工产品，同时也需要良好的环境以保障健康生活。不同企业对于“提质”的需求差别较大，如小麦收贮企业看重籽粒的贮藏品质和加工品质，面粉加工企业关注出粉率、蛋白质含量和稳定时间等品质指标。总之，相关企业需要品质优良且性状稳定的农产品作为原材料，同时要求成本尽可能低廉。政府从宏观的角度要求我国农产品品质优良，除满足人民对食品品质日益提高的需求，还要提高我国农产品国际竞争力。此外，从我国资源短缺（尤其是水资源）、环境污染的现状和绿色可持续发展的战略出发，政府对于环境友好和资源高效的需求也是十分迫切的。

明确各方面对于提质增效需求的同时，以消费者、企业和农民为代表的主要群体还需要及时更新观念。消费者需要逐渐接受优质优价，进而为推动农业生产提质增效提供市场动力。此外，消费者还应当提倡节俭，追求农产品品质提升的实质内容，而不鼓励农产品的过度包装等，为节约资源和保护环境做出消费者的贡献。相关企业在这个过程中也应逐步更新观念，在农产品收

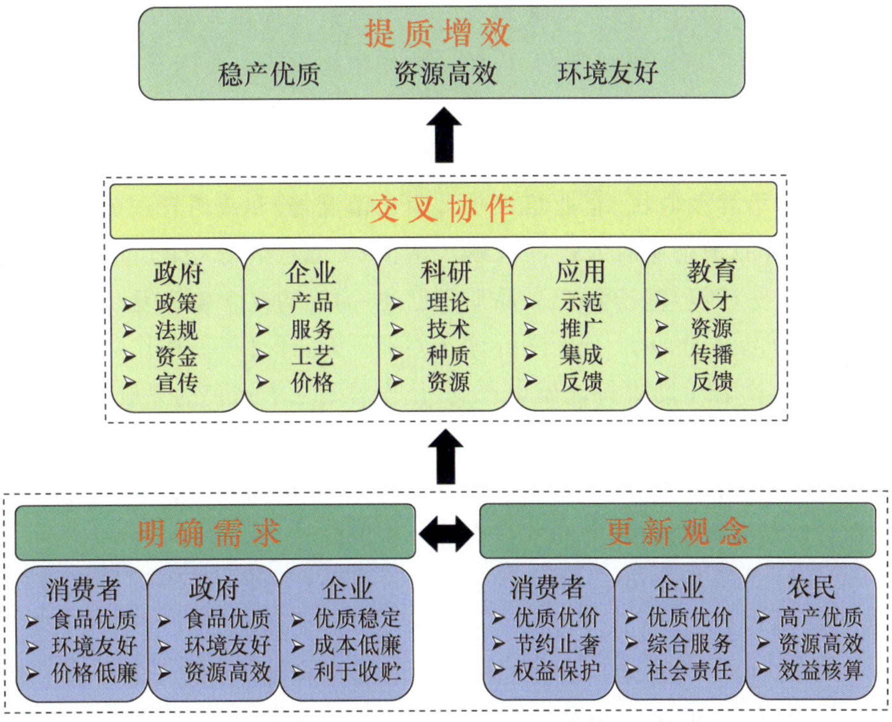


图 3-19　农业提质增效的实现路径

购等途径推动并适应优质优价，提高农民主动追求优质生产的积极性。同时，生产企业（如肥料企业）向农民销售产品的同时应重视提供配套的农化服务，将产品与服务有效结合，充分发挥产品的效果。在更新观念的过程中，企业还应将经济效益与社会责任感密切结合，追求高效益的同时降低资源与环境代价，如在向农民提供化肥产品时鼓励农民科学合理施肥而不是施肥越多越好，进而降低资源与环境代价。从农业生产者（主要是农民）的角度，首先要逐渐由单纯追求高产向高产（稳产）优质的观念转变，在农业生产中进行效益核算，进而向优质高效生产转变。

消费者、政府、企业和农民等主体针对“提质增效”提出的明确且细化的需求，以及在这个过程中各主体逐渐更新观念，为实现农业“提质增效”从根源上提供了动力。进而，政府、企业、科学研究、应用推广和教育等领域需要密切结合，交叉协作，为实现农业“提质增效”开拓具体道路。政府部门需针对性地制定相关政策和法规，为农业提质增效提供制度保障。如德国明确规定农场氮平衡盈余（肥料氮素投入量减去作物籽粒氮携出量）连续三年内平均值不得超过 60 kg/hm$^2$（Henke et al.，2009）。此外，政府需针对农业提质增效投入必要的经费并设立专门项目，调动科研部门、应用推广部门和教育部门及人员积极性并提供经费保障，推动提质增效理论研究、资源开发、技术研发与集成、示范推广、人才培养及农民、企业培训等顺利开展。农产品收贮、加工企业对农产品收购市场提供优质优价的贸易环境，基于农产品品质建立明确清晰且合理的品质分级评定及议价体系，从农业生产端倒推生产者主动进行优质生产。农资生产企业等针对提质增效，生产高效优质专用肥等农资产品，并配合农业技术服务，为农民提供具有地方特色和针对特定作物的农资和农技套餐。科研部门和人员针对提质增效选育品质优良、资源高效的农作物种质资源，同时进行创新性的理论研究和配套技术研发，为提质增效提供理论、技术与资源保障，是实现提质增效的重要环节。应用部门和人员需要与企业、科研部门密切协作，将新技术、新产品及时进行示范和推广，结合不同地区的环境条件及不同作物的品质需求特征，进行技术与产品集成，并将效果、问题等信息及时反馈给企业和科研部门。政府、企业、科研与应用部门的交叉协作离不开人才的支撑，培养具有相关专业背景与能力的人才，对于理论创新与技术研发、种质资源选育、技术集成与示范推广、农化技术服务、农民培训、政策传播等均起到支撑作用。因此，需要保障一批稳定的，具有专业素质和能力的人才队伍，对于各领域交叉协作进而实现农业提质增效具有重要的支撑作用。

总之，农业提质增效需要政府、企业、消费者、农民、科研人员、应用推广人员等众多主体参与，从明确提质增效的具体需求入手，更新已有观念，推动政府、企业、科研、应用和教育等领域和部门开展广泛的交叉协作，共同实现稳产优质、资源高效和环境友好的农业提质增效目标。

**3. 农作物“提质增效”的技术途径及相关技术（以小麦为例）**

农业生产提质增效的关键及基础环节在于保障农作物生产提质增效，从生产端保障作物优质、资源高效与环境友好（Goucher et al.，2017）。影响作物品质的主要因素包括品种（抗性；养分利用效率；籽粒营养元素、蛋白质、碳水化合物等含量与组成）、环境条件（温度、降水、光照、土壤类型、$CO_2$ 浓度等）和栽培管理（耕作、播种、灌溉、施肥、植保）等综合措施（Hellemans et al.，2018）。前文已述，品质的概念较为复杂，不同作物的品质指标差别较大，针对每一种作物，其提质增效的技术途径均需要一个完善的系统集成。因此针对不同作物特定的品质需求，明确影响其品质指标的关键因素，探究提高品质并保障资源高效的技术措施至关重要。

以小麦为例，其不同于其他作物的特殊之处在于籽粒面粉（面团）具有独特的流变学特性，使其具备多种加工用途，可被加工成多种食品如馒头、面条、饼干、面包等。因此，小麦品质除营养品质、安全品质、感官品质和贮藏品质外，其加工品质更是受到消费者、收贮和加工企业的广泛重视。小麦籽粒蛋白质含量及组成是影响其加工品质和营养品质的关键内在因素。蛋白质虽然仅占小麦籽粒干重的 8%～14%，但在一定范围内籽粒(面粉)加工品质与蛋白质含量成线性正相关 (Stein et al.，1992)。此外，构成小麦籽粒蛋白质的主要成分醇溶蛋白和谷蛋白(合称面筋蛋白)含量与组成，尤其是高分子质量谷蛋白亚基含量和组成对小麦籽粒加工品质变异的贡献率达 45%～70% (Shewry et al.，2001)。因此，直接或间接影响小麦籽粒蛋白质含量与组成的因素均对小麦籽粒加工品质的优劣产生重要影响。众多因素如基因型、温度、土壤水分和养分供应状况等均能影响小麦籽粒蛋白质含量及其组成进而影响其加工品质。

优良的品种是获得作物优质的先决条件。我国以前及目前的小麦品种主要是基于高产目标进行选育的，其他指标如抗病、抗倒伏、高蛋白质含量也是品种选育的重要目标。然而，研究表明籽粒产量和蛋白质含量之间的负相关关系，过去多年的高产育种导致我国小麦籽粒蛋白质含量呈下降趋势 (Zorb et al.，2018；Swarbreck et al.，2019)。此外，对于品种评价时倾向于选择作物最佳的农学条件，如较高的氮素有效性条件以发挥品种的产量和品质潜力。与此不同的是，一些国家针对品种选育和审定相继出台了一些不同的政策，如法国要求品种审定前在三种氮素水平(最适氮水平、低氮水平和高氮水平)下分别进行测试，并发布品种的蛋白质含量变异(grain protein deviation)数据；丹麦政府也在全国范围采取了针对农业降低氮素投入的政策，使得品种选育向着低氮高效的方向发展 (Dalgaard et al.，2014)。养分供应，尤其是氮素供应状况是影响小麦品质的另一关键因素，也是涉及环境效应的重要方面 (Goucher et al.，2017)。因此在以小麦为例的提质增效技术途径主要是从以下两个方面开展(图 3-20)。

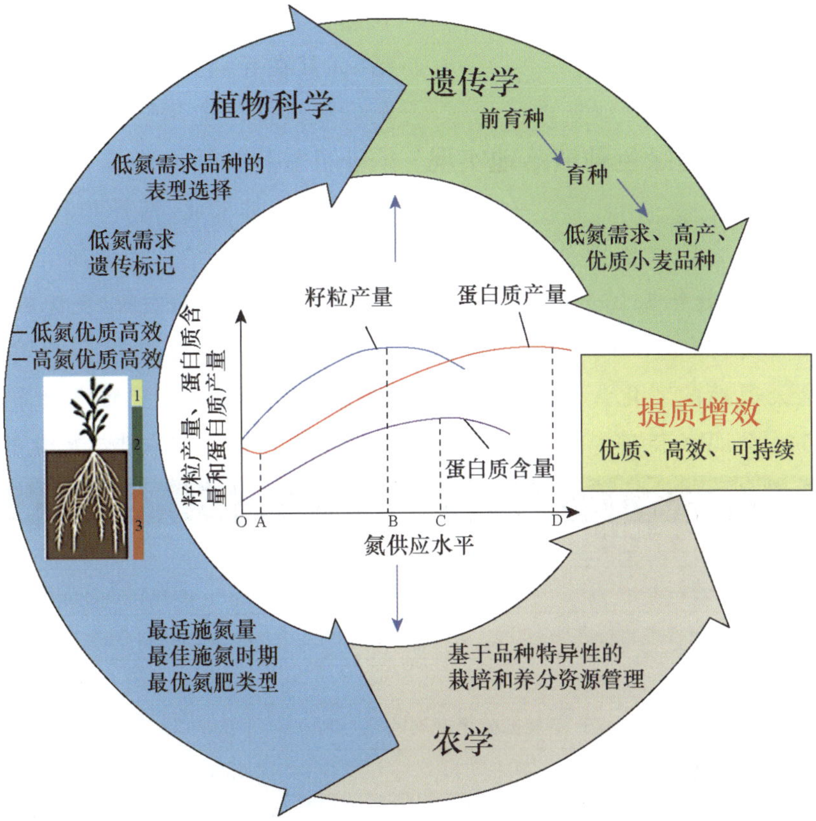


图 3-20　小麦提质增效(优质、低氮需求)的技术途径

(来源：秦武发和李宗智，1989；Swarbreck et al.，2019)

(1)优质高效品种选育。以稳产、优质和资源高效为目标选育小麦新品种,其中对资源高效的概念需要赋予新的内涵。传统的养分利用效率是基于作物籽粒产量为基础进行计算的,而针对提质增效的目标和内涵,需要提出新的资源高效指标,即结合籽粒产量和品质的资源高效指标。为此,通过低氮条件下高效表型的筛选和适应低氮条件的遗传标记结合,并将低氮需要量作为与产量和抗病或品质相关性状相当的育种目标,选育能够在低氮条件下获得较好产量和品质表现的优质高效品种。

(2)针对特定品种开展以提质增效为目的的栽培与养分资源综合管理理论与技术研究,进而向生产者(农民)提供品种特定的农艺学信息和评估作物氮需求的培训,以减少不合理的氮肥施用,降低氮素投入,同时保持高产和优质(Swarbreck et al.,2019)。

## 3.5 绿色种植的区域实现途径

### 3.5.1 农机农艺结合促进绿色种植落地实现

农业机械化的发展为现代农业建设提供了先进的物质技术条件。近年来,国家出台了一系列农业机械化相关文件(表 3-4),我国农业机械化事业发生了翻天覆地的变化。2019 年全国农机总动力达到 10 亿 kW,装备结构加快向大马力、多功能、高性能方向发展,2016 年全国农作物耕种收综合机械化水平达到 65.2%,三大粮食作物耕种收综合机械化率均超过 75%。“耕、种、收”全生产环节机械化大大提升了农业生产效率、质量与效益。

没有农机农艺结合,就没有真正意义上的农业现代化。40 多年前,我国农机工作者就发明了水稻插秧机,但没有注重与农艺结合,未研究如何适应和体现农艺要求,更多地去机械模仿手工插秧动作,导致水稻生产机械化进展缓慢(罗锡文,2014)。虽然近年来我国农业机械化取得了长足进步,但世界上主要发达国家在 20 世纪 50~80 年代就相继实现了全面机械化,我们仍有不小差距。2016 年我国田间作业亩均动力 0.41 kW,美国亩均动力 0.06~0.07 kW,我国是美国的 5.8~6.8 倍;发达国家农机动力机械与作业机具之比为 1∶(3~6),而我国平均只有 1∶1.6(罗锡文,2019),可见我国农业机械化虽进入了一个全方位快速发展的阶段。但由于农机农艺结合相对滞后,尤其在丘陵山区等欠发达地区适应农艺要求的农机具推广应用缓慢,其仍是影响和制约全国农业机械化整体水平提升的瓶颈之一。另外,在设施农业、林果业、秸秆和农业废弃物综合利用等方面,农机农艺结合问题研究不足,农机作业的潜力和优势没有充分发挥(王忠群,2011)。因此我国农机装备作业效率和综合利用的潜力依然巨大,通过农机农业结合“提质增效”的需求非常旺盛。

虽然随着我国农业机械化的快速发展,农机农

表 3-4 关于农业机械化系列文件

| 文件名称 | 颁布机构 | 颁布时间 |
|---|---|---|
| 《中华人民共和国农业机械化促进法》 | 第十届全国人大常委会 | 2004 年 6 月 |
| 《农业机械购置补贴专项资金使用管理暂行办法》 | 财政部、农业部 | 2005 年 2 月 |
| 《中华人民共和国农民专业合作社法》 | 第十届全国人大常委会 | 2006 年 10 月 |
| 《农业部关于加强农机农艺融合加快推进薄弱环节机械化发展的意见》 | 农业部 | 2010 年 11 月 |
| 《全国农业机械化发展第十二个五年规划(2011—2015 年)》 | 农业部 | 2011 年 9 月 |
| 《2018—2020 年农业机械购置补贴实施指导意见》 | 农业部、财政部 | 2018 年 4 月 |
| 《关于加快推进农业机械化和农机装备产业转型升级的指导意见》 | 国务院 | 2018 年 12 月 |

艺结合取得了长足的进展，但仍面临着诸多挑战。其中包括：

（1）不同区域间农机农艺配套差异大　例如，东北国有农场机械化设备齐全，但农艺措施相对滞后，发挥大型机械设备的潜力巨大，东北拥有一定规模的合作社以中小型机械为主，农艺措施与农业机械需协同发展（高强等，2010）。华北及南方小农户、散户等缺乏机械设备，仅拥有一些简易农机，生产效率低下（王在满等，2010）。

（2）农作物品种、种植方式等农艺措施与农机不配套　例如，水稻育插秧、小麦和玉米种植模式、油菜品种等已成为制约这些作物全程机械化的关键因素，改进农艺以促进主要粮油作物全程机械化的需求迫切。

（3）各生产环节中普遍存在农机衔接不紧密的问题　例如，华北地区小麦收获机麦秸抛撒不均导致下一茬玉米出苗效果差，拖拉机与农具间不配套等。

（4）农业规模化发展对农机提出新的要求　很多作业需要标准化农田才能够完成，例如机械进地作业，需要平整的土地，田间没有障碍物，大型机具拥有作业的机耕道等。

**1. 农机农艺结合技术的发展案例分析**

由于我国不同区域种植制度差异大，经营规模参差不齐导致农机农艺结合发展不紧密，本小节通过三个不同经营规模农机农艺结合发展的典型案例分析，阐述应对农机农艺结合突出问题的成功举措，为不同规模农机农艺结合发展提供借鉴，助力农业绿色发展。

1）规模化大农场农机农艺结合技术——以黑龙江省友谊农场为例

黑龙江垦区水资源充足、土壤肥沃，土壤有机质含量 4%～10%，土地集中连片，适合多种作物生长，是世界三大黑土地之一（田鹏飞，2013）。垦区经过 60 多年的开发与建设，目前拥有优质耕地 4 000 万亩，综合粮食生产能力 176.8 亿 kg，其中商品粮 1 695 亿 kg，商品率高达 93%，能够保证 1 亿人一年的口粮供应，享有“中华大粮仓”的美称。垦区农业基础设施配套标准完善，农机农艺结合生产技术先进，全程机械化率高达 99.7%（图 3-21），现代农业工艺流程和栽培模式实现全程可控，农业劳动生产率领先世界。垦区人均生产粮食 38 t，科技贡献率达到 67%，已成为我国农业先进生产力的代表和国家重要的粮食后备基地，承担国家粮食安全的重任，而友谊农场是其中典型代表之一。

友谊农场位于黑龙江省双鸭山市友谊县，总控面积 18.9 万 $km^2$，其中耕地面积 11.0 万 $km^2$，辖 11

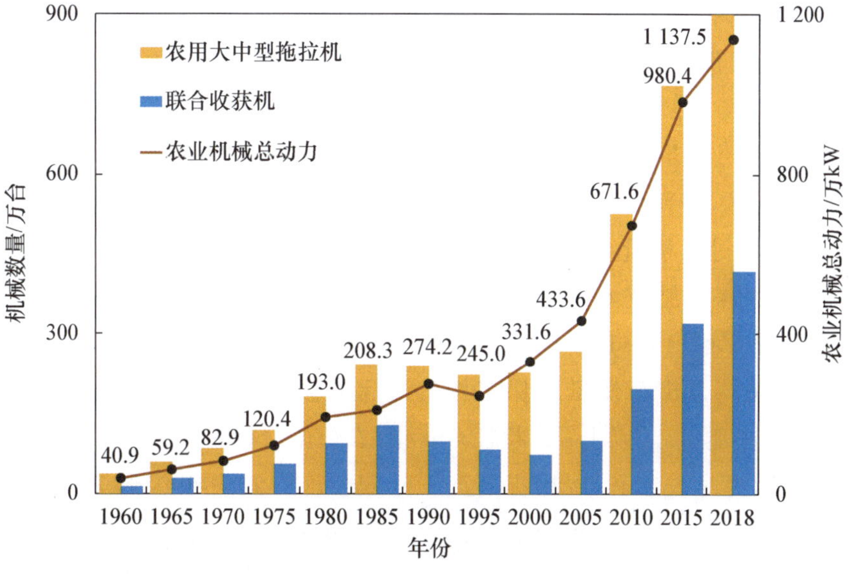


图 3-21　黑龙江农垦区机械数量及动力

（数据来源：黑龙江农垦统计年鉴，2019）

个农业管理区，人口10.26万人，现有大中型拖拉机2 374台，联合收获机723台，水稻插秧机3 000台，配套农具11 820台件，现代化农机装备区5个，农业机械总动力18.85万kW，被称为中国第一农场。

(1)存在问题　巨大的经营种植规模是农场最得天独厚的条件，农机装备在不断更新换代，但农艺技术滞后，限制了机械化的节本增效。比如：①传统的玉米施肥技术存在施肥总量高，氮磷钾分配比例不合理。其中氮素所占比例过高，一般玉米生产中前期种肥氮素投入超过60%，后期追肥氮素用量少，且追肥时期普遍偏早(7～8叶期追肥)，氮素过多不利于玉米根系发育，茎秆软弱多汁，影响养分、水分吸收和抗病、抗倒伏能力。中后期还容易脱氮，降低结实率和百粒重，影响玉米产量和品质。磷钾肥作为种肥一次性施入，很容易导致玉米营养生长过旺，枝叶过于繁茂，影响通风透光。②传统的玉米专用肥剂型单一。一般原料为尿素、磷酸二铵和氯化钾，缺少玉米需要量较大的锌等微量元素，肥料配伍不科学，尿素中含有缩二脲，不利于玉米种子萌发，同时尿素施入土壤后分解产生的氨或使土壤pH短时急剧升高，也不利于种子萌发和幼苗生长，再加之有些农民使用播种施肥机械采用的是种下施肥，很容易造成烧苗现象。③施肥位置不合理，施肥深度不够，导致养分损失率高，环境排放代价高(姜佰文等，2013)。

(2)措施与评价　农场为解决上述农艺不配套的问题，优化了氮肥施用总量及氮磷钾肥的配比，引进了玉米启动肥技术，创新了玉米精量点播侧深施肥及种肥同播技术等。精量点播技术减少了播种量20%～30%，侧深施肥技术实现了种肥隔离，肥料位于侧6～8 cm，深10～15 cm，避免了烧种烧苗现象的发生，提高了出苗质量和保苗株数，提高肥料利用效率，减肥20%以上；玉米启动肥技术提高了出苗质量，提早拔节和抽雄，提高产量，节本增效。经过生产实践证明，农机与农艺技术的结合能够提高肥料的综合生产力20 kg/kg以上，平均提高玉米产量10%以上，节本增效1 550元/$hm^2$以上(姜佰文等，2014)。

在农艺技术不断完善的同时，农场也对农业基础设施建设进行加强，完成水利土方3 440.79万$m^2$，建桥141座、涵415座、闸217座、排水站8座，打机井1 956眼，修机耕路484.67 km，架设输电线路61.4 km。在春播、夏管、麦收、伏秋整地起垄等各主要生产阶段，召开各项作业定标现场会，通过现场定标，明确了机具标准、操作标准、作业标准。先进的管理方式及高标准设施建设为农艺措施标准化、农机作业标准化奠定了坚实的基础。在农业绿色发展的新时代，友谊农场正在向全程机械化、信息化、智能化方向发展。

2)中等规模农户农机农艺结合技术——以吉林省卢伟农机农民专业合作社为例

吉林省是我国重要的商品粮生产基地，光、热、水资源丰富，是“世界三大黄金玉米带”之一(李维岳，2000)。2018年吉林省人均机械动力2.37 kW，高于全国人均机械动力33个百分点，人均耕地面积0.42 $hm^2$(吉林省统计年鉴，2019)，种植规模和机械化水平在全国居于中等水平。2006年吉林省玉米总产量达到18.07 Mt，占全国玉米总产量的12.4%，单产达到7 072 kg/$hm^2$(高强，2010)。玉米单产的不断提高，主要依赖农业科技水平的提高，其中玉米品种的更新、栽培新技术的逐步推广，尤其是肥料投入对玉米单产提高的贡献率高达50%～60%(曹国军等，2008)。近十余年来，农业合作社成为该省农业主要经营方式，土地规模化速度在不断加快，对农机的要求也不断攀升，因此，合作社的机械装备也在不断增加。下面以卢伟合作社为具体案例做详细分析。

卢伟农机农民专业合作社位于吉林省梨树县八里庙村，成立于2011年11月，自成立以来，大力推行农业机械化、土地经营规模化、田间作业机械化、农业生产标准化、销售服务一体化的路子。把分散经营的农户组织起来，把一家一户“单打独斗”式农业生产，转化为规模化、集约化、机械化和统一经营管理，合作社直接从厂家采购良种、无公害农药，降低了生产资料的投入成本；农机作业集中连片集约化管理，提高了耕种管理效率；推广的良种统一防治病虫害，为增收增效提供了保障；推动农业经营方式转变，解决了外出务工人员和年老体弱无劳动能力农户种地难的现实问题；推进了先进适用生产技术在农村的迅速普及。

(1)存在问题　①常年传统旋耕垄作，重用轻养，土地过度开垦，地下形成了坚硬的犁底层；②没有很好地解决秸秆还田问题，一方面秸秆焚烧造成大气污染，另一方面风蚀水蚀严重，黑土层变薄，土地生产能力严重下降。③机械化施肥问题没有解决，基本上一次性施肥。④施肥量仍偏高。

(2)措施与评价　在梨树农业技术推广总站及中国农业大学科技小院的帮助下，重要进行了如下技术改进：①引入深松机械，当年玉米收获后，在常年旋耕地块进行深松耕作，打破犁底层，保证来年降水的下渗和玉米根系的下扎生长。②利用免耕播种机实施了秸秆覆盖还田保护性耕作；免耕播种机可一次性完成清理秸秆、开沟、施肥、播种、覆土、镇压等作业，环节从7个减少到3个，既减少了机械投入，又达到了保护土壤的目的。③引进中国农业大学研发的玉米条耕机，建立秸秆覆盖条耕保护性耕作模式(石东峰，2018)。进一步解决了秸秆覆盖技术导致的玉米出苗质量差，产量下降问题，实现了保护性耕作与高产的结合。④引进了中国农业大学研发的高地隙追肥机，实现了分次追肥，同时优化了施肥量，降低了肥料投入成本。

2016年卢伟合作社每公顷玉米产量比常规种植方法提高了5%，每公顷增收1 500元。通过几年农艺技术与农机设备的不断改进与完善，实现了从传统垄作向保护性耕作的转变，并形成了一套全程机械化发展的“梨树模式”。合作社的土地流转规模经营由最初的15 $hm^2$ 发展到现在的680 $hm^2$，大型拖拉机达到58台套。合作社作业服务辐射周边数十个乡镇。为梨树县乃至吉林省农民专业合作社树立了样板。在2015年被评为吉林省“十佳示范合作社”，2016年被评为“国家级农民示范社”，2017年理事长卢伟被评为全国农业劳动模范。

3)小规模农户农机农艺结合技术——以河北李口农机合作社为例

在全国粮食主产区中，华北平原对全国粮食生产的贡献率高达30%，但农户的地块狭小且分散，机械进地比较困难，因此部分生产环节仍以人工为主，如人工撒施肥料，而后大水漫灌或用雨水压肥，利用率极低(王芳华等，2012)。2018年河北省人均机械动力1.32 kW，低于全国人均机械动力1.78 kW，人均耕地面积仅为0.11 $hm^2$(河北省统计年鉴，2019)，为典型小机械小规模生产模式。因此为实现“高产、优质、高效”的绿色发展，小规模经营下的农机农艺结合发展显得更为重要。

河北省邯郸市曲周县李口农机服务专业合作社，成立于2010年9月，主营业务为农机服务、农机技术培训、技术交流和咨询服务等，是一家集农机作业、土地流转、农机修理于一身，多元化发展的专业合作社。合作社现有社员150余人，长期雇佣农机手30名，拥有大小农机具328台(套)。

(1)存在问题　合作社在农机农艺结合方面存在的主要问题是：①小麦生产中春季追肥大多采用人工撒施、缺乏追肥机械，导致播撒不匀造成肥料不均的问题。②华北大水漫灌的现象非常普遍，缺乏有效的灌溉装备，造成水资源的严重浪费。③小麦收获后，秸秆覆盖导致玉米免耕播种质量差。

(2)措施与评价　①引进小麦撒肥机。撒肥机具有省时省力省工省钱，撒肥均匀等优点。按小时计算，撒肥机平均作业效率为10亩/小时/台，是人工作业效率的2.5倍，单位面积作业成本为0.5元/亩，仅为人工作业价格的1/4。②引入卷盘式淋灌机，淋灌机在华北半干旱地区非常适用，喷洒装置采用40 m幅宽、30个8 mm口径喷头的淋灌架，出水量50 $m^3/h$，作业效率2.5～4.0 $hm^2$/天，同时喷洒装置离地1.5～1.8 m，低压喷洒，水滴无雾化，水分蒸发小于5%，水分利用率可提高70%。③引进玉米清茬免耕精量播种机，提高玉米播种效果，玉米出苗率显著提高。

近年来，在曲周县农业全程机械化项目的支持和中国农业大学的技术指导下，李口合作社的农机装备数量得以显著增加，合作社大小农机具达到 328 台(套)。其中 80 马力以上拖拉机 40 台，20～80 马力拖拉机 65 台，联合收割机 66 台，精良播种机 65 台，植保机 1 台，玉米籽粒收获机 1 台，卷盘式淋灌 1 台，玉米指甲式高速播种机 1 台，各个环节机械设备齐全。同时，小麦—玉米种植模式也得到优化，基本实现了小麦—玉米一体化的农机农艺结合全程机械化(图 3-22)。2019 年，作业服务总面积达 10 余万亩，年收入 300 万元以上，取得了显著经营效益和良好的社会效益。2019 年被评为省农机专业示范合作社。

**2. 农机农艺结合未来发展展望**

传统农业种植结构主要以人畜力为主，经营分散、管理粗放，各个生产环节处于“散装”状态。随着经济的发展和人们生活水平的提高，消费者需要更具营养价值、更高品质的绿色产品；生产者对于提高劳动生产率和增加劳动舒适性的要求也越来越高。机械从替代人工到适应农艺要求，各生产环节在规模经营、精准管理等方面进行着农机农艺结合的“组装”(图 3-23)。现代农业要进一步提高生产效率、降低生产成本和提高产品品质，农业生产必然向着高效率和高精度的机械化、自动化、信息化、智能化方向发展。未来农机农艺结合将步入农田标准化建设、信息化生产和智能化管理，即机械化、信息化、智能化的农机农艺结合“整装”的智能农业阶段。

在未来各生产环节实现农机农艺高度结合的基础上，农机农艺结合将向传感信息采集、视频监控、智能分析和远程控制等智慧农业方向发展。光、热、水传感器与机械装备的搭载配合，可以快速无损获取农田信息便于农田管理人员灵活准确部署；视频监控可以实时掌握作物生长情况及农机作业情况(葛文杰等，2014)；专家系统可以根据土壤质地、土层厚度、障碍层的存在与高低、土壤紧实度、盐碱度、病虫草害及播种质量等多方面的情况“按需投入”(赵春江等，2003)，实现作物“高产、优质、高效”的农业绿色发展目标；远程控制则是对未来农机装备的要求，可进行多种农机装备同时作业，实现卫星导航无人驾驶，有效降低人为原因造成的作业质量参差不齐的情况，实现农机作业标准化。通过农田标准化建设、信息化生产及智能化管理完成农机农艺结合的整装，为农业绿色发展奠定扎实的基础。

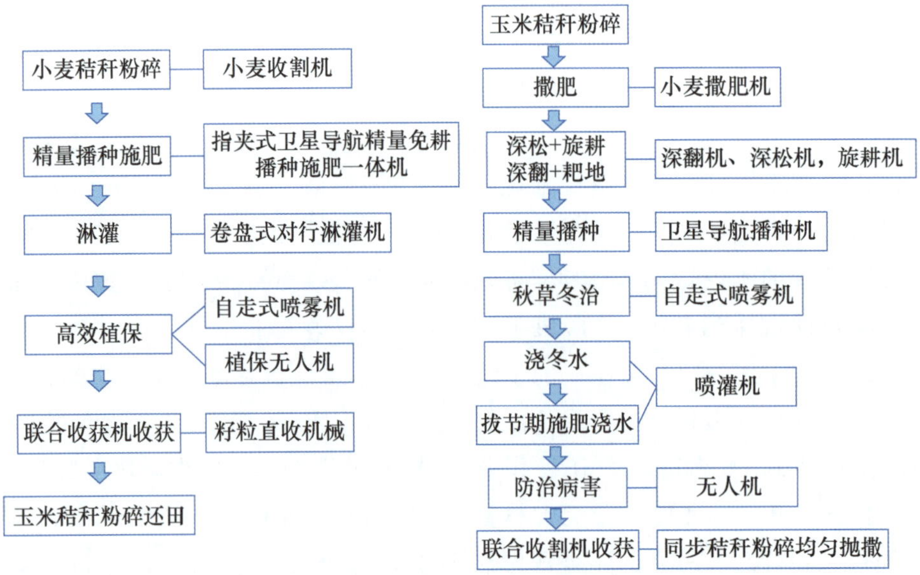


图 3-22 曲周李口合作社的小麦—玉米全程机械化生产环节

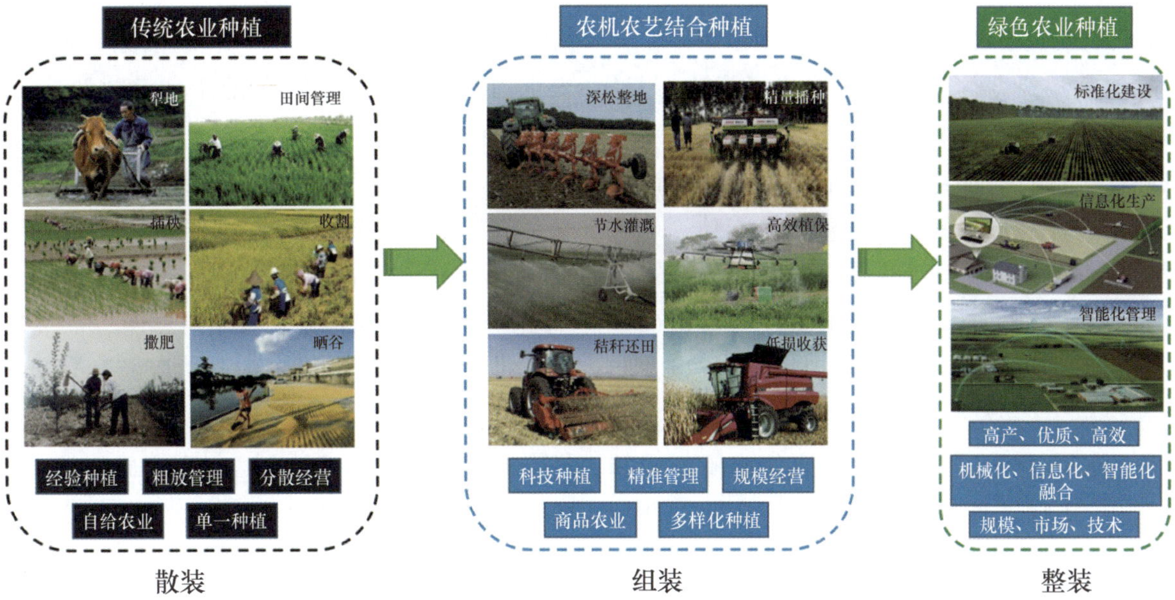


图 3-23　农机农艺结合阶段特征

## 3.5.2　农企结合推动肥料升级

我国肥料产业面临产能过剩，肥料产品与农业需求相脱节，肥料市场混乱等一系列问题。近年来，我国大力发展复合(混)肥，产量已达到 5 000 多万 t，而大多数复合肥属于二次加工，额外耗能排放约 550 万 t 二氧化碳；登记配方多达 3.2 万个，而与测土配方施肥推荐配方相匹配的却不足 3%。现有复合肥品种常常导致农户多用化肥，消费过多的养分。中国农业大学 2009 年开展的 1 152 户调查结果表明，“一炮轰”高氮复合肥用量已经超过 1 000 万 t，其氮素投入比普通化肥高 18%，比推荐用量高 25%，不仅没有给农民带来显著的增产效果，还带来烧苗、后期脱肥等大量生产问题。如果能优化全国复混肥配方，使之适合农业需求，就可以节约大约 200 万 t 氮，减少温室气体排放 2 200 万 t。

另外，在农业生产中农民得不到有效的技术服务是导致不合理施肥的又一重要原因。基层农技推广体系不健全是导致农民得不到有效的技术服务、对技术的理解和掌握存在偏差的主要原因；企业对农民用肥指导及服务也非常缺乏，目前大多数企业没有农化服务队伍，它们往往过多地宣传产品，而没有真正地给农民做施肥指导；与此同时，由于农民自身素质偏低导致技术推广难度更大，据调查，普通农户中真正认识复合肥配方和能基本合理使用的农户只占 34.4% 和 38.2%。

因此，要解决当前问题一方面需要优化肥料产品结构，推动肥料产品的技术升级，满足农业需求，同时鼓励企业积极参与，引导企业优化产业和产品结构，推动技术升级；另一方面需要创新技术应用的模式，有效推动技术的大面积应用。

配方肥是测土配方施肥的技术载体，是推广测土配方施肥的有效途径，而化肥企业是带动测、配、产、供、施的关键主体。根据测土配方施肥成果设计科学的配方肥，并引导大型化肥企业生产优质的产品，从而减少重复、混乱、无效的配方，是当前保障农户权益、优化化肥产业、落实测土配方施肥整建制推进的重要途径。在农业部公益性行业专项及全国养分资源综合管理协作网的支持下，中国农业大学资源与环境学院与全国 27 家科研、教学单位、3 家大型肥料企业及相应的政府推广部门联合建立了高产高效配方肥研发与应用协作网(以下简称协作网)，开展了全国主要作物区域大配方肥料研发、配方肥试验示范和大面积推广工作，已取得显著成效。

**1. “大配方、小调整”的技术思路**

我国分散经营的管理方式造成了耕作分散、农事操作单元地块面积狭小，推荐施肥技术不可能依据田块进行等问题。“大配方、小调整”区域配肥理论与技术是在归纳区域作物生产体系与种植制度特点及土壤养分供应特点等共性规律的基础上，根据养分资源综合管理相关技术原理确定区域氮、磷、钾及中微肥的适宜用量、比例以及相应的施肥技术，并结合工艺与市场研发区域配方肥料作为技术载体，同时配套相应的施肥技术和农化服务，实现区域高产、优质、资源高效和环境保护的目的；在区域大配方的基础上，针对部分区域或田块，还可根据产量水平、气候/土壤条件、作物长势、土壤测试和植株营养诊断等调整用量或配施一定的单质肥料，即“小调整”，以实现更为精确的养分管理。基于“大配方、小调整”的思路，通过建立区域配肥的理论与技术，以土壤测试及养分需求等数据为基础，根据各地土壤类型、区域特点和灌溉条件等，研发区域主要作物的大配方，推动配方肥产品的技术升级，满足农业需求。

**2. “政府测土、专家配方、企业供肥、联合服务”的技术推广模式**

政府、科研单位、企业三方围绕测土配方施肥这项大的工程，进行产、学、研结合，探索高产高效的实现机制，打造多方合作共赢的工作平台，有利于测土配方施肥项目的进一步深化，实现测土配方施肥技术成果普及应用。政府提供测土配方施肥基础数据，同科研单位联手，充分挖掘数据，设计区域大配方，深化了测土配方施肥成果。同时，通过行政组织推动测土配方施肥成果普及应用，监督肥料产品质量保证农民的切身利益及企业的公平竞争。科研单位利用国家测土配方施肥成果，深化形成科学配方。同时，通过系统培养基层科技人员、农化服务人员、营销人员、经销商和农民，提高他们的知识水平及农化服务能力。企业生产供应质量可靠的配方肥，强化农化服务，实实在在为农民提供技术指导。最终达到多方共赢的目的，农民掌握了科学施肥技术及高产栽培技术，提高知识水平，实现了增产增收；国家保障了粮食安全，减少了环境污染，创造了社会效益；企业实现产品优化升级，提升农化服务水平，提高品牌竞争力，树立企业良好形象，增加销量，效益提高；教学科研单位推动了科技进步，传播了知识，又培养了学生，也体现了自身的价值。

1)建立配方肥研发与应用协作网

2010年以来，中国农业大学资源与环境学院与全国27家科研、教学单位、3家大型肥料企业及相应的政府推广部门联合建立配方肥研发与应用协作网。该协作网通过多学科、多部门的实质性合作和综合创新，依托国家测土配方施肥项目，共同开展了全国主要作物区域大配方的研究工作；同时与各级农业技术推广部门紧密合作，在全国建立了41个试验示范基地，开展了主要作物高产高效测土配方施肥技术的大面积示范推广应用，取得了理论与技术的突破以及显著的农学、经济、环境和社会效益。

2)主要作物区域大配方肥料的研发

以土壤测试及养分需求数据为基础，根据各地土壤类型、区域特点和灌溉条件，设计区域大配方，同时与企业界人士讨论，对生产工艺进行论证，确定适宜的区域配方(图3-24)。目前，协作网已经初步设计区域大配方78个，基本覆盖全国大宗作物，其中冬小麦配方已经覆盖冬小麦的全部主产区；玉米配方已经覆盖东北和华北两大主产区；水稻配方覆盖皖苏湘三省及四川盆地；另外，还包括苹果、柑橘、蔬菜、荔枝、大蒜、油菜和棉花等7种大宗经济作物。

3)召开启动会

通过启动会，联合各方力量，政府、科研单位、企业和农民拧成一股绳，政府行政推动及质量监督、专家提供技术支撑、企业组织及示范、农民积极响应、媒体面上扩大宣传(图3-25)。启动会的召开得到了各级推广部门的积极响应，他们的组织推动及积极参与将有利地推动配方肥的普及应用。在启动会召开之际，专家为农民提供当地主要

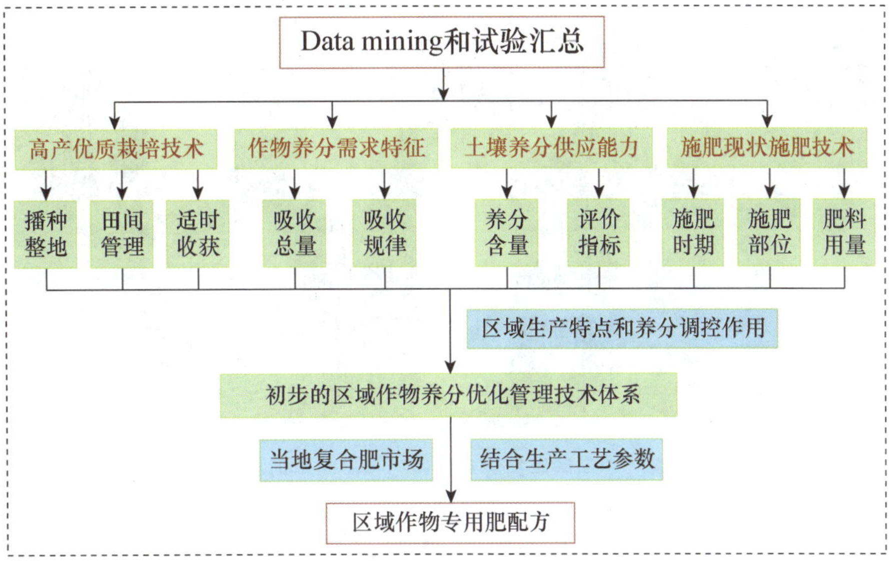


图 3-24 配方制定的技术思路

图 3-25 启动会现场(左)和农民培训及技术咨询现场(右)

作物的栽培技术和施肥技术的培训及相关的技术咨询,强化了高产高效测土配方施肥技术的传播。各地经销商积极性也很高,他们很好地组织农户,积极地配合专家。

4)跟踪指导及田间培训

根据农化服务人员、经销商及农户的需求,专家应适时到田间跟踪指导及开展田间培训,及时解决关键生育时期的管理问题,如追肥指导,中期病虫害管理等(图 3-26)。把课堂开到田间地头,改变传统的农技推广模式,农化服务人员、经销商和农民主动参与,把单一培训改为参与式培训,调动了他们主动学习科学知识的欲望,使他们由被动的听变为主动的学,积极主动地学习技术,利用所学去解决实际问题,提高了知识消化吸收的效率。

5)组织召开观摩会

为进一步提高科技人员、企业管理人员及技术人员、经销商和农民对高产高效土配方施肥技术效果的认识,更合理有效地施用配方肥,每个试验示范基地在作物收获前将组织召开田间观摩会(图 3-27)。活动主要包括培训和田间观摩两部分,通过这种理论结合实践的方式,增强培训的针对性,提高学习效果。通过观摩会的召开,让大家看到实实在在的效果,进一步增加了各方的信心,意义十分重大。首先,增强企业管理层、业务员的认识,增强对配方肥的信心。其次,试验效果得到了经销商的广泛认可,有些经销商纷纷要求帮他们做些试验,他们也认为通过做试验方式最能说

图 3-26　田间跟踪指导现场(左)和田间培训现场(右)

图 3-27　经销商培训现场(左)和田间观摩会现场专家讲解(右)

服农民；最后，试验地的农户非常感动，高产高效测土配方施肥技术的应用，帮助他们实现了高产高效。通过观摩会也提高了农民技术应用能力并促进了农民行为的改变，更重要的是农民之间的相互交流也将促进技术在更大的范围传播。

6)人员培训

要切实提升技术推广能力、加强农化服务水平，还需要提高人员的素质，培育一批懂技术的政府推广人员、企业农化服务人员、企业营销人员及经销商(图 3-28)。结合不同对象的需要，有针对性地制定培训方案，邀请相关栽培和土肥专家设计一系列课程，并开展相应的培训，解决实际问题。

在培训方法上，应进行相应的创新。课程设计前先做预调查，从学员的需求和兴趣点出发来设计课程，提高学习的主动性；课程内容涉及基础理论、实用技术及推广应用，更系统更全面，增强理解，相互贯通；针对高层次学员，要注重参与式教学，增加动手操作课程，在操作中发现问题并解决问题，加强咨询及互动，注重理论培训与实践相结合，将课程搬到田间，增强感性认识；让学员当老师，让农化服务员、业务员和经销商讲产品研发、生产工艺、产品销售及售后服务，加强参与感与互动交流，理论与实践相结合。

7)技术资料建立与发放

针对不同生态区制约作物高产和养分高效的关键问题，将测土配方施肥技术、高产栽培技术和水肥一体化技术等进行综合集成，建立不同作物的高产高效技术规程，做成彩页(图 3-29)发放给经销商和农民，让高产高效测土配方施肥技术更有效的传播，推动我国农业生产中综合技术的集成

图 3-28　农民培训现场(左上)、经销商培训现场(右上)、农技推广人员培训现场(左下)和农化服务人员培训现场(右下)

图 3-29　已建立的作物高产高效技术规程

创新与应用。目前已经建立 20 个作物高产高效技术规程并发放 7 295 份，其他技术资料发放 1 090 份，深受经销商和农民欢迎。

8)应用效果

从 2009 年开始，通过联合教学科研单位与地方政府及肥料企业合作，基于测土配方施肥的田间试验数据和测土数据开展“大配方、小调整”区域配肥技术研究。例如，在重庆江津的农户调查结果表明，根据农民习惯的农户($n=83$)的平均产量为 6.6 t/hm$^2$，氮肥平均用量为 138 kg/hm$^2$(变幅 0～428 $kg/hm^2$)，磷肥的平均用量为 28 kg $P_2O_5/hm^2$(变幅 0～135 kg $P_2O_5/hm^2$)，氮肥的基追比例(基肥∶分蘖肥∶拔节肥∶穗粒肥)为 82%∶17%∶1%∶0%；施用区域大配方肥料农户($n$=39)的平均产量为 8.1 $t/hm^2$(比农民习惯增产 22.6%)，氮肥平均用量为 160 kg $N/hm^2$(变幅 119～204 kg $N/hm^2$)，磷肥平均用量为 86 kg $P_2O_5/hm^2$(变幅 45～90 kg $P_2O_5/hm^2$)，氮肥的基追比例(基肥∶分蘖肥∶拔节肥∶穗粒肥)为 58%∶31%∶12%∶12%(图 3-30)。可见，通过"大配方、小调整"区域配肥技术的应用，能够减少农民施肥的不合理变异和避免农民过于注重前期施肥的问题，显著提高了作物产量和效率。

此外，通过与全国 27 家科研、教学单位、3 家大型肥料企业及相应的政府推广部门联合建立配方肥研发与应用协作网，通过多学科、多部门的实质性合作和综合创新，依托国家测土配方施肥项目，共同开展了全国主要作物区域大配方的研究工作，并在全国建立了 43 个试验示范基地。例如，安徽省一季稻的 14 个田间示范试验验证表明，"大配方、小调整"与农民习惯施肥相比，产量增加 6%～12%，氮肥偏生产力提高 22%～24%，增加收入 1 622～2 563 元/$hm^2$。

2011—2013 年配方肥研发与应用协作网在全国 13 个省(自治区、直辖市)的 236 个田间试验结果表明，与农民习惯相比，"大配方、小调整"区域配肥技术平均增产 8.6%～10.9%，提高氮肥利用率 32.6%～36.8%，净收入增加 4 703～5 228 元/$hm^2$(表 3-5)。不同作物间的增产增收效果有较大的差异，果树(12.7%)、大田经济作物(包括棉花、油菜和甘蔗，11.8%～13.7%)和三大粮食作物(包含玉米、小麦和水稻，7.6%～11.9%)均具有较好的增产效果，蔬菜增产幅度较小(2.4%～4.3%)；在提高氮肥利用率上，果树(55.7%～91.2%)和蔬菜(35.9%～46.0%)效果明显，三大粮食作物次之(17.1%～45.2%)，大田经济作物较小(6.2%～12.9%)，这表明果树和蔬菜上有较大的节肥潜力；在增收上，果树上最高(31 824～33 847 元/$hm^2$)，蔬菜其次(5 749～10 400 元/$hm^2$)，大田经济作物次之(2 334～2 989 元/$hm^2$)，三大粮食作物上较低

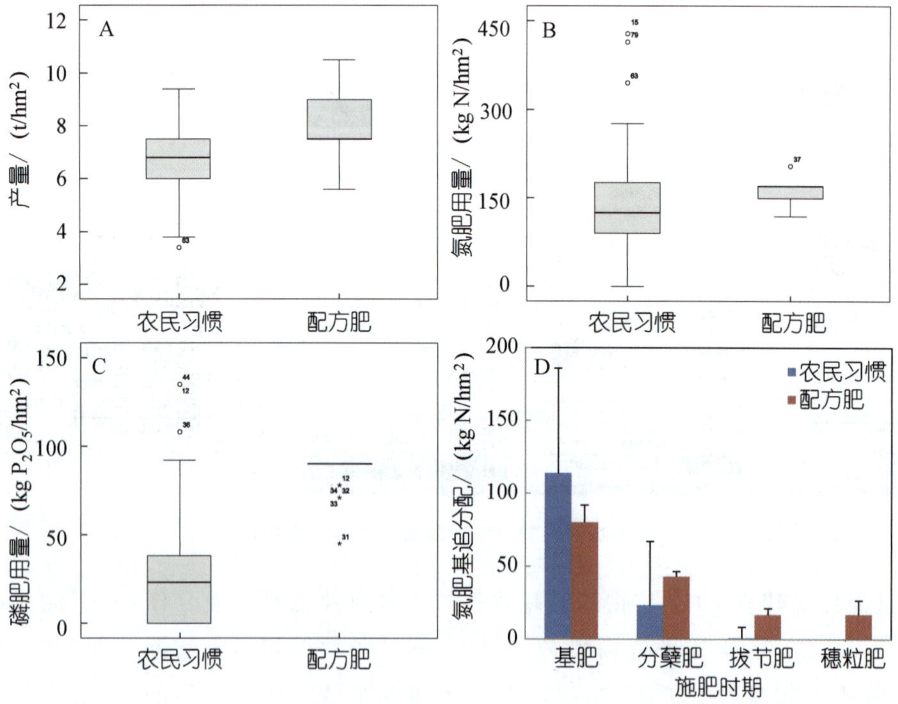


图 3-30 不同类型农户产量(A)、氮(B)和磷(C)肥用量及氮肥的基追分配(D)

表 3-5　“大配方、小调整”区域配肥技术的应用效果

| 作物 | 试验分布 | 试验点数 | 处理 | Δ 产量/% | ΔPFP$_N$/% | Δ 净收入/(元/hm$^2$) |
|---|---|---|---|---|---|---|
| 玉米 | 吉林，河北，河南，安徽 | 63 | 大配方 | 9.0±10.1 | 20.4±30.6 | 1 259±1 295 |
| | | | 小调整 | 11.2±14.7 | 17.1±36.7 | 1 417±1 894 |
| 小麦 | 河北，河南，陕西 | 36 | 大配方 | 7.6±6.9 | 34.1±27.6 | 1 439±945 |
| | | | 小调整 | 11.9±10.9 | 31.5±56.5 | 1 706±1 402 |
| 水稻 | 重庆，安徽，湖北，江苏，浙江 | 79 | 大配方 | 8.3±6.3 | 42.0±43.7 | 2 044±1 270 |
| | | | 小调整 | 10.5±8.9 | 45.2±43.8 | 2 388±1 722 |
| 大田经济作物 | 新疆，湖北，广西 | 21 | 大配方 | 11.8±12.2 | 6.2±14.9 | 2 334±3 271 |
| | | | 小调整 | 13.7±16.3 | 12.9±16.5 | 2 989±4 169 |
| 蔬菜 | 山东 | 17 | 大配方 | 2.4±3.6 | 35.9±16.9 | 5 749±7 746 |
| | | | 小调整 | 4.3±5.3 | 46.0±34.4 | 10 700±10 543 |
| 果树 | 山东，重庆，海南 | 20 | 大配方 | 12.7±4.8 | 55.7±24.2 | 33 847±14 681 |
| | | | 小调整 | 12.7±9.5 | 91.2±44.1 | 31 824±12 524 |
| 全部 | | 236 | 大配方 | 8.6±8.2 | 32.6±35.4 | 4 703±10 140 |
| | | | 小调整 | 10.9±11.7 | 36.8±46.6 | 5 228±9 832 |

注：Δ 产量，PFP$_N$，净收入指“大配方”“小调整”与农民习惯的产量，PFP$_N$，净收入的差值。

(1 259～2 388 元/hm$^2$)，这主要与经济作物的价格较高有关。可见，通过“大配方、小调整”区域配肥技术的应用，能显著提高作物产量、效率和经济效益，推动农业绿色发展。

### 3.5.3　科技小院助力绿色发展

科技小院是建立在农业生产一线，集科技创新、示范推广和人才培养于一体的综合性创新服务平台，是农业绿色发展的支撑平台。科研人员长期扎根于农业生产一线，紧密接触“三农”，与农民同吃、同住、同劳动，诊断“三农”发展急需解决的问题，开展针对性的科学研究，通过“零距离、零门槛、零时差、零费用”服务农户，推动三农发展。自 2009 年中国农业大学在河北省曲周县建立第一个科技小院以来，目前已经在全国 25 个省份建立 127 个科技小院。围绕 45 种农业生产体系，与农民一起创新绿色技术，形成适应当地生产特点、满足农民需求的 176 种绿色增产增效技术模式；针对不同规模、不同社会经济背景的农户构建技术服务模式，建立了科技创新与技术服务体系运转的新机制，带动更多科技服务力量进入农村，形成了可持续发展体系，在全国 3 770 万 hm$^2$ 的土地上实现了绿色生产转型。主要工作包括三个方面：

**1. 农户参与式技术创新，集成适用于大面积需求的绿色技术模式**

我国现代农业发展主要问题是肥料、灌溉、农药等投入品的盲目投入不能与土壤、作物和气候等生物自然条件匹配，导致资源效率低、生产潜力难以发挥、资源环境代价大。绿色发展需要依托于知识，精准设计生产体系、高效集成全生育期技术，从而以较小的投入获得最大的产出。同时需要结合当地农户实际需求，提高技术的实用性，保障大面积应用。科技小院发展了“自上而下(Top-Down)”和“自下而上(Bottom-Up)”相结合的参与式技术创新理论和途径，有效解决了这两个突出障碍(图 3-31)。

首先是自上而下设计区域性技术体系。我国绿色技术供给面临多种制约，首要问题是点上研究难以支撑面上需求。点上的研究成果应用到更大尺度时，需要结合区域生物自然条件进一步创新。科技小院依托绿色技术理论模型，如土壤作物综合管理系统(ISSM)，破解区域卡脖子问题，形成区域绿色技术模式。例如，大量研究发现华北冬小麦产量潜力可以达到约 8.9 t/hm$^2$，肥水效率理论值约为 41 kg/kg N 和 5 kg/m$^3$，实现这一目标的技

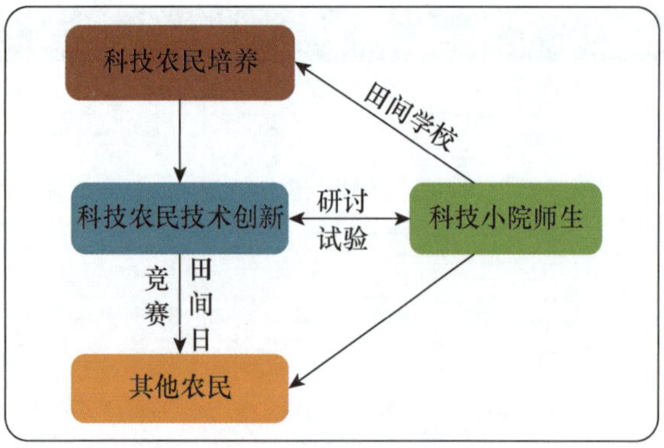


图 3-31　科技小院技术创新流程

术变幅较大，如播期变幅为 9 月 20 日～10 月 20 日，播量变幅为 10～30 kg，灌溉为 4～5 次，氮肥推荐量变幅可达 150～300 kg/hm$^2$。科技小院经过多年摸索，逐步确定了适宜曲周气候和土壤条件的技术体系，如选择半冬性早熟的大穗型品种，播期控制到 10 月 5～10 日，播量控制到 225～263 kg/hm$^2$ 以内，氮肥用量控制到 220～260 kg/hm$^2$，采用一基一追模式，播种后、返青期、扬花期 3 次灌溉。这一技术模式在曲周试验站得到了验证，多年试验结果表明小麦产量达 7.9 t/hm$^2$，水肥效率达到 31.6 kg/kg N 和 3.0 kg/m$^3$。

其次是自下而上提高技术的适用性。科研机构创新的技术在农户层面应用率低是绿色发展的主要障碍因素之一。科研机构独立创新的技术往往以高产和高效为目标，但农户需要的技术要考虑更多因素，如劳动力效率和经济效益。如何将科研目标和农户目标耦合是关键的一环。科技小院通过培养科技带头人的绿色发展知识，激发科技带头人的创造力，对技术进行参与式再创新，最终实现高产、高资源效率、高劳动力效率和高经济效益的目标。如曲周科技农民在科技人员创新的小麦全程技术方案基础上增加了深耕后的镇压，把灌溉次数从 4 次调减为 3 次。虽然镇压需要 15 元/亩的成本投入，但通过镇压增加了土壤储水能力，降低水分蒸发，可减少一次灌水，每亩节省 50 多元钱，同时节约了大量的时间成本和劳动力投入。类似的案例还有很多，包括播期调整为 10 月 10～15 日以配合玉米晚收技术等。河北曲周科技小院通过 71 个科技农民培养开展了 608 组技术优化，修改后的技术体系可以达到科技人员试验产量水平的 97%，成本收益率和劳动力效率提高 43.8%～196%(图 3-32)。

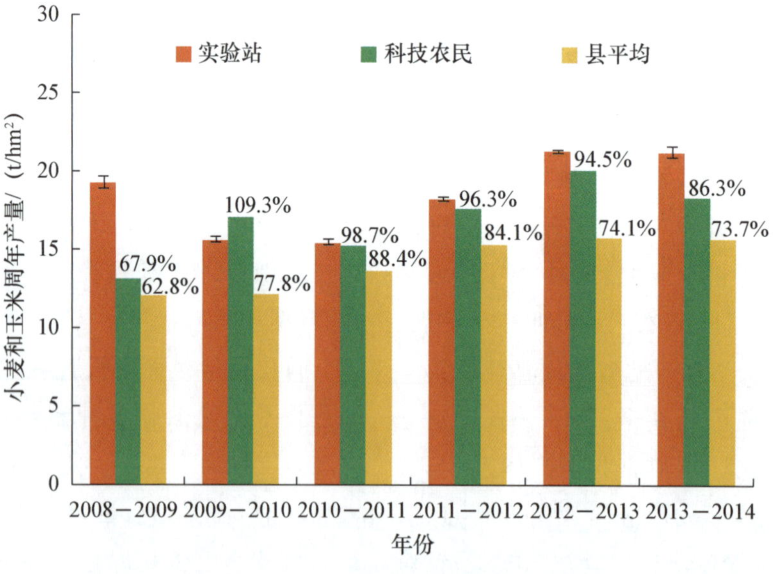


图 3-32　科技小院建立前后(2008—2014 年)曲周实验站、科技农民、曲周县平均的小麦和玉米周年产量

注：红色的柱状图代表曲周实验站，绿色的柱状图代表科技农民，黄色的柱状图代表曲周县的平均产量。绿色柱状图上的数字代表科技农民与实验站之间的产量差距，黄色柱状图上的数字代表曲周县平均产量与曲周实验站之间的产量差距(引自 Zhang et al.，2016)。

**2. 创新技术扩散模式，提升技术应用效率**

技术应用的最后一公里问题是世界级难题。中国在过去半个世纪通过补贴等方式推动高产技术应用的模式已经不适于以知识为核心的绿色技术，农户及相关主体的认知是大面积应用的关键。目前我国农户及相关政府和企业尚未形成环境保护的绿色发展认知，不具有将水肥药等投入品与区域气候、土壤条件精准匹配的知识和技能。另外，小农户生产配套设施不足（如灌溉水保障差、地块过小），市场供应不完善（肥、药种类过多，与当地条件不匹配）进一步增加了绿色技术应用的困难。科技小院师生深入基层一线，通过构建"建立信任—强化信息渠道—加强农户理解—农户采取行动—大面积应用条件保障"的五步法，破解了农户不感兴趣、看不到、看不懂、记不住、不能用的关键瓶颈，大幅度提高了绿色技术扩散"最后一公里"的效率（图 3-33）。

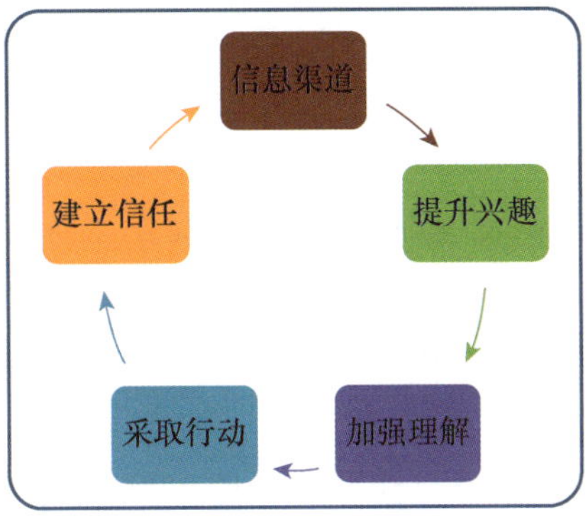


图 3-33　科技小院技术扩散模式

（引自 Zhang et al.，2016）

改变农户的认知需要建立服务者和农户之间的信任，这需要时间和精力。在一个新的地点进行技术推广应用时，农民经常以为技术服务者是为了销售种子或肥料而缺乏信任感。但小院师生长期驻扎下来，农户与小院有充足的时间建立信任关系，能够理解科技小院的服务目的之后，农户更关心的是服务者的水平。"眼见为实"是农户内心深处最朴实的准则，为了让农户亲眼看到小院推广技术的实际效果，小院师生将试验田放在农民的地块中间，并邀请农民参与全程田间管理。每个田间试验均设置两种管理模式：农民习惯的管理模式（对照）与绿色技术管理方式（处理）。小院师生应用先进技术增加产量并且减少化肥用量，尤其是在农民自己的地块中做出效果时，农户们就会毫无异议、自愿、主动地参与进来。

任何服务主体都面临着有限的人员与无限的服务需求之间的矛盾，培养农户服务力量是最有效的途径。科技小院师生开办农民田间学校、举办高产高效竞赛等活动，系统识别、强化和认证科技农民，形成一支技术创新、传播的农民带头人队伍。这些科技农民不仅参与绿色技术创新，成为先进技术的早期采用者，他们也通过自己的行动影响其他农户，如在田间日活动或现场观摩会中帮助小院师生回答问题，向农户解释他们采取先进技术的原因以及获得的效益，这对于引导其他农户参与科技创新活动非常重要。为了更大范围的培养科技农民，小院师生引导、发起并组织农户开展田间竞赛活动，通过竞赛的方式来筛选知识、认知、意愿等基础条件较好的农民，同时通过竞赛活动中的互相学习和竞争，激发农户的荣誉感，促进科技农户向其他农户传播知识，树立其在农户中的权威。科技农民的培养是长期过程，科技小院还会带领科技农民外出学习其他地区的先进技术，提高农民的科技认知和眼界。经过十余年努力，科技小院已在全国培养有文化、懂技术、会经营的科技型农民技术骨干 1 000 余人。

更加高效的信息渠道是绿色技术扩散的必备条件。传统服务模式偏好于大众性渠道，如报纸和电视，这些渠道虽然覆盖面宽，但是针对性差、信息停留时间过短。科技小院针对这一问题，通过在村头建立科技长廊、给农户家庭发放科技日历，有效提升了信息针对性和停留时间，让农户能够想看时就看，需要时就看。

知识和技能建立是技术采用的另一要素。培训是非常重要的手段，但传统培训往往采取一次性讲解，培训内容过于庞杂，不能聚焦于农户当季当时的需求。科技小院采用季节性大范围培训与地头观摩培训相结合的形式，围绕当季作物生产需要，从原理讲解与实际操作结合开展技术培训，加深农户理解，促进知识技能转化。农户在技术应用中仍会存在不确定性，很多小的不确定性会导致农户放弃技术，传统服务模式中往往忽视或放弃这一问题，因为服务人员无法陪伴在农户身边。科技小院通过驻村实时咨询、地头巡视、短信、大喇叭、黑板报等方式，及时解决农户应用时遇到的记忆不准确、操作不准确的问题。

农户的认知与其教育背景、区域历史文化传统、社会组织形态有着巨大的关联，弥补基础教育和文化缺口对绿色技术采用也极其重要。针对农户基础教育缺乏的问题，科技小院通过开展识字班、青少年夏令营、支教等活动，向农户输入现代科技素养，尤其是不断引导农户认识资源环境问题，培育绿色发展理念。通过组织舞蹈班、六一儿童节、母亲节、丰收节等活动，丰富农户文化活动，强化农户社区纽带关系，在农村形成了爱学习、谋发展的氛围，转变了农村人才流失、精神颓废、发展意愿差的萧条局面。针对生产地块狭小，经营分散、规模化程度低、效益不高的问题，科技小院在不改变农民土地所有权和经营权的基础上创建了“土地不流转，也能规模化”的大方操作模式。通过让 30～40 户土地连片的农户组织起来，采取统一实施的“大方操作”方式既解决了机械作业和适时灌溉等硬件制约问题，又通过统一测土配方施肥、统一购置农资、统一租赁农机为农户每亩节约了成本 40 多元，提高了生产标准化水平。同时，避免了规模化经营的产权、利益分配和体制等复杂的农村问题。2009 年曲周第一个“大方操作”成功后很快获得了农户认可，2010 年全县就成立了 43 个“大方操作”。另外，科技小院在全国各地协助建立粮食生产合作社、农机合作社、联合社等 60 多个，推动农业生产的规模化。

**3. 整合多方力量，构建可持续的科创服务新机制**

发达国家绿色发展中逐渐明确了构建新的科技创新服务机制体制的重要性，核心理论是形成科技能力（硬件系统）与参与主体的知识、态度、意愿等软件系统，农户之间以及外部主体组织形式、政策、市场和服务等介导系统有机结合的整体（Leeuwis et al.，2014）。习近平总书记也提出农业绿色发展不仅需要技术大幅度转变，也是思想认识的一场深刻革命，同时需要机制体制的全面创新。美国和欧洲有些国家正在尝试建立科研教学单位—政府—市场等多主体参与的教育—推广—创新—支撑四位一体的科技创新服务体系（AKIS）。为进一步推动这一体系的发展，欧洲国家又进一步提出了创新中介理论（AIS），但中介如何建立，如何运行仍需要结合各国的国情进行创新。科技小院通过构建政产学研用协作的公共平台，发挥了创新中介的作用，激发当地创新系统活力，构建了多主体自主参与的运行机制。

我国政府在三农方面开展了大量的机制体制建设，也出台了大量支持性政策，然而政府和农民仍然存在对话不足、政府意愿和农民需求存在错位、政府基层力量薄弱、支农服务覆盖面窄、政策效率不高等问题，迫切需要一个衔接政府和农户的桥梁。科技小院通过驻扎农村，深切体会三农之艰，科学诊断卡脖子问题，为政府政策措施指明方向。例如，河北曲周科技小院发现深耕打破犁底层是增产、提高水分效率的有效措施，但是深耕机械配置不足是重要制约因素，因此建议政府给予特别补贴。在县域范围内，曲周县人民政府拨款 200 万元专项补贴深耕机械，有力推动了深耕技术的发展。当然，科技小院师生也积极承担政府有关工作，成为科技挂职村支书、科技副镇长、科技特派员等。我国涉农企业类型多样，既包括化肥种子农药等农资企业，也包括农业生产企业、农产品加工企业、农业服务企业。然而涉农企业普遍偏重于销售，科创和服务能力不足，导致农资产品与绿色发展需求不匹配。农业企业迫切希望提升科创服务能力实现转型升级，但专业人员缺乏、科创条件和技能缺乏、服务机制不健全等问题阻碍了企业服务创新之路。科技小院平台密切与企业合作，通过设计地方性农资产品，支持农资企业产品升级，与 20 余家肥料企业建立密切合作，创新肥料产品 100 余种；通过与农业种植企业合作，共建研发中心，持续提升生产技术，例如与广西金穗合作组建了国家香蕉工程技术中心，研发形成了香蕉和火龙果绿色技术 34 项，获得专利 25 项，企业经济效益提升 20%以上。科技小院平台还与企业共同探索服务模式，如帮助企业建设高标准试验示范田，引入企业提供测土—配方肥直销体系，培训企业农化服务人员，企业已经成为部分科技小院的主要运转单位。

总之，科技小院搭建了政产学研用协作的公共平台，发挥发动机、传动链职能，通过平台创新技术、形成关键性知识和信息、带动政府和企业精准定位着力点，政府和企业实现了投入的高效化。具体而言，政府组织和企业为驻扎小院的科研人员提供资金支持，强有力的保障科技创新这一原动力。科研机构也同时为政府组织和企业提供知识和人力资源，弥补其职能短板。同时，政府组织对于农业企业出台一系列政策，促进农业企业向农户提供有质量的农资产品和服务，进一步促进本地区农业发展。对于农民来说，科技小院平台及时传递他们的需求，科研机构、政府、企业提供一系列针对性的技术、服务、产品等。科技小院通过汇集整合多方力量，构建了多元化的服务创新体系（图 3-34）。截至目前，科技小院平台形成了"科教专家网络、政府推广网络、校企合作网络"为一体的协作体系，在过去 10 年里，共有 1 152 名研究人员、6.5 万名农业推广人员及 13 万农业相关企业人员和 452 个县的 2 090 万农民参与了这一技术模式的推广应用工作（图 3-35），共组织和开展

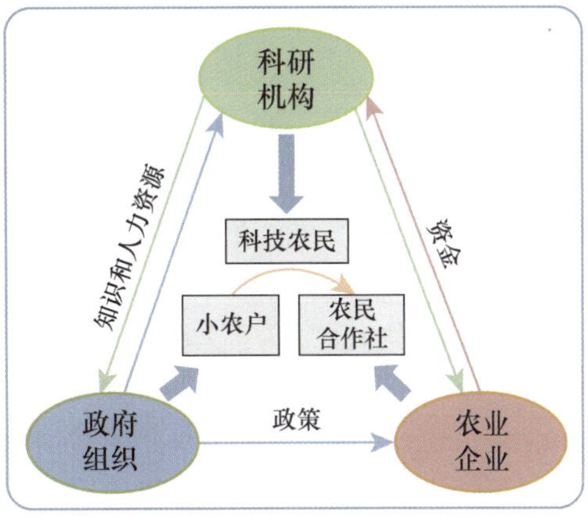


图 3-34　科技小院政产学研用协作模式

（引自 Zhang et al.，2016）

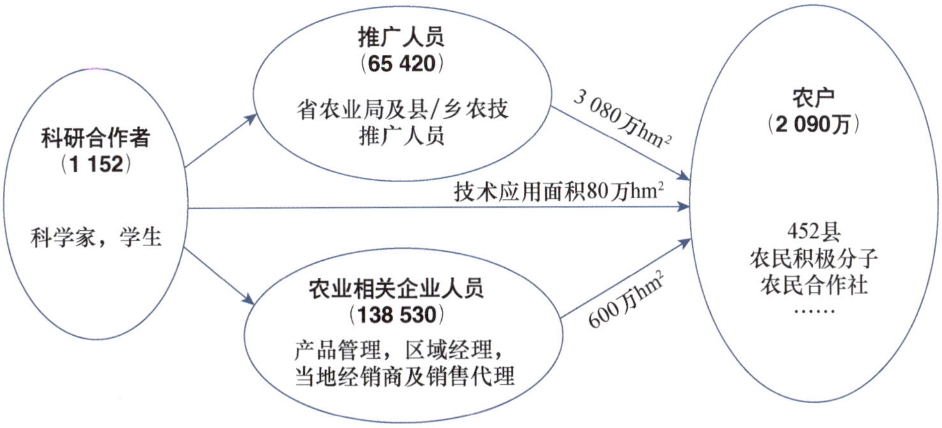


图 3-35　科技小院政产学研用平台成效

（引自 Cui et al.，2018）

了14 000多个培训班、21 000多次田间日活动、6 000多场田间现场观摩会和发放33.7万份宣传册。科技小院的师生们与农民一起同吃同住同劳动，建立了一套从种到收的系统服务推广新模式，通过科技农民和新型经营主体的示范带动作用，以及政府和企业的合力，推动绿色技术由点到面示范，实现大面积推广应用。

## 参考文献


曹国军，刘宁，李刚，等.超高产春玉米氮磷钾的吸收与分配.水土保持学报，2008，2：198-201.

曹卫星，郭文善，王龙俊.小麦品质生理生态及调优技术.北京：中国农业出版社，2005.

冯固，张林，彭懿.一种提高土壤磷利用的生物激活剂及其制备方法和应用.CN109265286B，2021-09-10.

高强，冯国忠，王志刚.东北地区春玉米施肥现状调查.中国农学通报，2010，26：229-231.

葛顺峰，朱占玲，魏绍冲，等.中国苹果化肥减量增效技术途径与展望.园艺学报，2017，44：1681-1692.

葛文杰，赵春江.农业物联网研究与应用现状及发展对策研究.农业机械学报，2014，45：222－230＋277.

河北省统计局.河北统计年鉴.北京：中国统计出版社，2019.

姜佰文，逄妍，于亚利，等.氮钾配比对寒地玉米干物质积累、产量及品质的影响.玉米科学，2014，22：137-142.

姜佰文，谭贺，于亚利，等.氮钾调控对春玉米氮钾积累及产量的影响.东北农业大学学报，2013，44：58-63.

姜润，连祎雯，朱希茹，等.基于农业生产需求的硼肥产品创新思路.现代化工，2021，41(6)：17-21.

金书秦，牛坤玉，韩冬梅.农业绿色发展路径及其“十四五”取向.改革，2020，2：30-39.

李福夺，杨鹏，尹昌斌.我国农业绿色发展的基本理论与研究展望.中国农业资源与区划，2020，41：1-7.

李涛，吕少瑜，陈姣，等.高分子基环境响应性肥料的研究进展.高分子学报，2018，3：336-348.

李维岳.吉林玉米.长春：吉林科学技术出版社，2000.

李欣.缓控释肥料的类型及其优点.现代化农业，2016，7：21-22.

林葆，李家康.当前我国化肥的若干问题和对策.磷肥与复肥，1997，2：3－7＋25.

刘敦一.石灰性土壤上高产小麦玉米生产体系中的锌营养及锌肥管理.中国农业大学，2017.

刘文科.我国设施蔬菜产业提质增效的方法与措施.农业工程技术，2019，39：28-32.

刘效红.试析农作物微灌施肥技术.农家参谋，2019，12.

罗锡文，王在满.水稻生产全程机械化技术研究进展.现代农业装备，2014，1：23-29.

罗锡文.对我国农业机械化科技创新的思考.农机科技推广，2019，2：4-7.

石东峰，米国华.玉米秸秆覆盖条耕技术及其应用.土壤与作物，2018，7：349-355.

田鹏飞.黑龙江垦区现代农业示范区建设问题研究.东北农业大学，2013.

王芳华，曹国鑫，刘全清，等.黄淮海地区小麦—玉米轮作体系生产机械化的现状问题及对策——以曲周县为例.河北农业科学，2012，16：58-62.

王孝忠，田娣，邹春琴.锌肥不同施用方式及施用量对我国主要粮食作物增产效果的影响.植物营养与肥料学报，2014，20：998-1004.

王在满，罗锡文，唐湘如，等.基于农机与农艺相结合的水稻精量穴直播技术及机具.华南农业大学学报，2010，31：91-95.

王正.镁肥对我国经济作物提质增效的效果评价.中国农业大学，2020.

王忠群，梁建，曹光乔，等.科学适度发展南方丘陵山地农机化.中国农机化，2011，2：3-8.

徐光璧，蔡爱华，黄洪光，等.7501－1油菜的硼素营养及吸收氮磷钾规律初探.南京农业大学学报，1991，2：53-58.

徐明岗，张旭博，孙楠，等.农田土壤固碳与增产协同效应研究进展.植物营养与肥料学报，2017，23：1441-1449.

杨帆，徐洋，崔勇，等.近30年中国农田耕层土壤有机质含量变化.土壤学报，2017，54：1047-1056.

曾廷廷，蔡泽江，王小利，等.酸性土壤施用石灰提高作物产量的整合分析.中国农业科学，2017，50：2519-2527.

张福锁，马文奇，陈新平.养分资源综合管理理论与技术概论.北京：中国农业大学出版社，2006.

张海林，高旺盛，陈阜，等.保护性耕作研究现状、发展趋势及对策.中国农业大学学报，2005，1：16-20.

张宏彦，刘全清，张福锁.养分管理与农作物品质.北京：中国农业大学出版社，2009.

张卫峰，易俊杰，张福锁.中国肥料发展研究报告2016.北京：中国农业大学出版社，2017.

赵春江,薛绪掌,王秀,等.精准农业技术体系的研究进展与展望.农业工程学报,2003,19(4):7-12.

赵树武.水肥一体化技术.新农村,2020,36-37.

Abat M.,Degryse F.,Baird R.,et al. Formulation, synthesis and characterization of boron phosphate ($BPO_4$) compounds as raw materials to develop slow-release boron fertilizers. Journal of Plant Nutrition and Soil Science, 2014, 177:860-868.

Alexandratos,N. How to feed the world in 2050. In The Proceedings of a Technical Meeting of Experts,2009,1-32.

Barbieri P.,Pellerin S.,Nesme T. Comparing crop rotations between organic and conventional farming. Scientific Reports,2017,7:13761.

Beillouin D.,Ben-Ari T.,Makowski D. Evidence map of crop diversification strategies at the global scale. Environmental Research Letters,2019,14:123001.

Bell L. W.,Moore A. D.,Kirkegaard J. A. Evolution in crop-livestock integration systems that improve farm productivity and environmental performance in Australia. European Journal of Agronomy,2014,57:10-20.

Bellon M. R.,Kotu B. H.,Azzarri C.,et al. To diversify or not to diversify, that is the question. Pursuing agricultural development for smallholder farmers in marginal areas of Ghana. World Development,2020,125:104682.

Bindra P.,Kaur K.,Rawat A.,et al. Nano-hives for plant stimuli controlled targeted iron fertilizer application. Chemical Engineering Journal,2019,375:121995.

Bishop R. C. Endangered species and uncertainty-economics of a safe minimum standard. American Journal of Agricultural Economics,1978,60:10-18.

Bonaudo T.,Bendahan A. B.,Sabatier R.,et al. Agroecological principles for the redesign of integrated crop-livestock systems. European Journal of Agronomy,2014,57:43-51.

Bruckner T.,Petschel-Held G.,Leimbach M.,et al. Methodological aspects of the tolerable windows approach. Climatic Change,2003,56:73-89.

Cakmak I.,Torun A.,Millet E.,et al. Triticum dicoccoides: An important genetic resource for increasing zinc and iron concentration in modern cultivated wheat. Soil Science and Plant Nutrition,2004,50:1047-1054.

Calabi-Floody M.,Medina J.,Rumpel C.,et al. Smart Fertilizers as a Strategy for Sustainable Agriculture. Advances in Agronomy,2018,147:119-157.

Carpenter-Boggs L.,Kennedy A. C.,Reganold J. P. Organic and biodynamic management: Effects on soil biology. Soil Science Society of America Journal,2000,64:1651-1659.

Chen G.,Wang L.,Yang R.,et al. Optimal allocation technology for Legume-Gramineae Intercropping System and perspectives in Gansu province. Review of China Agricultural Science and Technology,2017,19:63-71.

Chen X.,Cui Z.,Fan M.,et al. Producing more grain with lower environmental costs. Nature,2014,514:486-489.

Chen X. P.,Cui Z. L.,Vitousek P. M.,et al. Integrated soil-crop system management for food security. Proceedings of the National Academy of Sciences of the United States of America,2011,108:6399-6404.

Cole M. J.,Bailey R. M.,New M. G. Spatial variability in sustainable development trajectories in South Africa: Provincial level safe and just operating spaces. Sustainability Science, 2017,12:829-848.

Cong W. F.,Hoffland E.,Li L.,et al. Intercropping enhances soil carbon and nitrogen. Global Change Biology, 2015,21:1715-1726.

Cui Z.,Dou Z.,Ying H.,et al. Producing more with less: reducing environmental impacts through an integrated soil-crop system management approach. Frontiers of Agricultural Science and Engineering,2020,7:14-20.

Cui Z.,Yue S.,Wang G.,et al. Closing the yield gap could reduce projected greenhouse gas emissions: a case study of maize production in China. Global Change Biology, 2013, 19:2467-2477.

Cui Z.,Zhang H.,Chen X.,et al. Pursuing sustainable productivity with millions of smallholder farmers. Nature, 2018,555:363—366.

Daily G. C.,Ehrlich P. R. Population, sustainability, and earths carrying-capacity. Bioscience,1992,42:761-771.

Dainese M.,Martin E. A.,Aizen M. A.,et al. A global synthesis reveals biodiversity-mediated benefits for crop production. Science Advances,2019,5:eaax0121.

Dalgaard T.,Hansen B.,Hasler B.,et al. Policies for agricultural nitrogen management-trends, challenges and prospects for improved efficiency in Denmark. Environmental Research Letters,2014,9:115002.

Davidson E. A.,Verchot L. V. Testing the hole-in-thepipe model of nitric and nitrous oxide emissions from soils using the TRAGNET database. Global Biogeochemical Cycles, 2000, 14: 1035-1043.

Dogliotti S., van Ittersum M. K., Rossing W. A. H. Influence of farm resource endowment on possibilities for sustainable development: A case study for vegetable farms in South Uruguay. Journal of Environmental Management, 2006, 78: 305-315.

Estrada-Carmona N., Raneri J. E., Alvarez S., et al. A model-based exploration of farm-household livelihood and nutrition indicators to guide nutrition-sensitive agriculture interventions. Food Security, 2020, 12: 59-81.

Fan M., Shen J., Yuan L., et al. Improving crop productivity and resource use efficiency to ensure food security and environmental quality in China. Journal of Experimental Botany, 2012, 63: 13-24.

Fanning A. L., O'Neill D. W. Tracking resource use relative to planetary boundaries in a steady-state framework: A case study of Canada and Spain. Ecological Indicators, 2016, 69: 836-849.

FAO. FAO statistical pocketbook 2019. World Food and Agriculture, 2019.

Foley J. A., DeFries R., Asner G. P., et al. Global consequences of land use. Science, 2005, 309: 570-574.

Gaba S., Lescourret F., Boudsocq S., et al. Multiple cropping systems as drivers for providing multiple ecosystem services: from concepts to design. Agronomy for Sustainable Development, 2015, 35: 607-623.

Goucher L., Bruce R., Cameron D. D., et al. The environmental impact of fertilizer embodied in a wheat-to-bread supply chain. Nature Plants, 2017, 3: 17012.

Grebmer K. V., Bernstein J., Prasai N., et al. Global hunger index 2016: getting to zero hunger. 2016.

Groot J. C. J., Oomen G. J. M., Rossing W. A. H. Multi-objective optimization and design of farming systems. Agricultural Systems, 2012, 110: 63-77.

Guo J. H., Liu X. J., Zhang Y., et al. Significant acidification in major Chinese croplands. Science, 2010, 327: 1008-1010.

Havlin, J. L., Tisdale, S. L., Nelson, W. L., et al. Soil fertility and fertilizers: an introduction to nutrient management, 8th Edition. Boston: Pearson Education, 2014.

Hellemans T., Landschoot S., Dewitte K., et al. Impact of crop husbandry practices and environmental conditions on wheat composition and quality: a review. Journal of Agricultural and Food Chemistry, 2018, 66: 2491-2509.

Henke J., Sieling K., Sauermann W., et al. Analysing soil and canopy factors affecting optimum nitrogen fertilization rates of oilseed rape (*Brassica napus*). Journal of Agricultural Science, 2009, 147: 1-8.

Holland J. M., Douma J. C., Crowley L., et al. Semi-natural habitats support biological control, pollination and soil conservation in Europe. A review. Agronomy for Sustainable Development, 2017, 37: 1-23.

Hossard L., Archer D. W., Bertrand M., et al. A meta-analysis of maize and wheat yields in low-input vs. conventional and organic systems. Agronomy Journal, 2016, 108: 1155-1167.

Huang J., Yang G. Understanding recent challenges and new food policy in China. Global Food Security-Agriculture Policy Economics and Environment, 2017, 12: 119-126.

Jiao X., Lyu Y., Wu X., et al. Grain production versus resource and environmental costs: towards increasing sustainability of nutrient use in China. Journal of Experimental Botany, 2016, 67: 4935-4949.

Ju X. T., Xing G. X., Chen X. P., et al. Reducing environmental risk by improving N management in intensive Chinese agricultural systems. Proceedings of the National Academy of Sciences of the United States of America, 2009, 106: 3041-3046.

Knapp S., van der Heijden M. G. A. A global meta-analysis of yield stability in organic and conservation agriculture. Nature Communications, 2018, 9: 3632.

Kushwaha C. P., Tripathi S. K., Singh K. P. Soil organic matter and water-stable aggregates under different tillage and residue conditions in a tropical dryland agroecosystem. Applied Soil Ecology, 2001, 16: 229-241.

Kuzyakov Y., Gunina A., Zamanian K., et al. New approaches for evaluation of soil health, sensitivity and resistance to degradation. Frontiers of Agricultural Science and Engineering, 2020, 7: 282-288.

Landis D. A. Designing agricultural landscapes for biodiversity-based ecosystem services. Basic and Applied Ecology, 2017, 18: 1-12.

Le C., Zha Y., Li Y., et al. Eutrophication of lake

waters in China:cost,causes,and control. Environmental Management,2010,45:662-668.

Lechenet M. ,Makowski D. ,Py G. ,et al. Profiling farming management strategies with contrasting pesticide use in France. Agricultural Systems,2016,149:40-53.

Li C. , Hoffland E. ,Kuyper T. W. ,et al. Syndromes of production in intercropping impact yield gains. Nature Plants, 2020,6:653-660.

Linder G. , Brumbaugh W. , Neitlich P. , et al. Atmospheric deposition and critical loads for nitrogen and metals in Arctic Alaska:review and current status. Open Journal of Air Pollution,2013,2:76-99.

Liu X. ,Zhang Y. ,Han W. ,et al. Enhanced nitrogen deposition over China. Nature,2013,494:459-462.

Martin-Guay M. O. ,Paquette A. ,Dupras J. ,et al. The new green revolution:Sustainable intensification of agriculture by intercropping. Science of the Total Environment, 2018, 615:767-772.

Mastronardi E. , Monreal C. , DeRosa M. C. Personalized medicine for crops? Opportunities for the application of molecular recognition in agriculture. Journal of agricultural and food chemistry, 2017, 66(26): 6457-6461.

Matson P. A. ,Parton W. J. ,Power A. G. ,et al. Agricultural intensification and ecosystem properties. Science, 1997, 277:504-509.

Meadows,D. H. The limits to growth: A report for the club of rome's project on the predicament of mankind. New York:Universe Books,1972.

OECD. Environmental Indicators for Agriculture. Methods & Results,2001,126(3).

Oldfield E. E. ,Bradford M. A. ,Wood S. A. Global meta-analysis of the relationship between soil organic matter and crop yields. Soil,2019,5:15-32.

Ortiz-Monasterio J. I. , Palacios-Rojas N. , Meng E. , et al. Enhancing the mineral and vitamin content of wheat and maize through plant breeding. Journal of Cereal Science,2007, 46:293-307.

Pan X. I. ,Dong F. S. ,Wu X. H. ,et al. Progress of the discovery, application, and control technologies of chemical pesticides in China. Journal of Integrative Agriculture, 2019, 18:840-853.

Pereira A. L. C. ,Taques T. C. ,Valim J. O. S. ,et al. The management of bee communities by intercropping with flowering basil (*Ocimum basilicum*) enhances pollination and yield of bell pepper (*Capsicum annuum*). Journal of Insect Conservation,2015,19:479-486.

Phalan B. , Onial M. , Balmford A. , et al. Reconciling food production and biodiversity conservation: land sharing and land sparing compared. Science,2011,333:1289-1291.

Quemada M. ,Baranski M. ,Nobel-de Lange M. N. J. ,et al. Meta-analysis of strategies to control nitrate leaching in irrigated agricultural systems and their effects on crop yield. Agriculture Ecosystems & Environment,2013,174:1-10.

Raaijmakers J. M. , Mazzola M. Soil immune responses soil microbiomes may be harnessed for plant health. Science, 2016,352:1392-1393.

Raseduzzaman M. , Jensen E. S. Does intercropping enhance yield stability in arable crop production ? A meta-analysis. European Journal of Agronomy,2017,91:25-33.

Ray D. K. ,Mueller N. D. ,West P. C. ,et al. Yield trends are insufficient to double global crop production by 2050. Plos One,2013,8.

Renard D. ,Tilman D. National food production stabilized by crop diversity. Nature,2019,571:257-260.

Rengel Z. , Batten G. D. , Crowley D. E. Agronomic approaches for improving the micronutrient density in edible portions of field crops. Field Crops Research,1999,60:27-40.

Rosa-Schleich J. ,Loos J. ,Musshoff O. ,et al. Ecological-economic trade-offs of Diversified Farming Systems-A review. Ecological Economics,2019,160:251-263.

Roy I. , Gupta M. N. Smart polymeric materials: Emerging biochemical applications. Chemistry & Biology,2003,10: 1161-1171.

Shen Z. ,Ruan Y. ,Chao X. ,et al. Rhizosphere microbial community manipulated by 2 years of consecutive biofertilizer application associated with banana Fusarium wilt disease suppression. Biology and Fertility of Soils,2015a,51:553-562.

Shen Z. ,Ruan Y. ,Wang B. ,et al. Effect of biofertilizer for suppressing Fusarium wilt disease of banana as well as enhancing microbial and chemical properties of soil under greenhouse trial. Applied Soil Ecology,2015b,93:111-119.

Shewry P. R. ,Popineau Y. ,Lafiandra D. ,et al. Wheat glutenin subunits and dough elasticity:findings of the EUROWHEAT project. Trends in Food Science & Technology, 2000, 11:

433－441.

Steffen W. , Richardson K. , Rockstrom J. , et al. Planetary boundaries: Guiding human development on a changing planet. Science, 2015, 347: 1259855.

Stein I. S. , Sears R. G. , Hoseney R. C. , et al. Chromosomal location of genes influencing grain protein-concentration and mixogram properties in plainsman-v winter-wheat. Crop Science, 1992, 32: 573－580.

Swarbreck S. M. , Wang M. , Wang Y. , et al. A Roadmap for lowering crop nitrogen requirement. Trends in Plant Science, 2019, 24: 892－904.

Tautges N. E. , Chiartas J. L. , Gaudin A. C. M. , et al. Deep soil inventories reveal that impacts of cover crops and compost on soil carbon sequestration differ in surface and subsurface soils. Global Change Biology, 2019, 25: 3753－3766.

Tilman D. , Balzer C. , Hill J. , et al. Global food demand and the sustainable intensification of agriculture. Proceedings of the National Academy of Sciences of the United States of America, 2011, 108: 20260－20264.

Tilman D. , Reich P. B. , Knops J. , et al. Diversity and productivity in a long-term grassland experiment. Science, 2001, 294: 843－845.

Torralba M. , Fagerholm N. , Burgess P. J. , et al. Do European agroforestry systems enhance biodiversity and ecosystem services? A meta-analysis. Agriculture Ecosystems & Environment, 2016, 230: 150－161.

Tschumi M. , Albrecht M. , Entling M. H. , et al. High effectiveness of tailored flower strips in reducing pests and crop plant damage. Proceedings of the Royal Society B-Biological Sciences, 2015, 282: 189－196.

van Ittersum M. K. , Rabbinge R. Concepts in production ecology for analysis and quantification of agricultural input-output combinations. Field Crops Research, 1997, 52: 197－208.

Wang X. , Wei Z. , Yang K. , et al. Phage combination therapies for bacterial wilt disease in tomato. Nature Biotechnology, 2019. , 37: 1513－1520.

Wei Z. , Friman V. -P. , Pommier T. , et al. Rhizosphere immunity: targeting the underground for sustainable plant health management. Frontiers of Agricultural Science and Engineering, 2020, 7: 317－328.

West P. C. , Gerber J. S. , Engstrom P. M. , et al. Leverage points for improving global food security and the environment. Science, 2014, 345: 325－328.

Xiong W. , Li R. , Ren Y. , et al. Distinct roles for soil fungal and bacterial communities associated with the suppression of vanilla Fusarium wilt disease. Soil Biology & Biochemistry, 2017, 107: 198－207.

Xu Z. , Li C. , Zhang C. , et al. Intercropping maize and soybean increases efficiency of land and fertilizer nitrogen use; A meta-analysis. Field Crops Research, 2020, 246: 107661.

Xue Y. , Ge L. , Wang K. , et al. Effects of different cultivation patterns on population quality of Japonica hybrid rice. Acta Agronomica Sinica, 2013, 39: 280－291.

Yu L. , Zhao X. , Gao X. , et al. . Improving/maintaining water-use efficiency and yield of wheat by deficit irrigation: A global meta-analysis. Agricultural Water Management, 2020, 228: 105906.

Yu Y. , Stomph T. J. , Makowski D. , et al. Temporal niche differentiation increases the land equivalent ratio of annual intercrops: A meta-analysis. Field Crops Research, 2015, 184: 133－144.

Zhang F. , Cui Z. , Chen X. , et al. Integrated nutrient management for food security and environmental quality in China. Advances in Agronomy, 2012, 116: 1－40.

Zhang F. , Cui Z. , Fan M. , et al. Integrated soil-crop system management: reducing environmental risk while increasing crop productivity and improving nutrient use efficiency in China. Journal of Environmental Quality, 2011, 40: 1051－1057.

Zhang Y. , Song Q. , Yan J. , et al. Mineral element concentrations in grains of Chinese wheat cultivars. Euphytica, 2010, 174: 303－313.

Zhang Z. , Zuo E. , Jiang Y. , et al. Advances in formula fertilization of vegetable crops. Acta Agriculturae Shanghai, 2014, 30: 148－151.

Zhao J. , Yang Y. , Zhang K. , et al. Does crop rotation yield more in China? A meta-analysis. Field Crops Research, 2020, 245: 107659.

Zhu Y. , Shi F. , Tian J. , et al. Effect of soybean monoculture on the bacterial communities Associated with cysts of heterodera glycines. Journal of Nematology, 2013, 45: 228－235.

Zoerb C. , Ludewig U. , Hawkesford M. J. Perspective on wheat yield and quality with reduced nitrogen supply. Trends in Plant Science, 2018, 23: 1029－1037.

# 第 4 章 绿色种养一体化

畜牧业是全球食物系统可持续发展的重要环节。畜牧业快速发展满足了人类对肉、蛋、奶等动物性食品的需求，然而畜禽生产也消耗大量土地、水等自然资源。与此同时，在饲料生产、肠道消化和畜禽粪尿管理等过程产生的碳、氮、磷等环境排放，使得畜牧业成为全球生态环境污染的重要贡献源。为满足国民动物性食品需求的快速增长，近 30 年我国畜牧业生产方式发生了巨大变化，养殖模式逐渐向集约化、规模化发展。这种转变提升了动物生产效率，但也加剧了种植业和养殖业生产分离，资源环境问题日益突出。实现绿色种养一体化是保障粮食安全，减少资源消耗和环境排放的重要途径。

## 4.1 绿色种养一体化的现状与挑战

### 4.1.1 畜牧业发展现状及其影响

**1. 畜禽养殖历史变化趋势**

国家统计数据显示，过去 20 年我国畜禽养殖总量整体呈上升趋势，家禽出栏数量快速增长，猪、羊存栏量基本保持平稳；奶牛、肉牛等大牲畜存栏量略有下降（图 4-1）。在此期间，主要畜禽产品生产总量均呈增长趋势，牛奶、猪肉年生产总量增幅较大（图 4-2）。

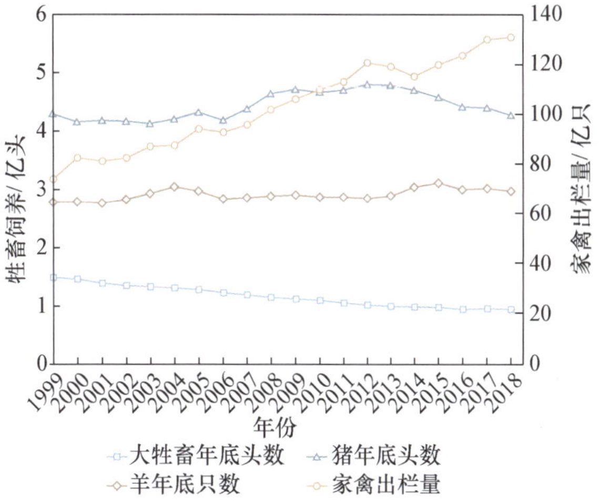


图 4-1 我国主要畜禽养殖数量历史变化趋势

（数据来源：国家统计局数据）

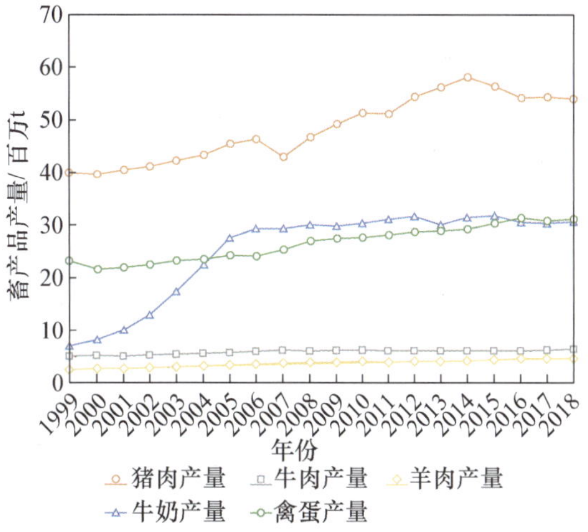


图 4-2 我国主要畜禽产品年产量历史变化趋势

（数据来源：国家统计局数据）

**2. 畜禽养殖对粮食安全、经济和社会发展的贡献**

畜牧业快速发展提供了越来越多的动物性食品，肉、蛋、奶等动物性食品在人类膳食结构中比例越来越高（图 4-3），从而基本满足了我国居民的食品消费需求。近 20 年间，我国畜牧业总产值整体呈逐渐增加的趋势（图 4-4）。2018 年畜牧业产

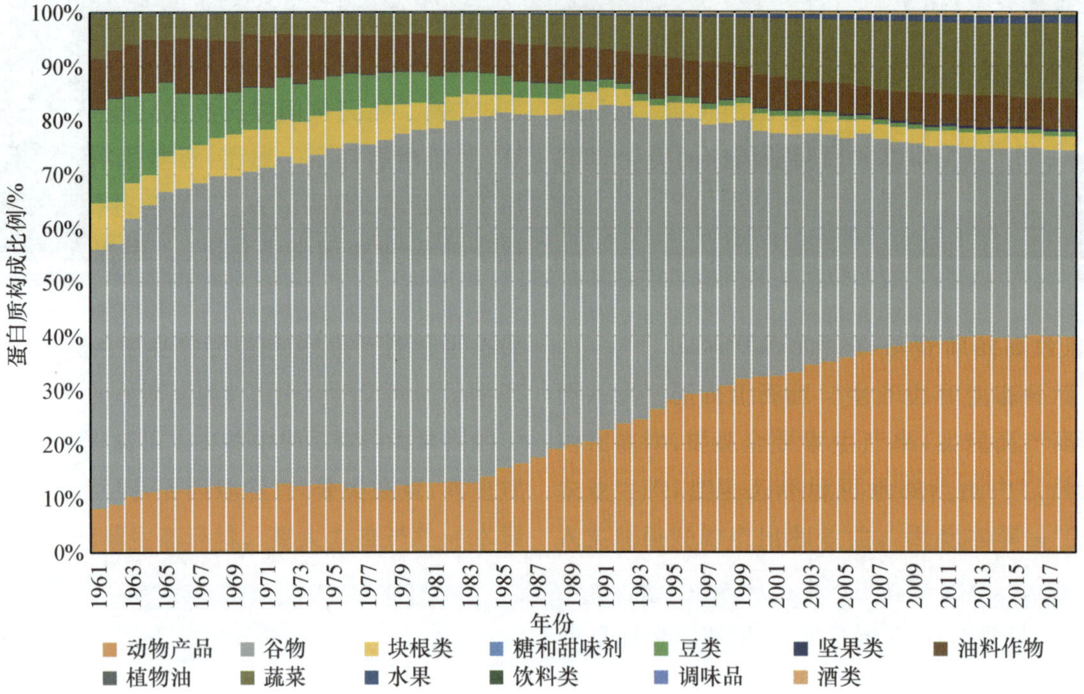


图 4-3　我国人均食物消费蛋白质摄入构成比例的历史变化

（数据来源：FAO 统计数据）

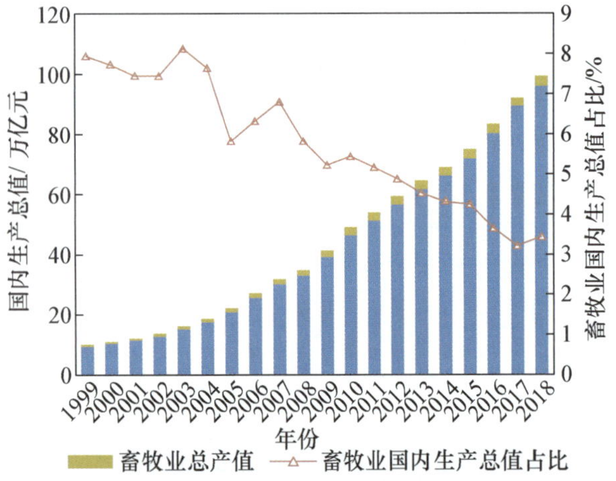


图 4-4　畜牧业占国内生产总值的占比

（数据来源：国家统计局数据）

值占国内生产总值的 3.5%；人均肉、蛋、奶的平均消费量分别增长了 3.9 倍、6.9 倍和 10 倍。自 20 世纪 90 年代，我国畜禽养殖总量已超过欧美国家，但是与欧美国家相比，中国生产单位动物产品的氮、磷等养分利用效率较低，环境损失强度较高。相关预测结果表明我国动物产品需求量仍将进一步增加，预计 2050 年畜禽产品总需求量可增加近一倍，这可能会对我国实现绿色种养一体化产生巨大影响。

**3. 畜牧业发展的驱动力分析**

在 1980—2010 年中，受人口增长、快速城市化、饮食结构转变和营养管理实践变化的驱动，中国食物链中（包含畜牧业）氮和磷的投入和流失在加速增长。研究发现，人口增长、城镇化和居民饮食结构转变明显影响食物链养分流动；相关结果表明，约有 24%～40%，17%～38%，30%～68% 的总 N 输入和 18%～29%，12%～56%，39%～73%的总 P 输入分别增加在农田、牲畜和家庭部门（表 4-1）。中国区域尺度养分利用效率和损失评估发现，1980—2005 年人口增长较快的中部和东部，农业生产部门氮素和磷素的投入增加和损失比例显著高于其他地区，人口数量是驱动畜牧业发展的重要因素（Ma et al.，2010）。

**4. 资源消耗及环境代价**

目前我国畜禽养殖体系养分损失严重。据估计，2010 年我国粪肥氮素损失高达 78%，磷、钾损失超过 50%（图 4-5）。最大的损失发生在动物圈舍饲养和粪污储存阶段，主要损失途径为 $NH_3$ 挥

表 4-1　1980—2010 年中国城乡人口增长和人均饮食结构转变对城市食物消费总体变化的贡献

| 营养元素 | 指标 | 时间阶段 | | |
|---|---|---|---|---|
| | | 1980—1989 | 1990—1999 | 2000—2010 |
| 氮 | 城市食物消费变化，Tg | 0.4 | 0.7 | 1.2 |
| | 农村食物消费变化，Tg | 0.4 | −0.1 | −0.4 |
| 磷 | 城市食物消费变化，Tg | 0.06 | 0.08 | 0.14 |
| | 农村食物消费变化，Tg | 0.03 | −0.01 | −0.06 |

数据来源：Hou et al.，2013

发（占总氮损失的 39%）、水体排放或填埋场（占总氮损失的 30%～73%）（Bai et al.，2016）。1980—2010 年，我国饲料使用量、畜牧土地占有面积和畜牧业温室气体排放量分别增加了 2.6、2.2 和 2.4 倍（Bai et al.，2018），畜牧业生产资源消耗大，环境代价高。

## 4.1.2　国家发展和政策需求

加强和促进畜禽废弃物资源化利用，已经成为关系国计民生的大事。2017 年中央一号文件，中共中央办公厅、国务院办公厅《关于创新体制机制推进农业绿色发展的意见》《种养一体化循环农业示范工程建设规划（2017—2020 年）》对畜禽粪污养分管理与综合利用做了明确的部署，提出要推进农业结构调整，促进种养业协调发展，推行高效生态循环的种养模式，加快畜禽粪污集中处理，依法落实规模养殖环境评价准入制度，探索建立可持续运行管理机制。2017 年，农业部《畜禽粪污资源化利用行动方案（2017—2020 年）》指出要全面推进畜禽养殖废弃物资源化利用，不断提升种养一体化水平，构建农牧循环的可持续发展新格局。2018 年，国务院发布《乡村振兴战略规划（2018—2022 年）》，再次明确指出要大力发展种养一体化循环农业，促进养殖废弃物就近资源化利用。国家近来出台了一系列与加强畜禽粪污资源化利用和种养一体化相关的文件，如表 4-2 所示。

## 4.1.3　绿色种养一体化发展现状

### 1. 畜禽粪污和农田秸秆资源总量大

我国目前每年产生畜禽粪污总量约为 47.6 亿 t，

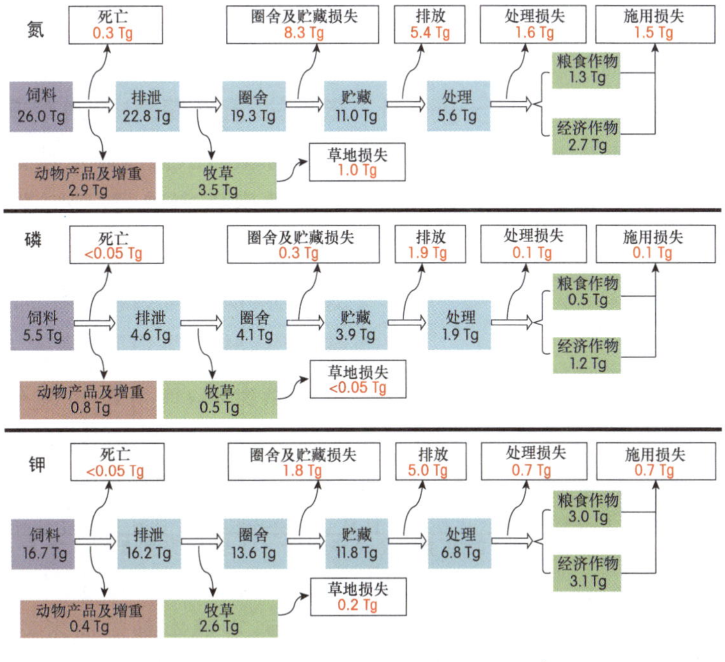


图 4-5　中国畜牧业资源环境代价

（来源：Bai et al.，2016）

表 4-2 近年来与种养一体化和畜禽废物处理相关的政策

| 部门 | 名称 | | | | | | | | | |
|---|---|---|---|---|---|---|---|---|---|---|
| 中共中央 | 《关于落实发展新理念加快农业现代化实现全面小康目标的若干意见》 | 《关于创新体制机制推进农业绿色发展的意见》 | 《种养结合循环农业示范工程建设规划(2017—2020年)》 | 《乡村振兴战略规划(2018—2022年)》 | 《关于抓好“三农”领域重点工作确保如期实现全面小康的意见》 | 《关于坚持农业农村优先发展做好“三农”工作的若干意见》 | | | | |
| 国务院 | 《关于印发循环经济发展战略及近期行动计划的通知》 | 《关于创新体制机制推进农业绿色发展的意见》 | 《种养结合循环农业示范工程建设规划(2017—2020年)》 | 《乡村振兴战略规划(2018—2022年)》 | 《关于加快推进畜禽养殖废弃物资源化利用的意见》 | 《关于印发打赢蓝天保卫战三年行动计划的通知》 | 《关于抓好“三农”领域重点工作确保如期实现全面小康的意见》 | 《关于坚持农业农村优先发展做好“三农”工作的若干意见》 | 《国务院关于促进乡村产业振兴的指导意见》 | |
| 农业农村部 | 《农业科技发展“十二五”规划》 | 《关于印发畜牧业工作要点的通知》2014年、2015年、2016年、2017年、2018年、2019年 | 《畜禽粪污资源化利用行动方案(2017—2020年)》 | 全国畜禽粪污资源化利用整县推进项目工作方案(2018—2020年) | 《关于印发畜禽养殖废弃物资源化利用2019年工作要点的通知》 | 关于印发《2020年畜牧兽医工作要点》的通知 | 《关于切实做好2014年农业农村经济工作的意见》 | 关于印发《畜禽养殖废弃物资源化利用工作考核办法(试行)》的通知 | 《2017年度畜禽养殖废弃物资源化利用工作考核实施方案》的通知 | 《关于进一步明确畜禽粪污还田利用要求强化养殖污染监管的通知》 |
| 生态环境部 | 关于印发《畜禽养殖废弃物资源化利用工作考核办法(试行)》的通知 | 《2017年度畜禽养殖废弃物资源化利用工作考核实施方案》的通知 | 《关于进一步明确畜禽粪污还田利用要求强化养殖污染监管的通知》 | | | | | | | |

其中猪和牛养殖过程中粪便排泄总量约为 40.9 亿 t，占总畜禽粪污总量的 86%。粪污资源中养分资源总量达到了 4 311 万 t，氮、磷、钾的养分量分别为 2 057 万 t、527 万 t 和 1 728 万 t(表 4-3)。按照近年来我国农作物种植面积测算，我国秸秆理论资源量为 8.84 亿 t。

**2. 绿色种养一体化模式多样**

全国已发展形成多种种养一体化模式，不同区域各有特色(表 4-4)。总体思路是"种植—养殖"匹配、循环和增效，即畜禽产生的粪便为作物提供有机肥来源，使作物产量稳中有升，促进作物生产与生态持续稳定、协调、平衡发展，实现作物稳产丰产、养殖节本增效和农民增收。

**3. 农牧系统分离、粪尿处理方式粗放、有机肥还田率低**

我国畜禽粪尿还田率较低，全国县域农户施肥调研($n=1\ 401$，其中粮食、蔬菜和水果分别为 737、403 和 261 份)。结果表明，仅 55% 的农户施用粪肥，且不同作物体系存在较大差异。蔬菜，水果体系施肥用户比例分别高达 78% 和 77%，而粮食作物体系粪肥用户占比仅为 34%(表 4-5)。畜禽养殖环节的粪污处理方式包括固液分离、堆肥、

表 4-3　我国主要畜禽粪便资源量和养分含量

| 畜禽种类 | 总数量/万头 | 单位排泄量/kg | 粪便资源量/万 t | 氮养分/万 t | 磷养分/万 t | 钾养分/万 t | 总养分/万 t |
|---|---|---|---|---|---|---|---|
| 猪 | 120 093 | 2 280 | 273 812 | 853.0 | 276.0 | 577.0 | 1 705.0 |
| 牛 | 15 507 | 8 703 | 134 959 | 589.0 | 82.2 | 738.0 | 1 410.0 |
| 羊 | 59 057 | 632 | 37 324 | 335.0 | 62.0 | 214.0 | 611.0 |
| 家禽 | 1 732 072 | 13 | 22 517 | 225.0 | 93.5 | 161.0 | 480.0 |
| 兔 | 73 954 | 29 | 2 145 | 18.7 | 6.4 | 14.0 | 39.0 |
| 马 | 6.4 | 5 237 | 3 165 | 22.6 | 3.5 | 15.3 | 41.0 |
| 驴 | 583 | 3 092 | 1 801 | 10.2 | 2.3 | 8.1 | 21.0 |
| 骡 | 225 | 3 092 | 695 | 2.8 | 0.4 | 1.2 | 4.5 |
| 合计 | — | — | 476 418 | 2 056.3 | 526.3 | 1 728.6 | 4 311.5 |

数据来源：马常宝等文章数据

表 4-4　我国典型种养一体化模式(摘选)

| 地点 | 模式 |
|---|---|
| 河北廊坊 | 牧草种植—奶牛养殖—牛奶加工—销售一体化 |
| 江苏宿迁 | 猪—沼—果(谷、菜)—鱼 |
| 湖南临武 | 猪—沼—草(果蔬) |
| 陕西临潼 | 猪—沼—石榴 |
| 陕西丹凤县 | 畜—沼—果—菜 |
| 陕西泾阳县 | 奶牛养殖—发酵牛床—沼肥—饲料种植 |
| 浙江庆元 | 猪—沼—果、牧草—猪 |
| 四川洪雅县 | 牛—沼—茶 |
| 湖北武汉 | 猪—茶 |

数据来源：陈珊等发表数据，李莎莎等发表数据

沼气发酵等，但采用率不高。全国畜牧业调研($n$=347)有效数据表明，畜禽农场中固液分离采用率在13%～55%(图4-6)，不同类型养殖场的堆肥技术采纳率在9%～44%，平均为23%(表4-6)。

**表4-5 农户施肥现状调研结果**

| 项目 | 单位 | 粮食 | 蔬菜 | 水果 |
|---|---|---|---|---|
| 农户调研 | 人 | 737 | 403 | 261 |
| 粪肥用户占比 | % | 34 | 78 | 77 |

**表4-6 养殖场堆肥采纳情况**

| 动物 | 农场总数/个 | 堆肥比例/% |
|---|---|---|
| 奶牛 | 56 | 16 |
| 肉牛 | 32 | 9 |
| 生猪 | 27 | 29 |
| 蛋鸡 | 17 | 18 |
| 肉鸡 | 45 | 44 |
| 山羊、肉羊 | 32 | 19 |
| 总计/平均值 | 209 | 23 |

## 4.1.4 绿色种养一体化发展面临的关键问题

**1. 经营者思想观念方面**

(1)农业生产过分依赖化肥投入　当前农民主要依靠施撒化肥为农作物提供肥力，相比畜禽粪便，化肥施撒更方便、快捷，农民更倾向于使用化肥；

(2)固有生产模式升级改造难度大　农牧业生产者大多凭借自身经验开展相关的农牧活动，小农户分散经营、劳动力老龄化特点明显，对于超出其认知范围的生产方式不敢贸然尝试，需要经过多方引导来加深他们对绿色种养一体化的理解和认识程度，调动生产者的积极性。

**2. 种养一体化科学技术支撑方面**

(1)畜禽粪便及农作物秸秆的安全性问题　畜禽粪便存在微生物污染、抗生素残留、重金属污染等问题对农产品质量安全有潜在危害。在现代种植业生产中，防治虫害的农药残留问题阻碍农作物秸秆运用到畜禽养殖业；

(2)配套设施运行效率低或不完善　养殖场粪污处理基础设施运行程度低，畜禽粪污资源配套施用设施不足等问题显著抑制种养循环。

**3. 种养一体化模式运行机制及服务体系方面**

(1)长期以来，种植业和养殖业各自发展，存在脱钩问题，种养一体化不紧密。规模养殖小区内没有足够的农田来消纳粪便，大面积农业区畜禽养殖量过少，粪污资源供给量受限，区域范围内缺乏行之有效的种养循环模式和产业链。

(2)目前种养一体化服务体系相关从业人员明显不足，无法对相关产业进行系统化的服务，

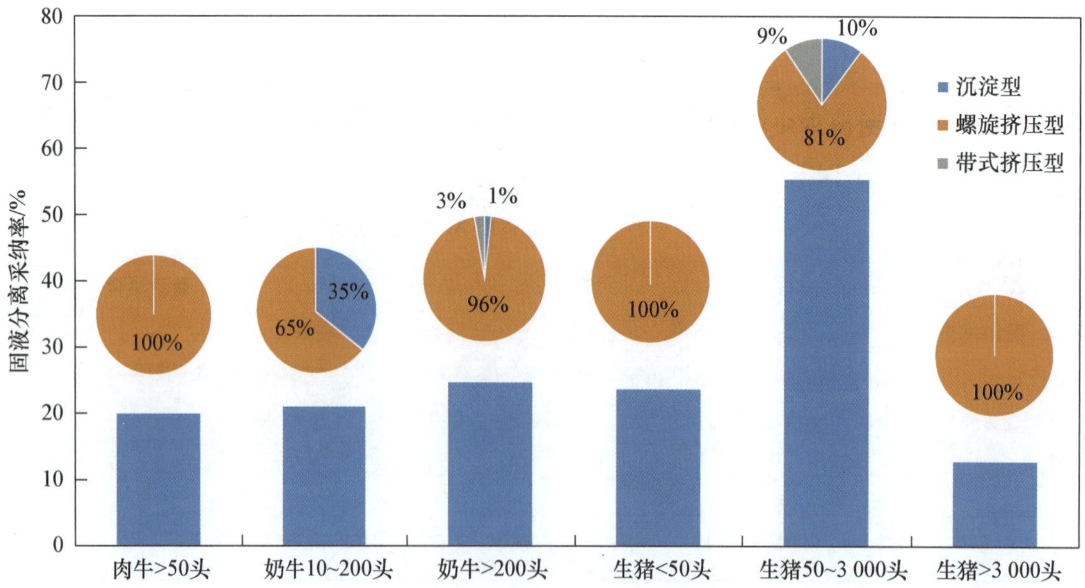


图4-6 不同动物规模固液分离采纳率

亟须建立覆盖种养全过程的管理措施，完善综合配套技术服务，实施路径便捷高效的种养一体化社会服务体系，为实现真正的种植和养殖相结合的生产方式来提供强有力支撑。

### 4.1.5　绿色种养一体化的意义

种养一体化是种植业和养殖业相互结合的一种生态模式。种养一体化模式是养殖场采用干清粪或水泡粪等清粪方式，液体废弃物进行厌氧发酵或多级氧化塘处理后，就近用于蔬菜、果树、茶园、林木、大田作物等生产；固体废弃物经过堆肥后就近或异地用于农田。借鉴“畜禽粪污综合养分管理计划”的成功经验，应根据当地降雨、水系、地形、粪污养分含量、土壤性质、种植作物特点，集成粪污收集、贮存、无害化处理、粪肥与化肥混施、深施技术和设备，全链条实施粪污养分综合利用计划通过自有土地或土地流转等方式，促进粪污就地还田，充分利用肥水等资源，实现土地配套、种养平衡。绿色种养一体化能够解决农业两大污染难题：畜禽粪污污染和秸秆污染；种养一体化条件下的农田消纳了畜禽粪污，农作物秸秆作为饲料提供给反刍动物。同时，绿色种养一体化能够保障粮食安全，减少养殖业对玉米等粮食作物的需求量。绿色种养一体化的农业生态模式不但能够有效地保护水土，提高土壤肥力，恢复土地的理化性质，减少病虫害的发生，提高单位面积经济产出，同时又是减药、减肥的有效措施。目前，种养一体化的农业生态模式是国内外共同的发展趋势。近年来，资源的不合理利用造成资源浪费、生态环境恶化，化肥的大量使用取代了粪肥在土壤营养供给中的作用，引发了养殖业和种植业在空间上的分离，大量养殖粪肥从养分变成了污染源，大大影响了乡村的生态环境。同时，不规范的农业种植和养殖活动造成了乡村土地质量下降、水体富营养化和空气污染，影响食品安全和居民身心健康。“种养一体化”是改变传统“种养分离”、促进农业资源永续利用，实现乡村振兴的重要手段，使畜禽养殖产生的废弃物成为农业种植的养分，减少化肥使用和养殖废弃物污染，恢复和增强生态系统功能。种养一体化的农业生态模式不仅能够实现废弃物的资源化和无害化利用，还能实现物质和能量的循环利用，有效削减生产过程中的污染排放，并且带动一、二、三产业的联动，具备可行性发展条件，是改善乡村生态环境、实现乡村可持续发展的新思路、新理念。

## 4.2　绿色种养一体化的理论框架

### 4.2.1　绿色种养一体化理念与目标

**1. 绿色种养一体化的理念**

主要是指在一定土地管理区域内，通过种植业和养殖业科学、高效、有机结合，促进物质的循环利用，带动种植业与养殖业之间的物质和能量循环，实现农业生产过程的清洁化、绿色化，降低农业活动对环境的有害影响的一种循环农业生产经营模式（图 4-7）。

**2. 绿色种养一体化的目标**

在种养生产过程中减少资源投入量和废弃物的产生排放量，加大对种、养废弃物资源的循环利用，提高种、养生产系统的产出，实现经济效益与生态效益和谐统一。

### 4.2.2　绿色种养一体化研究内容

绿色种养一体化重点关注植物—动物系统界面物质循环与环境减排等研究工作，旨在突破植物—动物系统交叉界面上的前沿科学问题和关键技术，揭示界面间的耦合机制，阐明区域种养一体化绿色发展的实现途径（图 4-8）。

植物与动物生产是农业系统的重要组成部分，两者通过界面间物质循环与能量交换形成有机的结合，界面上的物质循环与利用特征不仅影响

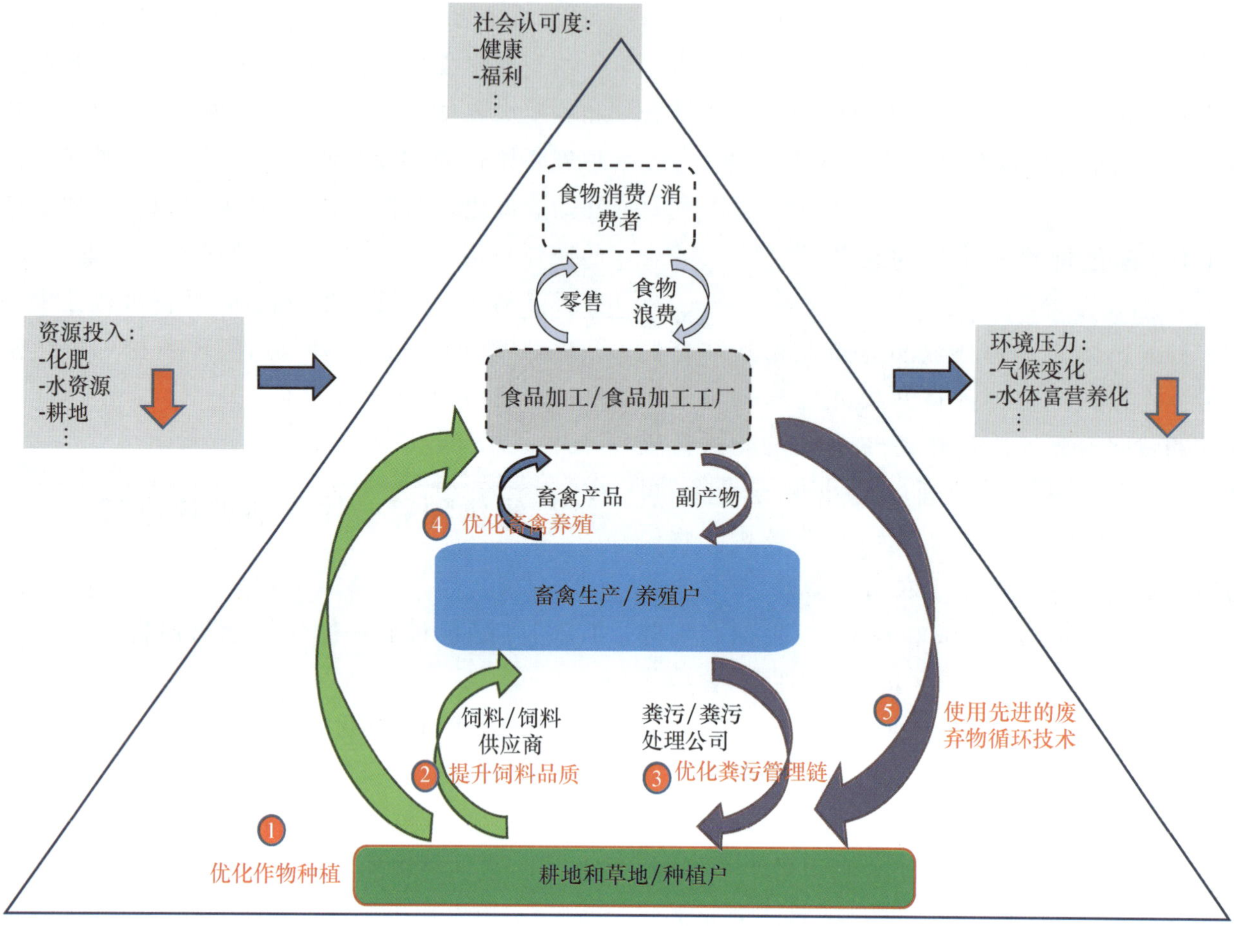


图 4-7　绿色种养一体化概念图

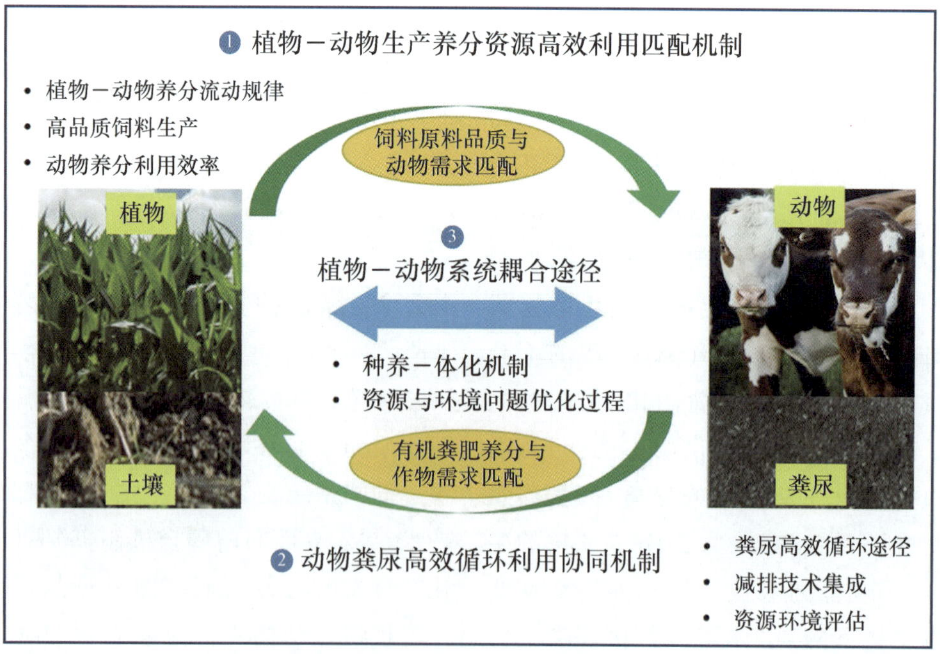


图 4-8　植物—动物系统交叉界面创新研究思路图

了植物与动物的生长发育，同时也影响物质向大气与水体环境的排放。植物源饲料是连接植物—动物生产系统的重要界面，植物源饲料的利用效率不仅决定了饲料种植过程水、肥等资源投入的利用效率，而且显著影响养分在动物体内迁移转化与沉积过程以及动物生产性能，同时决定了动物粪尿养分排泄的通量与养分特征。植物源饲料的养分高效利用能够提高植物—动物生产系统的耦合程度，实现养分损失的有效阻控。然而，以往的研究多关注饲料加工与饲料配方配比等后端管理以提高饲料养分利用效率，缺少对饲料原料农田生产过程的源头调控的交叉研究。

畜禽粪尿物质循环过程是植物—动物生产系统耦合的另一重要交叉界面。畜禽粪尿管理涉及储藏—处理—利用等多个过程的相互作用，单一过程的改变与调整往往会影响养分(能量等)后端的循环与利用特征，土壤和植物(最末端环节)的生产力和可持续性也将受到影响。然而，目前研究多关注单一环节的养分高效利用，缺少对粪尿管理链条全过程的调控，更缺乏关于粪尿管理技术优化与植物养分高效吸收以及饲料和农产品品质匹配规律的认知。

我国农牧业发展进程中存在的突出问题，如农牧分离突出、种养系统养分循环效率较低等制约着我国环境改善和农业绿色发展。开展植物—动物耦合系统多界面养分高效循环与环境减排研究不仅有利于我国农业绿色高效、可持续发展，同时也为全球集约化农业的绿色发展提供科学依据。主要的研究方向如下：

**1. 植物—动物系统界面养分高效利用匹配机制与调控途径**

瞄准植物—动物系统耦合的关键界面，即饲料原料产品供应一动物饲料消费界面，揭示农田综合管理对动物饲料原料高效吸收的营养特性及影响机制；揭示饲料原料种植过程调控对动物饲料高效利用以及减排氮磷等养分排泄数量的影响机制；阐明以动物生长性能最大化和环境代价最小化协同的饲料原料生产—动物营养吸收界面的调控途径。

**2. 粪尿养分高效循环与作物高效利用的界面调控途径**

以畜禽粪尿管理全链条(储藏—处理—施用)养分高效循环与全程高效减排技术为核心，根据作物养分需求平衡原理，以粪肥养分形态调控、多元素合理配比、多形态粪肥类型创新为主要手段，通过提高农田粪肥养分利用效率，实现农牧系统养分高效循环与环境减排。

**3. 植物—动物系统资源高效与环境减排协同途径**

从系统角度，以物质流模型分析为主要方法，以协同资源高效与环境减排为目标，探索不同养分管理技术的相互作用机制，通过最优技术筛选与集成，提出实现作物一动物系统养分高效循环与环境减排的综合技术途径。

## 4.3 种养一体化模式特征与案例解析

随着人民对畜禽产品需求的不断提高，畜禽养殖结构从散户养殖逐渐转变为集约化养殖，种植系统和养殖系统在空间上出现了分离(表4-7)。种植密集区的玉米，大豆等作为动物饲料原料跨区域运输用于畜牧业生产，但是养殖密集区的动物粪便并不能还田到产生饲料的种植系统，导致了种植密集区的化肥施用增多，土壤有机质降低，而养殖密集区的粪污超载和畜禽粪污消纳困难，导致了区域种养不协调，农业生产环境代价居高不下。

我国畜禽养殖场以独立经营为主(约70%)，鲜有匹配种植农田(董红敏等，2019)。按照《畜禽粪污土地承载力测算技术指南》中推荐的畜禽适宜承载力标准，1亩地只能承载出栏10头猪产生的粪便养分。研究发现，我国农户种养结合猪场中，生猪养殖数量与配套耕地比例平均为30.3头∶1亩，配套农田远不能容纳畜禽粪污产生量(Zhao et

表 4-7　2018 年我国不同规模畜禽养殖户数及数量占比情况　　%

| 畜禽种类 | 养殖户数 | | | 养殖数量 | | |
|---|---|---|---|---|---|---|
| | 传统养殖 | 中等规模养殖 | 大型养殖 | 传统养殖 | 中等规模养殖 | 大型养殖 |
| 生猪 | 94.6 | 4.8 | 0.6 | 24 | 28 | 48 |
| 奶牛 | 97.9 | 1.5 | 0.7 | 36 | 12 | 52 |
| 肉鸡 | 98.5 | 1.4 | 0.1 | 10 | 26 | 64 |
| 蛋鸡 | 96.5 | 3.1 | 0.3 | 13 | 38 | 49 |
| 肉牛 | 95.4 | 4.4 | 0.2 | 47 | 33 | 20 |
| 肉羊 | 86.9 | 10.1 | 3.1 | 31 | 24 | 44 |

注:养殖数量计算方法:养殖数量=养殖户数 * 对应养殖规模分类平均值。养殖规模分类:传统养殖:生猪出栏量 1～49 头,奶牛存栏量 1～49 头,肉鸡出栏量 1～1 999 羽,蛋鸡存栏量 1～499 羽,肉牛出栏量 1～9 头,肉羊出栏量 1～29 头;中等规模养殖:生猪出栏量 50～499 头,奶牛存栏量 50～199 头,肉鸡出栏量 2 000～49 000 羽,蛋鸡存栏量 500～9 999 羽,肉牛出栏量 10～99 头,肉羊出栏量 30～99 头;大型养殖:生猪出栏量>500 头,奶牛存栏量>200 头,肉鸡出栏量>50 000 羽,蛋鸡存栏量>10 000 羽,肉牛出栏量>100 头,肉羊出栏量> 100 头。数据来源:中国统计年鉴和中国畜牧兽医年鉴。

al.,2017)。截至 2016 年底,我国户均耕地面积约为 9.8 亩,经营规模在 50 亩以下的农户占农户总数的 97%左右,经营的耕地面积占全国耕地总面积的 82%左右;经营规模在 50 亩以上的农业经营主体约有 400 万个,平均经营规模也只有 100 亩左右(董红敏等,2019)(表 4-8)。

不同养殖规模的种养结合模式主要包括:①后院养殖及小规模养殖户。政府负责投资运输,农民负责粪便存储设施;乡镇负责粪便收集和应用;②大中型规模养殖户(商业服务)。专业有机肥生产公司投资建设粪便储存池,喷雾器设备;畜禽养殖场实行“谁造成污染,谁付出代价”的原则;种植企业则是“谁使用谁购买肥料”;③大型养殖企业(自我流通模式)。龙头企业自建大型粪污处理设备;通过土地流转建立有机种植生态基础,消纳畜禽粪污施用,并辐射到周边县市,促进区域产业繁荣。由此可见,不同规模的农场之间存在差异,因此亟须探索适合于不同养殖规模的种养结合模式,其具有重要的实际指导意义。

## 4.3.1　农场尺度种养一体化特点与案例解析

### 1. 农场尺度种养循环系统边界与主要生产环节

农场尺度的种养一体化指农户尺度内既有种植系统也有养殖系统,以交换原材料(粪污和饲料)的方式实现养分循环,其主要生产环节包括:家庭生态农场、规模化种养标准农场。联合国粮农组织(FAO)将农场尺度种养循环系统定义为:养殖密度低于 10 个畜牧单位(LU),且饲料自给率超过 10%的系统。FAO 对畜牧生产系统的划分类型如图 4-9 所示,包括:

(1)纯畜牧生产系统　畜牧系统中,超过 90%的动物干物质来自购买的饲料,且 90%以上总产值的来自畜牧业活动。主要类型包括:①无地农场系统。来自农场生产的动物饲料占比<10%,每公顷农田年均放养量超过 10LU;②放牧农场系统。其中超过 10%的动物干物质是农场生产的,并且每年的平均放养率低于每公顷农田 10 个动物单位。

表 4-8　2016 年末我国农业经营户数、耕地面积情况

| 类别 | 全国 | 东部地区 | 中部地区 | 西部地区 | 东北地区 |
|---|---|---|---|---|---|
| 农业经营户/万户 | 20 743 | 6 479 | 6 427 | 6 647 | 1 190 |
| 耕地面积/万 $hm^2$ | 134 292 | 2 583 | 3 072 | 5 044 | 2 794 |
| 农户平均耕地面积/(亩/户) | 9.8 | 6.0 | 7.2 | 11.4 | 35.2 |
| 50 亩及以上农业经营户/万户 | 398 | 119 | 86 | 110 | 83 |

来源:董红敏等,2019

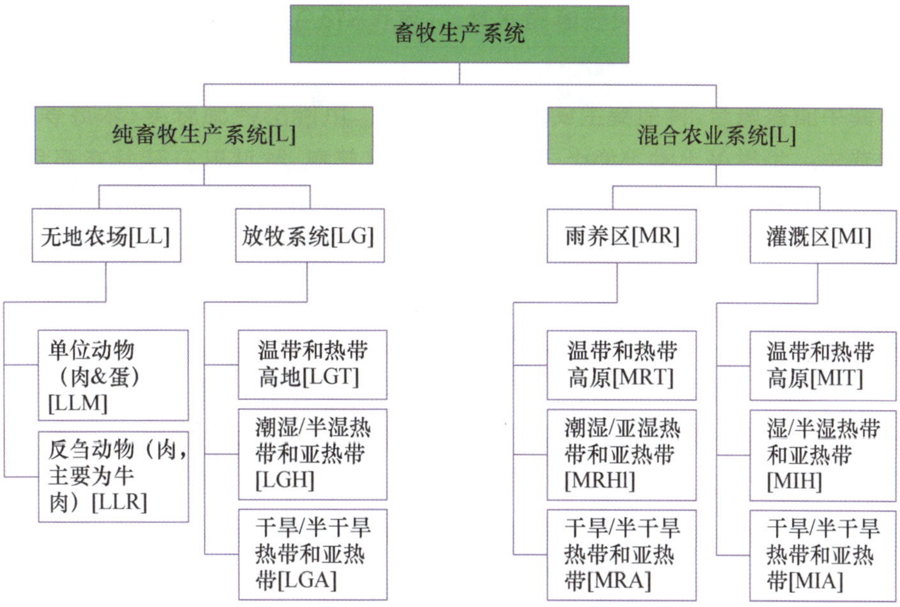


图 4-9　FAO 对畜牧生产系统的划分类型

(2)混合农业系统　畜牧系统中，饲喂动物的干物质中 10%以上来自家庭农场的作物副产品或残茬，或总产值的 10%以上来自非畜牧活动。主要类型包括：①雨养区混合农业系统。其中非畜牧农场生产价值的 90%以上来自无灌溉区利用；②灌溉区混合农业系统。其中非畜牧业生产价值的 10%以上来自灌溉土地使用。

农场尺度种养模式系统边界如图 4-10 所示，包含的子系统有：①动物生产系统。动物消化摄入的饲料以获得能量生长生产，未消化的饲料和经过代谢的饲料转化为粪便和尿液；②粪污收集与处理系统。圈舍管理决定了畜禽粪污的形态及比例；③粪污储存系统。对收纳的畜禽粪污进行堆肥；④土壤和农作物生产系统。施用于土壤的有机物质中一部分养分可利用，其中一部分被植物吸收，另一部分被划分为谷物氮。

**2. 农场尺度种养循环的主要原则**

农场尺度种养循环可从饲料端、养殖端、粪污端和土壤端来考虑，如图 4-11 所示，主要原则和措施包括：①饲料端。养分能量需求与农田作物供应匹配；提高饲料品质，调控粮饲平衡；开发非常规饲料原料，减少饲料损失等；②养殖端。群体结构调整提高产出效率；提高生产性能，健康养殖；抗生素、重金属源头控制、低蛋白饲喂等；③粪污端。粪污管理全链条减排：粪污养分循环与农田作物养分需求匹配；提高循环效率、减少环境排放、提高能量利用效率、有机肥标准化生产等；④土壤端。合理配施有机肥，提高土壤质量等。

**3. 农场尺度案例解析**

**案例 1：**荷兰 De Marke 奶牛场（Aarts et al.，2000a；Aarts et al.，2000b；Keulen et al.，2000；Hilhorst et al.，2001）

由于欧盟清洁生产法案的推出，以及欧洲环境和食品安全意识的不断提高，De Marke 农场于 1989 年在荷兰瓦赫宁根大学的支持下设立，旨在探索和展示在严格的环境标准限制条件下，在干燥的沙质土壤上每公顷生产 12 000 kg 牛奶的可能性。De Marke 农场为农民提供技术展示、推广和服务；与大学科研机构合作探索优化的养分管理模式和管理技术，技术经过验证后可快速向农户推广应用，促进农户优化生产行为，同时兼具技术交流和实践教学功能。

De Marke 农场系统开发的示意图如图 4-12 所示，主要过程包括：①设置目标；②设计；③执行；④监控；⑤分析；⑥评估。De Marke 农场的主要减排理念是提高养分利用率，降低各环节损失，让养

图 4-10　农场尺度种养模式系统边界

1 动物；2 粪便的收集与处理；3 粪便的储存；4 土壤和农作物的转化（Rufino et al. ，2006）

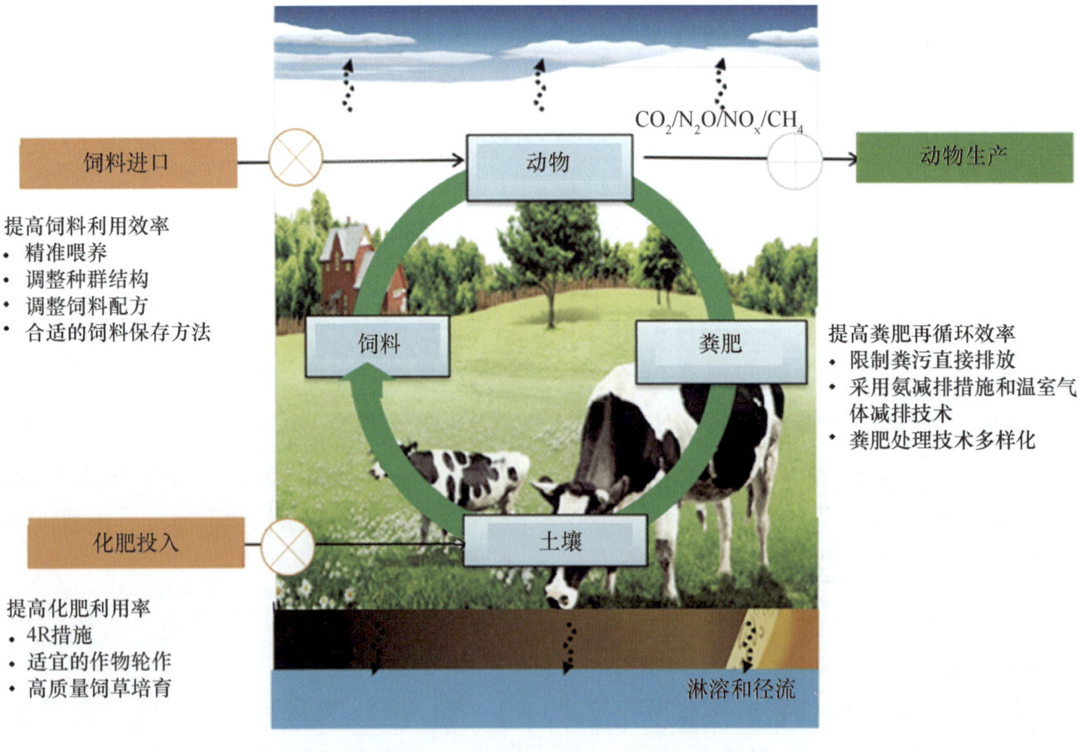


图 4-11　农场尺度种养循环的主要原则

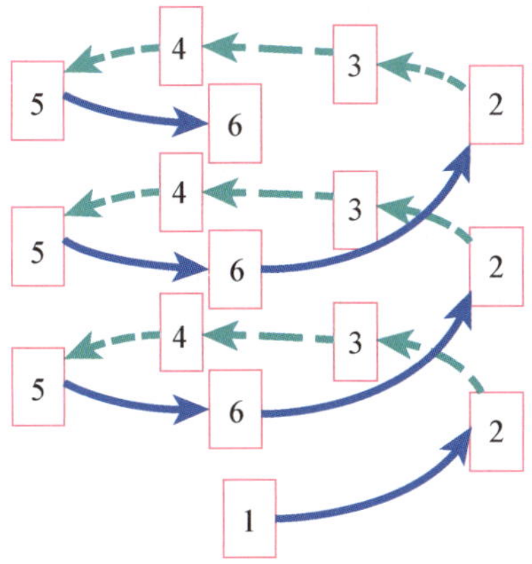


图 4-12　系统开发过程的示意图

分 100%循环。与传统农场相比，De Marke 农场在保持产品产量不变的情况下，氮素总投入减少 50%，地下水硝酸盐含量由 220 mg/L 减少到 55 mg/L，接近欧盟规定的饮用水标准（50 mg/L）（Aarts et al.，2000a）。

De Marke 农场在氮磷环境卡口下设计农场管理措施（表 4-9 和表 4-10），主要减排措施从作物、奶牛和粪尿管理三方面来考虑。

作物方面：①根据作物需求施用养分，不施用化肥，通过施用有机肥和轮作维持作物产量不变；②牧草—青贮玉米 3 年轮作，整个牧场分为多个轮作区，保持每年青贮玉米和牧草产量一致；牧草连续施肥，玉米第一年不施肥（因为牧草连续施肥后，土壤积累大量养分，可供应足够的氮和磷）；③填闲作物（两茬主要作物之间种植），玉米生长期间种植牧草，牧草可以吸收表层的氮素，并且可以在玉米收获后继续吸收氮素并减少径流等；④优化种肥施用，玉米和有机肥一起施用，播种深度为 7 cm，在种子两边注射有机肥（间距 7 cm），有机肥施用深度为 10 cm，可避免烧伤种子，同时保证种子发芽后周围存在较高浓度的养分，促进玉米生长；⑤适时收获，青贮玉米适时收获，保证其适口性、水分含量和养分可消化性。牧草在长度适中时收获，可避免生长过长后干物质积累下降，或长度过短造成干物质累积不够。

表 4-9　根据氮磷环境卡口设计农场管理措施

| 目标 | 最大值 |
|---|---|
| 地下水中硝酸盐浓度 | 地下水上层为 50 mg N/L |
| 氨挥发 | 粪便为 30 kg N/(hm² · 年) |
| 农场氮盈余 | 假设土壤中没有氮累积，农场氮投入减去氮产出为 12 kg N/(hm² · 年) |
| 土壤氮盈余 | 农场氮投入减去氮产出为 79 kg N/(hm² · 年) |
| 地下水中磷浓度 | 地下水上层为 0.15 mg P/L |
| 磷盈余 | 表层土壤磷含量 0.45 kg P/(hm² · 年) |

表 4-10　De Marke 管理措施汇总

| 时间 | 系统 | 主要特征 |
|---|---|---|
| 1993—1999 | A 2 | 轮作放牧<br>主要针对玉米和草地进行放牧<br>在玉米地中种植意大利黑麦作为填闲作物<br>优化时间和粪便的分布<br>以粪便和化肥作为施肥基础<br>不施用化学磷肥 |
| 2000—2003 | B 3 | 较低的放牧强度<br>较低的化肥氮投入<br>将小黑麦作为最后的种植作物<br>厌氧发酵 |
| 2004—2008 | C 3 | 将春大麦作为最后的种植作物<br>在种植玉米后注射粪浆<br>不施用化学氮肥 |
| 2009—2010 | D 3 | 将沼液进行固液分离 |

注：1. 该概述仅涉及粪便，土壤和农作物的管理，并不构成完整的农场管理；2. 实践中具有主要特征的原始设计；3. 相对于先前系统的修改。

奶牛方面：①分群精确喂养，饲喂符合动物阶段的饲料，降低养分输入同时稳步提高产量。分群包括犊牛（<0.5 月龄）、犊牛（0.5～2 月龄）、犊牛（2～6 月龄）、小育成牛（6～7 月龄）、大育成牛（7～13 月龄）、青年牛（13～23 月龄）、泌乳牛和干奶期奶牛 8 个种群；②高品质低粗蛋白日粮；③根据奶产量饲喂动物，根据剩料率调整饲喂量；④优化泌乳周期，淘汰低产牛；⑤优化奶牛育种；⑥优化青贮制备；⑦改善动物福利。

粪尿管理方面：①减少饲料损失；②降低室内氨挥发；③增加粪尿储藏容量，可容纳半年粪污产生量；④粪尿注射施用；⑤适时有效放牧：放牧过程中产生的粪尿可直接快速渗入土壤，养分可快速被牧草吸收，降低了氨挥发量同时减少圈舍过程损失；⑥发酵罐—沼气体系：粪尿每2天混合一次，每星期转入发酵罐系统。转入后先通过加热系统，加热至60℃，然后经微生物降解2天，将固体分解成小颗粒，然后转入发酵罐发酵4～5天；⑦固液分离：固液分离后，固体粪便覆盖储藏，液体粪便转入经过防渗和覆盖处理的化粪池中；⑧尿液加工—鸟粪石：向液体中加入氧化镁，调节pH控制反应过程生成高品质肥料鸟粪石；⑨尿液加工—氨固定技术：液体粪污与低浓度硫酸混合，形成pH中性的硫酸铵液体肥料，可去除25%有机氮。

**案例2**：美国奶牛场及Nutrient Mass Balance模型[Soberon et al.，2013；Cela et al.，2014]

美国康奈尔大学的Quirine Ketterings等提出，通过使用养分物质平衡（Nutrient Mass Balance）模型，评估农场养分管理状况。图4-13展示了养分物质平衡模型示意图。黑方框里代表整个奶牛场生产系统，要实现农场尺度氮磷钾等养分的平衡，要综合管控农场的进口端（主要包括进入农场的饲料、化肥、动物和粪便）和出口端（主要包括被售出的牛奶、动物、作物和粪便）。而养分物质平衡为进口端与出口端养分的差，主要有两种表示方式：一种是以每公顷可耕地面积为基础的农场养分可持续性指标，另一种则是以每吨牛奶为基础的农场养分利用效率指标。

合理可行的养分物质平衡，首先应经济可行，其次是环境可持续。通过分析美国纽约州102个农场，划定了氮磷钾平衡的合理范围。在此基础上，提出“养分最佳操作区域”概念，如图4-14所示。以氮为例，横坐标是每公顷动物密度和牛奶产量，纵坐标是每公顷的氮平衡。白色、灰色和黑色数据点分别代表小型（<200头奶牛），中型（200～699头奶牛）和大型（700头或更多奶牛）农场。菱形代表2006年没有粪便出口的农场，圆圈代表2006年有粪便出口的农场。灰色区域被称为为“养分最佳操作区域”，这一区域内的农场养分利用效率和牛奶生产效率较高，且有足够的土地来消纳畜禽粪污。

**案例3**：荷兰奶牛场多目标优化分析（Groot et al.，2012）

荷兰瓦赫宁根大学的Groot等（2012）提出通过模型的手段对种养结合系统进行优化设计（图4-15）。

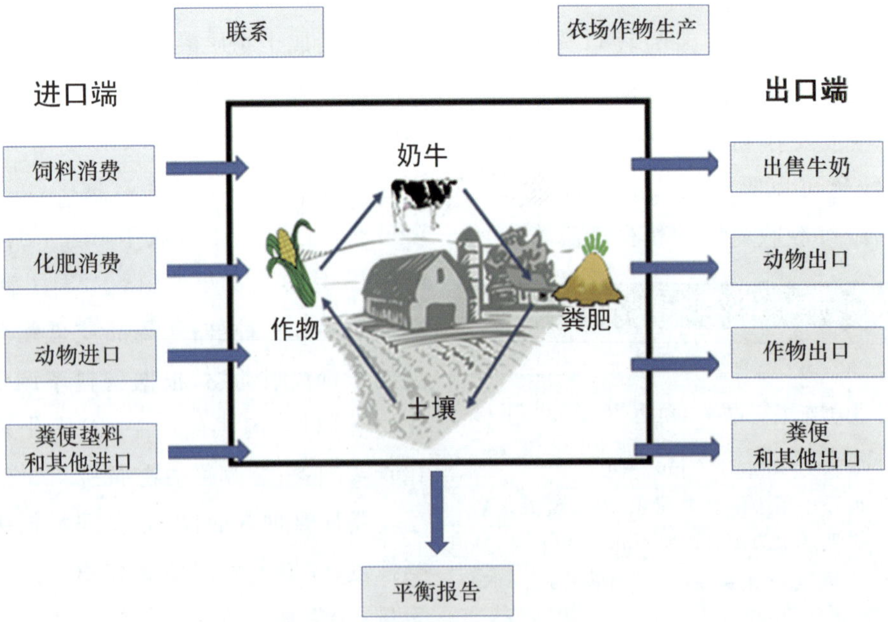


图4-13 养分物质平衡模型示意图

（来源：Soberon et al.，2013）

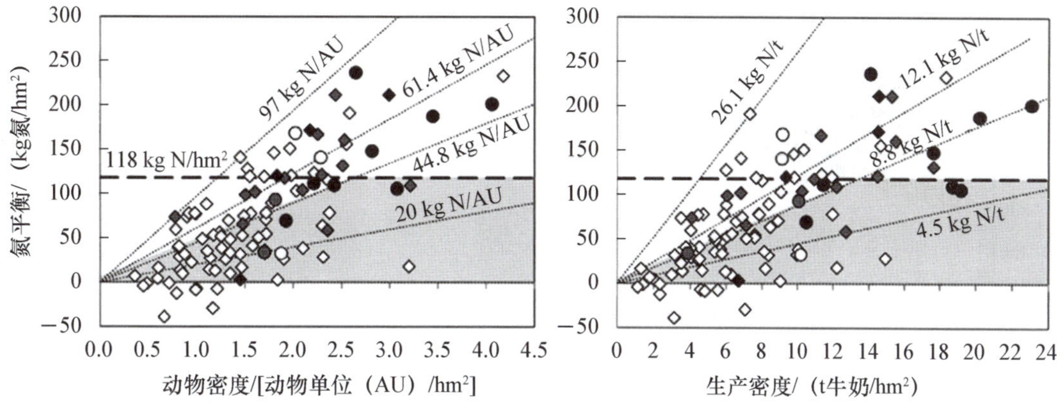


图 4-14　养分最佳操作区域概念示意图

注：2006 年纽约州 102 个奶牛场的每公顷氮平衡与动物密度和生产强度的关系。

（来源：Cela et al.，2014）

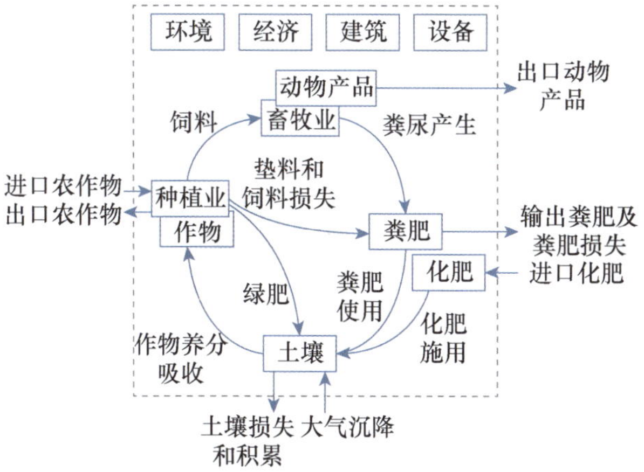


图 4-15　FarmDESIGN 模型框架

（来源：Groot et al.，2012）

FarmDESIGN 是一个基于生物经济的静态农场平衡模型，可计算年尺度的农场有机物、碳、氮、磷和钾流动，以及由此产生的物质平衡、饲料平衡、粪肥资源、劳动力成本以及经济表现，进而评估优化农场的生产、经济和环境权衡效应。FarmDESIGN 模型使用了帕累托（Pareto）多目标优化方法，通多种养结构的排列组合，探索不同农场绩效指标之间的权衡效应，寻求在多目标条件下的最优设计。通过在荷兰一个 96 hm² 的混合有机农场中应用，农场生产和环境效益得以显著提升，如图 4-16 所示，红框代表的是原始的农场结构；蓝点代表优于所有目标的解决方案。在设计、输出和最终用户验证之后，实现最大化运营利润和有机质平衡，最小化人工需求和土壤氮素损失。

**4. 农场尺度种养循环实现难点**

1）集约化养殖导致作物种植和动物养殖在空间上分离

Bai 等（2018c）发现，中国畜牧业在 1980—2010 年的这 30 年里，实现了从过去的后院式种养结合向集约化养殖、集约化种植的转变（图 4-17）。过去，畜牧业承担着提供畜力、消纳家庭厨余垃圾、为农田提供农家肥、改善家庭收入和提供动物蛋白等功能，生态功能多样且相对稳定，但是生产力较低。近 30 年来，在需求的拉动下，在集约化畜牧业补贴、化肥工业补贴和农业机械化补贴等的助力下，畜牧业逐渐转变为高效动物蛋白的生产工厂，导致作物种植和动物养殖地理位置上处于分离状态，进而造成资源环境代价大幅增加。

2）养殖场粪污减排与处理技术应用率低

大面积调研发现，我国规模化畜禽养殖场所拥有的作物种植农田面积有限，导致农场粪污储藏与施用压力大。在未与周边种植户有效结合的情况下，粪污（特别是养殖污水）很难得到有效的利用。以河套地区某集约化养殖县为例，通过实地调研和生命周期评价方法，评估了不同种养结合程度的作物—奶牛生产系统全生命周期环境足迹。研究发现，与种养结合程度较高的生产模式相比，一些集约化的奶牛场粪污还田率低，导致温室气体排放、活性氮排放和总磷损失明显较高（图 4-18；Ma et al.，2022）。

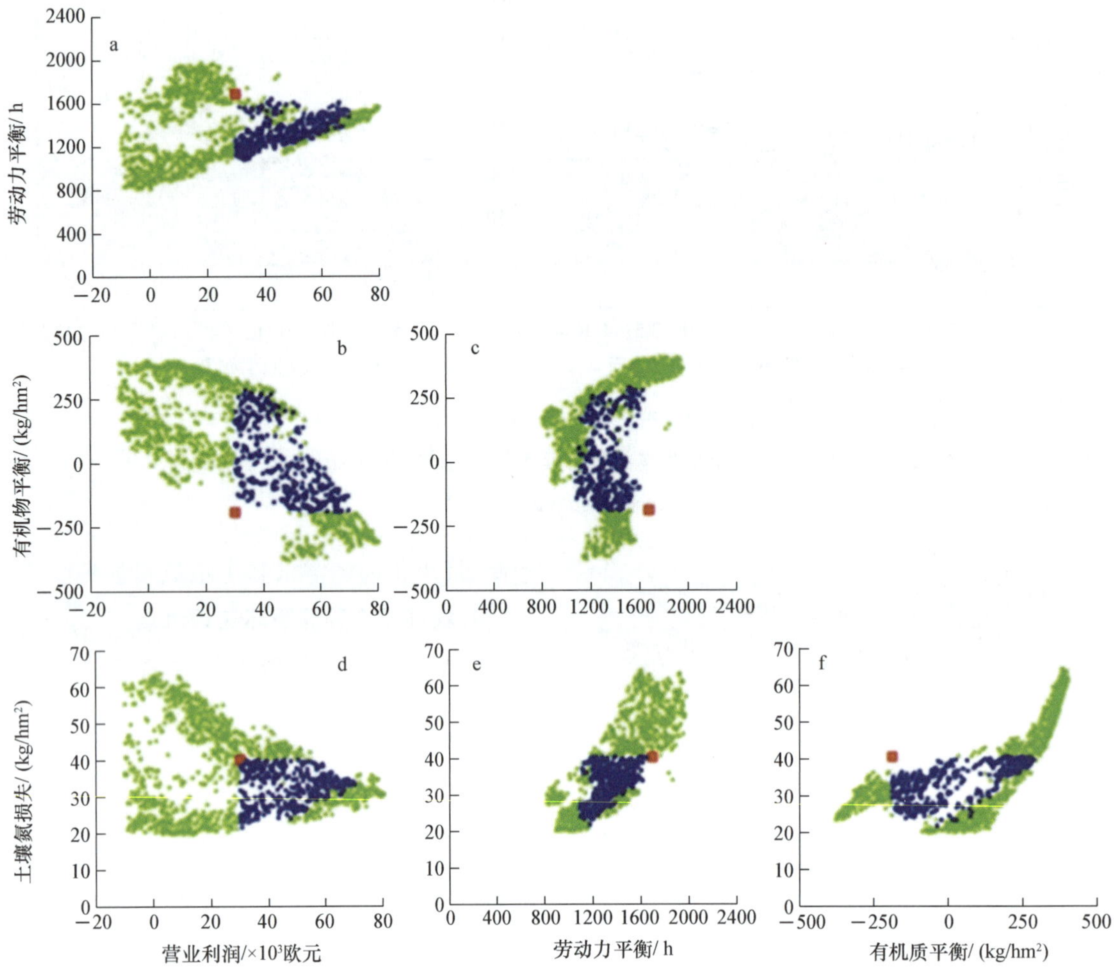


图 4-16　不同农场绩效指标之间的权衡效应

（来源：Groot et al.，2012）

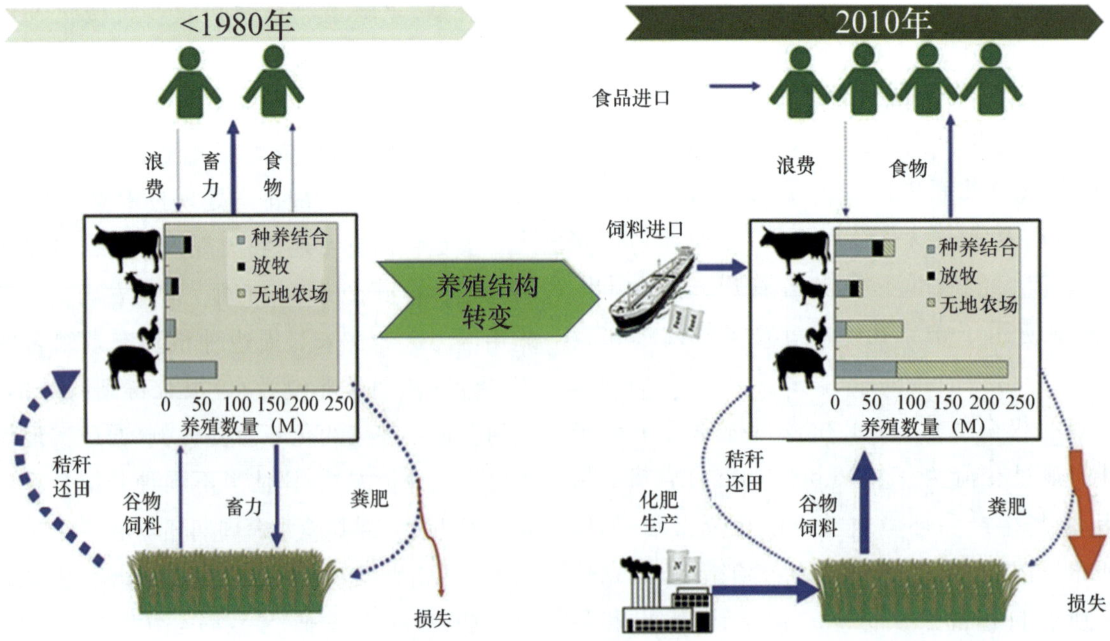


图 4-17　1980—2010 年中国畜牧业转型的概念图

（来源：Bai et al.，2018c）

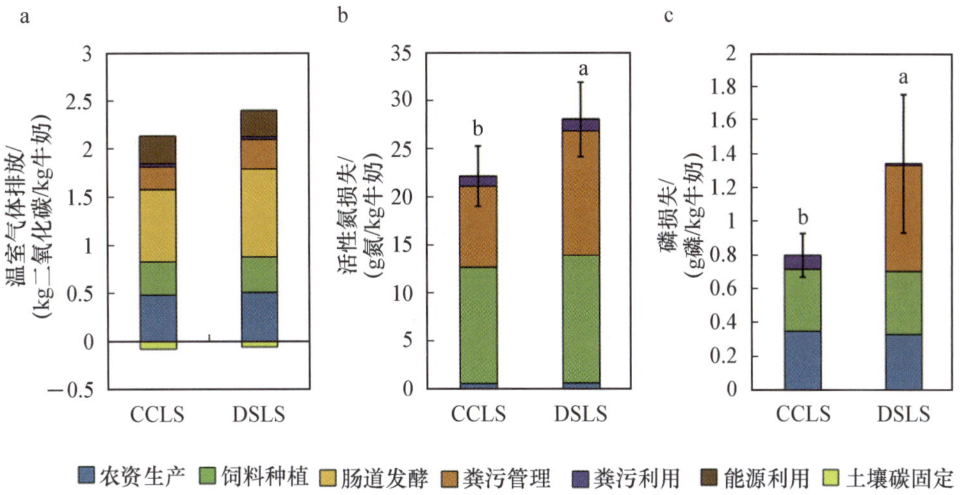


图 4-18　种养结合农场(CCLS)和集约化奶牛场(DSLS)生产单位牛奶所产生的温室气体,活性氮和磷损失足迹

(来源:Ma et al.,2022)

粪污处理技术的采用和粪污还田的利用方式在一定程度上受到农户的认知影响。粪污管理技术的应用对于粪污在农业生态系统中实现循环至关重要。Tan 等(2021)研究了养殖户对奶牛、家禽养殖场粪便管理技术(厌氧沼气发酵、固液分离和好氧堆肥)的看法。通过 338 个集约化养殖户进行面对面访谈,发现养殖户实际采用粪便处理技术是有限的(21%的奶牛场,0%~2%的家禽场)。大多数养殖场在农场内的耕地有限,回收的粪便比例小且不固定(氮为 15%~64%,磷为 25%~95%)。农民对畜禽粪便处理获得的环境效益的看法和政府机构激励措施等是显著影响畜禽粪便管理技术的采纳意愿。高运营成本、低收益、技术故障和缺乏运行机制等是限制畜禽粪便处理技术大面积应用的关键因素。农场规模、教育程度和身份认同感也影响了养殖场采用粪便处理技术的意愿。因此,畜禽粪便管理全链条的监测账户与技术列单建设尤为重要,同时政府补贴和技术服务支撑应该更多的关注粪污处理技术的实际操作和运营管理环节(而不单单是建设补贴)以及有机肥施用的种植大户。

提高畜禽粪污养分循环利用可以减少农田中化肥的使用,从而减轻对环境和人类健康的威胁。Zhang 等(2021)结合农场调查与情景分析,探索了我国粪肥循环减少化肥投入的影响潜力。结果表明畜禽粪污氮素回收率从 2015 年的 30%提高到 2050 年的 34%~70%,氮肥施用量将减少 3%~32%。然而,调研结果显示只有 55%的种植户实际施用了粪肥。大田种植户比经济作物种植户的粪肥施用率少。大多数种植户对施用粪肥的积极态度是基于他们认为粪肥可以提高作物产量和品质、提升土壤质量(如土壤肥力和抗旱性)和农民收入(更高的产品价格)。种植户认为施用畜禽粪肥的障碍因素与杂草、病虫害发生率增加有关,这表明种植户对畜禽粪污的质量信任度较低。尽管种植户能够感知到养分损失污染环境和重金属污染环境的重要性,但种植户认为施用畜禽粪尿造成此类污染的风险可能性很低(图 4-19)。为了提高畜禽粪污的还田率,需要一个更加透明、成熟的粪肥交易市场,涉及提升粪肥施用技术服务水平、提高粪肥产品成分和价格的准确性、强化社会化服务组织(粪肥处理与施用)能力,以及增加粪肥施用配套机械等方面。

整体而言,农场尺度的种养一体化能提高养分循环利用效率,有助于维持或增加土壤有机碳库和肥力,减少大气和水体的环境负担。但会增加粪便处理设施和粪便运输过程中劳动力的投入,进而提高农户的成本等。因此,在缺乏相应政策和补贴条件下,农户对于种养一体化的意愿不强。随着集约化养殖的发展,农场尺度种养一体化的数

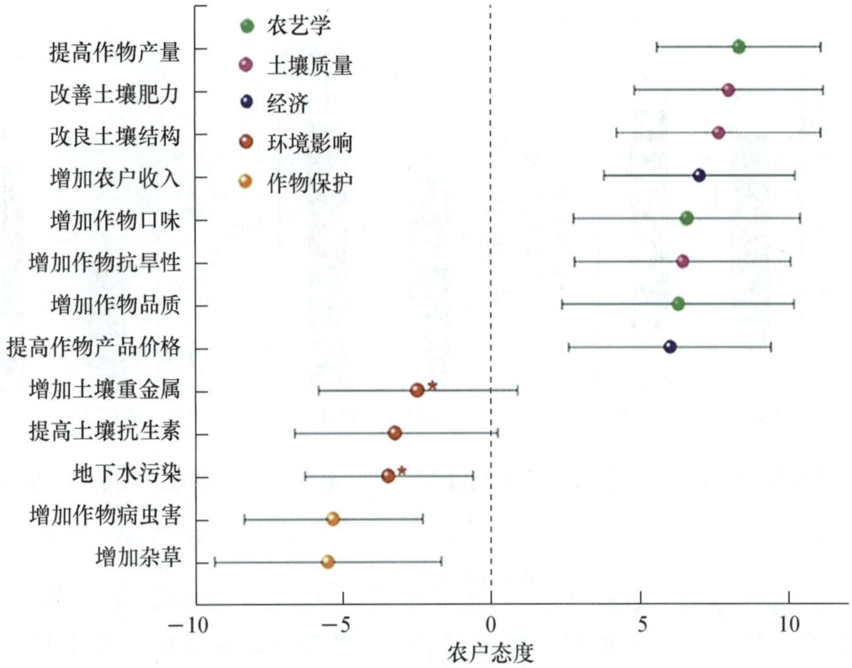


图 4-19　种植户施用畜禽粪肥的认知与态度(农户数量=1 401;平均值 ± 标准偏差;条形显示标准偏差)。不同的颜色表示不同类别的认知态度变量

* 表示平均强度得分<3(来源:Zhang et al.,2021)

量不断减少,因此亟须在超过农场的尺度上去考虑种养一体化(Asai et al.,2018;Martin et al.,2016)。

### 4.3.2　区域间种养一体化模式特点与案例解析

#### 1. 区域间种养一体化模式特点

随着养殖规模的扩大,集约化养殖场多采用自动投料器饲喂动物全价饲料(多见于猪和鸡),简化饲料混合过程,减少了饲料暴露在空气中导致的污染,同样也降低了人工成本。但同时规模化养殖也导致单一的种植体系无法满足养殖场的饲料需求,集约化养殖场逐渐与种植业分离。小规模的种养一体化农户会逐渐转变为专业化种植户,因为:①种植业化肥和机械成本比动物生产投入成本低;②种植业工作量少于养殖业(特别是挤奶和产犊);③环保要求的不断提高,例如养殖建筑规范和畜禽粪污处理,使农场固定成本和运营成本过高;④加工和销售动物产品的供应链缺失。集约化养殖场和专业化种植户的发展,可能威胁到食品生产系统的长期可持续性(Asai et al.,2018)。与种养一体化农场相比,专业化农场更容易受到生产投入成本增加的影响。同样,农作物或家畜产品的价格下降对只生产一种产品的专业化农场的威胁要大于产出多样化产品的种养一体化农场。此外,专业化种植户或养殖户的生物多样性和系统灵活性较低,使得系统可持续性降低。而重新结合种植户和养殖户所需的投资巨大(购买机械,建造圈舍,粪污设备建设,租地),此外还需要畜禽养殖和作物种植两方面的专业知识,这对于个体农民而言是十分困难的。因此需要寻找新的模式或者技术来解决以上的问题,区域间种养一体化可能是发展种养一体化的有效模式。

区域间种养一体化的发展是一个多层次的过程,涉及技术和组织的逐步完善。区域间种养循环可以提高区域内种植业和养殖业的物质循环和养分流动,促进土壤有机碳的固定,促进生物调控服务。区域间种养循环的主要原则包括:①养殖业和种植户是利益共同体,实现物质交换和养分流动，减少环境损失；②养殖集中区通过中间商购买饲料和售出粪便，实现区域养分循环；③种植业与养殖业结合提升饲料质量，减少饲料进口，保证食品安全；④液体粪肥和固体粪便还田需要满足作物养分需求且不超过最大施用量。相互依存的利益相关者应以协同的方式发展，以采取协调一致的行动，在统一组织下进行个人和社会学习，了解其他利益相关者的观点，达成互补或共同的看法和理解，价值，理论和愿望，消除认知和行为，环境标准，经济和社会等主要限制因素（Martin et al.，2016）。

Asai 等（2018）提出了区域间种养一体化模式框架图（图 4-20）。从社会经济学的角度将此框架区分成了三种交易成本：信息收集，集体决策以及运营和监控成本。这些成本受外部环境，农牧业资源融合，参与方及其组织的影响。该框架可用于不同农业体系中多个组织级别（农场到农场，地方团体和区域级别）。因为它们在降低信息收集和集体决策的成本中起着关键作用，应制定具体的政策，通过相互理解这种融合收益来加强社会网络。建立正式合同的法律框架应有助于降低长期监控成本，尤其是在参与者之间提升信任的情况下。运营成本在很大程度上取决于农场的空间距离，但是可以通过扩大覆盖范围和参与者人数的整合规模来克服这一问题。在此，第三方实体的适当协调至关重要，并且应以财务和技术支持为目标。聘用专业的顾问团体和/或与研究机构的合作可以成为降低成本的有效策略，例如，通过适应其他农民的需求，协调时间和地域因素来规划土地使用，资源的空间分布，并通过考虑合作伙伴的需求来选择最佳的农业实践。建立清晰的规则（价格、金额和交货时间等）以及成本和收益的公平分配对于降低合作伙伴之间的谈判成本至关重要。

区域间种养一体化的成功取决于农场在空间上的接近程度。但通过扩大覆盖范围和参与者人数来扩大整合规模，利用规模经济来补贴参与者的组织成本，从而克服空间隔离的问题。此外，通过对信息和决策过程进行公正的评估，有效的协调规模，可以降低区域间种养一体化的运行和监测成本。

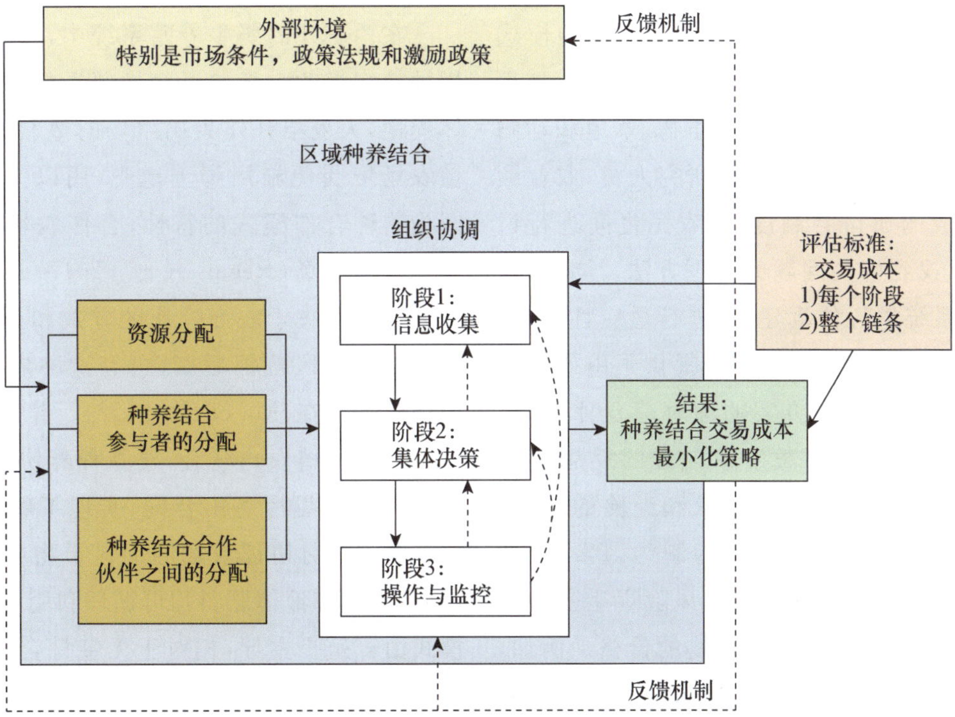


图 4-20　区域间合作种养一体化模式结构图

（来源：Asai et al.，2018）

随着合作农场数量和合作程度的增加，区域间种养一体化模式大致可分为三种，分别为：农户联合、协同整合和区域共存，对应于农场间空间、时间和组织协调的梯度。这三种形式均都通过强化作物、草地和动物之间的时空整合，促进了土壤肥力和生物调控功能提升。农户联合和协同整合属于农户间的合作，可归类为农户间种养结合模式。

农户联合的特点是农场之间直接交换原材料。这种形式涉及农作物和畜牧业者之间的合作规划，以通过适应性轮作（包括草原，牧草和覆盖草料的农作物）配合饲料供需，根据参与农场的田间土壤差异优化肥料分配，进而加强种植业和养殖业的养分流动，提高区域间的养分循环。签有长期交易声明的正式合同或非正式协议是建立长期伙伴关系的重要前提。但由于信息收集工作量大、合同谈判和签订耗时长等原因，长期正式合同成本代价较高，应用性较差。

协同整合的特点是农作物、草地和动物之间在时间和空间上的整合，核心是土地资源的共享。农民将土地分组设计种植制度，在轮作中引入牧草间作或豆类作物，并进行放牧规划。这种模式很好地利用了土地，并且满足粗饲料的需求，减少了粮饲争地的情况，但增加了农作物、草地和动物管理的难度。因此，可以引入由研究人员，农业顾问和农户组成的研讨会制度，在农民之间进行讨论和谈判，以找到解决问题的合理方法。同时，还能够对农业系统进行仿真建模，进行适应性设计，并评估这些解决方案。模型分析提供了由研讨会参与者设计的候选解决方案的即时综合评估（以图形和指标的形式），以激发参会者的反思和谈判。此类研讨会还有望促进技术和经验的结合。但是农户可能不愿面对新出现的制约因素，特别是互补和协同作用的伙伴关系。风险规避受外部因素的影响，如国际市场上投入物的价格。例如，农作物农民接受畜禽粪污的意愿部分取决于化肥价格的波动：当化肥的价格高时，他们更愿意接受畜禽粪污。

区域共存的特点是通过当地经济组织（如农业合作社）在农场之间交换原材料。当地组织收集和储存饲料，并运输和出售给牲畜养殖者。采用类似的形式，将粪便从畜牧场转移到农作物场。此模式不涉及农民之间的直接协调，因此交换的规模主要取决于中介组织。但区域共存会造成营养素供需之间的不匹配（特别是 N，P，K），限制本地共存，互补性和协同作用的相关性，尤其是在当地共存的情况下，粪便交换基本上保持单向：粪便养分从养殖场还田到农作物，但营养不一定通过饲料返回养殖场。这可以通过与肥料养分含量相关的肥料施用不确定性或与施用时间的相互作用来解释。最终，这会导致种植业和养殖业之间的养分失衡，并导致种植业的土壤盈余和畜牧农场的土壤养分耗竭。农场之间原料的运输会降低输送回路的效率，从而导致能源消耗和温室气体排放量增加。因此，需要建立正式的长期合资企业，并建立法律框架，在已经建立了非正式关系的情况下，承诺将合资协议正式化。

**2. 区域间种养一体化案例分析**

1）农户联合种养循环案例解析

在西班牙的奶牛养殖系统中，由种植户主导，用种植农场的大麦秸秆交换邻近奶牛场生产的固体粪便，大麦秸秆作为奶牛场的垫料而非饲料，种植农场把粪便施用到土地中，用以大麦生产。但因为这种合作模式的特性，合作农场的氮盈余高于非合作农场（Regan et al.，2017）。农户联合的养分效率取决于农产合作的方式和程度。在我国内蒙古自治区杭锦后旗，也有这种农户联合种养循环模式存在（Ma et al.，2022）。养殖业通过与当地专业化种植农户联合，建立种养协议农场，签订饲料供给和粪污还田合同，实现了物资交换和养分流动。签订协议农场的饲料干物质自给率超过40%，固体和液体肥料均可循环利用到农田中。该模式由养殖户主导，相对于无签订合作协议农场，通过种植业和养殖业合作实现农户减排增值。以奶牛养殖场为例，仅固体粪污还田，可以替代20%的化肥氮，固体和液体粪污全部还田可替代44%

的化肥氮。

实现农户联合种养循环的难点包括：①种植业和养殖业如何形成长期合作机制；②作物种植户怎么保证饲料的品质，需要建立检测标准；③粪污处理技术如何达到施肥标准，谁来负责检测；④液体粪便的施用方式，谁负责运输；⑤如何把控畜禽粪便的施用量，需要制定畜禽粪污还田标准。

2）协同整合种养循环案例解析

该案例来自法国西南部（图 4-21），是通过合作社指导区域种养结合以实现养分循环。合作社种养循环模式使农民有广泛的交流，分享他们的养殖、种植技术与经验。合作社种养循环模式首先需要明确种植户和养殖户的合作方式。在本案例中，畜牧养殖户将陡峭的土地作为永久性草地放牧牲畜。同时，畜牧养殖户从合作社的种植户购买低成本的蛋白饲料。种植户通过多样化轮作（例如：种植豆类）使用畜禽粪污或平衡作物需求与粪污供给等方式提高土壤肥力和寻求良好的经济回报。合作社种养循环设计方案侧重于农户间的物质交换：种植户种植多年生苜蓿和谷物一豆类间套作，养殖户购买这些高质量牧草、蛋白饲料，并将产生的粪污还田到种植户，实现农户间养分循环。

协同整合种养循环实现的难点是：①由于彼此之间缺乏信任，知识壁垒以及组织保障方面的不确定性，导致农民信心不足，对协同整合种养循环缺乏足够的信任；②防止大群体的机会主义行为，保证农作物种植和动物养殖之间的养分流动。

3）区域共存种养循环案例解析

区域共存种养循环案例基于丹麦的研究，综合系统内物质循环示意图如下（图 4-22）。集成的系统称为“主集成系统”。农业系统（系统 1）主要生产谷物和草提供给畜牧系统（系统 3）。在系统 2 中，绿色生物质（三叶草）用来生产绿色蛋白质（饲料蛋白）和纤维产品（饲料青贮），作为动物饲料。从畜牧系统（系统 3）交付的产品是动物产品，由“农民合作组织”生产。系统 3 生产的畜禽粪便和系统 2 榨出的被认为是系统 4 生物气转化过程的基质。在系统 4 中，沼气升级为生物甲烷—作为管道燃料或运输燃料的替代品，沼渣和沼液作为化肥的替代品，重新循环进入农田。通过系统集成建立区域共存种养循环旨在利用农场内产生的大部分可用资源，共同生产粮食、饲料、燃料和肥料，与传统农场相比，环境代价更低。生物沼气在节省

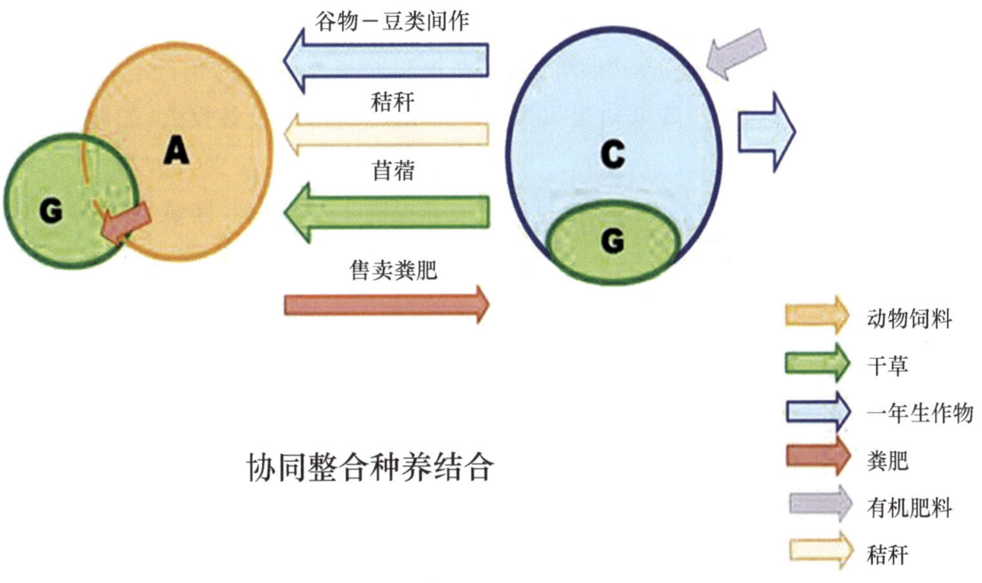


图 4-21　协同整合种养一体化模式图

（来源：Ryschawy et al.，2017）

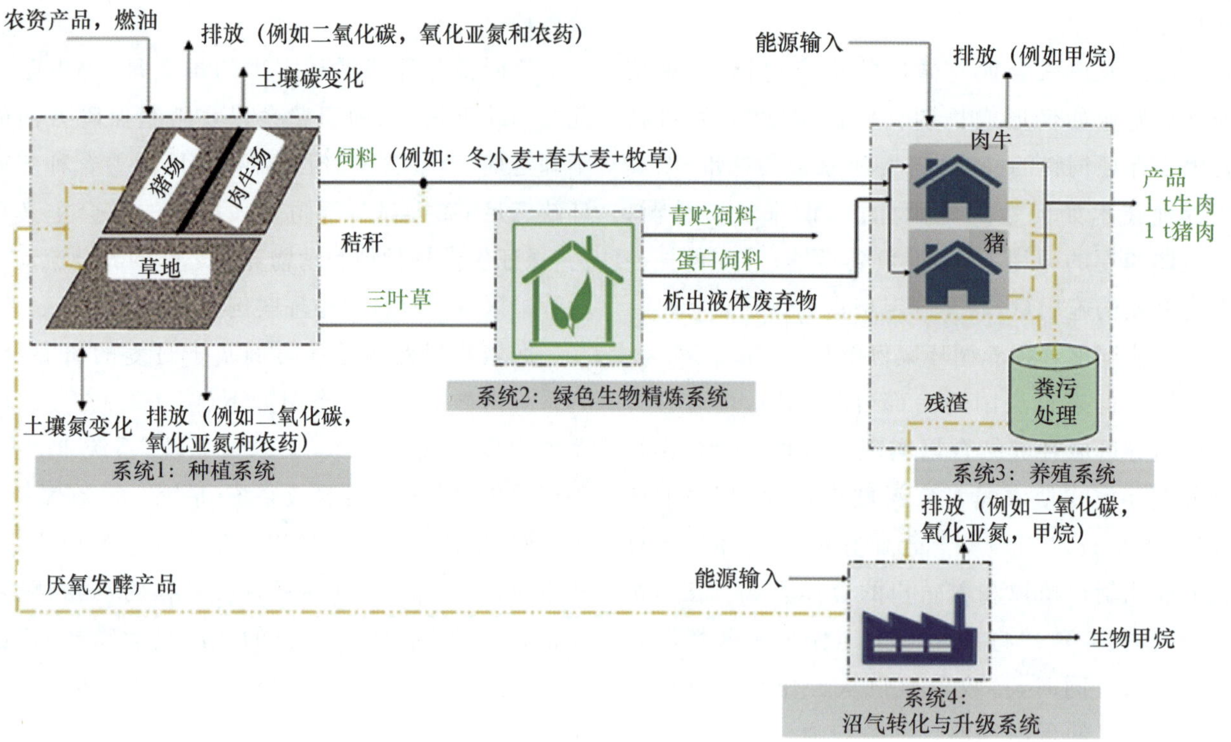


图 4-22　通过工业沼气发酵实现区域养分种养一体化

（来源：Parajuli et al.，2018）

化石燃料和减少温室气体排放方面表现更好，但与沼气作为热电联产燃料的情况相比碳足迹较高。从技术经济角度来看，沼气在运输系统的利用效果比在供热部门作为燃料更好。

基于该案例，区域共存种养循环实现的难点是：①如何保证沼气稳定发电，接入国家电网；②如何对沼气技术创新升级，降低损失率并商业化；③如何节本增效，提高利润率，降低对公共补贴政策的依赖性。

### 4.3.3　种养结合模式评价指标体系分析及对我国的启示

总结以上内容发现，农户内种养结合相对于专业化农户可能会降低种植业和养殖业的产量和经济效益，因为农户内种养结合不能专注的进行种植生产或者养殖生产，同时会增加劳动力投入。虽然由于农户内种养结合提高了粪污还田率和饲料自给率，提高了系统的养分利用效率和生态效益，但是对区域自给率没有影响。进行农户间种养结合（农户联合和协同整合）是通过专业化种植户和专业化养殖户直接合作，使种植户和养殖户更专注于生产，提高了专业化种植户和养殖户的产量和利润。通过两种系统的合作，提高了区域的粪污还田率和饲料自给率，因此提高了系统养分利用效率，区域自给率和土壤肥力。由于种植系统和养殖系统更为集约化，专业化养殖户应加大智能化技术与设备投入，如购买自动饲喂器，自动刮粪板等设施，减少人力，专业化种植户使用机械等提高生产效率。区域种养结合通过多个农户之间的合作实现，可以提高区域的养分流动和生态效益，但组织成本较高（表 4-11）。

通过对不同种养结合模式的分析，得出以下认识：建议养殖散户进行农户内种养结合；对于非养殖密集区的中小规模养殖户，可以实现专业化养殖户和专业化种植户通过物质交换合作；对于农牧地区的养殖户，专业化养殖户与专业化种植户可以通过残茬放牧或作物—牧草轮作等土地共享的方式合作；对于养殖密集区的中小规模养殖

表 4-11　不同种养结合模式对不同指标的贡献概述

| 评价指标 | | 专业化农户 | 农户内种养结合 | 农户间种养结合 | 区域种养结合模式 |
|---|---|---|---|---|---|
| 经济表现 | 种植业 | 0 | － | ＋ | ＋ |
| | 养殖业 | 0 | － | ＋ | ＋ |
| | 劳动力投入 | 0 | ＋ | － | － |
| 效率指标 | 系统养分利用效率 | 0 | ＋ | ＋ | ＋ |
| | 区域自治率 | 0 | 0 | ＋ | ＋＋ |
| 农场产量 | 动物 | 0 | － | ＋ | ＋ |
| | 作物 | 0 | － | ＋ | ＋ |
| 环境效益 | 环境排放 | 0 | 0/＋ | ＋/－ | －－ |
| | 生态效益 | 0 | ＋ | ＋＋ | ＋＋ |
| | 组织成本 | 0 | 0 | ＋ | ＋＋ |
| 适用养殖场规模 | | | 散户 | 中小规模 | 养殖密集区 |

注：符号“0”，“＋”和“＋＋”分别表示对所考虑的指标没有影响，有正面影响和有非常正面的影响。“－”和“－－”分别表示对所考虑的指标有负面影响和有非常负面的影响

户，可以成立粪污处理中心，由第三方负责粪污的收集，处理和销售，或多家专业化种植户和专业化养殖户成立合作社，在区域内通过物质交换实现种养结合。

## 4.4 绿色种养一体化区域实现途径

### 4.4.1 种植业与畜牧业发展相融合

种养循环是实现绿色发展的重要途径。在区域范围内，按照畜禽排泄量和种植业养分需求相匹配的原则，科学规划种植业、养殖业布局，由区域内种植业为养殖业提供饲料，养殖业为种植业提供有机肥等资源，大力推行“生态养殖＋沼气＋绿色种植”循环经济模式，最大化农田生物消纳能力，通过农田渠系、滴灌管网把畜禽排泄物或沼液排到农田，构建种养平衡、农牧互动、生态循环、环境友好的产业发展体系。

坚持畜牧业布局与种植业发展相结合，充分发挥种植业和养殖业的互补优势，大力发展种养加循环，采用“畜—沼—菜”“畜—沼—果”等循环经济模式，延长生态链、产业链和增收链。坚持畜牧养殖与环保产业发展相促进，加大畜禽养殖废弃物资源利用力度，积极发展有机肥加工等新兴产业，鼓励大型养殖小区利用沼气发电。坚持养殖小区建设与新农村建设相配套，在新农村建设示范片建设中，将沼气池建设与标准化养殖场建设相配套，解决清洁能源问题和环境保护问题，美化净化农村环境。

### 4.4.2 畜禽废弃物循环利用

采取生物有机肥、饲料生产、沼气发电等综合技术无害化处理利用养殖废弃物，变废为宝，实现资源的再生利用和养殖业循环发展。将养殖过程中产生的粪便加以生物技术处理形成产品，经检测达标后，由专门的合作社进行运输和施用，从而形成畜禽粪污收—贮—运—加—用的综合利用体系。在该体系中，明确责任部门和监管部门，依据国家和行业标准，对各个环节进行严格质量把控，保证粪污处理达标，定点定向输送，实现畜禽粪污的合理施用，真正实现畜禽废弃物循环利用。

### 4.4.3 种养一体化全产业链发展

不断推进一二三产业融合发展，把种植业优势延伸到养殖业、加工业，着重抓好“农头工尾”，把农业产业优势变成食品产业优势、加工产业优势，实现产业发展不断提档升级。实现全产业链、各环节零距离无缝链接，生产过程无死角全面监管，解决食品安全、防疫问题、环境污染问题等。根据各个地方的区域特色，选择与当地资源禀赋、社会发展相关的行业或者产品，有针对性的构建和打造种养一体化全产业链模式，助力农业全产业链绿色升级和发展。

### 4.4.4 种养一体化政策与机制保障

为降低畜禽粪污管理不善带来的环境风险，

实现畜禽粪污资源化利用，应该建立合理的有机肥施用体系。首先，应制定畜禽废弃物资源化处理的相关技术标准和技术规范，保障畜禽粪污有机肥产品的质量和品质达到农田施用标准；其次，在我国测土配方施肥指南的基础上，根据作物种类、气候条件以及其他因素，确定有机肥的合理用量范围；再次，发展配套的有机肥生产技术以及配套施用机械，保障有机肥施用能够真正落地；最后，政府及相关部门加强有机肥施用的相关立法和政策补贴，为有机肥施用提供政策依据和机制保障。通过建立有机肥施用推荐与管理体系，助力推进区域种养一体化的实现。

农村科技人才是强农强国的根本，农村科技人才的培养则是科技兴农的先决条件和必要条件。加强农业科技人才推荐培养，做好各类农业领域高级专家选拔推荐与科技人才管理服务。把节约利用农业资源、保护产地环境、提升生态服务功能等内容纳入农业科技人才培养范畴，培养一批具有绿色发展理念、掌握绿色生产技能的农业人才和新型职业农民。积极培育新型农业经营主体，鼓励其率先开展绿色生产。力争能够培养一批懂种植、懂养殖、懂循环的种养一体化专业人才队伍，推进绿色种养一体化，助力农业绿色发展。

## 参考文献

陈珊，韩辉，张兴，等. 种养结合的农业生态循环模式探析. 国土与自然资源研究，2020：63－65.

董红敏，左玲玲，魏莎，等.. 建立畜禽废弃物养分管理制度促进种养结合绿色发展. 中国科学院院刊，2019，34：180－189.

李莎莎，朱一鸣，李先德. 推进种养加一体化发展的分析及思考. 农业经济，2018：6－8.

马常宝，史梦雅. 我国主要畜禽粪便资源利用现状与分析研究. 中国农技推广，2016，32：7－11.

中国畜牧兽医年鉴编辑委员会. 中国畜牧收益年鉴. 北京：中国农业出版社，2019.

中国营养学会. 中国居民膳食指南. 北京：人民卫生出版社，2016.

中华人民共和国国家统计局. 中国统计年鉴. 北京：中国统计出版社，1999—2019.

Aarts H. F. M.，Habekotte B.，van Keulen H. Nitrogen (N) management in the "De Marke" dairy farming system. Nutrient Cycling in Agroecosystems，2000a，56：231－240.

Aarts H. F. M.，Habekotte B.，van Keulen H. Phosphorus (P) management in the "De Marke" dairy farming system. Nutrient Cycling in Agroecosystems，2000b，56：219－229.

Almelo J. V.，Ketterings Q. M.，Cela S. Integrating record keeping with whole farm nutrient mass balance：a case study. Journal of Agricultural Science (Toronto)，2016，8：22－32.

Asai M.，Moraine M.，Ryschawy J.，et al. Critical factors for crop-livestock integration beyond the farm level：A cross analysis of worldwide case studies. Land Use Policy，2018，73：184－194.

Bai Z.，Ma L.，Jin S.，et al. Nitrogen，phosphorus，and potassium flows through the manure management chain in China. Environmental Science & Technology，2016，50：13409－13418.

Bai Z.，Ma W.，Ma L.，et al. China's livestock transition：Driving forces，impacts，and consequences. Science Advances，2018，4：eaar8534.

Groot J. C. J.，Oomen G. J. M.，Rossing W. A. H. Multi-objective optimization and design of farming systems. Agricultural Systems，2012，110：63－77.

Hilhorst G. J.，Oenema J.，van Keulen H. Nitrogen management on experimental dairy farm "De Marke"：farming system，objectives and results. Netherlands Journal of Agricultural Science，2001，49：135－151.

Hou Y.，Ma L.，Gao Z. L.，et al. The driving forces for nitrogen and phosphorus flows in the food chain of China，1980 to 2010. Journal of Environmental Quality，2013，42：962－971.

Ma L.，Ma W. Q.，Velthof G. L.，et al. Modeling nutrient flows in the food chain of China. Journal of Environmental Quality，2010，39：1279－1289.

Ma Y.，Hou Y.，Dong P.，et al. Cooperation between specialized livestock and crop farms can reduce environmental footprints and increase net profits in livestock production. Journal of Environmental Management，2022，302：113960.

Martin G.，Moraine M.，Ryschawy J.，et al. Crop-livestock integration beyond the farm level：a review. Agronomy for Sustainable Development，2016，36：1－21.

Parajuli R. ,Dalgaard T. ,Birkved M. Can farmers mitigate environmental impacts through combined production of food,fuel and feed? A consequential life cycle assessment of integrated mixed crop-livestock system with a green biorefinery. Science of the Total Environment,2018,619:127-143.

Regan J. T. ,Marton S. ,Barrantes O. ,et al. Does the recoupling of dairy and crop production via cooperation between farms generate environmental benefits? A case-study approach in Europe. European Journal of Agronomy,2017,82:342-356.

Ros M. B. H. ,Czymmek K. J. ,Ketterings Q. M. Combining field phosphorus runoff risk assessments with whole-farm phosphorus balances to guide manure management decisions. Journal of Environmental Quality,2020,49:496-508.

Ryschawy J. , Martin G. , Moraine M. , et al. Designing crop-livestock integration at different levels: Toward new agroecological models? Nutrient Cycling in Agroecosystems, 2017,108:5-20.

Tan M. , Hou Y. , Zhang L. , et al. Operational costs and neglect of end-users are the main barriers to improving manure treatment in intensive livestock farms. Journal of Cleaner Production, 2021, 289: 125149.

van Keulen H. , Aarts H. F. M. , Habekotte B. , et al. Soil-plant-animal relations in nutrient cycling:the case of dairy farming system "De Marke". European Journal of Agronomy, 2000,13:245-261.

Zhang T. , Hou Y. , Meng T. , et al. Replacing synthetic fertilizer by manure requires adjusted technology and incentives: A farm survey across China. Resources, Conservation and Recycling, 2021, 168: 105301.

# 第 5 章
# 绿色农产品与产业

## 5.1 绿色农产品与产业发展现状及挑战

过去 50 年来，集约农业为中国乃至世界的粮食安全做出了历史性贡献。但是，集约化农业发展过度依赖资源投入，资源利用效率低、环境代价大，严重制约农业发展的可持续性、食物质量与安全，影响人体营养与健康以及生态环境安全。习近平总书记提出，推进农业绿色发展是农业发展观的一场深刻革命。农业绿色发展，是推进农业高质量发展、农业农村现代化和实施乡村振兴战略的重大举措，对保障国家食物安全、资源安全和生态安全具有深远意义（Fan et al.，2011）。2019 年中央一号文件特别提出："大力发展紧缺和绿色优质农产品生产，推进农业由增产导向转为提质导向。"大力倡导绿色农产品，发展绿色产业，符合国家"绿色发展、低碳发展、循环发展"的战略部署，是实现农业与农村可持续发展的必然选择。

近年来，以绿色可持续发展为引导，落实"绿水青山就是金山银山"的理念，我国农业绿色发展总体水平显著提高，农业生产方式持续向绿色化方向转型。在生产端，推动投入品减量化、生产清洁化、废弃物资源化、产业模式生态化，鼓励农户实施节水、节肥、节药的绿色种植技术，积极推动水土资源节约和化肥农药高效利用（邵旭升等，2020）。在产品端，通过推行种植业标准化生产、发展生态健康养殖、增加优质农产品供给等措施，绿色、有机等优质农产品供给能力明显提升，农产品质量安全水平持续向好（Yin et al.，2010）。截至 2019 年，全国共建成绿色食品原料标准化生产基地 680 个，建设全程绿色标准化生产示范基地 100 个，有机农业示范基地 30 个，2018 年全国绿色食品、有机农产品和地理标志产品获证单位总数达 16 840 家，获证产品 37 765 个。伴随品牌效应的逐步增大，2018 年绿色食品国内销售额达 4 557 亿元，出口额达 32.1 亿美元。质量就是效益，绿色农业的不断发展为越来越多的农户带来了更多收益，已成为产业兴旺和乡村振兴的重要路径。

但是，我国绿色农产品的供给和相关产业发展还不能充分适应经济、社会发展和消费的客观需求，特别是绿色农产品供求不平衡，加工程度低、产业各环节缺乏有效协同合作，农业资源利用效率较低、环境代价高，产品标准不完备、缺乏全链条标准体系，政策保障体系不完备、区域发展不均衡等问题严重制约了我国绿色产品与产业的发展（Zhu et al.，2013）。推进农业绿色发展是一场深刻革命，任重而道远，对农业产品和科技创新提出了更高、更新的要求。以农业全产业链为对象，以优质农产品供给为目标，构建支撑农业绿色发展的技术体系，紧扣资源节约、环境保护、生态友好主线，优化产业链和政策体系，全面促进农业生产转型是切实有效推动农业绿色转型的根本路径。

## 5.2 绿色农产品与产业的理论框架

绿色、安全、优质的农产品是我国经济与社会持续、健康发展的战略性问题。随着我国经济的快速发展和人民生活水平的稳步提高，消费者对安全、优质、绿色产品需求日益增强（Liu et al.，2015）。中央一号文件持续聚焦粮食生产、农产品品质、供给侧结构性改革等，以确保粮食与食品安全，不断满足人民对美好生活的需求。我国农产品与产业迫切需要解决的问题包括：集约型农业生产过度依赖化肥农药投入，威胁食品安全，农业生产环境代价高；农业产业链被分割在城乡工农之间不同的领域、地域，导致农业生产成本高效益低；农业产业链利益协调机制不健全，产业链中各个生产主体利益分配不均，制约了农业产业链的健康发展；农产品精深加工及综合利用不足，高附加值产品少（Zhang et al.，2010）。因此，如何优化农业产业生产模式，协调产业链利益机制，实现产业的有效衔接，是解决上述问题的关键突破口（洪嵩高等，2008）。

产业链是各产业环节之间基于一定的技术经济关联，并依据特定的逻辑关系和时空布局关系形成的链条式关系，包含价值链、企业链、供需链和空间链四个维度。产业链用于描述具有内在联系的企业群结构，是一个相对宏观的概念，具有结构属性和价值属性。产业链中存在着上下游关系和相互价值的交换，上游环节向下游环节输送产品或服务，下游环节向上游环节反馈信息。全产业链是指从田间到餐桌所涵盖的种植与采购、饲料原料、养殖与屠宰、食品加工、分销/物流、品牌推广、销售等多个环节构成的完整产业链系统。通过产品质量的全程控制，实现产品可追溯，以打造“安全、放心、健康”的食品产业链（图5-1）。

物质流是整个产业链中资源转化与消耗的流动链条，包括从产业链上游开始的农产品生产资料生产与供应的资源投入；种植养殖生产过程中能源、水资源与生产资料的投入；加工与储运过程的消耗，市场营销与消费过程的损耗；以及其他各环节所产生的产品损耗废弃物与副产物。价值流是通过规模化收购、储运、养殖、加工，推动农产品由初加工向精深加工转变，以使其价值不断提升，产业更科学和高效，在资金、技术和信息方面给农户提供更多支持与服务，带动更多农户脱贫致富，促进农民收入的稳步提高。市场信息流是将消费者的需求通过市场机制和企业计划反映到种植与养殖环节，通过对农业的有机组织和对流通与加工的规模化运作，实现生产与消费的真正连接，实现计划性生产。企业链是为同一个目标设计的多环节、多品类、多功能有机结合和整体运作的组织，是目标统一而贯穿始终的多个企业合作形成的链条，上下游资源配置平衡、各环节相互衔接，附加值高。产业链的驱动因子包括产业链的创新性与差异化，持续稳定、成长性好的盈利和抗风险能力，战略协同效应，规模、效应和成本优势等。产业升级以客户需求为导向，推进技术进步，有利于产业整体提升、打造品牌、提升影响力（图5-1）。

## 5.3 绿色农产品与产业特征及案例

现代农业要建立以市场需求为导向的产业链，不断完善全产业链控制体系，建立绿色、安全、优质农产品生产标准，创新绿色技术，完善生产经营方式，实现供给和需求的有机匹配（图5-2）。产业链向上游延伸进入到基础产业环节和技术研发环节，包括生产资料的生产与供应，绿色农药、肥料、种苗、水土资源与农机设备制备，以及科研院校等技术研发机构开展的技术创新等；向下游拓展则进入市场与服务环节，开拓市场渠道，打造品牌形象（郑清，2004）。

首先，生产端要选择合适的原料，严格控制投入品，构建绿色增产增效技术体系，配套相应的种养技术，提高畜禽粪污资源利用效率，加强种养结合，制定相关的生产标准。其次，建立针对性的加工技术，发展产地初加工，实现产后减损，开发绿色节能保鲜、储藏保鲜技术，开发干燥、压榨等初加工技术，把产业链中更多利益留在农村、留给农民。再次，加强科技投入，延长产业链的深加工，充分挖掘农产品的商业价值和附加值，实现产业增值。

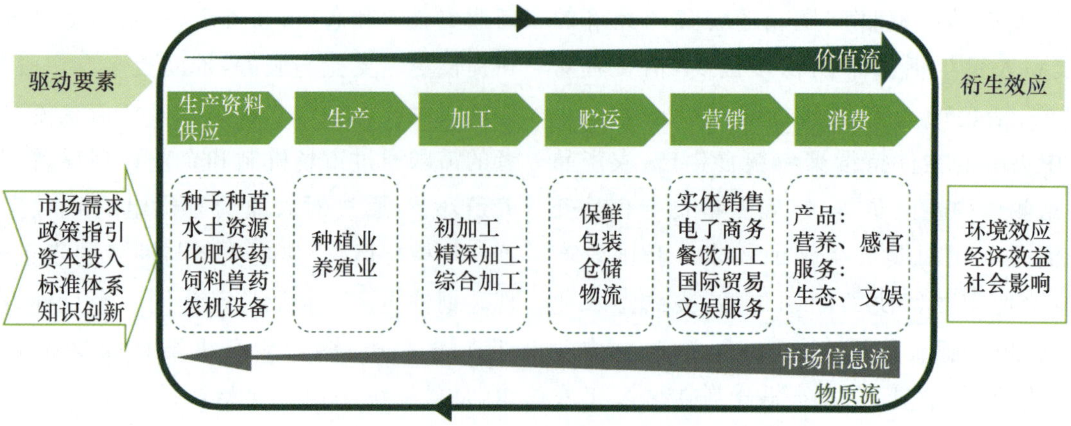


图 5-1　绿色农产品与产业链框架

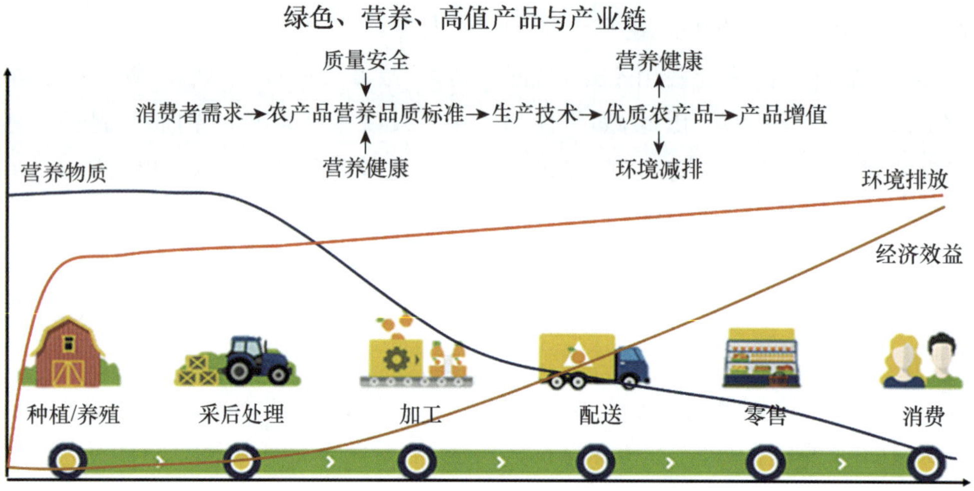


图 5-2　绿色产品与产业路径与策略图

最后，加强副产物的循环利用、全值利用、梯次利用，有效引导和促进资源化利用，变废为宝。

1）上下游产业链延伸是实现全产业链增值增收的重要途径

绿色农产品经营模式要不断深化“生产、加工、销售、融合”的全产业链布局，加强农产品种养—初加工—深加工的多层次协同，实现产品价值链的不断增值；并结合特色旅游资源，发展休闲农业和乡村旅游等个性化、体验式农业产业，拓展农村电子商务实现绿色农业产业链的延伸与融合。以江阴故乡情农业发展有限公司为例，该公司成立于 2013 年，是一家以绿色优质葡萄种植和加工为主的合作社性质的企业，成立初期合作社成员 5 户，葡萄种植面积 50 亩。公司通过科研、农业旅游和品牌营销一体化发展，农户人均纯收入每年递增 6%～10%，公司旗下合作社成员目前增加到 72 户，生产面积增加到 1 400 亩，重点培育 5 个旅游葡萄采摘接待点，公司统一协助农户设计和建设，可一次容纳游客 350 人，全年接待游客 42 600 人次。

公司与合作社经过努力，实现了四大统一：一是生产资料统一采购，节约生产成本。主要任务就是集中采购农资，2018 年，亩均比单干户节约 210 元。二是产品统一营销，节约销售成本。培育营销团队，统一包装、统一品牌、统一运输配送。由于户数变多、产量变大、市场份额占比变大，营销费用与单干户相比每年每户可节约 2 300 元。三是技术统一指导，降低果蔬损耗。通过社级平台，与省科技服务超市总店、南京农业大学和省农科院建立了长期合作关系，还与南京农业大学在

2014年正式成立了“果树专家工作站”，实行了资源共享，建立了远程服务，为果农及时解决病虫害提供了快速处理方法，大大减少果蔬处理不当造成的损失。四是统一协调各类矛盾，节约时间成本。为果农做好维权，不断协调各种矛盾，比如灌溉、用电、城管、与周边村民的关系、土地流转等，减少了果农在这些矛盾中的精力与时间。

公司逐步建立了品质提升系统：一是品牌管理。进行了商标注册、绿色食品认证、企业资信评级；二是向商品转型。注重在包装上、果型上、种植上进行改革，形成产品独特优势；三是建立培训体制。全年进行培训场次达7次，组织果农外出参观2次，提高果农的种植水平；四是成立技术服务队伍。在修花、修果专业性较强技术环节，进行技术劳务输出，全年劳务输出2 015个工分；五是加强产学研合作。与南京农业大学合作提升产品质量，与山东泉林农肥合作提高土壤改良，与中科院南京植物所合作改变种植新模式；六是承办节庆活动。多年来坚持承办葡萄文化节、参与各地产品评比和展销，逐步扩大了璜土葡萄的影响力，成为江苏省名牌产品。

公司在金融业务上进行创新，引入多种金融模式，对农户进行支持。一是打通与农业农行的战略合作，由公司根据果农长期经营行为和能力评估，银行实现无抵押、免担保、低利息的信用贷款，至2019年6月，农户贷款余额达5 700万元，未出现一笔风险；二是融资租赁模式。引入社会资本和国有资本，直接投入农业设施，建成后，用租赁的方式给农户使用，减缓了农户一次性投入的压力；三是惠农担保。与地方农商行合作成立惠农担保公司，为农户和涉农企业提供纯信用贷款，充分解决农户和小微企业的融资难、融资贵的问题。

公司发挥龙头企业的带动作用，组建农业产业化联合体，鼓励企业发展订单生产、合同生产；发挥纽带作用，把农户、家庭农场、合作社有效组织起来；培育龙源、绿益等8家家庭农场加入农业产业化联合体，让家庭农场分享农业产业化成果。几年来，公司孵化培育家庭农场5家，支持电商户8家，成为全国首批国家级“星创天地”。积极引导农民农地、宅基地入股参与农业产业化经营机制，让农民分享农村一二三产业融合发展的增值收益。采取参股合作模式形成农户与合作社的利益联结机制。以农民专业合作社为建设与实施主体，农户以土地、劳动力及政策补助资金等要素入股合作社，参与、监督合作的经营管理。农户既是合作社的股东，又是合作社的打工者，既能参与股份分红，又能获得打工收入。参与项目的农户避雨设施由合作社支持建设，项目区农户葡萄园由合作社统一制定用药规范防治，按照葡萄标准化生产技术生产。同时项目区农户葡萄由合作社统一进行销售，中上品质葡萄通过电商平台、团购销售，剩余的农产品将由合作社通过其他渠道进行销售。销售利润合作社社员除去正常成本及合作社公积提取，以工资及分红形式发放。

故乡情是一个一二三产融合发展的典型案例，是农业产业化和现代化的重要方向。它打破传统的农业生产模式，依托高品质绿色水果的良好口碑，把产业链从种植业延伸到加工业和休闲服务业，充分提升了产品的附加值，改变了传统农业低收益的局限。在经营模式上，故乡情以公司为龙头，以合作社为纽带，把分散的农户组织起来，既解决了公司自身规模不足，边际成本高的问题，又解决了农户销售难的问题，消除了农民的顾虑，也增加了他们的收入。合作社利用自身的实力和信誉与银行等金融机构建立长期合作关系，用信用贷款、担保贷款、融资租赁等多种形式解决单个农户经常遇到的资金不足问题，盘活了农业和农村经济。故乡情的发展模式值得其他地方借鉴(图5-3)。

2)全产业链资源综合利用是农产品与产业绿色发展的重要手段

以河南省菡香食品为例，该企业主要经营的产品有大米、黑米、精米、香米、江米等，其中水稻种植面积约3万亩(流转+合作农户)。该企业主产

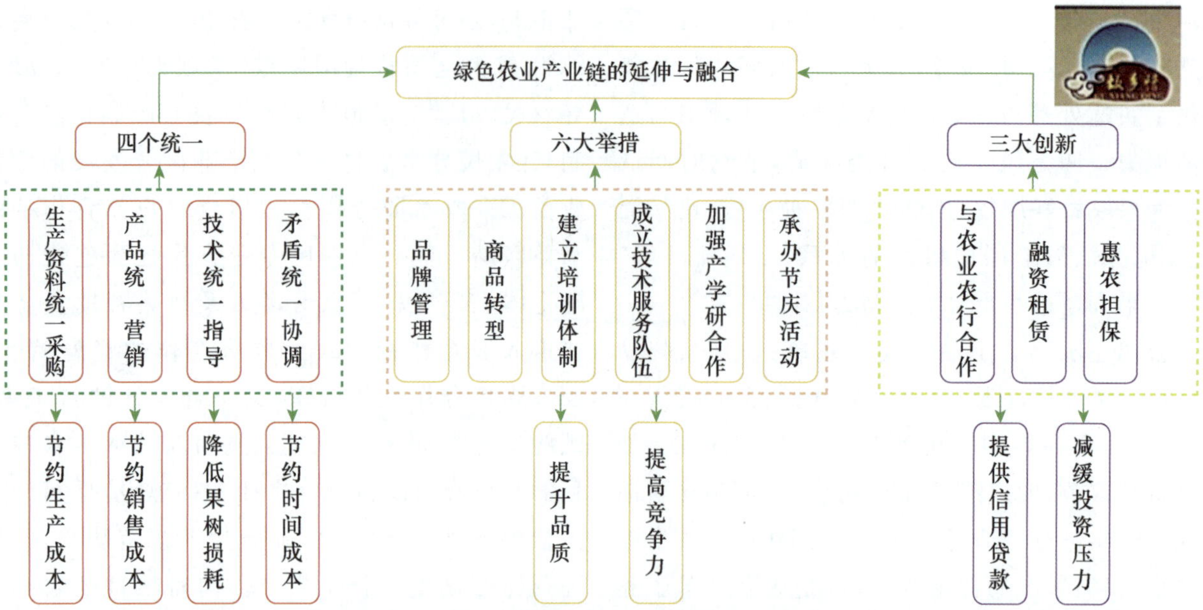

图 5-3　江阴故乡情农业发展有限公司产业模式图

稻米，同时将稻米加工环节副产物进行分级分类，分别作用于米醋加工以及可再利用的废料回田，初加工所剩的稻壳及米糠则加工成饲料进行销售，副废产物得到有效利用，提升了产业链整体资源利用效率，同时使农产品价值得到整体提高（图 5-4）。需要指出的是，菡香在当地发挥龙头企业大规模水稻种植的优势，在目标产量 9 $t/hm^2$ 的条件下，氮肥用量控制到 169 $kg/hm^2$，远低于当地普通农户的 319 $kg/hm^2$，很大程度上减少了氮肥过度使用对环境造成的负面影响，还使企业增值、农户增收。通过对全产业链的全局或各个环节进行优化并开展加工副废产物的再利用，是深入推进农业绿色发展的重要举措。

3)全产业链质量控制是绿色农产品与产业发展的核心基础

食品安全是关系到人民健康和国计民生的重

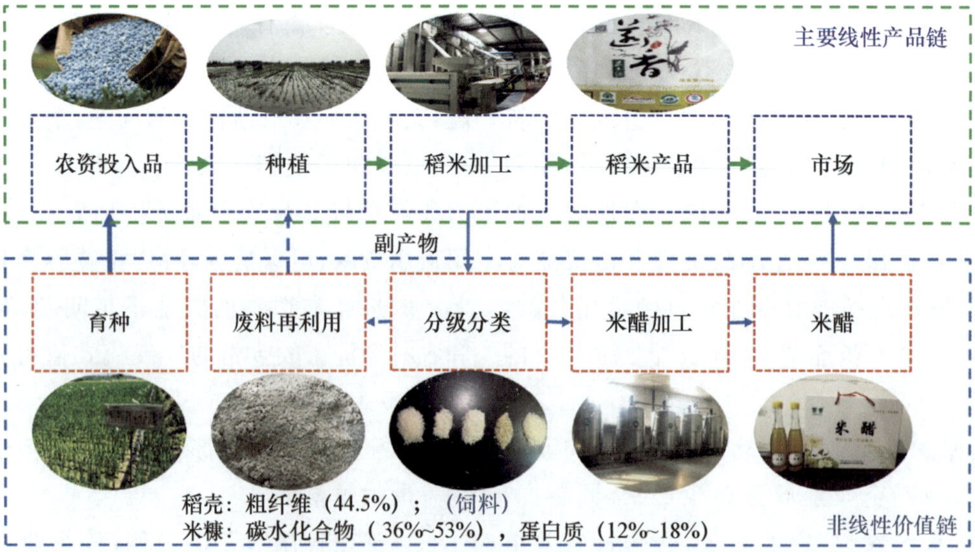

图 5-4　菡香食品产业链

大问题。建立和完善食品安全标准体系，是有效实施这一战略举措的重要技术支撑。严格的质量控制是农产品安全的基本，也是建立市场信任，实现优质优价的根本。绿色食品标准体系作为农业标准化工作的一部分，在我国农产品质量安全工作中发挥了重要的标杆示范作用。绿色食品产业经农业部推出、国务院批准以来，在各级政府积极推动及市场需求的拉动下，我国绿色食品产业保持每年以 20%～25% 的增长速度稳步发展，取得了斐然成效。绿色食品发展战略的实施不仅丰富消费者的“菜篮子”和“米袋子”，而且促进农民增收和农业转型。

绿色食品指在优良产地环境按照特定标准或准则生产的安全、优质初级农产品和加工食品。在绿色食品生产、加工过程中，通过严密监测、控制，防范农药残留、放射性物质、重金属、有害细菌等对食品生产各个环节的污染，以确保绿色食品优质与安全。绿色食品必须具备以下四个条件：

（1）绿色产地　绿色食品必须出自良好的生态环境，即产地土壤、大气、水质符合《绿色食品产地环境质量》要求；

（2）绿色生产　必须严格执行绿色食品生产技术标准，即生产过程中的投入品（农药、肥料、兽药、饲料、食品添加剂等）符合绿色食品相关生产资料使用准则规定，生产操作符合绿色食品生产技术规程要求；

（3）绿色标准　绿色食品必须经定点监测机构检验，其感官、理化（重金属、农药残留、兽药残留等）和微生物学指标符合绿色食品标准；

（4）绿色包装　绿色食品包装必须符合《绿色食品包装通用准则》要求，并按相关规定在包装上使用绿色食品标志。

绿色食品标准体系是绿色食品发展理念的技术载体，是绿色食品生产和管理的技术指南，也是绿色食品事业持续健康发展的技术保障（Liu et al.，2016）。绿色食品立足精品定位，瞄准国际先进水平，按照“安全与优质并重、先进性与实用性相结合”的原则，严格落实“从土地到餐桌”全程质量控制理念，建立了一套定位准确、结构合理、特色鲜明的标准体系，包括产地环境标准、生产技术标准、产品标准、包装贮运标准和其他标准共 5 个部分，对绿色食品的产前、产中和产后全过程各环节进行规范（图 5-5）。截至 2016 年底，农业部共发布绿色食品标准 270 项，现行有效标准 140 项（其中，通用技术标准 14 项，产品标准 126 项）。这些标准的颁布实施，为指导和规范绿色食品的生产行为、

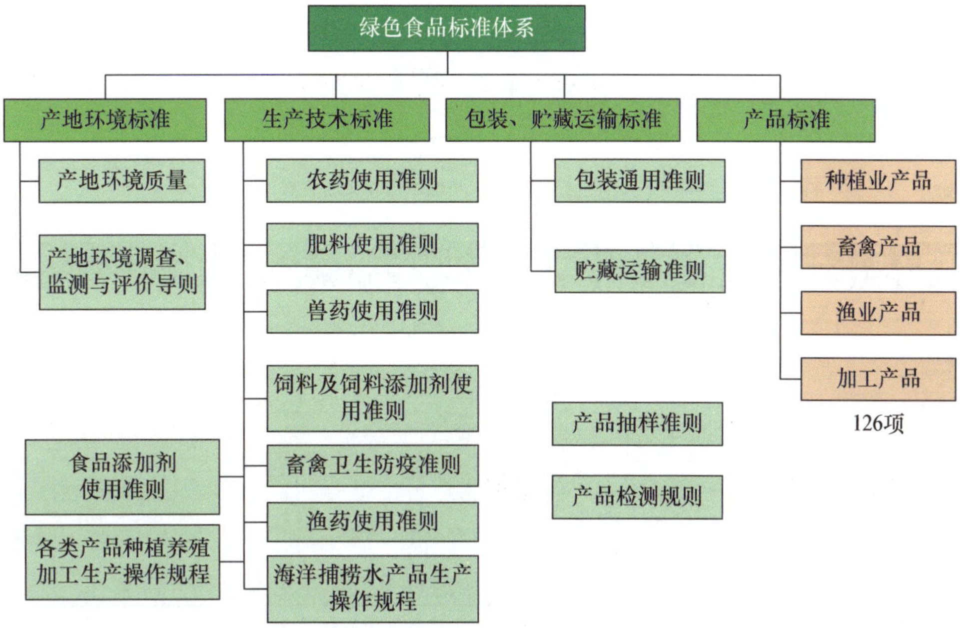

图 5-5　绿色食品标准体系

质量技术检测、标志许可审查和证后监管提供了依据和准线，在促进绿色食品事业持续健康发展中发挥了不可替代的作用。

绿色食品标准是一个完整的质量控制体系。绿色食品产地的生态环境质量标准是指农业初级产品或食品的主要原料生长区域无工业企业的直接污染，水域上游、上风口无对该地区构成威胁的污染源，该区域的大气、土壤质量及灌溉、养殖用水质量均符合绿色食品大气、土壤、水质标准，并有一套具体的措施保证生产和加工各环节遵守规范程序，以及农药、肥料、食品添加剂、饲料添加剂和兽药的使用原则。

绿色食品的生产不同于普通食品的生产加工，对原料和生产过程的要求更加严格，不仅考虑产品安全、优质、营养和无污染，还要兼顾环境影响，即要求生产加工过程中对环境造成最低限度的影响，严格遵守可持续发展原则。

按照中国绿色食品发展中心制定的《绿色食品产地环境质量》要求，绿色食品认证需保证生产全过程符合绿色食品标准的有关规定，对产地生态环境进行全面调查与现场考察，对场地的环境监测和环境质量进行评价，调查内容包括污染源、空气质量、水质、土壤生态环境调查等(详见表 5-1、表 5-2)。

全产业链技术创新是绿色农产品与产业蓬勃发展的内生动力。科技是第一生产力。党的十九届五中全会提出，坚持创新在我国现代化建设全局中的核心地位，把科技自立自强作为国家发展的战略支撑。科技创新能力是产业高质量发展的根本支撑。绿色农产品与产业绿色发展需立足于全产业链，以科技创新为核心，突破关键核心技术，实现系统提升。以香蕉产业为例，香蕉附加值比较高，其产业链包括种植前端、种植端和采收/深加工等。但香蕉种植裂果，上市时间晚，品质不高等问题是制约广西香蕉产业的重要因素。广西金穗农业集团有限公司和中国农业大学与以科技小院为纽带，建立香蕉技术创新研究团队，通过技术创新推动香蕉产业绿色发展(图 5-6)。香蕉绿色生产基地通过增施有机肥等有机物料，集成酸性土壤调控和线虫管控技术，培育健康土壤，提升土壤质量。通过健康土壤调控，生产基地蕉园土壤 pH 为 5.5，土壤有机质含量为 3.5%，是香蕉生长的最适土壤条件。

表 5-1　农田灌溉水质要求

| 项目 | 指标 | 检测方法 |
| --- | --- | --- |
| pH | 5.5～8.5 | GB/T 6920 |
| 总汞/(mg/L) | ≤ 0.001 | HJ 597 |
| 总镉/(mg/L) | ≤ 0.005 | GB/T 7475 |
| 总砷/(mg/L) | ≤ 0.05 | GB/T 7485 |
| 总铅/(mg/L) | ≤ 0.1 | GB/T 7475 |
| 六价铬/(mg/L) | ≤ 0.1 | GB/T 7467 |
| 氟化物/(mg/L) | ≤ 2.0 | GB/T 7484 |
| 化学需氧量(CODcr)/(mg/L) | ≤ 60 | GB 11914 |
| 石油类/(mg/L) | ≤ 1.0 | HJ 637 |
| 粪大肠菌群[a]/(个/L) | ≤10 000 | SL 355 |

注：[a] 灌溉蔬菜、瓜类和草本水果的地表水需测粪大肠菌群，其他情况不测粪大肠菌群。

表 5-2　土壤质量要求　mg/kg

| 项目 | 旱田 | | | 水田 | | | 检测方法 |
| --- | --- | --- | --- | --- | --- | --- | --- |
| | pH＜6.5 | 6.5≤pH≤7.5 | pH ＞7.5 | pH ＜6.5 | 6.5≤pH≤7.5 | pH ＞7.5 | NY/T 1377 |
| 总镉 | ≤ 0.30 | ≤ 0.30 | ≤ 0.40 | ≤ 0.30 | ≤ 0.30 | ≤ 0.40 | GB/T 17141 |
| 总汞 | ≤ 0.25 | ≤ 0.30 | ≤ 0.35 | ≤ 0.30 | ≤ 0.40 | ≤ 0.40 | GB/T 22105.1 |
| 总砷 | ≤ 25 | ≤ 20 | ≤ 20 | ≤ 20 | ≤ 20 | ≤ 15 | GB/T 22105.2 |
| 总铅 | ≤ 50 | ≤ 50 | ≤ 50 | ≤ 50 | ≤ 50 | ≤ 50 | GB/T 17141 |
| 总铬 | ≤ 120 | ≤ 120 | ≤ 120 | ≤ 120 | ≤ 120 | ≤ 120 | HJ 491 |
| 总铜 | ≤ 50 | ≤ 60 | ≤ 60 | ≤ 50 | ≤ 60 | ≤ 60 | GB/T 17138 |

注：1. 果园土壤中铜限量值为旱田中铜限量值的 2 倍；2. 水旱轮作的标准值取严不取宽；3. 底泥按照水田标准值执行。

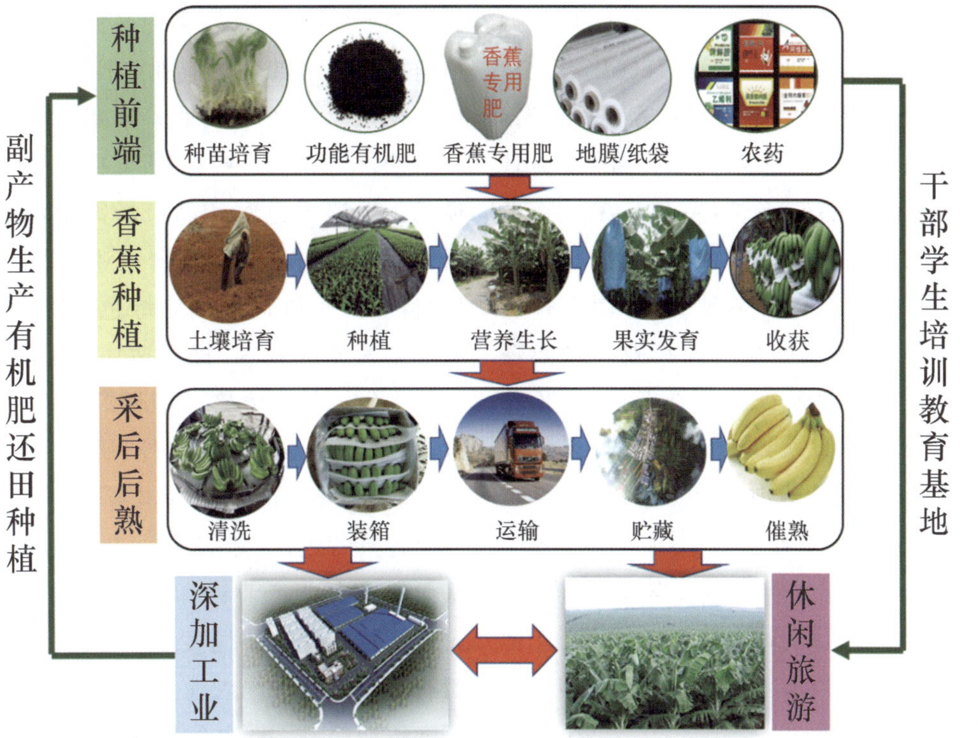


图 5-6　香蕉全产业链及组织模式

香蕉种植端环节比较多，操作复杂，包括施肥、灌溉、抹花、套袋等田间操作，每个环节都会影响香蕉品质。其中施肥环节是影响香蕉品质最重要的环节，直接决定香蕉的产量和品质。在生产阶段，绿色食品生产基地蕉园引进蕉园测土配方施肥技术、香蕉滴灌施肥技术、香蕉叶片营养诊断技术、香蕉土壤施钙技术和香蕉套袋技术等。同时全程采用水肥一体化技术，按照香蕉的养分吸收规律施用肥料。通过优化养分投入生产基地降低肥料投入 41.8%，养分效率提升 30.5%，减少香蕉生产环境代价。

香蕉采收阶段同样会影响香蕉产量和品质。生产基地香蕉一般在断蕾后 60～70 天(夏季)采收，采收过程中使用无伤化索道，减少人工采收对香蕉果面的擦伤，提高香蕉的商品率。同时在采收阶段，注意果面的清洗和香蕉分级，确保香蕉的品质。

结合养分综合管理技术、花果期调控技术及香蕉后熟优化技术等，有效提升香蕉产量，提升商品果率，降低裂果发生率，同时期香蕉价格较常规农户高 0.2～0.3 元/kg。生产基地蕉园香蕉的产量为 52.9 $t/hm^2$，较农户常规提高 8.6%，经济效益为 6.7 万元/$hm^2$，提高 30.5%。香蕉种植产业实现了养分投入节本增效，产业提质增值，有效实现香蕉种植业绿色转型。此外，通过改进技术工艺，利用香蕉种植和加工废弃物生产有机肥，用于改良土壤，打造香蕉循环农业体系；团队努力打造香蕉产业“一二三”产业融合模式，依托香蕉种植园打造休闲旅游体验园，让游客体验农事乐趣，领略蕉园别样的自然风光，推动以香蕉为主体的第三产业发展。金穗香蕉产业通过建立高校与企业的技术服务关系，加快了科技解决生产问题的能力，促进技术成果的落地转化，建立了产业绿色发展的基础，通过延伸产业链，实现产业链融合，健全区域农业链条，进一步实现了产业增值，提升了全产业链收益。

## 5.4　绿色农产品与产业的区域实现途径

### 5.4.1　制定区域特色的绿色农业发展规划

以区域“环境安全底线”“资源利用上线”和

“生态功能保障基线”三线为前提，分析区域资源现状，立足区域特色和农业产业基础，优化农业产业空间布局，明确农业绿色产业集聚方向。同时，鼓励区域农业绿色产业与其他相关产业，如流通和服务业等的相互渗透与交叉，实现从单一产业到全产业链再到全产业体系的深度融合，探索新产业、新体系、新模式。在此基础上，提出支撑绿色农业产业发展的《区域绿色农业产业发展总体规划》，制定中长期农业绿色产业发展目标，依托技术进步和政策扶持，分阶段、分目标有序推进区域绿色农业产业发展。如河北曲周依据区域特色，分阶段逐渐实现从品种筛选、扦插育苗、标准化种植技术到产品研发（如菊糖苷及绿原酸）及产业化技术与集成的推广应用，从而打造以“小而特、特而优、优而精、精而美”为特色的甜叶菊绿色产业。

### 5.4.2 创新政策供给与措施保障

健全农业绿色产业发展的支持政策，强化农业绿色发展的保障措施。强化财政政策倾斜调整，梳理现有的产业政策和资金支持情况，重新整合，突出重点，优先支持农业绿色产业，加强对农业绿色产业政策资金指向倾斜；完善农业绿色产业发展的税收支持政策，探索税收支持农业绿色产业创新政策方案，争取更大的财税优惠政策；完善农业绿色产业保险政策，健全绿色产业信贷担保体系，加快构建多层次、广覆盖、可持续的绿色产业金融服务体系。通过多举措保障措施促进传统产业绿色升级和新兴绿色产业发展，加快完善农业绿色产业政策与保障体系。

### 5.4.3 推动科技创新和成果转化

党的十九大报告明确指出：要“深化科技体制改革，建立以企业为主体、市场为导向、产学研深度融合的技术创新体系，加强对中小企业创新的支持，促进科技成果转化”。推进产学研一体化是实施农业绿色发展战略的必然要求，也是把农业创新科研成果转化为农业生产力的必由之路。从单一视角而言，农业绿色产业要采取“市场主导＋政府扶持＋高校/科研院所支撑”三位一体的发展模式。根据绿色农产品市场需求，政府制定产学研发展的总体规划，优化农业科技资源布局；高校/科研院所遴选出推广绿色环保和节本高效的农业重大关键技术，提出适应区域产业的绿色发展技术集成创新方案并能够广泛应用。从整体来讲，除了发挥各自的优势外，研究需要进一步集成并创新产学研合作模式，丰富产学研用合作内容，形成各具特色、行之有效的产学研用一体化模式，从而促进农业产业链和创新链的深度融合，推动农业绿色产业链协同发展。如广西金穗科农业集团有限公司和中国农业大学以科技小院为纽带的深度长期合作，推动企业与高校、科研人员合作，促进产业融合增值。

### 5.4.4 促进传统产业绿色转型和新兴绿色产业发展

由于生产者的技术约束集一般不包括自然环境，其利润最大化行为往往导致对自然资源的过分依赖和对环境的过度破坏，即负外部性（秦雪征和章政，2016）。环境外部性的内部化是实现传统产业绿色转型升级的关键推动力。鼓励农业传统产业不断强化技术创新能力和综合服务能力，实现传统产业绿色升级，满足市场的需求。同时，加大对传统产业转型升级的金融支持来激励其绿色升级。此外，鼓励发展新兴农业绿色产业也是实现绿色产业转型的重要途径。针对明确的市场需求，政府通过财政政策（金融扶持、税收优惠等）、创新激励等措施促进新兴农业绿色产业发展，而且要鼓励农业绿色产业与新兴绿色产业渗透交叉与深度融合，实现产业跨界融合与要素跨界流动，激发产业链、价值链的重构和功能升级，形成新模式。如黄河三角洲基于区域特色和资源条件，探索出“生态农牧化”“渔旅融合”“渔能融合”“三产融合”等产业发展模式，形成区域农业绿色产业集群（杨红生等，2020）。

### 5.4.5 鼓励绿色消费、倡导环保理念

农业绿色产业发展不仅需要生产端升级换代，而且也需要改变消费者的消费习惯与行为。建立农业绿色全产业链示范平台，包括农业生产资料供应、农产品生产、加工、销售等“从摇篮到餐桌”的一系列过程，让消费者熟知绿色食品产业链的全过程。同时，让消费者可以通过智能化的绿色食品追溯系统追踪食品来源，提高消费者对绿色食品的信任度。此外，建议不定期开展以“提倡农产品绿色消费”为主题的科普宣传活动，从增强消费者的环境意识出发，正确引导和鼓励消费者转变消费方式，提升消费者选择绿色农产品的积极性，将绿色环保理念深深植入消费者心中。

## 5.5 绿色农产品与产业发展展望

十九大报告指出，我国社会主要矛盾已经转化为人民日益增长的美好生活需要和不平衡不充分的发展之间的矛盾。因此，在新发展阶段下，如何生产足量优质的农产品是绿色农产品与产业需要回答的核心问题。绿色食品可能是最适合我国国情，也可能是未来我国农产品产业发展的最佳出路，即在绿色产地生产绿色优质农产品，坚持绿色生产过程和生产力，进而生产出满足市场需求的优质安全农产品（Xu et al.，2020）。

绿色食品已经成为我国安全优质农产品的主导品牌。截至2018年底，全国绿色食品种植面积1.65亿亩，绿色食品获证单位总数13 203家，占“两品一标”获证单位总数（16 840家）的78.4%，相较于2014年增长50%。从产品结构看，绿色食品获证产品总数30 932个，占“两品一标”获证产品总数（37 765个）的81.9%，相较于2014年增长46%。其中在2018年，我国新增绿色食品企业5 969家、产品13 316个，分别比上年增长35%和31.9%，产值达4 557亿元（绿色食品统计年报，2018）。全国共建成680个绿色食品原料标准化生产基地，产品包括水稻、玉米、大豆等百余种地区优势农产品，带动3 900多万农户发展。绿色食品在我国中大城市的品牌认知度超过80%，在所有认证品牌中绿色食品公信度排名第一，品牌影响已从国内扩大到国际，其商标已在日本、美国、俄罗斯等10个国家和地区注册，且丹麦、澳大利亚、加拿大等国家已开发了绿色食品。绿色食品产业的快速健康发展，提高了农产品内在质量，为广大消费者提供了优质安全、营养健康的食品，不但增强了我国农产品企业国际市场竞争力，还带动了一大批农户依托绿色食品产业增收（Liu et al.，2013）。

目前，中国的绿色食品已经形成了较为完善的组织机构和标准体系，绿色食品的市场建设初见成效，绿色食品市场覆盖面日益扩大，市场占有率越来越高。随着生活水平提高和生活质量改善，消费者健康、环保意识逐渐增强，消费观念发生了根本性变化，对无污染、健康和营养食品的需求不断攀升并成为促进绿色食品产业发展的重要推动力，我国绿色食品产业必然持续稳定快速发展（Yu et al.，2014）。绿色食品产业遵循可持续发展原则，取得显著的经济、社会和生态效益；能有效保护和改善生态环境，实现农业资源的可持续利用，追求农产品质量与生态环境安全的双重目标。绿色食品产业的迅速发展表明该产业已经成为一个具有强大生命力和发展前景的朝阳产业，逐渐成为“低碳时代”经济发展的新载体（Ying et al.，2019）。

## 参考文献

洪崇高，丁晓宇，林伟，等. 我国水稻主产区农药使用调查及安全生产的建议与对策. 亚热带农业研究，2008，136-140.

秦雪征，章政. 浅析绿色发展模式在我国的实现路径. 北

京大学学报(哲学社会科学版),2016,53:20-24.

邵旭升,杜少卿,李忠,等.中国绿色农药的研究和发展.世界农药,2020,42:16-24.

杨红生,邢丽丽,张立斌.黄河三角洲蓝色农业绿色发展模式与途径的思考.中国科学院院刊,2020,35:175-182.

佚名.绿色农药发展迅猛.营销界(农资与市场),2014,30-34.

郑清.绿色农药发展简介.山东化工,2004,35-36.

Fan M.,Shen J.,Yuan L.,et al. Improving crop productivity and resource use efficiency to ensure food security and environmental quality in China. Journal of Experimental Botany,2012,63:13-24.

Liu H. B.,McCarthy B.,Chen T. Green food consumption in China: segmentation based on attitudes toward food safety. Journal of International Food & Agribusiness Marketing,2016,28:346-362.

Liu R.,Pieniak Z.,Verbeke W. Consumers attitudes and behaviour towards safe food in China: A review. Food Control,2013,33:93-104.

Xu J.,Zhang Z.,Zhang X.,et al. Green food development in China: experiences and challenges. Agriculture-Basel,2020,10:614.

Yin S.,Wu L.,Du L.,et al. Consumers purchase intention of organic food in China. Journal of the Science of Food and Agriculture,2010,90:1361-1367.

Ying H.,Yin Y.,Zheng H.,et al. Newer and select maize,wheat,and rice varieties can help mitigate N footprint while producing more grain. Global Change Biology,2019,25:4273-4281.

Yu X.,Gao Z.,Zeng Y. Willingness to pay for the "Green Food" in China. Food Policy,2014,45:80-87.

Yu X.,Sun J. X.,Sun S. K.,et al. A comprehensive analysis of regional grain production characteristics in China from the scale and efficiency perspectives. Journal of Cleaner Production,2019,212:610-621.

Zhang F.,Chen X.,Vitousek P. An experiment for the world. Nature,2013,497:33-35.

Zhu Q.,Li Y.,Geng Y.,et al. Green food consumption intention,behaviors and influencing factors among Chinese consumers. Food Quality and Preference,2013,28:279-286.

# 第 6 章 营养与健康

国民营养与健康，是反映一个国家或地区经济与社会发展的重要指标。习近平总书记指出，推进农业绿色发展是农业发展观的一场深刻革命（《人民日报》2017 年 05 月 09 日 12 版）。而营养与健康，恰恰是这场农业绿色发展革命的终极目标。换句话说，我国农业生产只有进一步调整发展战略和思路，坚持走绿色、可持续发展之路，才能更好地满足我国对食物数量和营养质量的双重要求，满足人民由温饱向营养健康需求的转型，延长人类平均寿命，降低医疗保健费用（陈萌山，2018；王启现，孙君茂，2008）。

谈到营养，就是指人体为了维持正常的生理、生化、免疫功能及生长发育、代谢等生命活动而摄取和利用食物养料的生物学过程。而健康，是指一个人在身体、精神和社会等方面都处于良好的状态。传统的健康观是“无病即健康”，现代人的健康观是整体健康，世界卫生组织提出：“健康不仅是躯体没有疾病，还要具备心理健康、社会适应良好和有道德。”

营养与健康相辅相成，互为依托。粮食数量与质量安全是营养与健康的基础，食物摄入也极为重要（图 6-1），膳食结构不合理使人体摄入营养素不均衡，同样威胁人的营养与健康，不仅显著影响各种生理疾病发病率，同时也是导致某些精神疾病发生的重要因素之一。2019 年，全球 22.7% 的死亡数和 15.5% 的伤残调整寿命年是由饮食引起的疾病负担造成的，在中国这两项数据分别为 27.80% 和 24.94%（Afshin et al.，2019）。食物主要为人体提供宏量营养素与微量营养素，其中，宏量营养素包括碳水化合物、蛋白、脂肪，摄入过量会导致超重、肥胖和高血压高血脂等“富贵病”，微量营养素包括维生素和矿物质，摄入不足会出现营养

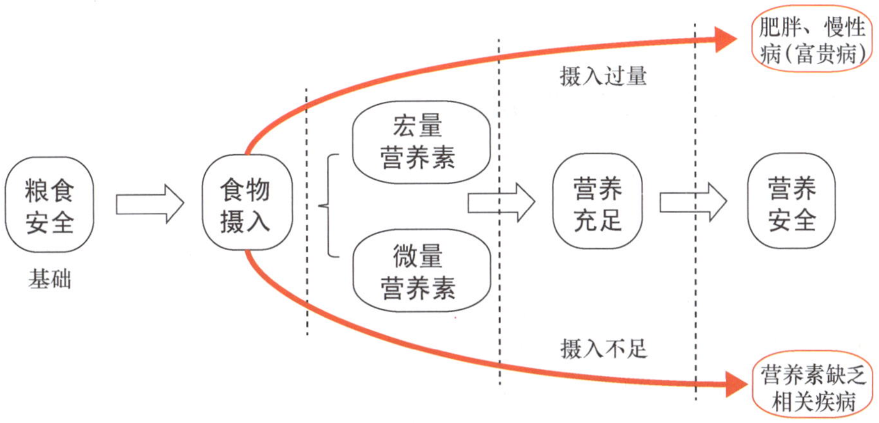


图 6-1　人群营养摄入与健康之间的联系

素缺乏的“隐形饥饿”，导致相关疾病发生率增高。Schweren 等(2020)最新研究发现，植物蛋白摄入比例降低会增加所有疾病的死亡率(除癌症外)，而其摄入量提高 3%可有效降低 5%的死亡风险。因此，合理搭配食物，摄取适量大量与微量营养素是促进机体正常生长发育，保障人体健康的基础。

## 6.1 营养健康现状与挑战

### 6.1.1 人群营养健康现状

**1. 全球营养健康现状**

全球饥饿人口在 2010 年后一直保持在 10%以下，截至 2019 年，全球共有 6.9 亿人(8.9%)营养不良，预计在 2030 年有一定反弹，饥饿人口数预计超过 8.4 亿人(表 6-1)，而新冠肺炎的暴发可能使这一趋势超过预期(FAO, 2020)。

非洲和亚洲是世界营养不良人群的主要群体，虽然其营养不良率从 2005 年的 21.0%和 14.4%下降至 2019 年的 19.1%和 8.3%，但由于气候变化等原因，预计非洲的人口营养不良状况将在 2030 年超过近期的最高水平(25.7%)。北美和欧洲等发达国家地区人群的膳食能量及宏量营养素摄入较为充足，自 2005 年来始终保持极低水平的营养不良人群比例(<2.5%)。

当今人类面临的营养健康问题主要为营养失调(malnutrition)。营养失调除营养不良外，还包

表 6-1 世界人口营养不良状况

| 地区 | 营养不良人口比例(%) | | | | |
|---|---|---|---|---|---|
| | 2005 年 | 2010 年 | 2015 年 | 2019 年 | 2030 年[#] |
| 世界 | 12.6 | 9.6 | 8.9 | 8.9 | 9.8 |
| 非洲 | 21.0 | 18.9 | 18.3 | 19.1 | 25.7 |
| 亚洲 | 14.4 | 10.1 | 8.8 | 8.3 | 6.6 |
| 拉丁美洲 | 8.7 | 6.7 | 6.2 | 7.4 | 9.5 |
| 大洋洲 | 5.6 | 5.4 | 5.5 | 5.8 | 7.0 |
| 北美和欧洲 | <2.5 | <2.5 | <2.5 | <2.5 | <2.5 |

数据来自 FAO, 2020；[#] 为预测结果。

括超重、肥胖、微量营养素缺乏等。目前，世界上饥饿人口占比约 1/9，但超重或者肥胖人口高达 1/3，其中 6.8 亿成年人处于肥胖状态(Venkatesh, 2020)。世界卫生组织(WHO)在 2005 年提出“隐性饥饿”的概念，即指机体由于营养不平衡或者缺乏某种维生素或人体必需矿物质，同时又存在其他营养成分摄入过度产生隐蔽性营养需求的饥饿症状，这种现象在发达的欧美国家表现得尤为突出。

全球营养报告指出，全球约有超过 20 亿人处于中度或重度的粮食不安全状态，其中绝大多数生活在低收入和中等收入国家。非洲地区因为贫困，难以获得足够且优质的食物，只能通过食用廉价的高能量密度食品来获得足够能量，不合理的膳食结构与相对较差的膳食质量，导致微量营养素严重缺乏，饱受超重、贫血和儿童发育迟缓三重健康负担。美洲、西欧与大洋洲等发达地区，主要面临人群超重的风险，而以中国、日本和韩国为代表的东亚地区人群则贫血状况严重。

因此，营养失调问题在不同地域和社会人口统计学背景下表现出明显差异。在贫困国家体重不足发生率比富裕国家高 10 倍，而富裕国家超重和肥胖率比贫困国家高 5 倍；女性贫血发生率明显高于男性，且孕期发生率(40.1%)明显高于非孕期(32.5%)。五岁以下儿童发育迟缓率在 2000—2019 年下降了 1/3，但目前仍有 1.5 亿儿童发育迟缓，5 000 万儿童消瘦，4 000 万儿童超重。此外，乡村地区人群较城镇地区人群更易出现饮食相关的健康问题(Venkatesh，2020)。

**2. 中国居民营养健康现状**

1)中国营养摄入状况

根据 2010—2013 年中国居民营养与健康状况监测报告(国家卫生计生委疾病预防控制局，2015)，我国居民平均每标准人日能量摄入量为 2 172.1 kcal，与 2002 年相比略有下降，城市人口能量摄入明显低于农村人口(表 6-2)，城乡居民蛋白质平均摄入水平为 64.5 g，碳水化合物平均摄入水平为 300.8 g，均呈现农村高于城市的状况，

表 6-2　中国居民 2012 年营养素摄入状况

| 指标 | 推荐摄入量(RNI)* | 平均每标准人日摄入量 | | 较 2002 年变化趋势 |
| --- | --- | --- | --- | --- |
| | | 城市 | 农村 | |
| 能量/(kcal/d) | 2 250～3 000(男)<br>1 800～2 400(女) | 2 043.8 | 2 275.5 | ↓ |
| 蛋白质/(g/d) | 65(男)/55(女) | 65.2 | 63.3 | — |
| 脂肪/(g/d) | 20%～30% 能量比 | 83.6(36.8%) | 76.0(30.1%) | ↑ |
| 碳水化合物/(g/d) | 50%～65%能量比 | 259.7(50.8%) | 337.1(59.3%) | ↓ |
| 膳食纤维/(g/d) | 25～30 | 10.8 | 10.8 | ↓ |
| 维生素 A/(μg/ RAE/d) | 800(男)<br>700(女) | 512.3 | 374.4 | ↓ |
| 维生素 C/(md/d) | 100 | 84.9 | 75.4 | ↓ |
| 钙/(md/d) | 800 | 410.3 | 320.1 | ↓ |
| 铁/(md/d) | 12(男)/20(女) | 21.8 | 21.1 | ↓ |
| 锌/(md/d) | 12.5(男)/7.5(女) | 10.6 | 10.7 | ↓ |
| 硒/(μg/d) | 60 | 46.9 | 42.1 | ↑ |
| 钠/(md/d) | 1 500 | 5 829.6 | 5 512.8 | ↓ |

注:18～50 岁人群,当无 RNI 值时由适宜摄入量(AI)代替

而脂肪的摄入量为 79.9 g,城市高于农村。对于维生素,2012 年全国平均维生素 C 摄入量为 80.4 mg,相较 10 年前农村居民维生素 C 摄入量下降多达 15.1 mg,而城市居民则上升了 3.0 mg。维生素 A 摄入不足平均需要量(EAR)的人群占比 77.0%,摄入不足风险较高。对于矿物质元素,我国居民平均每标准人日钙摄入量为 366.1 mg,城市人口(410.3 mg)显著高于农村人口(320.1 mg),且农村居民钙摄入量较 2002 年存在明显下降(48.2 mg),总体水平距离推荐摄入量 800 mg/d 还有较大差距(96.6%的人群膳食钙摄入低于 EAR 水平)。全国人口铁和锌平均摄入量在城市和农村差别不大,分别为 21.5 mg 和 10.7 mg。

总体而言,我国居民膳食能量供应充足,三大产能营养素供给充足:蛋白质和碳水化合物摄入满足营养需求,脂肪摄入过量但处于可接受范围内;居民膳食维生素摄入达标人群不足总人口的 25%,问题十分严重;居民膳食中矿物质元素(例如钙、锌、硒等)平均摄入量明显不足,铁摄入相对较为充足,可贫血率依旧处于较高水平;钠摄入量超过最高限量近 3 倍。

2)中国居民健康现状

早在 2010 年,饮食风险就已经成为中国居民健康的头号敌人,饮食相关的死亡占总死亡数量的 30.6%,饮食不合理导致的健康寿命损耗为 16.3%,其中高盐摄入、低全谷食品摄入和水果摄入水平低为最主要的问题(Yang et al.,2013)。

2012 年全国居民慢性病死亡率约为 5.53‰(约死亡 731 万),较 1990 年下降了 25.7%,但死亡总人数上升 33.5%,占全部死亡的 86.6%,其中与饮食和营养摄入相关的疾病占比超过 80%(国家卫生计生委疾病预防控制局,2015)。我国慢性病发病率与死亡率不同区域差异明显,西部高于中部,中部高于东部。青海、新疆、西藏和贵州四省,居民饮食结构长期单一、能量密集且高脂,慢性病死亡率居高不下。东南沿海地区,经济较为发达,食物更易获取,饮食多样化,海产品与优质食物摄入充足,死亡率明显降低。

根据最新公布的 2020 年中国居民营养与慢性病状况报告,我国居民营养不良问题较十年前显著改善,6 岁以上居民贫血患病率为 6.1%,较 2002 年下降了 14.0 个百分点,但缺铁与贫血形势依然严峻。6 岁以下儿童生长迟缓率为 7%以下,低体重率降至 5%以下,居民体格发育与营养不足问题持续改善。但是值得注意的是我国城乡各年龄段居民超重肥胖率继续上升,有超过 50%的成

年居民超重肥胖，18岁以上居民超重率为34.3%，肥胖率为16.4%，较10年前增加明显，且男性高于女性，城市高于农村。18岁及以上高血压患病率为27.5%，糖尿病患病率为11.9%，高胆固醇血症患病率为8.2%，40岁及以上居民慢性阻塞性肺疾病患病率为13.6%，与2015年发布结果相比均有所上升。

### 6.1.2 营养健康政策现状

近年来，国际与国内均出台了多项营养健康政策，如图6-2，依照国际社会和国内发展形式，中国营养发展规划和目标逐步融入国际社会中。

**1.国际组织的营养安全行动与倡议**

2014年第二届国际营养大会提出《营养问题罗马宣言》(以下简称《宣言》)，各国在大会讨论中充分认识到当前面临的“三重营养负担”，包括饥饿、营养不良、超重和肥胖。这些问题的存在将阻碍全球经济发展，尤其是发展中国家的经济发展步伐，并且对全球公共卫生系统造成压力。为实现上述目标，各成员国在《宣言》中承诺致力于在全球范围内消除各种形式的营养问题，加大干预措施和行动的投入、协调从生产到消费的公共政策、提高粮食系统的可持续性、为消费者提供明确的营养信息、支持母乳喂养以及保护儿童消费者免受不当食品的营销，这些举措在2015年以后纳入各国发展议程中。

2015年9月，联合国在纽约总部召开可持续发展峰会，共193个成员国参加了此次峰会，提出了我们面临的全球挑战，通过并制定了17个全球可持续发展目标(sustainable development goals)，包括：无贫穷，零饥饿，良好健康与福祉，优质教育，性别平等，清洁饮水与卫生设施，经济适用的清洁能源，体面工作和经济增长，产业、创新和基础设施，减少不平等，可持续城市和社区，负责任消费和生产，气候行动，水下生物，陆地生物，和平、正义与强大机构、促进目标实现的伙伴关系。这些具体目标旨在从社会、经济和环境三个维度指导未来15年(2015—2030年)全球发展的可持续转型，是实现所有人更美好和更可持续未来的蓝图。

随后，2016年4月联合国大会制定营养问题十年行动，防微杜渐，致力于解决存在的各种营养不良问题。大会提出行动时间表，制定共同行动指南，在2025年前达到一系列全球营养目标和与饮食有关的非传染性疾病控制目标，以支撑2030年可持续发展目标，特别是可持续发展目标2(消除饥饿、实现粮食安全、改善营养状况和促进可持续农业)和可持续发展目标3(确保健康的生活方式，促进各年龄段所有人的福祉)。世卫组织和联合国粮农组织呼吁在关键领域采取政策行动，包括为健康饮食创造可持续和具有恢复能力的食物系统，提供全民社会保障和营养教育，协调卫生与营养需求，实行全覆盖的基本营养干预措施，确保改善营养的贸易和投资政策，建立涵盖不同年龄段的营养安全和支撑体系，完善营养管理和问责制度。

图6-2 国际和国内营养政策大事记

为更好地应对全球粮食安全，改善国际间合作关系，进一步提高国际粮食安全和营养治理的有效性。2017年，由来自全球粮食安全与营养领域的15位知名专家组成的粮食安全和营养问题高级别专家小组（the High Level Panel of Expert，HLPE）首次提出：应该从全产业链的角度优化食物系统，促进膳食结构优化，保障人体营养安全。食物系统是从生产、加工、分配、制备和消费各个环节的集合，食品供应链是将食品从生产转移到消费的所有活动，包括生产、贮存、配送、加工、包装、零售和营销，其中任何一个环节都将影响其他组成部分（HELP，2017）。

近几十年来，发展中国家存在着各种形式的营养不良问题，每年需花费数十亿美元提供营养补充剂，并且这种措施不具有持续性。针对这种现象，国际食物政策研究所（IFPRI）经济学家Howarth Bouis在20世纪90年代提出从作物生产角度入手来改善这一问题，经历了十年的尝试、磋商和发展，在2003年得到各大基金和机构的支持得以实施，并正式更名为“Harvest Plus”。该项目主要通过开发和推广生物强化食品作物，强化农产品中的铁（Fe）、锌（Zn）和维生素A来改善人群营养和地区公共卫生水平。这些被强化后的农产品具有高营养素含量，使人们在不改变原来膳食结构的情况下，摄入更多营养素，目前已在改善儿童、妇女营养不良问题上取得了一些显著成效，包括：3岁以下儿童腹泻发生率显著降低、显著改善儿童和妇女铁缺乏症、提高儿童身体发育、改善夜视能力等。

**2. 中国营养健康政策的进展和演变**

自1978年改革开放和实施家庭联产承包责任制后，中国粮食生产力得到充分释放，粮食产量大幅度增长。20世纪80年代以后，我国粮食总产量达4亿t，但1992年我国5岁以下儿童体重不足发生率为10%～20%，生长迟缓率为35%，儿童普遍存在微量营养素缺乏问题。国务院于1993年颁布了《九十年代中国食物结构改革与发展纲要》，提倡由“高谷物膳食”转变为谷物、动物性蛋白消费、草食性动物消费的综合膳食结构；随后于1997年颁布《中国营养改善行动计划》，将提高居民营养水平作为国家长期发展战略的一部分，通过保障食物供应，适当进行干预措施以减少饥饿、营养不良、蛋白质摄入过少和微量元素缺乏等问题发生率。

进入21世纪后，我国居民生活水平继续提高，并朝着全面小康的目标稳步迈进。农业生产能力潜力也得到了进一步提高和释放，食物综合生产能力显著增强，人均粮食占有量超过400 kg，肉、蛋、水产品以及水果、蔬菜生产水平快速增长。但居民消费的膳食质量仍然偏低，优质的肉、蛋、奶消费量不足，表现为农村地区的居民贫困和营养不良发生率维持在较高的水平，城市居民则出现肥胖、超重和其他营养过剩的问题。基于此，国务院办公厅在2001年颁布新世纪第一份营养发展纲要——《中国食物与营养发展纲要（2001—2010）》，通过完善豆类产业和奶类产业发展，促进居民高质量蛋白食物的供应和消费、完善食品加工业全产业链等多种措施，致力于在2010年前全面提高农村和城市居民的膳食营养水平。

随着我国粮食安全目标的进一步稳固，在粮食基本实现自给且有盈余的情况下，居民的营养安全成为重点目标。2014年1月国务院发布《中国食物与营养发展纲要（2014—2020）》，关注我国贫困地区和偏远地区的粮食和营养安全问题，尤其是孕妇、儿童和老人的微量营养素摄入问题。全面普及居民膳食营养和健康知识，加强食物生产、流通和供给，提高相关科技创新水平，致力于实现居民膳食结构转型，提升国民的营养摄入水平，减少甚至消除各种形式的营养不良问题。2016年10月中共中央、国务院制定《“健康中国2030”规划纲要》，将居民医疗公共卫生和膳食营养健康纳入同一个框架中考量。《纲要》制定了更加精细化和定量化的居民健康指标，包括人均预期寿命、婴儿死亡率、5岁以下儿童死亡率、居民营养知识素养等13个建设指标，在未来的15年内，持续提升居民的营养知识素养水平，推广全民健康的生活方式和科学的膳食结构，推进饮食文化建设，摒弃不良和落后的饮食观念，并将健康融入所有政策制定和考量中，加强各部门和行业的沟通协作，帮助国民更好的应对疾病和其他非传染性疾病。

为了更好地贯彻和落实《"健康中国 2030"规划纲要》，切实提高国民的健康水平，国务院办公厅于 2017 年 7 月进一步制定了《国民营养计划(2017—2030)》，明确 2020 年和 2030 年的主要目标：到 2020 年应实现降低各类人群贫血率、孕妇叶酸缺乏率、农村中小学生生长迟缓率、提高住院病人营养治疗比例和普及居民营养知识等目标；到 2030 年应实现进一步降低各类人群贫血率、5 岁以下儿童生长迟缓率降低至 5%以下、母乳喂养比例进一步提高、缩小城乡学生身高差别、学生肥胖率上升趋势得到有效控制、进一步提高住院病人营养筛查率和营养不良住院病人的营养治疗比例、居民营养健康知识普及率在 2020 年基础上提高 10%、人均每日食盐摄入量降低 20%和超重、肥胖增长速度明显放缓等具体目标。为实现上述目标，将进一步完善营养政策法规和标准体系、加强科研领域投入、强化营养和食品安全检测和评估、发展和完善食品营养产业、加强营养数据共享和营养知识的普及工作。

### 6.1.3 面临的挑战与发展趋势

世界各国仍与不同形式的营养不良问题做斗争，如何保障居民营养健康面临巨大挑战。联合国粮农组织 2020 年发布的《世界粮食安全和营养状况》报告显示，全球饥饿人数正在不断增加。2019 新型冠状病毒(COVID-19)疫情到 2020 年底可能使长期饥饿人数新增超过 1.3 亿人(FAO，2020)。未来随着经济发展与食物价格上涨，若收入不能显著提升，将导致实际支付能力下降，居民获取营养健康食物能力将无法保障。

**1. 面临的挑战**

1)人口增长、资源耗竭、环境恶化背景下同时保证粮食安全和营养健康

当前由于人口增长对食物需求进一步扩大，2018 年全球农业补贴金额约为 7 050 亿美元(OCED，2019)，化肥农药过量使用导致水土污染和温室气体排放进一步加剧。未来，全球人口及人均收入的增长将提高畜禽产品、水果和蔬菜的消费量。据 IMPACT 模型估计(图 6-3)，2050 年全球人口将增长约 1/3，全球收入将提高三倍，若没有技术变革和其他缓解措施，温室气体排放、土地利用等环境压力将增加 50%～92%，食物不足发生率可能会继续上升，2030 年实现"零饥饿"目标将受到严重威胁(Springmann et al.，2018)。

2)发达国家、发展中国家面临的挑战：肥胖、微量营养素缺乏

发展中国家，尤其极度贫困地区，食物不足的发生率是发达国家的 10 倍，而发达国家的肥胖和超重发生率是贫困地区的 5 倍及以上(Venkatesh M，2020)。《2020 年世界食物安全和营养状况报告》显示，5 岁以下儿童中估计有 21.3%(1.44 亿人)发育迟缓，6.9%(4 700 万人)消瘦，5.6%(3 830 万人)超重，同时至少有 3.4 亿儿童面临微量营养素缺乏。从地区来看，亚洲食物不足人数依然最多(3.81 亿人)，非洲位列第二(2.5 亿人)，其后为拉丁美洲及加勒比(4 800 万人)。全球食物不足发生率，即饥饿人口所占比例基本维持在 8.9%。非洲食物短缺情况最为严重，共有 19.1%的非洲人口处于食物不足状态，且仍在持续恶化，是亚洲(8.3%)和拉丁美洲及加勒比(7.4%)的两倍多。按照目前趋势，到 2030 年，世界长期饥饿人数中将有半数以上位于非洲。

**2. 发展趋势**

1)不同干预下的发展趋势

世界可持续发展目标(SDG.3)致力于消灭全球饥饿、食品安全问题以及所有形式的营养不良。然而按照当前全球营养健康现状及发展趋势，在非干预状态下，2030 年无法实现这一目标(FAO，2020)。2020 年全球营养报告指出，在 194 个国家和地区中只有 8 个国家在目标 4 和目标 10 上达到

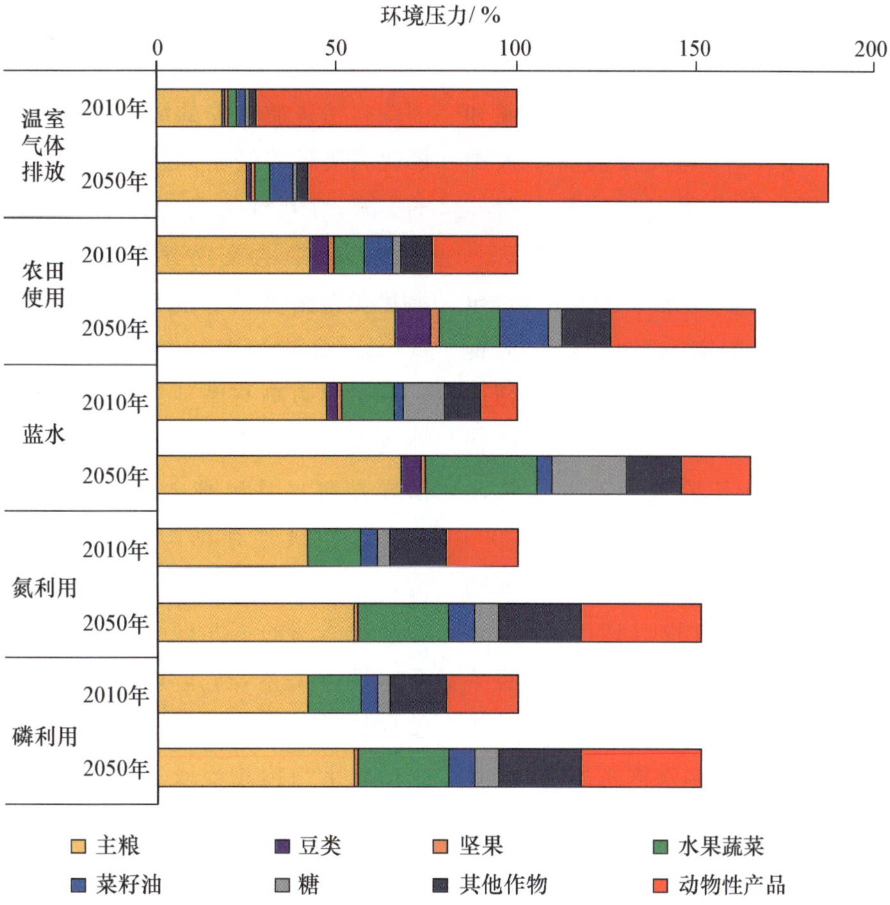


图 6-3　不同食物组对环境的影响(未采取措施)

预期(Venkatesh,2020)。在当前食品消费模式下,全球饮食相关的健康费用在 2030 年将超过 1.3 万亿美元/年,因此未来必须强化膳食结构优化,缩减健康花费。

对于我国而言,随着粮食供给水平不断提升,粮食消费量也呈显著增加态势。截至 2015 年,我国人均粮食消费量上升至 459 kg。若要保证食物消费结构较大改善,人均粮食占有量至少达到 500 kg,而要得到根本改善,则人均粮食占有量须达到 700 kg 以上(成升魁等,2018)。

在国际社会先后提出千年发展目标(MDG)和可持续发展目标(SDG)的背景下,中国首次在国家层面提出健康领域中长期规划《"健康中国 2030"规划纲要》。该纲要提出要加强合理膳食引导、饮食营养健康与健康生活方式普及、健康产业发展等关键举措,明确了 2030 年发展目标,具体表现为居民营养知识素养提高,营养素缺乏疾病发生率显著下降,全国人均每日食盐摄入量降低 20%,超重、肥胖人口增长速度明显放缓。该纲要为 2050 年完成与社会主义现代化国家相适应的健康国家建设目标奠定了良好基础。

2)典型干预案例分析

目前,全世界每六个人中就有一个人面临饥饿和营养不良问题,有 15.8 亿人没有能力负担更健康的饮食(Hirvonen et al.,2020)。世界人口预计在 2050 年增至 90 亿,若不采取干涉措施,人类将会面临更大的营养和健康缺口。

在最基础的粮食数量安全问题上,从 20 世纪 50 年代开始,部分发达国家和发展中国家开始加强主粮生产,提高单位产量,其中抗击小麦锈病为全球最主要的成绩之一。诺贝尔奖得主 Norman Borlaug 培育了抗锈小麦品种,使得全球大约 1.07 亿 $hm^2$ 麦田免受小麦锈病侵害,直接确保了超过 1 亿消费者的粮食数量安全和能量摄入

(David J. S et al., 2020)。随后很多发展中国家衍生了更多措施，例如南美洲潘帕斯平原阿根廷大豆的免耕栽培、非洲肯尼亚、马拉维、赞比亚和津巴布韦的改良玉米品种等，均大大提高了人类粮食数量安全，保障了大量贫困人群的基本营养安全。

近年来，世界各国高度关注健康饮食指南，包括 Lancet、FAO 等在内的国际组织也给出相应推荐膳食结构。在以膳食指南为指导性纲要干预居民膳食的同时，部分国家同时采取了一些必要辅助政策，这些政策主要集中于农业生产的绿色改革和食物价格保障补贴的贸易政策。如英国 2005 年进行了食物税收政策改革，对含有过多有害物质（如饱和脂肪酸）的食品征收税，同时对水果和蔬菜给予财政补贴，该举措明显提升了水果、蔬菜的消费量（Tiffin and Arnoult, 2011）。我国于 1993 年，首次出台了膳食结构和发展纲要，以提升国家食品消费和营养摄入水平。最新纲要（2014—2020），也体现了几十年来居民膳食结构的进步和发展，农业和食品生产变得更加多样化，有效地缓解了营养失调带来的三重负担。2020 年国家中央一号文件中指出，我国要向更高质量的农产品、认证的营养食品、有机产品以及降低生产资源消耗的方向推进，这也正是我国农业绿色发展所期望的目标（Fan et al., 2020）。

提升营养健康水平需要全方位、多角度的思考与实践，所以只有依附于作物生产、食品供应链和膳食结构三大食物系统的关键环节，实现整个食物系统的全面提升，才能开拓出一条营养、健康的绿色发展之路。

## 6.2 食物系统与人类营养健康

人类各种营养问题，包括营养不足、微量元素缺乏、肥胖等，都关联一个共同点——饮食结构合理性，2017 年 FAO“营养与食物系统”报告强调了饮食作为营养健康与食物系统之间的核心联系作用。食物供应链体系从最基本的层面决定了可供人类消费食物的数量、质量、多样性和营养含量，因此打造优质营养的绿色食物供应链系统可能是解决人类营养健康问题最实际、最方便、最可持续的方式；食物环境是指影响消费者食物消费的经济、政策和社会文化背景，健康的食物环境可促使消费者做出更营养的食物消费选择，降低营养不良风险；食物消费与食物供应链系统间存在着非常紧密的影响与循环关系，食物消费行为的集体性改变可为绿色食物供应系统的发展优化提供指导方向。因此通过对居民膳食结构的营养模式和可持续性评估，界定健康和可持续饮食结构，以此为依据优化当前食物系统与目标绿色食物系统之间的不匹配性，合理调整食物供应链体系的供需关系，通过绿色农业生产改善营养，通过食品供应链的绿色转型加强营养，通过相关政策措施干预构建健康可持续饮食结构，最终通过绿色可持续食物系统实现人类营养与健康的终极目标（图 6-4）。

### 6.2.1 作物生产与营养健康

**1. 作物生产与营养供应**

粮食生产是粮食安全的基础。1985 年以后，我国粮食产量超过美国，成为世界第一大粮食生产国。2017 年粮食产量达到 6.18 亿 t，其中三大谷物（小麦、玉米、水稻）年产量达到 5.65 亿 t，人均粮食占有量达到 470 kg 以上，近年来粮食生产自给率始终保持在 95%以上（中华人民共和国农业农村部，2020）。我国蔬菜和水果的种植总面积和总产量一直稳居世界第一，蔬菜和水果的人均国内产量分别从 2000 年的 351 kg 和 49.1 kg 增长到 2016 年的 577 kg 和 205 kg（李国景，等，2019）。

粮食生产更是营养安全的基础。天然土壤可提供多达 80 种以上的矿物质营养元素，植物体中已发现的化学元素有 70 多种，其中碳、氢、氧、氮、磷、钾以及钙、镁、钠、硫、硅等 11 种元素含量较高，

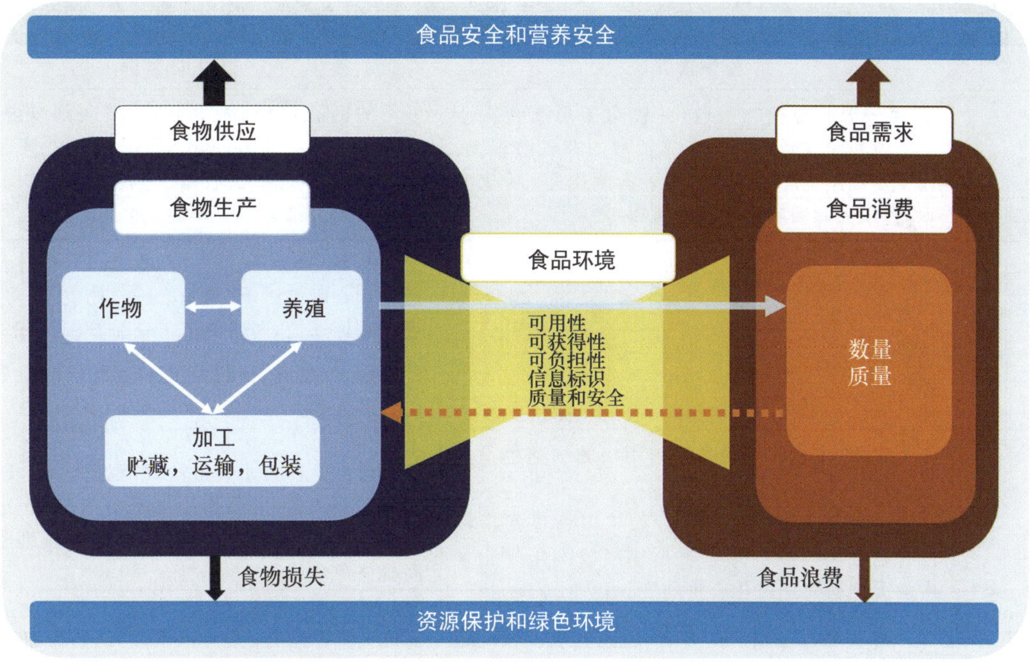


图 6-4　食物系统与营养健康和绿色发展

占植物体活基质的 99.95%，它们分别是大量元素和中量元素，其余 60 多种元素（如硼、铁、锌、锰、铜、钼、硒等）的含量甚微，总共仅占 0.05%，这些元素就是所谓的微量元素。所有的中微量元素均来自土壤矿物质，因此，又常被称作矿物质元素养分（刘建明等，2016）。植物、人类均需要适当数量和适当比例的矿物质微量元素以维持正常生长机能（表 6-3）。世界卫生组织公布已经发现铁、碘、铜、锌、锰、钴、钼、硒、铬、镍、锡、硅、矾和氟是人体必需的 14 种微量元素（赵定国和周德兴，2005）。

表 6-3　各种元素对植物和人体健康的作用

| | 元素 | 植物营养 | 人体营养 |
|---|---|---|---|
| 大量营养元素 | 碳(C)<br>氢(H)<br>氧(O)<br>氮(N) | [a]构成植物有机体结构物质的基本元素，是构成植物活体的基本物质。如纤维素、木质素、果胶质等 | 蛋白质是构成人体组织最主要的营养素，也是体内物质主要的输送者；糖类和脂质是人体日常生活热能的主要来源；水是体内最好的润滑剂和溶剂。以上大量营养元素是人体基本物质的营养元素 |
| | 磷(P) | [b]以无机阴离子或酸分子的形态被植物吸收，并可与植物体中的羟基化合物进行酯化反应生产磷酸酯、硼酸酯等，作为高能磷酸键参与能量转化反应 | |
| | 钾(K) | | 钾能帮助心脏维持规律的心跳，并协助血压的稳定。存在于各细胞内，与细胞外的钠互相协调，以维持血液和体液的酸碱平衡，以及维持体内水分平衡与渗透压的稳定 |

续表 6-3

| | 元素 | 植物营养 | 人体营养 |
|---|---|---|---|
| 中量元素 | 钙(Ca) | [c]以离子形态被植物吸收,并以离子形态存在于细胞汁液中或者被吸附在非扩散的有机酸根上。其主要作用为生产渗透势、平衡阴离子、活化酶类,或作为酶和底物之间的桥梁等 | 99%的钙集中于骨骼和牙齿,其余则以游离型和结合型两种状态存在于软组织、细胞外液及血液中。钙对血液凝固、肌肉收缩、正常神经和结构完整及多种酶的结合都有重要作用 |
| | 镁(Mg) | | 镁参与多种酶相关的反应,激活多种酶体;保护人体血管和心脏健康,可预防心脏病的发作;可以抑制钙通道和钾通道,防止钙离子在血管壁沉积 |
| | 硫(S) | 同 a | 蛋氨酸、胱氨酸、半胱氨酸等蛋白质的组分,为生命的必需元素 |
| 微量元素 | 铁(Fe) | 光合作用、生物固氮和呼吸作用中的细胞色素和非血红素铁蛋白的组成。<br>[d]以螯合态存在于植物体内,除钼以外也常常以配合物或螯合物的形态被植物吸收。这些元素中的大多数可通过化合价的变化传递电子 | 铁是血红蛋白与肌红蛋白、细胞色素 A 及一些呼吸酶的主要成分,主要作用有参与氧与二氧化碳的运输,影响幼红细胞分裂增殖,增加免疫细胞功能,提高机体免疫力等 |
| | 锰(Mn) | 同 c,锰离子是细胞中许多酶(如脱氢酶、脱羧酶、激酶、氧化酶和过氧化酶)的活化剂,尤其是影响糖酵解和三羧酸循环 | 锰能促进骨骼的正常生长和发育,活化硫酸软骨素合成的酶系统,促进骨质的合成。维持正常的糖代谢和脂肪代谢,并在维持正常脑功能中必不可缺 |
| | 铜(Cu) | 同 d,参与植物光合作用某些氧化酶的成分,催化植物的氧化还原反应 | 缺铜会引起浮肿、骨骼疾病及风湿性关节炎 |
| | 锌(Zn) | 同 d,乙醇脱氢酶、谷氨酸脱氢酶和碳酸酐酶等的组成成分 | 锌摄取不足会引起身材矮小、创伤愈合不良、青少年性发育迟缓、男性不育症、前列腺肥大、动脉硬化、损害神经功能影响记忆、食欲下降、味觉迟钝等症状 |
| | 硼(B) | 同 b,参与叶片光合作用中碳水化合物的合成,有利其向根部输送,能促进花粉萌发和花粉管的伸长 | 硼能提高超氧化物歧化酶 mRNA 的量,这些酶在保护细胞膜的完整性、防止脂质氧化以及清除自由基等生理反应中起重要作用。促进组织对葡萄糖的摄取、肝糖的合成及葡萄糖向脂肪的转化,使血糖降低 |
| | 钼(Mo) | 同 d,钼离子是硝酸还原酶的金属成分,起着电子传递作用。钼又是固氮酶中钼铁蛋白的成分,在固氮过程中起作用 | 钼是形成尿酸不可缺少的微量元素,是多种酶的重要构成要素,参与人体内铁的利用,可以预防贫血,促进发育,并能帮助碳水化合物和脂肪的代谢。维持心肌能量代谢,预防克山病。维持动脉的弹性,预防心血管疾病和维护人体免疫功能等 |
| | 氯(Cl) | 同 c,在光合作用水裂解过程中起着活化剂的作用,促进氧的释放 | 氯离子作为人体内主要的阴离子,在维持细胞内外渗透压,酸碱平衡和水容量等多方面有重要的作用。并参与血液二氧化碳运输 |
| | 镍(Ni) | 高等植物的必需微量元素,它作为脲酶的金属辅基参与氮代谢 | 镍能促进红细胞再生,是胰岛素的一种辅酶。镍缺乏可引起糖尿病、贫血、肝硬化、尿毒症、肾衰、肝脂质和磷脂质代谢异常等病症 |
| 其他元素 | 硒(Se) | 对农作物生长有刺激作用,而硒过量则对植物生长产生毒害 | 硒是人体和动物维持生命健康必需的微量元素,目前已经发现超过 40 种以上的人类疾病与缺硒有关,如克山病、大骨节病、癌症、心血管疾病、肺病疾病、神经系统疾病、免疫力低下等 |
| | 碘(I) | 某些酶的组分,影响光合作用以及呼吸与碳水化合物代谢,利于作物抗病 | 缺碘可导致甲状腺功能降低,食欲减退,无力,易疲劳,智力体能下降等。严重缺碘可导致地方性克汀病,孕妇缺碘可导致早产、流产、先天性畸形儿和聋哑儿 |

**2. 作物营养与人体健康**

植物产品是人类营养摄入的重要来源，但其营养含量低，摄入不足会导致人体营养缺乏，进而诱发典型疾病。以硒为例，硒是人体和动物维持生命健康必需的微量元素（Rayman，2012），缺硒会导致一系列的健康风险，目前已经发现超过40种以上的人类疾病与缺硒有关，如克山病、大骨节病、癌症、心血管疾病、肺部疾病、神经系统疾病、免疫力低下等（Santhosh and Priyadarsini，2014）。目前全球有15%的人口处于不同程度的缺硒状态（Paikaray，2016），而在中国大约51%的行政区县缺硒，39%～61%的居民膳食硒摄入不达标（Toan et al.，2018），同时由于缺硒所引发的地方病（大骨节病和克山病）分布区也较广。据统计，截至2017年年底，西藏大骨节病患者仍有48万人，占全区总人口数的15%，占全区农村人口数的四分之一。导致这些地区居民缺硒重要原因之一是土壤中有效硒浓度低于平均水平，从而导致当地生产的植物作物硒含量和当地居民的硒摄入量均低于健康水平。

铁是人体重要的微量元素，维持正常的造血功能，参与氧的运输。缺铁是引起人体贫血的最主要原因，会导致身体和智力发育障碍、免疫功能降低等症状。锌对于介导先天免疫和适应性免疫的细胞正常发育和功能至关重要，具有促进性发育、维持性功能的作用，胎儿的生长发育、儿童的骨骼生长都与体内锌的水平关系密切。缺锌常常会导致多种疾病发生，包括身体发育、免疫能力和学习能力受损，尤其是妇女和儿童（Maggini et al.，2018；Farhan et al.，2015）。人体锌和铁营养缺乏引起的"隐性饥饿"是世界范围内普遍存在的营养问题，饮食中锌铁的摄取量不足和饮食结构单一化是引起人体锌铁缺乏的主要原因，尤其是以谷类作物为主要饮食来源的国家。导致谷物中锌铁浓度低的可能原因有以下几种：①栽培技术使农作物产量增加，"稀释"了矿物质元素含量（Davis，2005）；②育种技术主要以产量和收获指数等农艺性状作为改进目标，导致微量营养素含量在基因水平被"稀释"（David F Garvin et al.，2010；Davis，2009）；③土壤中微量元素有效性降低也是引起作物微量元素含量低的重要原因，据估计全球超过50%的小麦耕地存在不同程度的缺锌（Alloway，2008）；④随着人们生活水平的提高，对精加工食品的需求越来越多，加工过程导致锌铁等矿物质元素大量损失，使食物中锌铁含量进一步降低（Cakmak et al.，2010）；⑤植酸等抗营养成分广泛存在于植物源食品中，与锌铁等矿物质元素结合，会显著影响人体对锌铁的吸收利用（Kumar et al.，2010）。

### 6.2.2 食品供应链与营养健康

**1. 食品供应链的类型**

农产品经由食品供应链到达消费者手中，食品供应链中的每一环节都会影响食物的可供性、可获得性、多样性和营养质量。食品供应链的类型纷繁复杂，目前有三种主要类型：传统型食品供应链、混合型食品供应链和现代型食品供应链，具体区别如表6-4所示。

居住于农村地区的贫困人群多从传统型食品供应链获取消费食品，主要以玉米、大米和小麦等谷物为主食，缺少足够数量的蛋白质和微量营养素，免疫系统差，更易感染传染病；居住于城市周边和城市地区中收入人群从混合型食品供应链获取种类较为丰富的食物，可摄入足够的热量和蛋白质，但加工食品的供应与普及导致反式脂肪和糖摄入超标，慢性病发病率增加；居住于城市的高收入人群通过现代型食品供应链获取种类极为丰富食品，但深加工食品的丰富却与超重、肥胖和非传染性疾病风险的增加息息相关。

**2. 食品供应链上"量"与"质"的变化**

食物的营养价值损失会发生在食品供应链上的各个环节，导致消费者无法获取充足的营养与微量元素补充。

1）食品供应链中数量的损失

据统计全球每年约有13亿t食物损失或浪费，

表 6-4　不同食品供应链对比

| 食品供应链 | 传统型食品供应链 | 混合型食品供应链 | 现代型食品供应链 |
|---|---|---|---|
| 贮藏与配送 | 缺乏足够畅通道路，食品运输困难缓慢。贮存设施条件差，缺少冷藏设施，食品安全受限，损失浪费严重 | 基础设施较为完善，贮存设施改善，冷藏设备增加，但地域发展不平等，农村贫困地区较差 | 现代化道路，贮存设施，冷藏设施，食物可实现长途运输和安全贮存 |
| 食品加工与包装 | 水果干燥、粮食磨粉、奶制品等初级加工为主，有限的包装水平 | 出现深加工包装食品，延长食品货架期 | 易获取加工包装食品，吃的便宜方便但有时不健康 |
| 零售和市场 | 非正规集市，食品缺乏多样性 | 市场变得多样化，包括正规市场和非正规市场，在外就餐机会增加 | 多种食物销售渠道，包括大型超市，快餐休闲食品和精致餐厅 |

来源：FAO，2017。

占食物总量的 1/3（FAO，2011），欧盟 27 国每年的食物损失浪费高达 8 900 万 t，美国年食物损失与浪费占食物总量的 30%～40%（Buzby et al.，2014）。根据产品和地区的不同，食物损失与浪费在食品供应链上的分布也不尽相同，世界不同地区食物损失与浪费情况如图 6-5 所示，中高收入水平的发达国家，分配与消费层面食物损失与浪费较高，而低收入水平国家的食物损失与浪费多出现在采后贮藏层面。

减少食物损失和浪费不仅可以提高食物安全保障，而且可减轻各种环境经济负担。摸清食品供应链系统中食物损失和浪费的模式和规模是重要前提，但我国目前尚缺少相关的国家监测与统计数据。2011 年 FAO“食物损失与浪费”报告显示我国食物损失与浪费约占食物总量的 33%。贮藏环节是我国食物损失的主要环节，主粮作物、肉制品及果蔬在该环节的损失率分别为 5.7%～8.6%，2.5%～3.7%和 10%～15%（图 6-6）（许世卫，2007）。冷藏技术不成熟，设施不完善，缺乏妥善管理等是造成该阶段食物损失与浪费严重的主要原因。

加工转化是减少食物损失浪费、增长货架期的

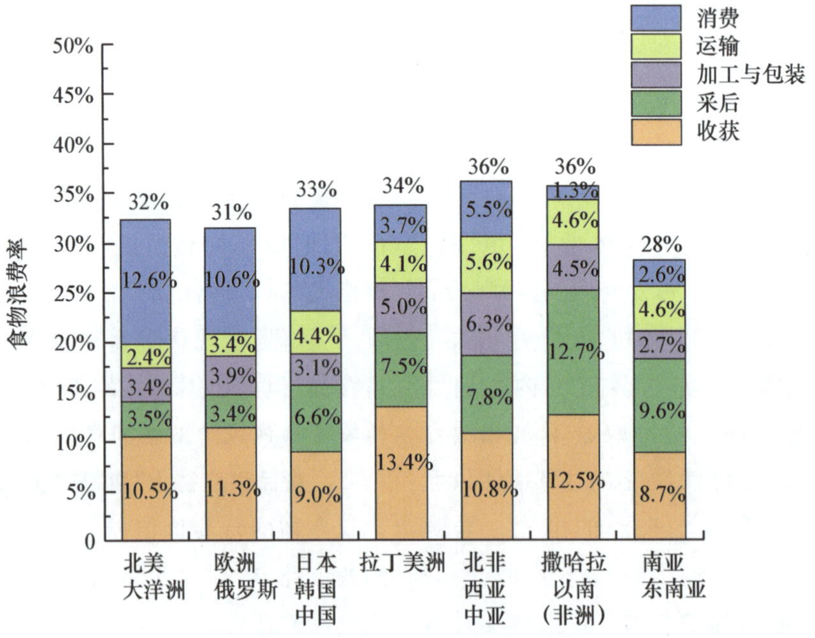


图 6-5　不同地区食物浪费率

（数据来源为“FAO”2014 年数据）

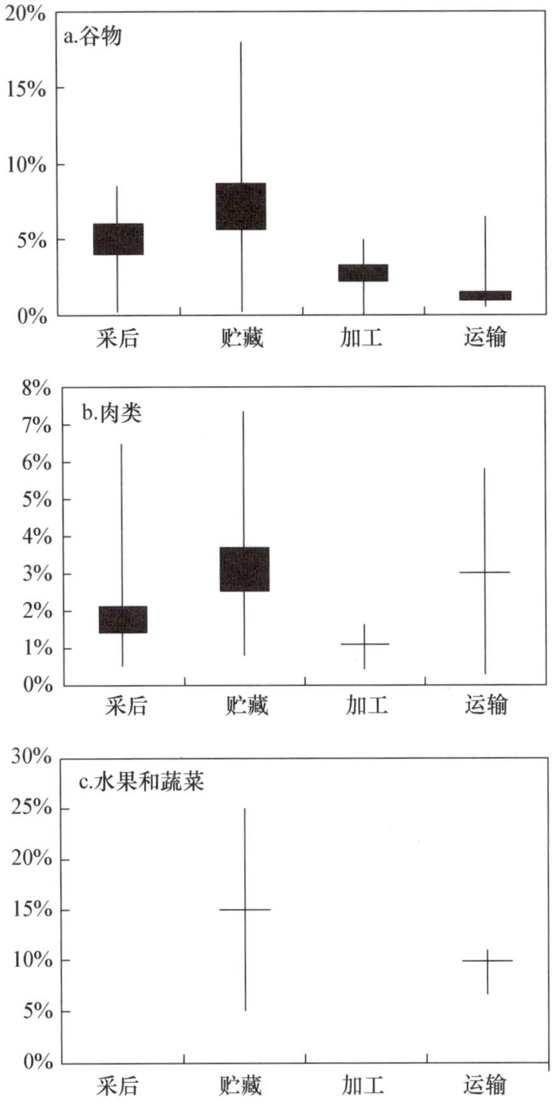


图 6-6 我国食品供应链不同阶段食物损失浪费情况：(a)谷物 (b)肉类 (c)水果和蔬菜

（来源：许世卫，2007）

有效手段，但大多数发展中国家缺少加工的基础设施，农产品收获期相对集中，加工产业能力不足，导致大量季节性农产品腐败变质。加工过程技术故障多发、加工效率低下，残次品比例较高，也是造成食物损失浪费的主要原因。此外，标准化过程管理与食品安全质量监管不力也会导致部分加工品安全性差，品质低劣，难以被消费者所接受。运输与物流也是食品供应链的重要组成之一，高效物流管理是降低食物在该过程损失与浪费的重要保障。为打造健康可持续的绿色食品供应链，必须系统剖析我国现有食品供应链体系的损失浪费，找出关键问题，开展针对性提升。

我国虽为农业大国，但农产品加工业起步较晚，生产和加工副产物产量占加工原料的 20%～50%，每年约 5.8 亿 t，平均综合利用率不到 40%（佚名，2014）。副产物利用不足不仅造成了资源浪费、效益流失，而且容易污染环境，因此大力发展副产物综合利用技术，提高食物系统二次增值，是提高食物系统综合利用效率，减少食物损失浪费，实现绿色发展的重要途径。

2)食品供应链中质量的损失

食品供应链体系中营养素的损失及安全问题影响着最终产品的质量。农产品在采摘收割后依然具有一定的生命力，随着贮藏时间的推移，部分营养素将发生分解，不当的贮藏条件更会加快其进程。以主粮作物为例，长时间存放后发芽率呈阶梯式下降，高含水量易使粮食发霉，并在外部环境的作用下与霉变物质产生脂肪酸，导致粮食品质直线下降（赵光辉，2016）。食品加工可延长食物货架期并赋予其多样化的色香味，丰富人们的消费选择，加工过程中营养成分也发生着各种各样的变化。通过热加工可使淀粉糊化改善糖类物质的营养品质，但烫漂等处理会造成果蔬中部分可溶性糖类流失；油脂通过精炼加工品质得到改良，提高化学稳定性，但油脂中维生素 E、β-胡萝卜素及必需脂肪酸易受到破坏；热加工提高了蛋白的消化率破坏某些成分，但过度加工易造成氨基酸破坏和异构化，降低蛋白质的营养价值。此外食品加工中的整理、烫漂、冷冻、脱水、加热、灭菌、辐射、碾磨等均会使食物中的维生素和矿物质等微量营养素损失。

**3. 食品供应链营养变化对人类营养健康的影响**

1)采后贮藏过程中有害物质的积累

无论在高收入的发达国家还是中低收入的发展中国家，因采后贮藏条件不当造成有害物质的积累是威胁人类营养健康的重要问题。许多主粮作物贮藏不当会污染黄曲霉毒素，它具有极强的致癌效应，毒性远高于氰化物、砷化物和有机农药。在果蔬贮藏保鲜过程中，硝酸盐或亚硝酸盐的产生与积累也危害着人体健康，因此选择合理的贮藏保鲜方法，改善贮藏条件，大力发展新型高效贮藏新技术意义重大。

2)食品过度加工导致微量营养素缺乏

主粮作物在我国居民膳食比例中占有较高比重，对营养供应的意义非常重要。目前我国稻谷的典型碾米工序包括三道碾米、四道抛光、三道色选，部分大米企业的抛光工序已增加到4道，每增加一道抛光能耗增加8～10 kWh，同时微量营养素成分流失也更加严重，如图6-7所示，精米在经脱壳、碾米、抛光等加工工序后，锌、铁、钙、钾和锰微量营养素的损失分别为43.4%，65.4%，86%，85%和92.4%(Wang et al.,2019b)。小麦由籽粒制作成精面粉的过程同样存在大量微量元素损失，其中铁和锌的损失高达84.2%和80.6%(Cubadda et al.,2009;Tang et al.,2008)。

3)食品中微量营养素的强化

食品强化是预防和控制微量营养素缺乏的重要手段之一，是目前营养干预最为经济的方式(解立斌，2013)。食品强化可分为两大类，即添加类营养强化食品和营养强化作物类食品。添加类营养强化食品产业发展历史较长，代表性产品有加碘盐、铁强化酱油、营养强化米、营养强化饼干、营养强化麦片等(邵丹青等，2017)，但这类强化食品也存在着一定问题(张东峰和邓毛程，2016)，如无机铁作为营养强化剂使用，易与硫化物、多酚等结合，影响食物感官品质，刺激胃肠，吸收效果有限，在贮藏过程中二价铁易氧化为三价铁而丧失强化效果(卢玉和王春玲，2013)。强化作物类食品起步较晚，但消费者对该类强化食品的评价十分积极，补充营养方式更有效便捷，目前存在较大的市场缺口，应用前景广阔。

### 6.2.3 居民膳食结构与营养健康

**1. 膳食结构现状**

1)全球膳食结构现状

当前全球范围的食物摄入情况在质量和数量上均与参考饮食存在较大差异。在全球范围内，全谷类、蔬菜、水果、坚果、豆类和鱼类等食物摄入量普遍不足，而红肉、土豆、淀粉和鸡蛋等食物则超过健康饮食的建议值，分别超出健康边界的288%、293%及153%。世界不同地区的营养结构差异明显。北美和欧洲红肉、马铃薯、淀粉、鸡蛋、禽肉和奶制品的摄入量超过了健康饮食限制，其中在北美，红肉的摄入量为健康限制的638%，鸡蛋超过268%，禽肉超过234%。拉丁美洲和加勒比地区、中东和北非、欧洲以及中亚禽肉的摄入量超过参考水平。欧洲、中亚和北美乳制品的消费量超过了参考摄入量。南亚和撒哈拉以南的非洲地区马铃薯和淀粉的摄入量过多，其中撒哈拉以南非洲地区马铃薯和淀粉类食物的摄入量超过健

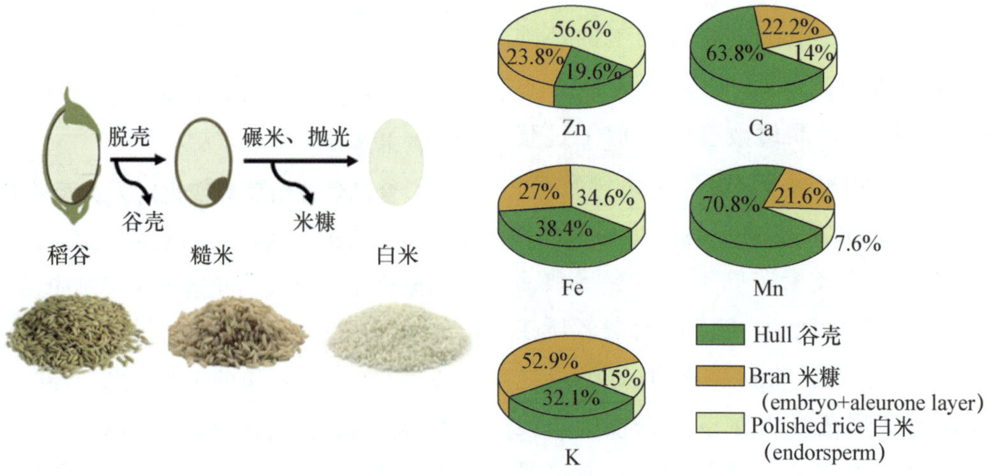


图6-7 稻谷加工成白米过程及微量营养素分布情况

康边界的 729%，但以上两地区其他食物摄入远未达到健康膳食的推荐值，膳食结构存在严重失衡(图 6-8)。

总体而言，全球膳食结构仍与健康饮食有较大偏差，必须进行重大变革，以实现健康营养。这包括将水果、蔬菜、豆类和坚果等健康食品的消费量增加一倍以上，同时将糖和红肉等较不健康食品的全球消费量减少一半以上(主要通过减少较富裕国家的过量消费来实现)。但在实际操作中应综合考虑当地主要食物来源及饮食习惯，制定切实可行的健康饮食推荐。

2)我国居民膳食结构现状

近些年来，我国居民的膳食结构发生了重大的变化，植物性食物的人均摄入量呈下降趋势，高蛋白、高脂肪的动物性食物消费显著提升。主粮类食物仍为我国居民日常重要的食物来源，但占比从 2004 年的 44%下滑至 2011 年 37%；蔬菜类食物从 33%下滑至 27%。肉类、奶类食物摄入量呈现持续上升的趋势。肉类食物的每日标准人均摄入量由 2004 年的 80.2 g 上升至 2011 年的 100 g，上升幅度为 25%；奶类食物的每日标准人均摄入量从 2004 年 16.7 g 上升至 2011 年 33.2 g，增幅达 99%。零食小吃类、水果类食物增长速度显著，分别上升 4%和 5%，成为我国居民日常的食物来源之一。鱼类、油脂类、坚果类、蛋类、干豆类等食物保持稳定的食物摄入占比(图 6-9)。

我国城镇居民与农村居民食物摄入量及膳食结构存在着巨大差异。从食物摄入量来看，2011 年我国城镇居民每日标准人均食物摄入量约为 1 256.7 g，而农村居民每日标准人均食物摄入量约为 1 093 g。从膳食结构来看，2011 年农村居民日常食物占比最高的是主粮类及蔬菜类，两者占

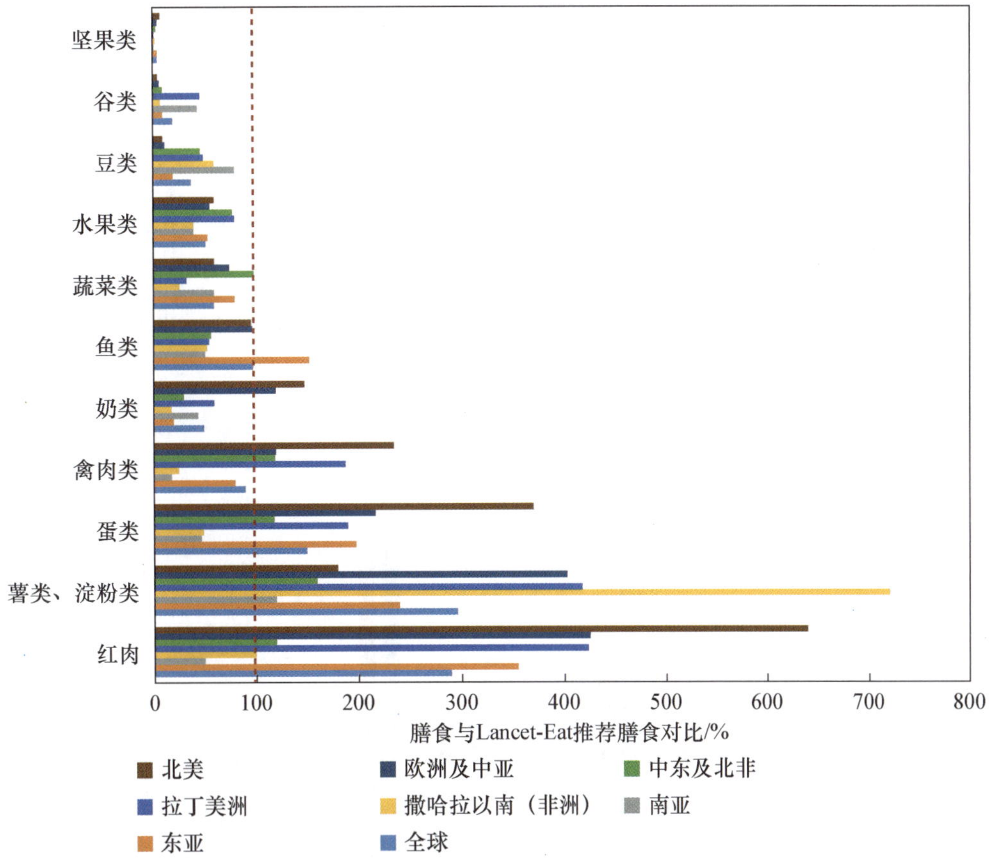


图 6-8　目前全球及各地区膳食与 Lancet-EAT 推荐健康膳食对比情况

[数据来源为“Global Burden of Disease (GBD) database”2017 年数据。红色虚线为 Lancet-EAT 参考健康饮食。]

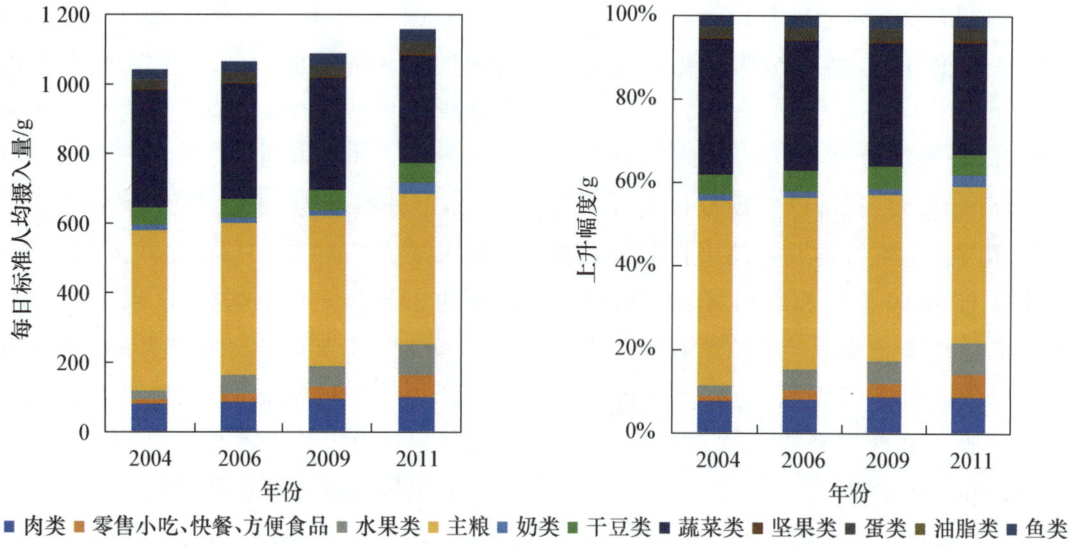


图 6-9 2002—2011 年我国居民食物摄入量变化情况

[数据来源："中国营养健康调查(China Health and Nutrition Survey,CHNS)"2004—2011 年的数据。肉类食物包括畜肉类、禽肉类食物;主粮类食物包括谷物类和薯类、淀粉类食物。]

比将近 70%,而城镇居民这两类食物的选择占比仅 55%,肉类、零食小吃、快餐和方便食品、奶类也是城镇居民日常食物的重要来源,其中零食小吃、快餐和方便食品每日标准人均摄入量为 95.5 g,奶类食物摄入量为 68.9 g,分别为农村居民摄入量的 2.16 和 6.06 倍(图 6-10)。

分析我国男女居民膳食结构特征发现,各类食物摄入的绝对量及膳食结构并没有较大差异。从食物摄入绝对量来看,2011 年我国男性居民每日标准人均摄入食物量约为 1 109 g,而女性居民每天食物摄入量约为 1 092 g。从膳食结构方面来看,男女居民各类食物占日常膳食食物来源比例差别不大,均是以主粮类、蔬菜类为主、肉类、水果类、蛋类、奶类为辅的膳食结构,与全国居民平均水平相符(图 6-11)。

**2. 膳食能量与营养素摄入现状**

1)全球营养状况分析

2015 年,全球新生婴儿总数中有 1/7,即 2 050

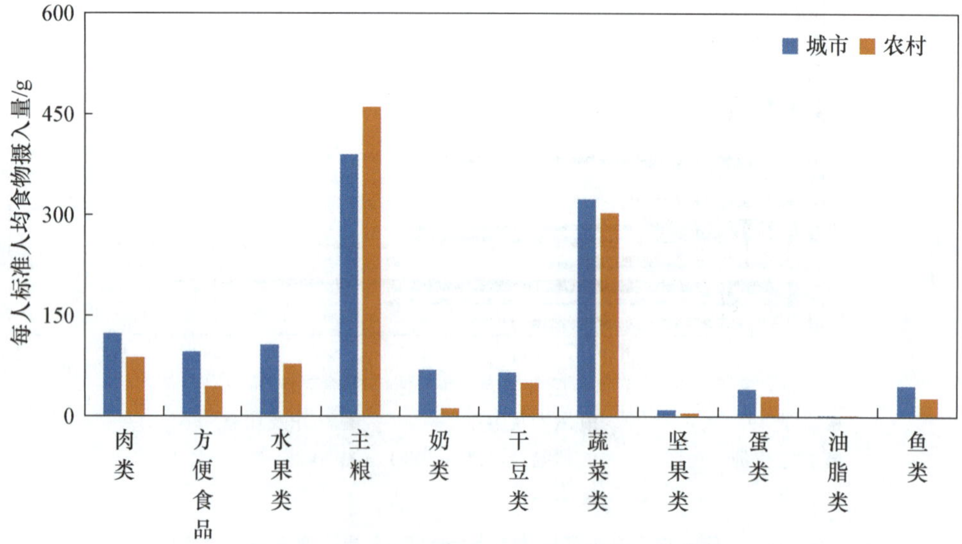


图 6-10 2011 年我国城乡居民食物摄入量对比情况

[数据来源："中国营养健康调查(China Health and Nutrition Survey,CHNS)"2004—2011 年的数据。肉类食物包括畜肉类、禽肉类食物;主粮类食物包括谷物类和薯类、淀粉类食物。]

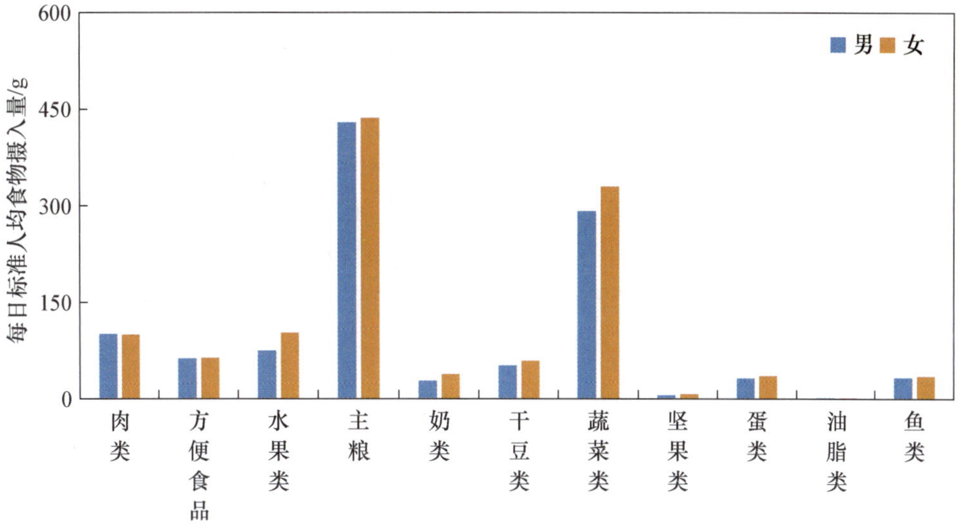


图 6-11　2011 年我国男女性居民食物摄入量对比情况

[数据来源:“中国营养健康调查,(China Health and Nutrition Survey,CHNS)”2004—2011 年的数据。肉类食物包括畜肉类、禽肉类食物;主粮类食物包括谷物类和薯类、淀粉类食物。]

万婴儿,体重偏低,在生命最初 28 天中更容易面临死亡风险,存活下来后也易出现身材矮小和智商低下的问题,成年后易患上慢性疾病,包括肥胖和糖尿病等,严重威胁 2025 年婴儿低出生体重发生率降低 30%的目标。

全球范围内 5 岁以下儿童发育迟缓发生率正在下降,2018 年发生率为 21.9%。发育迟缓儿童人数也从 2012 年的 1.66 亿降至 2018 年的 1.49 亿。虽然六年间下降了 10.1%,但离计划下降 20%的目标依然很远,远不能满足 2030 年发育迟缓儿童人数减半的目标。全球范围内 5 岁以下儿童消瘦发生率为 7.3%(4 950 万人),离 2030 年降至 3%的目标依然很远。2018 年,全球儿童超重人数约 4 010 万,5 岁以下儿童超重发生率从 2012 年的 5.5%升至 2018 年的 5.9%(图 6-12)。

截至 2016 年,全球育龄妇女(15～49 岁)中有 32.8%受到贫血的困扰,成人肥胖率从 2012 年的 11.7%升至 2016 年的 13.2%。距离 2025 年育龄

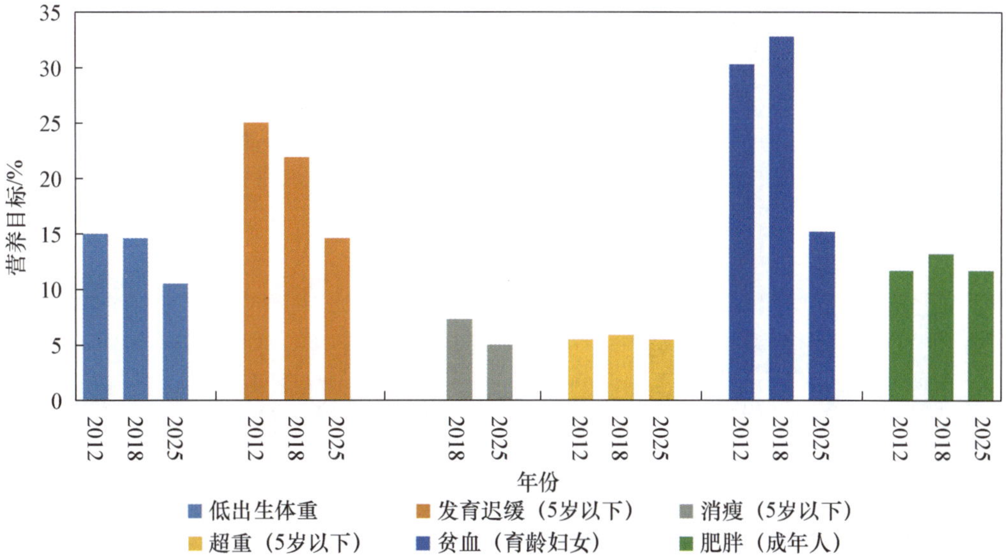


图 6-12　全球营养不良状况及 2025 年全球营养目标分析

(数据来源:“FAO2019 年世界粮食安全和营养状况报告”)

妇女贫血率降低50%、终止成人肥胖率上升目标仍有巨大差距。

2)我国营养状况分析

食物供应、生活方式和环境的变化导致中国居民的能量摄入不断下降。能量摄取方面,2011年中国居民每日标准人均能量摄入量为2 025 kcal,比2004年下降166 kcal。三大宏量营养素方面,碳水化合物摄入量逐年下降,脂肪摄入量逐年上升,蛋白质摄入量维持稳定。矿物质方面,钠、钙摄入量呈显著增加,铁、锌和硒摄入量保持稳定;维生素方面,维生素A摄入呈上升趋势,而维生素C摄入量则存在下降趋势,具体变化如图6-13和表6-5所示。

与推荐摄入量相比,如表6-6所示,我国居民钙、硒、维生素A、维生素C摄入不足情况尤为严重,低于平均需要量(EAR)人群占比均超过70%,

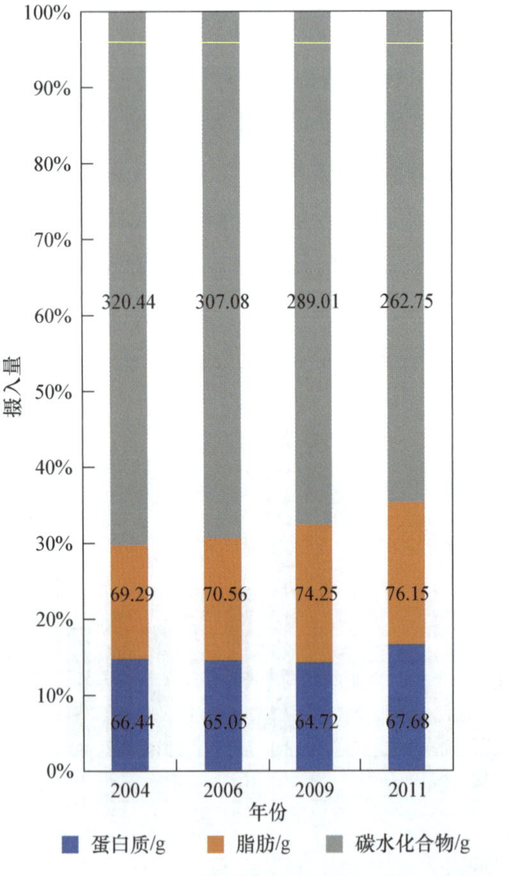


图6-13 2004—2011年我国居民蛋白质、脂肪和碳水化合物摄入状况变化趋势

[数据来源:"中国营养健康调查(China Health and Nutrition Survey,CHNS)"2004—2011年的数据。]

其中缺钙问题最突出。我国居民对于摄入锌、铁的情况相对较好,有超过30%的人群摄入达到推荐摄入量(RNI)如表6-6所示。我国城乡居民对于钙、维生素A和维生素C的摄入量差异显著,而对于铁、锌和硒的摄入量并无较大差异。这主要是由于城镇居民水果类、蔬菜类、肉类、鱼类、蛋类、奶类等摄入量均比农村居民多。我国男女性居民主要营养素摄入量存在较大差异,男性较女性在锌、铁、硒、维生素C的摄入量要多,而对于钙、维生素A摄入量并无较大差异。我国18～59岁的居民营养素摄入量满足RNI要求的人群比例相对于18岁以下、60岁以上居民情况较好,18岁以下居民在主要营养素摄入量方面相对摄入不足。

**3. 膳食与人类健康**

1)营养素的摄入与人体营养健康

宏量营养素的摄入过量与不足,均会对人的体重产生影响,导致瘦弱、超重和肥胖。而即使宏量营养素摄入充足,微量营养素摄入不足仍会给人体健康带来极大的麻烦。

微量营养素缺乏对机体健康的影响过程如图6-14所示,在某些营养素存在长期摄入不足时,机体由最佳组织水平逐渐变为亚健康状态、生物机制功能受损、发生非特定性功能缺陷最终导致临床疾病的发生(Combet and Buckton, 2019)。表6-7和表6-8选取了主要维生素和矿物质的生理功能及缺乏(钠为过量摄入)导致的相关疾病,来说明其对人体健康的影响作用。

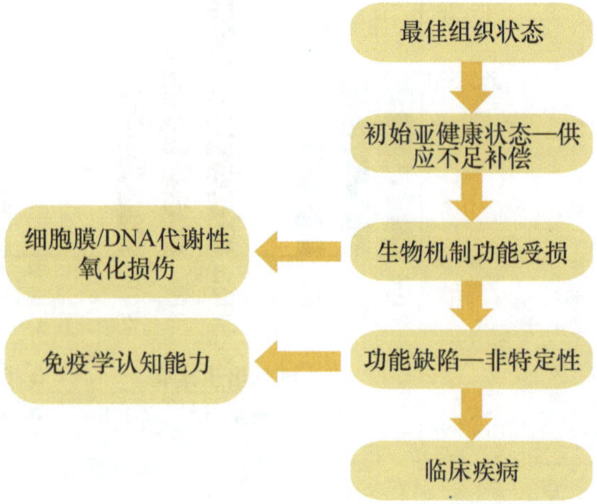


图6-14 微量营养素缺乏从亚健康状态到临床表现的过程

**表 6-5 2004—2011 年我国居民能量和各类营养素摄入状况变化趋势**

| 指标 | 2004 | 2006 | 2009 | 2011 |
|---|---|---|---|---|
| 能量/kcal | 2 190.58 | 2 145.68 | 2 100.83 | 2 024.77 |
| 碳水化合物/g | 320.44 | 307.08 | 289.01 | 262.75 |
| 脂肪/g | 69.29 | 70.56 | 74.25 | 76.15 |
| 蛋白质/g | 66.44 | 65.05 | 64.72 | 67.68 |
| 钙/mg | 378.76 | 368.23 | 372.09 | 412.12 |
| 铁/mg | 20.16 | 19.57 | 19.30 | 18.90 |
| 锌/mg | 10.89 | 10.57 | 10.33 | 9.97 |
| 硒/μg | 41.81 | 42.21 | 42.24 | 43.90 |
| 维生素 A/mg | 417.12 | 403.67 | 436.15 | 534.99 |
| 维生素 C/mg | 86.38 | 82.22 | 80.37 | 78.12 |

数据来源:"中国营养健康调查(China Health and Nutrition Survey,CHNS)"2004—2011 年的数据。

**表 6-6 2004—2011 年我国居民主要营养素摄入量的分布**

| 营养素 | 指标 | 全国 | 城市 | 农村 | 男性 | 女性 | 18 岁以下 | 18~59 岁 | 60 岁以上 |
|---|---|---|---|---|---|---|---|---|---|
| 钙 | <EAR | 90.5% | 85.6% | 93.7% | 89.0% | 91.8% | 91.0% | 90.3% | 90.6% |
| | ≥RNI | 4.8% | 7.4% | 3.0% | 5.6% | 4.0% | 4.3% | 4.9% | 4.8% |
| 锌 | <EAR | 45.5% | 45.5% | 45.5% | 37.5% | 52.9% | 63.4% | 39.8% | 50.1% |
| | ≥RNI | 35.0% | 34.5% | 35.3% | 43.6% | 27.0% | 21.2% | 40.3% | 29.2% |
| 铁 | <EAR | 28.7% | 28.4% | 28.9% | 22.8% | 34.2% | 49.2% | 23.7% | 30.4% |
| | ≥RNI | 44.5% | 45.3% | 44.1% | 52.2% | 37.5% | 26.4% | 49.9% | 40.9% |
| 硒 | <EAR | 75.0% | 71.7% | 77.2% | 69.1% | 80.5% | 84.6% | 71.3% | 79.1% |
| | ≥RNI | 14.0% | 16.1% | 12.6% | 18.3% | 10.1% | 7.8% | 16.3% | 11.8% |
| 维生素 A | <EAR | 72.0% | 65.8% | 76.2% | 70.6% | 73.3% | 76.4% | 70.8% | 72.7% |
| | ≥RNI | 15.3% | 18.0% | 13.5% | 16.4% | 14.2% | 12.8% | 16.3% | 14.1% |
| 维生素 C | <EAR | 70.5% | 67.0% | 72.8% | 68.8% | 72.1% | 83.7% | 68.1% | 69.6% |
| | ≥RNI | 20.8% | 23.9% | 18.7% | 22.0% | 19.6% | 11.6% | 22.7% | 20.8% |

数据来源:"中国营养健康调查(China Health and Nutrition Survey,CHNS)"2004—2011 年的数据。

**表 6-7 维生素的生理功能与相关疾病**

| 种类 | 生理功能 | 已知相关疾病 |
|---|---|---|
| 维生素 A(视黄醇) | 视觉色素,基因表达,细胞分化,抗氧化剂 | 夜盲症,干眼症,皮肤角化 |
| 维生素 C(抗坏血酸) | 抗氧化剂,促进铁吸收,胶原蛋白合成,产生去甲肾上腺素,抑制胃中亚硝胺的产生 | 维生素 C 缺乏病(伤口愈合受损,牙骨质丧失,皮下出血) |
| 维生素 D(钙化醇) | 维持钙稳态,促进小肠细胞成熟,胰岛素分泌相关 | 佝偻病(骨矿化不良),骨软化症(骨脱钙) |
| 维生素 K(叶绿醌) | 凝血酶和骨基质酶的辅酶 | 凝血功能受损,出血性疾病 |
| 维生素 $B_1$(硫胺素) | 丙酮酸、2-酮戊二酸脱氢酶和转酮酶中的辅酶,在神经传导中的作用(尚不明确) | 脚气病(周围神经损伤)、韦尼克-埃科萨科夫综合征(中枢神经损伤) |
| 维生素 $B_2$(核黄素) | 氧化和还原反应中的辅酶,黄蛋白的修复基团 | 口角、唇、舌病变;脂溢性皮炎 |
| 维生素 $B_3$(烟酸) | 氧化还原反应中的辅酶,NAD 和 NADP 的功能部分 | 糙皮病(光敏性皮炎、抑郁性精神病) |
| 维生素 $B_5$(泛酸) | 辅酶 A 和酰基载体蛋白的功能部分 | 神经运动障碍、精神抑郁、胃肠道不适和胰岛素敏感性增高 |

续表 6-7

| 种类 | 生理功能 | 已知相关疾病 |
| --- | --- | --- |
| 维生素 $B_6$（吡哆醇） | 氨基酸和糖原磷酸化酶的转氨和脱羧共酶，类固醇皮质激素的产生 | 氨基酸代谢紊乱，抽搐 |
| 维生素 $B_9$（叶酸） | 碳片段转移中的辅酶 | 巨幼细胞性贫血，婴儿神经管缺陷 |
| 维生素 $B_{12}$（钴胺素） | 辅酶在单碳片段转移和叶酸代谢中的作用 | 恶性贫血（伴有脊髓变性的巨幼细胞性贫血） |
| 维生素 E（生育酚） | 抗氧化剂（特别是在细胞膜中） | 罕见的严重神经功能障碍 |
| 维生素 H（生物素） | 糖异生和脂肪酸合成中羧化反应中的辅酶 | 脂肪和碳水化合物代谢受损，皮炎 |

数据来源：Emilie C et al.，2018。

表 6-8　矿物质的生理功能与相关疾病

| 种类 | 生理功能 | 已知相关疾病 |
| --- | --- | --- |
| 钙（Ca） | 骨骼生长发育，血管和肌肉收缩，神经传递，胰岛素释放 | 骨质量发育不健全，晚年骨质疏松 |
| 铁（Fe） | 氧的运输和储存，多种代谢功能的催化中心，细胞呼吸和能量生产，免疫系统，髓鞘和胎儿神经发育 | 缺铁和缺铁性贫血，免疫反应受损，影响儿童心理和智力发育 |
| 锌（Zn） | 参与催化、结构和调节作用，存在于＞100 种参与能量代谢的金属酶中、DNA 和 RNA 合成、蛋白质合成、多基因表达、黏膜细胞保护、免疫和生殖系统功能 | 生长迟缓、性和骨骼发育不成熟、神经系统障碍、皮炎、脱发、腹泻、易感染和食欲不振 |
| 硒（Se） | 硒依赖性谷胱甘肽过氧化物酶（抗氧化剂）、甲状腺激素代谢的氧化还原中心 | 克山病（一种影响育龄妇女和儿童的心肌病） |
| 钠（Na） | 细胞外电解质调节渗透和电解质平衡，神经传导，肌肉收缩，能量依赖的细胞运输系统，骨矿物磷灰石的形成 | 高血压，心血管疾病，脑血管疾病 |
| 磷（P） | 钙化组织中的羟基磷灰石、生物膜中的磷脂、核苷酸和核酸、维持正常 pH、能量储存和转移、磷酸化激活催化酶 | 导致细胞功能障碍的低磷血症可包括厌食、贫血、肌无力、骨痛、佝偻病和骨软化症、全身虚弱、感染增加、感觉异常、共济失调、精神错乱 |
| 钾（K） | 主要调节细胞内电解质的渗透压和电解质平衡，心血管、呼吸、消化、肾脏和内分泌系统的正常功能，能量代谢，细胞生长和分裂 | 低钾摄入不太可能导致临床钾缺乏和低钾血症（除非在饥饿和神经性厌食期间） |
| 氯（Cl） | 胃中的盐酸，红细胞质膜中氯离子的转移，渗透和电解质平衡的调节 | 与饮食无关，仅由临床条件引起（如严重创伤） |
| 铬（Cr） | 胰岛素作用、碳水化合物、脂质和核酸代谢 | 严重缺乏可导致胰岛素抵抗 |
| 铜（Cu） | 免疫，神经和心血管系统，骨骼健康，铁代谢，血红蛋白合成，线粒体调节，其他基因表达 | 与饮食无关，仅由临床条件引起 |
| 氟（F） | 牙齿和骨骼中的氟磷灰石 | 增加龋齿风险 |
| 碘（I） | 甲状腺激素，生长和智力发育，尚不明确的抗生素和抗癌效果 | 甲状腺肿、甲状腺功能减退、克汀病（统称为碘缺乏症） |
| 镁（Mg） | 广泛的基本细胞反应，代谢、骨骼发育、基因调节、神经和肌肉细胞传导中的酶 | 食欲不振、精神萎靡、肌肉抽搐 |
| 锰（Mn） | 线粒体超氧化物歧化酶的催化因子、精氨酸酶和丙酮酸羧化酶 | 罕见的体重减轻，皮炎，头发和指甲生长迟缓，血脂下降 |
| 钼（Mo） | 催化羟基化的含铁和黄素酶的协同因子 | 难以诱发 |
| 硫（S） | 许多蛋白质的组成部分，电子传递链中能量代谢的一部分 | 难以诱发 |

数据来源：Emilie C et al.，2018。

2）膳食结构与人群营养健康

对于机体而言，很难获取其营养素真实吸收水平的数据，所以从膳食结构角度去评价与估量人群的营养健康变得尤为重要。为了更客观的评价膳食结构的质量，世界各国均衍生出了适于本国的膳食质量评分系统。最基础的评分便是基于食物组来评价整体饮食结构的合理性。大量研究表明：用植物源食品替换动物性食品，能大幅提高健康水平；改善蛋白质的来源，即从动物性食品获得蛋白转为从豆类等植物性食品获取，可有效降低心血管疾病的患病率（Mertens，2020）。

平衡的膳食模式是最大限度保障人体营养需求和健康的基础，食物多样性是良好膳食结构的基本原则。蔬菜水果是维生素、矿物质、膳食纤维和植物化学物的重要来源，奶类大豆类富含钙、优质蛋白质和B族维生素，提高膳食中果蔬、奶类和大豆制品占比，对降低慢性病发病率具有重要作用。适当摄入鱼、禽、蛋和瘦肉，可补充维生素A、B族维生素和优质蛋白，但过量摄入易引发心脑血管疾病和高脂血症。控制油（25～30g）、盐（≤6g）、糖（≤25g）和酒精（男性≤25g、女性≤15g）的摄入，也可降低高血压、肥胖和心脑血管疾病等慢性病发病率。

中国是一个地势横跨第一、第二、第三阶梯，生物多样性丰富且地理区域资源种类与分布差异巨大的国家，这也导致了我国不同区域膳食结构的多样性。膳食结构的地域性与区域人群营养健康也呈现了关联性。例如，西北地区饮食重盐重油，肉类摄入单一且水果蔬菜摄入严重不足，人群超重、肥胖、高血压、高脂血症和脑出血等疾病频发。而东南沿海地区饮食清淡，水果蔬菜摄入量较高，海产品摄入量高于全国平均水平，高血压和高脂血症发病率少于其他地区，但高糖摄入导致该地区Ⅱ型糖尿病发病率高。北方地区偏好腌制食品，酒精和红肉摄入过多，导致冠心病和高血压频发（覃尔岱等，2020）。

综上所述，我国当前膳食结构距离2016年膳食指南给出的膳食宝塔标准相差甚远，总结如下：谷薯类摄入过量，全谷物、杂豆和薯类摄入不足；水果、蔬菜摄入远低于推荐水平（城市优于乡村，均呈下降趋势）；肉类摄入过量（城市高于乡村），海产品摄入不达标准；奶类（平均摄入量仅达最低推荐摄入量10%左右）和坚果摄入严重不足，豆类摄入偏少；食用油、盐摄入严重超标（He et al.，2018c；Wang et al.，2020a）。

## 6.3 改善营养健康的实现途径

过去几十年里，在气候变化和自然资源稀缺的背景下，建立以营养健康为导向的绿色可持续食物系统至关重要。针对目前系统中存在的关键问题，合理利用现有技术或创新研发新技术，兼顾经济可行性、资源环境可持续性及文化偏好性等多种因素，探究在食物供应、食物环境、食物消费各环节中的食品安全与营养安全，在供应体系终端提供优质、营养、绿色的食品产品，以期切合消费者膳食质量和膳食多样性的新需求，实现营养素有效吸收是构建绿色可持续食物系统，改善营养健康的核心途径。本节将从作物生产、食品供应链体系以及食物环境方面提出可行性实施方案以及技术途径（图6-15和图6-16）。

### 6.3.1　食物生产过程的技术实现途径

农业发展、环境减排及经济增长并不会自动改善人体营养和健康，合理的农业政策会对农业生产力和营养水平产生影响，但此类政策很少将改善营养作为首要政策目标。2017年，FAO提出："营养导向型农业是一种以可持续的方式满足居民膳食需求的新型农业范式或方案，旨在确保生产量足质优且价格合理、营养丰富、文化适宜、安全的各种食物，营养和健康是最终目标和衡量标准"（FAO，2017）。

**1.提高粮食可供性**

近30年来，国家粮食生产重心明显北移，省份

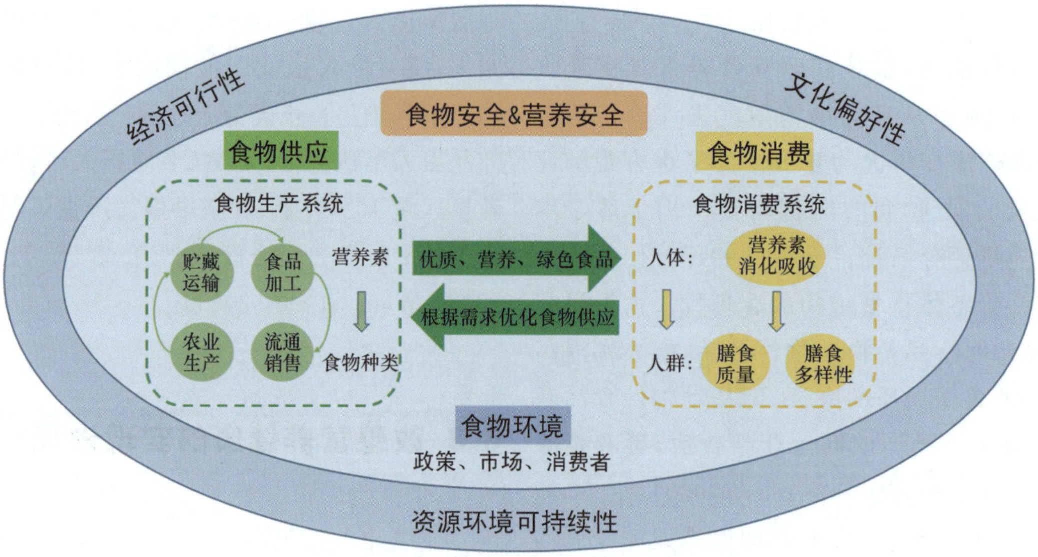


图 6-15　食物系统改善营养健康实施方案

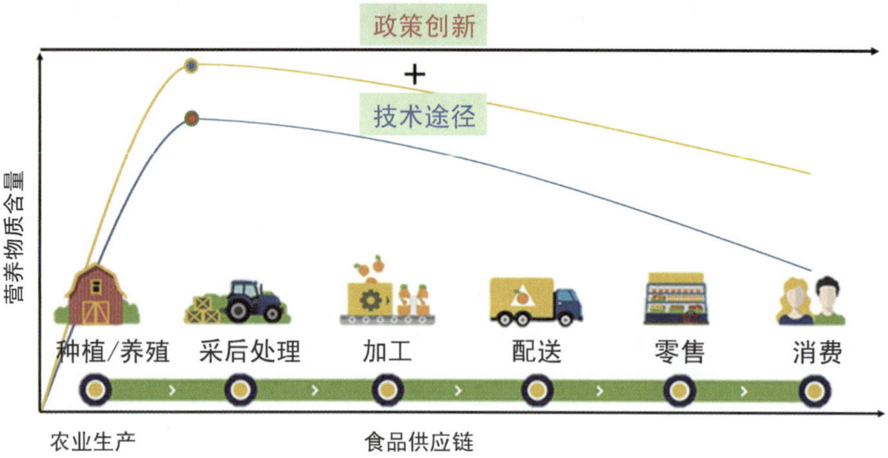


图 6-16　食物系统改善营养健康实施途径

间粮食自给率差异巨大。全国粮食调出省份由2003年的13个减少到2008年的8个，目前仅剩河南、黑龙江、内蒙古、吉林、安徽5个省份。粮食净调出呈现向少数省份过度集中的趋势，其趋势和影响值得高度关注。另外，2011—2014年我国粮食单产增产对总产量增加的贡献只有22.2%，进一步提高单产的边际约束效应明显显现（张锦宗等，2017）。

我国粮食产量的一半来自化肥，化肥作为粮食的“粮食”，极大地丰富了农业生产系统中的养分供应，为生产更多人类所需的蛋白、能量、矿物质提供了基础。然而随着农业集约化的发展和过量化肥的投入，资源环境问题逐渐成为影响农业生产的刚性制约因素，因此根据不同区域土壤条件、作物产量潜力和养分综合管理要求，合理制定各区域、作物单位面积施肥限量标准。同时，结合作物根层综合调控技术，最大化利用土壤养分和资源，提高作物产量和养分利用效率是持续保障粮食供给能力的基础（张福锁，2017）。从国家层面要进一步强调粮食生产的重要性，完善粮食扶持政策与地方政府的考核机制，充分发挥国家政策的宏观调控作用，确保粮食的可持续供给。

**2. 提高粮食多样化**

2002年以来，我国种植业结构发生了显著变化，种植业结构类型的丰富度显著增加，以水稻、小麦和玉米为主的单一作物类型减少。空间分析表明，近30年来，中国63.8%的县调整了种植结构，总体趋势是减少主要粮食种类，增加水果和蔬菜种植面积（刘珍环等，2018）。城市化加剧了城周地区的种植结构变化，市场需求推动了城郊农业从低价值作物向高价值作物的转变，水果或蔬菜面积取代了粮食作物种植。粮食多样性是膳食多样性的基础，从人体多样化膳食的角度出发设计种植结构是国家农业供给侧结构性改革的重要举措，也是保障膳食结构多样性的重要前提。

**3. 提高粮食的营养价值**

生物强化是通过植物育种、转基因技术或农艺措施来提高作物中维生素和矿物质营养素含量的过程（Bouis and Saltzman，2017）。1993年前后，国际农业研究磋商组织（CGIAR）下属的研究中心首先提出培育富含微量营养元素作物新品种的设想（Bouis，1996），国际热带农业研究所（CIAT）与国际食物政策研究所（IFPRI）于2002年启动国际生物强化项目（HarvestPlus），在全球推广这种以农业为基础的解决微量营养素缺乏的方法，取得良好进展。土壤养分管理是生物强化的重要农学措施，通过在主粮作物（小麦和玉米等）种植过程中添加微量元素肥料达到籽粒生物强化的目的，为解决全球锌营养不良问题提供了一个切实可行且效益高的选择（Cakmak and Kutman，2018）。土壤直接施用锌肥是锌生物强化的主要方式之一（张金尧和汪洪，2020），但叶片喷施锌肥对于改善谷物籽粒锌含量的效果更加明显。Zou等（2019）在六个国家不同品种的试验表明，在同一混合溶液中同时叶面施用锌、碘和硒，有效地提高了的作物籽粒中锌、碘和硒的浓度，并保持产量的增加。基因生物强化是利用植物育种技术培育出具有更高微量营养素含量作物新品种的方法。通过基因生物强化后，籽粒锌增加了6.5～10 mg/kg。Chen等（2017c）强调了小麦的富锌高产抗逆的生物强化品种、高效经济适时的叶面施锌、优化氮肥施用量和保持适宜水平的土壤有效磷四个因素，提出了小麦生物强化锌生产的综合策略，结合农艺和遗传策略，从而快速达到生物强化的目标。

### 6.3.2 食品供应链的技术实现途径

食物的损失和浪费多发生在农产品收获后的处理和储存、加工和包装、运输和分发以及零售和消费环节中，往往也伴随着营养物质的大量流失。目前的食品加工技术存在采后保鲜加工重视不够，综合利用不足，标准化质量体系不完善等问题。食品加工的发展需要建立在食品供应链的基础上，也要满足消费者偏好、接受度和需求，保持和优化食品的质量和营养价值（Abecassisa et al.，2018）。另外，加工技术也应致力于减少食品生产过程对环境的影响，降低能源和水资源消耗，开发副产品的综合利用与循环利用等。在现代食品加工技术的研究和开发过程中，需更加强调化学试剂和热量减量，减少加工程度，获得接近“零”或“不可见”处理的食品，并且这些技术需要与整个食品供应链系统整合，通过系统优化，降低食品供应链中营养物质损失，提高食品营养品质，最终达到改善人类健康的目标（Jaeger et al.，2012）。

**1. 食品供应链中减少营养损失的技术**

受多种环境因素影响，食品容易腐烂，在不适当的条件下处理和分发可能对消费者造成严重的健康问题，还会引起气味、风味、颜色和结构的不良变化，降低卫生质量。食品的损失和浪费正在成为严重的营养、经济和环境问题，因此，需要运用合理的加工技术防止变质，提高货架期，减少营养损失。

1）贮藏保鲜技术

传统的贮藏技术有简易的沟藏窖藏，该方法利用天然低温维持贮藏温度，设施简单，费用低，保鲜时间短，是为了调节果蔬供应期的小规模贮藏。随后发展了通风库贮藏和冷库低温贮藏，该方法存在管理粗放，投资大，能耗高等问题。目前主要应用气调贮藏，该方法在低温贮藏基础上，通过调整环境气体来延长食品货架期，主要类型包括气调冷藏库,塑料薄膜小包装气调及与其他处理技术结合。

创新的贮藏技术有临界低温高湿保鲜,该方法将贮藏温度控制在果蔬冷害点以上 0.5～1℃,尽可能低地控制保鲜期内呼吸强度,保持相对高湿度环境,将有效降低果蔬水分蒸发。细胞间水结构化气调保鲜技术,主要利用非极性分子(如惰性气体)与游离水的结合,减慢酶促反应,控制果蔬生理活动。其他新型贮藏技术还有臭氧气调保鲜,低剂量辐射预处理保鲜以及生物技术保鲜等。

2)绿色提取技术

据联合国粮农组织估计,水果蔬菜的损失浪费在所有食品种类中占比最高,高达 60%,其中加工中产生的农副产品,占 25%～30%,主要包括种子、根茎、果皮和果渣,合理利用这些废弃物中丰富的生物活性物质,如类胡萝卜素、多酚、膳食纤维、维生素、酶和油脂等,也是减少营养损失的重要途径之一。

从副产物中提取生物活性物质常用的传统提取技术,如索氏提取,浸渍,多是利用不同溶剂萃取以及加热处理,但这些方法存在时间长、溶剂挥发量大、选择性低、热不稳定化合物分解、环境污染和能源损耗大等问题(de Castro and Garcia-Ayuso, 1998)。为了克服传统提取方法的局限性,发展了新型提取技术,包括超临界流体萃取技术、膜分离技术、分子蒸馏、固相微萃取技术、酶辅助萃取等,这些技术符合环境保护标准,被认为是“绿色技术”。

超临界流体萃取技术,利用超临界流体,即处于温度高于临界温度、压力高于临界压力的热力学状态的流体,作为萃取剂从液体或固体中萃取分离出特定成分。与传统提取方法相比大大缩短提取时间,减少对环境的污染。膜分离技术,使混合物通过半透膜,在分子水平上根据粒径大小选择性分离,通过膜的部分称为渗透液,排出膜的浓缩物称为滞留液,该方法相较蒸馏和蒸发节约 30%～50%能源。

3)现代包装技术

包装技术用于保持产品外观和品质,提高食物商品价值(Verghese et al., 2015),新型包装技术包括可食用涂层和活性包装,它们将食品、包装材料和环境三种因素有效结合,具有传统包装无法比拟的一些特性(Almasi et al., 2020)。涂层技术,利用不同的生物聚合物,如蛋白质、脂质、多糖或它们的组合物,作为载体来生产具有抗菌性能的可食用涂层,提高食品安全、质量和功能,同时抑制储存、运输和零售过程中不良微生物的生长。在涂层中加入食品添加剂和营养素,如壳聚糖、苯甲酸钠、山梨酸钾,控释到食品中提高质量和保质期。活性包装技术,在贮藏过程中释放活性物质维持食品质量,延长货架期,目前应用形式包括在食品包装内使用活性小袋,将活性化合物涂覆在聚合物上,将活性化合物固定在聚合物表面,直接与聚合物基质结合等。

**2. 食品供应链中提升营养品质的技术**

传统的食品加工技术,如热处理、盐渍或酸化,往往造成其营养物质的不可逆损失。例如在热处理过程中维生素 C 损失和非酶褐变,烫漂处理使部分可溶性糖损失,高温使油脂发生氧化反应。同时,过度的食品加工会使富含营养物质部位丢弃,严重影响食物本身营养价值。另外,食品中抗营养因子的存在极大地影响营养素的吸收利用。针对上述问题,研究与开发提升营养品质的新型加工技术势在必行。

1)非热加工技术

非热加工技术包括超高压技术,高压脉冲电场,等离子体技术,辐照技术,超声波技术等(Misra et al., 2017)。与传统热加工技术相比,它具有杀菌温度低,保持食品固有营养成分、质构、色泽和新鲜度等特点,对环境污染小,加工能耗低,现已成为国际食品加工业的新增长点和推动力。目前主要应用于灭菌钝酶,延长食物保鲜,改善质构,提高营养物质的生物利用率,协助萃取等领域。

超高压技术将食品原料包装后密封于超高压容器中,在一定压力(≥100 MPa)下加工适当时间，杀灭细菌等微生物，同时使食品中的酶、蛋白质和淀粉改变活性，变性和糊化，以达到杀菌、钝酶和改变食品功能性质目的。该技术的独特性质是它只作用于非共价键，对维生素，色素和风味物质等小分子物质影响小，保持食物原有营养价值。超高压技术的应用是食品工业的一场革命，超高压食品色、香、味以及营养成分完整性的保存以及安全、卫生的优点迎合了消费者的需求，符合当前绿色食品的要求。

2)食品强化技术

食品强化技术根据营养需求向食品中添加一种或多种营养素或某种天然食物成分，以改善食品中各营养之间的比例关系，补充食品在加工和贮存过程中的营养损失。目前市场上售有名目众多的强化食品，如强化牛奶、强化饼干、强化酱油、强化食盐等。食品强化剂种类繁多，包括氨基酸、矿物质、维生素、微量元素、多不饱和脂肪酸等。生产方法包括在加工过程中直接添加，使强化剂与食品混合均匀，使用稳定剂或选择适宜的添加工序，避免因加工过程造成的强化剂损失。一些生物技术用于提高食物中某种营养成分含量或改善其生物利用率，如通过发芽生产富硒豆芽，通过基因工程提高谷物赖氨酸含量等。该技术可以满足特定人群和特定职业的需要，起到预防营养缺乏病与机体保健的作用。

3)其他现代食品加工技术

发酵技术是生物技术中最早发展和应用的食品加工技术之一。在发酵过程中，可产生生物活性肽、短链脂肪酸或多糖，降低食物的糖含量，将抗营养因子转化为具有生物价值的成分(Septembre-Malaterre et al.，2017)。乳酸发酵和固态发酵是食品工业中两种经典的发酵工艺，乳酸发酵工艺通过降解抗营养因子提高营养素的消化率和生物利用度，产生维生素和生物活性代谢物，植物化学物质如多酚转化为更具有生物活性和生物可利用性的形式，很大程度上丰富了食品的营养品质。

纳米技术在食品工业中的应用主要有微乳化技术，纳米胶囊制备技术，分子自组装技术，纳米酶催化技术，纳米粒子制备技术等。纳米乳化剂不仅可以增强生物活性化合物在体内的稳定性、溶解度和生物利用度，而且可以保护它们不受外界环境条件如pH、光照、湿度、温度等的影响。

### 6.3.3 食物消费——可持续性膳食结构的实现途径

正如前文所述，狭义上健康的膳食以补充人体营养为根据，即只针对能量摄入和营养失调(营养不良、超重和肥胖、诱发非传染性慢性疾病)来定义，而要实现农业绿色发展和可持续的膳食结构，对于膳食结构的需求便不能仅局限于营养健康层面。

FAO/WHO于1992年在罗马召开的国际营养大会上把推广以食物为基础的膳食指南列为重点工作之一。会议强调推行合理膳食及健康生活方式是消除或明显减少慢性营养不良、微量营养素缺乏及膳食有关疾病的一项适宜策略。1996年WHO/FAO联合专家会议发表了“编制与应用以食物为基础的膳食指南”，作为各国制定及应用膳食指南的依据和参考。目前中国(中国居民膳食指南2016)、荷兰(2015荷兰膳食指南)、美国(2015—2020美国居民膳食指南)、德国(德国膳食指南2013)和英国(2016英国膳食指南简本)均推出了自己本国的膳食指南，但这些指南仅考虑了营养健康这一单独层面。

2010年，联合国粮食及农业组织(FAO)给出了一个较为全面的可持续性膳食定义：指在保障当代及后代食物和营养安全、降低环境足迹的同时，保护生物多样性和生态系统平衡，且尊重饮食文化、饮食习惯、膳食的可获取性和可接受程度，还要考虑到食物价格和膳食结构的经济可负担程度。在实现这个膳食结构的过程中，尽可能做到优化自然资源与人力资源(Biesbroek，2019)。

为提出更健康和可持续的膳食结构，同时确保继续推进联合国可持续发展目标和巴黎协定，

EAT-*Lancet* 委员会提出了一个定量描述的全球通用健康饮食参考模式。该膳食推荐首次同时考虑环境和健康因素，使得膳食结构推荐指南上升为二维膳食指南，并且以星球边界理论为框架，在对环境施以最小负担的同时为人体提供最优的营养需求（Willett et al.，2019），但该膳食推荐也仅仅涉及了 FAO 给出的可持续性膳食 5 个维度中的 2 个。Kalle 等（2019）对 159 个国家或地区的 744 种食物进行了价格收集及分析，发现全世界至少有 15.8 亿人没有足够的经济能力承担 EAT-*Lancet* 推荐的膳食结构。同时，FAO 可持续性膳食理念中饮食习惯和膳食的可获取性尚未包含其中，只能在已有的膳食指南基础上，增加膳食偏好约束条件来实现膳食指南的本地化（Ribal et al.，2016；Gazan et al.，2018）。但人为定义的饮食偏好框架主观性过强，且在试验中无法避免受试对象自身的极大偏差。

若要考虑膳食结构中任何可能存在的变量因素，饮食推荐必须将膳食优化单元从食物组转变为个体消费者（Kanellopoulos et al.，2020），因为某区域消费者已有的饮食模式代表了最易获得的食物与最习惯的食物消费和摄入模式，这样食物可获得性和饮食偏好与习惯也成为变量因素。

中国农业大学和荷兰瓦赫宁根大学合作，以期应用 SHARP-DEA 模型，将每个消费者的膳食结构作为优化单元，对膳食的健康、可持续性和可负担性三个层面进行分析，从图 6-17 看出，所研究人群中摄入充足营养的膳食结构（*B*、*C*、*D*）被定义为充足膳食（即营养评分＝1），利用模型优化非充足膳食结构（*A*）至充足膳食组成的最优范围内，在健康、可持续性和可负担性三个维度保障了膳食结构的合理性，同时，因为优化的对象为同处相似饮食文化的同类人群，所以饮食偏好、食物可获取性及剩余因素均内含于 DEA 模型中，可通过模型寻求最小限度的偏离（即与原饮食习惯的差异）（图 6-17）。

膳食推荐的制定必须要全方位为消费者考虑，在保障消费者健康和降低环境负担的同时，更要考虑到消费者的经济承受能力、原本的饮食习惯、宗教文化信仰以及本地食物的生产和供给等多方面因素。切实可行的膳食指南应由单维度向多维度和多角度发展。

另外，居民饮食改善和食物消费导致的温室气体排放减少是相辅相成的。我国需要提高公民对营养与健康以及低碳生活的认识，具体建议如下：首先，《中国居民饮食指南》除了要促进良好的饮食习惯外，还应反映出健康营养需求与可持续农业之间的联系，并考虑食物选择对环境的影响，将环境因素纳入其饮食指南中，以促进可持续饮食和食物系统。其次，针对学生、妇女和老人等主要群体大力宣传环保和健康的膳食模式。妇女和

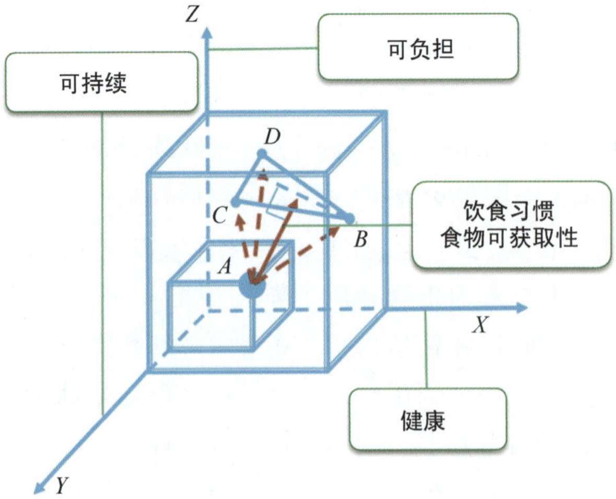


图 6-17　SHARP-DEA 模型概念图

老年人在家庭饮食中起着重要作用,并会影响家庭的饮食方式。学生是未来消费的主要动力,应通过开设食品环境和健康影响课程来促进学生选择环境友好和健康的饮食方式。再次,在多种渠道和平台上推广健康,可持续的饮食,充分利用互联网平台,通过微信和微博等新媒体以及报纸和电视等传统媒体,普及健康环保的饮食方式,以便居民真正认识到均衡饮食的健康与环保效应。最后,饮食指导方针和食品政策的执行相互关联,例如在学校和医院的饮食标准中实施健康和环保的饮食模式,以确保健康和环保的饮食建议能够落地应用,对食品消费产生切实影响。

### 6.3.4 食物环境——营养健康政策创新

**1. 政府层面**

1)可持续膳食的顶层设计需综合考虑环境、健康、经济、文化等多维度指标

目前中国可持续膳食研究方兴未艾,尚未有具体针对中国国情兼顾多方面因素(如环境、健康、经济、文化等)的可持续膳食政策设计。可持续膳食的设计应上升至新时代生态文明建设、粮食安全保障以及乡村振兴国家重大战略等决策高度。针对可持续膳食,制定以反对食物浪费、规范健康饮食、绿色食品生产及加强健康膳食教育的法律法规,为保障我国可持续膳食战略顺利实践奠定法律基础。

2)改革农业补贴政策,支持营养健康食物生产,对高碳排放和低营养食物征税

根据2019年《柳叶刀》报告显示,全球约有15.9亿人无法支付起昂贵的营养食物,只能以主食消费为主或购买其他廉价的低营养食物,造成营养不良或者肥胖等问题。因此,需要改革农业补贴政策,增加对健康和营养食物的补贴,如蔬菜水果,可以进一步促进食物系统的转型,帮助我国更好地实现粮食和营养安全。对农户而言,可以降低营养农产品生产成本,更好地满足市场对优质农产品的需求,同时增加收入解决贫困问题。政府还可向含糖食品和饮料、垃圾食品和其他缺乏营养的食物征税,例如墨西哥对含糖饮料征税后,居民购买含糖饮料平均下降了6%;对高碳排放的食物征税,如牛肉、羊肉,减少该类食品消费量,可以显著降低畜牧业对环境的碳排放压力。

**2. 企业层面**

1)限制向儿童推销过度加工、高脂、高糖和高盐的食物

Sadeghirad等(2016)研究发现,增加不健康食物和饮料的广告投放会进一步诱导儿童消费此类产品,因此在广告法律法规中应进一步加强食品广告审核,提高准入门槛。食品企业也应该承担更多社会责任,减少易导致肥胖、营养不良的食品生产和销售,加大高质量健康食品的研发投入,积极向消费者和市场提供更好的膳食选择。在食品标签中对产品营养信息予以明确的标注和说明,对可能造成消费者健康隐患的成分应予以提醒和警告。

2)鼓励食品行业申请研究资源,开发更有营养的创新产品,为采用更健康食材的食品生产者颁发证书

国际基金组织和各国政府应积极向食品行业提供更多的支持项目,鼓励食品研究单位及龙头企业申请研究基金,加强技术研发,为全世界生产更多有益的营养健康食品,并积极共享研发经验。鼓励食品生产企业和零售商的生产销售转型,对采用健康食材企业、绿色食品生产加工企业、绿色食品管理企业等相关经营主体进行专业认证,加强企业和产品可持续生产认证管理,鼓励食品绿色健康可持续生产管理行为。

**3. 科研单位层面**

加大农业和相关产业科研投入,以更少投入实现更大产出。加强营养敏感型农业技术的研发和投入,从长远角度改善国民营养健康水平。支持促进食物生产多样化的技术,如蔬菜、豆类和水果,这些技术的研发、推广和应用将显著加强国民膳食结构的多样性,降低生产成本,提高消费者的购买能力。

增加用于生物强化、食品强化等技术研发经费投入。Harvest Plus 的经验表明,通过植物育种和农艺实践相结合能显著提高农产品的营养含量。目前全球约有 30 多个国家超过 3 000 万人口消费了 12 种生物强化作物中的一种或者多种,这些人口的营养水平都能不同程度得到提升。例如,在印度消费生物强化的珍珠小米女孩和男孩认知能力都显著高于那些吃非生物强化珍珠小米的人群 (Scott et al.,2018),这些措施对改善儿童、妇女的营养健康水平有显著作用。

**4. 消费者层面**

1)支持消费者通过行为改变以改善营养状况及可持续性

食物浪费和损失给全球食物系统和资源环境造成了沉重负担,通过教育消费者不要因为外观而丢弃食物,可有效提高食物利用率,减少食物浪费行为,促进社会资源的最大化利用效率。例如,中国提倡的"光盘行动",通过广告、海报、标语和多媒体宣传手段使得节约食物、按需索取的理念深入人心,有效地减少了食物浪费和损失。对特殊群体如孕妇、儿童、老年人进行营养知识的干预,可以显著提高他们膳食多样性,减少摄入不健康食物,有效改善营养健康水平。

2)利用全社会公共资源推动营养教育

饮食教育是一项复杂的社会系统技术,需要整个社会的支持和参与(郝晓岑等,2017;王运武,2013;王伟,2012)。因此,有必要将宏观营养干预措施与具体的营养指导方针相结合,建立相应的组织和专业团队(罗仁福等,2017),同时政府保证一定的资金支持,确保饮食教育工作顺利进行。学校营养教育范围不仅立足学校的主要职能,还可充分利用校外教育资源,如家庭和社区的支持性教育功能,使家庭教育、社会教育和学校教育能够有机地合作,充分发挥综合作用,实现教育环境协调优化,走"学校—家庭—社会"三位一体之路,提高营养教育实际效果。

3)完善政策保障体系,加强对居民低碳消费引导,鼓励低碳食品的生产流通,引导消费市场选择低碳食品

国外实践经验表明,"碳标签"产品可以自下而上地减少温室气体排放(帅传敏和张钰坤,2013),在当今世界碳减排背景下,有可能成为新的贸易壁垒(李飞等,2010)。因此,我国应积极构建碳标签体系,减少食品产业链的碳排放(胡莹菲等,2010)。政府应加大宣传,加强消费者补贴来驱动消费者对"碳标签"食品的购买力,培育低碳消费市场并逐步实现以消费者需求拉动低碳食品的生产流通,进而逐步完善制造商和加工商的减排控制以及政府的监督制度。同时,必须建立健全的经济体系和市场监督体系,创造良好的消费环境,引导消费者绿色消费,实现低碳食品的生产和流通,该举措将是对其他环保措施的有益补充,同时也可预防潜在的贸易壁垒。

## 参考文献

陈萌山. 大力发展绿色农业 满足人民日益增长的营养健康需求. 中国战略新兴产业,2018:96.

成升魁,汪寿阳,刘旭,等. 新时期我国国民营养与粮食安全. 科学通报,2018,63:1764-1774.

国家卫生计生委疾病预防控制局. 中国居民营养与慢性病状况报告. 营养与食品卫生,2015,6-9.

郝晓岑,王凯珍,毛阳涛. 积极生态系统下美国幼儿体育政策研究. 中国体育科技,2017,53:3-11+47.

胡莹菲,王润,余运俊. 中国建立碳标签体系的经验借鉴与展望. 经济与管理研究,2010:16-19.

解立斌. 提高微量营养素混合均匀度的方法研究. 中国疾病预防控制中心,2013.

李飞,庄贵阳,付加锋,等. 低碳经济转型:政策、趋势与启示. 经济问题探索,2010:94-97.

李国景,陈永福,焦月,等. 中国食物自给状况与保障需求策略分析. 农业经济问题,2019:94-104.

刘建明,亓昭英,刘善科,等. 中微量元素与植物营养和人体健康的关系. 化肥工业,2016,43:85-90+103.

刘珍环,杨鹏,吴文斌,等. 近 30 年中国农作物种植结构时空变化分析. 地理学报,2016,71:840-851.

卢玉，王春玲.铁强化食品的应用现状与前景展望.食品工业科技，2013，34：392-395.

罗仁福，张立生，梁夏，等.陕南贫困农村地区婴幼儿喂养行为及风险因素分析.中国公共卫生，2017，33：1306-1309.

邵丹青，王霞，于跃波，等.微量营养素强化作物食品及消费需求研究.中国粮油学报，2017，32：186-190.

帅传敏，张钰坤.中国消费者低碳产品支付意愿的差异分析——基于碳标签的情景实验数据.中国软科学，2013：61-70.

覃尔岱，王靖，覃瑞，等.我国不同区域膳食结构分析及膳食营养建议.中国食物与营养，2020，26：82-86+59.

王启现，孙君茂，刘自杰.我国绿色农业发展的问题分析.中国食物与营养，2008：24-26.

王伟.食品安全问题的道德反思.理论探索，2012：27-30+36.

王运武."数字校园"向"智慧校园"的转型发展研究——基于系统思维的分析思辩视角.远程教育杂志，2013，31：21-28.

许世卫.直面我国食物浪费严重现状.农村.农业.农民(B版)，2007：31-32.

佚名.农产品及加工副产物综合利用问题研究报告.农业工程技术(农产品加工业)，2014：36-39.

张东峰，邓毛程.我国营养强化食品现状与发展趋势.现代食品，2016：1-2.

张福锁.科学认识化肥的作用及合理利用.农机科技推广，2017：38-40+43.

张金尧，汪洪.锌肥施用与人体锌素营养健康.肥料与健康，2020，47：11-16+36.

张锦宗，朱瑜馨，赵飞，等.我国粮食生产格局演变及增产贡献研究.中国农业资源与区划，2017，38：10-16+35.

赵定国，周德兴.人体营养元素施肥初论.上海农业学报，2005：115-117.

赵光辉.基于粮食储存过程中品质的变化与控制探析.农业与技术，2016，36：242.

Abecassis J.，Cuq B.，Escudier J. L.，et al. Food chains; the cradle for scientific ideas and the target for technological innovations. Innovative Food Science & Emerging Technologies，2018，46：7-17.

Afshin A.，Sur P. J.，Fay K. A.，et al. Health effects of dietary risks in 195 countries，1990—2017：a systematic analysis for the Global Burden of Disease Study 2017. Lancet，2019，393：1958-1972.

Alloway，B. J. Zinc in soils and crop nutrition. Second edition. Belgium and Paris：Published by IZA and IFA Brussels，2008.

Almasi H.，Jahanbakhsh Oskouie M.，Saleh A. A review on techniques utilized for design of controlled release food active packaging. Critical Reviews in Food Science and Nutrition，2021，61：2601-2621.

Biesbroek，S. Healthy and Sustainable Diets-Finding co-benefits and trade-offs for the Netherlands. PhD Thesis，Utrecht University，the Netherlands-with a summary in Dutch，2019.

Bouis H. E.，Saltzman A. Improving nutrition through biofortification：A review of evidence from HarvestPlus，2003 through 2016. Global Food Security-Agriculture Policy Economics and Environment，2017，12：49-58.

Bouis H. Enrichment of food staples through plant breeding：A new strategy for fighting micronutrient malnutrition. Nutrition Reviews，1996，54：131-137.

Buzby J. C.，Wells H. F.，Hyman J. The estimated amount，value，and calories of postharvest food losses at the retail and consumer levels in the United States. Economic Information Bulletin-USDA Economic Research Service，2014，39.

Cakmak I.，Kalayci M.，Kaya Y.，et al. Biofortification and localization of zinc in wheat grain. Journal of Agricultural and Food Chemistry，2010，58：9092-9102.

Cakmak I.，Kutman U. B. Agronomic biofortification of cereals with zinc：a review. European Journal of Soil Science，2018，69：172-180.

Chen X. P.，Zhang Y. Q.，Tong Y. P.，et al. Harvesting more grain zinc of wheat for human health. Scientific Reports，2017，7：7016.

Combet，E.，Buckton，C. Micronutrient deficiencies，vitamin pills and nutritional supplements. Medicine，2019，47：145-151.

Cubadda F.，Aureli F.，Raggi A.，et al. Effect of milling，pasta making and cooking on minerals in durum wheat. Journal of Cereal Science，2009，49：92-97.

Davis D. R. Declining fruit and vegetable nutrient composition：what is the evidence? Hortscience，2009，44：15-19.

Davis D. R. Trade-offs in agriculture and nutrition. Food Technology，2005，59：120.

de Castro M. D. L., Garcia-Ayuso L. E. Soxhlet extraction of solid materials: an outdated technique with a promising innovative future. Analytica Chimica Acta, 1998, 369: 1-10.

Fan S., Yosef S., Pandya-Lorch R. Linking agriculture to nutrition: the evolution of policy. China Agricultural Economic Review, 2020, 12: 595-604.

FAO. Global food losses and food waste-extent, causes and prevention, 2011.

FAO. Nutrition-sensitive agriculture and food systems in practice, 2017.

FAO. The state of food security and nutrition in the world, 2020.

Garvin D. F., Welch R. M., Finley J. W. Historical shifts in the seed mineral micronutrient concentration of US hard red winter wheat germplasm. Journal of the Science of Food and Agriculture, 2006, 86: 2213-2220.

Gazan R., Brouzes C. M. C., Vieux F., et al. Mathematical Optimization to Explore Tomorrow's Sustainable Diets: A Narrative Review. Advances in Nutrition, 2018, 9: 602-616.

He P., Baiocchi G., Hubacek K., et al. The environmental impacts of rapidly changing diets and their nutritional quality in China. Nature Sustainability, 2018, 1: 122-127.

Hirvonen K., Bai Y., Headey D., et al. Affordability of the EAT-Lancet reference diet: a global analysis. Lancet Global Health, 2020, 8: 59-66.

Jaeger H., Schulz M., Lu P., et al. Adjustment of milling, mash electroporation and pressing for the development of a PEF assisted juice production in industrial scale. Innovative Food Science & Emerging Technologies, 2012, 14: 46-60.

Kanellopoulos A., Gerdessen J. C., Ivancic A., et al. Designing healthier and acceptable diets using data envelopment analysis. Public Health Nutrition, 2020, 23: 2290-2302.

Kumar V., Sinha A. K., Makkar H. P. S., et al. Dietary roles of phytate and phytase in human nutrition: A review. Food Chemistry, 2010, 120: 945-959.

Maggini S., Pierre A., Calder P. C. Immune function and micronutrient requirements change over the life course. Nutrients, 2018, 10: 1531.

Mertens, E. Towards healthy and environmentally sustainable diets for European consumers. Wageningen: PhD Thesis, Wageningen University, 2020.

Misra N. N., Koubaa M., Roohinejad S., et al. Landmarks in the historical development of twenty first century food processing technologies. Food Research International, 2017, 97: 318-339.

OCED. China Policies Support for Agriculture. Producer and Consumer Support Database, 2019.

Paikaray S. Origin, Mobilization and Distribution of Selenium in a Soil/Water/Air System: A Global Perspective With Special Reference to the Indian Scenario. Clean-Soil Air Water, 2016, 44: 474-487.

Quang Toan D., Cui Z., Huang J., et al. Selenium distribution in the Chinese environment and its relationship with human health: A review. Environment International, 2018, 112: 294-309.

Rayman M. P. Selenium and human health. Lancet, 2012, 379: 1256-1268.

Ribal J., Loreto Fenollosa M., Garcia-Segovia P., et al. Designing healthy, climate friendly and affordable school lunches. International Journal of Life Cycle Assessment, 2016, 21: 631-645.

Saeed F., Nadeem M., Ahmed R. S., et al. Studying the impact of nutritional immunology underlying the modulation of immune responses by nutritional compounds-a review. Food and Agricultural Immunology, 2016, 27: 205-229.

Santhosh K. B. & Piryadarsini, K. I. Selenium nutrition: How important is it? Biomedicine & Preventive Nutrition, 2014, 4: 333-341.

Schweren L. J. S., Larsson H., Vinke P. C., et al. Diet quality, stress and common mental health problems: A cohort study of 121,008 adults. Clinical Nutrition, 2021, 40: 901-906.

Septembre-Malaterre A., Remize F., Poucheret P. Fruits and vegetables, as a source of nutritional compounds and phytochemicals: Changes in bioactive compounds during lactic fermentation. Food Research International, 2018, 104: 86-99.

Springmann M., Clark M., Mason-D'Croz D., et al. Options for keeping the food system within environmental limits. Nature, 2018, 562: 519-525.

Tang J., Zou C., He Z., et al. Mineral element distributions in milling fractions of Chinese wheats. Journal of

Cereal Science,2008, 48: 821-828.

Tiffin R., Arnoult M. The public health impacts of a fat tax. European Journal of Clinical Nutrition,2011, 65: 427-433.

Venkatesh M,R. M. Global Nutrition Report,2020.

Verghese K., Lewis H., Lockrey S., et al. Packaging's role in minimizing food loss and waste across the supply chain. Packaging Technology and Science, 2015, 28: 603-620.

Wang L., Gao B., Hu Y., et al. Environmental effects of sustainability-oriented diet transition in China. Resources Conservation and Recycling,2020, 158:104802.

Wang S., Ouerdane L., Hoekenga O., et al. Mass spectrometry-based analytical developments to link iron speciation to iron bioavailability in maize. Food Chemistry,2019, 294: 414-422.

Willett W., Rockstrom J., Loken B. Food in the Anthropocene: the EAT-Lancet commission on healthy diets from sustainable food systems. Lancet,2019, 393: 530-530.

Yang G., Wang Y., Zeng Y., et al. Rapid health transition in China, 1990—2010: findings from the Global Burden of Disease Study 2010. Lancet,2013, 381: 1987-2015.

Zou C., Du Y., Rashid A., et al. Simultaneous biofortification of wheat with zinc, iodine, selenium, and iron through foliar treatment of a micronutrient cocktail in six countries. Journal of Agricultural and Food Chemistry,2019, 67: 8096-8106.

# 第 7 章 绿色生态环境

地球生态系统是人类生存和社会经济发展的基础。人类的生存、社会的安定需要绿色、良好的生态环境，它包括可利用的水资源量、可开发利用的土地量、可承受的最大污染物量等。然而，自工业时代以来，人类对自然生态系统的占用和改造力度不断扩大，人与自然的关系日趋紧张。面对资源约束、环境污染严重、生态系统退化的严峻形势，人类必须尊重自然、顺应自然、树立保护自然的生态文明理念，走可持续发展道路。习近平总书记在十九大报告中指出绿水青山就是金山银山，要像对待生命一样对待生态环境，人类只有一个地球，我们要始终秉持可持续发展的政策，建设、保护绿色生态环境。加快生态文明建设，建设美丽中国已经成为中国特色社会主义事业的重要内容。

## 7.1 绿色生态环境的现状与挑战

联合国的“千年生态系统评估”(MEA，2005)针对全球陆地和水生生态系统开展多尺度综合性评估，该项目发现在过去的 50 年中，人类为了满足日益增长的食物、淡水、木材、纤维和燃料的需求，极大地改变了生态系统，并且改变的速度超过了历史上任何时期。人类对生态系统的改变促进了人类福祉的提高和社会经济的增长，然而却使自然生态系统遭到不同程度的破坏。MEA 评估的 24 项生态服务中，有 15 项正在退化或者处于不可持续利用的状态，包括淡水资源供给、病虫害防控、调控自然灾害等。全球约 43%的陆地表面已经退化，有些生态系统已经失去了其基本服务功能(王卫红，2001)，人类生存的生态环境日益恶化，气候变化加剧、土地退化、环境污染加重、生物多样性丧失都已经成为人类可持续发展的巨大挑战。

人类活动对于生态系统服务丧失和衰退的影响非常巨大，且正在上升。生态系统可能正在发生着非线性变化(如变化加速、发生突变以及潜在的不可逆变化)。全球可持续发展目标的主要对象是生活在乡村的贫困人口，他们直接依赖于生态系统，最容易因生态系统的变化而受到损害。生态系统的退化加剧着各类人群之间的不公平，贫富悬殊逐渐加大，并会成为引发社会冲突的主要因素。当前，生态系统服务的退化已经成为实现国际社会可持续发展目标的一个重要障碍，生态退化造成的后果在未来 50 年中可能会更加严重。如果生态系统继续退化，那么消除贫困与饥饿、改善卫生条件和环境可持续发展等可持续发展目标将难以取得进展。

为了减缓和扭转生态系统退化，我国已经采取了一系列行动并取得了一定的效益。例如 1999 年开展的“退耕还林”和 2001 年开展的“森林生态补偿基金”等项目使得我国的生态系统服务总体功能有所提升(Ouyang，2016)。2019 年全国生态环境公报显示，我国生态环境质量总体改善，环境空气质量改善成果进一步巩固，水环境质量持续改善，海洋环境状况稳中向好，土壤环境风险得到基本管控，生态系统格局整体稳定。这说明通过加强监管、强化投入、辅助以政策和体制改革等行动能明显提高我国生态环境质量。但需要认识到，我国整体生态环境质量仍不能满足我国生态文明建设和绿色发展目标，在大气环境、水体和土壤等方面仍面临着严峻的挑战。

### 7.1.1　大气环境现状与治理挑战

**1. 大气环境现状**

2019 年，全国 337 个地级及以上城市平均优良天数比例为 82.0%，重污染天数比例为 1.7%，同比下降 0.1 个百分点；$PM_{2.5}$ 浓度为 36 $\mu g/m^3$，同比持平，根据中国气象局《2019 年大气环境气象公报》，2019 年全国平均 $PM_{2.5}$ 气象条件比 2018 年偏差 5.7%，取得持平实属不易。我国目前的大气以气溶胶状态污染物为主，首要污染物是 $PM_{2.5}$，以 $PM_{2.5}$ 为首要污染物的天数占重度及以上污染天数的 78.8%(图 7-1)。但总体而言，全国空气质量稳中有进，主要呈现以下四个特点：

(1)$PM_{2.5}$ 降幅收窄　2019 年，全国未达标的 261 个城市 $PM_{2.5}$ 浓度同比下降 2.4%，与前 3 年年均 7.7%的改善幅度相比，下降速度明显放缓。

(2)$O_3$ 浓度明显上升　2019 年，全国 337 个地级及以上城市 $O_3$ 浓度同比上升 6.5%，以 $O_3$ 为首要污染物的超标天数占总超标天数的 41.8%，导致全国优良天数比率同比下降 2.3 个百分点。

(3)$SO_2$ 浓度持续大幅降低　2019 年全国 $SO_2$ 浓度为 11 $\mu g/m^3$，与欧美等国家浓度相当；同比下降 15.4%，比 2013 年下降 65.6%；337 个城市连续两年 $SO_2$ 全部达标。

(4)秋冬季重污染天气依然高发　2019 年 1—2 月，受不利气象条件影响，京津冀及周边地区、汾渭平原 $PM_{2.5}$ 浓度同比分别上升 24.1%、26.6%。2019 年秋冬季，内蒙古、东北三省的多个城市出现长时间重污染天气；包头、哈尔滨甚至出现 $PM_{2.5}$ “爆表”；春节期间，北京及周边城市先后发生 2 次重污染过程，这些都说明大气污染治理任务依然任重道远(图 7-2)。

**2. 大气环境治理挑战**

(1)$PM_{2.5}$ 的浓度依然较高　虽然今年全国 $PM_{2.5}$ 浓度普遍下降，但“2＋26”城市的 $PM_{2.5}$ 浓度仍然较高，2019 年达到 57 $\mu g/m^3$。今年春节期间，北京周边出现了两次重污染过程就是典型案例。另外，农业氨排放也是一个难题，它对控制 $PM_{2.5}$ 污染起着重要作用。

(2)臭氧污染逐渐显现　臭氧浓度上升逐渐成为仅次于 $PM_{2.5}$ 的影响优良天数的重要因素。2018 年 7—9 月，全国多个省份出现高温少雨的气象条件，导致 $O_3$ 浓度同比大幅提升，超标天数明显增加。全球气候变化背景下导致的气象条件变化可能加剧臭氧污染，影响空气质量优良率的提升。

(3)结构调整难度较大　随着大气污染治理工作的深入，末端治理空间和减排潜力越来越小，未来工作重心将逐渐转向结构优化调整。而目前我国产业结构偏重、能源结构偏煤、运输结构偏公路、用地结构偏粗放等问题尚未根本改变。宏观上，

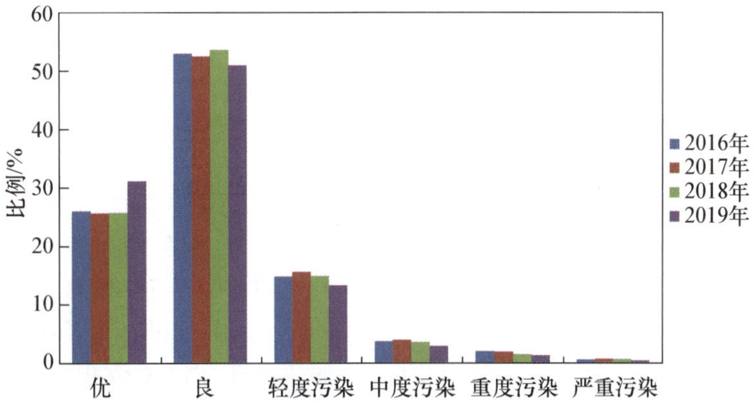


图 7-1　2016—2019 年 338 个城市环境空气质量级别比例

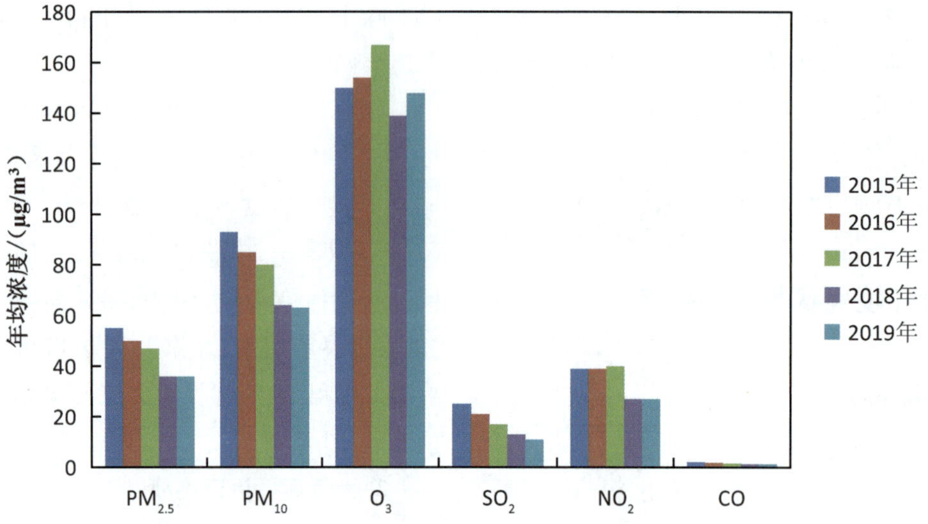


图 7-2　2015—2019 年 338 个城市六项污染物浓度年际比较

这些结构优化调整任务是促进高质量发展、拉动有效投资,补齐短板,实现经济双赢。但微观上,具体到每一个项目上,都是"难啃的骨头"。

(4)大气污染的防治技术水平有待提升　由于我国的环境保护治理起步较晚,与发达国家相比,技术水平有较大差距,再加上一些政府部门对环保的认知不够,对大气进行污染防治的过程,投入的精力及设备有限。一些污染较为严重的企业,对污染防治技术的应用没有做出明确规定,致使排放的废气不达标,造成较为严重的污染情况。

## 7.1.2　水体环境现状与治理挑战

### 1. 水体环境现状

近年来,随着我国快速的工业化,城市化及农业发展,人口密度不断增加,污水排放量呈现逐年递增趋势,进而导致我国多处河流湖泊出现不同程度的水污染问题,大部分的湖泊出现了不同程度的富营养化,主要水系污染明显。由于城镇工业超量排放污水,不少中小河流已成为污水河,无法被人类所利用。并且随着农村经济的发展,大量的农业废物、畜禽养殖排放废物、农业面源污染等造成了严重的农村环境污染,尤其是水体污染。这些状况也加剧了我国水资源短缺。

1)流域水污染现状

从 2015—2019 年全国流域水质监测结果(图 7-3)来看,我国水质状况总体来看有所好转。同时,随着我国近年来大力开展水污染治理工作,各流域水质状况也均有提高。2015—2019 年,Ⅰ类水、Ⅱ类水和Ⅳ类水占比分别提高 2.8%、7.9% 和 1.4%;Ⅲ类、Ⅴ类和劣Ⅴ类水占比分别减少 6.1%、0.7%和 5.3%。但我国流域Ⅱ类、Ⅲ类水质占主导,劣Ⅴ类水所占比重高于Ⅰ类水和Ⅴ类水,因此水污染治理仍需提起重视,不能半途而废。从最新发布的 2019 年全国流域监测结果对比来看,我国长江、黄河、珠江、松花江、淮河、海河、辽河、浙闽片河、西北诸河、西南诸河流域水质状况存在显著差异。西北诸河和西南诸河流域水质最优,Ⅱ类水高达 70.0%以上,Ⅳ、Ⅴ、劣Ⅴ类水占比低。长江流域、珠江流域、浙闽片河流域水质良好,均以Ⅱ类和Ⅲ类水为主导,占比高达 80.0%以上;Ⅳ类、Ⅴ类、劣Ⅴ类水质水体占比低,为 10.0%左右。而黄河、松花江、淮河、海河和辽河流域存在轻度污染。黄河流域Ⅱ、Ⅲ、Ⅳ类水占比较高,分别约占 51.8%、17.5%、12.4%,而Ⅰ类水仅占约 3.6%。松花江流域中无Ⅰ类水,Ⅲ类水占 53.3%,Ⅳ类水占 26.2%,Ⅱ类水仅占 13.1%。淮河流域和辽河流域Ⅱ、Ⅲ、Ⅳ类水占比均较高,占全水质类型的 98.3%和 77.7%。其中淮河流域

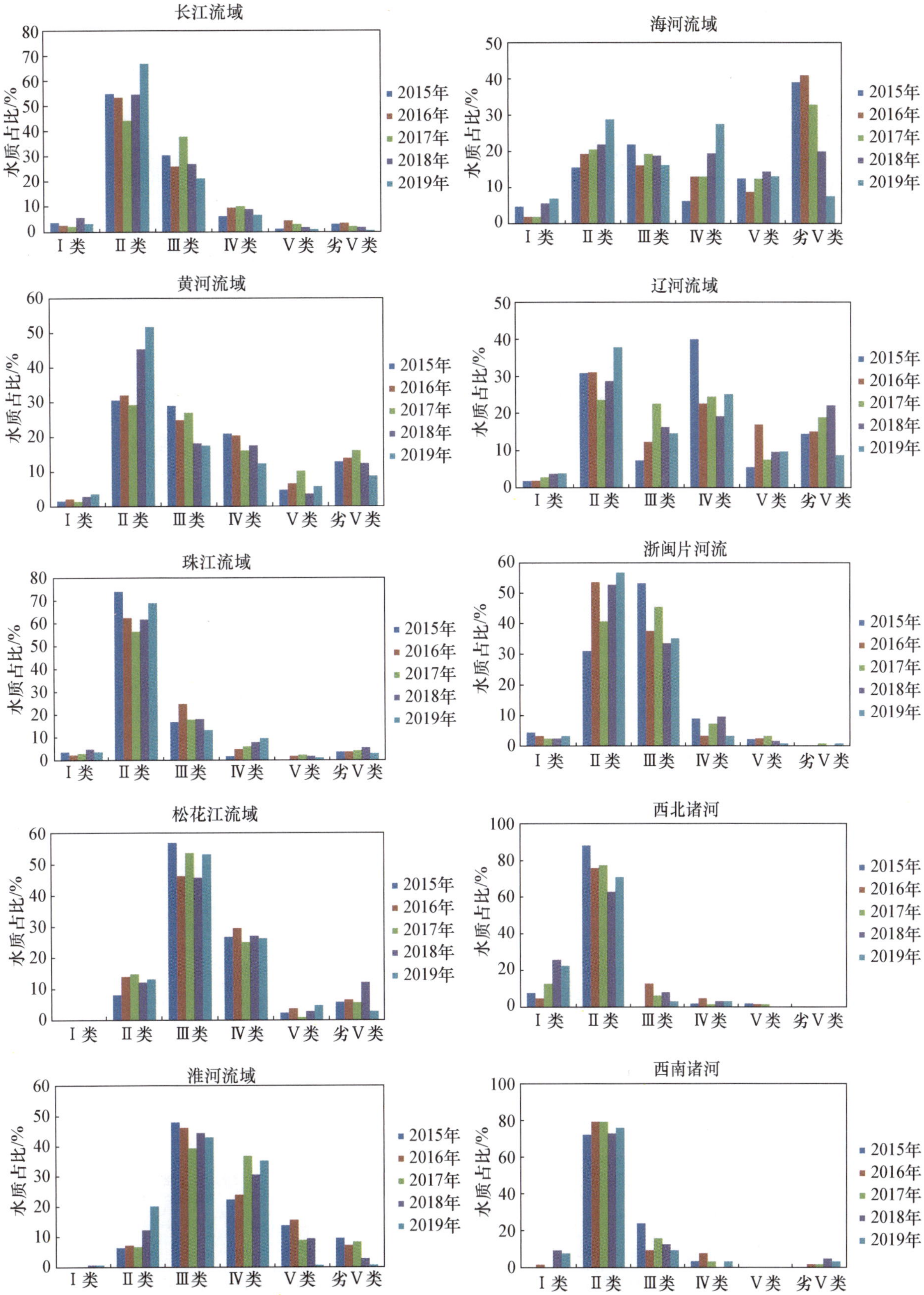


图 7-3 2015—2019 年全国流域水质状况

Ⅰ类水仅占0.6%。海河流域Ⅱ、Ⅲ、Ⅳ、Ⅴ类水占比均较高，分别为28.8%、16.2%、27.5%和13.1%，占全水质类型的85.6%。

2)湖泊水污染现状

由2015—2019年我国主要湖泊水体状况(图7-4)可以看出，我国湖泊污染仍较为严重，但总体来看水质有所改善。湖泊总体以Ⅱ类水和Ⅳ类水为主，无Ⅰ类水质断面，水质为Ⅴ类、劣Ⅴ类水的比重均为14.3%。自2015—2019年以来，Ⅱ类水、Ⅲ类水占比分别提升了23.7%和3.7%，Ⅳ类水、Ⅴ类水和劣Ⅴ类水占比分别降低了16.5%、0.4%和10.5%。2019年《中国生态环境状况公报》显示，我国湖泊水体质量较去年略微好转，Ⅰ～Ⅲ类湖泊(水库)占69.1%，比2018年上升2.4个百分点；劣Ⅴ类占7.3%，比2018年下降0.8个百分点。但水体富营养化是我国湖泊面临的主要污染问题。我国对湖泊水体营养状态检测结果显示，从2015年至2019年我国湖泊水体富营养化日益严重(图7-5)，5年来贫营养状态湖泊(水库)减少了0.5%，中营养状态减少了4.6%，轻度富营养状态增加了2.7%，中度富营养状态占5.6%。

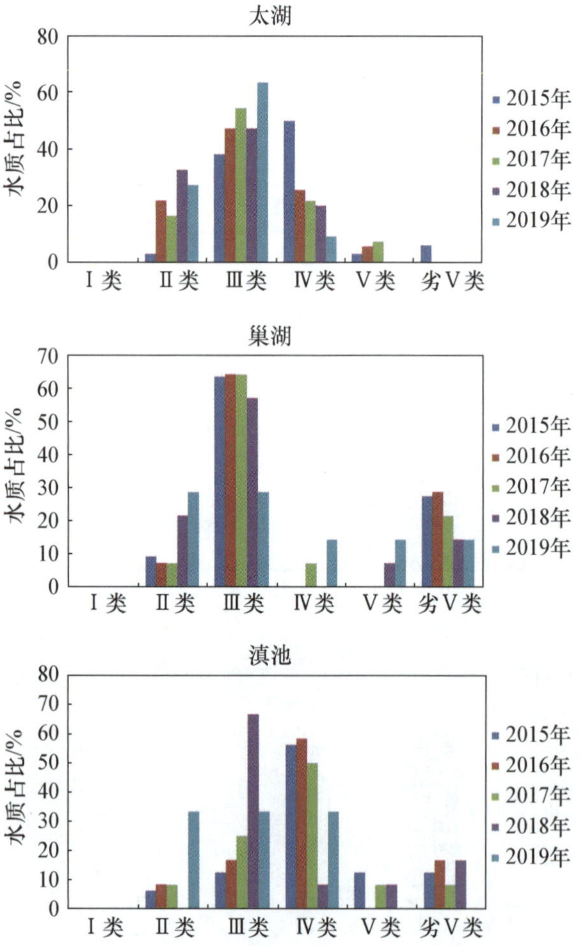


图7-4 2015—2019年我国主要湖泊水质状况

3)地下水污染现状

随着生活生产中污染物排放增多，水污染严重，造成了水质型缺水，从而加剧了对地下水的开采利用。由于生活生产中排放的污染物能够向下迁移，因此导致地下水水质也受到严重的影响。从2015—2018年全国地下水水质监测结果来看(图7-6)，我国地下水水质污染越发严重，情况并不乐观。从图中趋势可以看出，2018年Ⅰ～Ⅲ类水质占比较前三年来看明显降低，Ⅳ、Ⅴ类水占比反而显著升高。我国2019年全国地下水监测结果显示，2019年我国Ⅰ～Ⅲ类水质占比为23.7%，Ⅳ类占30.0%，Ⅴ类占46.2%。经分析可以得出2015—2019年Ⅰ～Ⅲ类水质占比降低了15.0%，Ⅳ～Ⅴ类水质占比升高了14.9%。说明我国地下

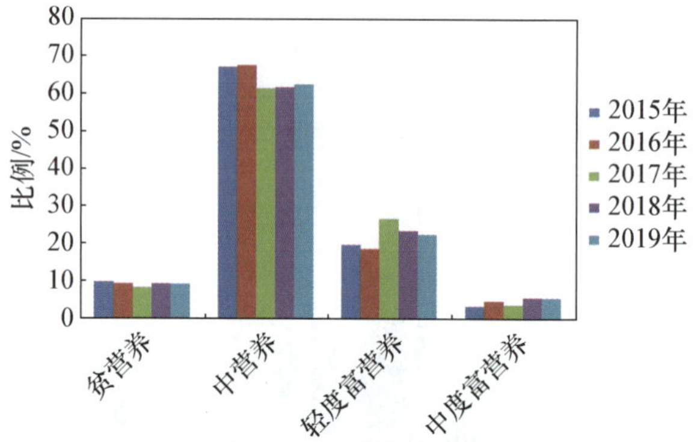


图7-5 2015—2019年重要湖泊营养状态

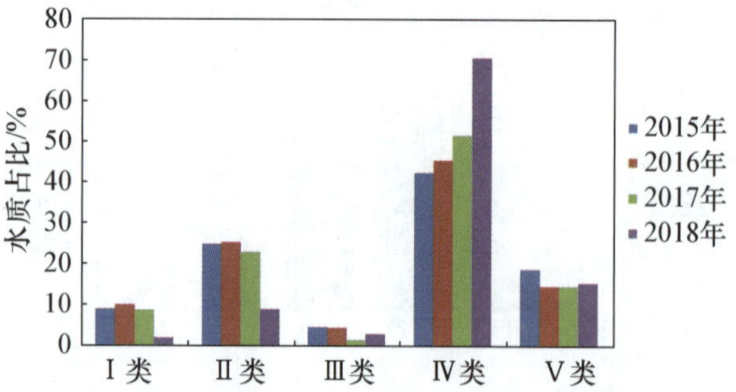


图7-6 2015—2018年全国地下水水质监测结果

水污染日益严重，水质并未得到改善。地下水超标指标为亚硝酸盐氮、硝酸盐氮、氨氮、硫酸盐、溶解性总固体、碘化物、氯化物、铁、锰、浊度、总硬度。从区域来看我国地下水污染物超标率从高到低依次为：东北地区＞华东地区－华北地区＞华南地区。

综上所述，我国地表水(流域，湖泊)和地下水均面临较为严峻的水污染问题，因此，加强地表水地下水污染管控，减少地表水和地下水中Ⅳ类和劣Ⅴ类水占比，增加Ⅰ～Ⅲ类水比重对我国未来发展至关重要。

4)农业水污染现状

《第二次全国污染源普查公报》显示，2017年农业源水污染物排放量为：化学需氧量1 067.1万t、氨氮21.6万t、总氮141.5万t、总磷21.2万t，分别占同年各项总排放量的49.8%、22.4%、46.5%和67.2%。由此可见农业源是我国水体富营养化的主要污染源，加剧了我国农村水环境污染现状。农业源水污染排放治理迫在眉睫。

我国农村地区相对城市经济发展落后，公共资源相对匮乏。由于缺乏资金及技术支持，农村地区生活污水未进行适当处理直接排放进入环境当中造成严重污染。同时，由于我国农村地区供水保障机制薄弱，难以保障饮用水质量能够达到《生活饮用水卫生标准》(GB 5749—2006)的要求。研究表明我国农村地区自来水普及率低，饮用水以地下水为主(74.9%)，23.1%的人口饮用地表水(张荣等，2009)。

随着我国城市地区环保力度加大，导致越来越多重工业企业转向农村发展。由于农村地区缺乏污水处理设施，企业中约2/3的污水会直接排入环境中造成严重污染。研究显示，仅有24.0%农村企业污水排放能够达到国家标准，其余废水排放均不达标。由于我国水资源短缺，我国利用污水灌溉的农田面积占我国总灌溉面积的7.0%左右，占地表水灌溉面积的10.0%左右(蔡秀萍和周宁，2009)。近年来，许多污水不经处理或经简单处理即用于农业灌溉，某些水质严重超标，严重威胁着农产品质量安全。如我国天津、北京、辽宁、山西、陕西、湖南、广西、广东污灌区均存在不同程度的重金属污染问题(方玉东，2011)。由于我国大部分污灌区没有对灌溉用污水进行必要分析、监测，以致大量的超标污水被用于农田灌溉，直接影响了农产品的产量和品质，威胁人类健康，同时导致农业生态环境恶化，影响农业的可持续发展。综上，加强农村基础设施建设，加大污染物监管力度对提高农村地区水体质量具有重要作用。

**2. 水体环境治理挑战**

近年来，农业活动是造成水体污染的重要原因，包括两个主要污染源：禽畜养殖废物以及农业活动中使用的农药、化肥。由于我国畜牧业快速发展，禽畜养殖和种植业脱钩导致畜禽粪便利用率低。未经处理的禽畜粪便直接排放造成严重地表水和地下水污染。养猪业对水质所造成的污染位居养殖业之首。这些粪便污水一旦进入地下水将会减少水中溶氧量，严重时会导致水体发臭发黑，直接导致水体功能丧失，造成持久性危害，难以治理。在农业种植过程中，由于我国化肥农药用量大，利用效率低下导致大量的污染物损失到环境中。土壤残留的污染物会通过径流、淋洗等过程进入水环境造成地表水和地下水污染。

(1)农村污水收集处理率较低　农村污水的处理问题一直是一个大问题，近年来虽经过治理但是效果仍不理想。据住建部《2016城乡建设统计年鉴》数据，我国有镇1.8万个，乡1.1万个，户籍人数1.9亿；村庄261.7万，户籍人数7.6亿。农村污水量大、点多且分散，收集处理难度大。2016年，我国有5 071个建制镇对生活污水进行了处理，占比达28.0%，污水处理能力达3 464万t/天，有984个乡对污水进行了处理，占比为9.0%，污水处理能力达63.8万t/天，村庄污水处理的数据没有进行完整披露，但必定远远低于镇和乡的污水处理率。因此，农村污水整体收集处理率实际应不足10.0%。

(2)农村排水管网建设不完善，严重滞后　农村生活污水收集系统(排水管网)包括3部分：农户庭院污水收集系统、庭院外的村庄污水收集系统、污水处理出水排放系统。排水管线由 2007 年的 87 550 km 上升至 2015 年的 158 288 km，增长约 81.0%。对比发现排水管网的建成速度要低于污水处理厂建成速度，由于投资过大（管网投资是污水处理构筑物投资的大约 2.5 倍）并且维护管理困难，同时由于政府财政困难和运维管理投入大等因素，很多污水处理设施存在“建而不用”晒太阳的现象。

（3）农村污水处理设施运营维护水平低，缺乏运维资金和管理制度，重建设轻运营　由于缺乏运维资金和有效的运行管理考核制度，监管缺位，对污水处理设施的落实、管理效果、水质检测和排放尚缺乏有效的考核手段，部分污水处理设施闲置或不正常运行。并且由于缺乏运营维护技术和人才，目前农村生活污水处理设施运营技术缺乏，管理人员多以当地村民为主，缺乏环保相关知识以及设备操作管理的相关技能，仅能负责设备的日常看护工作，难以胜任专业水平的系统维护，导致污水处理效果波动以及出水水质不达标等问题。

（4）农村种植业和养殖业造成的水污染治理十分困难　农业化肥的不合理施用、畜禽养殖污水乱排乱放是造成农村地表水地下水污染，河流湖泊富营养化的主要原因。据 2018 年生态环境部发布的《农业农村污染治理攻坚战行动计划》显示，畜禽养殖布局、畜禽粪污资源化利用、畜禽规模养殖环境监管以及水产养殖污染防治和水生生态保护均有待优化。推进畜禽养殖标准化示范创建升级，带动畜牧业绿色可持续发展，推广节水、节料等清洁养殖工艺以及干清粪、微生物发酵等实用技术，从而实现源头减量，这将会对解决当前养殖业造成的水污染问题有重大意义。2019 年《中国生态环境状况公报》显示，我国水稻、玉米、小麦三大粮食作物化肥利用率仅为 39.2%，易造成严重的农业面源污染。如今农村用水仍存在着深井取水的模式，这种取水方式水源流动性差，更易造成重金属富集，加重饮用水污染，危害人体健康。我国农村乡镇企业布局分散，规模小，经营粗放，农村人口分散，人口数量多，环保意识不强，治理起来难度很大，水污染治理工作任重道远。

### 7.1.3　土壤环境现状与治理挑战

**1. 土壤环境现状**

中国是全球土壤污染最严重的国家之一。2014 年 4 月 17 日环保部和国土资源部联合发布了历时 8 年完成的《全国土壤污染状况调查公报》。2014 年 12 月 17 日农业部和国土资源部同日发布《全国耕地质量等级情况公告》和《全国耕地质量等别调查与评定主要数据成果的公告》。综合环保部、国土资源部和农业部的三份公报来看，全国土壤环境状况总体不容乐观，部分地区土壤污染十分严重，全国土壤总的点位超标率为 16.1%，其中轻微、轻度、中度和重度污染点位比例分别为 11.2%、2.3%、1.5% 和 1.1%（图 7-7）。在工矿业废弃场地土壤环境问题突出的同时，耕地土壤环境质量更加令人担忧，全国耕地退化面积比例超过 40.0%，七至十等的劣质耕地比例达到 27.9%，耕地土壤点位污染超标率达到 19.4%，耕地质量整体表现为“四成退化、三成劣质、二成污染”的“四三二”状态。全国土壤污染总体呈现“老债新账、无机有机、场地耕地、土壤水体”等复合污染并存的严峻局面。工矿业、农业等人为活动以及土壤环境背景值高是造成土壤污染或超标的主要原因。污染类型以无机型为主，有机型次之，复合型污染比重较小，无机污染物超标点位数占全部超标点位的 82.8%。

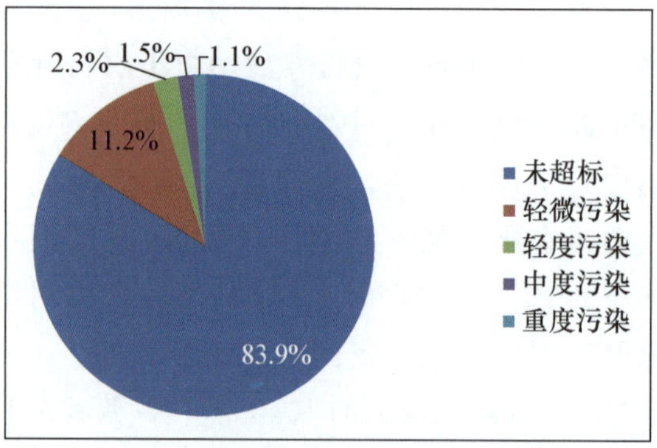


图 7-7　全国土壤总点位污染状况

从污染分布情况看，南方土壤污染重于北方；长江三角洲、珠江三角洲、东北老工业基地等部分区域土壤污染问题较为突出，西南、中南地区土壤重金属超标范围较大；镉、汞、砷、铅4种无机污染物含量分布呈现从西北到东南、从东北到西南方向逐渐升高的态势。

从不同土地利用类型看，我国耕地土壤的主要重金属污染物为镉、镍、铜、砷、汞和铅，其中镉为首要污染物；主要的有机污染物为多环芳烃和滴滴涕。林地土壤的主要污染物为砷、镉、六六六和滴滴涕。草地的主要污染物为镍、镉和砷。未利用地的主要污染物为镍和镉。

土壤一经污染，想要恢复原状极其困难。如果不进行人为的修复与整治，靠土壤本身的自然恢复，一般需要200～300年。虽然近年来，我国各级各部门做了大量的工作，也取得了一定的成效，但与水污染和大气污染的防治相比，土壤污染的防治还未引起高度重视，全社会土壤污染防治意识还不强，政府对土壤污染缺乏有效的监测、治理等手段，使得土壤污染越来越成为影响我国农产品质量、人民身体健康、生态环境安全和经济社会可持续发展的重要因素。因此，加大土壤污染治理迫在眉睫。

**2. 土壤环境治理挑战**

(1)缺乏健全的土壤污染治理体系　我国国土广阔，各个区域的土质和经济发展速度存在较大的差异，国家环境保护部门制定的土壤污染治理制度无法满足各个区域的污染治理计划。再加上土壤污染治理监管部门对各区域的主要污染企业监管力度不够，没有详细的污染防治监管实施方案，导致企业负责人缺乏废物净化意识，企业内部废物净化装置老旧等问题。因此，应在现有土壤污染防治制度基础上，针对各个区域的土壤污染问题进行详细调查和规划，并制定出完善的土壤污染治理条例，健全土壤污染治理体系是推动土壤污染治理的关键。

(2)耕地保护意识不到位　随着我国农耕技术的发展，农民在进行耕地作业时主要的劳动力支出不再局限于人力。目前，我国农民主要采用机器化生产、肥料化生产的模式，这种生产模式加速了农作物的生长速度，部分农民为了提高经济收入，加大了土地的使用频率，再加上化学农药污染，农业用地的土壤质量急速下降。同时，我国大部分机械生产工厂主要集中在城市边缘，与农村距离较近，工厂的重金属排放物同时还影响了周边耕地的质量。另外，畜禽粪便(有机肥)还田后造成的后续土壤重金属累积也是土壤重金属的另一重要来源。再加上人们对耕地的保护意识薄弱，对环保的关注度远低于对经济的关注度，导致耕地土壤再生能力减弱，土壤中重金属含量高，生产出的农作物不仅产量低，还会危害人们的身体健康。

(3)土壤污染修复手段单一，技术不成熟　受国际环境保护理念的影响，近年我国土壤污染治理技术得到了较大幅度的提升，在实施过程中也得到了较好的反馈。但是，由于我国各区域的土壤质量存在较大差异，在进行污染治理的过程中必须采用有针对性的治理技术。传统的修复技术难以适应复杂多变的污染状况，现行的治理手段往往比较单一且效率低，缺乏技术创新，既耗时又耗力。由于我国各地的土壤性质、气候条件、污染程度都不尽相同，土壤污染的检测和治理技术还不成熟，因此土壤修复亟须突破技术瓶颈。相对于已有商业化操作的工业场地污染修复，农村耕地污染修复尚以调查和开发技术为主，未进入规模化修复阶段，迫切需要成熟的修复技术支撑。

(4)土壤污染防治资金短缺　土壤污染治理周期长，资金需求大，目前主要由政府买单。而政府财力的相对有限性使防治资金的来源受到很大局限。尤其对于无主的污染场地，由于其大多数位置偏远，开发利用价值不大，地方政府配套资金积极性不高，中央资金的杠杆作用难以有效发挥。同时，目前我国土壤治理修复的商业模式尚未形成，社会资金进入相对困难。加之土壤污染的滞后性、持久性等特点，导致土壤污染治理的周期较长，并且由于土壤污染具有隐蔽性，社会公众对土壤污染的重视程度不够，参与治理土壤污染的积极性不高，这些原因都会增大土壤污染的防治成本。

## 7.2 绿色生态环境的理论框架

绿色生态环境贯穿于包括“绿色”作物种植、“绿色”动物养殖、“绿色”产品加工与消费在内的整个农业生产链，重点关注水土气环境质量及其对作物/动物影响和土壤生态涵养功能的整体提升，最终实现清洁水体、健康土壤和清洁空气的目标。为此，急需深入理解水—土—气界面的生物地球化学过程，开展基于边界理论的农业清洁生产和食物链安全的定量化研究，全面提升土壤生态系统服务功能(图 7-8)。

从研究层面来说，主要包括三方面内容：

1)水—土—气界面物质交换过程与生态环境效应

通过研究养分(氮和磷等)、水分、典型农业污

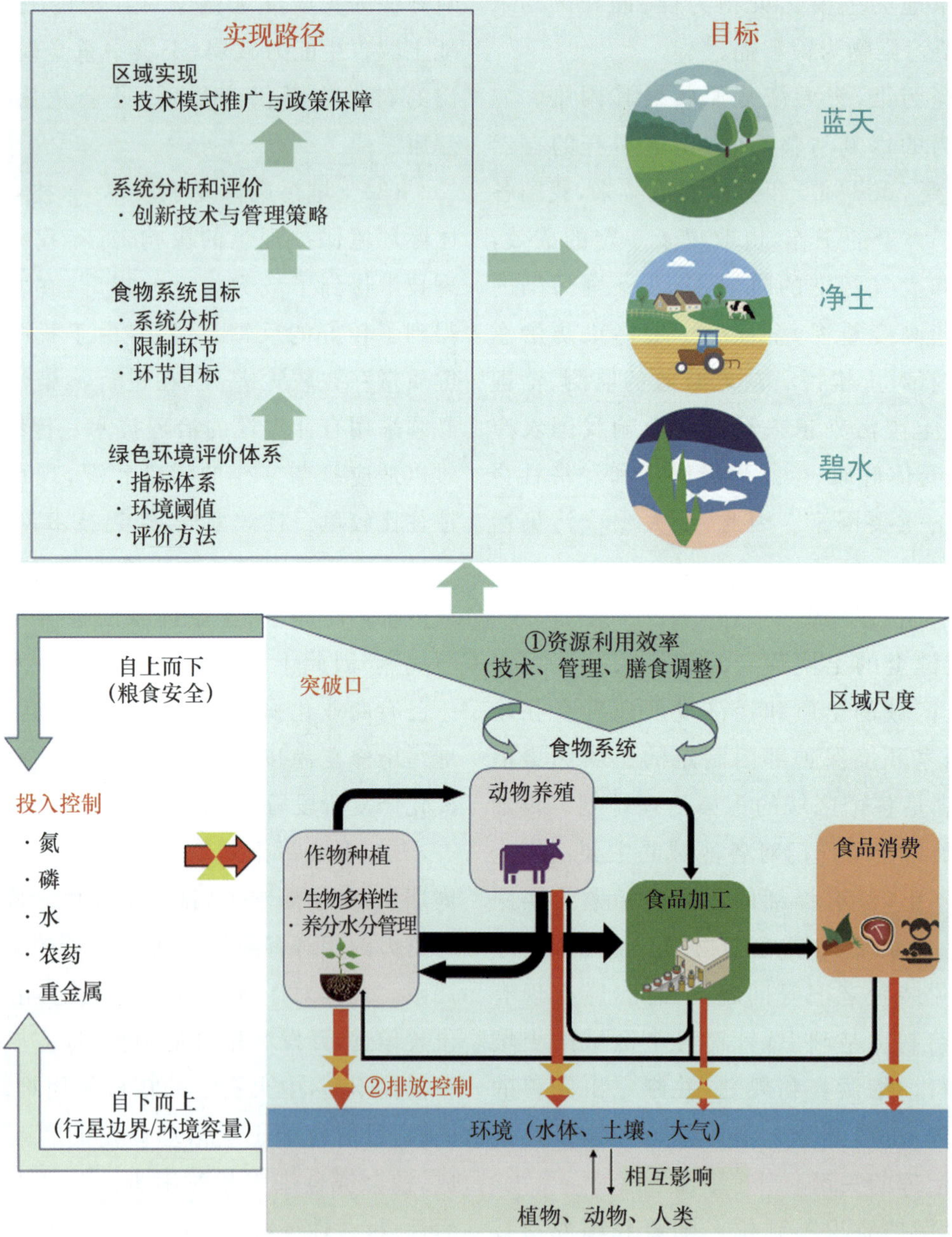


图 7-8　生态环境理论框架

染物(农药和重金属等)在土—水界面和土—气界面的迁移、转化和平衡过程及主要控制因素,阐明物质迁移转化的土壤、水体和大气环境效应,揭示土—水界面和土—气界面互作过程和机制,为界面的物质流、能量流和信息流的定量调控提供理论与技术支撑。

2)基于边界理论的资源环境容量分析与生态涵养功能提升

基于行星边界理论和环境容量,采用自下而上(基于人类、动物、植物健康的水土气环境安全标准)和自上而下(考虑粮食安全)的方法,定量农业生产水—土—气界面环境污染物的最大允许排放限值(环境容量)、保证农业生产养分水分投入和污染物输入在安全阈值范围内;在此基础上,揭示不同界面间物质交换机制与驱动因子,明确影响土壤不同生态功能的关键过程及核心参数,结合综合调控措施,形成在资源优化配置与生态涵养功能方面均有改善的系统解决方案。

3)地上—地下生物多样性互作强化区域土壤生态系统服务功能

通过农田景观配置和生态系统重构,提高土壤生物和地上部食物链的生物多样性,利用地上—地下生物互作提升土壤生态涵养功能,保障生态安全;引入土壤生态服务定量化模型,建立土壤多重生态服务功能的系统评价体系,提出优化解决方案;在此基础上创建智能开发与应用系统,实时提出可持续土壤生态管理的措施与技术集成方案。

从区域实现途径上主要包括4个方面:①建立绿色生态环境评价体系,主要包括绿色生态环境指标体系、自下而上的环境阈值、绿色生态环境评价方法等;②食物系统目标的建立,其主要是指基于当前食物链系统养分、污染物流动现状和不同生产加工环节(绿色种植、绿色养殖、食品加工与消费)现有技术分析,明确各环节最大化养分利用率、污染物减排潜力;在此基础上,通过系统分析,找出限制农业生产绿色环境的关键环节,然后通过自上而下的方法制定相应的环境排放标准和农业化学品投入阈值;③基于自下而上和自上而下方法确定的投入和排放阈值约束不同生产加工环节优化技术,使环境排放满足设定的标准;④各环节技术整体分析、形成满足农业绿色生态环境的技术模式,制定相应的政策保障体制,开展区域示范推广,实现绿色环境和健康社会的可持续发展目标。

生态环境是生态和环境两个名词的组合。生态一词源于古希腊词,原来是指一切生物的状态,以及不同生物个体之间、生物与环境之间的关系。德国生物学家E.海克尔1869年提出生态学的概念,认为它是研究动物与植物之间、动植物及环境之间相互影响的一门学科。"绿色"生态环境贯穿于包括"绿色"种植、"绿色"养殖、"绿色"加工与消费在内的整个农业生产链,可以理解为基于可持续农业发展的生态环境保护。具体来说,绿色生态环境关注生态质量与环境质量两个方面,因而从区域尺度上设定的绿色生态环境目标应考虑生态用地质量(比如森林覆盖率、自然保护区面积等)和优质的水土气环境质量。为了实现这五个目标,绿色生态环境实现以行星边界理论和环境容量为理论指导,基于环境目标浓度研究区域主要环境污染物的最大允许排放限值(环境容量)。

## 7.3 绿色生态环境的研究方法与应用

### 7.3.1 全链条物质流分析方法:以氮为例

从全球生态系统来看,人为活动带入的活性氮投入产出存在很大的失衡,这些失衡发生在不同的系统和尺度上,从食物生产体系到消费体系、生态景观体系,从田块尺度到区域尺度、国家尺度,整个生态系统的氮素流动链涉及不同的排放源和利益相关群体,关乎多种经济成分和行政部门(Galloway et al., 2003; Kanter et al., 2019),这些利益相关者往往有着不同甚至矛盾的发展需求。除熟知的农业生产体系外,消费者、食品加工企业、城市居民以及化工企业也会通过不同方式造成直接或间接氮素污染，如食物浪费中直接丢弃且未被有效处理的部分会直接污染环境，同时也使得生产食物投入的养分资源被白白浪费，此外还有城市污泥和工业氮氧化物的排放带来的污染。然而目前的氮素减排压力都施加于农民，忽略了其他主体的责任和影响。自 20 世纪 80 年代实施农业环境政策以来，欧洲农民为实现氮素污染减排的目标而牺牲了经济利益和发展机会，成为环境污染的替罪羊，在这种压力的迫使下，欧洲农民发动了一系列游行，抗议他们遭受的利益损失。因此，尽管作物生产和动物养殖体系已发展和应用了很多有效的氮素管理措施，但这远不足以解决氮素问题的复杂性(Kanter et al.，2019)。

目前许多研究已经量化了从田块到农场、区域尺度等特定尺度上的氮平衡(Billen et al.，2014；Oenema，2006；Erisman et al.，2018；McLellan et al.，2018；Howarth et al.，2012)。但全球范围内，仍缺乏在不同管理体系和尺度上都能一致应用，且同时结合不同相关主体的利益的氮素评估和分析方法。当前大多数国家颁布与控制氮素污染有关的政策和相关措施都是零散而非系统化的，导致不同体系间可持续发展出现不协调。例如，在过去的 30 年里，中国由于鼓励发展规模化养殖加剧了种养分离，导致有机肥浪费和污染加剧，近些年出台一系列废弃物资源化利用政策鼓励有机肥还田减少养殖体系的污染，但由于忽略了有机肥施用的科学性，导致有机肥盲目还田，反而增加了对农田体系的污染，特别是果菜体系。这些都是由于缺乏系统化的管理理念及系统化的管理方法，反映出管理者对氮素循环和管理复杂性认识的不足。因此，有必要建立系统化的研究方法、形成系统化的政策来提高氮素管理的效率，同时满足各种利益相关者的需求。

李婷玉等提出了一个新的氮素全链条研究框架(CAFE)，并以分层递进的模式定义了四个嵌套的管理系统(图 7-8，图 7-9)，该研究框架的设计和应用符合所有相关主体和决策者的现实利益需求，并且容易获取相关数据。四个体系分别为："种植系统""种养系统""食物系统""区域生态系统"(CAFE)，以作物系统为基本单位到最终的区域氮素生态系统，逐级吸收新的氮素流动相关子系统和利益主体，形成嵌套式的贯穿整个氮循环的研究框架。该研究方法面向国家或区域尺度，方便管理者有效分析氮素问题并制定调控措施。通过引入两个指标，氮素盈余(N surplus)和氮素利用效率(NUE)，来评价不同国家和地区的氮素在不同体系的环境风险和管理水平，以明确不同地区的

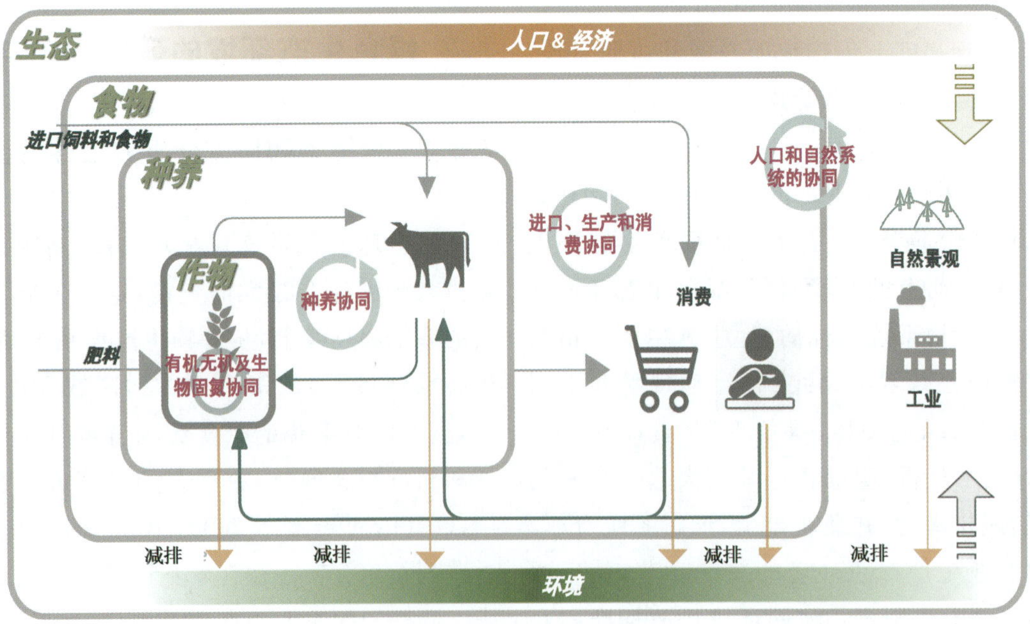


图 7-9　氮素全链条研究框架

管理重点。对于 CAFE 中的每个系统，主要的利益相关者应着力于提高系统的生产效率，减少系统外部氮素的投入和系统内氮素的损失，从而实现氮素的可持续化管理。

### 7.3.2 生态系统服务评估方法

“生态系统服务”(Ecosystem services)这一术语于 1981 年提出，目的是讨论生态系统和经济系统的关系。Costanza 等(1997)在《自然》杂志上的文章《世界生态系统服务和自然资本的价值》引起了全球的广泛关注。Costanza 等将生态系统服务定义为“生态系统提供的商品和服务”，MEA(2005)则将生态系统服务定义为“人类从生态系统中获得的所有惠宜”，包括供给服务(食物以及各种生产资料)、调节服务(调节气候、水分和物质循环等)、支持服务(维持地球生命生存环境，为所有生态资源存在提供前提条件)和文化服务(精神、娱乐、教育机会等)如图 7-10 所示。MEA 对生态系统服务的定义在全球范围内普及，并广泛应用于政策决策中，成为不同学科和研究领域的国际性前沿话题，MEA 项目也被认为是生态系统服务发展的里程碑。

生态系统服务自被提出以来，发展迅速。在 ISI Web of knowledge 信息平台提供的数据库中，查询标题“ecosystem services”的文献发现，自 1980 年生态系统服务被提出以来，关于生态系统服务研究的文献成指数型增长(图 7-11)。我们将“生态系统服务”的发展分为三个阶段：①1980—1996 年启蒙阶段。只有少数研究人员从事相关工作，生态系统服务研究未被重视；②1997—2004 年探索发展阶段。Costanza 在《自然》杂志上发表的文章引起世界科学家的广泛关注，相关文章呈明显上升趋势，研究生态系统服务的学者、机构也逐渐增多，促进了生态系统服务的发展；③2005 年至今快速发展阶段。以 MEA 报告为里程碑，有关生态系统服务的文章数量急剧增加，参与研究的学者、机构和国家越来越多，研究规模迅速扩大，生态系统服务进入全面快速发展阶段。

农田生态系统是陆地生态系统的重要组成部分，占地球近 40%的陆地表面，并且为人类提供生存所必需的食物及工农业生产原料等，其服务功能的改变对全球生态环境有着重大的影响(Porter et al.，2009)。人类作为农田生态系统的决策者直接影响着生态系统的过程，进而会改变农田生态系统的服务功能(谢高地等，2013)。由于人类长

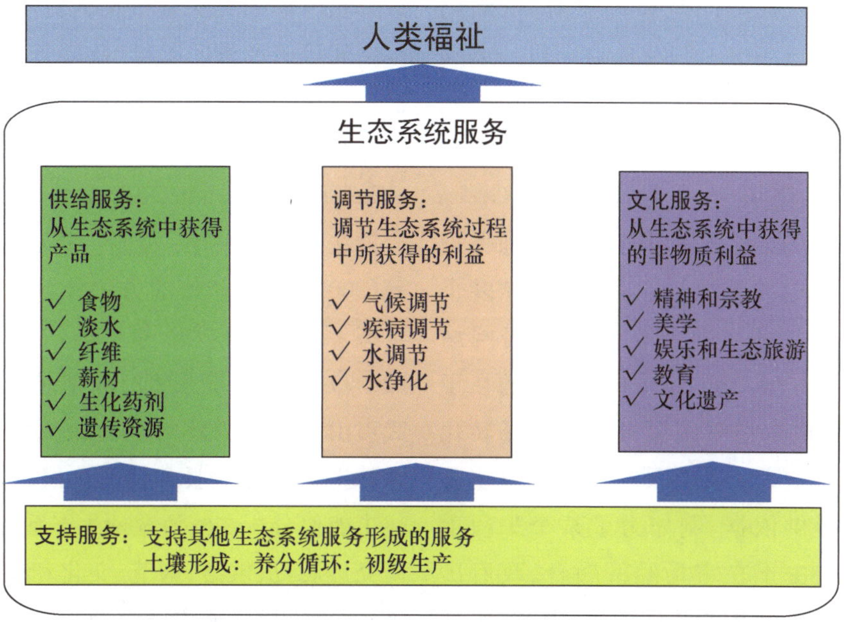


图 7-10 生态系统服务的类别(改编并简化自 MEA，箭头表示服务的流程)

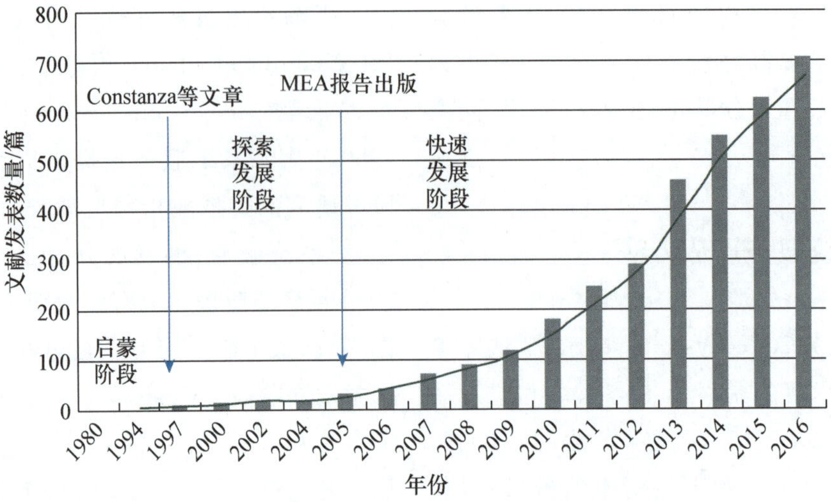


图 7-11　1980—2016 年生态环境服务发表文献数

期以来更多的关注生态系统提供的生产服务功能(供给服务)，忽视了未能在市场上表达的服务功能(调节和支持服务)，导致全球生态系统服务功能的退化(MEA，2005)。研究农田生态系统服务，对于人类保护生态环境、合理开发和利用自然资源、保持人与自然和谐关系有着重大意义(欧阳志云等，1999)。

**1. 价值评价**

生态系统服务价值评估是用经济学方法对生态系统服务功能所做的估计，该评价方法主要从价值量的角度对生态系统服务进行整体评价，是生态系统服务研究的核心问题和科学前沿(欧阳志云等，1999)。Daily(2002)在 *The new economic of nature: the quest to make conservation profitable* 一书中强调了生态与经济合流的重要性，认为生态系统服务是绿色黄金(Green Gold)，提出了经济手段在确保可持续利用和保护生态系统服务功能中的重要性。目前，世界多个国家建设了生态系统服务市场转化的专门网站(http://ecosystemmarketplace.com/)，目的在于成为国际上专门提供生态系统服务价值市场转化与支付信息的"领头羊"。生态系统价值评价主要目的是为决策者提供依据，例如为了某个工程项目立项进行评估。由于在市场经济融合、政府决策等方面使用价值评价方法更具优势，因此，生态系统服务价值评价成为研究的重点。当前，对生态系统服务的估价与衡量，特别是其经济评价，是减少和避免那些损害生态系统服务的短期经济行为的重要途径，也是现有社会状况下的当务之急。生态系统服务的经济评价很难做到准确无误，这是因为生态系统服务的多面性，生态过程和经济过程及两者之间联系的复杂性和自然过程的不确定性使这种估价的难度增加。

**2. 能值评价**

20 世纪 80 年代，Odum H. T 创立了能值分析理论和方法，将系统中不同性质的能量换算为统一的太阳能值进行比较和研究(Odum，2000)。该方法考虑到无法货币化的自然资本、不同种类能量之间等级和质的差异(蓝盛芳，2002)。能值理论被广泛应用于生态经济领域，使用能值理论来评价生态系统服务功能价值是该方法应用的新领域。Geber 和 Bjorklund(2001)总结了投入产出法、生命周期法、能值分析法、能量分析法各自的特征；Porter 等(2009)运用能值的方法计算了不同种植模式下生态系统服务供给量；孙洁斐(2008)、赵晟等(2007)、汤萃文等(2012)分别基于能值理论分析了武夷山自然保护区、中国红树林生态系统、东祁连山森林生态系统的服务功能价值；孟范平等(2011)综述了能值分析在滨海湿地生态系统服务价值评价的研究进展，从供给、调节、文化和支付服务四个方面进行总结，指出该方法目前存在的问题是能值转换率选用不一致、缺少对人类活动引起的生态系统服务价值变化的评价以及检验评价结论正确性的标准等。

### 7.3.3　生态环境研究方法的应用途径

#### 1. 全链条效率提升(多主体共同参与)

为了解决不同地区国家氮素管理的问题，相关利益主体的共同努力至关重要(如农民和消费者，图 7-12)，同时国家和地方政府、企业、学术界和非政府组织间的合作是必不可少的。对于 CAFE 框架中的每个系统，本研究总结了部分管理政策和措施，这些措施有助于提高系统氮素循环和利用效率，为实现氮素可持续管理做出贡献。

种植系统(Cropping system)：促进并鼓励最佳养分管理措施(BMP)的创新和应用，以提高作物生产力和氮素利用效率(Zhang et al.，2015；Davidson et al.，2014)。可设计强制性政策或经济性鼓励措施来推动农民更有效地施用化肥或从养殖及家庭废弃物中回收氮素进行还田。相关调控措施包括对施肥时期和区域的限制，氮素投入定额以及轮作制度等。不仅需要对技术研发的投入(例如建立区域试验网络)，而且还需要加强 BMP 应用障碍的社会经济研究，以为农民提供完善的技术服务(如商业化农场或合作社的注册登记、土壤分析服务)。此外肥料及技术服务行业的积极参与对于创新肥料产品和提高服务质量至关重要，特别是在发展中国家和欠发达国家。

动物作物系统(Animal-Crop system)：耦合种植和养殖生产系统，鼓励有机肥的回收利用和创新有机肥管理技术，优化区域种植和养殖的空间分配，并提高养殖饲喂营养和利用效率(De Klein et al.，2017；Snyder et al.，2014)。为了实现这种耦合，需要创新政策来促进有机肥处理技术的发展，如回收和浓缩有机肥养分以实现远距离运输和养分高效利用。此外，还可以通过促进低蛋白饲喂技术、禁止有机肥随意丢弃、提供有机肥科学施用服务来实现有机肥的可持续化管理。推动有机肥注射和其他低排放处理方法，例如堆肥和酸化(Hou et al.，2015)。但正如本文结果所示，仅关注种养体系氮素利用效率是不够的，并且可能会导致“高效率—高盈余”悖论，特别是对于动物密度高和集约化养殖发达的国家而言。因此，一些区域有必要采取强制性政策来降低养殖体系的养分损失强度(如扩大养殖密度，以及对畜舍设施的防渗漏性以及粪便存储能力进行提升要求)。

食物系统(Food system)：通过减少从农场到

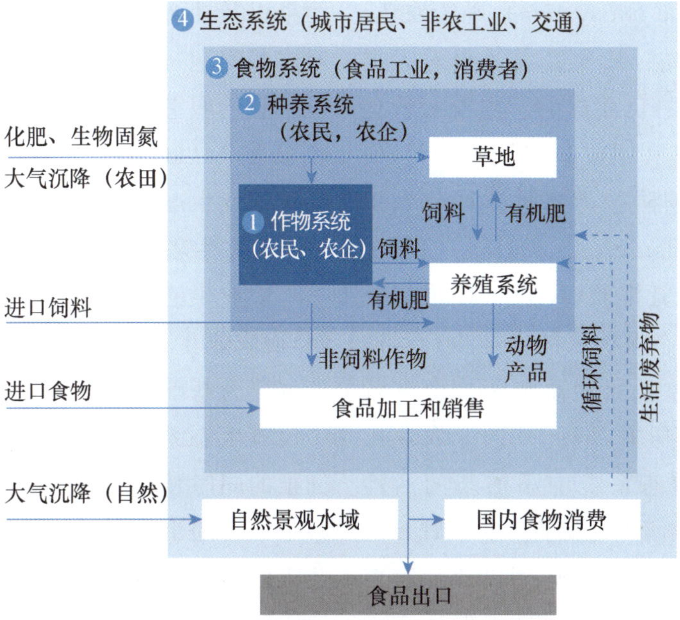


图 7-12　氮素全链条研究框架的投入产出 CAFE 体系的氮素管理政策

消费者的食物损失和浪费，并通过技术手段将部分浪费食物作为肥料或动物饲料，以减少食物链中不同环节的氮素损失(Dou et al.，2017)。目前全球大部分国家都面临着减少食物损失和浪费的挑战，但解决的方案各不相同(Aschemann-Witzel，2016)。不发达国家需要加强食物储存和运输的基础设施建设，而消费者行为干预对发达国家和快速发展中国家(如中国和巴西)至关重要，这些干预需要政府、企业和社会公众的共同努力。食物供应商和零售商可以通过建立产品氮足迹标签、改变对供应商生产方式的要求等方式将消费者对低环境成本食品的需求与供应体系及生产体系联系起来(Poore and Nemecek，2018)。需进一步明确产品上消费日期的定义，以减少不必要的食物丢弃。同时，通过宣传和教育来改变消费者行为，在2030年之前将全球人均食品废弃物在零售和消费层面减少一半，或改变公立学校食堂餐盘尺寸和类型等。这些教育对学龄儿童尤其重要，会产生长期和深远的影响(Kanter et al.，2019；Reynolds et al.，2019)。此外，关于国家对于食物贸易的决定应考虑进口食物中氮素输入对本国氮素循环和生态环境的影响，要根据国内需求和生产情况来计划进口数量，以避免食物过量供给导致的浪费。

生态系统(Landscape Ecosystem)：平衡农业、工业生产与生态系统功能，减少氮素盈余对人类和生态系统可持续发展的负面影响。主要的管理措施包括：尽可能地处理和回收利用城市污泥，使用天然或人工湿地、生物防护带来过滤回收农田径流带出的养分(McLellan et al.，2015)，控制工业和污水处理厂的活性氮排放($NO_x$)(Eshleman et al.，2013)，并限制生态保护区的农业生产。通过对作物、种养和食物体系氮素盈余调控会有效减少生态系统氮素环境压力，但此外的非农业源排放会不可避免地向生态系统中添加新的活性氮，进而干扰区域的氮素循环。因此，在CAFE层级最高的生态系统管理决策中，必须包括代表更广泛意见的利益相关群体。最后，为了促进多维度决策的形成，需要建立氮素投入和环境影响的监测网络。

**2. 生态系统服务价值化(普通大众增加环保意识)**

生态系统为人类的生产和发展提供了重要的物质资源，这部分物质直接在市场交易中产生了市场经济价值。与此同时农田生态系统还在维持生物多样性、调节气候、贮存营养物质、更新和维持土壤肥力、净化环境、降解有害物质等方面扮演重要角色，这为人类提供了一系列服务。尽管这些服务由于缺乏市场交易机制，不具有所谓的“市场价格”，但利用生态系统服务价值评价理论，运用多种经济学方法如影子工程法、替代成本法、工程造价法等，可以对这些“没有市场”的服务进行量化评价。这一评价有助于人类重新审视人与农业生态系统的关系，对于更好的保持人与生态系统的协调发展具有重大意义(图7-13)。

在现行的社会发展中，人们对高产的追求甚高而对农业生态系统的保护维持意识却很低，导致农业生态系统的很多服务和功能退化甚至消失，基于此，想要获得农业的可持续发展就要求人们在保护生态系统服务的背景下来制定农业生态的计划。研究调查发现，现如今影响农业生态系统服务的主要因素有农业化学物质的使用、对高产品种的盲目追求、不合理的农业生产措施、环境污染以及社会发展水平和大众的文化水平等。针对这些问题提出了一些解决对策，来保护农业生态系统的服务和功能，而最重要的就是人们要有环保意识，以此为出发点进行平时的日常活动，就会对农业生态系统起着潜移默化的保护作用。

**3. 在生态补偿中的应用(政府决策)**

农业生态环境政策中包含农业生态补偿机制，而农业生态补偿机制是以生态系统服务的价值测算为基础的。传统农业生产农民的生产成本中没有生态系统服务价值，因此农民在追求经济回报的同时使生态系统服务功能降低，进而影响整个社会的生态环境。而生态型农业在获得经济收入的同时也会保护生态系统服务价值。因此政府需要采取一定方式使农民采取生态系统服务保护型的生产方式，如对农民进行一定的生态经济补偿，这样农民可以在获得经济利益的前提下愿意选择这种生产方式进行生产，久而久之整个社会的生态环境也会越来越好。

现如今我国已采取各种形式的生态补偿，如对重要生态功能区的生态补偿：国家主导实施了包括天然林防护、三北防护林体系建设工程及中央财政森林生态效益补偿的一系列重大生态治理工程，覆盖面广，有效遏制了生态环境的恶化。地方政府也出台多种政策，如从旅游基金中提出一部分给林地所有者；从水电费或其他重工业企业的基金中提取一部分补偿公益林建设；村民负责护林，并对景点利润进行分成等（陈尉等，2010）。

**4. 农业绿色 GDP（落地与干部考核）**

国内生产总值（GDP）是指国内生产的最终产品的市场价值，它并没有将自然资源的非市场价值计算在内。随着社会发展带来的一系列生态环境问题，人们开始对只追求经济利益的经济计算体系进行反思校正，绿色 GDP 应运而生。农业绿色 GDP 主要强调在农村范围中对 GDP 进行环境经济计算，与传统农业相比，将生态系统服务价值加入到农业绿色 GDP 的计算体系中，对整个农业生产的经济和生态价值都有着重要意义。

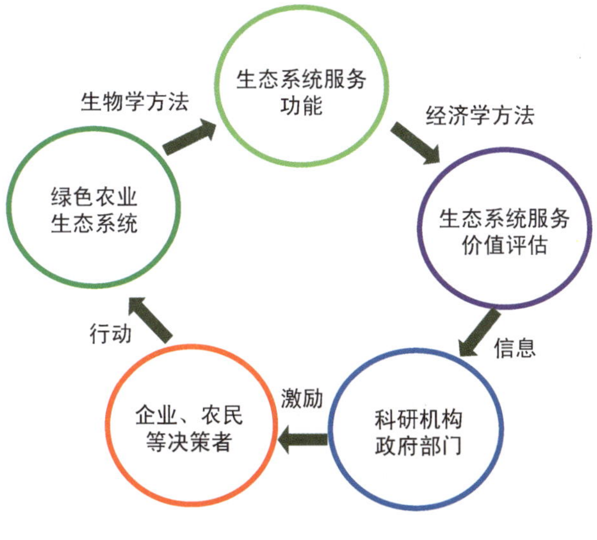


图 7-13 生态系统服务评价的应用途径

（修改自 Gretchen et al.，2009）

当前农业绿色 GDP 的计算公式为 GDP g＝ $Vp+Ves-Cp-Ce$，式中 $Vp$ 为农业生产的直接产出；$Ves$ 为农业生态系统服务价值；$Cp$ 为农业生产的直接消耗成本；$Ce$ 为农业生产的间接生态代价。例如，对安塞县进行传统 GDP 和农业绿色 GDP 的计算（陈源泉，2006），考虑到农业生态环境之后的农业绿色 GDP 仅为常规 GDP 的 37.72%，也就是说农业常规 GDP 背后至少隐含着 62.28%的农业生态环境代价，这是靠农业生态系统服务给予补偿的。因此，保护生态系统的服务价值、提高农业绿色 GDP 对社会经济发展具有重要意义。

## 7.4 农业绿色生态环境的区域实现途径

### 7.4.1 区域绿色环境“三步走”战略

农业生产过程中化肥、农药、农膜的大量使用，禽畜养殖业的过度发展，水土流失与土壤侵蚀，农业生产和农村生活垃圾的处置不当，造成了严重的环境污染，包括土壤酸化、微塑料污染、重金属污染，甚至对水体富营养化、雾霾形成、持久性有机物污染也有重要影响。针对当前农业环境污染的防治策略主要分为三类：源头控制、过程管理和污染修复。

源头控制是一种成本低、效益高的管控方式，一般是指在整个生产链条中预防和控制污染，把污染消灭在污染源处。如通过调整饮食结构，在保障均衡营养摄入的前提下，适当减少肉类消费，可达到温室气体减排、资源节约、污染控制的协同效应（Johnston et al.，2014；Saez-Almendros et al.，2013）。降低畜禽饲料氮、磷含量可显著降低动物粪便中的氮、磷含量，从而降低其对大气、水体的环境影响（Latshaw et al.，2011；Liu et al.，2019）。减少农药、化肥、地膜的施用量，即在源头上控制了大部分农业污染源，是农业污染控制的最关键环节之一（杨林章等，2013）。

过程管理主要是在农业生产活动进行中，采

取适当的措施，尽可能降低环境影响。如采用喷灌或滴灌代替大水漫灌，以节约水资源，并减少土壤养分下渗，减轻地下水污染；通过修筑利用多水塘系统、缓冲带、湿地系统、土壤渗滤等生态技术，对农田污染物在扩散过程中进行拦截和净化，以降低污染源的污染物的输出浓度（李华斌等，2014）；采用化肥深施代替撒施，以提高肥料利用率，减少其挥发和下渗损失，从而降低对大气、水体的污染（Liu et al.，2015）；通过对畜禽粪便采取覆盖、施用添加剂等措施，可降低粪便中的氮、磷的损失，从而提高其资源价值，并降低环境影响（马林等，2018）；对农业生产和农村生活产生的垃圾进行分类回收，可实现废物的资源化利用，改善生态环境及乡村景观。

污染修复是对已被污染的环境通过一系列技术手段，包括物理、化学和生物学等技术措施，使得环境能够部分或全部恢复到无污染的初始状态。如采用生物、化学修复技术对土壤重金属污染进行修复；采用超临界水修复技术对土壤、水体的有机污染进行修复（Yao et al.，2018）；利用物理法（稀释、吸附等）、化学法（氧化、混凝沉淀等）、生物法（水生动、植物修复）等多技术融合处理修复富营养化水体（郭昊等，2018）（图 7-14）。

最后，不同污染的治理需要不同技术手段的组合，农业绿色生态环境的实现需要上述“三步走”战略的协同互补，依据当地农业生产和环境污染实际情况制定适宜的治理措施。同时，相应的政策法规也应为“三步走”战略途径的落实提供保障。

### 7.4.2 氮素管理实现途径

氮是农业生产中的重要元素，是食物生产的基本保障（Ma et al.，2013；Chen et al.，2014）。近几十年来，人类活动严重影响了氮素的生物地球化学循环（Galloway et al.，2008；Lassaletta et al.，2016）。随着工农业的不断发展，人类对氮素的需求不断增加，大量的活性氮被人为生产出来。而与此同时，氮素的利用效率仍处于较低水平。大量未被利用的活性氮排放到大气、水体和土壤中，从而引发了一系列的环境问题。例如：气候变暖（IPCC，2006）、土壤酸化（Guo et al.，2010）、地下水硝酸盐含量超标（Wang et al.，2019）和水体富营养化（Liu et al.，2007）等。同时，活性氮的大量排放对人类健康也构成了极大的威胁，并在一定程度上阻碍了农业的绿色发展，这对我们的氮素管理水平提出了更高的要求。以往的氮素管理主要侧重于单个环节或单个生产加工系统，未能从整个食物系统出发来对氮素进行综合的管理。尤其当前氮素治理处于污染防治与修复并重的局面，施行“源头管控—过程管理—污染修复”全链条管理策略，将是氮素可持续管理的必由之路，也是实现绿色生态环境的重要保障。

源头减量，构建氮素绿色环境卡口。自行星边界理论提出以来，环境容量成为当前的研究热点（张军泽等，2019）。虽然当前设定了很多环境标准，例如：$PM_{2.5}$ 环境质量标准和地下水质量标准等。但是针对食物系统氮素管理的标准依然缺乏，

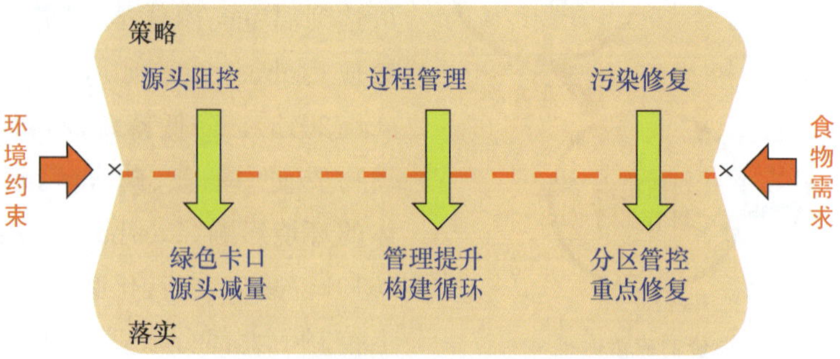


图 7-14 氮素管理实现策略概念图

因此，难以为决策者和执行者进行氮素管理提供科学有效的帮助。因此，科学定量氮素的绿色环境卡口至关重要。我国每年氨挥发量为 1 170 万 t，其中种植和养殖占比约为 88%（Zhang et al.，2018）。氨是 $PM_{2.5}$ 形成的关键前体物质（Meng et al.，2017），因此，基于 $PM_{2.5}$ 标准设定氨排放量，是有效预防大气污染的氮素管理依据之一。过量施肥和粗放的田间管理导致大量氮素淋洗进入地下水，造成地下水硝酸盐含量超标（Lu et al.，2019）。因此，基于地下水硝酸盐含量的最大淋洗阈值来指导氮素管理，是保护地下水安全的重要措施之一。除此之外，水体富营养化和土壤酸化等都对氮素损失有一定的限制要求，需要因地制宜的设置环境卡口，来平衡食物需求，实现食物供给与环境保护双赢。除了在区域上提出绿色环境卡口外进一步在农户尺度和田块尺度提出投入限量标准，例如：化肥的最大投入量，养殖的氮素饲喂量等。基于绿色环境卡口的氮素可持续管理将为绿色生态环境提供靶向目标和重要保障。

过程阻控，全面提升氮素管理水平。农业是氮素损失的重要排放源，大量农业科研人员探索了一系列氮素管理策略。在农田系统中，提出了“总量控制，分期调控”的氮肥管理技术：①在生态环境及农田操作类似的区域内，依据作物肥效反应及区域养分平衡原理，确定区域养分总量控制范围，并依据作物生长发育和养分需求规律进行分期调控；②实现从繁杂的田块养分管理到区域的跨越，使得技术得以在田间大面积应用。其中，氮肥施用原则是：总量的 40%作为底肥，60%作为追肥。主要原因如下：产量水平越高，中后期的氮素供应越重要；土壤肥力和保肥性能越差，中后期的氮素供应越重要；灌溉农田较雨养旱地中后期的氮素供应更重要。故而增大后期（如开花、灌浆等关键生长期）的氮肥施用比例以实现高产，即“前氮后移”；合适的施肥位置则主要是指把氮肥施用在易于被作物根系吸收的位置，例如：氮肥深施技术。在养殖系统中，提出了“前排泄”策略和“后排泄”策略，即粪便排泄前所采取的减排措施和粪便排泄后采取的减排措施。例如：在圈舍阶段，运用“前排泄”策略（如日粮调整）可达到显著降低动物粪尿氮排泄的目的。而“前排泄”策略又可分为降低氮（尿素）的排泄量和捕获粪便中氮两类独立的减排方法。降低氮排泄量的措施主要包括阶段饲喂和降低日粮中粗蛋白水平两种措施。阶段饲喂是根据动物的生理需要来动态调整日粮水平，从而减少氨基酸过量消耗，降低尿素的排泄和氨气的排放（Bregendahl and Roberts，2006）。Wang et al.（2019）的结果显示，低粗蛋白饲养的蛋鸡和肉鸡氮的排泄量分别降低了 21.3%和 17.4%，氨气挥发量分别降低了 10%和 20%。同时，该方法在猪和牛的低蛋白饲养中也获到较好的效果（Sajeev et al.，2017）。因此，适当降低饲料蛋白含量或根据动物的生长阶段，动态调整饲料蛋白水平，是降低养殖业活性氮排放最重要和有效的环节。饲料添加剂可优化饲料的组成成分，并提高氮的吸收效率，在捕获粪便中的氮、降低氨气排放方面效果显著（Wang et al.，2019）。常见的添加剂包括沸石、益生菌和丝兰等，其原理在于降低脲酶活性（益生菌）、与含氮阳离子如 $NH_4^+$ 结合（沸石）或酸化固持 $NH_4^+$-N。“后排泄”减排措施是在粪便排泄后采取的措施，包括一系列的生物方法（如加秸秆和菌剂等）、化学方法（如加磷酸、明矾和硫酸铝等）和物理方法（如加沸石和生物质炭等），其原理在于通过调节粪便 C、N 的代谢、改变氮素的存在形态或对氨气进行吸附来降低活性氮的排放。构建闭合生产模式，实现废弃物资源化利用。除种养阶段大量活性氮的环境排放外，秸秆，畜禽和人粪尿的不合理利用也是限制农业食物系统氮高效利用的重要因素。当前中国畜禽和人粪尿氮的循环利用率分别只有 43%和 23%（Gu et al.，2015）。中国有机资源量丰富，每年的秸秆、畜禽和人粪尿的量分别为 8 亿、8 亿和 38 亿 t，折合成纯氮分别为 700 万、640 万和 1 460 万 t（牛新胜等，2017），三者合计超过中国作物生产最优总需氮量（2 300 万 t）（Zhang et al.，2019）。畜禽粪尿替代化肥还田利用是处理畜禽粪尿的最优方式，该途径可以同时解决生态环境的卫生问题和农业生产中过量的氮排放问题。粪尿的区域分布不均是限制其还田利用的一个因素，部分人居和畜禽养殖密度高的地区粪尿总量超过农田的承载量，多余的粪尿养分需通过不同距离的运输，输送到粪尿资源较少的地区，而过高的运输和人工成本限制了其应用。粪尿中的重金属和抗生素也是导致规模化养殖场粪尿难以被利用的重要因素。通过不同的处理技术将粪尿减量化和无害化处理是实现粪尿跨区域利用的重要手段，比如堆肥、厌氧发酵等。

分区管控，重点实施氮素污染修复工程。当前在全国尺度上已经初步划分了硝酸盐脆弱区和土壤酸化区（Bai et al.，2018；孟远夺，2014），尚需进一步开展污染区精准定位工作，对轻度污染区治理的原则是源头控制，自然修复。对于不可自然恢复区，则需开展一些工程措施促进修复。以土壤酸化修复为例，目前我国40%的耕地土壤为酸性土壤，其中pH低于5.5的强酸性土壤占17.6%，基本呈现“南酸北碱”的格局（孟远夺，2014；徐仁扣等，2018）。土壤酸化严重危害了农产品产量与品质（吴道铭等，2013；于天一等，2014）。为了改变当前土壤酸化现状，当前主要采取“阻控”和“改良”两种策略。“阻控”的侧重点在合理施用氮肥。例如：通过硝态氮肥替代氨态氮肥、推行新型氮肥（硝化抑制剂类氮肥，缓控释氮肥等）、氮肥深施等。“改良”侧重施用改良剂（有机肥、化学改良剂等）。在农田管理中可以施用有机肥改良土壤酸化，有机肥中含有大量碱性物质，与化肥长期配合施用可以维持土壤酸碱平衡，有效减缓土壤酸化（Cai et al.，2015）。化学改良剂，如石灰和一些工业副产物等富含钙的物质，与有机肥和生物碳相比，其在土壤重度酸化区效果更加明显（Rengel et al.，2005）。

### 7.4.3 磷素管理实现途径

可持续磷素管理可从源头控制、过程管理和末端回收利用三个方面实现（图7-15）。

**1. 磷污染的源头控制策略**

磷是不可再生的环境资源，在采矿和肥料加工、运输和储存、应用、收获、食品加工和零售以及食品消费等阶段都有重大损失。研究表明，在开采、加工和其他操作过程中磷的损失率高达33%（Kippenberger，2001）。在运输和装卸过程中磷的损失能够达10%（Lauriente，2003）。2000年，我国整体采矿效率仅为49%（CNCIC，2002），磷矿开采率低下。当前，我国磷矿以中低品位为主，磷矿开采及选矿环节产生了大量的磷尾矿，仍有5%～8%的磷含量造成了大量的磷资源浪费。因此，提高磷矿开采加工过程中磷的利用效率对减少磷的源头污染具有重要意义。开发有效和安全的技术从废弃的磷尾矿中回收利用磷资源能有效地减少磷在环境中的损失和污染。研究表明，采用萃取—反萃取法可综合回收磷浮选尾矿中的磷（黄芳等，2010）。此外，通过开发磷提取工艺也可以有效地减少磷损失。例如，比利时公司Ecophos（www.ecophos.com）开发了一种新的磷提取工艺，该工艺可用于低品质磷矿（$P_2O_5$含量低至20%）的开采。

**2. 磷污染的过程管理策略**

1）优化土地利用

作物生长条件具有不可控性，因此，即使按照现有的最佳技术来管理土壤、作物和肥料，某些磷的损失也是不可避免的。从全球范围来看，农田造成的不可避免的损失十分广泛，农业用地面积越大，土壤中的磷含量也就越高。因此必须找到最优平衡点以达到足够高的生产率，即限制土地需求的同时确保足够的磷含量，并使土壤磷损失降到最低。人类饮食结构也是影响磷损失的重要因素，因为通常生产肉类和乳制品比生产植物性产品需要更多的土地（Gerben-Leenes and Nonhebel，2002）。因此通过改变人类饮食习惯，对种植养殖系统进行优化能够很大程度上减少磷损失。

2）水土保持

土壤中的磷不仅由于种植作物而减少，也会由

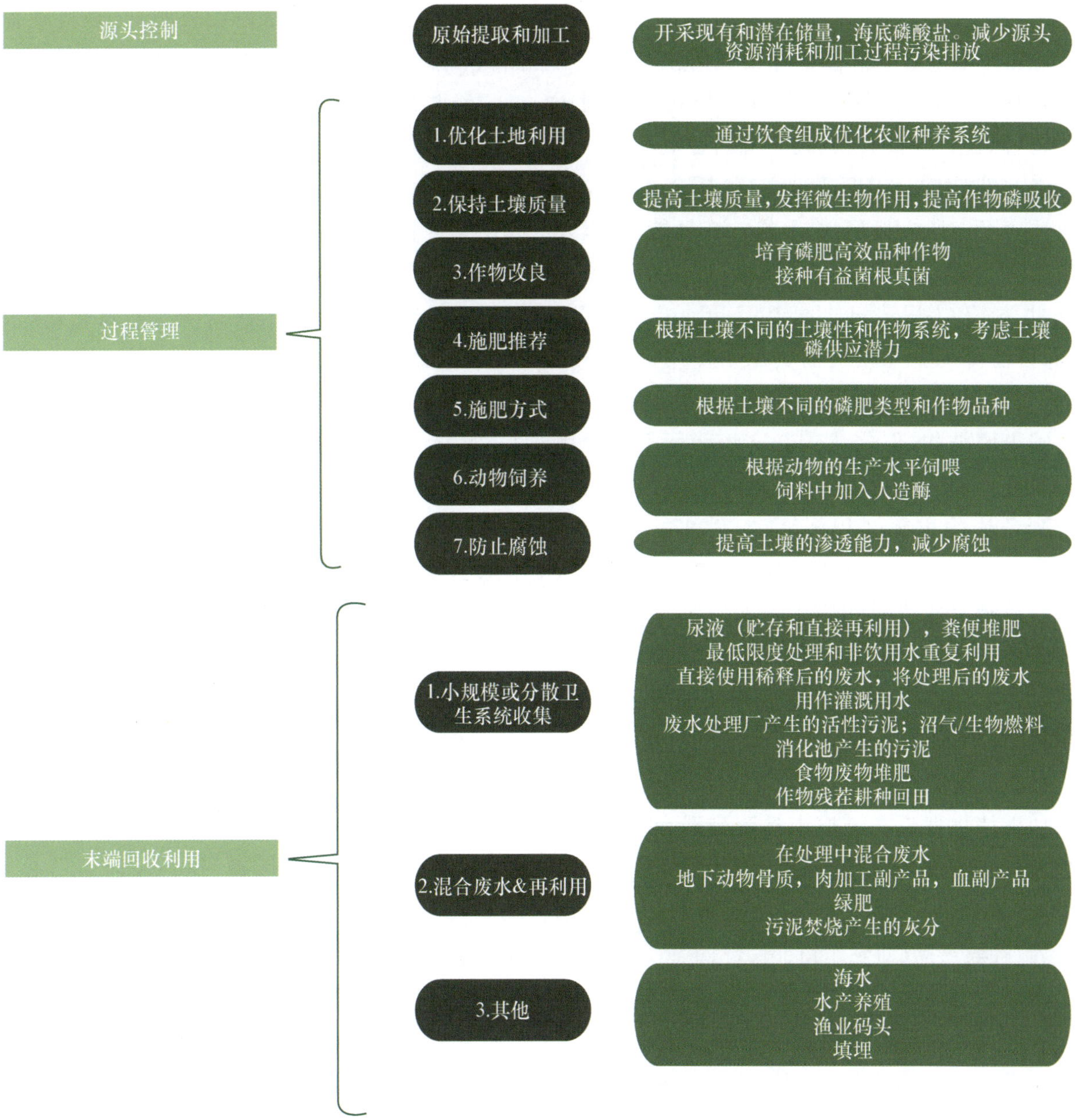


图 7-15　基于源头控制、过程管理和末端回收利用的可持续磷管理策略

于侵蚀而减少。侵蚀包括水蚀、风蚀、耕作侵蚀和土壤颗粒附着在作物（如甜菜）上造成的侵蚀（Verheijen et al.，2009）。Gay 等（2009）提到 12% 和 4% 的欧洲大陆分别遭受水蚀和风蚀。水侵蚀是西班牙南部、意大利西部和希腊的首要问题，问题的严重程度取决于坡度、坡长、降雨量和降水分布。这两种侵蚀主要发生在耕作的土壤中，尤指因作物种植使土壤长时间裸露的情况。

量化与侵蚀有关的磷损失是困难的。首先被侵蚀的物质并不是真正的损失，因为它可以沉降并作为农田的磷投入。其次，量化有关磷的损失过程极其复杂，当在大尺度范围量化时，没有足够有效的数据支撑。最后，将土壤流失过程转化为磷流失的过程更为复杂，因为该过程需要已知被侵蚀物质中的磷浓度。Liu 等（2008）提供的数据表明，耕地、过度放牧和普通牧场造成的磷损失分别约为 13、8 和 3 kg/($hm^2$ · 年)。许多侵蚀消减措施旨在提高土壤的渗透能力，以尽量减少径流，进一步减少由径流带来的磷流失风险。

3)保持土壤质量

土壤中磷的存在并不能保证它的生产力。土壤必须具备许多其他特性,以确保作物可以利用这些磷,而且一旦被吸收,就能得到有效利用。这种复杂的特性称为土壤质量,它包括合适的 pH、有机质含量、对物理和生物干扰的恢复能力,以及提高生物多样性的生育力。然而,过多地单独关注这些方面(Giller et al.,1997;Letey et al.,2003)可能降低而不是提高资源的使用效率。例如,将作物秸秆归还土壤,可以促进土壤生命,从而改善土壤结构,但这意味着这些秸秆不能再用作饲料或燃料。因此,土壤质量的概念仍然是一个激烈争论的主题(Giller et al.,1997;Letey et al.,2003)。如果不考虑土壤质量,如土壤的 pH、含水量或者紧实度对作物生长的影响,就需要更多的磷才能达到一定的产量。因此,优化土壤质量可以释放有效磷,减少对化学磷肥的需求,提高磷的利用效率。

4)提高施肥推荐

如果植物根系在土壤中找不到磷,植物就无法生长(Laegreid et al.,1999)。因此,大多数农民以粪肥、堆肥、有机污泥或矿物肥料的形式施用磷,以弥补农产品(即农作物、肉、蛋、牛奶、羊毛等)带走的磷。在西欧,磷的添加量通常要大大高于作物吸收量。这种做法在某种程度上是因为对土壤磷素平衡的不正当担忧,但也可能是基于合理的经济考虑(Neeteson et al.,2006)。同样,在中国过量施肥的现象也非常普遍。当土壤中磷含量过高磷素更易流失,进一步增加了环境风险。Neyroud 和 Lischer(2003)针对不同的施肥推荐指出,由于当前土壤磷测试方法并不统一,因此需要根据不同作物系统,不同土壤特性给出特定的推荐施肥策略,这样可在充分利用土壤供磷潜力的同时减少磷肥投入,同时保证作物产量,大大降低环境风险。全国测土配方施肥项目根据不同土壤基础地力、产量目标等针对不同土壤特性、作物系统、作物种类、作物需肥规律和肥效试验结果,提出合理的施肥配方,按照合理的原料配比和采用相关工艺生产养分齐全的配方肥料,是实现提高品质、节约成本、增加收益和保护环境的重要措施。

5)改善施肥方式

科学合理的施肥方式是实现我国高产、高效、优质、无污染农业生产中必不可少的措施。针对我国肥料利用率偏低的现象,4R 技术是提高肥料利用率的关键措施。如前所述,磷最好施用于土壤根系最密集的部分。根据荷兰的施肥建议,如果肥料是撒施而不是深施在地下靠近种子的地方,则需要两倍的磷才能达到相近的产量(van Dijk, 2003)。因此要针对不同作物品种提出合理有效的肥料施用方法。如王夏晖等(2000)研究总结出,针对水稻孔源施肥达到了肥料集中施用效果,消除了表聚现象的发生,协调了水肥关系,具有减少肥料渗漏、地表径流冲刷等损失的作用,最终提高了肥料利用率,降低了环境风险。

6)改良作物基因型

在磷缺乏情况下,许多植物进化出一系列适应机制,包括根系结构的改变,根毛增加,还有增加磷酸酶、有机酸、铁载体和表面活性剂等的分泌来活化土壤中的难溶性磷(Brown et al., 2013;Hinsinger, 2001)。有研究指出可以通过选择性育种或基因改造在农作物中增强这些性状的表达,使这些植物的相关机制得到广泛增强(Richardson et al.,2009),从而开发出磷素高效利用的基因型。

7)促进菌根真菌共生

作物还可以通过与有益菌根真菌共生来增强吸收磷的能力,作物与这些丛枝菌根(AM)真菌之间的共生关系可以提高土壤磷的利用率(Bittman et al., 2006)。Grant 等(2005)将这归因于与菌根真菌共生可以有效扩大根系,而不是由于真菌可以增加土壤磷的溶解度。在低磷土壤中,由于农作物轮作和耕作方式,AM 真菌也无法充分存在。这就需要采用免耕技术,种子接种菌根真菌或调整作物轮作方式等措施促进作物与 AM 真菌共生。

8)动物饲养

工业化国家的牲畜养殖者会选择磷浓度较高的饲料,甚至向饲料中添加磷盐,有研究统计,全球磷素需求中有5%用于动物饲料添加剂。饲料添加剂增加了磷的投入,降低了动物对磷的相对利用率,导致粪肥中产生更多的磷,这可能使当地土壤中的磷过剩。可以通过以下方法减少粪便磷的排泄:通过降低动物的年龄,使其供给的饲料磷减少(阶段性饲喂);通过调整个体动物的每日摄食量以适应它们的实际生产水平;或者是使用人造酶(肌醇六磷酸酶),来提高饲料磷(植酸)的利用率。诸如此类的日粮调整可以降低农场中磷的产量,从而提高磷的利用率。

**3. 磷的末端回收再利用策略**

1)小规模或分散式回收过程

小规模或分散式卫生系统包含从单个现场系统到社区规模的系统,是由于其成本低廉或适合为偏远或低密度人群提供服务而开发的。许多小型系统将处理过的或未经处理的排泄物/废水堆放在土地上,而不是水中处理(后者是大型集中式系统的典型做法)。例如,通过回收人类或禽畜粪便排泄物中的养分,或将作物残茬还田再利用来减少农业对矿物肥料的需求。通过改善食物和膳食的计划和购物,以减少浪费(例如,腐败),使用剩菜、过期的食品,厨房、花园和房屋周围的其他有机物质进行堆肥处理,以回收有机质中的磷(Lundqvist et al.,2008;Baker et al.,2009)。在瑞典(Ganrot et al.,2009)和尼泊尔(Tilley et al.,2009)人们会把从源头分离的尿液沉淀出来进行再利用。其他小规模的磷回收系统包括:厕所和餐厨垃圾的堆肥,家庭废水处理和灌溉,沼气污泥再利用,以及工业废物处理和再利用。

2)大规模集中式回收过程

集中式污水处理系统回收营养能减少来自家庭和工业废水中洗涤剂和排泄物中的磷含量,从而减少水道的污染(Barnard,2009)。在过去的几十年中,废水处理厂的营养去除已经从20世纪80年代的化学过程发展到90年代的生物营养去除过程,最近发展到鸟粪石的回收和再利用(Hammond et al.,2007;Ashley et al.,2009)和其他形式(如来自焚化动物粉的灰烬)。2009年国际污水营养回收大会宣布:“全球正在出现新的范例,将回收的养分作为绿色肥料进行商业营销,或通过生物质生产将养分循环利用到生物能源等新的渠道(Mavinic et al.,2009)。”磷可以在集中式废水处理厂的多股流中回收。这些流可以包括:未经处理的废水流入,污水污泥,污泥脱水产生的废水侧流和污泥焚烧产生的灰分(Hermann,2009)。

例如,在加拿大和日本有商业规模的脱水污泥中的鸟粪石回收厂(来自脱水污泥)(Ostara,2009;Rahaman et al.,2009),而荷兰的商业化运作包含从污泥灰分到最终用户的营养物质(Schipper and Korving,2009)。已有研究者进行了一系列试验,旨在从德国的市政污水中生产可销售的肥料(Adam et al.,2008)和从澳大利亚的畜禽粪便中获得可销售的“生物肥料”(Microfert,2009)。大型磷回收系统的其他示例包括:废水喂养的水产养殖,污泥的再利用以及废水处理厂中沉淀出的磷酸钙或流出物。在几乎所有这些情况下,磷的来源都是家庭和工业废水的混合物,因此流入水的质量将高度依赖于这些来源。动物尸体的骨粉和肉粉也经常被牲畜密度较高的国家利用,例如丹麦和荷兰,但是,这种重复使用在20世纪90年代疯牛病暴发后显著下降(EU,2010 a,b)。“疯牛病”或可传播的海绵状脑病(TSE)的出现带来了严格的法规,禁止向反刍动物饲喂动物蛋白和含有这种蛋白的动物饲料。关于饲养肉食性毛皮动物的家畜的喂养,禁止使用加工过的动物蛋白,反刍动物来源的明胶,血液制品,水解蛋白,动物来源的磷酸二钙和磷酸三钙(EU,2001)。

集中式磷回收和再利用系统可以带来好处,例如规模经济,管道末端添加的简易性,而不是家庭或社区规模的改造和制造可销售的产品。但是,它们受到了以下限制:初始成本高,管网的能源和资源成本高,损失风险增加(如前所述)以及技术“锁定”的风险(Abeysuriya,2008)。

3)其他潜在回收磷的来源

(1)海水 从技术上讲,从海水中回收磷是可行的,但不具备经济可行性。海水中的磷浓度太低，Brown(2003)计算得出，如果要获得当前使用的磷肥，假定平均磷浓度为 70 μg/L，必须每年以 $2.4\times10^5$ $km^3$ 的速度处理海水，这将是全球每年淡水总消耗量的 70 倍以上。

(2)水产养殖　目前，全球每年从海藻中生产约 2 Mt 干物质用于商业用途(Reith et al.，2005)，干物质中磷含量为 0.3%。这样可产生 0.006 Mt 的磷，远低于与目前因侵蚀或肥料使用造成的高于 15 Mt 的损失。因此，海藻中磷含量低可能限制了海藻的大量生产。在上升流区和智利、东非等海岸地区，情况可能有所不同。但是，由于这些区域的脆弱性，而海洋生物区系在很大程度上取决于这些上升流区域中的养分，因此不建议在该区域启动大型生产系统。用海藻或藻类从河口河流和溪流中回收磷的可能性更大。

(3)渔业码头　磷向海洋的单向流动可以从仅 0.3 Mt 磷的回流中推断出来，这部分磷在全球范围内以渔业捕捞的方式返回陆地(Smil，2000；Smil，2007)。对于 EU27 来说，总的捕捞量为 14.5 kt 磷(总渔业码头总磷含量为 17.9 kt)。经过比较，河流向大海的磷排放量为 180 kt (Richards and Dawson，2008)。

(4)填埋　Richards 和 Dawson(2008)估计，食物垃圾中的磷可以通过垃圾填埋实现固存，而其他地方并未对此进行说明。根据数个来源，他们估计人均可生物降解的城市垃圾为 119 kg。按 2006 年欧洲的 4.94 亿人口计算，估计产生了 59 t 可生物降解垃圾。假定这些垃圾占送往填埋场的可生物降解垃圾总量的 65%(35%的食物垃圾和 30%的花园/公园垃圾)，以 1.5 kg P/t 的水平，每年送往垃圾填埋场的磷总量估计为 57.4 kt。与许多其他磷替代物相比，填埋过程中的磷更容易获得。

### 7.4.4　重金属污染治理实现途径

**1. 重金属污染现状及来源**

近几年来，土壤中的重金属如镉(Cd)、砷(As)、铅(Pb)、汞(Hg)和铬(Cr)等的污染问题备受人们关注。土壤中的重金属往往具有持久性、毒性强和易迁移的特征，当其含量超过一定限值时，会直接或间接影响人体健康。据 2014 年原国家环境保护部和国土资源部联合发布的《全国土壤污染状况调查公报》显示，我国土壤总的超标率为 16.1%，其中无机污染物(主要以重金属为主)的超标点位数分别为镉(7.0%)＞砷(2.7%)＞汞(1.6%)＞铅(1.5%)＞铬(0.9%)。目前，在我国受镉、砷、铅等重金属污染的耕地面积已达 2 000 万 $hm^2$；由工业“三废”排放造成污染的耕地 1 000 万 $hm^2$，其中污水灌溉的农田面积 330 多万 $hm^2$。我国每年因重金属污染而减产的粮食超过 1 000 万 t，另外被重金属污染的粮食每年也多达 1200 万 t，造成的经济损失合计至少为 200 亿元。土壤作为开放的缓冲动力学体系，在与周围的环境进行物质和能量的交换过程中，不可避免地会有外源重金属进入其中。大气沉降、灌溉水、施肥是重金属进入土壤的三个主要途径(Nino-Savala et al.，2019；Vareda et al.，2019)。Luo 等(2009)研究发现，重金属镉、砷、汞、铅和铬通过大气沉降、灌溉水和施肥进入农田土壤总量分别为 1 417、5 925、286、29 061 和 17 071 t，其中大气沉降是土壤中砷、铅、铬和汞的主要来源，而土壤中的镉主要来源于有机肥和矿物质化肥的施用。

**2. 重金属污染治理途径**

针对土壤重金属污染，国内外学者相继提出了大量的修复方法，按照其修复机理可分为物理修复、化学修复和生物修复(吴志能等，2016)。物理修复主要包括客土、翻土、淋洗和热解等处理技术，具有高效和稳定的特点，但成本高而且破坏土壤结构。化学修复是一种原位修复方法，主要是向土壤中加入添加剂，通过一系列的物理化学反应如氧化还原、吸附/解吸、沉淀和络合等降低重金属的有效性，但没有从根本上将重金属从土壤中去除。生物修复技术通过植物和微生物将重金属从土壤中提取或固定，也是一种原位修复技术，具有绿色环保成本低的优点，但是花费时间较长，修复效率较低。农艺学调控措施修复重金属污染的土壤是一种原位修复技术，其通过调整种植模式、水肥优化、土壤改良等农艺学措施降低土壤重金属生物可利用性(崔德杰和张玉龙，2004)。如水分管理被认为是控制镉在稻米中积累的有效手段之一。研究表明，与不淹水处理相比，全生育期淹水或生育后期(抽穗期至成熟期)淹水处理，稻米中镉含量可降低75%以上，但同时会提高稻米中砷的含量(Arao et al.,2009; Hu et al., 2013)。有机肥施用也可有效缓解土壤酸化(Zhu et al., 2018)，络合固定土壤有效镉，从而降低土壤中镉的活性(Tang et al., 2015)。

区域农田重金属污染治理首先应当基于污染源头的管控与消减。具体来讲，就是根据农田重金属污染特征，确定重金属污染物的来源及其贡献率，预测污染程度及其分布的演变趋势(陈卫平等，2018)。当农业生产区域没有明显的点源污染时，长期施用磷肥和有机肥(主要指畜禽粪便)已经被公认为是重金属(尤其镉)进入农田土壤的重要途径。我国磷肥中的镉含量为0.01～27.1 mg/kg，平均含量为0.91 mg/kg(穆虹宇等，2020; 余垚等，2018)；有机肥中镉含量为痕量～51.5 mg/kg。因此，通过源头控制减少施用镉含量较高的磷肥或有机肥可以有效地降低农田土壤中镉的输入。随着我国集约化农业发展，政府逐渐提倡增施有机肥替代矿物质化肥。由于动物饲料中微量元素的过量添加会导致重金属如铜、锌、砷和镉等在有机肥中富集；而且与矿物质化肥相比，有机肥需要更大的施用量。因此，增施有机肥可能会提高土壤重金属污染风险。Zhuang 等(2020)研究发现用有机肥替代30%的磷肥施用30年会提高14%土壤镉污染风险概率；如果有机肥全部替代磷肥施用30年引发的土壤中镉污染风险的概率可达到55.2%。综上，在农业生产中，通过肥料管理从源头上控制重金属进入农田土壤至关重要。

除了源头控制以外，根据重金属在农田系统中的输入和输出特性，基于物质守恒关系建立重金属流动模型并制定临界负荷目标(图7-16)，可

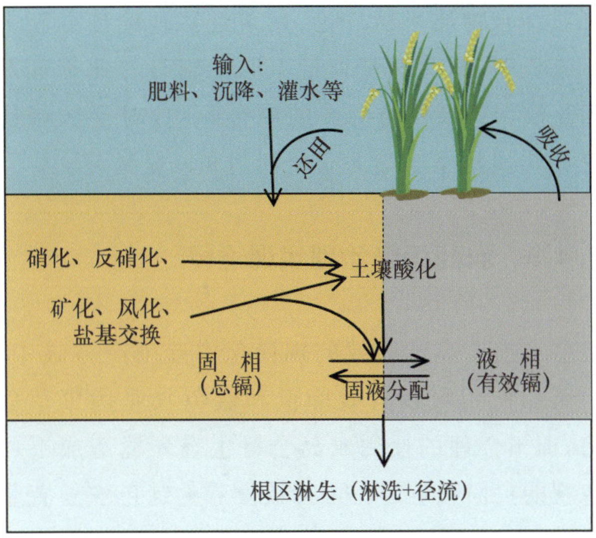


图7-16 土壤-植株镉定量分析模型结构示意图

以有效地对土壤重金属污染起到预警作用。如 Chen 等(2007)通过 STEM 模型评价100年连续施用含镉磷肥对美国土壤镉的输入、淋洗和累积的影响，指出每年施肥输入镉的量不应超过3 g/hm$^2$。De Vries 和 McLaughlin (2013)通过物质平衡模拟1900—2100年澳大利亚农业系统未来土壤和植物镉浓度变化。在该模型中考虑并分别定量了肥料、沉降和灌溉对土壤镉累积的贡献。在区域尺度研究中，模型具有巨大优势(Posch and de Vries, 2009)。因为模型可通过将相关参数由固定值设定为具有变异范围的区间来充分考虑空间尺度变异(Peng et al., 2016)。如 Keller 等 (2001)建立 PROTERRA-S 经验随机平衡模型，通过考虑输入源(沉降、化肥和有机肥)和作物类型的空间变异，来预测区域土壤镉浓度的空间变异。

然而现有模型仍存在一定的缺陷，尤其是未考虑长期农业管理对土壤特性的影响。众多长期定位实验表明，长期过量施用氮肥会导致土壤快速酸化，而土壤pH每下降一个单位，镉的生物有效性增加1.5倍(Smolders and Mertens,2013)；施用有机肥尽管增加了土壤重金属的输入，但也会提高土壤有机碳含量，此时土壤对镉的固定能力增强(De Vries et al.,2011)。因此，在定量评价改良措施的修复效应时，必须考虑农业管理对土壤关键特性的影响，譬如土壤pH、有机碳等。未来

通过结合物质平衡理论、元素迁移理论建立新的动态模型，据此定量评价不同措施与农业管理对重金属污染及作物生产的综合影响，对于区域尺度重金属污染土壤的安全利用和修复至关重要。

### 7.4.5 农药污染治理实现途径

在追求高产高效的现代化农业生产方式中，农药的使用可以有效降低和避免农业病虫草危害，但不合理的使用农药会对生态环境造成不可忽视的负面影响。在可持续发展的绿色农业背景下，加强对农药污染的治理已经刻不容缓。本小节将实现农药污染治理的途径分为三个阶段：源头控制、过程管理和污染修复。从事前预防到事后治理形成完整的农药污染防控治理链条，能够有效减少农药的施用量并对环境进行修复，如图7-17所示。下文将分别对这三个过程进行阐述。

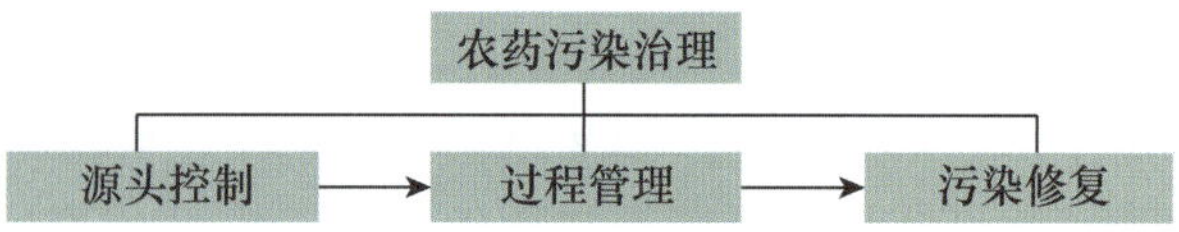


图 7-17 农药污染治理途径框架

**1. 源头控制**

在过去几十年中，为了确保国家粮食安全，制度设计和市场战略（如价格改革）都以提高农产品产量为目标。无论是总利用量还是化学密度，中国都已成为世界上最大的农用化学品使用者。从1990年的73.3万t到2015年178.3万t，增长了143.2%，农药的使用大约挽回了30%的粮食以及其他农产品的产量损失，每1美元的化学农药投入可以减少4美元的作物产量损失。但这些以产量为导向的农业生产系统，加上农药的使用者往往未经专业培训，造成了我国化学农药过量使用的问题。喷洒的农药除部分落到农作物或杂草上，大部分落到土壤和地表水中或者漂移到空气中。这些残留在土壤中的农药就成为水和土壤的污染源，有的还可能对后茬作物产生药害，并进一步带来农药残留，危害食品安全。残留的农药进入粮食、蔬菜、水果、鱼、虾、肉、蛋和奶等食物中，造成食品污染。全国每年都有上百起因食用被农药污染的农产品而引起的急性中毒事件，严重影响广大消费者身体健康，造成重大的食品安全事件。部分农药残留在生物体内代谢速度很慢，虽然短期内不会出现急性中毒，但长期食用农药残留超标的农副产品，必然会导致人和动物的慢性中毒。综上所述，农药的过量使用威胁到食品安全以及中国农业的可持续发展。考虑到中国的小农户经营模式，源头治理将成为重要的农药减量措施，农药的商品属性使得源头控制需要从农药供给和需求双方共同推进。

在供给层面，加强农药供给监管，优化农药产品结构。高毒农药的高毒性、高残留和后续高污染等特点造成每年因喷施农药或是食用被高毒农药所污染的食品引起的食品安全事故时有发生，严重影响了我国的粮食安全。自21世纪初开始，我国对高毒农药的禁用力度加大，淘汰进程加快。经过近20年的努力，高毒农药比重发生了根本性变化，由原来占比60%左右下降到目前3%左右。目前，我国已禁用的高毒农药达21种，仍有20种高毒农药在特定条件下被允许使用，产品低毒化效果显著，农药结构更趋合理，中毒死亡和食品安全问题缓解迅速。但不可忽视的是，在高毒农药管控过程中仍存在一刀切、监管不力、执法不规范的问题，有些地方规定含磷农药一律严禁上架销售，引发高毒农药恐慌，掺杂使假现象屡禁不止，给人畜生命安全和农产品质量安全造成严重隐患。因此，需积极稳妥推进高毒农药的淘汰，同时加强对农药生产流通过程的监管力度，尤其对违法制售禁限用农药严厉查处、坚决打击。

在需求层面，运用农药标签干预，加强农户的农药认知，从而促使农户科学用药，实现农药减量增效。我国农业以小规模经营为主，农药用户数量众多。为了规避病虫害产量风险，农户大多片面追求防治效果，不合理使用、甚至违规使用农药，随意加大农药剂量，许多农户在施用杀虫剂时，用量都会超过规定的推荐量，超过的幅度在

50%以上，有的甚至高达100%以上，给资源环境和自身健康都带来了极大风险。造成农户过量使用农药的原因一方面是农户缺乏正确使用农药的基本知识，另一方面是农药标签设计得不合理，标签作为信息传递的媒介，在农药使用上没有发挥应有的信息传递作用，而是仅作为一种法律免责说明。因此，建立健全农药安全合理使用制度，加强安全用药培训指导，充分挖掘标签的信息媒介作用，探索更加有效减少农药用量的有效措施，响应国家"双减"政策，在充分保障粮食自给的情况下，深入推进农药减量增效。

**2. 过程管理**

在农药减量投入的前提下，需要同时对农户施药行为进行过程管理，即在田块尺度上从农田智能化管理、新型绿色农药和新型喷施技术的使用三个方面入手，探索出在不影响作物产量前提下经济成本较低、环境代价低的配套管理方案。

1)农田的智能化管理

目前对于智能化田间病虫害管理系统的设想是在不使用基因修改的土壤生物、并严格控制农药投入的前提下，结合地理信息系统(GIS)和定位系统(GPS)使用自动喷射装置对选用的环境友好型农药以较低的经济成本和不会造成抗药性的剂量进行喷施。

由于杂草一般会在4～6周后对作物产量开始产生负面影响，故需要在较短时间内对杂草进行去除。田间除草的前提是绘制杂草地图并识别杂草品种。绘制某区域杂草地图最可靠的办法是通过专业人员进行高频率、多点位田间调查，并结合地理信息系统使杂草分布可视化；遥感技术可以作为一种成本相对较低的替代方法，但当杂草较小时，该方法的可靠性会减弱。

目前有研究发现，部分野草品种的空间分布与该点位土壤的理化性质有较强相关性，故可以从土壤性质入手对野草出现概率进行预测，从而进一步采取措施进行防治。另外，遥感技术杂草侦测的关键在于提高图像分辨率，该领域的研究集中在形状识别或光谱反射率上，以区分杂草与背景土壤和作物，并鉴定杂草种类。Woebbecke等通过使用图像分析的方法来识别幼小杂草，发现杂草的形状特征随着植物幼苗出苗到真叶发育的发展而迅速变化。因此，发展建立不同杂草叶片形态特征的电子数据库是当务之急。目前该领域的相关研究在杂草识别率和经济成本方面依然有较大发展空间。

2)绿色农药的应用

植物含有大量的多糖、蛋白质、生物碱、花色苷、类胡萝卜素、类黄酮、酚酸和许多其他植物化学物质。经过长时间的生存和抗逆性竞争，形成了一些具有特定生物活性的植物次级代谢产物。在所有抗病毒物质中，蛋白质占最大数量，其次是生物碱、类黄酮、酚、精油和多糖。基于这些具有抗病毒作用的植物化学物质，可以研制出高活性、高专用性、低残留且环境友好型的绿色农药。

除此之外，生物农药也被广泛应用于作物虫害的预防和控制。杆状病毒如核多角体病毒(NPV)和颗粒病毒(GV)等已在农业，园艺和林业领域被用作生物杀虫剂且取得了较好的效果。另外有研究发现多核衣壳型多角体病毒(MaviMN-PV)是一种独特的杆状病毒，针对豆荚等作物中的害虫有很强的感染力，其作为生物农药也在亚洲和非洲得到了很好的应用。表7-1总结了该种生物农药在豆类和芸苔类作物害虫防治方面的最新进展。

3)新型农药施用技术的应用

对于我国小农户为主的种植模式，新型的农药喷施技术也是提高农药利用效率的重要手段，可以作为农药减量的辅助措施，其中，植保无人机的应用在亚洲地区得到了很好的推广。

植保无人机用于低空低量施药作业与传统人力背负喷雾作业相比具有作业效率高，劳动强度小的特点；与有人驾驶大型航空飞机施药相比成本大大降低，并能够满足高效农业经济发展的需求。特别是对于水稻、中后期玉米、丘陵中种植的农经作物等地面机械难以进地进行农药喷雾作业的情况，中国和日本研发了多种适合于这种地区小

表 7-1　生物农药在豆类和芸薹类作物害虫防治方面的最新进展

| 目标害虫 | 杆状病毒 | 作物 | 国家 | 剂量 |
|---|---|---|---|---|
| 豆荚野螟蛾 | 多核衣壳型多角体病毒 | 豇豆 | 尼日利亚 | $1 \times 10^5$ OB/mL (水悬浮液) |
| | | 紫扁豆 | 中国 | $0.375 \times 10^9$ OB/L(水悬浮液) |
| 棉铃虫 | 棉铃虫单核衣壳核型多角体病毒 | 鹰嘴豆 | 印度 | $1.5 \times 10^{12}$ OB/$hm^2$(水悬浮液) |
| | | 鹰嘴豆 | 尼泊尔 | 250 LE/$hm^2$ |
| | | 棉花,胡椒,大豆,西红柿,豌豆 | 中国 | |
| 芸薹 | 甘蓝型多角体病毒 | 甘蓝 | 日本 | $10^5$ - $10^6$ OB/mL |
| | | 白菜 | 中国 | $(1.0\sim3.0)\times10^{11}$ OB/$hm^2$ |
| 斜纹夜蛾 | 斜纹夜蛾核型多角体病毒 | 甘蓝 | 印度 | 500 LE/$hm^2$ |
| | | 花菜 | 印度 | $1.5 \times 10^{13}$ OB/$hm^2$ |
| 小菜蛾 | 小菜蛾颗粒病毒 | 甘蓝 | 南非 | $1\times10^8$ OB/$hm^2$ |

农户的植保无人机,以应对日益严峻的病虫害防治任务;同时,采用植保无人机进行农药喷施,人机分离、人药分离、高效安全,并能实现生长期全程植保机械化喷雾作业。农药剂型是影响农药实际使用效果的一个极其重要的因素,会影响雾滴雾化过程、雾滴飘失、农药雾滴在靶标作物表面的滞留量等。植保无人机与改良的农药剂型相配套,可以达到较好的冠层穿透和液滴沉积效果,并可显著降低农药液滴在空气中逸散带来的后续环境风险。

**3. 农药污染点位修复技术**

土壤中农药残留的修复策略可分为两类:非生物方法(例如物理或化学技术)和微生物/基于植物的技术。

物理降解技术旨在通过使用土壤洗涤,电动土壤冲洗或其他处理方法从土壤中分离或去除农药。研究表明,这些处理可有效去除土壤中的2,4-D和乙氧氟草醚。该类处理技术的缺点在于相关处理成本过高,并且使用这些技术会严重影响土壤质量,故并不适用于区域农田中较为扩散的面源污染土壤的修复。

微生物修复是指通过微生物降解作用将残留期长、生态毒性较强的农药残留成分作为其自身养分来源,进一步降解为残留期、毒性相对较低的化合物。由于成本较低,处理周期较短且无潜在的环境破坏风险,微生物修复技术已成为去除耕地中农药残留的一种较为理想的解决方案。表7-2总结了近几年较有代表性的微生物修复案例。

## 7.4.6　技术落地的政策法规保障

**1. 法律法规**

1)大气相关法律法规

大气污染防治工作是我国生态环境保护的重要组成部分,并随社会经济发展过程中出现的主要

表 7-2　主要农药残留微生物降解策略

| 目标农药 | 降解效果 | 来源 |
|---|---|---|
| 毒死蜱 | Bacteria strain D-10 可从植物根际分离毒死蜱并促进作物生长 | Yao et al., 2018 |
| 毒死蜱 | 肠杆菌B-14菌株可利用毒死蜱作为其碳和磷源。进一步的分子研究表明,该菌株具有独特的磷酸三酯酶系统,其相应的基因编码序列不同于降解有机磷酸酯的基因 | 郭昊,宋有涛,2020 |
| 五氯酚 | 在加入关键微生物、还原性脱氯剂和酚降解剂的圆柱形反应器中,PCP能够以3.86 $\mu$M/d的矿化速率降解 | Bregendahl and Roberts,2006 |
| 氯氰菊酯 | 芽孢杆菌(菌株SG-2)可以在15天之内降解氯氰菊酯达81%,进一步的研究发现这是氯氰菊酯与SG-2的一种新的生物降解途径 | Cai et al., 2015 |

大气环境问题的演变而不断深化。自 20 世纪 70 年代以来，我国大气污染治理随着社会经济发展和生态环境保护事业发展主要经历了消烟除尘构建大气环境容量理论、分区管控防治酸雨和二氧化硫污染、控制二氧化硫排放总量见顶下降、攻坚克难打赢蓝天保卫战四个阶段（图 7-18）。几十

**消除烟尘，构建大气环境容量理论（1970—1990年）**

- 1973 年：第一次全国环境会议；《关于保护和改善环境的若干规定》通过；国务院原环境保护领导小组成立；《工业“三废”排放试行标准》发布
- 1978 年、1979 年：“保护环境和自然资源，防止污染和其他公害”写入《宪法》；环境保护基本法《中华人民共和国环境保护法（试行）》颁布
- 1982 年：首个《大气环境质量标准》发布
- 1988 年：大气污染防治第一部法律《大气污染防治法》开始施行
- 该阶段以烟粉尘污染为防控重点，开展了大气环境容量研究、光化学污染研究、工业烟气污染研究以及酸雨研究等奠基性、开创性工作

⇩

**分区管控，消除酸雨和二氧化硫污染（1991—2000年）**

- 1990 年、1992 年：《关于控制酸雨发展的意见》通过；工业燃煤二氧化硫排污费和酸雨合防治试点工作开展
- 1995—1998 年：《大气污染防治法》第一次修订，要求划定“两控区”，重点控制二氧化硫与酸雨污染联合控制取得成效
- 1995—2000 年：提出实施污染物排放总量控制，建立排放总量指标体系和定期发布制度，排污许可证制度试点；“一控双达标”计划的制定与实施；限制含铅汽油，机动车船污染控制；总悬浮颗粒物和可吸入颗粒物指标共存；《大气污染防治法》2000 年第二次修订
- “九五”期间污染物排放总量显著下降，但仍居高位，且酸雨污染依然严峻

⇩

**总量控制，二氧化硫排放量见顶下降（2001—2010年）**

- 2001—2005 年：《国家环境保护“十五”计划》细化总量控制目标；《两控区酸雨和二氧化硫污染防治“十五”计划》落实“两控区”二氧化硫削减任务；《火电厂 大气污染物排放标准》修订明确 2005、2010 年火电厂二氧化硫、烟尘、氮氧化物排放限值
- “十五”期间，我国进入污染事故多发期和矛盾凸显期
- 2006 年：《国民经济和社会发展第十一个五年规划纲要》提出以科学发展观统领经济社会发展全局；《“十一五”期间全国主要污染物排放总量控制计划》将污染物排放总量分解落实到基层与重点排污单位
- 2007 年：《国家环境保护“十一五”规划》部署火电建设脱硫设施，加强可吸入颗粒物污染防治，开展城市群区域性大气污染防治研究、监测和预警；《节能减排综合性工作方案》印发，强力推进节能减排，调整经济结构，转变增长方式；《主要污染物总量减排统计（监测、考核）办法》出台，细化减排监督体系
- 2008 年：北京奥运会成功探索联防联控解决区域性大气环境问题
- 2010 年：《关于推进大气污染联防联控工作改善区域空气质量的指导意见》推动建立联防联控机制，形成区域大气环境管理体系
- “十一五”期间，污染物排放总量减排全面发挥效益，城市空气质量显著得到改善，二氧化硫排放量进入下降态势

⇩

**攻坚克难，打赢蓝天保卫战（2011—2020年）**

- 2012 年：新修订的《环境空气质量标准》实施，增加 PM2.5 和臭氧 8 小时指标
- 2013 年：74 个城市按新标准率先开展空气质量监测；《大气污染防治行动计划》（简称“大气十条”）出台，经过五年努力，全国空气质量总体改善，重污染天气较大幅度减少，重点区域空气质量明显好转，大气污染防治新机制基本形成，创造了大气污染防治的中国模式
- 2015 年：《大气污染防治法》修订，为大气污染防治提供了更为坚实的法律基础
- 2016 年：《国民经济和社会发展第十三个五年规划纲要》对大气污染防治提出 4 项约束性指标
- 2018 年：《关于全面加强生态环境保护坚决打好污染防治攻坚战的意见》发布，并印发《打赢蓝天保卫战三年行动计划》
- 2017—2020 年：雾霾、秋冬季重污染专项研究攻关；大气污染防治攻关联合中心建立；连续发布重点区域秋冬季大气污染综合治理攻坚方案

图 7-18　我国大气污染治理法律推进

年来，我国在大气污染控制和空气质量管理方面做了大量的工作并取得了显著成效。以习近平同志为核心的党中央十分重视大气污染治理。大气环境保护事关人民群众根本利益，事关经济持续健康发展，事关全面建成小康社会，事关实现中华民族伟大复兴中国梦。为了解决大气环境问题，我国近年出台了《大气污染防治行动计划》《关于全面加强生态环境保护坚决打好污染防治攻坚战的意见》《打赢蓝天保卫战三年行动计划》等重要的法律文件，为大气污染治理提供了法律保障。

2013 年《大气污染防治行动计划》(简称“大气十条”)出台，具体要求：到 2017 年，全国地级及以上城市 $PM_{10}$ 浓度比 2012 年下降 10%以上，优良天数逐年提高；京津冀、长三角、珠三角等区域 $PM_{2.5}$ 浓度分别下降 25%、20%、15%左右，其中北京市 $PM_{2.5}$ 年均浓度控制在 60 $\mu g/m^3$ 左右。为了实现以上目标，“大气十条”提出加大综合治理力度，减少多污染物排放；调整优化产业结构，推动产业转型升级；在农业方面，抓好农业面源污染综合治理。按照“源头控制、过程清洁、末端利用”原则，加强农药、肥料等农业投入管理，确保源头净化，进行测土配方施肥、病虫害综合治理、农业废弃物资源化利用等技术，减轻农业面源污染对大气环境的影响。

2018 年发布的《关于全面加强生态环境保护坚决打好污染防治攻坚战的意见》中也重点提道：减少化肥农药使用量，严格执行化肥农药等农业投入品质量标准，严格控制高毒高风险农药使用，推进有机肥替代化肥、病虫害绿色防控替代化学防治和废弃农膜回收，完善废旧地膜和包装废弃物等回收处理制度。到 2020 年，化肥农药使用量实现零增长。坚持种植和养殖相结合，就地就近消纳利用畜禽养殖废弃物。合理布局水产养殖空间，深入推进水产健康养殖，开展重点江河湖库及重点近岸海域破坏生态环境的养殖方式综合整治。到 2020 年，全国畜禽粪污综合利用率达到 75%以上，规模养殖场粪污处理设施装备配套率达到 95%以上。同年发布的《打赢蓝天保卫战三年行动计划》中提道：加强扬尘综合治理，加强秸秆综合利用和氨排放控制。大幅减少主要大气污染物排放总量，协同减少温室气体排放，进一步明显降低细颗粒物($PM_{2.5}$)浓度，明显减少重污染天数，明显改善环境空气质量，明显增强人民的蓝天幸福感。

2)土壤相关法律法规

随着我国经济和产业工业的发展，在实际种植过程中化肥、农药等农业化学品投入显著增加，因此使得我国农田土壤污染日益严重，全国土壤环境状况不容乐观，耕地土壤环境质量堪忧，工矿业废弃地环境问题突出，探求土壤污染治理途径迫在眉睫。我国土壤治理随着社会经济发展和生态环境保护事业发展主要经历了土壤污染防治初步探索、土壤污染管控修复和加强农业面源污染防治、城乡环境综合整治和推进重金属污染治理、土壤污染加重趋势初步遏制和土壤环境质量保持稳定四个阶段(图 7-19)。我国的土壤污染防治工作面临着各种各样的困难，尤其是监测水平、法律法规、防治技术和资金等方面，所以当下必须要提升监测水平、完善法律法规、创新防治技术、保障资金，这样才能确保土壤污染防治的有效性，并实现土壤污染防治卓有成效的目的。为此我国近年来颁布了《土壤污染防治行动计划》(又称“土十条”)、《土壤污染防治法》等几项重要的有关土壤防治的法律法规，为土壤污染治理提供了法律保障。

2016 年发布的《土壤污染防治行动计划》提到，建设土壤环境质量监测网络，2020 年底前实现土壤环境质量监测点位所有县、市、区全覆盖。提升土壤环境信息化管理水平，发挥土壤环境大数据在农业生产中的作用。合理使用化肥农药，鼓励农民增施有机肥，减少化肥使用量。科学施用农药，推行农作物病虫害专业化统防统治和绿色防控，推广高效低毒低残留农药和现代植保机械。加强农药包装废弃物回收处理。推行农业清洁生产，开展农业废弃物资源化利用试点，形成一批可复制、可推广的农业面源污染防治技术模式。严禁将城镇生活垃圾、污泥、工业废物直接用作肥料。

土壤污染防治初步探索（1973—1990年）

- 1973 年：全国第一次环境保护会议通过了《关于保护和改善环境的若干规定》
- 1979 年：《中华人民共和国环境保护法（试行）》通过，标志着我国的环保法律体系开始建立
- 1987 年：《中华人民共和国土地管理法》实施，其中提到引导因地制宜轮作休耕，改良土壤，提高地力
- 1989 年：《中华人民共和国环境保护法》通过，在完善"老三项"制度的基础上，增加了许多新制度，如环境监测制度
- 1990 年：发布《关于进一步加强环境保护工作的决定》
- 上述规范性法律文件中，出现了防治农药、农膜、化肥污染，防治工业污染等条款，不过没有出现"土壤污染防治"这样的专门称谓

⇩

土壤污染管控修复，加强农业面源污染防治（1995—2005年）

- 1995 年：首个《土壤环境质量标准》发布，规定了土壤中污染物的最高允许浓度指标值及相应的监测方法
- 2001 年：《畜禽养殖污染防治管理办法》发布，强调按照《排污许可证》的规定排放污染物，防止污染环境
- 2004 年：《关于切实做好企业搬迁过程中环境污染防治工作的通知》发布，明确各级环保部门要高度重视土地重新利用过程中发现的土壤污染问题
- 2005 年：《国务院关于落实科学发展观加强环境保护的决定》发布，强调以防治土壤污染为重点，加强农业环境保护

⇩

城乡环境综合整治，推进重金属污染治理（2008—2015年）

- 2008 年：《关于加强土壤污染防治工作的意见》出台，该意见细化了全国土壤污染防治工作会议的精神，具体性、针对性强
- 2011 年：《重金属污染综合防治"十二五"规划》发布，提出要建立起比较完善的重金属污染防治体系
- 2013 年：十二届全国人大常委会将土壤污染防治立法列入第一类立法规划
- 2015 年：修订后的新《环境保护法》施行，专门规定了数条针对土壤污染及其防治的内容，这体现在第 32 条、33 条、49 条、50 条之中。这些规定不但弥补了关于土壤污染防治方面的立法空白，给土壤污染防治法的制定奠定了基础。同年《关于加快推进生态文明建设的意见》发布，推进重金属污染治理

⇩

土壤污染加重趋势初步遏制，土壤环境质量保持稳定（2016—2020年）

- 2016 年：《土壤污染防治行动计划》（简称"土十条"）发布，以改善土壤环境质量为核心，形成政府主导、公众参与、企业担责、社会监督的土壤污染防治体系，土壤环境风险得到基本管控
- 2017 年：党的十九大报告提出，要"加快生态文明体制改革，建设美丽中国"，要强化土壤污染管控和修复，加强农业面源污染防治，开展农村人居环境整治行动
- 2018 年：《土壤污染防治法》出台，针对水污染物、固体废物进入土壤后造成污染的情形进行了补充和衔接性的规定，完善了污染物的全过程监管；《关于全面加强生态环境保护坚决打好污染防治攻坚战的意见》发布，提到全面实施土壤污染防治行动计划，突出重点区域、行业和污染物，有效管控农用地和城市建设用地土壤环境风险
- 2019 年：《建设用地土壤污染风险管控和修复监测技术导则》发布，规范建设用地土壤污染状况调查、土壤污染风险评估、风险管控、修复等相关工作
- 2020 年：《土壤污染防治基金管理办法》印发，鼓励土壤污染防治任务重、具备条件的省设立基金，积极探索基金管理有效模式和回报机制

图 7-19　我国土壤污染治理推进

建立健全废弃农膜回收贮运和综合利用网络，开展废弃农膜回收利用试点。强化畜禽养殖污染防治，严格规范兽药、饲料添加剂的生产和使用，防止过量使用，促进源头减量。加强畜禽粪便综合利用，在部分生猪大县开展种养业有机结合、循环发展试点。加强灌溉水水质管理，开展灌溉水水质监测，灌溉用水应符合农田灌溉水水质标准。对因长期使用污水灌溉导致土壤污染严重、威胁农产品质量安全的，要及时调整种植结构。

2018 年《土壤污染防治法》发布，地方人民政府农业农村、林业草原主管部门应当开展农用地土壤污染防治宣传和技术培训活动，扶持农业生产专业化服务，指导农业生产者合理使用农药、兽药、肥料、饲料、农用薄膜等农业投入品，控制农药、兽药、化肥等的使用量。鼓励农业生产者采取有利于防止土壤污染的种养结合、轮作休耕等农业耕作措施。支持采取土壤改良、土壤肥力提升等有利于土壤养护和培育的措施。支持畜禽粪便处理、利用设施的建设。对土壤污染状况调查表明污染物含量超过土壤污染风险管控标准的农用地块，进行土壤污染风险评估，并按照农用地分类管理制度管理。对安全利用类农用地地块，应当结合主要作物品种和种植习惯等情况，进行农艺调控、替代种植，定期开展土壤和农产品协同监测与评价，对农民、农民专业合作社及其他农业生产经营主体进行技术指导和培训。

3)水体相关法律法规

水环境保护事关人民群众切身利益，事关全面建成小康社会，事关实现中华民族伟大复兴中国梦。由于近年我国工业、城市、农业的快速发展，大量工业污水排放至河流湖泊，农业废物、畜禽养殖排放的废弃物等导致水体富营养化严重。一些地区水环境质量差、水生态受损重、环境隐患多等问题十分突出，影响和损害群众健康，不利于经济社会持续发展。我国水污染治理随着社会经济发展和生态环境保护事业发展主要经历了水体污染防治的初步探索、细化水体污染物处理并着眼生态环境保护、防止地下水污染和保障经济社会可持续发展、治理农业面源污染和完善排污技术体系四个阶段(图 7-20)。尽管近二三十年来，中国在水污染防治方面出台了一系列的水质标准和法律法规，但没有把水资源作为国民经济发展综合平衡的一个重要条件，对水资源的开发利用缺乏综合考虑，只顾眼前的经济利益，加剧了水资源短缺的矛盾，也对全国正在实施的可持续发展战略带来严重的负面影响。为切实加大水污染防治力度，保障国家水安全，我国近几年出台了《水污染防治行动计划》(又称“水十条”)、《中华人民共和国水污染防治法》等重要的有关水污染防治的法规，为水污染治理提供了法律保障。

我国在 2015 年出台了《水污染防治行动计划》，重点推进农业农村水污染防治，防治畜禽养殖污染。科学划定畜禽养殖禁养区，控制农业面源污染。制定实施全国农业面源污染综合防治方案。实行测土配方施肥，推广精准施肥技术和机具。敏感区域和大中型灌区，要利用现有沟、塘、窖等，配置水生植物群落、格栅和透水坝，建设生态沟渠、污水净化塘、地表径流集蓄池等设施，净化农田排水及地表径流。调整种植业结构与布局。在缺水地区试行退地减水。地下水易受污染地区要优先种植需肥需药量低、环境效益突出的农作物。地表水过度开发和地下水超采问题较严重的地区，要适当减少用水量较大的农作物种植面积，改种耐旱作物和经济林。加快农村环境综合整治。以县级行政区域为单元，实行农村污水处理统一规划、统一建设、统一管理，有条件的地区积极推进城镇污水处理设施和服务向农村延伸。深化“以奖促治”政策，实施农村清洁工程，开展河道清淤疏浚，推进农村环境连片整治。

2017 年通过的新修订的《中华人民共和国水污染防治法》中规定，统筹规划建设农村污水、垃圾处理设施，并保障其正常运行，制定化肥、农药等产品的质量标准和使用标准，应当适应水环境保护要求。县级以上地方人民政府农业主管部门和其他有关部门，应当采取措施，指导农业生产者科学、合理地施用化肥和农药，推广测土配方施肥

水体污染防治的初步探索（1979—1995年）

- 1979 年：《环境保护法（试行）》，颁布以法律的形式对水污染的防治做出了原则性的规定
- 1982 年：《征收排污费暂行办法》颁布实施，是“谁污染谁治理”的具体体现
- 1988 年：《中华人民共和国水法》发布，对合理开发利用水资源和防治水环境污染作出了规定
- 1989 年：《水污染防治法实施细则》被批准实施。为防止和控制渔业水域水质污染，发布《渔业水质标准》
- 1995 年：《淮河流域水污染防治条例》发布，首次以行政法规的形式对淮河流域制定了法律法规

⇩

细化水体污染物处理，着眼生态环境保护（1996—2003年）

- 1996 年：《污水综合排放标准》发布，分年限规定了 69 种水污染物最高允许排放浓度及相应的最高允许排水量
- 2000 年：《中华人民共和国水污染防治法实施细则》发布，《城市污水处理及污染防治技术政策》发布，细化了污染物处理工艺，《全国生态环境保护纲要》中重点提到水资源开发利用的生态环境保护
- 2002 年：《地表水环境质量标准》实施，增加总氮一项指标，同年《城镇污水处理厂污染物排放标准》发布
- 2003 年：《水文水资源调查评价资质和建设项目水资源论证资质管理办法（试行）》发布，保证了水文、水资源调查评价和建设项目水资源论证工作的质量

⇩

防止地下水污染，保障经济社会可持续发展（2005—2013年）

- 2005 年：《农田灌溉水质标准》发布，重点强调防止土壤、地下水和农产品污染，保障人体健康，维护生态平衡，促进经济发展
- 2008 年：《中华人民共和国水污染防治法》正式实行，新增了禁止超标、超总量排污制度，以预防为主、防治结合、综合治理为防治原则
- 2010 年：《中华人民共和国水土保持法》修订通过，以预防和治理水土流失，保护和合理利用水土资源，减轻水、旱、风沙灾害，改善生态环境，保障经济社会可持续发展为主要目标
- 2013 年《城镇排水与污水处理条例》发布，加强对城镇排水与污水处理的管理

⇩

治理农业面源污染，完善排污技术体系（2015—2020年）

- 2015 年：农业部发布《新环境保护法》，第 32 条规定了大气、水、土壤等环境保护工作应建立和完善的几项主要制度，即调查、监测、评估和修复制度；同年《水污染防治行动计划》又称“水十条”发布，以到 2020 年全国水环境得到阶段性改善为目标；同年发布《关于打好农业面源污染防治攻坚战的实施意见》，从多个方面提出了加强农业面源污染防治的意见、措施
- 2016 年：《GB/T 31962—2015 污水排入城镇下水道水质标准》发布，规定了排入城市下水道污水中 35 种有害物质的最高允许浓度；同年《关于全面推行河长制的意见》通过，贯彻新发展理念，以保护水资源、防治水污染、改善水环境、修复水生态为主要任务
- 2018 年：新修改的《中华人民共和国水污染防治法》实施，新修改的法律规定，国家对重点水污染物排放实施总量控制制度
- 2020 年：《排污许可证申请与核发技术规范水处理通用工序》发布并实行，加强水污染防治，完善排污许可技术支撑体系

图 7-20　我国水污染治理法律推进

技术和高效低毒低残留农药，控制化肥和农药的投入，防止造成水污染。畜禽养殖场、养殖小区建设畜禽粪便、废水的综合利用或者无害化处理设施。农田灌溉用水应当符合相应的水质标准，防止污染土壤、地下水和农产品。

**2. 两次普查**

据两次普查结果显示，2007 年全国第一次普查中大气污染物排放总量为 5 284.34 万 t，其中包括二氧化硫 2 320.00 万 t，烟尘 1 166.64 万 t，氮氧化物 1 797.70 万 t。2017 年第二次全国污染源普查中大气污染物排放总量为 5 183.04 万 t，其中包括二氧化硫 696.32 万 t，氮氧化物 1 785.22 万 t，颗粒物 1 684.05 万 t，且对部分行业和领域的挥发性有机物进行了尝试性调查，排放量 1 017.45 万 t。由图 7-21 可以明显看出，10 年来我国二氧化硫排放总量大幅降低，降幅高达 69.99%。氮氧化物排放总量略微降低，基本持平，降幅为 0.69%。工业源是我国大气污染物的主要排放源。2007 年第一次全国污染源普查中，由工业源排放的主要大气污染物为：二氧化硫 2 119.75 万 t，颗粒物 982.01 万 t，氮氧化物 1 188.44 万 t，分别占同年大气污染物排放总量的 91.37%、84.17%和 66.11%。2017 年第二次全国污染源普查中，由工业源排放的主要大气污染物为：二氧化硫 529.08 万 t，氮氧化物 645.90 万 t，颗粒物 1 270.50 万 t，挥发性有机物 481.66 万 t，分别占同年大气污染物排放总量的 75.98%、36.18%、75.44%和 47.34%。据统计，2017 年末我国工业企业脱硫设施 7.67 万套，脱硝设施 3.44 万套，除尘设施 89.79 万套，分别是 2007 年的 2.4 倍、3.3 倍和 5.0 倍。这可能是我国近十年 $SO_2$ 排放总量大幅降低的主要原因。

据国务院发布的《第一次全国污染源普查公报》和《第二次全国污染源普查公报》显示，2007 年第一次全国污染源普查中各类源废水排放总量为 2 092.81 亿 t。水污染物排放总量中包括化学需氧量(COD) 3 028.96 万 t，氨氮 172.91 万 t，总氮 472.89 万 t，总磷 42.32 万 t，重金属(镉、铬、砷、汞、铅)0.09 万 t。2017 年第二次全国污染源普查显示，全国水污染物排放量为：化学需氧量 2 143.98 万 t，氨氮 96.34 万 t，总氮 304.14 万 t，总磷 31.54 万 t，重金属(铅、汞、镉、铬和类金属砷)182.54 t。通过图 7-22 可以看出，时隔 10 年我国水污染物排放总量大幅下降，与第一次全国污染源普查结果相比，我国化学需氧量、氨氮、总氮、总磷排放总量均得到大幅度削减，分别降低了 29.21%、44.28%、35.68%与 25.46%，我国水污染防治取得显著成效。

通过图 7-23 对比可以看出，第二次普查相较第一次来说农业源的水污染排放总量明显降低，并且化学需氧量、总磷和总氮的排放量都呈下降趋势，尤其是总氮排放量大幅降低，由 270.46 万 t 降低到了 141.49 万 t，降幅高达 47.69%。农业源总磷由 28.47 万 t 降低至 21.20 万 t，降幅 25.54%。

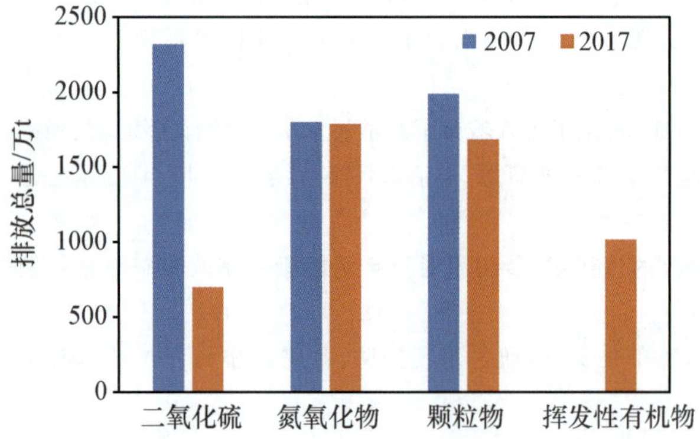


图 7-21　第一次和第二次全国污染源普查大气污染物排放总量对比

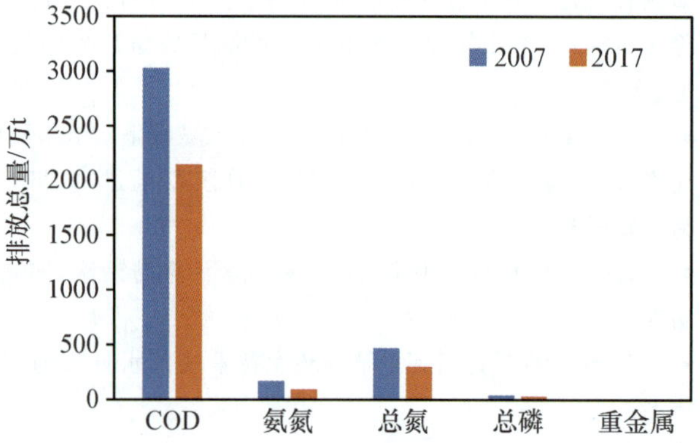


图 7-22　第一次和第二次全国污染源普查水污染物排放总量对比

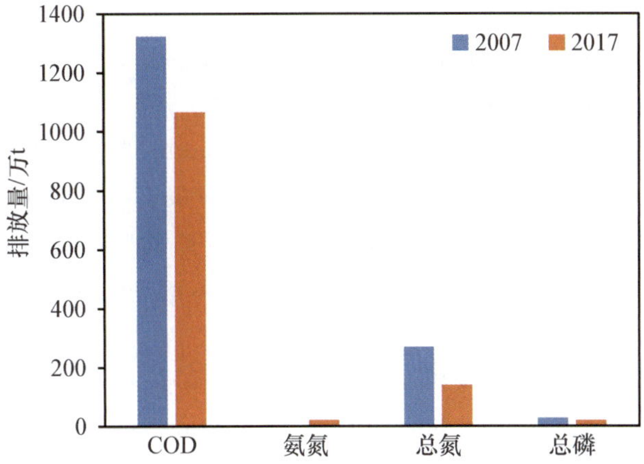


图 7-23 第一次和第二次全国污染源普查农业源水污染

可以说，农业的产量越来越高了，排放的污染越来越少了，绿色的底色越来越亮了。但农业源仍是水污染物的主要排放源，农业源化学需氧量的排放量主要源于畜禽养殖业，其排放量占农业源排放总量的93.76%，农业源总氮和总磷的排放量主要源于种植业，其排放量分别占农业源排放总量的59.07%和38.18%。农业发展对我国水环境的影响仍需进一步重点关注。

通过对比两次普查的数据，可以看出十年间我国环境主要有三方面变化：

一是主要污染物排放量大幅下降。与第一次全国污染源普查数据同口径相比，2017年二氧化硫、化学需氧量、氨氮、总氮、总磷等污染物排放量比2007年分别下降了69.99%、29.21%、44.28%、35.68%与25.46%，体现了我们国家近年来污染防治所取得的巨大成效。

二是产业结构调整成效显著。首先，重点行业的产能集中度提高。与2007年相比，全国造纸、钢铁、水泥等行业的产品产量分别增加了61%、50%和71%，企业数量分别减少了24%、50%和37%，单个企业平均产量分别提高了113%、202%、170%。其次，重点行业主要污染物排放量大幅下降。与2007年相比，还是上述行业，造纸行业排放的化学需氧量减少了84%，钢铁行业排放的二氧化硫减少了54%，水泥行业排放的氮氧化物减少了23%。由此可见，过去十年经济发展质量在提升，单位产品的排污量在大幅下降。

三是污染治理能力明显提升。工业企业废水处理、脱硫、除尘等设施数量分别是2007年的2.4倍、3.3倍和5.0倍，污染治理设施的数量较十年前显著增加。畜禽养殖粪污处理能力得到普遍提升，畜禽规模养殖场粪便和尿液资源化利用比例分别达到了85%和78%，生猪规模养殖场干清粪比例由2007的55%提高到了2017年的87%。城市基础设施建设成效显著，污染治理能力大幅提升，与十年前相比，城镇污水处理厂的数量增加了5.4倍，处理能力增加了1.7倍，实际污水处理量增加了2.1倍。城镇生活污水化学需氧量去除率由2007年的28%提高到了2017年的67%。生活垃圾处置厂的数量十年间增加了86%，其中垃圾焚烧厂的数量增加了303%，焚烧处理量增加了577%，焚烧处理量比例由十年前的8%提高到了27%。危险废物集中利用处置厂的数量增加了8.22倍，设计处置能力增加了4 279万t/年，这个数字是上一次普查的10.4倍。集中处置利用量增加了1 467万t，比十年前提高了12.5倍。通过和第一次污染普查结果的比较，可以看出十年来我们国家在生态环境方面取得的成就十分显著。

## 参考文献

陈尉，刘玉龙，杨丽. 我国生态补偿分类及实施案例分析. 中国水利水电科学研究院学报，2010，8：52-58.

陈源泉. 农业生态系统服务：理论、方法及其应用. 中国农业大学，2006.

崔德杰，张玉龙. 土壤重金属污染现状与修复技术研究进展. 土壤通报，2004，366-370.

郭昊，宋有涛. 水体富营养化控制技术研究综述. 环境保护与循环经济，2020，40：19-21.

洪崇高，丁晓宇，林伟，等. 我国水稻主产区农药使用调查及安全生产的建议与对策. 亚热带农业研究，2008：136-140.

黄芳，王华，李军旗，等. 萃取—反萃法综合回收磷矿浮选尾矿中磷和镁. 环境科学与技术，2010，33：104-107+140.

李华斌，梁海兵，李健，等. 农业面源污染全过程防治策略初探. 中国农村水利水电，2014，81-85.

吕晓男，孟赐福，麻万诸，等.农用化学品及废弃物对土壤环境与食物安全的影响. 中国生态农业学报，2005，150-153.

马林，马文奇，张福锁，等.中国食物链养分流动与管理研究. 中国生态农业学报，2018，26：1494-1500.

穆虹宇，庄重，李彦明，等.我国畜禽粪便重金属含量特征及土壤累积风险分析. 环境科学，2020，41：986-996.

王夏晖，王益权，刘军，等.孔源及常规施肥方式下土壤水分的利用研究. 干旱地区农业研究，2001，36-41.

吴志能，谢苗苗，王莹莹. 我国复合污染土壤修复研究进展. 农业环境科学学报，2016，35：2250-2259.

杨林章，冯彦房，施卫明，等.我国农业面源污染治理技术研究进展. 中国生态农业学报，2013，21：96-101.

余垚，朱丽娜，郭天亮，等.我国含磷肥料中镉和砷土壤累积风险分析. 农业环境科学学报，2018，37：1326-1331.

Aarts H. F. M.，Habekotte B.，van Keulen H. Nitrogen (N) management in the 'De Marke' dairy farming system. Nutrient Cycling in Agroecosystems，2000，56：231-240.

Abeysuriya K. R. A. Pathway to sustainability in urban sanitation for developing asian countries. Doctor of Philosophy in Sustainable Futures，Institute for Sustainable Futures，Sydney：University of Technology，Sydney (UTS)，2008.

Arao T.，Kawasaki A.，Baba K.，et al. Effects of water management on cadmium and arsenic accumulation and dimethylarsinic acid concentrations in Japanese rice. Environmental Science & Technology，2009，43：9361-9367.

Ashley K.，Mavinic D.，Koch F. A brief history of phosphorus use and abuse：from the philosophers stone to nutrient recovery and re-use. Vancouver：Presentation at the International Conference on Nutrient Recovery from Waste Water Streams，2009.

Barnard J. L. Elimination of eutrophication through resource recovery，International Conference on Nutrient Recovery from Wastewater Streams. London：IWA Publishing，2009.

Bittman S.，Kowalenko C. G.，Hunt D. E.，et al. Starter phosphorus and broadcast nutrients on corn with contrasting colonization by mycorrhizae. Agronomy Journal，2006，98：394-401.

Bregendahl K，Roberts S. Nutritional strategies to reduce ammonia emissions from laying hens. Proc. Mid-west Poultry Federation Convention，St. Paul，MN. March. 2006，21-23.

Brown A. D. Feed or feedback：agriculture，population dynamics and the state of the planet，2003.

Brown L. K.，George T. S.，Dupuy L. X.，et al. A conceptual model of root hair ideotypes for future agricultural environments：what combination of traits should be targeted to cope with limited P availability? Annals of Botany，2013，112：317-330.

Cai Z.，Wang B.，Xu M.，et al. Intensified soil acidification from chemical N fertilization and prevention by manure in an 18-year field experiment in the red soil of southern China. Journal of Soils and Sediments，2015，15：260-270.

Chen W.，Chang A. C.，Wu L. Assessing long-term environmental risks of trace elements in phosphate fertilizers. Ecotoxicology and Environmental Safety，2007，67：48-58.

Chen X.，Cui Z.，Fan M.，et al. Producing more grain with lower environmental costs. Nature，2014，514：486-489.

CNCIC. (China National Chemical Information Center). China chemical industry yearbook (2001—2002). 2002.

Daily G. C.，Polasky S.，Goldstein J.，et al. Ecosystem services in decision making：time to deliver. Frontiers in Ecology and the Environment，2009，7：21-28.

dam C. A.，Kley G.，Simon F. G.，et al. Recovery of nutrients from sewage sludge-Results of the European research-project SUSAN. Water Practice & Technology，2008，3：wpt2008001

de Vries W.，McLaughlin M. J.，Groenenberg J. E. Transfer functions for solid-solution partitioning of cadmium for Australian soils. Environmental Pollution，2011，159：3583-3594.

de Vries W.，McLaughlin M. J. Modeling the cadmium balance in Australian agricultural systems in view of potential impacts on food and water quality. Science of the Total Environment，2013，461：240-257.

Dijk W. V.，Geel W. Adviesbasis voor de bemesting van akkerbouw-en vollegrondsgroentegewassen. Petten：ECN rapport ECN-C-05-008，137pp. 2003.

Galloway J. N.，Townsend A. R.，Erisman J. W.，et al. Transformation of the nitrogen cycle：Recent trends，questions，and potential solutions. Science，2008，320：889-892.

Ganrot Z.，Broberg J.，Byden S. Energy efficient nutrient

recovery from household wastewater using struvite precipitation and zeolite adsorption techniques: A pilot plant study in Sweden. International Conference on Nutrient Recovery from Wastewater Streams. London:IWA Publishing,2009.

Gerbens-Leenes P. W., Nonhebel S. Consumption patterns and their effects on land required for food. Ecological Economics,2002, 42: 185-199.

Giller K. E., Beare M. H., Lavelle P., et al. Agricultural intensification, soil biodiversity and agroecosystem function. Applied Soil Ecology,1997, 6: 3-16.

Giovanna N. A., Osavala, Zhuang Z., et al. Cadmium pollution from phosphate fertilizers in arable soils and crops: an overview. Frontiers of Agricultural Science and Engineering,2019, 6: 419-430.

Grant C., Bittman S., Montreal M., et al. Soil and fertilizer phosphorus: Effects on plant P supply and mycorrhizal development. Canadian Journal of Plant Science,2005, 85: 3-14.

Hammond J. P., White P. J, Broadley M. R. Is struvite a valuable phosphate source for agriculture? Final project report, Warwick: Warwick HRI,2007.

Hermann L. Recovery of phosphorus from wastewater treatment (translated from: Rückgewinnung von Phosphor aus der Abwassereinigung: Eine Bestandesaufnahme). Umwelt-Wissen Nr. 0929. Bundesamt fur Umwelt, 196 S,2009.

Hinsinger P. Bioavailability of soil inorganic P in the rhizosphere as affected by root-induced chemical changes: a review. Plant and Soil,2001, 237: 173-195.

Hu P., Huang J., Ouyang Y., et al. Water management affects arsenic and cadmium accumulation in different rice cultivars. Environmental Geochemistry and Health,2013, 35: 767-778.

Keller A., von Steiger B., van der Zee S., et al. A stochastic empirical model for regional heavy-metal balances in agroecosystems. Journal of Environmental Quality,2001, 30: 1976-1989.

Ken A., Don M., Fred K. Conference on Nutrient Recovery from Wastewater Streams. London:IWA Publishing.

Kippenberger C. Materials flow and energy required for the production of selected mineral commodities. Hanover, Germany: Bundesanstalt fur Geowissenschaften und Rohstoffe,2001.

Laegreid M., Bockman O. C., Kaarstad O. Agriculture, fertilizers and the environment. CABI Dublishing,1999.

Lassaletta L., Billen G., Garnier J., et al. Nitrogen use in the global food system: past trends and future trajectories of agronomic performance, pollution, trade, and dietary demand. Environmental Research Letters,2016, 11:095007.

Latshaw J. D., Zhao L. Dietary protein effects on hen performance and nitrogen excretion. Poultry Science, 2011, 90: 99-106.

Lauriente D. H. Phosphate rock. MenloPark, CA: Stanford Research Institute,2003.

Letey J., Sojka R. E., Upchurch D. R., et al. Deficiencies in the soil quality concept and its application. Journal of Soil and Water Conservation,2003, 58: 180-187.

Liu T. Q., Fan D. J., Zhang X. X., et al. Deep placement of nitrogen fertilizers reduces ammonia volatilization and increases nitrogen utilization efficiency in no-tillage paddy fields in central China. Field Crops Research,2015, 184: 80-90.

Liu W., Qiu R. Water eutrophication in China and the combating strategies. Journal of Chemical Technology and Biotechnology,2007, 82: 781-786.

Lundqvist J, C. D. Fraiture, D. Molden. Saving water: from field to fork-curbing losses and wastage in the food chain, SIWI Policy brief. Stockholm:Stockholm International Water Institute,2008.

Luo L., Ma Y., Zhang S., et al. An inventory of trace element inputs to agricultural soils in China. Journal of Environmental Management,2009, 90: 2524-2530.

Ma L., Ma W. Q., Velthof G. L., et al. Modeling nutrient flows in the food chain of China. Journal of Environmental Quality,2010, 39: 1279-1289.

Mavinic D, K Ashley, F Koch, Eds. Edings from the international conference on nutrient recovery from wastewater streams Vancouver,2009.

Neeteson J. J., Schroder J. J., Smit A. L., et al. Need and opportunities to reduce phosphorus inputs, soil supply and loss from agriculture in the Netherlands. Proceedings-International Fertiliser Society,2006,1-23.

Neyroud J. A., Lischer P. Do different methods used to estimate soil phosphorus availability across Europe give comparable results? Journal of Plant Nutrition and Soil Science, 2003, 166: 422-431.

Ostara. NT Recovery Technologies. Homepage,2009.

Peng C., Wang M., Chen W. Modelling cadmium contamination in paddy soils under long-term remediation measures: Model development and stochastic simulations. Environmental Pollution, 2016, 216: 146-155.

Posch M., de Vries W. Dynamic modelling of metals-Time scales and target loads. Environmental Modelling & Software, 2009, 24: 86-95.

Rahaman M. S., Mavinic D. S., Briton A. T., et al. Numerical investigations of the hydrodynamics of the UBC MAP fluidized bed crystallizer International, 2009.

Rangel-Castro J. I., Killham K., Ostle N., et al. Stable isotope probing analysis of the influence of liming on root exudate utilization by soil microorganisms. Environmental Microbiology, 2005, 7: 828-838.

Richards I. R., Dawson C. J. Phosphorus imports, exports, fluxes and sinks in Europe. Proceedings-International Fertiliser Society, 2008: 1-28.

Richardson A. E., Hocking P. J., Simpson R. J., et al. Plant mechanisms to optimise access to soil phosphorus. Crop & Pasture Science, 2009, 60: 124-143.

Sajeev E. P. M., Amon B., Ammon C., et al. Evaluating the potential of dietary crude protein manipulation in reducing ammonia emissions from cattle and pig manure: A meta-analysis. Nutrient Cycling in Agroecosystems, 2018, 110: 161-175.

Smil V. Policy for improved efficiency in the food chain. Stockholm, SIWI Seminar: Water for Food, Bio-fuels or Ecosystems? In World Water Week, 2007.

Smil V. Phosphorus in the environment: Natural flows and human interferences. Annual Review of Energy and the Environment, 2000, 25: 53-88.

Smolders E., Mertens J., Cadmium In B, J. Alloway. Heavy metals in soils: Trace metals and metalloids in soils and their bioavailability (Third Edition). Dordrecht: Springer, 2003, 283-311.

Steffen W., Richardson K., Rockstrom J., et al. Planetary boundaries: Guiding human development on a changing planet. Science, 2015, 347.

Tang X., Li X., Liu X., et al. Effects of inorganic and organic amendments on the uptake of lead and trace elements by Brassica chinensis grown in an acidic red soil. Chemosphere, 2015, 119: 177-183.

Tilley E., Gantenbein B., Khadka R., et al. Social and economic feasibility of struvite recovery from Urine at the community level in Nepal International Conference on Nutrient Recovery from Wastewater Streams. London: IWA Publishing, 2009.

Vareda J. P., Valente A. J. M., Duraes L. Assessment of heavy metal pollution from anthropogenic activities and remediation strategies: A review. Journal of Environmental Management, 2019, 246: 101-118.

Verheijen F. G. A., Jones R. J. A., Rickson R. J., et al. Tolerable versus actual soil erosion rates in Europe. Earth-Science Reviews, 2009, 94: 23-38.

Walter V. R., Harold A. M., Stephen R. C., et al. Millennium Ecosystem Assessment Ecosystems and human well-being. DC: Island Press Washington, 2005.

Wang Y., Xue W., Zhu Z., et al. Mitigating ammonia emissions from typical broiler and layer manure management-A system analysis. Waste Management, 2019a, 93: 23-33.

Wang Y., Ying H., Yin Y., et al. Estimating soil nitrate leaching of nitrogen fertilizer from global meta-analysis. Science of the Total Environment, 2019b, 657: 96-102.

Woebbecke D. M., Meyer G. E., Bargen K. V., et al. Shape features for identifying young weeds using image analysis. Trans of Asae, 1995, 38: 271-281.

Yao G., Chen Z., Chen Q., et al. Behaviors of organic and heavy metallic pollutants during supercritical water oxidation of oil-based drill cuttings. Water Air and Soil Pollution, 2018, 229.

Zhang Y., Dore A. J., Ma L., et al. Agricultural ammonia emissions inventory and spatial distribution in the North China Plain. Environmental Pollution, 2010, 158: 490-501.

Zhu Q., Liu X., Hao T., et al. Modeling soil acidification in typical Chinese cropping systems. Science of the Total Environment, 2018, 613: 1339-1348.

Zhuang Z., Mu H. Y., Fu P. N., et al. Accumulation of potentially toxic elements in agricultural soil and scenario analysis of cadmium inputs by fertilization: A case study in Quzhou county. Journal of Environmental Management, 2020, 269: 110797.

# 第8章 我国农业绿色发展战略与国家行动

## 8.1 我国农业发展战略与政策演变历程

务农重本，国之大纲。农业关乎国家粮食安全、资源安全和生态安全。自新中国成立，党和国家始终心系三农发展。改革开放之初，中共中央1982—1986年连续五年的中央一号文件，对农业农村改革发展做出具体部署；21世纪以来，2004—2020年连续十七年的中央一号文件，关注和指导“三农”发展，强调了“三农”问题在中国社会主义现代化时期的“重中之重”地位。我国农业发展在不断探索中解决了一个又一个难题，主要表现为解决了十几亿人的吃饭难题，取得了举世瞩目的成就，也为世界粮食安全做出了巨大贡献。

农业绿色发展作为建设中国特色农业现代化的重要组成部分，其内涵和外延往往随着社会经济的发展、生产力和技术的进步而不断变化。回顾新中国成立以来我国农业绿色发展战略与政策发展历程，从单纯的污染防治和资源保护，到全面强调农业可持续发展，新时代农业农村更是成为绿色发展和生态文明建设的主战场。对我国农业绿色发展战略与政策的系统回顾和梳理具有重要的理论意义和实践价值。

结合经济社会发展背景，以1982年中央一号文件《全国农村工作会议纪要》发布、2002年《中华人民共和国农业法》修订和2015年中央一号文件《关于加快改革创新力度加快农业现代化建设的若干意见》发布为关键节点，我国农业绿色发展战略与政策大致分为孕育阶段（1949—1981年）、初探阶段（1982—2001年）、推进阶段（2002—2014年）和体系形成阶段（2015至今）四个阶段（图8-1）。农业绿色发展战略和政策的演变历程，反映了我国农业发展经历了从聚焦农业生产力恢复、粮食增产到注重农产品质量提升，再到以绿色生态为导向的转变过程。

### 8.1.1 政策孕育阶段：聚焦恢复兴农（1949—1981年）

**1. 阶段发展背景**

从新中国成立到改革开放之前，中国的农业政策以恢复农业生产、提高粮食产量、解决人民吃饭问题为主，农业资源与环境保护工作还没有提上议事日程。这一阶段农业农村环境问题尚不显著，恢复和提高农业生产力是本阶段的重点。与农业绿色发展相关的政策文件，多以自然资源保护和利用为主，且多为分散的行政性文件，针对环境污染防治方面的较少，缺乏明确针对农业资源环境的法律法规类政策。

**2. 主要政策**

1949—1981年的农业绿色发展相关政策见表8-1。

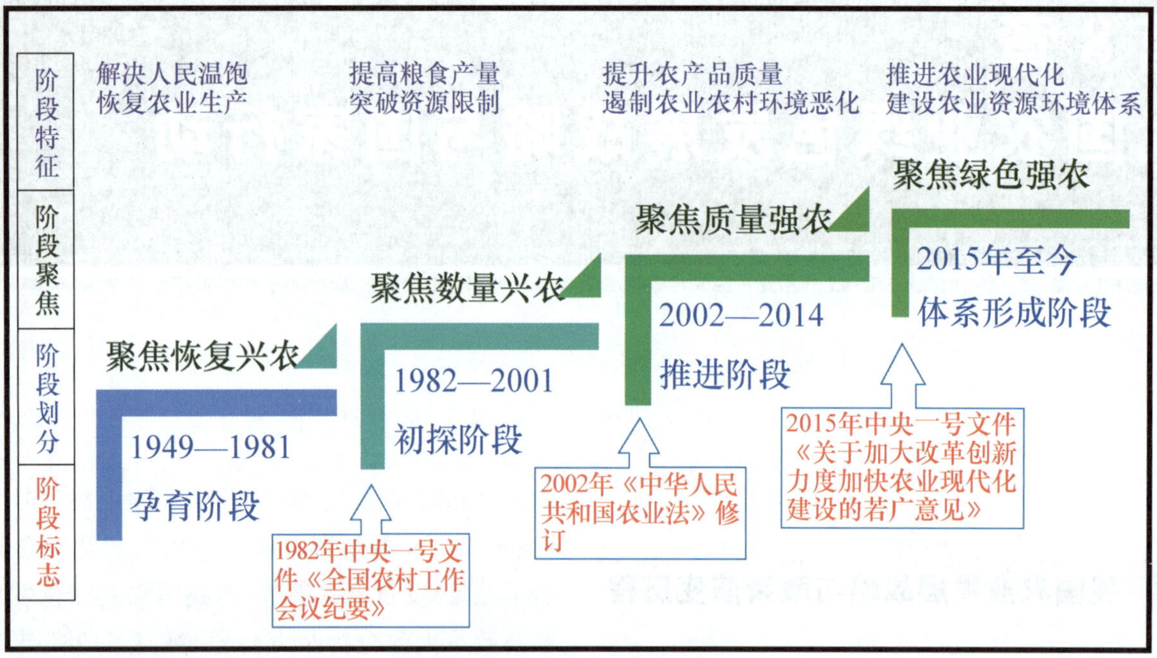


图 8-1 农业绿色发展政策演变阶段

表 8-1 1949—1981 年的农业绿色发展相关政策

| 类别 | 出台时间 | 名称 |
| --- | --- | --- |
| 法律法规 | 1957 年 | 《中华人民共和国水土保持暂行纲要》 |
| | 1973 年 | 《关于保护和改善环境的若干规定(试行草案)》 |
| | 1979 年 | 《中华人民共和国环境保护法(试行)》 |
| 政策文件 | 1975 年 | 《国务院环境保护机构及有关部门的环境保护职责范围和工作要点》 |
| | 1979 年 | 《关于农业环境污染情况和加强农村环境保护工作的意见》 |
| | 1979 年 | 《农田灌溉水质标准(试行)》 |

1957 年国务院颁布实施的《中华人民共和国水土保持暂行纲要》是我国第一个综合性的水土保持政策文件，纲要明确指出“开展水土保持工作，合理利用水土资源，根治河流水害，开发河流水利，发展农、林、牧业生产”，在国务院领导下成立全国水土保持委员会，提出在水土流失地区，各级人民委员会应该将水土保持工作规划列入农业生产和土地利用规划以内。1972 年 6 月，中国派出政府代表团参加了联合国人类环境会议，次年 8 月，第一次全国环境保护会议在北京召开，揭开了中国环境保护事业的序幕，确定了“全面规划，合理布局，综合利用，化害为利，依靠群众，大家动手，保护环境，造福人民”的环境保护工作方针，会议讨论通过了《关于保护和改善环境的若干规定(试行草案)》(简称《规定》)。《规定》是中国首部环境保护方面较全面系统的行政法规。1979 年《环境保护法(试行)》是我国第一部体系化的环境资源保护利用法律，确定了环境保护的对象、任务、方针、原则和适用范围以及环境保护机构及其职责，提出“谁污染谁治理”的原则，对因地制宜地合理使用土地，改良土壤，增加植被，防止土壤侵蚀、板结、盐碱化、沙漠化和水土流失等内容进行明确规定。同年，《农田灌溉水质标准》颁布，规定农田灌溉水质应符合农作物正常生长的需要，提出保护农田土壤、地下水源的要求。

### 8.1.2 政策初探阶段：聚焦数量兴农(1982—2001 年)

**1. 阶段发展背景**

随着我国改革开放政策实施和家庭联产承包责任制改革以来，与中国农业综合生产力相适应的农业经营制度逐步确立和稳定。1982 年中央一号文件《全国农村工作会议纪要》发布，指出我国农业应当“走投资省、耗能低、效益高和有利于保护生态环境的道路”，标志着中国农业绿色发展开始起步。此时，中国农业发展的重点是突破人多地少的资源限制，进一步推动农业增产增收。这一阶段是农业绿色发展政策的初步探索阶段，以推动农业生产提效为重点。

改革开放以来，我国农业农村经济快速发展，但伴随着经济发展，农村环境污染和生态破坏问题日益突出，农药、化肥、农膜污染加剧，秸秆焚烧、污水灌溉和养殖业污染日趋严重，乡镇工业污染迅速蔓延，农业生态系统退化，植被破坏、土地退化严重，成为影响农村社会经济可持续发展的重要因素。这一阶段，工业源污染仍是国家环境管理的重点，但是农业面源污染在整体环境污染中所占比重逐渐上升。农村经济初步搞活之后，如何使我国农业进一步稳定、全面地发展，农业生态环境不断改善，实现良性循环等问题，逐渐引起相关部门的认识和重视。1985 年国务院环境保护委员会发布的《关于发展生态农业加强农业生态环境保护工作的意见》，提出由传统农业向现代化农业转化，发展生态农业，是适合我国人多地少的国情，保护农业生态环境，促进农村经济持续稳定增长的重要路径。

**2. 主要政策**

1982—2001 年的农业绿色发展相关政策见表 8-2。

我国农业绿色发展的支持政策在改革开放后开始起步，一系列重要法律法规相继出台，工业源污染是这阶段国家环境管理的重点，农业面源污染的防治在相关政策中零星提及。1982 年中央一号文件《全国农村工作会议纪要》发布，指出我国农业应当走有利于保护生态环境的道路。1984 年国务院发布《关于环境保护工作的决定》，提出要保护农业生态环境，积极推广生态农业，防止农业环境的污染和破坏。1985 年国务院环境保护委员会发布的《关于发展生态农业加强农业生态环境保护工作的意见》，指出要进一步发展生态农业试点工作，加强农业生态环境保护工作。1989 年颁布的《环境保护法》，首次在法律中使用了农业环境的概念，明确规定应当加强农业环境保护，防治生态破坏和资源枯竭，合理使用化肥、农药等。1991 年《中华人民共和国水土保持法》，明确提出

表 8-2　1982—2001 年的农业绿色发展相关政策

| 类别 | 出台时间 | 名称 |
| --- | --- | --- |
| 法律法规 | 1984 年 | 《中华人民共和国水污染防治法》 |
| | 1988 年 | 《中华人民共和国水法》 |
| | 1989 年 | 《中华人民共和国环境保护法》 |
| | 1991 年 | 《中华人民共和国水土保持法》 |
| | 1993 年 | 《中华人民共和国农业法》 |
| | 1995 年 | 《中华人民共和国固体废物污染环境防治法》 |
| | 2001 年 | 《中华人民共和国防沙治沙法》 |
| 规划计划 | 2001 年 | 《国家环境保护“十五”计划》 |
| 政策文件 | 1984 年 | 《国务院关于加强环境保护的决定》 |
| | 1985 年 | 《国务院环境保护委员会关于发展生态农业加强农业生态环境保护工作的意见》 |
| | 1990 年 | 《国务院关于进一步加强环境保护工作的决定》 |
| | 1996 年 | 《国务院关于环境保护若干问题的决定》 |
| | 1997 年 | 《国家环境保护局 农业部 化工部关于进一步加强对农药生产单位废水排放监督管理的通知》 |
| | 1997 年 | 《关于加强乡镇企业环境保护工作的规定》 |
| | 1999 年 | 《国家环境保护总局关于加强农村生态环境保护工作的若干意见》 |
| | 2000 年 | 《国务院关于进一步做好退耕还林还草试点工作的若干意见》 |
| | 2001 年 | 《畜禽养殖污染防治管理办法》 |

有计划地进行封山育林育草、轮封轮牧，防风固沙，保护植被；禁止毁林开荒、烧山开荒和在陡坡地、干旱地区铲草皮、挖树兜；鼓励水土流失地区的农业集体经济组织和农民对水土流失进行治理，并在资金、能源、粮食、税收等方面实行扶持政策。1993年《农业法》中单独有一章是农业资源与农业环境保护，明确规定了发展农业必须合理利用资源，保护和改善生态环境，应当预防和治理土地污染、水土流失和土地沙化。1995年《中华人民共和国固体废物污染环境防治法》明确应当对农用薄膜回收利用，防止和减少农用薄膜对环境的污染。1996年《国务院关于环境保护若干问题的决定》指出要根本扭转乡镇企业对环境污染和生态破坏加剧的状况，发展生态农业，控制农药、化肥、农膜等对农田和水源的污染。1997年，《国家环境保护局 农业部 化工部关于进一步加强对农药生产单位废水排放监督管理的通知》对农药生产单位废水排放治理、标准、监督管理进行了系统的说明。1997年国家环保局和农业部《关于加强乡镇企业环境保护工作的规定》要求切实加强乡镇企业环境保护工作，大幅度提高污染防治能力，根本扭转乡镇企业对环境污染和生态破坏加剧的状况，实现乡镇企业的可持续发展。1999年《国家环境保护总局关于加强农村生态环境保护工作的若干意见》围绕着改善农村生态环境质量、加强农村生态环境保护监督管理的需要提出了到2002年底的工作目标。2000年《国务院关于进一步做好退耕还林还草试点工作的若干意见》指出各地退耕还林还草方案需依据自然资源的承载力制定并与改善生态环境相结合。2001年《畜禽养殖污染防治管理办法》明确了畜禽养殖污染的防治管理和措施。

### 8.1.3 政策推进阶段：聚焦质量强农（2002—2014年）

**1. 阶段发展背景**

中国加入WTO后，提高农产品质量成为增强中国农产品市场竞争力的必然要求。2002年修订的《中华人民共和国农业法》，首次将提高农产品质量写入法律。发展高产、优质、高效、生态、安全农业是政策推进阶段农业绿色发展的核心内容。

随着农村经济的快速发展，农村生活污水、垃圾、农业生产及畜禽养殖废弃物排放量增大，农村地区环境状况日益恶化，农村环境质量明显下降，直接威胁着广大农民群众的生存环境与身体健康，制约了农村经济的健康发展。党中央、国务院高度重视农村环境保护工作，经过多年的努力，农村环境污染防治和生态保护取得了积极进展。但是，本阶段我国农村环境形势依然十分严峻，已成为我国农村经济社会可持续发展的制约因素。

**2. 主要政策**

2002—2014年的农业绿色发展相关政策见表8-3。

2002年修订的《中华人民共和国农业法》系统扩展了利用保护自然资源和生态环境的主要方面，拓展了对牧区资源、渔业资源、生物多样性和农业生态环境事故处理赔偿的内容，特别首次将提高农产品质量写入法律。2002年修订的《中华人民共和国水法》规定应当推行节水灌溉方式和节水技术，采取农业蓄水、输水防渗漏措施，提高农业用水效率。2004年修订《中华人民共和国固体废物污染环境防治法》补充了对基本农田保护区和农村生活垃圾污染环境的防治规定。2006年《国家农村小康环保行动计划》确定了开展村庄环境污染综合治理、加强工业企业污染防治、治理土壤污染与农村面源污染、保障农村饮用水环境安全、防治规模化畜禽养殖污染等重点领域，切实解决农村环境“脏、乱、差”问题，为全面建设小康社会提供环境安全保障。2008年《中华人民共和国循环经济促进法》规定应当推进土地集约利用，鼓励和支持采用节水、节肥、节药的先进技术和机械，优先发展生态农业。2010年修订的《中华人民共和国水土保持法》规定严格控制化肥和农药的使用，减少水土流失引起的面源污染，保护饮用水水源。2002年《国家环境保护“九五计划”和2010年

表 8-3　2002—2014 年的农业绿色发展相关政策

| 类别 | 出台时间 | 名称 |
|---|---|---|
| 法律法规 | 2002 年 | 《中华人民共和国农业法》(2002 年修订) |
| | 2002 年 | 《中华人民共和国水法》(2002 年修订) |
| | 2004 年 | 《中华人民共和国固体废物污染环境防治法》(2004 年修订) |
| | 2008 年 | 《中华人民共和国循环经济促进法》 |
| | 2010 年 | 《中华人民共和国水土保持法》(2010 年修订) |
| | 2014 年 | 《中华人民共和国环境保护法》(2014 修订) |
| | 2014 年 | 《畜禽规模养殖污染防治条例》 |
| 规划计划 | 2002 年 | 《国家环境保护"九五计划"和 2010 年远景目标》 |
| | 2006 年 | 《国家农村小康环保行动计划》 |
| 政策文件 | 2007 年 | 《国家环保总局关于加强农村环境保护工作的若干意见》 |
| | 2007 年 | 《国家环保总局开展生态补偿试点工作的指导意见》 |
| | 2007 年 | 《农业部办公厅关于进一步加强秸秆综合利用禁止秸秆焚烧的紧急通知》 |
| | 2009 年 | 《环境保护部财政部发展改革委关于实施"以奖促治"加快解决突出的农村环境问题的实施方案》 |
| | 2014 年 | 《中共中央国务院关于全国深化农村改革加快推进农业现代化的若干意见》 |

远景目标》指出加强农业环境保护，防治乡镇企业污染和农药、化肥污染，建设 50 个生态示范区，200 个生态农业县、300 个农村能源综合建设县、1 000 个绿色食品生产基地。2014 年《畜禽规模养殖污染防治条例》推动畜禽养殖业从加强科学规划布局、适度规模化集约化发展、加强环保设施建设、推进种养结合、提高废弃物利用率入手，提高畜禽养殖业可持续发展能力，提升产业发展水平，提升产业综合效益。2014 年《中华人民共和国环境保护法(2014 修订)》规定应当加强对农业环境的保护，促进农业环境保护新技术的使用，加强对农业污染源的监测预警，应当指导农业生产经营者科学种植和养殖，科学合理施用农药、化肥等农业投入品，科学处置农用薄膜、农作物秸秆等农业废弃物，防治农业面源污染。

### 8.1.4　政策体系形成阶段:聚焦绿色强农(2015 年至今)

**1. 阶段发展背景**

"十二五"以来，党中央、国务院高度重视农业资源保护和生态环境建设，不断加大投入力度，实施了高标准农田建设、旱作节水农业、退牧还草、京津风沙源治理等一系列重大工程，耕地保护基础不断夯实，农业面源污染防治取得积极进展。"十三五"时期，农业资源与生态环境保护工作仍面临诸多困难和问题:①部分区域耕地质量退化问题依然突出。东北黑土区耕地有机质含量下降，理化性状变差，农田生态功能退化；南方部分地区耕地重金属超标，治理难度大；西北旱作农区农田水利基础设施建设欠账多，农田灌溉水有效利用系数还不高。②农业面源污染问题严峻。化肥农药兽药等投入品不合理使用、畜禽粪污随意处置、秸秆田间焚烧等现象仍然存在，农膜回收利用率依然不高。③农业湿地侵占破坏问题依然严重。重要水域农业湿地被破坏、被开发问题仍然存在，水生生物多样性受到破坏，生态系统质量及稳定性下降。

在此背景下，党的十八大提出了"五位一体"总体布局，党的十八届五中全会将绿色发展作为五大发展理念之一，为加强农业资源与生态环境保护工作指明了方向。农业供给侧结构性改革深入推进，全国农业可持续发展等规划顺利实施，农业发展方式加快转变，农业科技创新不断推进，为加强农业资源与生态环境保护提供了不竭动力。主要农产品连年丰收、农产品需求增速有所放缓，为加强农业资源与生态环境保护提供了战略机遇。坚持"绿水青山就是金山银山"的理念，以绿色生态为导向，以改革创新为动力，以降低利用强度、改善产地环境、发展绿色产品为目标，突出加强重要资源保护，强化重点区域环境治理，促进农业废弃物资源化利用，发展资源节约型、环境友好型、生态保育型农业，努力把过高的资源利用强度降下来，把农业面源污染加重的趋势缓下来，推动农业发展方式加快转变，走产出高效、产品安全、资源节约、环境友好的农业现代化道路，促进农业可持续发展。

**2. 主要政策**

2015 年至今的农业绿色发展相关政策见表 8-4。

2015 年《农业部关于打好农业面源污染防治攻坚战的实施意见》提出了“一控两减三基本”（严格控制农业用水总量，减少化肥、农药使用量，地膜、秸秆、畜禽粪便基本资源化利用）的工作目标。2016 年《土壤污染防治行动计划》对全面改善土壤环境和实现生态环境良性循环做出具体行动计划并明确责任主体。

2016 年《全国农业现代化规划（2016—2020 年）》，提出绿色兴农的理念，将“补齐生态建设和质量安全短板，实现资源利用高效、生态系统稳定、产地环境良好、产品质量安全”作为农业绿色发展的要求。2016 年《农业资源与生态环境保护工程规划（2016—2020 年）》提出资源过度开发的趋势得到初步遏制、重点区域环境问题治理取得阶段性成效、农业生态功能得到恢复和增强、绿色生态农业发展机制基本建立的保护目标，推动重点任务、划分重点区域和重点工程。2016 年《建立以绿色生态为导向的农业补贴改革方案》，正式提出到 2020 年建成以绿色生态为导向，促进农业资源合理利用与生态环境保护的农业补贴政策体系的构建和激励约束机制的目标，推动财政资金投入向农业农村环境保护领域倾斜。2016 年《关于全面推开农业“三项补贴”改革工作的通知》提出将农作物良种补贴、种粮农民直接补贴和农资综合补贴合并为农业支持保护补贴，政策目标调整为支持耕地地力保护和适度规模经营，其中耕地

**表 8-4　2015 年至今的农业绿色发展相关政策**

| 类别 | 出台时间 | 名称 |
|---|---|---|
| 法律法规 | 2017 年 | 《农药管理条例》（2017 年修订） |
| | 2017 年 | 《中华人民共和国水污染防治法》（2017 修订） |
| 规划计划 | 2015 年 | 《农业环境突出问题治理总体规划（2014—2018 年）》 |
| | 2015 年 | 《全国农业可持续发展规划（2015—2030）》 |
| | 2015 年 | 《水污染防治行动计划》 |
| | 2016 年 | 《农业现代化》 |
| | 2016 年 | 《土壤污染防治行动计划》 |
| | 2016 年 | 《农业资源与生态环境保护工程规划（2016—2020 年）》 |
| | 2018 年 | 《乡村振兴战略规划（2018—2022 年）》 |
| | 2018 年 | 《农业农村污染治理攻坚战行动计划》 |
| 政策文件 | 2015 年 | 《国务院办公厅关于加快转变农业发展方式的意见》 |
| | 2015 年 | 《农业部关于打好农业面源污染防治攻坚战的实施意见》 |
| | 2016 年 | 《培育发展农业面源污染治理、农村污水垃圾处理市场主体方案》 |
| | 2016 年 | 《建立以绿色生态为导向的农业补贴改革方案》 |
| | 2017 年 | 《关于创新体制推进农业绿色发展的意见》 |
| | 2018 年 | 《农业绿色发展技术导则（2018—2030 年）》 |

地力保护资金主要用于引导农民综合采取秸秆还田、深松翻耕、减少化肥农药用量、施用有机肥等措施，加强农业生态资源保护，自觉提升耕地地力。《水污染防治法(2017 修订)》提出防治农业面源污染、指导农业生产者科学、合理地施用化肥和农药，推广测土配方施肥技术和高效低毒低残留农药，控制化肥和农药的过量使用，防止造成水污染。《农药管理条例》(2017 年修订)》规定加强农药管理，保证农药质量，保障农产品质量安全和人畜安全，条例严把农药登记、生产、经营许可的重要关口。2018 年《农业农村污染治理攻坚战行动计划》指出到 2020 年，实现“一保两治三减四提升”，即保护农村饮用水水源，农村饮水安全更有保障；治理农村生活垃圾和污水，实现村庄环境干净整洁有序；减少化肥、农药使用量和农业用水总量；提升主要由农业面源污染造成的超标水体水质、农业废弃物综合利用率、环境监管能力和农村居民参与度。2017 年《关于创新体制机制推进农业绿色发展的意见》提出构建农业绿色发展制度体系，为农业绿色发展支持政策体系构建了基本框架。2018 年《农业绿色发展技术导则(2018—2030 年)》提出农业绿色发展技术体系的改革方向为更加注重质量和数量双重效益，更加注重生产和生态双重功能，更加注重全要素生产率的提高，与此同时，将研究制定绿色农业技术标准作为完善绿色标准体系的重要任务，包括从产地环境、生产过程、产品质量等全过程的评估技术标准的完善。依据法律法规和政策文件，启动实施畜禽粪污资源化利用行动、果菜茶有机肥替代化肥行动、东北地区秸秆处理行动和农膜回收行动等农业绿色发展重大行动，着力解决农业农村环境突出问题。

## 8.2 我国农业绿色发展国家行动

### 8.2.1 国家政策引领

十八大五中全会确立了创新、协调、绿色、开放、共享五大发展理念，被视为是关系中国发展全局的一场深刻变革。为推进农业绿色发展，破解当前农业发展道路所面临的难题，我国采取了一系列行动，从技术创新、机制体制改革、金融与政策保障等途径探索农业绿色发展的区域实现路径，如图 8-2 所示。

2016 年 3 月《中华人民共和国国民经济和社会发展第十三个五年规划纲要》正式公布，绿色发展成为贯彻“十三五”规划的主基调之一，提出绿色是永续发展的必要条件和人民对美好生活追求的重要体现，明确绿色发展在全面建成小康社会进程中的重要性。“十三五”规划纲要指出，要走出一条资源节约高效、产品安全、环境友好的农业现代化道路，促进农业可持续发展，实施化肥农药零

图 8-2　我国农业绿色发展关键政策与行动

增长行动，开展区域农业面源污染综合防治与耕地质量的保护和提升行动，重点在地下水漏斗区、重金属污染区、生态严重退化区探索实行耕地轮作休耕制度试点。

2017 年 9 月中共中央办公厅与国务院办公厅联合印发《关于创新体制机制推进农业绿色发展的意见》，这是党中央出台的第一个以农业绿色发展为主题的文件，也是指导我国农业绿色发展的纲领性文件。该意见指出农业绿色发展将摆在我国生态文明建设全局的突出位置，要全面建立以绿色生态为导向的制度体系，基本形成与资源环境承载力相匹配、与生产生活生态相协调的农业发展格局，同时将农业绿色发展的总体目标细化为 2020 年的具体目标和 2030 年的远景目标。另外，该文件提出要系统完善农业绿色发展的体制机制，包括建立工业和城镇污染向农业转移的防控机制、建立绿色农业标准体系、完善农业生态补偿制度、健全农业投入品减量使用制度等。

2017 年 11 月，农业部与中国农业银行深化合作，聚焦农业绿色发展和绿色金融，发行《关于推进金融支持农业绿色发展工作的通知》，利用金融工具，探索支持农业绿色发展的新模式、新机制。通知要求各级银行通过创新绿色金融产品、完善信贷支持政策、优化和完善服务渠道、探索多方合作的金融服务模式对农业基础设施建设、农业科技创新、农业结构调整和面源污染治理等多方面提供金融支持。

2017 年 12 月，依托国家农业可持续发展试验示范区，经农业部等八个国家部委组织遴选，成立了我国第一批 40 个国家农业绿色发展先行区，包括 1 个省，10 个地级市（区）和 29 个县（县级市/区），通过先行先试，创新体制机制，总结经验模式，带动区域农业绿色发展。2019 年 10 月启动了第二批 41 个国家农业绿色发展先行区建设。先行区拟通过 3 年左右的努力，在产业制度、生产方式和生活方式上有所改变，有所突破，将农业绿色发展的理念深入人心，总结一批农业绿色发展模式和因地制宜的技术集成模式，提炼一批农业绿色发展制度。先行区建设围绕农业主体功能与空间布局优化、农业资源保护与节约利用、产地环境保护与治理、农业生态系统的养护与修复、绿色生活方式推行等方面开展，着力创新和提炼形成绿色技术体系、绿色标准体系、绿色产业体系、绿色经营体系、绿色政策体系和绿色数字体系，打造区域农业绿色发展典型模式，为区域农业绿色发展转型升级提供引领作用。

2018 年 7 月，农业农村部印发《农业绿色发展技术导则（2018—2030 年）》，提出到 2030 年要全面构建以绿色为导向的农业技术体系，稳步提高农业土地产出率，大幅提高农业劳动生产率、资源利用率和全要素生产率。农业绿色发展技术体系应从农业生产全链条统筹设计，包括绿色投入品、绿色生产技术、绿色产后增值技术、绿色低碳种养结构与技术模式、绿色乡村综合发展技术与模式，同时加强农业基础研究，突破重大基础科学问题，开展颠覆性前沿技术研究，建立一系列的绿色标准体系支撑绿色技术的创新及推广应用（图 8-3）。另外，《技术导则》提出到 2030 年通过技术突破及运用应实现将农田灌溉用水有效利用系数提高到 0.6 以上，主要作物化肥、农药利用率显著提升，农业源氮、磷污染物排放强度分别削减 30％和 40％以上，畜禽饲料转化率、水产养殖精准投喂水平较目前提升 10％以上，农产品加工单位产值能耗降低 20％以上。

为全面贯彻习近平总书记重要讲话精神，落实《〈长江经济带发展规划纲要〉分工方案》，推动长江经济带农业农村绿色发展，农业农村部于 2018 年 9 月发布《关于支持长江经济带农业农村绿色发展的实施意见》。这是国家第一次发布有关区域农业绿色发展的指导意见，该意见对于因地制宜的推进农业绿色发展具有重要意义。意见指出长江经济带农业绿色发展应着重抓好三方面工作：一是长江流域水生生物多样性保护。从重点水域禁捕到水生生物保护区禁捕，逐步推行至长江干流及重要支流全面禁捕，加快实施长江珍稀水生生

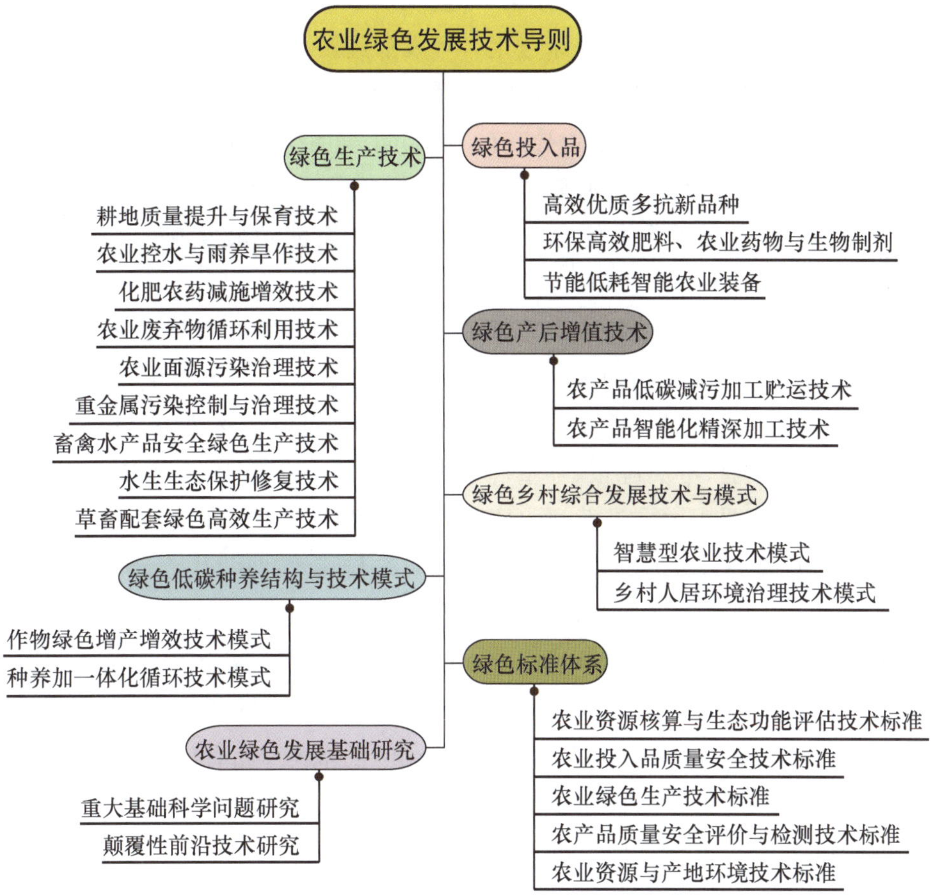


图 8-3　农业绿色发展技术导则(2018—2030 年)

物拯救行动，建立健全增殖放流管理机制，加强水生生物资源与生态环境监测评价以及生境保护和修复。二是化肥农药减量增效。实施化肥农药负增长行动，开展化肥减量增效示范、病虫害统防统治与绿色防控融合示范、稻田综合种养示范试点，集中打造有机肥替代化肥、绿色优质农产品生产基地(园区)。三是农业废弃物资源化利用。通过调整和优化长江经济带畜禽养殖布局，支持畜牧大县整县推进粪污资源化利用，开展绿色发展示范县创建。推进农作物秸秆和农膜废弃物资源化利用，不断完善农膜回收网络，培育一批资源化利用龙头企业，建设重点流域农业面源污染综合治理示范区。2018 年 12 月，农业农村部办公厅等 8 个部门联合印发农业绿色发展先行区管理办法。该管理办法做到以下几点：①明确了先行区建设任务，通过立足当地条件，明确定位和发展目标，探索符合区域特点的绿色发展模式；②突出了重点任务，主要包括水土资源节约和永续利用、化学农资投入零增长负增长、农业废弃物的资源化利用、绿色优质农产品供给、绿色生活方式形成；③明确了职责分工，由国家部委成立示范区协调小组，负责国家决策部署，指导、推动、考核先行区建设，各示范区所在地人民政府具体负责建设工作。④完善考核管理制度，通过建立进展核查、督导检查、综合考核制度，依托于定量和定性考核指标体系，形成定期汇报制度、不定期督查制度以及综合考核制度。自此先行区建设形成了基本完善的工作推进制度，为典型技术模式总结及区域推广奠定了良好的基础。

2019 年 11 月农业农村部办公厅印发《农业绿色发展先行先试支撑体系建设管理办法(试行)》，力争到 2025 年初步建成支撑体系。支撑体系建设是在先行区工作基础上，建立和完善绿色技术体系、标准体系、产业体系、经营体系、政策体系和数字体系六大体系。通过编制支撑体系建设方案，明确年度任务，开展针对性技术试验，建设绿色生产标准化实验基地，建立长期固定观测站等方式，合理推动支撑体系建设，形成一批有理论指导、有数据支撑、有科技含量、有政策保障、有示范作用的农业绿色发展模式，为推进全国农业绿色发展提供借鉴和支撑。

2020年8月中央政治局审议《黄河流域生态保护与高质量发展规划纲要》，提出要把黄河流域生态保护和高质量发展作为事关中华民族伟大复兴的千秋大计。会议强调，要因地制宜、分类施策、尊重规律，改善黄河流域生态环境。要大力推进黄河水资源集约节约利用，把水资源作为最大的刚性约束，以节约用水扩大发展空间。贯彻新发展理念，遵循自然规律和客观规律，统筹推进山水林田湖草沙综合治理、系统治理、源头治理，改善黄河流域生态环境，优化水资源配置，促进全流域高质量发展。

2021年2月，国务院印发《关于加快建立健全绿色低碳循环发展经济体系的指导意见》，意见指出坚定不移贯彻新发展理念，全方位全过程推行绿色规划、绿色设计、绿色投资、绿色建设、绿色生产、绿色流通、绿色生活、绿色消费，统筹推进高质量发展和高水平保护，预期到2025年绿色低碳循环发展经济体系基本形成，确保实现碳达峰、碳中和目标，推动我国绿色发展迈上新台阶，确保到2035年美丽中国建设目标基本实现。

### 8.2.2 关键领域实施

农业绿色发展的核心是资源的高效利用，需要系统把握农业资源与生产力和生态环境保护的内在规律，提高全要素生产率，实现高产高效优质农业生产，在生态环境可承载范围内以最小的投入实现最好的产出和效益。因此本节围绕农业资源节约与高效利用、生态环境修复与提升、粮食供应与农产品安全、农业农村发展与系统提升等关键领域，分析总结我国农业绿色发展的关键行动。

**1. 粮食供应与农产品安全保障**

1)保障农产品有效供给

习近平总书记提出，中国人的饭碗要牢牢端在自己手中，因此粮食及重要农产品供给问题一直是我国发展的重中之重。近年来，国家开展了一系列行动，提出要千方百计稳定粮食等重要农产品生产，保障重要农产品有效供给(表8-5)。

表8-5 我国农产品供给目标与措施

| 时间 | 指标 | 目标 | 措施 |
|---|---|---|---|
| 2019年 | 粮食播种面积/亿亩 | 16.5 | 推动藏粮于地、藏粮于技落实落地 |
| | 水稻和小麦面积/亿亩 | 8.0 | |
| | 永久基本农田/亿亩 | 15.46 | |
| 2020年 | 高标准农田/万亩 | 8 000 | 集成示范粮食生产全过程高质高效技术模式，以良种为基础、以机械化为载体、以社会化服务为支撑，建设生产全程机械化、投入品施用精准化、田间管理智能化的标准化生产基地，提升粮食生产科技水平 |
| | 高效节水灌溉建设/万亩 | 2 000 | |
| | 棉花面积/万亩 | 5 000 | 集成推广绿色轻简化高效栽培技术模式，因地制宜推进全程机械化生产，降低用工成本，提高质量效益 |
| | 油料面积/亿亩 | 1.9 | |
| | 糖料面积/万亩 | 2 400 | |
| | 草地贪夜蛾危害损失率/% | <5 | 推进科学防控，按照治早治小、分区分时、全力扑杀的要求，聚焦重点区域，加强分类指导，大力开展统防统治、群防群治、联防联控 |
| | 重大病虫总体危害损失率/% | <5 | |
| | 粮食产量/亿 kg | 6 500 | 落实稻谷小麦最低收购价等政策，提升优势产区玉米产能，继续实施大豆振兴计划，创新开展绿色高质高效行动，强化粮食安全省长责任制落实 |

农业生产要严守 18 亿亩耕地红线，全面落实永久基本农田特殊保护制度，确保永久基本农田保持在 15.46 亿亩以上，确保粮食播种面积稳定在 16.5 亿亩，2020 年粮食产量不低于 6 500 亿 kg，着力稳政策、稳面积、稳产量。保障蔬菜供应总量平衡，促进季节、区域、品种结构均衡及质量安全，稳定南方冬春蔬菜和北方冬季设施蔬菜面积，稳步形成品种互补、档期合理、区域协调的供应格局。集成推广壮苗培育、节水灌溉、精准施肥、轻简化栽培等绿色高质高效生产技术模式，提高蔬菜生产科技水平。加强对关系民生的 26 种大宗蔬菜、5 种水果的市场价格和产销形势的监测分析，及时发布预警信息，加强产销衔接，引导科学种植、顺畅销售。在其他作物生产方面的行动包括，完善新疆棉花目标价格政策，创新内地棉花扶持政策，支持推广糖料蔗脱毒种苗和机收作业等良种良法等。

在农业补贴方面，为推进优势农产品优势区域建设，2002 年中央财政安排 1 亿元资金在东北四省区推广高油大豆的良种补贴制度，从此拉开了农业生产补贴的序幕。2014 年农业部发布《2014 年国家深化农村改革、支持粮食生产、促进农民增收政策措施》，合计 50 项政策涵盖种粮直补、农机补贴、产粮大县奖励等多项支农惠农政策，其中仅种粮直补、良种补贴、农资综合补贴、农机补贴等四项补贴金额达 1 638 亿元。财政部于 2018 年针对农业补贴进行调整，明确农民是农业补贴的主要对象，其次是农业项目承担单位和个人，新的补贴政策更倾向于新型经营主体，补贴发放形势从现金直补为主向贴息、以奖代补、担保补助等多样化发展。在体制机制方面，深化落实稻谷小麦最低收购价等政策，推进稻谷、小麦、玉米完全成本保险和收入保险试点，加大产粮大县奖励力度，强化粮食安全省长责任制落实，研究建立分省监测预警制度。巩固结构调整成果，提升优势产区玉米产能，保持玉米面积基本稳定，确保粮食供给能力。加快建设农业农村人才队伍。实施农村带头人和高素质农民培育计划、百万高素质农民学历提升计划，创建 100 所乡村振兴人才培养优质校，推动农民培训和学历教育贯通培养。

2)农产品质量安全保障

我国农产品质量安全目标见表 8-6。

农业部近年来颁布了一系列政策推动农产品质量安全水平稳中有升，通过专项整治行动，保障农产品质量安全供给，分别为：2017 年 3 月印发的《“十三五”全国农产品质量安全提升规划》和《2017 年农产品质量安全专项整治方案》，2019 年 2 月农业农村部等七部门联合印发的《国家质量兴农战略规划（2018—2022 年）》和 2020 年 2 月印发的《2020 年农产品质量安全工作要点》。

（1）农药专项整治行动　实施农药经营许可，规范经营行为，整顿市场秩序。加强农药市场监管，加大监督抽查力度，确保产品质量，严厉打击制售假劣农药和非法添加隐性成分农药。推行高毒农药定点经营、实名购买、台账记录、溯源管理。加

表 8-6　我国农产品质量安全目标

| 时间 | 指标 | 目标 |
|---|---|---|
| 2020 年 | 农药残留标准/项 | 1 000 |
| | 兽药残留标准/项 | 100 |
| | 其他农业行业标准/项 | 200 |
| | 产粮大县的粮油优质品率/% | 30 |
| | 省级农产品质量安全指挥调度中心/个 | 32 |
| | 农产品质量安全监管区域服务站/万个 | 1.68 |
| | 绿色食品原料基地/个 | 800 |
| | 国家农业检测基准实验室/个 | 10 |
| | 农产品质量安全实训基地/个 | 32 |
| | 农产品质量安全风险评估实验室/个 | 50 |
| 2022 年 | 高效低毒低残留农兽药普及率/% | 60 |
| | 农产品中农兽药残留合格率/% | 98 |
| | 农药、兽药等农业投入品追溯示范点/万个 | 28 |
| | 农产品质量安全县域内主体实现农产品可追溯比重/% | 80 |
| | 农兽药残留、畜禽屠宰等强制性国家标准/项 | 3 500 |
| | 主要农产品例行监测合格率/% | 97 |
| | 农兽药残留限量标准总数/项 | 10 000 |

强科学用药培训，严格按照安全间隔期施药，依法打击违规使用禁限用农药。

(2)“瘦肉精”专项整治行动　组织实施养殖环节“瘦肉精”监测计划，增加牛羊养殖场户抽检数量。组织实施屠宰环节“瘦肉精”监督检测和风险监测计划，严厉查处屠宰环节注射、饲喂“瘦肉精”违法行为。健全上下联动、区域联动、部门联动的案件查处机制，加大工作薄弱地区督查力度。加大突出问题溯源督办力度，建立屠宰与养殖环节“瘦肉精”溯源信息通报机制。组织开展“瘦肉精”速测产品质量评价，强化对基层监管的技术支持。

(3)生鲜乳专项整治行动　严格审查奶站和运输车资质条件，重点是婴幼儿配方乳粉企业奶源的奶站和运输车。强化奶站和运输车日常监管，重点是奶站和运输车标准化管理、生鲜乳质量检验、不合格生鲜乳处理、安全制度落实。加大生鲜乳质量安全抽检力度，组织开展婴幼儿配方乳粉奶源质量安全专项监测。强化主体责任，严厉打击违法违规行为，督促奶站和运输车经营主体落实质量安全首负责任，加强监督检查。

(4)兽用抗生素专项整治行动　切实规范兽用化学药品生产经营行为，以兽用抗生素生产经营企业为重点，核查兽用抗生素原料和质量检验情况。切实规范兽用抗生素使用行为，以规模养殖场和养殖大县为重点，督导落实安全用药管理制度，提高养殖者安全用药能力，查处使用原料药、假劣兽药、超范围超剂量使用等行为。切实规范线上发布兽药信息和销售兽药活动，摸清利用互联网发布兽药信息、销售兽药的基本情况，调查并依法处置假冒兽药企业的网站。

(5)“三鱼两药”专项整治行动　在“三鱼”主产区，督促落实水产养殖生产者质量安全主体责任，强化教育培训和技术指导，引导养殖场科学、合理、安全用药。开展健康养殖模式试验示范，引导养殖户适当降低养殖密度，提高养殖动物抵抗力，控制或减少病害发生。加强监管责任落实，生产区主管部门要组织开展水产养殖用药情况执法检查，强化产地产品监督抽查。

(6)农资打假专项治理行动　严格源头监管，严格农资生产经营许可条件和标准，着力从风险评估、绿色环保等方面建立行业准入机制。狠抓案件查处，把查办案件作为农资打假的重要抓手，严厉查处生产经营假劣农资行为。实施检打联动，完善投入品质量监督抽检制度，明确行政、执法、检测三方机构职能与工作机制。加快信用建设，整合并完善农资生产经营主体信用信息，建立信用档案，对接本地信用信息共享平台。推进社会共治，认真落实《农业行政处罚案件信息公开办法》，及时公开案件信息，接受社会监督。

**2. 农业资源节约与高效利用**

1)农业用水

我国是全球人均水资源最贫乏的国家之一，人均水资源量仅为世界平均水平的 1/4，农业用水占全国总用水量的 63.4%，因此实现农业节水对保证我国水资源可持续供给具有重要意义。《全国农业可持续发展规划(2015—2030 年)》等文件提出，到 2020 年农业灌溉用水量应控制在 3 720 亿 $m^3$，农田灌溉水有效利用系数超过 0.55，高效节水灌溉面积达到 2.88 亿亩，水肥一体技术推广面积达到 1.5 亿亩。2030 年农业灌溉用水量不超过 3 730 亿 $m^3$，农田灌溉水有效利用系数超过 0.6，农田有效灌溉率达到 57%，节水灌溉率达到 75%(表 8-7)。

近年来，我国全面推进农业节水行动，主要行动措施包括出台分区域节水行动规划，开展节水示范区建设，配套金融、宣传、政策等一揽子计划来扩大节水设施、节水技术的应用面积，全面推动我国农业节水行动，实现农业用水的节约化和清洁化。2018 年全国农业节水灌溉面积为 5.42 亿亩，比 2012 年增加 0.68 亿亩；高效节水灌溉面积 3.29 亩，比 2012 年多出 1.17 亿亩，年均增长 0.19 亿亩；全国农田灌溉水有效利用系数达到 0.554，比 2012 年增加 0.038；全国农业水价综合改革累计实施面积达到 1.6 亿亩，比 2016 年增加 1.38 亿亩。

农业节水涉及节水灌溉基础设施建设与改造、

表 8-7　我国农业水资源节约与高效利用目标与技术措施

| 时间 | 指标 | 目标 | 技术措施 |
|---|---|---|---|
| 2020 年 | 农业灌溉用水量/亿 $m^3$ | 3 720 | 渠道防渗、管道输水、喷灌、微灌等节水灌溉技术；加强现有大中型灌区骨干工程续建配套节水改造，强化小型农田水利工程建设和大中型灌区田间工程配套；推行农艺节水保墒技术，如地膜覆盖技术、水肥一体化技术、膜下滴灌技术、改进耕作方式，调整种植结构，研制推广抗旱品种 |
| | 农田灌溉水有效利用系数 | ＞0.55 | |
| | 高效节水灌溉面积/亿亩 | 2.88 | |
| | 水肥一体技术推广面积/亿亩 | 1.5 | |
| 2030 年 | 农业灌溉用水量/亿 $m^3$ | 3 730 | |
| | 农田灌溉水有效利用系数 | ＞0.6 | |
| | 农田有效灌溉率/% | 57 | |
| | 节水灌溉率/% | 75 | |

国家在农业节水方面发布的一些重要文件名称及发布日期：

2015 年 2 月　农业部发布了《关于大力开展粮食绿色增产模式攻关的意见》

2016 年 4 月　农业部办公厅《推进水肥一体化实施方案(2016—2020 年)》

2016 年 9 月　农业部办公厅印发了《农业综合开发区域生态循环农业项目指引(2017—2020 年)》

2016 年 11 月　农业部制定了《关于北方农牧交错带农业结构调整的指导意见》

2016 年 12 月　农业部印发了《农业资源与生态环境保护工程规划(2016—2020 年)》

2018 年 7 月　农业农村部提出了《关于深入推进生态环境保护工作的意见》

2020 年 3 月　农业农村部办公厅制定发布了《2020 年农业农村绿色发展工作要点》

节水技术研发与应用，节水装备推广应用、以及体制机制方面的支撑。

在水利基础设施方面提出分区域完善水利基础设施策略，如在东北四省(区)开展水稻节水灌溉行动，加快渠首工程建设，在西北地区建设集雨窖、蓄水池等微小水源工程，发展集雨补灌水肥一体化提升旱作农业生产力，同时加快大中型灌区配套节水设施改造步伐，大力推进农田输水设施管道化建设，提高农田灌溉水利用系数。同时围绕农业节水，提高用水效率，进一步完善灌排水基础设施，实现农业生产的标准化与清洁化。

在节水灌溉装备设施方面加强关键技术和设备研发，开发种类齐全、系列配套、性能可靠的节水灌溉产品。针对井灌、渠灌、丘陵山区、设施温室等不同应用环境，研发适用的水肥一体化设施设备。在全国范围内推广微喷、滴灌、水肥一体等高效节水灌溉设施，扩大节水灌溉设施的应用面积，实现农业生产设施的标准化。统筹推进工程节水、品种节水、农艺节水、管理节水、治污节水。推广渠道防渗、管道输水、滴喷微灌、膜下滴灌、垄膜沟灌水肥一体化、测墒灌溉和循环水养殖等高效节水灌溉技术，提高水资源利用率。调整优化农作物品种结构，严格限制种植高耗水农作物品种，推广耐旱低耗水农作物品种。集成深松整地、保护性耕作、秸秆还田、增施有机肥等农机农艺措施，提高土壤蓄水保墒能力。分区开展节水农业示范，建设高标准节水农业示范区，大力推广集雨补灌软体集雨窖、全膜覆盖、半膜覆盖、蓄水保墒、垄作沟灌和抗旱抗逆等农业旱作节水技术，改善田间节水设施设备，促进新型高效节水设备的应用推广；提高天然降水和灌溉用水利用效率。

2)化肥减量与高效利用

我国是世界上最大的化肥生产国和消费国。尽管耕地面积还不到全世界的 10%，但化肥消耗量却占世界总量的 1/3。我国农业耕作普遍存在化肥使用过量的问题，化肥减量对于实现生态环境安全和粮食生产安全具有重要意义。2015 年原农业部发布《到 2020 年化肥使用零增长行动方案》，这是我国第一次明确提出控制农业化肥投入。随后，国家相关部门又发行了一系列相关文件来保障化肥零增长的落地，如2016年10月国务院印发《全国农业现代化规划(2016—2020年)》、2016年12月农业部印发《农业资源与生态环境保护工程规划(2016—2020年)》、2017年2月农业部印发《开展果菜茶有机肥替代化肥行动方案》等一系列政策法规控制化肥用量增长，提升养分资源利用效率，减少环境污染。相关文件提出要不断加大测土配方施肥等技术的普及程度，到2020年要达到主要农作物测土配方施肥技术的推广覆盖率到90%，水肥一体化推广面积达到1.5亿亩，机械施肥面积达到40%，肥料利用率提高到40%的目标(表8-8)。

在进一步完善农业生产基础设施条件的基础上，我国围绕农田保育，土壤基础地力提升方面启动了国家重点工程，从源头减少对化肥的需求量。在减肥技术方面，重点推广测土配方施肥技术、水肥一体化技术、精准施肥技术，以提高化肥利用效率。分区域、分类型开展化肥减量替代行动，每年在300个县开展化肥减量增效示范，在233个重点县开展有机肥替代化肥试点，建立农业废弃物“五化”综合利用体系，提高有机肥对化学肥料的替代比例，以果菜茶产地及周边为核心，建设畜禽养殖废弃物无害化处理、输送及施用等配套设施，提升经济作物生产的机械施肥、水肥一体化等化肥减量技术应用比例。在粮食作物方面，选择粮棉油生产大县开展化肥减量增效试点，集成推广水稻侧深施肥、玉米种肥同播、小麦一次性施肥等高效施肥技术，示范带动全国化肥减量增效。持续推进测土配方施肥农企合作，科学制定配方，推进配方肥落地。

自2015年以来我国化肥用量逐步下降，目前已经提前实现化肥负增长的目标。2019年国家统计数据显示，与2015年相比，我国化肥用量下降10.3%，基本回到了2009年的水平。2020年我国水稻、小麦、玉米三大粮食作物化肥利用率40.2%，比2015年提高5个百分点。据测算，化肥利用率提高1个百分点，相当于减少尿素用量50万t，节约投入约10亿元，减少的化肥投入相当于节省46万t燃煤或32万$m^3$天然气。2020年全国有机肥施用面积超过5.5亿亩次，比2015年增加约50%，配方肥占三大粮食作物肥料总量的60%以上，机械施肥超过7亿亩次、水肥一体化1.4亿亩次，每年培训种植大户、专业服务组织的技术骨干和农民带头人300多万人，带动小农户提高科学施肥水平。

3)农药减量增效

近年来，中央和地方财政持续加大资金支持，助力农药零增长行动。2018年中央财政安排重大病虫害统防统治资金8亿元，地方财政安排专项资金超过18亿元，有力有序推进农药减量增效措施落实。2019年，全国农药使用量139.2万t，较2015年减少39.1万t，全国水稻、小麦、玉米三大粮食作物的农药平均利用率为39.8%，比2013年提高4.8个百分点。据测算，农药利用率提高1个百分点，相当于减少农药使用量近3万t，减少生产投入约17亿元。我国农药减量增效目标与措施见表8-9。

表8-8　我国化肥减量高效利用目标与技术措施

| 时间 | 指标 | 目标值 | 技术措施 |
|---|---|---|---|
| 2020年 | 机械施肥面积占主要农作物种植面积/% | 40 | 机械施肥技术、水肥一体化技术、测土配方技术、有机肥替代技术、水稻测深施肥、玉米种肥同播、测土配方施肥 |
| | 水肥一体化推广面积/亿亩 | 1.5 | |
| | 主要农作物测土配方施肥技术推广覆盖率/% | 90 | |
| | 肥料使用量 | 零增长或负增长 | |
| | 肥料利用率/% | 40 | |
| 2022年 | 主要农作物肥料利用率/% | 41 | 测土配方施肥、有机肥替代技术 |
| | 测土配方施肥技术覆盖率/% | 90 | |

表8-9 我国农药减量增效目标与措施

| 时间 | 指标 | 目标值 | 措施 |
|---|---|---|---|
| 2020年 | 主要农作物病虫害生物防治覆盖率/% | 30 | 因地制宜集成推广适合不同作物的病虫害绿色防控技术模式，实施绿色防控替代化学防治行动，解决技术不配套、不规范的问题，加快绿色防控技术推广应用。推广生态控制、生物防治、理化诱控、蜜蜂授粉等绿色增产技术，推行统防统治与绿色防控融合 |
| | 主要农作物病虫害物理防治覆盖率/% | 30 | |
| | 主要农作物病虫害专业化统防统治覆盖率/% | 40 | |
| | 主要农作物病虫害绿色防控覆盖率/% | 30 | |
| | 农药利用率/% | 40 | |
| | 农药利用率/% | 40 | |
| | 农药使用量 | 零增长 | |
| | 进入化工园区或工业园区的化学农药原药生产企业/% | 60 | 优化农药产业布局、加强农药产品质量监管 |
| | 农药质量抽检合格率/% | 95 | |
| | 农产品农药残留检测合格率/% | 96 | |
| 2022年 | 建立绿色防控示范县数/个 | 300 | 实施绿色防控替代化学防治行动，完善农药风险评估技术标准体系，加快实施化学农药减量替代计划，统筹实施动植物保护能力提升工程 |
| | 主要农作物病虫绿色防控覆盖率/% | 50 | |
| | 主要农作物病虫害专业化统防统治覆盖率/% | 40 | |
| | 主要农作物农药利用率/% | 41 | |
| 2025年 | 进入化工园区或工业园区的化学农药原药生产企业/% | 80 | 优化产业布局 |

近年来我国出台的一些推进农药减量增效的政策和法规

2015年2月17日　农业部《到2020年农药使用量零增长行动方案》

2015年2月4日　农业部《关于大力开展粮食绿色增产模式攻关的意见》

2016年1月18日　农业部《西北旱区农牧业可持续发展规划(2016—2020年)》

2016年9月26日　农业部办公厅《农业综合开发区域生态循环农业项目指引(2017—2020年)》

2017年6月25日　农业部《关于加强管理促进农药产业健康发展的意见》

2018年9月11日　农业农村部《关于支持长江经济带农业农村绿色发展的实施意见》

2019年1月3日　中共中央和国务院《关于坚持农业农村优先发展做好"三农"工作的若干意见》

2019年2月11日　农业农村部等七部门《国家质量兴农战略规划(2018—2022年)》

2020年3月2日　农业农村部办公厅《2020年农业农村绿色发展工作要点》

我国开展了一系列行动深入推进农药减量增效，主要包括：

(1)构建病虫监测预警体系　按照先进实用原则，建设一批自动化、智能化田间监测网点，健全病虫监测体系；配备自动虫情测报灯、自动计数性诱捕器、病害智能监测仪等现代监测工具，提升装备水平；完善测报技术标准，实现数字化监测、网络化传输、模型化预测、可视化预报，提高监测预警的时效性和准确性。

(2)推进科学用药　第一，研制环保高效农业药物。推广生物农药替代化学农药、高效低毒、低残留农药替代高毒高残留农药。对症选药，合理添加喷雾助剂，促进农药减量增效；集成示范新型植物源、动物源、微生物源农药，充分利用捕食螨和寄生虫等天敌昆虫产品；推广应用蛋白质农药、昆虫食诱剂等新型生物农药。第二，推广新型高效植保机械。开发应用现代植保机械替代落后机械，减少农药浪费。因地制宜推广自走式喷杆喷雾机、高效常温烟雾机、植保无人机等现代植保机械，采用低容量喷雾、静电喷雾等先进施药技术，提高农药利用率。第三，普及科学用药知识。重点是对症适时适量施药。配方选药，对症用药，避免乱用药。按照使用说明要求的剂量和次数施药，避免盲目加大施用剂量和次数。以新型农业经营主体及病虫防治专业化服务组织为重点，培养一批科学用药技术骨干，辐射带动农民正确选购农药、科学使用农药。

(3)推进绿色防控　加大政府扶持，充分发挥市场机制，加快绿色防控推进步伐。因地制宜应用农业防治、生态控制、生物防治、物理防治（理化诱控）、蜜蜂授粉等绿色防控技术，减少化学农药用量，创建有利于作物生长、天敌保护而不利于病虫害发生的环境条件，预防控制病虫发生而减少用药；选择大中城市蔬菜基地、南菜北运蔬菜基地、北方设施蔬菜基地、园艺作物标准园、“三品一标”农产品生产基地，在全国范围内创建100个绿色防控示范县，带动区域推广应用；以农业企业、农民合作社、基层植保机构为重点，培养技术骨干，带动农民应用绿色防控技术。此外，大力开展清洁化生产，推进农药包装废弃物回收利用，减轻农药残留污染、净化乡村环境。

(4)推进统防统治　扩大服务范围、提高服务质量，大力推进病虫害专业化统防统治。第一，发挥农作物重大病虫害统防统治补助、农机购置补贴及植保工程建设投资的引导作用，装备现代植保机械，扶持发展一批装备精良、服务高效、规模适度的病虫防治专业化服务组织。第二，推进专业化统防统治与绿色防控融合，集成示范综合配套的技术服务模式，逐步实现农作物病虫害全程绿色防控的规模化、规范化作业模式。第三，加强对防治组织的指导服务，及时提供病虫测报信息与防治技术，加强防治组织内部管理，规范服务行为。扶持病虫防治新型经营主体，开展专业化统防统治。

4)畜禽粪污循环利用和无害化处理

近年来，随着居民生活水平的提高，对畜产品的消费需求不断上升，从而推动了畜牧业的不断发展。数据显示，2019年全国畜牧业总产值超过3.3万亿，占农林牧渔业总产值26.7%；2020年全国养殖业生产了7 639万t肉类、3 468万t禽蛋，产量均居世界第一位；生产牛奶3 440万t，居世界第三位。全国畜禽粪污年产生量约38亿t，畜禽粪污成为农业面源污染的主要来源。《全国农业可持续发展规划（2015—2030年）》明确要着重加强畜禽粪污处理及资源化利用，到2020年畜禽粪污综合利用率达到75%，2030年达到90%。各级农业农村部门认真贯彻中央有关精神和要求，把畜禽粪污资源化利用作为畜牧业绿色发展的重点工作来抓，不断完善制度体系，切实落实工作责任，协调推进养殖大县治理，取得了显著成效。2019年，畜禽粪污综合利用率达到了75%，较2010年提高了38个百分点，规模养殖场粪污处理设施装备配套率达到63%，部分项目县已经实现100%全配套。

| | |
|---|---|
| 2015年4月10日 | 农业部《打好农业面源污染防控攻坚战的实施意见》 |
| 2015年5月20日 | 农业部《全国农业可持续发展规划（2015—2030年）》 |
| 2015年11月26日 | 农业部《关于促进南方水网地区生猪养殖布局调整优化的指导意见》 |
| 2019年2月11日 | 农业农村部等七部门《国家质量兴农战略规划（2018—2022年）》 |
| 2019年4月24日 | 农业农村部、财政部《关于做好2019年畜禽粪污资源化利用项目实施工作的通知》 |
| 2020年2月20日 | 农业农村部办公厅《2020年畜牧兽医工作要点》 |

(1)探索推广畜禽粪污资源化利用模式　2017年7月农业部制定发布了《畜禽粪污资源化利用行动方案（2017—2020年）》，针对各区域特点，因地制宜地提出各区域进行畜禽粪污循环利用和无害化处理。共安排中央资金176.5亿元，支持603个县整县推进，其中包括全部585个畜牧大县。提炼具有推广意义的7种典型技术模式，开展形式多样的技术培训，指导各地从源头减量、过程控制、末端利用三个环节提高粪污资源化利用水平。主要推广模式（表8-10）包括：

表 8-10　我国畜禽粪污循环再利用和无害化处理重点推广模式

| 区域 | 重点推广模式 | |
|---|---|---|
| | 有配套耕地 | 无配套耕地 |
| 京津沪 | 污水肥料化利用 | 粪便垫料回用、污水深度处理 |
| 东北地区 | 污水肥料化利用 | 粪污全量收集还田、粪污专业化能源利用 |
| 东部沿海 | 污水肥料化利用 | 粪污专业化能源利用、污水达标排放 |
| 中东部地区 | 污水肥料化利用 | 粪污专业化能源利用、污水达标排放 |
| 华北平原地区 | 污水肥料化利用 | 粪污全量收集还田利用、粪污专业化能源利用、粪便垫料回用 |
| 西南地区 | 污水肥料化利用 | 异位发酵床 |
| 西北地区 | 污水肥料化利用 | 粪便垫料回用模式、粪污专业化能源利用 |

①“污水肥料化利用”模式。对于有配套农田的规模养殖场，即养殖污水经多级沉淀池或沼气工程进行无害化处理，配套建设肥水输送和配比设施，在农田施肥和灌溉期间，实行肥水一体化施用。

②“粪便垫料回用”模式。规模奶牛场粪污进行固液分离，固体粪便经过高温快速发酵和杀菌处理后作为牛床垫料。

③“污水深度处理”模式。对于无配套土地的规模养殖场，养殖污水固液分离后进行厌氧、好氧深度处理，达标排放或消毒回用。

④“粪污全量收集还田利用”模式。对于养殖密集区或大规模养殖场和耕地面积较大的平原地区，依托专业化粪污处理利用企业，集中收集后通过氧化塘贮存对粪污进行无害化处理，在作物收割后或播种前利用专业化施肥机械施用到农田，减少化肥施用。

⑤“粪污专业化能源利用”模式。依托大规模养殖场或第三方粪污处理企业，对一定区域内的粪污进行集中收集，通过大型沼气工程发电上网，沼渣生产有机肥，沼液通过农田利用或浓缩使用或通过生物天然气工程提纯生物天然气。

⑥“异位发酵床”模式。粪污通过漏缝地板进入底层或转移到舍外，利用垫料和微生物进行发酵分解。“公司＋农户”模式的家庭农场宜采用舍外发酵床模式，规模生猪养殖场宜采用高架发酵床模式。

⑦“污水达标排放”模式。对于无配套农田的规模养殖场，养殖污水固液分离后通过厌氧、好氧进行深度处理，达标排放或消毒回用。

(2)促进畜禽粪污资源化利用　在全国范围内以畜禽养殖废弃物减量化产生、无害化处理、资源化利用为重点，创建 200 个畜牧业绿色发展示范县，整县推进畜禽养殖废弃物综合利用。鼓励引导规模养殖场建设粪污处理利用配套设施，对现有基础设施和装备改造升级。鼓励养殖密集区建设集中处理中心，开展专业化集中处理。印发畜禽粪污资源化利用技术指导意见，总结典型技术模式，集成推广清洁养殖工艺和粪污资源化利用模式，指导规模养殖场选择科学合理的粪污处理方式。各县(市、区)畜牧部门针对本行政区域内不同规模养殖场特点，逐场制定粪污资源化利用方案，做好技术指导和服务。

(3)提升种养结合水平　支持第三方处理机构和社会化服务组织发挥专业、技术优势，建立有效的市场机制，建立可持续的商业模式和盈利模式，构建种养循环发展机制。发展生态循环农业、果菜茶优势产区、核心产区、知名品牌生产基地为重点，支持引导农民和新型经营主体积造和施用有机肥，启动实施果菜茶有机肥替代化肥行动，选择 150 个果菜茶重点县，引导利用畜禽粪污积造施用有机肥，加工施用商品有机肥，就地就近用好畜禽粪便有机肥资源，试点县有机肥施用比例达到 20%以上。加大有机肥、沼肥施用装备研发推广力度，健全畜禽粪污还田利用和检测方法标准体系。引导国家示范区(产业园)、农业绿色发展先行区率先实现农牧循环发展，带动典型种养循环模式的全面应用。

(4)提高沼气和生物天然气利用效率　立足农村能源革命的总体要求，推动畜禽粪污的能源化、规模化、专业化沼气工程建设，促进农村能源发展和环境保护。支持规模养殖场和专业化企业生产沼气、生物天然气，促进畜禽粪污能源化，促进农村清洁取暖。优化沼气工程设施、技术和工艺，引导大规模养殖场加大沼气或沼气发电利用比例；支持以沼气工程为纽带，实现水果、设施蔬菜、茶叶等经济作物种植与畜禽养殖有机结合的果(菜、茶)沼畜种养循环项目。支持大型粪污能源化利用企业建立粪污收集利用体系，配套可消纳的土地面积，促进沼液就近就地还田。

5)农膜回收和综合利用

2017 年 4 月农业部发布了《关于实施农业绿色发展五大行动的通知》，农膜回收是五大行动之一。2017 年 5 月农业部创建 100 个示范县推广农膜循环回收和综合利用。示范县以西北为重点区域，以棉花、玉米、马铃薯为重点作物，以加厚地膜应用、机械化捡拾、专业化回收、资源化利用为主攻方向，连片实施，整县推进，综合治理。在甘肃、新疆、内蒙古等地区建设 100 个治理示范县，全面推广使用加厚地膜，推进减量替代，100 个地膜污染治理示范县的回收率稳定在 80%；推动建立以旧换新、经营主体上交、专业化组织回收、加工企业回收等多种方式的回收利用机制，试点“谁生产、谁回收”的地膜生产者责任延伸制度；完善农田残留地膜污染监测网络，探索将地面回收率和残留状况纳入农业面源污染综合考核(表 8-11)。虽然距离 2020 年和 2025 年的全国农膜回收利用目标仍有一定差距，但 2015 年以来全国农膜使用总量得到了有效控制，地膜覆盖面积增长率连续三年小于 1%，主要行动措施包括：

(1)推进地膜覆盖减量化　开展地膜覆盖技术适宜性评估，探索通过轮作、休耕措施减少地膜覆盖。示范推广一膜多用、行间覆草、秸秆覆盖等技术，降低地膜覆盖依赖度，减少地膜用量。

(2)推进地膜产品标准化　推动地膜新国家标准颁布实施，地膜厚度标准由 0.008 mm 提高到 0.01 mm，增加拉伸强度、断裂伸长率，从源头保障地膜的可回收性。配合有关部门加强监管，严格地膜标准执行，严禁生产和使用不合格地膜产品。

(3)推进地膜捡拾机械化　加强地膜回收机具研发和技术集成，推动形成区域地膜机械化捡拾综合解决方案。加快地膜回收机具的推广应用，加大地膜回收机具补贴力度。在有条件的地区，将地膜回收作为生产全程机械化的必需环节，推动组建地膜回收作业专业组织，全面推进机械化回收。

(4)推进地膜回收专业化　研究制定地膜回收加工的税收、用电等支持政策，扶持从事地膜回收加工的社会化服务组织和企业，推动形成回收加工体系。引导种植大户、农民合作社、龙头企业等新型经营主体开展地膜回收，推动地膜回收与地膜使用成本联动，推进农业清洁生产。以政府扶持、市场主导的地膜回收利用体系初步构建，以西北地区为重点扶持，建设了回收加工企业 400 余家、回收网点 3 000 余个。

6)秸秆综合利用

2016 年 8 月农业部、国家发展改革委、财政部、环境保护部、住房和城乡建设部、科学技术部等发布相关政策，提出围绕收集、利用等关键环节，促进秸秆多元化综合利用。采取肥料化、饲料化、燃料化、基料化、原料化等多种途径，着力提升综合利用水平，到 2020 年全国秸秆综合利用率达到 85%以上。据统计，2018 年全国秸秆资源总量为 10.87 亿 t，可收集量 8.56 亿 t，综合利用量 7.32 亿 t，秸秆综合利用率达到 85.45%，提前完成规划目标。直接还田量达 4.5 亿 t，占全国秸秆已利用量的 60.8%。截至 2018 年底，168 个试点县共实现秸

表 8-11　农膜回收和综合利用目标及技术措施

| 时间 | 指标 | 目标值 | 技术措施 |
|---|---|---|---|
| 2020 年 | 农膜回收率/% | 80 | 一膜多用、行间覆盖、机械捡拾、适时揭膜 |
| | 地膜覆盖面积 | 零增长 | |
| | 地膜回收利用示范县数/个 | 100 | |
| 2025 年 | 地膜残留量 | 负增长 | |

秆还田面积 8 852 万亩，较 2017 年提升了 672 万亩。

(1)肥料化　对农作物秸秆采取直接还田、腐熟还田、堆肥还田等技术，实现肥料化利用。建设内容主要包括开发研究秸秆还田机械、腐熟菌剂，以及原料收集、转运、粉碎、烘干、翻抛、包装等有机肥生产加工成套设施设备等。

(2)饲料化　因地制宜完善农副资源收集、贮存和运输体系，针对不同的资源种类，采取脱水干燥、生物发酵、全株青贮等适宜加工方式，生产养殖饲料、蛋白原料或全混合日粮。建设内容主要包括库房、原料堆场等农副资源收贮设施设备，原料加工厂房、饲料加工车间、成品库房等农副资源饲料化加工设施设备，以及污水处理等配套装置等。

(3)燃料化　专业化企业生产固化成型燃料沼气或生物天然气，建设秸秆收集、固体成型或厌氧发酵和提纯设施设备。

(4)基料化　以秸秆、农产品加工剩余物等农副资源为主要原料，合理搭配牛粪、麦麸、豆饼等氮源，生产为微生物生长提供一定营养的有机固体物料，用于生产食用菌等。建设内容主要包括基质原料制备车间、基质生产和储存车间、菌棚等，以及原料粉碎、菌种制备、灭菌、接种等机械设备等。

**3. 生态环境养护与修复**

长期以来，掠夺式的农业开发与经营对环境造成了显著影响，生态环境脆弱性越发显现，环境问题频发并引发关注。近年来，通过农田生态系统建设、草原生态系统养护与修复、水生生态系统保护等措施，农业生态系统更加稳定，农业生态服务能力进一步提高。我国“十三五”对生态环境保护主要指标进行了规划，如表 8-12。

表 8-12　我国“十三五”生态环境保护主要指标

| 指标 | | 绝对值 | | 相对值* | 属性 |
|---|---|---|---|---|---|
| | | 2015 年 | 2020 年 | | |
| 空气质量 | 地级及以上城市空气质量优良天数比率/%** | 76.7 | >80 | — | 约束性 |
| | 细颗粒物未达标地级及以上城市浓度下降/% | — | — | 18 | 约束性 |
| | 地级及以上城市重度及以上污染天数比例下降/% | — | — | 25 | 预期性 |
| 水环境质量 | 地表水质量达到或好于Ⅲ类水体比例/%*** | 66 | >70 | — | 约束性 |
| | 地表水质量劣Ⅴ类水体比例/% | 9.7 | <5 | — | 约束性 |
| | 重要江河湖泊水功能区水质达标率/% | 70.8 | >80 | — | 预期性 |
| | 地下水质量极差比例/% | 15.74 | 15 | — | 预期性 |
| | 近岸海域水质优良(一、二类)比例/% | 70.5 | 70 | — | 预期性 |
| 土壤环境质量 | 受污染耕地安全利用率/% | 70.6 | 90 | — | 约束性 |
| | 污染地块安全利用率/% | — | ≥90 | — | 约束性 |
| 生态状况 | 森林覆盖率/% | 21.66 | 23.04 | 1.38 | 约束性 |
| | 森林蓄积量/亿 $m^3$ | 151 | 165 | 14 | 约束性 |
| | 湿地保有量/亿亩 | — | ≥8 | — | 预期性 |
| | 草原综合植被盖度/% | 54 | 56 | — | 预期性 |
| | 重点生态功能区所属县域生态环境状况指数 | 60.4 | >60.4 | — | 预期性 |
| | 国家重点保护野生动植物保护率/% | — | >95 | — | 预期性 |
| | 新增沙化土地治理面积/万 $km^2$ | — | — | 10 | 预期性 |
| | 新增水土流失治理面积/万 $km^2$ | — | — | 27 | 预期性 |
| 主要污染物及温室气体排放总量减少/% | 化学需氧量 | — | — | 10 | 约束性 |
| | 氨氮 | — | — | 10 | |
| | 二氧化硫 | — | — | 15 | |
| | 氮氧化物 | — | — | 15 | |
| | 单位 GDP 二氧化碳排放 | — | — | 18 | |

注：*相对 2015 年的变化量；**空气质量评价覆盖全国 338 个城市(含地、州、盟所在地及部分省辖县级市，不含三沙和儋州)；***水环境质量评价覆盖全国地表水国控断面，断面数量由“十二五”期间的 972 个增加到 1 940 个。

| | |
|---|---|
| 2015 年 5 月 20 日 | 农业部《全国农业可持续发展规划(2015—2030 年)》 |
| 2017 年 3 月 24 日 | 农业部办公厅《重点流域农业面源污染综合治理示范工程建设规划(2016—2020 年)》 |
| 2018 年 9 月 11 日 | 农业农村部《关于支持长江经济带农业农村绿色发展的实施意见》 |
| 2020 年 3 月 30 日 | 农业农村部办公厅《2020 年生态健康养殖模式推广行动方案》 |
| 2020 年 3 月 30 日 | 农业农村部办公厅《2020 年养殖尾水治理模式推广行动方案》 |
| 2020 年 3 月 30 日 | 农业农村部办公厅《2020 年水产养殖用药减量行动方案》 |

1)水域环境保护

要从根本上解决我国水污染问题,必须把农业源污染防治纳入环境保护的重要议程。近年来,中央围绕生态文明建设和绿色发展,做出了一系列重大部署,提出要全面推进农业面源污染系统化、规模化治理,率先解决重要水源区和环境敏感区的农业面源污染问题。依据《农业环境突出问题治理总体规划》,在洞庭湖、鄱阳湖、太湖、海河流域、松花江、淮河、三峡库区、丹江口库区、巢湖、洱海等重点水源保护区和环境敏感流域选择一批重点典型农业小流域,开展农业面源污染综合治理。根据流域农业面源污染组成特征,因地制宜建设农田面源污染综合防控、畜禽养殖污染治理、水产养殖污染防治、农业废弃物循环利用等工程,治理农业面源污染(表 8-13)。

(1)农田面源污染综合防控　综合考虑重点流域农村生活、农业生产及面源污水排污特征,确定治理边界和重点区域,因地制宜规划布局区域面源污水导流工程和生态净化工程:一是坡耕地生物拦截带。依据坡度大小,沿等高线方向种植抗旱、耐瘠薄并具有一定经济效益的植物条带,控制坡地地表径流、减少氮磷流失。二是坡耕地径流集蓄与再利用设施。重点将氮、磷等污染物浓度较高的每年前三场暴雨径流或暴雨初期径流引入、贮存于集水窖,并在次年春天自流灌溉农田。三是平缓型农田氮磷净化设施。整理沟渠布局,规范设计沟渠结构,清挖淤泥,加固边坡,合理配置水生植物群落,每隔一定距离配置格栅和透水坝,延长水流滞留时间,保证排水安全,提升沟渠的生态功能,降低农田排水的氮、磷等污染物含量。

表 8-13　水域环境保护目标及技术措施

| 时间 | 指标 | 目标 | 技术措施 |
|---|---|---|---|
| 2020 年 | 水产生态健康养殖技术模式推广基地数/个 | 200 | 开展水产生态健康养殖技术模式示范,分别为:池塘工程化循环水养殖、工厂化循环水养殖、稻渔综合种养、深水抗风浪网箱养殖、大水面生态增养殖、盐碱水绿色养殖、多营养层级综合养殖、鱼菜共生生态种养和集装箱式循环水养殖技术模式 |
| | 水产生态健康养殖技术模式推广数/个 | 9 | |
| | 水产养殖尾水治理技术模式推广基地建立数/个 | 100 | 开展水产养殖尾水治理技术模式推广,分别为:池塘底排污尾水处理、集中连片池塘养殖尾水处理、人工湿地尾水处理、“流水槽+”尾水处理和工厂化循环水处理技术模式 |
| | 水产养殖用药减量模式推广点建立数/个 | 300 | 重点做好五方面技术措施减少用药:发展生态养殖、施用优质苗种、加强疫病防控、指导规范用药和加强生产管理 |
| | 全国水产健康养殖面积占水产养殖面积比重/% | 65 | 采取流域内节水、适度引水和调水、利用再生水等措施,增加重要湿地和河湖生态水量,实现河湖生态修复与综合治理。加强水生生物自然保护区和水产种质资源保护区建设,继续实施增殖放流,推进水产养殖生态系统修复 |
| 2030 年 | 全国水产健康养殖面积占水产养殖面积比重/% | 90 | |

四是农业废弃物田间处理利用工程。重点开展人畜粪便、蔬菜残体和农作物秸秆就近堆肥处理,主要建设农业废弃物田间处理池、农用化学品包装物田间收集池。五是区域面源污水导流工程。分类建设密集居住区的集中型和分散居住区的散户型面源污水收集设施,主要建设内容为收集管网和集中收集池。六是区域面源污水生态净化工程。整理、利用流域废弃池塘及低洼涝地,清挖底泥,建造浅滩、沟壑、深水等塘底结构,形成多级串联的多塘净化系统,岸边种植湿生树种,边坡搭配草本植物等,浅、中、深水区优化配置挺水、浮水和沉水等水生植物。

(2)畜禽养殖污染治理　一是畜禽养殖粪污处理工程。对于规模化养殖场,因地制宜地采用污水减量、厌氧发酵、粪便堆肥等技术,按照三改两分再利用、种养一体化等模式处理畜禽粪污,建设内容包括前处理设施、厌氧消化设施、生物燃气利用设施、厌氧消化设施等。对于畜禽分散养殖区,可结合畜禽粪便收集站建设,因地制宜建设粪污处理中心,主要建设内容包括堆肥设施、污水高效处理设施、污水转运设施等。对于位于禁养区内、必须拆除的规模畜禽养殖场,对其异地重建及建设配套粪污处理设施予以补助。二是畜禽养殖废水农田消纳工程。针对无害化处理后的养殖废水中富含的氮、磷、有机质等营养成分,因地制宜建设以处理后养殖废水贮存池为核心的养殖废水农田利用工程,配套灌溉管带和运输车辆。

(3)水产养殖污染防治　一是网箱养殖减排工程。针对规模化网箱养殖残饵、粪便对水域环境的污染,设置水产养殖废弃物收集和处理装置,通过水力聚集和气力输送的方法对废弃物进行收集,并结合生态浮床与富氧挂膜工艺对废弃物进行生态净化处理,通过对湖泊、水库网箱进行改造,构建复合型环保网箱设施系统。二是池塘养殖清洁生产改造工程。将同一池塘养殖体系分为多个功能模块,实现水资源循环使用和营养物质多级利用。建设内容包括:池塘分区,生态沟渠、生态塘、潜流湿地,生态浮床;粪便收集、增氧和水质净化等配套设备。三是工厂化循环水养殖减排工程。针对循环水养殖系统中污水量大、耗能高等问题,采用高效水质净化设备、程序化环境调控系统等,将海水工厂化养殖场和采用流水方式生产的淡水水产苗种繁育场改建为工厂化循环水养殖,提高水资源利用效率,降低养殖废水排放,实现养殖用水的循环可持续利用。主要建设内容包括物理过滤、生物过滤、增氧设备、紫外杀菌和电气控制等设施或设备。

(4)农业废弃物循环利用　一是农业废弃物基质化工程。以秸秆、畜禽粪便等农业废弃物为原料生产基质,支撑食用菌产业。主要建设内容为农业废弃物处理设施、基质生产设施、基质利用设施等。二是废旧地膜回收站点。选择区域范围内交通、水电便利的地点,建设废旧地膜回收网点,配备农田残膜回收机械、农用运输车、打包机等设备,集中回收废旧地膜。三是废旧地膜加工厂。以废旧地膜资源化利用为目标,建设废旧地膜加工厂,包括原料车间、粉碎与清洗车间、造粒车间、收贮场地、仓库等设施,配备造粒机等专用设备。

2)土壤质量保育与提升

习近平总书记指出"耕地是粮食生产的命根子"。国家十四五规划和 2035 年远景目标明确要以保障国家粮食安全为底线,坚持最严格的耕地保护制度,深入实施藏粮于地、藏粮于技战略,保障国家粮食安全。耕地的保护要坚守数量与质量的两条红线,确保耕地数量不低于 18 亿亩红线,耕地产能持续提升,粮食供给能力与安全优质食物的生产能力明显提升。

(1)耕地资源保育　"十二五"期间,我国共投资 6 000 亿元用于提升耕地质量。"十三五"期间为加强耕地质量保护,促进农业可持续发展,农业部于 2015 年 10 月制定《耕地质量保护与提升行动方案》等一系列政策文件,力争到 2020 年,全国耕地质量状况得到阶段性改善,耕地土壤酸化、盐渍化、养分失衡、耕层变浅、重金属污染、白色污染等问题得到有效遏制,土壤生物群系逐步恢复。

到 2030 年，全国耕地质量状况实现总体改善，对粮食生产和农业可持续发展的支撑能力明显提高（表 8-14）。国家重点建设项目包括：

①退化耕地综合治理。重点是东北黑土退化、南方土壤酸化（包括潜育化）和北方土壤盐渍化的综合治理。一是东北黑土退化综合治理。建设示范区，因地制宜实施“三改一排”“三建一还”重点治理内容。二是北方盐渍化耕地综合治理。建设示范区，配套滴灌系统，实施秸秆还田、地膜覆盖、工程改碱压盐和耕作压盐。三是南方酸化（潜育化）耕地综合治理。建设示范区，施用石灰和土壤调理剂，开展秸秆还田或种植绿肥，潜育化耕地配套建设排水系统。

②污染耕地阻控修复。重点是土壤重金属污染修复、化肥农药减量控污和白色（残膜）污染防控。一是土壤重金属污染阻控修复。建设示范区，施用石灰和土壤调理剂调酸钝化重金属，开展秸秆还田或种植绿肥，结合种植结构调整。二是化肥农药减量控污。建设示范区，调整化肥农药使用结构、改进施肥施药方式，加强低毒低残留农药与生物防治相结合，推动有机肥替代化肥，推广测土配方施肥、病虫害统防统治、绿色防控等技术。三是白色（残膜）污染防控。依托于农业绿色发展先行区，在全国范围内选择一批重点县，每县示范农用薄膜改厚膜 10 万亩以上，建设村、乡、县三级残膜回收站点。

③土壤肥力保护提升。通过建设示范区，重点推广秸秆还田、增施有机肥、种植绿肥和深松整地技术的实施与应用。一是秸秆还田培肥。配置大马力拖拉机及配套机具，支持开展秸秆还田。二是增施有机肥。建设畜禽粪污资源化利用基础设施，支持适度规模养殖场进行粪污处理；建设有机肥厂，引导农民增施有机肥。三是种植绿肥。配套建设 1 个 1 000 亩以上的绿肥种子基地。四是深松整地保水保肥。选择一批重点县，每县实施深松整地 50 万～100 万亩以上，每 3 年开展一次。

④耕地质量调查监测与评价。一是建设耕地质量调查监测网络。根据土壤类型、作物布局、耕作制度、管理水平、生态环境差异，按照 20 万亩耕地设置 1 个监测控制点的标准，在全国建设 1 万个耕地质量长期定位监测控制点。二是建设耕地质量大数据平台。建立国家级耕地质量数据中心和省级耕地质量数据中心，完善县域耕地资源管理信息系统。三是开展耕地质量调查与评价。在全国范围内，对耕地立地条件、设施保障条件、土壤理化性状、环境状况和耕地障碍因素进行全面调查，综合评价耕地质量等级，定期发布相关报告。

⑤高标准农田建设。国家发展改革委下达中央预算内投资 165 亿元，支持高标准农田建设，提高粮食、油料、棉花等重要农产品综合生产能力。优先在“两区”开展高标准农田建设，集中投向产粮大县和粮食生产功能区，大力支持“口粮田”建设，确保 2020 年新增高标准农田 8 000 万亩以上，同步发展高效节水灌溉面积 2 000 万亩，进一步夯实国家粮食安全基础。积极支持新型农业经营主体建设高标准农田，重点建设小农户急需的通田到地末级灌溉渠道、机耕生产道路等设施，在有条件的村组，在农民自愿前提下，结合农田建设，引导促进土地小块并大块；积极支持丘陵山区农田“宜机化”改造。

（2）农用地污染管控与修复　为切实加强农用地土壤污染防治，逐步改善土壤环境质量，我国明确了 2020 年和 2030 年农用地土壤环境修复目标（表 8-15），即，到 2020 年，全国土壤污染加重趋势得到初步遏制，土壤环境质量总体保持稳定，农用地土壤环境安全得到基本保障，土壤环境风险得到基本管控。到 2030 年，全国土壤环境质量稳中向好，农用地和建设用地土壤环境安全得到有效保障，土壤环境风险得到全面管控。到 21 世纪中叶，土壤环境质量全面改善，生态系统实现良性循环。中央财政设立了土壤污染防治专项资金，自 2016 年以来累计下达土壤污染防治专项资金 280 亿元。主要行动包括：

①开展土壤污染调查，掌握土壤环境质量状况。建立土壤环境质量状况定期调查制度，建设

| | |
|---|---|
| 2015 年 5 月 20 日 | 农业部《全国农业可持续发展规划(2015—2030 年)》 |
| 2015 年 10 月 28 日 | 农业部《耕地质量保护与提升行动方案》 |
| 2016 年 1 月 18 日 | 农业部《西北旱区农牧业可持续发展规划(2016—2020 年)》 |
| 2017 年 3 月 6 日 | 农业部关于贯彻落实《土壤污染防治行动计划》的实施意见 |
| 2017 年 6 月 15 日 | 农业部等六部门《东北黑土地保护规划纲要(2017—2030 年)》 |
| 2019 年 2 月 11 日 | 农业农村部等七部门《国家质量兴农战略规划(2018—2022 年)》 |
| 2020 年 2 月 25 日 | 农业农村部和财政部《东北黑土地保护性耕作行动计划(2020—2025 年)》 |
| 2020 年 3 月 2 日 | 农业农村部办公厅《2020 年农业农村绿色发展工作要点》 |
| 2020 年 3 月 26 日 | 农业农村部办公厅、财政部办公厅《东北黑土地保护性耕作行动计划实施指导意见》 |
| 2020 年 4 月 3 日 | 农业农村部办公厅和生态环境部办公厅《关于进一步做好受污染耕地安全利用工作的通知》 |
| 2020 年 4 月 14 日 | 农业农村部《关于落实党中央、国务院 2020 年农业农村重点工作部署的实施意见》 |

**表 8-14　耕地资源保育目标及措施**

| 时间 | 指标 | 目标值 | 措施 |
|---|---|---|---|
| 2020 年 | 耕地地力平均提高等级数 | 0.5 | 退化耕地综合治理,污染耕地阻控修复,土壤肥力保护提升,占用耕地耕作层土壤剥离利用,耕地质量调查监测与评价 |
| | 全国耕地有机质含量提升/% | 0.2 | |
| | 耕作层厚度/cm | 25 | |
| | 高标准农田面积/亿亩 | 8 | 开展土地平整、农田水利、土壤改良、机耕道路、配套电网林网等建设,遴选发布绿色高质高效粮食作物新品种,集成示范粮食生产全过程高质高效技术模式 |
| 2022 年 | 高标准农田面积/亿亩 | 10 | 开展农田土地平整、土壤改良、灌溉排水、田间道路、防护林网、输配电设施等建设 |
| 2030 年 | 耕地质量平均提升等级 | 1 | 采取深耕深松、保护性耕作、秸秆还田、增施有机肥、种植绿肥等土壤改良方式,增加土壤有机质,提升土壤肥力 |

**表 8-15　我国农用地污染管控与修复目标与措施**

| 时间 | 指标 | 目标值 | 措施 |
|---|---|---|---|
| 2020 年 | 轻中度污染耕地治理修复面积/万亩 | 1 000 | 安全利用措施:低积累品种替代、水肥调控、土壤调理、更改土地利用方式等<br>修复措施:施用石灰等土壤调理剂、客土改良、超积累植物应用<br>外源污染隔离、灌溉水净化、秸秆回收利用等技术<br>编制实施耕地土壤环境质量分类清单,开展污染耕地分类治理和农产品产地土壤重金属污染综合防治 |
| | 轻中度污染耕地土壤应用安全利用面积/万亩 | 4 000 | |
| | 重度污染耕地种植结构调整或退耕还林、还草面积/万亩 | 2 000 | |
| | 受污染耕地安全利用率/% | 90 | |
| | 受污染耕地开展治理与修复面积/万亩 | 1 000 | |
| 2022 年 | 受污染耕地安全利用率/% | 90 | |
| 2030 年 | 受污染耕地安全利用率/% | 95 | |

土壤环境质量监测网络,2020年底前实现土壤环境质量监测点位所有县、市、区全覆盖;提升土壤环境信息化管理水平。

②推进土壤污染防治立法,建立健全法规标准体系。2020年,土壤污染防治法律法规体系基本建立;系统构建标准体系;全面强化监管执法,重点监测土壤中镉、汞、砷、铅、铬等重金属和多环芳烃、石油烃等有机污染物,重点监管有色金属矿采选、有色金属冶炼、石油开采等行业。

③实施农用地分类管理,保障农业生产环境安全。按污染程度将农用地土壤环境划为三个类别,分别进行安全利用。强化未污染土壤保护,严控新增土壤污染。加强污染源监管,做好土壤污染预防工作。结合推进新型城镇化、产业结构调整和化解过剩产能等,有序搬迁或依法关闭对土壤造成严重污染的现有企业;严控工矿污染,控制农业污染,减少生活污染。开展污染治理与修复,改善区域土壤环境质量。明确治理与修复主体,制定治理与修复规划,有序开展治理与修复,监督目标任务落实,出台土壤污染治理与修复成效评估办法。加强土壤污染防治研究,加大适用技术推广力度,推动治理与修复产业发展。

④实施建设用地准入管理,防范人居环境风险。明确管理要求,发布建设用地土壤环境调查评估技术规定;分用途明确管理措施,逐步建立污染地块名录及其开发利用的负面清单;落实监管责任;严格用地准入。

⑤发挥政府主导作用,构建土壤环境治理与目标考核机制。在浙江省台州市、湖北省黄石市、湖南省常德市、广东省韶关市、广西壮族自治区河池市和贵州省铜仁市启动土壤污染综合防治先行区建设,以政府为主导,逐步构建土壤环境综合治理体系。国务院与各省区市人民政府签订土壤污染防治目标责任书,分解落实目标任务,加强考核机制,全面推动工作落实。

3)空气质量提升

为加快改善环境空气质量,打赢蓝天保卫战,国务院及环保等相关部门发布了一系列措施开展污染减排和控制质量提升行动。国家设立大气污染防治专项资金,中央财政已累计下达528亿元专项资金和100多亿元中央预算内投资,提出要大幅减少主要大气污染物排放总量,协同减少温室气体排放,明显降低 $PM_{2.5}$ 浓度,减少重污染天数,改善环境空气质量,增强人民的蓝天幸福感,整体目标(表8-16)和重点行动如下:

(1)以提升空气质量优良天数比重为重点,紧抓重点区域　①对京津冀及周边地区、长三角地区、汾渭平原等重点区域及 $PM_{2.5}$ 污染较重的非重点区域,开展秋冬季大气污染综合治理,推进重点区域农村清洁取暖、散煤清零,巩固提升"散乱污"企业整治成效。加强秸秆禁烧管控和扬尘综合治理。对 $O_3$ 污染较重的地区,加强夏秋季挥发性有机物治理,推进建设高效的VOCs治理设施。优先推行生产和使用环节低VOCs原辅材料源头替代。②突出抓好重污染天气应对。京津冀及周边地区严格落实重污染天气应急预案和减排措施,汾渭平原、长三角地区、苏皖鲁豫等其他地区修订完善应急预案和减排措施,优化重点行业绩效分级标准,扩展绩效分级行业范围,建立更加灵活的应急减排措施。③突出抓好区域污染联防联控。不断健全京津冀及周边地区、长三角地区、汾渭平原大气污染联防联控常态化工作机制,推动苏皖

| | |
|---|---|
| 2016年11月 | 环境保护部和科学技术部发布了《国家环境保护"十三五"科技发展规划纲要》 |
| 2017年4月 | 环境保护部发布了《国家环境保护标准"十三五"发展规划》 |
| 2018年6月 | 国务院发布《打赢蓝天保卫战三年行动计划》 |
| 2020年6月 | 生态环境部发布了《关于在疫情防控常态化前提下积极服务落实"六保"任务坚决打赢打好污染防治攻坚战的意见》 |

表 8-16　我国空气质量保护目标

| 时间 | 指标 | 目标 |
| --- | --- | --- |
| 2020 年 | 二氧化硫、氮氧化物排放总量 | 比 2015 年下降 15% |
| | $PM_{2.5}$ 未达标地级及以上城市浓度 | 比 2015 年下降 18%以上 |
| | 地级及以上城市空气质量优良天数比率 | 达到 80% |
| | 重度及以上污染天数比率 | 比 2015 年下降 25%以上 |

鲁豫交界、蒙宁陕交界、成渝等地区建立区域协作机制，加强对大气污染防治工作的统筹协调。

(2)强化大气环境基础研究，促进大气环境保护科学决策　以保护人群健康为目标，开展大气颗粒物($PM_{10}$、$PM_{2.5}$ 和 $PM_{0.1}$)、常规气态污染物、多环芳烃等的健康基准研究和应用技术规范研究，提出有毒有害大气污染物健康基准。

(3)强化关键技术创新研发，支撑大气环境高效治理　①大气污染物监测技术。研发大气细颗粒物多参数和便携式在线分析系统，开发大气细颗粒物气态前体物的立体分布监测技术，研发烟气中低浓度气态污染物及颗粒物采样监测技术和设备，研制具有多元素同步监测能力、灵敏度高、性能稳定的新型在线监测仪器和配套设备。②固定源大气污染综合防治技术。针对提升固定源污染减排的迫切需求，开发先进高效的烟气多污染物联合控制、资源回收型污染控制、新型大气污染控制等关键技术和设备。针对化工行业细颗粒物、二氧化硫、氮氧化物、重金属、二噁英、挥发性有机物、恶臭、二氧化碳等排放以及农业氨排放，突破多污染物协同控制、污染物回收及高值化利用、非常规污染物控制等核心技术与关键装备。③环境应急及风险管理的天地一体化监控技术。针对环境应急及环境风险监控的技术需求，突破新型监测预警技术，开展突发环境事件应急响应、建设项目环评与规划环评等环境监管遥感应用技术研究。攻克多源数据协同的数据预处理和环境指标反演技术，开展无人机环境监管和星空地协同环境监测预警关键技术研究。研发用于企业环境风险源的集物联网、互联网、大数据、云计算、移动终端于一体的连接管理部门、企业与公众的环境风险源管理技术及设备。

(4)支撑大气环境管理改革，创新管理方法　针对我国农业环保监管与污染物防治的关键技术瓶颈问题，开展农业污染物监管与防治研究，重点突破农用化学品使用的环境影响与健康效益评估和检测方法、水产养殖污染监测与预警方法与技术、种植业污染监测方法与技术、畜禽养殖污染监测方法与技术、环境友好型农业生产方式环境效益评估技术，以及农业水、大气、固体废物污染综合防治技术等。

(5)开展技术集成示范，促进区域、流域环境质量改善　在京津冀及周边地区、长江三角洲、珠江三角洲等区域，针对区域经济社会发展和大气环境问题的地区差异性，综合考虑细颗粒物、挥发性有机物、氮氧化物、臭氧等多种类型污染物，建立支撑空气质量精细化管理的大气污染源谱及细颗粒物和挥发性有机物清单，摸清区域大气复合污染特征及演变趋势，构建区域空气质量监测和重污染预报预警体系，深化大气污染联防联控协调机制，促进重点地区空气质量得到较大改善。

(6)开展创新平台建设，提升科技创新能力　①国家环境保护重点实验室建设。建设一批国家环境保护重点实验室，开展环境保护基础研究和应用基础研究，提升基础科研能力。②国家环境保护科学观测研究站建设。在全国范围内合理布点，注重于区域大气环境，敏感生态系统酸沉降综合影响评价，大气环境质量，大气污染物长距离跨界输送等。③科研数据共享平台建设。建立生态环境数据资源目录体系，开展数据资源统一管理与共享平台建设。建立数据汇交、共享、质控管理机制，推动部门、地方之间数据资源的互联互通。

**4. 农业农村系统提升**

1)产业发展与融合

产业发展是乡村振兴的必由之路，产业融合是实现产业振兴的具体途径。国家相关部门开展一系列行动来主推乡村产业发展和融合。2016 年 11 月原农业部印发《全国农产品加工业与农村一二三产业融合发展规划(2016—2020年)》,提出我国乡村产业发展目标,如表8-17所示。

(1)发展农村第一产业,夯实产业融合基础

农业是基础产业,是国家经济社会发展的基石。为推进农业高质量发展,我国不断优化布局,促进粮、经、饲三元种植结构协调发展,大力发展种养结合循环农业,加快构建种养加一体、一二三产业融合的现代农业产业体系。积极发展渔业和林下经济,推进农渔、农林复合经营。发展优势特色产业,形成产加销结合的产业结构。推进优质农产品生产,以农产品加工业为引领,在优势农产品产区开展农产品加工特性研究,筛选推广一批加工专用优良品种和技术,促进农产品加工专用原料生产。引导鼓励农产品加工企业及新型农业经营主体通过直接投资、参股经营、签订长期合同等方式,带动建设标准化、专业化、规模化原料生产基地。推进"三品一标"农产品生产,严格生产全过程管理,建立农产品质量安全监管体系,提高标准化生产和监管水平。优化农业发展设施条件。推进高标准农田建设,提高生产能力,加强农产品仓储物流设施建设,健全农村物流网络体系。支持农村公共设施和人居环境改善,完善休闲农业和乡村旅游配套设施建设。将产业融合发展与新型城镇化建设有机结合,培育农产品加工、商贸物流

表8-17 我国农村产业融合发展目标与措施

| 时间 | 指标 | 目标 | 技术措施 |
|---|---|---|---|
| 2020年 | 规模以上农产品加工业主营业务收入/万亿元 | 26 | 以粮食、果蔬、茶叶等主要及特色农产品的干燥、储藏保鲜等初加工设施建设为重点,扩大农产品产地初加工补助政策实施区域、品种范围及资金规模<br>支持粮食主产区发展粮食特别是玉米深加工,去库存、促消费。开展秸秆、稻壳、畜禽骨血、水产品皮骨内脏等副产物梯次加工和全值高值利用,建立副产物综合利用技术体系,研制一批新技术、新产品、新设备 |
| | 农产品加工业与农业总产值比 | 2.4∶1 | |
| | 主要农产品加工转化率/% | 68 | |
| | 粮食加工转化率/% | 88 | |
| | 水果加工转化率/% | 23 | |
| | 蔬菜加工转化率/% | 13 | |
| | 肉类加工转化率/% | 17 | |
| | 水产品加工转化率/% | 38 | |
| | 规模以上食用农产品加工企业自建基地拥有率/% | 50 | 健全农产品产地营销体系,推广产销对接,鼓励新型农业经营主体在城市社区或郊区设立鲜活农产品直销网点。推进大数据、物联网等新一代信息技术向农业生产、经营、加工、流通、服务领域的渗透和应用,促进农业与互联网的深度融合。推进农业与休闲旅游、教育文化、健康养生等深度融合,发展观光农业、体验农业、创意农业等新业态 |
| | 农林牧渔服务业产值/亿元 | 5 500 | |
| | 企业电商销售普及率/% | 80 | |
| | 农产品电子商务交易额/亿元 | 5 500 | |
| | 休闲农业营业收入/亿元 | 7 000 | |
| | 接待游客突破/亿人次 | 33 | |
| 2022年 | 农村一二三产业融合发展示范园数/个 | 300 | 开展全国农村产业融合发展示范园、先导区创建,支持新型经营主体围绕挖掘优质农产品功能延长产业链、提升价值链、完善利益链 |
| | 农村一二三产业融合发展先导区数/个 | 300 | 统筹农产品初加工、精深加工和综合利用加工协调发展,促进农产品加工就地就近转化增值 |
| | 规模以上食用农产品加工企业自建及订单基地拥有率/% | 65 | 发掘农业农村的生态涵养、休闲观光、文化体验、健康养老等多种功能和多重价值 |
| | 休闲农业和乡村旅游接待游客/亿人次 | 32 | |

2016年11月14日　农业部《全国农产品加工业与农村一二三产业融合发展规划(2016—2020年)》
2018年1月18日　农业部《关于大力实施乡村振兴战略加快推进农业转型升级的意见》
2018年5月4日　农业农村部和财政部《农业生产发展资金项目实施方案及任务清单》
2019年2月11日　农业农村部等七部门《国家质量兴农战略规划(2018—2022年)》

等专业特色小城镇，促进城乡基础设施互联互通、共建共享。加强产业融合发展与城乡总体规划有效衔接，完善产业空间布局和功能定位。

（2）加强农产品加工业，提升产业融合发展带动力　大力支持发展农产品产地初加工。以主要及特色农产品的干燥、贮藏保鲜等初加工设施建设为重点，扩大农产品产地初加工补助政策。鼓励各地根据农业生产实际，加强初加工设施的配套与综合利用，推进全链条提升，实现生产、加工、流通、消费有效衔接。全面提升农产品精深加工整体水平。支持粮食主产区发展粮食深加工，培育主食加工产业集群，研制多元化主食产品。加强与康、养、旅等产业融合对接，开发功能性及特殊人群膳食产品。加快新型食品工业化关键技术升级与集成应用，开展生物制造技术研究与装备研发和深加工装备研制，逐步实现关键装备国产化。努力推动农产品及加工副产物的综合利用。重点开展秸秆、畜禽骨血、水产品皮骨内脏等副产物梯次加工和高值利用，建立副产物综合利用技术体系。促进企业与农民合作社等新型经营主体有机结合，使副产物更加符合循环利用要求和加工标准；鼓励中小企业建立副产物收集、处理和运输的绿色通道，实现加工副产物的有效供应。

（3）做活农村第三产业，拓宽产业融合发展途径　大力发展各类专业流通服务。健全农产品产地营销体系，推广不同形式的产销对接，鼓励新型农业经营主体设立鲜活农产品直销网点，全方位向城乡社区服务拓展。落实建设用地指标，用于仓储物流、产地批发市场等辅助设施建设，实施税收优惠政策。培育大型农产品加工、流通企业，支持开展托管服务等多元服务。积极发展电子商务等新业态新模式。推进新一代信息技术向农业领域的渗透和应用，支持流通方式和业态创新，推进新型农业经营主体对接农业电子商务平台，鼓励和引导大型电商企业开展农产品电子商务业务。完善农村物流、金融、仓储体系，充分利用信息技术逐步形成新型农产品流通方式。探索农业物联网应用主攻方向、重点领域、发展模式及推进路径，稳步开展成功经验模式的推广应用。加快发展休闲农业和乡村旅游。发展观光农业、体验农业等新业态，推进农业与休闲旅游、教育文化、健康养生等深度融合，促进农业多样化发展。改善设施，加快休闲农业经营场所的公共基础设施建设，鼓励因地制宜兴建特色农产品加工、民俗手工艺品制作和配套服务设施。规范管理，加大休闲农业行业标准的制定和宣传，加强品牌培育和宣传推介，提升社会影响力和知名度。

（4）创新融合机制，激发产业融合发展内生动力　培育多元化产业融合主体，强化家庭农场、农民合作社的基础作用，促进农民合作社规范发展，引导大中专毕业生、新型职业农民、务工经商返乡人员以及各类农业服务主体开展休闲农业和乡村旅游等经营活动。培育农业产业化龙头企业，引导其发挥引领示范作用，重点发展农产品加工流通、电子商务和社会化服务，建设标准化和规模化的原料生产基地，带动农户和农民合作社适度规模经营。鼓励支持工商资本投资现代农业，促进农商联盟等新型经营模式发展。鼓励具有引领优势的企业，大力发展农产品加工与服务业，带动产业链前延后伸，挖掘各环节潜力，创新多种业态，发挥领军作用。发展多类型产业融合方式，延伸农业产业链，鼓励新型经营主体向服务业、加工流通和休闲农业延伸；支持产业链前延后伸，探索推广新型组织模式。引导产业集聚发展，创建示范园区，完善配套服务体系，推动产业融合、产村融合、产城融合，加快资产融合、技术融合、利益融合，引导集中连片发展，推动原料基地、加工园区、仓储物流基地、休闲园区有机衔接。建立多形式利益联结机制，创新发展订单农业，引导支持企业与生产经营者签订购销合同、资助农户参加农业保险，鼓励农产品产销合作，打造联合品牌，实现利益共享。鼓励发展农民股份合作，推进集体经营性资产折股量化，形成以农民土地经营权入股的利润分配机制。强化企业社会责任，鼓励引导从事产业融合的工商企业聘用流转出土地的农民，提供技能培训、就业岗位和社会保障，强化龙头企业联农带农激励机制。健全风险防范机制，规范资本租赁农地行为，建立风险保障金制度，鼓励制定适合农村特点的信用评级方法体系，加强土地流转、订单等合同履约监督。

2)农村人居环境整治

乡村振兴战略是我国重要发展战略之一。习近平总书记强调中国富农村必须富，中国美必须农村美。2018 年 1 月中共中央办公厅、国务院提出了《关于实施乡村振兴战略的意见》，提出重点以农村垃圾、污水治理和村容村貌提升为主攻方向，加快补齐农村人居环境突出短板，把农村建设成为农民幸福生活的美好家园，实现生态宜居、生活富裕、乡风文明、治理有效的新型农村。据农业农村部统计，2019 年以来，全国超过 90%的行政村开展了村容村貌整治，累计清理各类农村生活垃圾 4 200 多万 t、清理村沟村塘淤泥 3 500 多万 t，清理村内残垣断壁 410 多万处，一大批村庄村容村貌得到明显改善。农村人居环境整治目标如表 8-18 所示，具体从以下几个方面开展：

(1)农村生活垃圾治理　因地制宜建立健全农村生活垃圾收运处置体系，部分地区开展农村生活垃圾分类减量试点，有序推行垃圾分类和资源化利用；开展非正规垃圾堆放点排查整治，重点整治垃圾山、垃圾围村、垃圾围坝、工业污染“上山下乡”等垃圾乱象。

(2)农村生活污水治理　将农村水环境治理纳入河长制、湖长制管理。调研农村区位条件、人口聚集程度、污水产生规模，因地制宜、多重措施结合管控农村污水问题，包括污染治理与资源化利用、工程措施与生态措施、集中与分散相结合的复合模式。加强生活污水源头减量和尾水回收利用；采用低本、高效、低能耗、易维护的污水处理技术；开展河塘沟渠清淤疏浚，采取综合措施恢复水生态，逐步消除黑臭水体问题。

(3)农村厕所革命　因地制宜设计改厕模式，有序推进厕所革命。东部地区、中西部城市近郊区以及其他环境容量较小的地区村庄，以户用卫生厕所建设和改造为主，配套厕所粪污治理；其他地区在经济可行、维护方便、不污染公共水体的原则下，普及不同水平的卫生厕所，鼓励各地结合实际，实现厕所粪污、畜禽养殖废弃物一并处理，实现资源化利用。

(4)村容村貌治理　因地制宜设计农村整体规划建设。道路层面，依据现有资源条件，因地制宜选择建设材料，有序推进道路建设，基本解决村内道路泥泞、村民出行不便等问题；建筑层面，大力提升农村建筑风貌，突出乡土特色和地域民族特点，加大传统村落民居和历史文化名村名镇保护；绿化层面，充分利用闲置空间进行绿化设计，组织开展植树造林等活动，建设绿色生态村庄。据不完全统计，“十二五”期间全国完成绿化面积 2.07 亿亩，绿化道路 163.7 万 km、沟渠 78.4 万 km，“四旁”植树 461.7 亿株，完成森林抚育面积 6.1 亿亩，日益趋近“山地森林化、农田林网化、村屯园林化、道路林荫化、庭院花果化”的乡村绿化格局的最终目标。

(5)农村基础设施建设　重点加强农村公路、供水、供气等基础设施建设，推动城乡互联互通。推进节水、供水重大水利工程，实施农村饮水安全工程；加快新一轮农村电网改造升级，推进可再生能源开发利用；实施数字乡村战略，加快农村地区

表 8-18　我国农村人居环境整治目标与技术措施

| 时间 | 指标 | 目标值 | 技术措施 |
|---|---|---|---|
| 2020 年 | 村庄生活垃圾治理率 | 90% | |
| | 卫生厕所普及率 | 85% | |
| 2022 年 | 肥料包装废弃物回收处理试点县 | 100 个 | 鼓励农民收集和上缴肥料包装废弃物，引导社会化服务组织、农业生产经营主体开展回收利用。有条件的地方，可采用政府购买服务等方式，引导社会力量参与肥料包装废弃物的回收利用 |
| | 试点县肥料包装废弃物回收处理比例 | 50% | |
| | 肥料包装废弃物回收率 | 80%以上 | |
| 2025 年 | 试点县肥料包装废弃物回收率 | 90%以上 | |

宽带网络和移动通信网络覆盖步伐，开发适应“三农”特点的信息技术、产品、应用和服务，弥合城乡数字差异。此外，加强气象服务、农村防灾减灾救灾能力建设等。至 2016 年末，全国 99.5%的农户拥有自己的住房，农村居民人均住房建筑面积达 45.8 $m^2$；全国 99.3%的农村已通公路，村委会到最远自然村、居民定居点距离以 5 km 以内为主；通电、道路装路灯和通电话的农村占比分别达 99.7%、61.9%和 99.5%；10 995 万户农户的饮用水为经过净化处理的自来水，91.3%的乡镇实现了集中或部分集中供水。

3)农民能力建设与提升

农民是农业生产的主体，同时也是新农村建设的重要参与者和受益者。推动农业绿色发展和美丽乡村建设，实现乡村振兴的国家发展战略，需要综合提升农民综合素质，培养一大批有文化、讲文明、懂技术、会经营的新型农民，作为农业产业发展、农业科技带头人，致力于农业绿色发展转型。因此，农民素质综合提升一直是我国三农问题的重心之一，2018 年 1 月中共中央、国务院印发的《关于实施乡村振兴战略的意见》中将农民素质综合提升列为重要发展事项之一。2019 年 1 月中国科协和农业农村部联合印发《乡村振兴农民科学素质提升行动实施方案(2019—2022 年)》，方案提出通过加强农村重点人群受教育程度、丰富农民生活方式，增强农民生态保护理念，加强技能培训和科学素养提升，同时加强农民带头人的示范带动作用和体制机制探索，共同实现农民素质综合提升，预期目标如表 8-19 所示。

(1)提升农业人口受教育程度　出台加强农业农村人才队伍建设的指导意见，完善农业农村人才发掘、培养、评价、激励机制。实施农村人才带头人和高素质农民培育计划，突出产业导向开展分层分类培训，实现农民培训和学历教育贯通培养机制，进而提升农业农村人才队伍。

(2)增强农民生态保护理念　培育乡村生态文化。深入挖掘乡村生态文化底蕴，推动乡村生态文化内涵深入农民心中。以重要节日为契机，宣传弘扬生态文明理念，打造以文化传承为主题的乡村生态文化品牌；倡导绿色低碳生活，将低碳出行、垃圾分类、污染治理等内容纳入村规民约，鼓励开展“绿色乡村”“绿色标兵”等评比活动。

(3)加强技能培训和科学素养提升　政府通过购买服务支持农民合作社和龙头企业等主体承担培训工作，依托全国农业科教云平台等网上平台开展在线学习、服务和考核，实现线上与线下培训的有效衔接，对农业职业经理人、农村实用人才带头人、新型农业经营主体骨干和农业产业扶贫对象等进行培训，培育爱农业、懂技术、善经营的新型职业农民，促进职业农民全面发展。

(4)加强示范带动作用和体制机制探索　以国家现代农业示范区为重点区域，依托新型职业农民培育工程，实施新型农业经营主体带头人轮训计划和现代青年农场主培养计划，大力培育新型职业农民，构建高素质农业生产经营者队伍；逐步完善教育培训、规范管理、政策扶持“三位一体”的新型职业农民培育制度和体系，提高职业农民综合素质和生产经营水平，引导农民职业化发展道

表 8-19　我国农民能力建设目标与措施

| 时间 | 指标 | 目标值 | 措施 |
|---|---|---|---|
| 2022 年 | 培育新型职业农民 | 500 万人次以上 | 加强农村重点人群科学素质培训培育，提升农民科普信息化服务水平，完善科普惠农服务条件 |
| | 完成小农户群体科学素质培训 | 800 万人次以上 | |
| | 完成乡村科技人才培训 | 8 万人次以上 | |
| | 完成农村学校科技辅导员培训 | 2 万人次以上 | |
| | 完成农村妇女培训 | 80 万人次以上 | |
| | 高中以上文化程度职业农民占比 | 35% | |
| | 遴选推介乡村振兴科普示范基地 | 100 个 | |

路，支持职业农民自我发展能力；探索新型职业农民培育管理机构、实训基地、田间学校的建设标准，建立农民科技教育培训中心、农业广播电视学校、农民合作社、龙头企业、农业科研院所、农业技术推广机构以及其他各类市场主体多元参与的联动机制，形成统筹有序、共建共享、合作高效的培训体系。

**5. 农业绿色发展的体制机制建设**

我国近年来出台多个政策推动农业绿色发展先行先试，在制度、政策、法律法规、财政扶持、金融服务、科技创新、人才支撑、组织领导、宣传推广和监督考核等各个层面确保农业绿色发展的落地。

1)加强组织领导，强化考核管理

为推进农业绿色发展，将建设工作落到实处，我国以农业绿色发展先行区为试点，对农业绿色发展的工作机制创新进行了探索。主要包括：①加强组织领导，层层压力，明确责任，健全工作机构和职责。国家部委建立指导机制，强化顶层设计，负责农业绿色发展行动宏观指导、政策协调与绩效考评，各省市级人民政府建立协调机制，成立领导小组，可下设办公室承担日常工作，负责推进农业绿色发展工作、制定支持政策、建立健全管理办法、完善协调机制，保障农业绿色发展建设快速推进。县级人民政府是项目实施主体，负责工作具体落实，需明确负责人，确保责任到位、任务到位；明确项目实施内容、规模和考核指标，确保项目如期执行、按期完成。②建立协作机制。由于农业绿色发展行动涉及多个环节，需要统筹生态环境、财政、发展改革、政府办公室等多个结构与部门。因此，要探索完善各部门间工作协调机制创新，加强各部门各环节协同推进；区域建立协作机制，相互交流、共同促进；充分发挥教学科研机构和行业协会的技术和信息优势，联合不同利益主体，共同开展技术推广、政策宣传、技术培训、服务指导等工作。③加强监督考核。建立“进展调度、督导检查、综合考核、奖优惩劣，能进能出”的考核管理机制，由协调小组适时组织实施考核，将农业绿色发展推进情况纳入政府考核，加强奖优惩差的激励模式。健全考核评估模式，综合考核采取自评估、第三方评估、上级单位考核相结合的方式。自评估由所在地人民政府进行自评估打分，形成自评估报告，第三方评估由协调小组聘请第三方机构，采取多种方式进行现场考核，形成综合评估报告，并反馈协调小组办公室，上级单位考核可依照管理办法及指标体系，结合报送材料、实地调研，形成定期和不定期监督考核机制，完善奖惩制度，推进工作进展。

2)健全农业绿色发展制度体系

农业绿色发展的制度体系建设依托于对农业绿色发展内涵和实现路径的认识。农业绿色发展的落地实现主要需要从农业主体功能与空间布局的优化、资源保护与节约利用、产地环境的保护与治理、农业生态环境的养护与修复四个方面去开展。因此国家从这四个方面建立了一系列制度，最终形成农业绿色发展的制度体系，支撑我国农业绿色发展的推进与全域实现(图 8-4)。

(1)优化农业主体功能与空间布局　①落实农业功能区制度。将农业发展区域细划为优化发展区、适度发展区、保护发展区，明确区域发展重点。加快划定粮食生产功能区、重要农产品生产保

2017 年 9 月，中共中央办公厅和国务院办公厅印发了《关于创新体制机制推进农业绿色发展的意见》的通知
2017 年 11 月，农业部和中国农业银行联合发布了《关于推进金融支持农业绿色发展工作的通知》
2018 年 11 月，农业农村部办公厅等 8 部门联合印发了《国家农业可持续发展试验示范区(农业绿色发展先行区)管理办法(试行)》
2019 年 11 月，农业农村部办公厅印发了《农业绿色发展先行先试支撑体系建设管理办法(试行)》

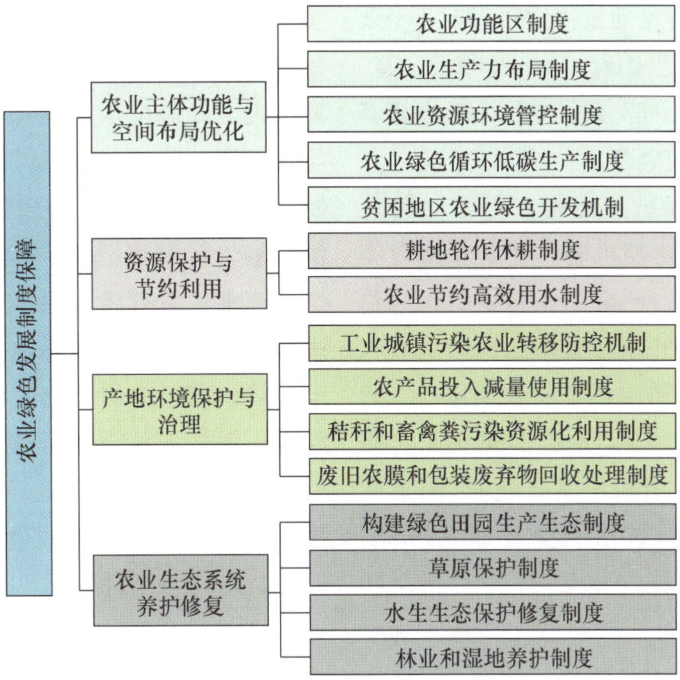


图 8-4　我国农业绿色发展制度保障

护区，认定特色农产品优势区，明确区域生产功能。②建立农业生产力布局制度。建立反映市场供求与资源稀缺程度的农业生产力布局，鼓励因地制宜、就地生产、就近供应，建立主要农产品生产布局定期监测和动态调整机制。在优化发展区发挥资源优势，提升重要农产品生产能力；在适度发展区调整农业结构，限制资源消耗大的产业规模；在保护发展区坚持保护优先、限制开发，加大生态建设力度。③完善农业资源环境管控制度。以县为单位，针对农业资源与生态环境突出问题，建立农业产业准入负面清单制度，因地制宜制定禁止和限制发展产业目录，明确种植业、养殖业发展方向和开发强度，强化准入管理和底线约束，分类推进重点地区资源保护和严重污染地区治理。④建立农业绿色循环低碳生产制度。在华北、西北等地下水过度利用区压减高耗水作物，在东北地区严格控制旱改水，推广节肥、节水、抗病新品种。引导畜牧业生产向环境容量大的地区转移，科学合理划定禁养区。推行水产健康养殖制度，合理确定湖泊、水库等养殖规模和密度，减少河流湖库、近岸海域投饵网箱养殖。建立低碳、低耗、循环、高效的加工流通体系。探索区域农业循环利用机制，实施粮经饲统筹、种养加结合、农林牧渔融合循环发展。⑤建立贫困地区农业绿色开发机制。贫困地区生态环境优势转化为经济优势，大力发展绿色、有机和地理标志优质特色农产品，支持创建区域品牌；推进一二三产融合发展，发挥生态资源优势，发展休闲农业和乡村旅游，带动贫困农户脱贫致富。

(2)强化资源保护与节约利用　①建立耕地轮作休耕制度。集成推广绿色生产、综合治理的技术模式，对土壤污染严重、区域生态功能退化、可利用水资源匮乏等不宜连续耕作的农田实行轮作休耕。建立耕地质量监测和等级评价制度，明确经营者耕地保护主体责任。②建立节约高效的农业用水制度。推行农业灌溉用水总量控制和定额管理。强化农业取水许可管理，严格控制地下水利用。加快建立合理农业水价形成机制和节水激励机制。推广水肥一体化及喷灌、微灌、管道输水灌溉等农业节水技术。充分利用天然降水，发展雨养农业。③健全农业生物资源保护与利用体系。加快国家种质资源库、畜禽水产基因库和资源保护场(区、圃)规划建设。加强野生动植物自然保护区建设，推进濒危野生植物资源原生境保护、移植保存和人工繁育。开展濒危野生动植物物种调查和专项救护，实施珍稀濒危水生生物保护行动计划和长江珍稀特有水生生物拯救工程。建设生物天敌繁育基地和关键区域生物入侵阻隔带。

(3)加强产地环境保护与治理　①建立工业和城镇污染向农业转移防控机制。制定农田污染控制标准，建立监测体系，严格工业和城镇污染物处理和达标排放，依法禁止未经处理达标的工业和城镇污染物进入农田、养殖水域等农业区域。②健全农业投入品减量使用制度。继续实施化肥农药使用量零增长行动，推广有机肥替代化肥、测土配方施肥，强化病虫害统防统治和全程绿色防控。完善农药风险评估技术标准体系，加快实施高剧毒农药替代计划。③完善秸秆和畜禽粪污等资源化利用制度。严格依法落实秸秆禁烧制度，整县推进秸秆全量化综合利用，优先开展就地还田。推进秸秆发电并网运行和全额保障性收购，开展秸秆高值化、产业化利用，落实好沼气、秸秆等可再生能源电价政策。以沼气和生物天然气为主要处理方向，以农用有机肥和农村能源为主要利用方向，强化畜禽粪污资源化利用，依法落实规模养殖环境评价准入制度，明确地方政府属地责任和规模养殖场主体责任。健全病死畜禽无害化处理体系，引导病死畜禽集中处理。④完善废旧地膜和包装废弃物等回收处理制度。加快出台新的地膜标准，依法强制生产、销售和使用符合标准的加厚地膜，以县为单位开展地膜使用全回收、消除土壤残留等试验试点。建立农药包装废弃物等回收和集中处理体系，落实使用者妥善收集、生产者和经营者回收处理的责任。

(4)养护修复农业生态系统　①构建绿色田园生产生态制度。合理确定种养规模，建设完善生物缓冲带、防护林网、灌溉渠系等田间基础设施。优化乡村种植、养殖、居住等功能布局，拓展农业多种功能，打造种养结合、生态循环、环境优美的田园生态系统。②创新草原保护制度。健全草原产权制度，规范草原经营权流转，建立全民所有草原资源有偿使用和分级行使所有权制度。落实草原生态保护补助奖励政策，实施草原禁牧休牧轮牧和草畜平衡制度。加强严重退化、沙化草原治理。③健全水生生态保护修复制度。科学划定江河湖海限捕、禁捕区域，健全重点河流禁渔期制度，严厉打击非法捕捞行为。实施海洋渔业资源总量管理制度，完善渔船管理制度。因地制宜实施河湖水系自然连通，确定河道砂石禁采区、禁采期。④实行林业和湿地养护制度。建设覆盖全面、布局合理、结构优化的农田防护林和村镇绿化林带。严格实施湿地分级管理制度，保护重要湿地。开展退化湿地恢复和修复，严格控制开发利用和围垦强度。加快构建退耕还林还草、退耕还湿、防沙治沙长效机制。

3)完善农业绿色发展支撑体系建设

为推进国家农业绿色发展先行区建设，提升农业绿色发展水平，2019 年 11 月，农业农村部办公厅印发了《农业绿色发展先行先试支撑体系建设管理办法(试行)》，提出要推进支撑体系建设，以绿色技术体系为核心、绿色标准体系为基础、绿色产业体系为关键、绿色经营体系为依托、绿色政策体系为保障、绿色数字体系为引领，推动形成不同生态类型地区的农业绿色发展整体解决方案，实现由数量导向转向质量导向，为不断满足人民群众对美好生活需要发挥积极作用。力争到 2025 年，支撑体系初步建成，农业绿色发展基础理论、科技支撑和政策保障水平明显提升，农业绿色发展由试验试点为主向示范推广转变。

(1)建立和完善绿色农业标准体系　①在农业全产业链加快健全提质导向的农业绿色标准体系。在生产领域，制定修订农产品产地环境、投入品质量安全、农兽药残留、畜禽屠宰、饲料卫生安全、冷链物流、畜禽粪污资源化利用、水产养殖尾水排放、农产品质量安全评价与检测等国家标准和行业标准。建设绿色生产标准化集成示范基地，整县推动规模主体按标生产。在加工领域，制定完善农产品加工质量控制、绿色包装等标准。在流通领域，制定完善农产品安全贮存、鲜活农产品冷链运输以及物流信息管理等标准。②改革无公害农产品认证制度，加快建立统一的绿色农产品市场准入标准，提升绿色食品、有机农产品和地理标志农产品等认证的公信力和权威性。③实施农业绿色品牌战略，培育具有区域优势特色和国际竞争力的农产品区域公用品牌、企业品牌和产品品牌。加强农产品质量安全全程监管，健全与市场准入相衔接的食用农产品合格证制度，依托现有资源建立国家农产品质量安全追溯管理平台，加快农产品质量安全追溯体系建设。④积极参与国际标准的制定修订，推进农产品认证结果互认。

（2）建立农业资源环境生态监测预警体系　建立耕地、草原、渔业水域、生物资源、产地环境以及农产品生产、市场、消费信息监测体系，加强基础设施建设，统一标准方法，实时监测报告，科学分析评价，及时发布预警。定期监测农业资源环境承载能力，建立重要农业资源台账制度，构建充分体现资源稀缺和损耗程度的生产成本核算机制，研究农业生态价值统计方法。充分利用农业信息技术，构建天空地数字农业管理系统。

（3）建立和完善绿色农业产业体系　大力发展种养结合、生态循环农业，扩大绿色、有机和地理标志农产品种养规模，大力培育农产品品牌，增加绿色优质农产品供给，提升绿色农产品质量和效益。开展绿色农产品产地加工，建设产地贮藏、预冷保鲜、分级包装、冷链物流设施。开发农业休闲观光、文化传承等多种功能，大力发展休闲观光、乡村民宿、康养基地等乡村休闲旅游产业，实现农村一二三产业融合发展。

（4）建立和完善绿色农业经营体系　健全绿色农资经营网络，增加有机肥、新型生态肥料、低毒生物农药等绿色投入品供给。加大对新型农业经营主体绿色种养技术的培训，引导农民合作社、家庭农场、农业产业化龙头企业等主动推行绿色生产方式。扶持发展农业专业化服务组织，探索社会化服务新模式，为农民提供及时有效的绿色生产技术、装备和信息服务。推进"互联网＋"生态农业建设，实施农产品"出村进城"工程，培育和壮大农业电子商务主体，创新绿色农产品销售模式，实现绿色农产品优质优价。

（5）建立和完善绿色农业数字体系　将遥感、物联网、大数据等现代信息技术与农业绿色发展结合，对农作物生长发育、畜禽养殖和渔业生产对土壤、水等环境质量状况的影响进行长期跟踪监测和分析。加快数字农业建设，对推进农业生产过程全程精细化管理，提升农业发展信息化水平、智能化水平，为农业绿色发展的理论研究和实践创新积累数据支撑。

4）强化农业绿色保障体系建设

（1）健全政策法规保障　要建立和完善绿色农业政策体系，完善农业绿色发展激励引导政策，健全以绿色生态为导向的补贴制度，加大对节水节肥节药、循环利用农业废弃物、农业生态环境保护等的支持力度，重点支持农业适度规模经营主体实现资源循环利用。加快农业绿色发展地方性法规制修订，加强农业绿色发展的约束力，出台农业负面清单等约束措施，完善耕地保护、农业污染防治、农业化学投入品管理、农业生态保护等方面的法律制度。加强农产品质量监管，推进农产品质量安全全程可追溯制度建设。加大执法和惩戒力度，严厉打击违法行为，健全重大农业生态环境事件和污染事故责任追究制度及损害赔偿制度，提高违法成本和惩罚标准。

（2）加强金融财政扶持　要完善农业生态补贴制度。通过补贴制度引导促进区域种植结构调整、化肥农药减量等农业绿色发展行动的落实。有效利用绿色金融激励机制，探索金融服务农业绿色发展的体制机制改革，不断丰富完善绿色金融产品体系，加大绿色信贷、担保支持力度，创新绿色农业保险产品。加大政府和社会资本合作（PPP）在农业绿色发展领域的推广应用，引导社会资本投向农业资源节约、废弃物资源化利用和生态保护修复等农业绿色发展重点领域。各级部门和银行根据当地特色和需求特点，加强沟通协作，共同推进服务创新，放大财政促进金融支农成效。

2020年7月15日，国家绿色发展基金股份有限公司成立，第一大股东为中华人民共和国财政部；第二大股东分别为国家开发银行、中国银行、中国建设银行、中国工商银行、中国农业银行，各持股9.04%。基金由中华人民共和国财政部等26家机构共同出资设立，注册资本为人民币885亿元。基金旨在贯彻落实国家生态文明建设总体要求，引导社会资本投向污染治理、生态修复和国土空间绿化，能源资源节约利用，清洁能源开发等绿色发展领域，面向社会市场需求和重点环节领域，扶持绿色产业发展，加快产业结构绿色转型升级，实现经济绿色可持续高质量发展，建设美丽中国。

(3)强化科技人才支撑　要建立和完善绿色农业科技创新体系。完善各类创新主体协同攻关机制，各科研单位、高校、企业等开展以农业绿色生产为重点的科技联合攻关。完善农业绿色科技创新成果评价和转化机制，探索建立农业技术环境风险评估体系，加快成熟适用绿色技术、绿色品种的示范、推广和应用。推进技术体系集成和示范推广。从农业主导产业出发，安排相对集中的种植区域或规模养殖场，开展绿色生产技术联合攻关，形成与当地资源环境承载力相适应的种养技术模式。分生产环节开展技术创新集成，打造全产业链农业绿色配套技术。借鉴国际农业绿色发展经验，加强国际科技和成果交流合作。

健全农业人才培养机制。培养一批具有绿色发展理念、掌握绿色生产技术技能的农业人才和新型职业农民。积极培育新型农业经营主体，鼓励其率先开展绿色生产。建设专家人才库，发挥智囊作用，为农业绿色发展提供技术支撑和咨询论证工作，通过开展调查研究，提出政策建议，同时普及推广先进适用科技成果，对农业绿色发展整体推进进行跟踪监测。

(4)加强媒体宣传推广　积极利用报纸、电视等传统媒体和网络新媒体手段，广泛开展宣传引导，推动广大生产经营者增强农业绿色发展意识，普及绿色农业技术和生产经营方式，引导绿色技术的研发和应用，同时开展全民行动，引导绿色生产与消费，加强生态文明建设意识，营造全民支持农业绿色发展的良好氛围。

## 8.3 中国农业绿色发展策略与展望

自农业绿色发展的理念提出以来，国家各个部门、各个层面全面贯彻落实绿色发展精神，积极践行农业绿色发展行动，通过优化空间布局，实现资源高效利用，提升生态环境质量，加强科技支撑和体制机制保障，积极转变农业发展方式，全国农业绿色发展水平明显提升。尤其是国家农业绿色发展先行区，已经初步总结出一批可复制可推广的农业绿色发展模式。整体来看我国农业绿色发展实现了良好开局，但未来仍面临着诸多挑战。

如第2章所述，农业绿色发展包含“绿色”和“发展”两个主题，农业绿色发展需要统筹发展和生态环境保护的辩证关系。农业的“绿色”需要：①实现农业产地环境的清洁，通过防止城市污染物、控制农业有毒有害化学品向农业生产的投入，从源头控制的角度减少污染的输入，保证其不超过生态环境安全和耕地质量安全的阈值，进而保证农业生产的食物安全，能够进入市场发挥其商品属性，促进农业产业和农业经济的发展；②加强预警管理，从长远的角度考虑当前农业生产中投入品和管理措施的安全性和风险，譬如农药投入水平、农膜投入与回收制度，建立短期的风险预测和长期的风险管控制度，同时优化农资投入及农业生产标准，健全农产品生产准入制度；③加强过程管理，在农业生产中严格把控农业生产活动的环境效应，在保证农业生产力的同时使农业污染物排放不超过生态环境的可承受能力。农业的发展需要从经济学的角度来统筹考虑农业产业。农业产业要加强成本管控，通过减少资源及其他成本的投入实现降低农业生产成本，通过加强过程管理，强化科技投入，提高农产品产量和质量，增加农产品商品量，最后通过市场与营销管理，加强品牌建设，实现农业单位产品的增值，最终实现农业产业的发展。从整体来看，农业的绿色需要提高农业生产的效率，降低其环境效应，农业的发展需要提高资源的利用效率，降低成本，提高生产力，实现产业发展。因此实现农业绿色发展的核心是提高农业生产的效率，通过效率的提升实现“绿色”与“发展”的协同(图 8-5)。

随着城镇化的加剧，越来越多的农民选择进入城市，农业耕地撂荒和农村劳动力老龄化现象也越发严重。数据显示，我国农民工数量从 2004 年的 1.14 亿人增加至 2019 年的 2.91 亿人，其根本原因是其在城市中能够获取更高的收入(农民工监测调查报告，2019)。2004—2019 年统计数据显示，农村居民人均可支配收入从 0.29 万元增加至 1.60 万元，而同期农民工工资性收入从 1.14 万元增加至 4.75 万元，农民在农村和城市工作可获取收入的绝对差距进一步拉大。因此，将会增加农民农业经营收入，是未来一段时间农业绿色发展的重心。

农业经营性收入的增加一方面需要增加农产品的产量，即农业生产力水平，另一方面是提高农产品的单价。农业经营者散乱，管理不统一，是我国农产品面临的较为普遍的问题，导致农产品质量良莠不齐，农产品生产力和单价严重受限。因此，未来我国农业发展必须要走产业化道路。研究表明，通过加强土地流转实现土地规模化利用以及农业合作社模式，能够显著降低农资产品投入成本，增加农产品产出，提高农产品商品率。另外，农业生产的规模化和产业化也更利于农业生产的管理以及农业和环境管理部门的监管，提高政策法规的效力。因此，农业产业的绿色发展是实现农业绿色发展落地的重要抓手。通过强化农业的科技支撑，加强市场经济的驱动和政策法规的保障作用，从技术、市场、政策和体制等途径促进农业产业的振兴和农业产业与加工业、服务业的融合，实现乡村振兴和美丽中国建设。

## 参考文献

国家统计局. 2019 年农民工监测调查报告. 2020：28-31.

韩俊，宋洪远. 新中国 70 年农村发展与制度变迁. 北京：人民出版社，2019.

李学敏，巩前文. 新中国成立以来农业绿色发展支持政策演变及优化进路. 世界农业，2020：40-50+59.

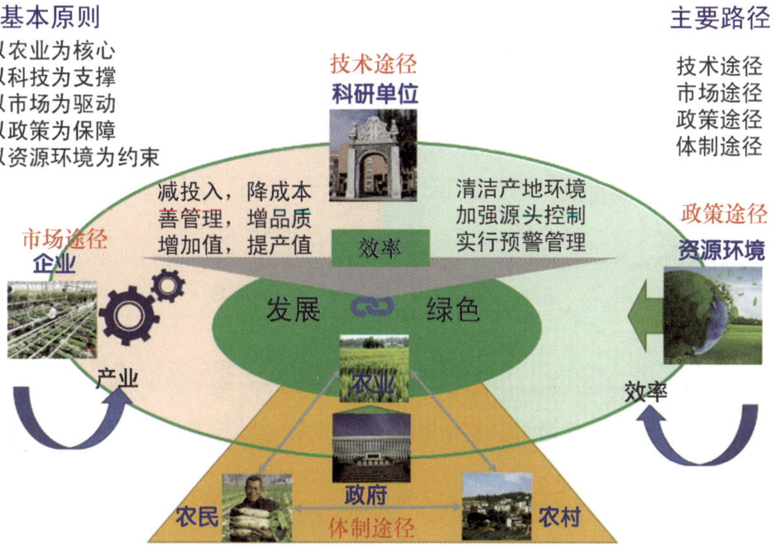


图 8-5 我国农业绿色发展的策略与途径

# 第 9 章
# 华北地区农业绿色发展

## 9.1 华北地区农业绿色发展的现状与挑战

### 9.1.1 农业发展成就

从全国范围来看，华北地区具有政治、科技、文化、经济、区位优势，它的兴衰对我国政治稳定、经济发展有着重要影响。华北地区（包括京、津、冀、鲁、豫）人口占全国的 24%，耕地占全国的 17.9%，光热充足、土地肥沃，是我国重要的农牧业和商品粮基地。华北地区地处中纬度地带，属温带大陆性季风区，光热资源丰富，≥0℃累积积温为 4 100～5 400℃/年，年平均日照时数约为 2 500 h；多年平均降雨约 500 mm，其中 70%以上集中在夏季。华北地区农牧业年产值占全国近 25%，种养业是农业的主体，其中种植业产值占 58%，牧业产值占 32%。因此，华北地区食物生产在国家食物安全中占有十分重要的地位。

**1. 种植业快速增长，保障食物安全**

华北平原粮食作物主要为玉米、小麦，其总产从 1961 年的 24 Mt 增至 2018 年的 159 Mt，增加了 6.5 倍。播种面积则变化不大，呈现上下波动的趋势。总产的增加主要是由于单产的增加，作物单产从 1961 年的 0.9 $t/hm^2$ 增至 2018 年的 6.1 $t/hm^2$，增加了 7.1 倍。2018 年，华北平原小麦、玉米总产分别占全国的 57%、27%（图 9-1）。

自 20 世纪 60 年代以来，华北平原经历了从传

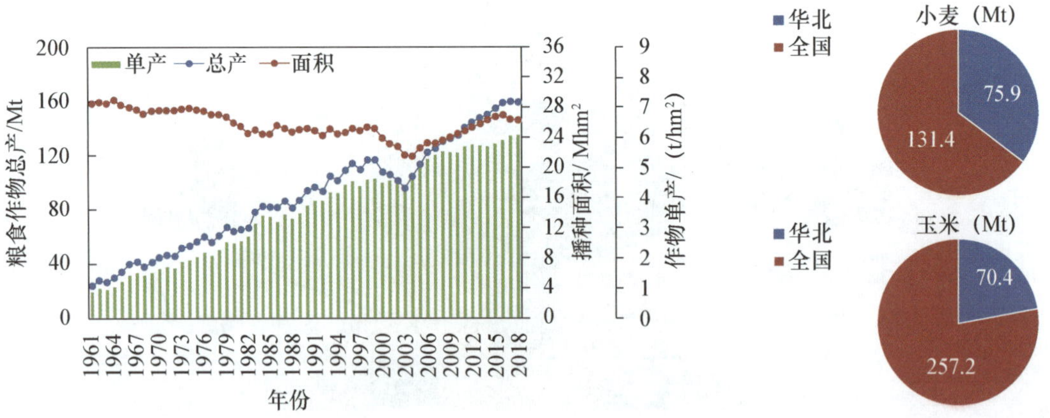


**图 9-1　1961—2018 年华北平原主要粮食作物总产、播种面积、单产以及所占比例**

（数据来源：《中国统计年鉴 2018》、国家统计局）

统的旱作农业向灌溉农业的转变，随着灌溉条件的改善，种植制度从两年三熟、三年四熟为主逐渐形成了以小麦—玉米一年两熟为主的高强度灌溉农业生产模式，低需水量作物大幅减少，蔬菜、水果等高需水量作物大幅增加，种植结构发生了巨大变化。蔬菜产量从 1995 年的 83 Mt 至 2018 年的 210 Mt，增加了 2.5 倍，单产增加了 1.3 倍，总产占全国的 26%（图 9-2）。华北平原水果产量从 2003 年的 53 Mt 至 2018 年的 67 Mt，增加了 1.3 倍，单产增加了 1.9 倍，总产占全国的 29%。果树、蔬菜产量的增加，满足了人们膳食结构改善对食物的需求。

**2. 畜牧业跨越式增长，畜产品稳定供应**

改革开放以来，华北地区畜牧业稳步发展，牲畜出栏量和畜产品产量均实现了大幅提高。在畜禽养殖方面，猪牛羊总出栏量由 1978 年的 2 900 万头增加到 2016 年的 24 000 万头，增加了 7.3 倍；家禽出栏量由 1995 年的 191 000 万只增加到 2016 年的 354 000 万只，20 年间增加了 85%。在畜产品生产方面，肉类总产量由 1980 年的 204 万 t 增加到 2019 年的 1 733 万 t，总产量增加了 7.5 倍；禽蛋产量由 1982 年的 73 万 t 增加到 2018 年的 1 269 万 t，总产量增加 16.4 倍；牛奶产量由 1980 年的 14 万 t 增加到 2018 年的 892 万 t，总产量增加了 62.7 倍；蜂蜜产量由 1980 年的 1.2 万 t 增加到 2018 年的 7.8 万 t，总产量增加了 5.5 倍；羊毛羊绒总产量由 1980 年的 5.1 万 t 增加到 2018 年的 6.7 万 t，总产量增加了 31.4%（图 9-3）。

## 9.1.2　农业绿色发展的挑战及限制因素

**1. 土壤肥力不高，耕层问题时有发生**

华北平原高度集约化的生产模式给土壤带来一系列负面影响，如土壤板结、土壤酸化、土壤盐渍化等问题。健康土壤是现代化农业绿色发展的根基，健康土壤带来健康生活，健康土壤孕育健康的人类和健康的社会。整体而言，华北平原小麦玉米轮作区耕层土壤地力主要处于中等偏下水平（全国农业技术推广服务中心，2015）。土壤有机质含量为 1.5%，全氮含量为 0.87 g/kg，均处于四级水平；耕层土壤有效磷和有效钾含量分别为 21 mg/kg 和 128 mg/kg，分别处于三级和二级水平；土壤有效铁和有效锰处于三级水平，土壤有效铜和有效锌处于二级水平，土壤有效硫、有效钼和有效硼处于四级水平（表 9-1）。因此进一步提升耕地质量仍是华北地区农业生产的重点任务之一。

耕地的不合理耕作和灌溉，加剧了土壤团粒结构的破坏，致使土壤板结越来越严重。2016 年全国耕地质量监测报告显示，25.9% 的监测点土壤容重大于 1.35 $g/cm^3$，高于作物适宜生长的范围。同时随着机械化程度的增长，耕地耕层变浅，犁底层上移，进而造成土壤耕性变差、板结、通气性不佳，蓄水

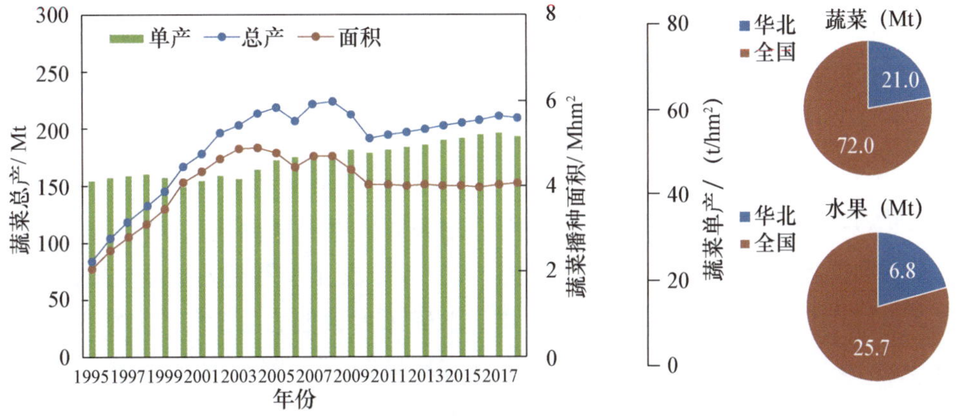


图 9-2　1995—2018 年华北平原蔬菜总产、播种面积、单产以及所占比例

（数据来源：《中国统计年鉴 2018》、国家统计局）

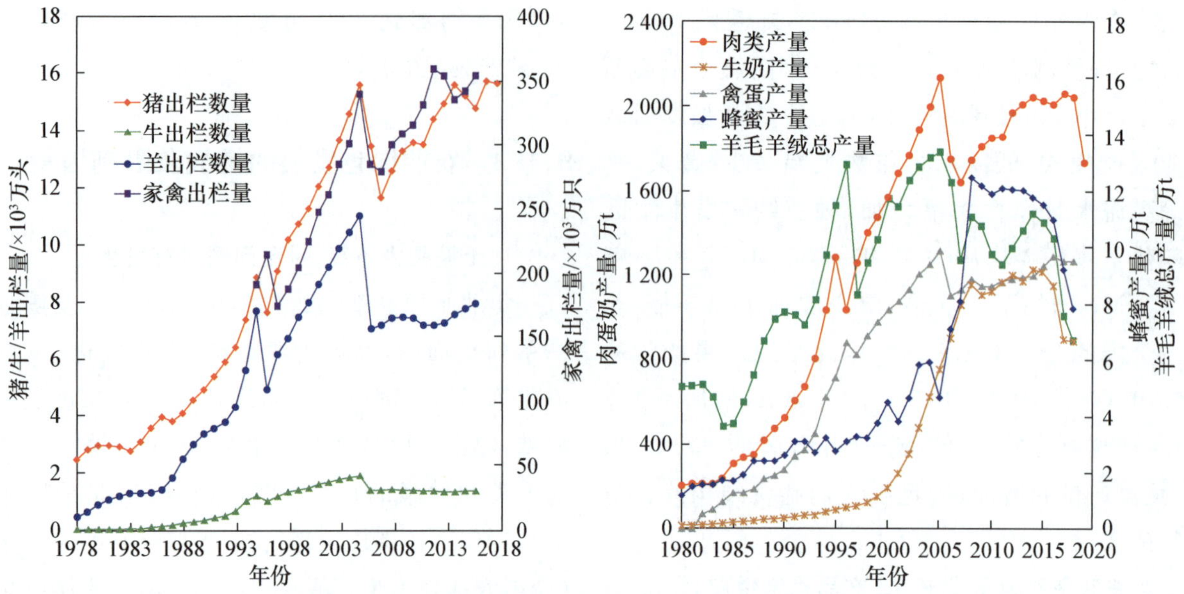


**图 9-3 华北地区牲畜出栏量和畜产品产量的历史变化**

（数量来源：国家统计局，作图数据为河南、河北、山东、北京、天津统计数据汇总）

**表 9-1 华北平原耕地地力水平**

| 土壤性质 | 平均含量 | 等级分类 |
|---|---|---|
| 有机质/(g/kg) | 14.58 | 四级 |
| 全氮/(g/kg) | 0.87 | 四级 |
| 有效磷/(mg/kg) | 21.08 | 三级 |
| 有效钾/(mg/kg) | 127.90 | 二级 |
| 有效硫/(mg/kg) | 33.70 | 四级 |
| 有效铁/(mg/kg) | 13.02 | 三级 |
| 有效锰/(mg/kg) | 16.22 | 三级 |
| 有效铜/(mg/kg) | 1.66 | 二级 |
| 有效锌/(mg/kg) | 1.66 | 二级 |
| 有效钼/(mg/kg) | 0.36 | 四级 |
| 有效硼/(mg/kg) | 0.89 | 四级 |

和渗透能力变差，影响了作物根系的生长，降低作物抗逆能力。据统计，我国 65.5%的耕层土壤厚度小于 20 cm，低于美国 35 cm 的耕层厚度(Wang et al.，2015)。

过量使用化肥、农药、农膜的残留污染和未经处理的含有抗生素和病原菌的有机肥污染，长期进入或残留在土壤中，超出土壤自净化能力后就会直接造成农田土壤污染。国家统计局数据显示，我国农用塑料薄膜和农药使用量分别由 1991 年的 64.2 万 t 和 76.5 万 t 增至 2018 年的 246.5 万 t 和 150.4 万 t。大量污染物进入土壤后，破坏了土壤生态平衡，使土壤有益生物和有益微生物大量死亡，土壤生物种群减少，土壤理化生物性质恶化，土壤功能变差。严重污染更会使土壤丧失生产能力，失去农业利用价值。

**2. 华北水资源消耗大，供需矛盾突出**

华北平原农业严重依赖于水资源消耗。该区域水资源量仅占全国水资源总量的 6%，人均水资源、水土资源配置比例均远远低于全国平均水平，如海河流域人均水资源占有量只有 250 $m^3$，不足全国平均水平的 1/8。水资源短缺是当前华北地区农业生产面临的最主要问题之一。华北农业用水总量从 1998 年的 $5.603\times10^{10}$ $m^3$ 下降到 2015 年的 $4.234\times10^{10}$ $m^3$，减幅达 24.4%；农业用水量占该区域总用水量的比例从 1998 年的 72.2%下降到 2015 年的 61.7%。

当前，华北平原水资源短缺条件下农业发展主要面临以下问题：

(1)农业没有适水发展，农业规模严重超过了水资源承载能力，导致了大范围地下水漏斗等生态环境问题。华北平原灌溉节水技术已研究与推广 30 余年，但并没有改变地下水资源继续恶化的现状，节水技术效应明显低于用水强度增加效应，甚至出现了“越节水越缺水”的怪象，蔬菜、小麦、果树等需灌溉水较多的作物种植比例持续增加。

(2)农业种植结构不合理,高耗水的蔬菜水果种植面积发展较快,单位面积耗水强度逐年增大。华北平原粮食种植比例由 1981 年的 78.9% 下降到 2014 年的 66.3%,而高耗水的蔬菜和果树种植比例分别增加 11.1%和 4.1%。目前华北平原蔬菜生产量占全国的 37%、水果占 29%,蔬菜成为仅次于粮食作物的灌溉耗水大户。蔬菜灌溉用水量多,不仅体现在蔬菜茬口多,也体现在由于灌溉技术和灌溉制度不合理引起的根层水分渗漏多、养分淋失量大,从而带来一系列环境问题。

**3. 大气环境污染问题突出**

近年来,我国华北平原地区空气污染问题较为突出,灰霾污染频繁发生。2015—2018 年全国城市环境监测站 1 498 个站点 6 种大气污染物($PM_{2.5}$、$PM_{10}$、$NO_2$、$O_3$、CO、$SO_2$)的年均浓度监测结果显示,除 $O_3$ 外,其他五种污染物在华北地区最高(Kuerban et al., 2020)。华北平原的 $PM_{2.5}$ 平均浓度达到 62 $\mu g/m^3$,高于当前全国平均值 (41.3±17.4)$\mu g/m^3$,远高于中国环境空气质量 (CAAQS)一级标准(15 $\mu g/m^3$),是欧洲和美国的平均 $PM_{2.5}$ 浓度的 7 倍之多。

华北平原的 $PM_{10}$ 浓度最高,达到 110 $\mu g/m^3$,高于全国平均值(83.2±34.4)$\mu g/m^3$,远超过了 CAAQS 二级标准(70 $\mu g/m^3$)。该数值是欧洲 (12.0±5.9)$\mu g/m^3$、东亚(31.7±20.4)$\mu g/m^3$ 和美国(20.7±9.5) $\mu g/m^3$ 的 3～9 倍。华北平原的 $SO_2$ 浓度最高,达到 39$\mu g/m^3$,约为年均 $SO_2$ 浓度及 CAAQS 一级标准(20 $\mu g/m^3$)的 2 倍。该值约比欧洲的平均 $SO_2$ 浓度(0.86±1.4)$\mu g/m^3$ 高出 40 倍,比东亚地区(2.5 ± 3.9 $\mu g/m^3$)和美国 (1.0±1.7)$\mu g/m^3$ 高 8～10 倍。华北的 $NO_2$ 浓度为 39 $\mu g/m^3$,高于全国平均值(31.1±11.8)$\mu g/m^3$,是 CAAQS 一级标准(20 $\mu g/m^3$)的 2 倍有余,其数值明显高于欧洲(5.6± 4.7) $\mu g/m^3$、东亚 (15.7±15.1)$\mu g/m^3$ 和美国(9.4±6.1)$\mu g/m^3$。

**4. 作物单产不高,产量差大**

小麦和玉米是华北种植面积最大的两种粮食作物,但当前这两种作物单产和产量潜力之间的差距仍然较大。田间实测数据表明华北小麦灌溉和雨养条件下的产量潜力分别为 10.2 t/$hm^2$ 和 9.5 t/$hm^2$,目前农户产量分别仅实现产量潜力的 67%和 64%(刘保花,2019)。华北玉米灌溉和雨养条件下的产量潜力分别为 13.3 t/$hm^2$ 和 11.1 t/$hm^2$,农民分别实现了产量潜力的 61%和 69%(表 9-2)。若以最高产量潜力的 80%作为农户可实现最高产量来看,华北地区小麦玉米还有较大增产空间。然而农户产量近年来却一直停滞不前,主要受限于农户栽培管理技术和小农户作业的生产现状(Chen et al.,2011)。华北每个田块的平均面积仅为 0.1 $hm^2$,使得许多先进农业技术的推广变得更加困难。

**5. 肥药投入过量,效率低污染大**

2005—2014 年县域农户调研数据显示(未发表),华北地区小麦和玉米的氮肥投入量平均值分别为 229 kg/$hm^2$ 和 215 kg/$hm^2$,且存在着巨大的空间变异性。部分县区氮肥平均投入高于 300 kg/$hm^2$,远超作物需求,小麦和玉米氮盈余平均为 84 kg/$hm^2$ 和 71 kg/$hm^2$,氮肥偏生产力分别为 28.2 kg/kg 和 34.4 kg/kg,氮效率远低于欧洲和美国水平。华北小麦和玉米过量施肥引起的环境损失分别为 48.3 kg $hm^2$ 和 78.2 kg $hm^2$,高达总氮肥投入的 22%和 36%,引发空气污染(Liu et al., 2013)和水体硝酸盐超标等巨大的环境问题。

中国是全球农药用量最大的国家,2017 年农药总用量为 176.3 万 t(FAO,2017),华北地区农药用量占全国的 19.5%,单位耕地面积投入量为 13.5 kg/$hm^2$(2018 年结果),总体投入水平高于全国平均,分别是世界(2.6 kg/$hm^2$)和美国 (2.5 kg/$hm^2$)单位耕地农药用量的 5.7 和 5.9 倍(图 9-4)。

表 9-2　华北小麦和玉米产量潜力、农户产量、产量差　t/hm²

| 项目 | 灌溉条件 | 小麦 | 玉米 |
| --- | --- | --- | --- |
| 产量潜力 | 灌溉 | 10.2 | 13.3 |
| 农户产量 | 灌溉 | 6.8 | 8.1 |
| 产量差 | 灌溉 | 3.4 | 5.2 |
| 产量潜力 | 雨养 | 9.5 | 11.1 |
| 农户产量 | 雨养 | 6.1 | 7.7 |
| 产量差 | 雨养 | 3.4 | 3.4 |

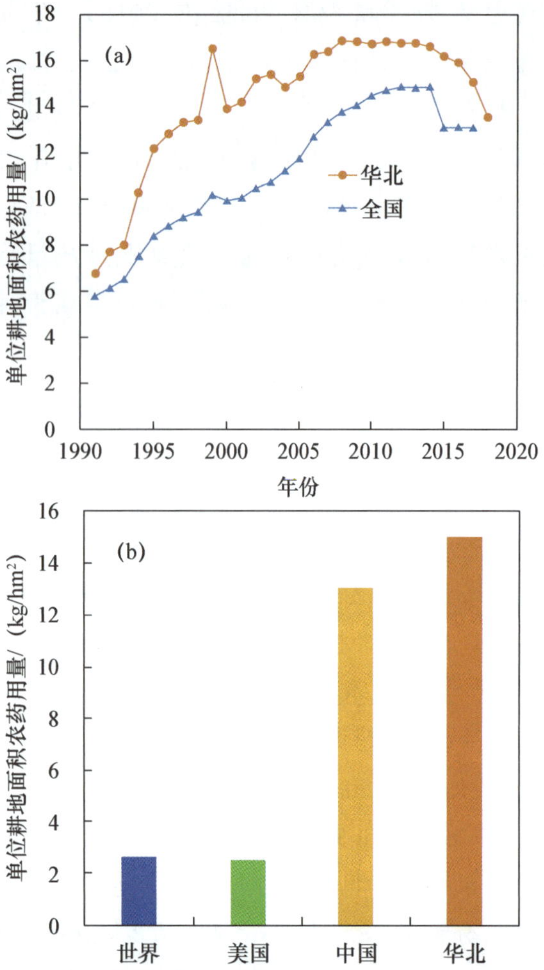


图 9-4　华北农药投入量及与全国和世界水平的对比

(数据来源:FAO,图(b)数据为 2017 年)

**6. 种养分离问题突出**

随着集约化畜禽养殖技术的发展,除规模化养殖户变多之外,畜禽养殖个体户的养殖数量也翻了几倍,导致我国一些地区畜牧大县与种粮大县分离。以生猪为例,近 30 年间大规模养猪场占整体养殖比例已经从 10%左右上升到近 50%。而大多数的规模化畜禽养殖场只具备养殖动物的土地,往往缺少种植土地或者协议使用的农田来施用有机肥。另外,我国农业从业人口数量巨大,2018 年有超 2 亿的小农户,户均耕地面积在 5 亩左右;其中,华北地区有大约 1.27 亿农业从业人员,加上粮食作物基本上已经实现了机械化的播种和收获、化肥的便捷施用、与华北一年两季农业耕种模式,畜禽粪污和废弃秸秆等有机肥资源反而难以获得粮食作物种植户的青睐和施用。下面,我们以河北省邯郸市曲周县为例,做进一步阐述。

1)种植区和养殖区空间分离

曲周县的养殖密集区和种植区分离,养殖密集区往往不是种植生产大区。曲周镇的动物养殖数量最高,为 36 LU×10³,占到了曲周总养殖量的 16%;而侯村镇的可耕作面积最高,占到了曲周县总可耕作面积的 15%(表 9-3),种植区和养殖区空间分离问题突出。

2)饲料供需不平衡,外源饲料依赖高

曲周县牛、羊、蛋鸡存栏量分别达到 2.95 万头、25 万只、1 024 万只;生猪出栏达到 42 万头。肉、蛋、奶总产量分别达到 5.6 万 t、10.98 万 t 和 0.76 万 t。曲周县是以蛋鸡和生猪为主导的养殖大县。蛋鸡和生猪的饲料成分主要是玉米—豆粕—麸皮,且曲周县种植业以小麦—玉米轮作体系为主。但研究发现曲周县总麸皮需求量为 10.5 万 t,而本地麸皮干物质自给率仅为 39%;总玉米需求量为 40.4 万 t,本地玉米干物质自给率为 55%。因此,从整体来看,饲料供需存在养分和物质的不平衡,外源饲料依赖率较高。

**7. 全程机械化配套差,信息化和智能化程度不高**

华北地区农用机械的总动力达到 17 699.7 万 kW。其中,农用大中型类拖拉机保有量已经达到 91 万多台,小型的拖拉机作业数量达到 226 万多台。这个数字说明华北地区不仅是粮食的主产区,更是农业机械化推广的主要区域。以农作物玉米为例:我国玉米机收的比例已经从 2008 年的 10.6%跃升至 2016 年的 61.7%。然而,机械化水平不平衡,有的环节甚至还没有破题。如化肥深施和粮食产地烘干机械化率均不到 25%;马铃薯

表 9-3　曲周县及各乡镇动物养殖数量和小麦—玉米产量

| 乡镇 | 动物养殖数量 /(LU×$10^3$) | 可耕作面积 /$hm^2$ | 小麦年产量 /×$10^3$ t | 玉米年产量 /×$10^3$ t |
|---|---|---|---|---|
| 曲周县 | 225 | 47 782 | 200 | 214 |
| 曲周镇 | 36 | 4 626 | 16 | 18 |
| 槐桥乡 | 17 | 3 710 | 15 | 16 |
| 白寨镇 | 30 | 4 832 | 24 | 25 |
| 安寨镇 | 30 | 6 778 | 32 | 33 |
| 大河道乡 | 13 | 2 741 | 9.1 | 11 |
| 侯村镇 | 17 | 7 118 | 34 | 34 |
| 依庄乡 | 17 | 3 236 | 9.6 | 11 |
| 河南疃镇 | 25 | 5 488 | 22 | 24 |
| 四疃乡 | 18 | 5 142 | 19 | 22 |
| 南里岳镇 | 25 | 4 111 | 19 | 20 |

种植和收获机械化率仅为 25%左右；棉花采摘机械化率仅为 41%。这些薄弱环节、薄弱产业和薄弱区域的机械化率与目标差距较大，是农业机械化发展的难点，也是当前农业机械化发展面临的重大挑战。农机和农艺的融合度不强，尤其是在新旧品种的选育、栽培机制、加工和机械化生产装备的适应性等方面尚需提升。

## 9.2 华北地区农业绿色发展的区域路径与策略

农业绿色集约化是以效益(社会效益、经济效益和环境效益)为根本目的，对诸多经营要素进行重组，以最小的成本投入获得最大的投资回报，并付出最小的环境代价，是现代农业发展的趋势。当前，华北农村地区“三农”问题的解决遇到了瓶颈，城市化进程不断加快导致农业用地范围逐渐缩小，农民持续增收不稳定。在这样的形势下，提高农业的集约化经营程度，利用较少的农业用地生产出较多的农业产品，提高农业土地效益，成为解决当前困境的必由之路。

通过对华北农业绿色集约化存在问题的探讨和思考，系统梳理和借鉴国内外农业集约化发达国家的先进经验，提出加快发展华北农业绿色集约化的路径与策略：一是设置水资源消耗阈值和环境阈值，优化种养密度；二是优化化学品投入，绿色增产增效；三是农产品提质增效，产业增值，农民增收；四是推行全程机械化、管控信息化、操作智能化；五是实行有机废弃物循环与资源化利用；六是完善绿色生态环境监测与评估；七是建立绿色环境政策约束和激励机制(图 9-5)。

(1)设置水资源消耗阈值和环境阈值　为解决水资源短缺及水资源污染问题，通过农业结构调整，调减冬小麦种植面积，压减地下水超采量，结合多渠道供水增加水源补给，实施河湖地下水回补，提高区域水资源水环境承载能力，根据水资源的地域分布特征，充分合理利用水资源。充分扩大节水灌溉技术应用面积，选用耐旱高产品种，减少农业灌溉用水，降低农业面源排放。

(2)优化化学品投入，绿色增产增效　随着农业日益集约化，不正确使用甚至滥用农业化学品(化肥、农药、农膜等)造成了土壤、大气和水体污染，如土壤盐碱化与重金属污染、地下水硝酸盐污染、水体富营养化等。因此，应该科学优化化学品投入：充分发挥政府在农业化学品防控中的主导作用，加强对化学肥料、化学农药和农用塑料薄膜生产企业的监督，推行“测土配方施肥”等惠农措施；充分发挥农业科研部门和生产企业的科技支撑和科技服务作用。

(3)农产品提质增效，产业增值，农民增收　集中有限资源做好当地优势产品，努力促进区域专业

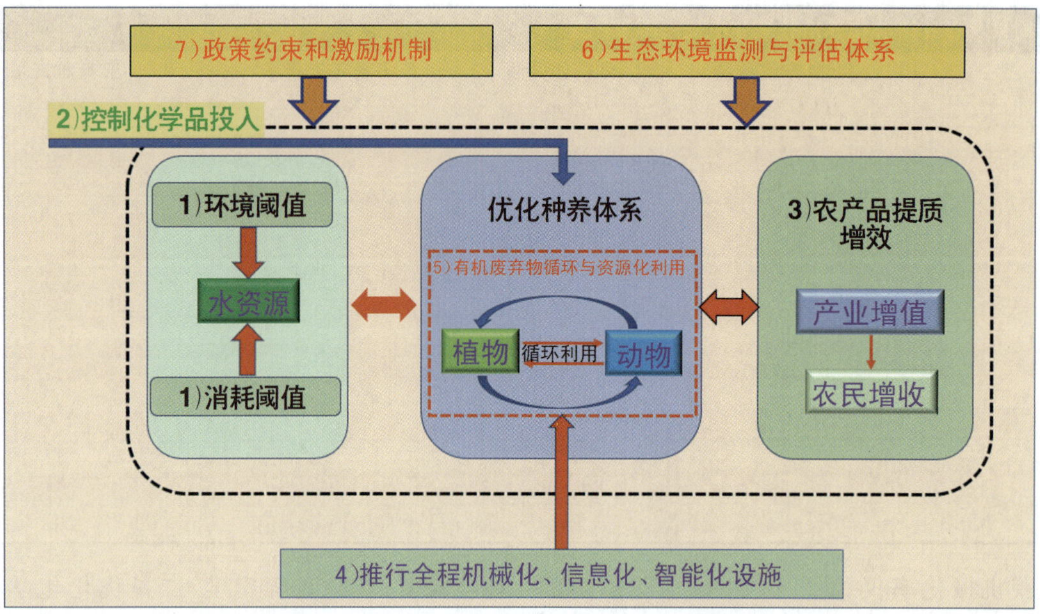


图 9-5　华北农业绿色集约化的路径与策略图

化向区域品牌化发展，提高产品竞争力；制定农产品标准，实行标准化管理，建立健全质量标准制度、质量监测制度和推广制度；促进绿色、有机等优质农产品产业发展；支持农产品商标注册，增强商标意识和维权意识；强化监督管理，切实提高农业品牌的质量，依法维护农业品牌的信誉和形象。

(4)推行全程机械化、管控信息化、操作智能化　继续深化农业全程机械化、管控信息化、操作智能化；加快农业机械化、信息化、智能化政策法规建设步伐；加大财政对农业现代化科技的投入力度，推动基础设施现代化进程。

(5)实行有机废弃物循环与资源化利用　我国每年产生有机废弃物近 40 亿 t。其中，畜禽粪便约为 26.1 亿 t，农作物秸秆约为 9.0 亿 t，两项约占总量的 90%，但畜禽废弃物肥料化比例较低，造成极大的资源浪费和环境污染。因此，应打破种养结合的“藩篱”，完善行业标准，创新配套技术及现代农机装备，加速推动有机肥化肥合理配施，促进废弃物资源化利用。

(6)完善绿色生态环境监测与评估　完善环境监测网络的指标与覆盖度，加强对污染源的监控和评估；建立环境监测与评估制度，确保数据的有效性与真实性，支撑农业生产风险评估与系统优化。

(7)建立绿色环境政策约束和激励机制　规范环境诉讼机制，建立健全生态环境损害评估与损害赔偿责任追究机制，增强财政投入的政策引导性，对环境保护个人和集体给予优惠补贴政策。

## 9.3 华北地区农业绿色发展的重点行动与案例分析

### 9.3.1　节水行动

华北地区水资源开发利用严重超载，多年平均水资源总量为 1 085 亿 $m^3$，水资源开发利用率达 65%，海河流域已达 106%，人口经济与水资源承载力严重失衡。地下水超采严重，由 20 世纪 70 年代的 200 亿 $m^3$ 增加至 2017 年的 363 亿 $m^3$，超采量达 55.1 亿 $m^3$，超采区面积达 18 万 $km^2$，60% 为深层地下水超采，形成了多个地下水漏斗。地下水水位持续下降，太行山山前平原浅层地下水埋深普遍达 30～50 m，南宫—冀枣衡—沧州深层地下水漏斗中心埋深达 106 m。长期大量超采地下水造成部分地区含水量疏干、地面沉降、海水入侵等生态环境问题。

2019年2月，为深入贯彻落实习近平总书记关于生态文明建设和保障国家水安全的重要讲话精神，着力解决华北地下水超采问题，按照国务院领导的指示，水利部、财政部、国家发改委、农业农村部等多部委联合印发关于“华北地区地下水超采综合治理行动方案”通知。方案坚持“节水优先、空间均衡、系统治理、两手发力”的治理方针，以京津冀地区为治理重点，坚持问题导向，按照近远结合、综合施策、突出重点、试点先行的原则，通过采取“一减一增”综合治理措施，系统推进华北地区地下水超采治理，逐步实现地下水采补平衡，降低流域和区域水资源开发强度，切实解决华北地区地下水超采问题，为促进经济社会可持续发展提供水安全保障。

节水行动治理范围以京津冀地区为重点，包括北京、天津、河北3个省(直辖市)地下水超采区域、涉及11个地级市149个县(区)，占3省市总县数的84%，治理面积约8.7万$km^2$。浅层超采区主要分布在北京和河北山前平原，约占超采区面积的50%；深层承压水超采区主要分布在天津、河北中东部平原，占超采区面积的60%；严重超采区主要分布在天津、河北黑龙港等地区，占超采区面积的50%以上，河北省地下水超采范围涉及128个县、治理面积7.1万$km^2$，约占整个治理范围的80%。预期到2022年，在正常来水情况下，京津冀地区年压减地下水开采量25.7亿$m^3$，现状超采量压减率超过70%，约2/3地下水超采区实现采补平衡，超采区城镇力争全部实现采补平衡。到2035年，持续推荐节水、水源置换、地下水回补和管控等治理任务，进一步压减地下水超采量，逐步实现采补平衡和填补亏空水量。

2014—2016年，财政部、水利部、农业部等有关部门在河北省开展了地下水超采综合治理试点，以体制机制创新为引领，积极探索水权制度、大力推进农业水价综合改革、切实加强地下水监测管理，通过地表水置换地下水灌溉、发展高效节水灌溉着力补齐节水工程“短板”，发挥农业节水压采效果，压减冬小麦种植面积、推广节水小麦种植等，地下水年超采量减少了约20亿$m^3$，其中，通过种植结构调整等措施压减约5亿$m^3$。2017年以来，已将治理范围扩大至山东、山西、河南。

**1.节水行动进展——强化重点领域节水**

1)推进农业节水增效

加快灌区续建配套建设和现代化改造，依托高标准农田建设项目统筹推进高效节水灌溉规模化、集约化，大力发展喷灌、微灌、管道输水灌溉。开展农业用水精细化管理，科学合理确定灌溉定额。积极推广测墒灌溉、保水剂应用等农艺节水措施，推行水肥一体化，实施规模化养殖场节水改造和建设，发展节水渔业。到2022年，基本完成治理范围内6处大中型灌区节水改造任务，重点在浅层地下水超采区，发展高效节水灌溉面积417万亩(北京19万亩，河北398万亩)，其中推行水肥一体化面积100万亩，灌溉水有效利用系数从现状的0.674提高到0.694以上，形成节水能力2.9亿$m^3$，压减超采区地下水开采量约2.4亿$m^3$。

2)调整农业种植结构

坚持以水定产和节水优先原则，以农业灌溉节水为核心，充分挖掘节水、当地水、外调水等水资源潜力的条件下，合理调整农业种植结构和模式，构建适水发展的农业种植体系，减少地下水超采量、保证粮食安全。

重点在地下水严重超采区，根据水资源条件，推荐适水种植和量水生产。严格控制发展高耗水农作物，扩大低耗水和耐旱作物种植比例。在无地表水源置换和地下水严重超采地区，实施轮作休耕，旱作雨养等措施，减少地下水开采。发展半雨养设施农业，推广设施棚面集雨及高效利用技术。在北京、河北黑龙港地区等地，实施及解析休耕，适度减少冬小麦种植面积，改种抗旱作物或改“两季”种植模式为只种一季春玉米、棉花、杂粮或牧草等。在河北冀中南等深层承压水超采区和河北坝上地区，压减地下水开采。到2022年，河北省实现压减地下水年开采量5.9亿$m^3$。

3)推进规范化农艺节水技术

为推进该地区农业节水技术规范化，进一步

提高技术集成水平与应用效果，促进旱作节水农业绿色高质量发展，河北省根据区域特色，筛选出23项农田节水主推技术模式，包含：水肥一体化技术、集雨补灌技术、蓄水保墒技术、地膜减量增效技术、冬小麦限水灌溉稳产增效技术、黑龙港流域冬小麦春灌1水稳产增效技术、冬小麦—夏玉米贮墒旱作栽培技术、冬小麦测墒补灌水肥一体化技术、春玉米全膜覆盖高产节水技术、春玉米起垄覆膜侧播种植技术、马铃薯垄膜聚水减蒸雨养旱作稳产技术、谷子保水高效种植技术、“地埋自动伸缩式”喷灌水肥一体化技术、设施蔬菜膜下滴灌综合节水技术、设施果蔬垄作覆膜水肥一体化滴灌技术、蔬菜“一膜两网一板”覆盖减蒸减病节水技术、蔬菜膜下沟灌减蒸节水技术、低压滴灌控漏节水技术、全覆膜膜孔微灌控漏节水技术、“沟灌施肥＋行间覆盖”节灌技术、果树地布集蓄降水雨养节水技术、设施果树“起垄栽培＋膜下滴灌”节水技术、果树改良小管出流灌溉节水技术。

**节水农艺技术模式**

1.水肥一体化技术：适宜于灌溉农业区、旱作农业补灌区、设施农业，适用于小麦、玉米、马铃薯、棉花、蔬菜、水果、花卉等作物。

2.集雨补灌技术：适宜于干旱缺水区或地下水超采区，适于蔬菜、果树等经济作物。

3.蓄水保墒技术：适用于小麦、玉米、马铃薯、棉花、花生、烟草、蔬菜等作物。

4.地膜减量增效技术：适用于小麦、玉米、马铃薯、棉花、花生、烟草、蔬菜等作物。

5.冬小麦限水灌溉稳产增效技术：减少灌溉水75 mm。产量减少10%～15%，产出减少100～150元/亩；总效益减少70～120元/亩。适宜于太行山山前平原灌溉农区。

6.黑龙港流域冬小麦春灌1水稳产增效技术：比常规生产田减灌50～80 $m^3$，水分利用效率＞1.6 $kg/m^3$。适宜于黑龙港低平原区，适合土壤类型为沙壤、轻壤和中壤。

7.冬小麦—夏玉米贮墒旱作栽培技术：全年节水120～150 $m^3$/亩，节氮20%左右，水分利用效率约为2.0 $kg/m^3$。适宜于冀中南部地下水严重超采区，适合沙壤、轻壤和中壤。

8.冬小麦测墒补灌水肥一体化技术：减灌50～80 $m^3$/亩，水分利用效率＞1.65 $kg/m^3$；效益持平或增收30～50元/亩。适宜于平原灌溉农业区。

9.春玉米全膜覆盖高产节水技术：增产12%～64%，节水50～85 $m^3$/亩，增收230元/亩，亩效益增加28%。适宜于张家口、承德市等冀北寒旱春玉米种植区。

10.春玉米起垄覆膜侧播种植技术：节水50 $m^3$/亩，水分利用率提高16.45%。春玉米产量提高20.4%～35.7%，亩增收150元以上。适宜于河北省东部低平原及中南部旱作春玉米区。

11.马铃薯垄膜聚水减蒸雨养旱作稳产技术：不消耗地下水，降水利用效率提高30%。中等肥力田增产25%，亩收益500元(以农户生产计)。适宜于张家口、承德市干旱半干旱区马铃薯旱作雨养生产。

12.谷子保水高效种植技术：亩增加保水剂成本100元，亩增收200元左右，亩节支增收400元以上。适宜于降水量350～500 mm旱区，适合壤土或沙壤土。

13.“地埋自动伸缩式”喷灌水肥一体化技术：亩减灌量30%、节肥15%、节工80%、节地8%，增产10%，水分利用率提高15%～20%；亩增收180元左右。适宜于河北省平原地区，适用于小麦、玉米、大豆、牧草等适合喷灌大田作物，适合壤土及黏壤土。

14.设施蔬菜膜下滴灌综合节水技术：亩增产10%～15%，灌溉水用量减少20%左右，肥料利用效率提高25%左右，减少发病率30%左右。适宜于全省设施蔬菜生产区。

15. 设施果蔬垄作覆膜水肥一体化滴灌技术：节电、省工和增产提质增效约 3 300 元/(亩·年)，纯效益增加 3 000 元/(亩·年)。适宜于全省设施条播果蔬产区，适合任何土壤质地。

16. 蔬菜"一膜两网一板"覆盖减蒸减病节水技术：减少灌溉用水 30%；病虫害防控实用性高，一网多效。适宜全省露地蔬菜示范推广。

17. 蔬菜膜下沟灌减蒸节水技术：减少蒸发，控制渗漏，比畦灌减少 30% 灌水量。适宜全省设施及露地蔬菜示范推广。

18. 低压滴灌控漏节水技术：减灌 25%；无须高压设备、减少成本。适宜于全省日光温室种植效益较高的蔬菜。

19. 全覆膜膜孔微灌控漏节水技术：减灌 25%～30%，蔬菜产量提高 10%。适宜于全省露地蔬菜种植。

20. "沟灌施肥＋行间覆盖"节灌技术：节水 28%、节肥 20%。适宜于河北省两山(燕山、太行山)地区分散管理的果园。

21. 果树地布集蓄降水雨养节水技术：节水 82%、节肥 33%，产量提高 26%。适宜于河北省不具备灌溉条件、降雨量相对充足的果园。

22. 设施果树"起垄栽培＋膜下滴灌"节水技术：节水 57%、节肥 24%、病虫害降低 8%。亩增产 500 kg，增加纯收益 2 600 元。适宜于河北省两山(燕山、太行山)地区设施栽培果园或限域栽培的果园。

23. 果树改良小管出流灌溉节水技术：节水 78.2 $m^3$/亩、节肥 30%、节省用工、降低劳动强度，提高果品质量。适宜河北规模化管理的果园。

节水行动方案实施生态和社会效益：一是通过实施深层承压水压采，地下水战略储备能力和应急供水能力得到提升；二是实施农业种植结构调整与退耕休耕，有利于耕地休养生息和农业可持续发展；三是通过发展规模化、集约化灌溉、有利于改善农业生产条件，促进脱贫致富；四是提高地下水保护社会关注度和参与度，有利于形成全社会共同保护地下水的良好氛围。方案实施对粮食产量产生一定影响，主要是河北省粮食产量减少。通过调整农业种植结构，改种谷类、薯类等抗旱耐旱粮食作物，可以降低方案实施对粮食减产的影响。

**2. 华北节水建议——推进节水提质增效、发展适水农业**

破解华北地区"水危机"、突破粮食增产"水瓶径"的关键是节水提质增效。节水提质增效战略要求深入贯彻"以水定地、以水定产、控水提质、以水定发展"的新时期治水思路，逐步形成从水源到田间、从工程到农艺、从建设到运行的综合治理方略，从区域农业用水全过程整体出发，以提高农业用水效率、提升农业水生产力、减轻农业用水的负面影响为导向，突出农业用水所涉及的作物用水、农田水转化效率、区域输配水全链条控制，针对华北水资源短缺的现状，节水提质增效的定位为最大限度地利用降水资源和土壤水资源，提高降水利用率和农田水分利用效率，将节水的重心由工程节水措施为主转移到以提高降水和灌溉水利用率的农艺和生物节水技术上来，由过去仅关注灌溉高产的效应转变到控水提质增效上来。加强变化环境下时空尺度蒸散量(ET)对不同气候情景响应的预测与农业应对策略研究，实时预报与预测面向灌区与农户的 ET 信息，并把区域 ET 与水分利用率(WUE)信息管理相结合，在保证一定的农业生产和减污目标前提下追求区域 ET 最小、综合 WUE 最大，建立基于 ET 信息的农田高效用水管理模式，由单一灌溉节水发展到灌溉和农艺结合的综合技术体系，由单一节水转变为节水节肥节药一体化技术体系，由单纯考虑产量转变为综合考虑产量和品质，由片面关注工程数量转变为工程质量、管理和效益并重(图 9-6)。

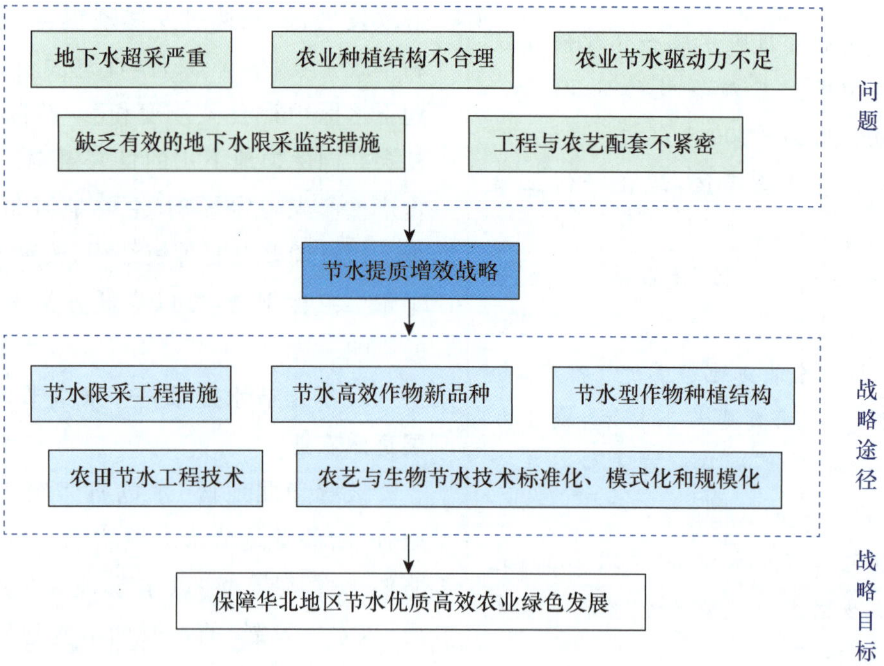


图 9-6　节水提质增效战略技术路径图

### 9.3.2　绿色高产高效行动

在环境议题和管控污染的压力下，中国农业必须在气候变化的背景下应对土地和劳动力竞争，高投入高污染长远来看既不可接受，也不能承受。对中国而言，实现可持续的粮食安全，需要从根本上转变常规农业生产方式。由 Chen 等和 Zhang 等首次提出的土壤－作物系统综合管理(Integrated Soil-crop System Management，ISSM)方法可在提高小麦、玉米、水稻产量的同时提高养分利用效率(NUE)并减少环境损失。

ISSM 的科学原理是最大程度地利用地上资源(光温资源)和地下资源(根层养分)，实现土壤、肥料和环境的氮素供应与作物生长的动态需求同步。其实施策略包括两个部分。首先，针对特定地点的生长条件选择合适的作物品种、播种日期和种植密度，最大限度地利用太阳辐射和温度。其次，设计最优施氮方案，根据根层氮素实时监控技术，在保证充足的氮素供应同时尽量减少潜在的氮素损失。对于后者，实现根层总氮(包括残留的土壤硝态氮和施用的化学氮肥)供应与高产作物的需求在数量上的匹配、时间上的同步和空间的耦合。

温热条件影响农作物的出苗、开花和成熟日期，对调节农作物的生长至关重要。生长期温热资源的低效利用通常会导致作物低产。对特定区域，可以基于长期的天气数据，最大限度地利用太阳辐射和有利温度时期，设计包含作物品种、播种日期和种植密度的最佳种植系统。例如，使用 Hybrid-Maize 模型和北京地区 15 年的天气数据设计的一个高产玉米生产系统，其模拟产量范围为 11.6～16.9 t/hm$^2$(取决于当地不同年份的天气)，而当前常规操作的平均水平为 8.9 t/hm$^2$。模型模拟与农民产量之间的差距表明，通过优化种植参数(例如品种、播种日期和种植密度)以最大化利用特定的温度条件，可以提高潜在产量。

植物根部对养分的吸收发生在根际，这是植物、土壤和微生物之间发生相互作用的重要界面。根际过程也可能成为限制养分从土壤到植物的转化、有效性和流动的障碍。作物根系不仅可以调节作物形态特征以适应土壤环境，还可以通过其生理活动来改变根际过程，例如释放质子，氧化还原变化，特别是分泌有机酸，磷酸酶和某些信号传导物质的渗出物。ISSM的根系/根际管理策略强调最大化作物根系和根际在养分活化、获取和利用过程的效率，而不是仅依靠集约化农业系统中的化肥。

在ISSM体系中，了解氮素动态需求和高产作物的干物质积累是同步氮素供应与需求的关键。研究表明，随着作物产量的增加，每单位籽粒产量需氮量降低，这表明高产系统提高了氮素的生理效率（以谷物产量与氮素吸收的比值计算）。然而大多数农民仍然认为更多的肥料等同于更高的粮食产量。另一个重要的事实是，在作物生长中期至后期，干物质以及氮和磷的积累（例如玉米的花后阶段，小麦的拔节后期或水稻的抽穗期）显著影响籽粒产量。在ISSM中，根据作物的氮素需求曲线计算出生育期施用的氮肥比例，其中小麦施肥两次（播前和拔节期前后），玉米施肥三次（播前、6叶期和10叶期），水稻施肥三次（播前，分蘖期和抽穗期）。但在生产中，农民通常在播前或生长初期施用氮肥总量的大部分氮肥。

基于对作物、土壤和养分关系的深入理解，实施ISSM方法的策略包括：①优化养分投入并考虑所有养分来源；②实现土壤养分供应与作物需求的时空动态匹配；③在集约化管理的中国作物体系中有效减少氮素损失；④考虑所有增产措施。

2009—2012年进行的153个点年的田块试验表明，与农民常规操作相比，ISSM方法增产21%～87%，而氮肥的投入却没有大幅增加。氮利用效率提高了24%～32%；与农民常规操作相比，总的活性氮损失和温室气体排放强度分别降低了50%～56%和31%～47%（表9-4）。ISSM方法在22个省总计5 147个点年的扩大试验中取得了非常显著的结果。平均而言，氮肥投入减少了24%，产量增加了12%，NUE增加了40%，同时农业净收入增加了约132美元/$hm^2$。包括试验点和农民田块的成功案例证明，ISSM是提高作物生产力和NUE的有效途径，这是可持续集约化农业的重要案例。

支持政策和行之有效的措施对于使小农户采用ISSM方法至关重要。农业农村部资助了一系列国家项目，供科学家跨学科开展合作并在各种土壤和作物上进行田间示范。2005—2010年，农业部出资近60亿元人民币实施了覆盖所有农业县的全国测土配方施肥项目，以优化氮肥管理。这项国家行动包括土壤测试，针对特定地点/作物条件制定肥料产品配方，以及向农民生产供应配方肥。约三分之二的中国农民从该项目中受益，产量提高了10%，NUE从30%提高到38%。

表9-4　土壤—作物系统综合管理和农民常规操作的粮食产量、施氮量、氮利用效率、活性氮损失、温室气体排放及其强度比较

| 作物 | 处理 | 产量/($t/hm^2$) | 施氮量/($t/hm^2$) | 氮肥偏生产力/(kg/kg) | 活性氮损失/(kg $N/hm^2$) | 活性氮损失强度/(kg N/t) | 温室气体排放/(kg $CO_2$/$hm^2$ eq) | 温室气体排放强度/(kg $CO_2$/t eq) |
|---|---|---|---|---|---|---|---|---|
| 水稻 | 土壤—作物综合管理 | 8.5 | 162 | 54 | 55 | 4 | 9 535 | 1 077 |
| | 农民常规 | 7 | 209 | 41 | 66 | 10 | 10 343 | 1 574 |
| | 差异% | 21 | −22 | 32 | −16 | −56 | −8 | −32 |
| 小麦 | 土壤—作物综合管理 | 8.9 | 220 | 41 | 59 | 6 | 4 182 | 463 |
| | 农民常规 | 5.7 | 210 | 33 | 65 | 12 | 3 707 | 671 |
| | 差异% | 56 | 5 | 24 | −9 | −50 | 13 | −31 |
| 玉米 | 土壤—作物综合管理 | 14.2 | 256 | 56 | 125 | 9 | 4 575 | 329 |
| | 农民常规 | 7.6 | 220 | 43 | 120 | 17 | 4 436 | 621 |
| | 差异% | 87 | 16 | 30 | 4 | −50 | 3 | −47 |

注：Nr损失和温室气体排放根据模型估算得出，以每公顷纯氮或$CO_2$的千克数表示，其强度以生产每吨粮食产量的纯氮或$CO_2$的千克数表示。数据来自Chen等。

### 9.3.3 小麦—玉米体系绿色发展技术与模式

**1. 小麦—玉米产业发展状况**

小麦、玉米是我国重要粮食作物，主要在黄淮海地区以小麦/玉米轮作方式种植。河南、山东、河北、安徽、江苏是种植小麦、玉米最多的省份，5省的小麦播种面积 17 435.6×$10^3$ $hm^2$，占全国71.85%，小麦产量 10 421.8 万 t，占全国 79.29%；玉米播种面积达到 12 945.7×$10^3$ $hm^2$，占全国30.73%，玉米产量 7 795.3 万 t，占全国 29.89%，对我国粮食安全意义重大(表 9-5)。

河南省是我国小麦种植面积最大、产量最高的省份，2018 年种植面积达到 5 740×$10^3$ $hm^2$，占全国的 23.65%；总产达到 3 603 万 t，占全国的 27.41%。与 1981 年相比，小麦播种面积增加 131.1%，小麦总产增加 43.87%，小麦单产增加 232.5%(图 9-7)。2018 年河南省玉米种植面积达到 3 918.96×$10^3$ $hm^2$，占全国的 9.30%；总产达到 2 351 万 t，占全国的 9.71%。与 1981 年相比，玉米播种面积增加111.9%，玉米总产增加 131.0%，玉米单产增加389.4%(图 9-8)。

**2. 小麦—玉米体系养分资源与管理状况**

2004—2015 年，河南省小麦、玉米单质氮肥消费量虽有很大的波动(图 9-9)，但总体呈下降趋势，小麦从 73.4×$10^4$ t 下降到 56.2×$10^4$ t，玉米从 42.3×$10^4$ t 下降到 24.8×$10^4$ t。与单质氮肥相反，复合肥氮投入量呈明显增加趋势，小麦、玉米复合氮肥消费量分别从 9.1×$10^4$ t 和 4.5×$10^4$ t 增加到 76.8×$10^4$ t 和 36.1×$10^4$ t。因此，小麦、玉米氮肥消费总量表现出增加趋势，2015 年分别消费 133.0×$10^4$ t 和 60.9×$10^4$ t，两种作物氮肥消费 193.9×$10^4$ t，占河南省农用氮肥消费总量的 52.3%。

**3. 小麦—玉米体系养分管理存在的问题**

1)肥料市场混乱

2015 年 9—10 月，对河南省 16 个地区，70 个县(市)，144 个农资销售网点调查表明，肥料市场中复合肥占 77.05%，氮磷钾配比共 208 个，市场占有率前 10 名分别为 15-15-15、18-18-18、16-16-16、17-17-17、28-6-6、14-16-15、25-12-8、30-5-5、18-18-6、25-15-5；以平衡肥和高氮肥占有率较高，而专用肥、配方肥很少(图 9-10)。

表 9-5 小麦玉米主产区播种面积与产量(中国统计年鉴，2019)

| 省份 | 小麦 | | 玉米 | |
|---|---|---|---|---|
| | 面积/×$10^3$ $hm^2$ | 产量/万 t | 面积/×$10^3$ $hm^2$ | 产量/万 t |
| 河南 | 5 739.9 | 3 602.8 | 3 919.0 | 2 351.4 |
| 山东 | 4 058.6 | 2 471.7 | 3 934.7 | 2 607.2 |
| 河北 | 2 357.2 | 1 450.7 | 3 437.7 | 1 941.1 |
| 安徽 | 2 875.9 | 1 607.5 | 1 138.6 | 595.6 |
| 江苏 | 2 404.0 | 1 289.1 | 515.7 | 300.0 |
| 全国 | 24 266.0 | 13 144.0 | 42 130.0 | 26 078.0 |

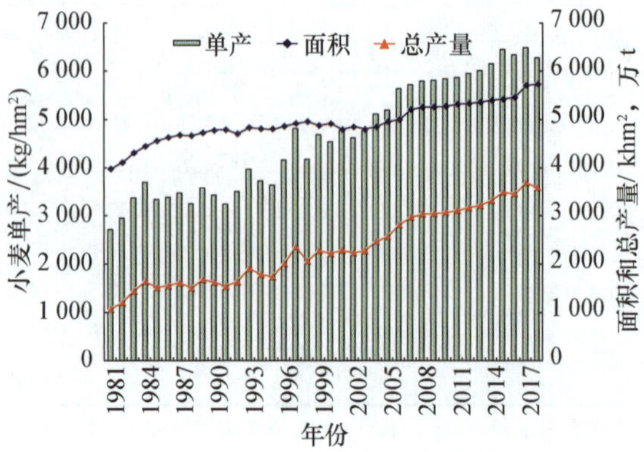


图 9-7 1981—2018 年河南小麦播种面积和产量变化

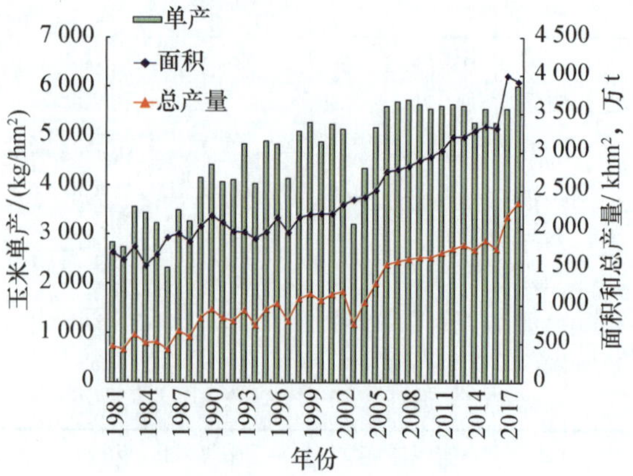


图 9-8 1981—2018 年河南玉米播种面积和产量变化

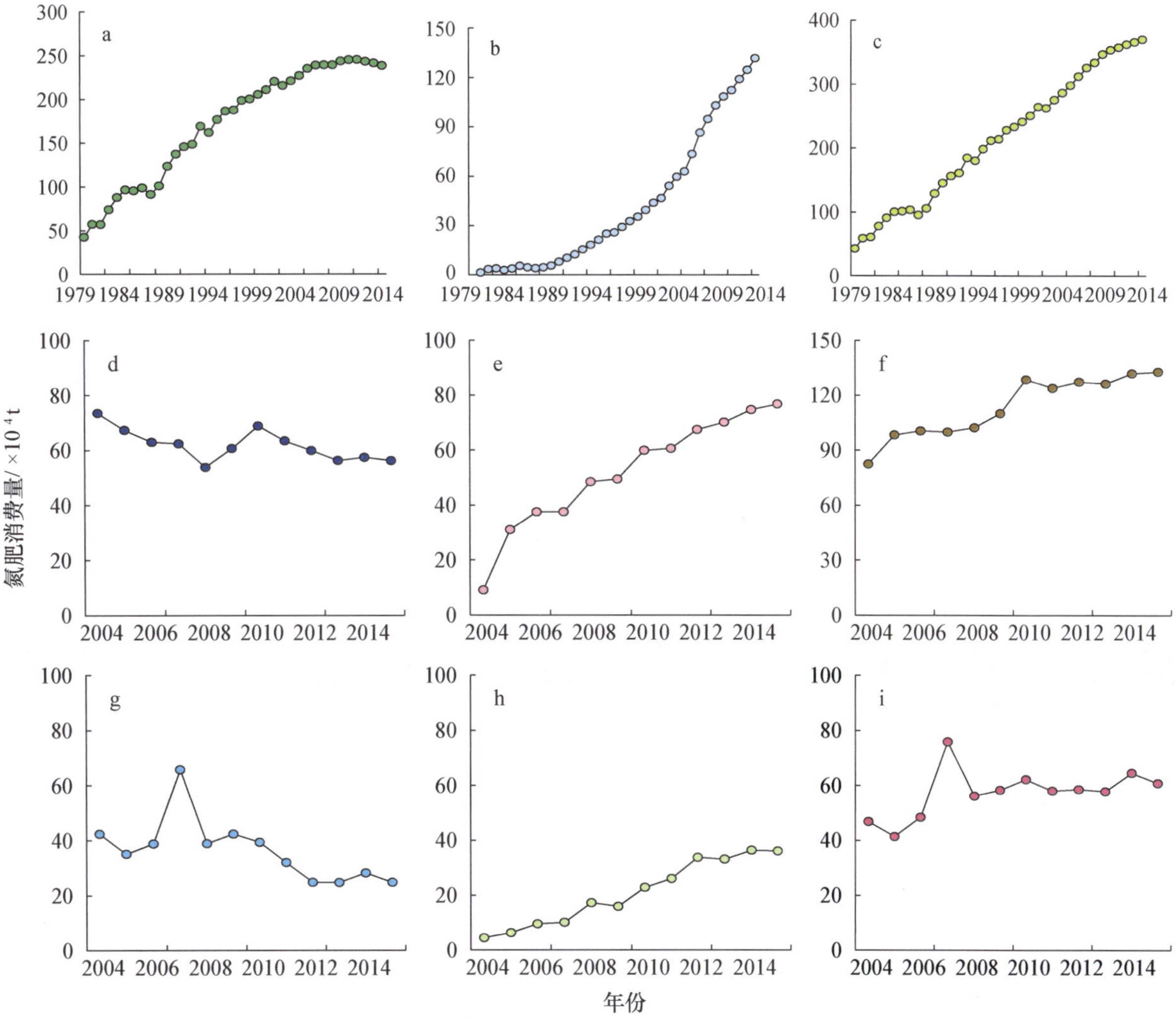


图 9-9　河南省小麦—玉米氮肥用量

注：a、b、c 为农业氮肥消费量；d、e、f 为小麦氮肥消费量；g、h、i 为玉米氮肥消费量；a、d、g 为单质氮肥；b、e、h 为复合肥；c、f、i 为单质氮肥＋复合肥

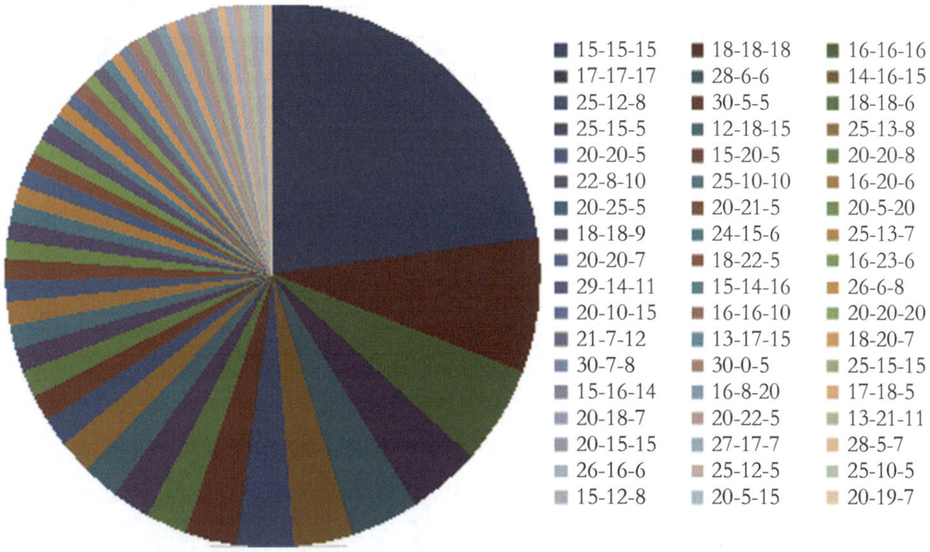


图 9-10　2015 年 9—10 月河南省农资经销店复合肥销售状况

2)农户施肥不合理现象非常普遍

连续 6 年的农户施肥调查表明,不同年份间、不同农户间施氮量差异较大,大于 300 kg/hm$^2$ 的农户占到调查农户的 8.68%～32.23%,而小于 75 kg/hm$^2$ 的也占到 1.24%～11.35%(表 9-6)。小麦不施磷、钾肥的比例分别占到 2.84%～36.36% 和 12.79%～42.56%,磷钾肥不足和过量的问题普遍存在(表 9-7)。

3)肥料利用率低

由于我国科学施肥普及水平较低,农户土地分散经营、土地规模小,缺乏适当的施肥机械,追肥成本高,农户种植过程中表施和浅施现象突出,"一炮轰"施肥呈增加趋势,前期施肥过多,中后期脱肥,肥料利用率低。$^{15}$N 试验结果表明,华北平原冬小麦—夏玉米轮作体系中,传统施氮条件下(施氮量 300 kg N/hm$^2$)氮肥利用率仅为 25%。在高量施氮条件下,没有引起产量反应的氮肥大部分以各种形式损失出土壤—作物体系。农业农村部 2019 年发布的我国三大粮食作物肥料利用率表明,2019 年我国水稻、玉米、小麦三大粮食作物化肥利用率为 39.2%,比 2015 年提高 4 个百分点,但仍有较大提升空间。

4)土壤无机氮累积与损失严重

就华北地区冬小麦来说,通常以施氮量不超过 200 kg/hm$^2$ 为宜。但生产中小麦施氮量已远远超过了作物的吸氮量。因此,当季施入的氮肥有

**表 9-6 2007—2012 年调查农户河南省小麦、玉米氮肥施用分布情况** %

| 作物 | 氮肥用量/(kg/hm$^2$) | 2007 年 | 2008 年 | 2009 年 | 2010 年 | 2011 年 | 2012 年 |
|---|---|---|---|---|---|---|---|
| 小麦 | 0 | 4.55 | 0.73 | 0.00 | 0.13 | 0.00 | 5.84 |
| | 0～75 | 5.79 | 10.62 | 1.24 | 7.62 | 2.09 | 3.05 |
| | 75～150 | 33.06 | 37.73 | 14.39 | 29.46 | 33.80 | 22.34 |
| | 150～225 | 35.95 | 13.19 | 40.50 | 28.55 | 20.21 | 36.04 |
| | 225～300 | 11.98 | 5.49 | 29.31 | 20.28 | 23.00 | 16.75 |
| | >300 | 8.68 | 32.23 | 14.56 | 13.82 | 20.91 | 15.99 |
| 玉米 | 0 | 18.92 | 16.27 | 0.00 | 7.99 | 4.44 | 1.23 |
| | 0～75 | 18.92 | 3.83 | 3.66 | 4.99 | 5.93 | 7.08 |
| | 75～150 | 18.02 | 23.21 | 21.14 | 22.35 | 21.48 | 32.31 |
| | 150～225 | 19.82 | 24.88 | 48.17 | 28.71 | 31.48 | 34.77 |
| | 225～300 | 15.32 | 16.51 | 16.06 | 15.23 | 20.37 | 11.69 |
| | >300 | 9.01 | 15.31 | 10.98 | 20.72 | 16.30 | 12.92 |

**表 9-7 2007—2012 年调查农户河南省小麦磷、钾肥施用分布情况** %

| 种类 | 用量/(kg/hm$^2$) | 2007 年 | 2008 年 | 2009 年 | 2010 年 | 2011 年 | 2012 年 |
|---|---|---|---|---|---|---|---|
| $P_2O_5$ | 0 | 36.36 | 17.58 | 2.84 | 28.68 | 7.67 | 5.58 |
| | ≤45 | 24.38 | 10.62 | 5.68 | 10.21 | 6.27 | 13.45 |
| | 45～90 | 28.93 | 45.05 | 40.67 | 28.55 | 29.62 | 20.81 |
| | 90～135 | 9.09 | 19.78 | 40.67 | 16.28 | 35.54 | 40.36 |
| | 165～180 | 0.83 | 2.56 | 7.28 | 9.95 | 13.24 | 10.66 |
| | >180 | 0.41 | 4.40 | 2.84 | 6.33 | 7.67 | 9.39 |
| $K_2O$ | 0 | 42.56 | 31.87 | 12.79 | 41.73 | 21.25 | 27.92 |
| | ≤45 | 27.69 | 15.38 | 39.79 | 28.55 | 23.69 | 19.04 |
| | 45～90 | 23.97 | 35.53 | 36.23 | 22.22 | 29.62 | 23.35 |
| | 90～135 | 5.79 | 17.22 | 10.48 | 6.85 | 20.21 | 24.87 |
| | 165～180 | 0.00 | 1.10 | 0.71 | 0.26 | 1.74 | 3.05 |
| | >180 | 0.00 | 4.03 | 0.00 | 0.39 | 3.48 | 2.03 |

很大部分累积在土壤中或以各种形式损失。残留的氮素在土壤中往往以硝态氮的形式累积，刘敏超等(2000)的结果表明，当冬小麦施氮量超过 300 kg N/hm$^2$ 时，80～100 cm 土层硝态氮含量急剧增加，达到 70 kg/hm$^2$。过量氮肥施用导致土壤中硝态氮过量累积，直接导致次生盐渍化、养分供应失衡等一系列问题。华北平原氮素盈余量介于 200～256 kg N/hm$^2$，高氮盈余也给环境带来严重威胁，包括温室气体排放、生物多样性衰减、土地和淡水资源退化等。

**4. 小麦—玉米体系绿色发展实践**

1)养分综合管理

(1)养分资源综合管理技术体系的构建　以山东为例，根据小麦、玉米生长发育规律、养分吸收规律和区域养分特点，设计小麦—玉米轮作体系氮肥实时监控理论，小麦目标产量为 7.5 t/hm$^2$，地上部氮素吸收总量为 225 kg N/hm$^2$，其中从播种到起身的氮肥吸收量为 110 kg N/hm$^2$，考虑到作物地下部的氮素吸收量，将该阶段氮素供应目标值定位为 150 kg N/hm$^2$，该时期作物根系主要分布在 0～30 cm，故优化氮肥用量(播前)为氮素供应目标值减去 0～30 cm 土层硝态氮含量。同样的原理，起身至收获期的氮素供应目标值为 210 kg N/hm$^2$，该时期考虑的作物根系层次为 0～90 cm。玉米目标产量为 10 t/hm$^2$，地上部氮素吸收总量为 275 kg N/hm$^2$，其中从播种到苗期氮素供应目标值为 30 kg N/hm$^2$，该时期考虑的作物根系层次为 0～30 cm，但受农事操作习惯的影响，玉米在播前没有施肥，考虑到氮素供应目标值较低，故本研究在玉米播前均没有施肥；从苗期到大喇叭口期氮素供应目标值为 160 kg N/hm$^2$，该时期考虑的作物根系层次为 0～60 cm；从大喇叭口期到收获期氮素供应目标值为 220 kg N/hm$^2$，该时期考虑的作物根系层次为 0～90 cm(图 9-11)。从一个轮作周期考虑，小麦—玉米在总目标产量为 17.5 t/hm$^2$ 时，在双季秸秆还田的情况下，磷钾的带出总量分别为 55 kg P/hm$^2$ 和 40 kg K/hm$^2$(表 9-8)。

(2)养分资源综合管理应用效果　对山东省泰安、兖州两年的研究结果表明(表 9-9)，冬小麦养分管理产量为 6 113～8 897 kg/hm$^2$，平均为 7 781 kg/hm$^2$，比习惯施肥产量增加 2.7%～13.1%，平均增产 8.5%；养分管理氮肥用量在 125～195 kg/hm$^2$，平均为 147.4 kg/hm$^2$，比习惯施肥氮肥减少 38.6%～53.4%，平均减少 46.3%。农民习惯施肥小麦生长期间氮素表观损失为 169～

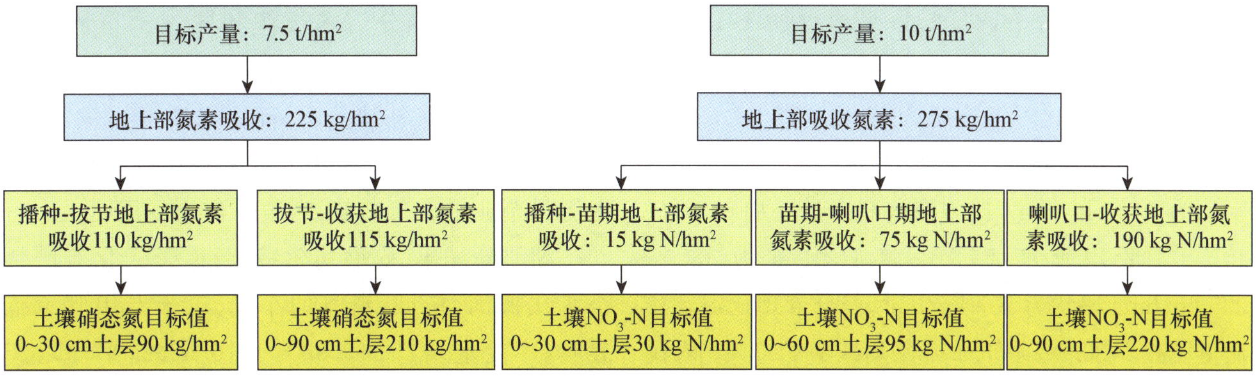


图 9-11　小麦(左)、玉米(右)氮肥实时监控技术指标示意图

表 9-8　基于养分平衡和土壤测试的磷、钾肥恒量监控管理技术指标

| 分级 | 产量/(t/hm$^2$) | | 土壤有效磷 | 土壤有效钾 | 养分管理技术/(kg P/hm$^2$ 或 kg K/hm$^2$) | | |
|---|---|---|---|---|---|---|---|
| | 小麦 | 玉米 | /(mg/kg) | /(mg/kg) | 磷肥用量 | 钾肥用量 | 说明 |
| 高 | | | >30 | >100 | 0 | 0 | 每 3～5 年对土壤有效磷进行监测，调整磷肥的施用量 |
| 中 | 7.5 | 10 | 16～30 | 70～100 | 50～55 | 40 | |
| 低 | | | <14 | <70 | 70～85 | 85 | |

注：2/3 的磷肥施在小麦季，1/3 的磷肥施在玉米季；1/3 的钾肥施在小麦季，2/3 的钾肥施在玉米季

表 9-9 小麦玉米轮作体系养分管理应用效果

| 年度 | 作物 | 处理 | 化肥用量/(kg/hm²) | | | 产量/(kg/hm²) | 产/投 | 氮素吸收效率/% | 氮素农学效率/% | N肥偏生产力 |
|---|---|---|---|---|---|---|---|---|---|---|
| | | | N | $P_2O_5$ | $K_2O$ | | | | | |
| 2005/2006 | 玉米 | CK | 0 | 43 | 36 | 8 202 | | | | |
| | | 习惯 | 373 | 17 | 17 | 9 278 | 5.86 | 13 | 3 | 25 |
| | | 管理 | 210 | 43 | 36 | 9 973 | 9.40 | 28 | 9 | 47 |
| | 小麦 | CK | 0 | 86 | 18 | 6 546 | | | | |
| | | 习惯 | 268 | 90 | 90 | 6 873 | 4.25 | 7 | 1 | 26 |
| | | 管理 | 144 | 86 | 18 | 7 270 | 9.19 | 15 | 5 | 51 |
| 2004/2005 | 玉米 | CK | 0 | 43 | 36 | 8 618 | | | | |
| | | 习惯 | 373 | 17 | 17 | 9 006 | 5.26 | 7 | 1 | 24 |
| | | 管理 | 207 | 43 | 36 | 9 680 | 11.69 | 25 | 6 | 47 |
| | 小麦 | CK | 0 | 86 | 18 | 7 307 | | | | |
| | | 习惯 | 268 | 90 | 90 | 7 777 | 4.81 | 13 | 2 | 25 |
| | | 管理 | 141 | 86 | 18 | 8 315 | 10.41 | 25 | 7 | 50 |

注:纯氮为 5.2 元/kg, $P_5O_2$ 为 5.00 元/kg, $K_2O$ 为 2.0 元/kg,玉米 1.30/kg,小麦 1.50/kg

369.5 kg N/hm²,平均为 257.7 kg N/hm²,而通过土壤硝态氮进行氮肥用量推荐的养分管理小麦生长期间氮素表观损失为 26～192.2 kg N/hm²,平均为 111.7 kg N/hm²,比习惯施肥减少 56.66%。冬小麦养分管理氮素吸收效率为－2%～42%,平均比习惯施肥增加 1 倍左右,养分管理氮素农学效率为－1～5 kg/kg,平均比习惯施肥增加约 1 倍,养分管理氮肥偏生产力为 27～68 kg/kg,比习惯施肥增加 80.8%～124.9%,平均增加 101.8%。小麦养分管理和习惯施肥产/投比分别为 9.8 和 5.34,养分管理比习惯施肥产/投比增加 83.52%。

夏玉米养分管理产量为 8 870～10 680 kg/hm²,平均为 9 704 kg/hm²,比习惯施肥产量增加 0.9%～10.4%,平均增产 5.8%;氮肥用量为 180～225 kg/hm²,平均为 207 kg/hm²,养分管理比习惯施肥氮肥减少 36.9%～63.4%,平均减少 44.7%。农民习惯施肥在玉米生长期间氮素表观损失为 280.3～367.6 kg N/hm²,平均为 324.1 kg N/hm²,而通过土壤硝态氮进行氮肥用量推荐的养分管理在玉米生长期间氮素表观损失为 102.9～190.2 kg N/hm²,平均为 155.4 kg N/hm²,比习惯施肥减少 52.06%。夏玉米养分管理氮素吸收效率为－2%～25%,平均比习惯施肥增加 5 倍,养分管理氮素农学效率为－1～5 kg/kg,平均比习惯施肥增加 7 倍多;养分管理氮肥偏生产力为 39～53 kg/kg,比习惯施肥增加 62.6%～110.0%,平均增加 95.0%。养分管理和习惯施肥产/投比分别为 10.55 和 5.56,养分管理比习惯施肥产/投比增加 89.75%(表 9-10)。

2)作物专用肥

针对区域小麦玉米种植情况、气候特点和目标产量。依据养分需求规律和区域土壤养分状况,采用氮肥总量控制、分期调控,磷钾恒量监控,中微量元素因缺补缺技术,确定氮磷钾用量,参照复合(混)肥肥料标准,设计小麦玉米专用肥配方,由肥料企业结合工艺特点,生产作物专用肥。

湖北新洋丰、安徽司尔特、云南云天化等肥料企业在扶沟、柘城、滑县的小麦、玉米专用肥示范表明,小麦上增产－5.08%～16.67%,平均增产 7.09%;节约氮肥 11.17%～40.93%,平均节约氮肥 26.05%。玉米上增产－5.17%～25.65%,平均增产 7.07%;节约氮肥 12.13%～16.67%,平均节约氮肥 15.54%。2015 年在滑县开展的以专用肥为核心的 10 000 亩小麦示范表明,示范区产量比农户产量减少 3.16%,氮肥用量减少 30%,每亩节本增收 110.3 元。

表 9-10　小麦玉米轮作体系土壤氮素表观损失　　kg N/$hm^2$

| 年份 | 试验地点 | 户主 | 养分管理 | | | 习惯施肥 | | |
|---|---|---|---|---|---|---|---|---|
| | | | 小麦 | 玉米 | 小麦+玉米 | 小麦 | 玉米 | 小麦+玉米 |
| 2004/2005 | 泰安 | 白玉龙 | 60 | 158.4 | 218.4 | 169 | 280.3 | 449.3 |
| | | 白玉广 | 26 | 102.9 | 128.9 | 176 | 285.7 | 461.7 |
| | 兖州 | 梁根远 | 192.2 | 167.6 | 359.8 | 353.9 | 354.3 | 708.2 |
| | | 徐会忠 | 185.3 | 155.1 | 340.4 | 369.5 | 367.6 | 737.1 |
| 2005/2006 | 泰安 | 白玉龙 | 141 | 163.6 | 304.6 | 273 | 351.9 | 624.9 |
| | | 白玉广 | 88 | 133.4 | 221.4 | 213 | 322.9 | 535.9 |
| | 兖州 | 梁根远 | 70.1 | 172.1 | 242.2 | 219.0 | 287.4 | 506.4 |
| | | 徐会忠 | 130.6 | 190.2 | 320.8 | 288.1 | 342.9 | 631 |

3)作物配方肥

为了满足农户对测土配方施肥的需求，尤其是种植大户、合作社的需求，结合智能配肥微工厂、配肥站建设，针对区域作物种植特点，根据一定面积的土壤养分状况和小麦玉米目标产量，通过智能配肥机配肥，以更好实现小麦玉米节肥增效、绿色发展。

与农民习惯的 15-15-15 相比，配方肥小麦增产 4.3%～18.5%，氮、磷、钾肥偏生产力分别提高 4.4%～18.3%、4.3%～18.4%、38.7%～134%。20-15-10 比 15-15-15 效益增加 3 021.1 元/$hm^2$，增收 22.1%。同时，农民习惯施肥的 15-15-15、25-12-8 赤霉病发病率、小麦冻害也是最高的，而 20-15-10、15-20-10、18-15-12 等配方肥则明显下降。

4)模式推广与应用

依托研究生、大学生长期在基层驻扎的科技小院，通过开展技术培训、试验示范、田间观摩等活动，普及测土配方施肥技术，提高农户科学施肥意识。在技术服务的基础上，联合企业为农户订制生产，或者利用企业建立的智能配肥站，为农户生产供应配方肥，实现测—配—产—供—推一体化服务，消除技术服务最后一公里瓶颈，帮助农户增收、绿色发展。

2016—2018 年，依托临颍科技小院，对 50 多个大户，10 000 多亩小麦的配方肥应用效果表明，农户习惯施肥下，总施肥为 371.3～609.7 kg/$hm^2$，配方肥比农户习惯平均用肥量降低 129.9 kg/$hm^2$。其中配方施肥降低了约 10%氮肥投入、约 21%磷肥投入和约 25%钾肥投入(图 9-12)。农户习惯施肥下产量变化范围为 5.16～6.80 t/$hm^2$，平均产量水平 5.85 t/$hm^2$；配方肥平均产量比农户习惯施肥增加 0.64 t/$hm^2$，平均增产 10.9%(图 9-13)。经济效益分析发现，配方施肥平均总收益为 15 565 元/$hm^2$，比农户习惯施肥增收 1 569 元/$hm^2$，增收 11.21%。配方施肥投入为 1 862 元/$hm^2$，实现肥料成本节省 15.6%。配方施肥可以实现每公顷 13 526 元净收益，比农户习惯施肥增收 1 720 元/$hm^2$，增收率为 14.5%(图 9-14)。

以河南省为例，对小麦—玉米体系绿色发展实践进行阐述：

(1)河南省配方施肥下小麦节肥增产潜力　河南省小麦产量的跨度较大，最低产量为 3 400 kg/$hm^2$，而最高的地区达 8 115 kg/$hm^2$(平均 6 123 kg/$hm^2$)，中间有 4 715 kg/$hm^2$ 的产量差。河南省西部地区增产潜力较大，东部平原区增产潜力较小。各个县市小麦增产潜力的变化范围从 118 kg/$hm^2$ 一直上升到 3 968 kg/$hm^2$。其中在西部的三门峡市及洛阳市各县市的小麦增产潜力均>3 000 kg/$hm^2$，此外平顶山、南阳、郑州等市的部分地区增产潜力也较大。而东部的周口、商丘及中部的许昌市各市小麦的增产潜力多处于<1 400 kg/$hm^2$ 的范围内。虽然平原适宜区的单位面积增产量相对较低(平均 1 668 kg/$hm^2$)，但由于该区域小麦种植面积较大，增产总量达 555.90 万 t。其次为南部盆地区，为 122.5 万 t，全省小麦总的增产潜力为 960.5 万 t。河南省各个生

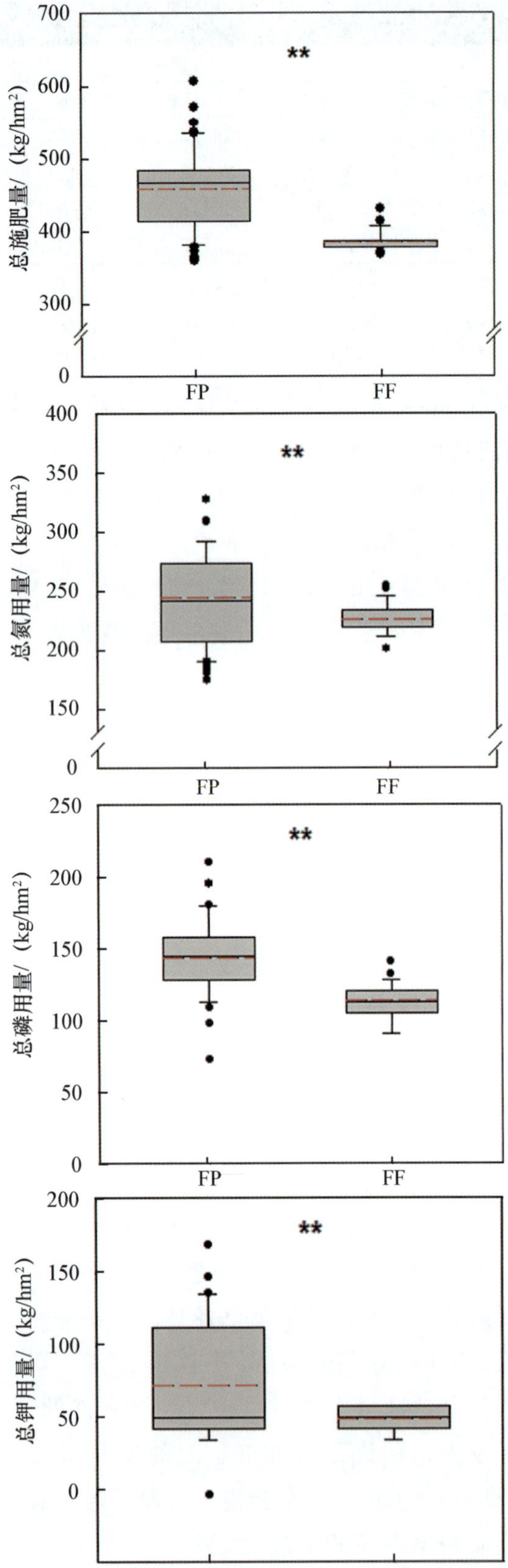


图 9-12　不同处理对小麦氮、磷、钾养分投入的影响

FP 为农户常规管理，FF 为配方施肥，后同

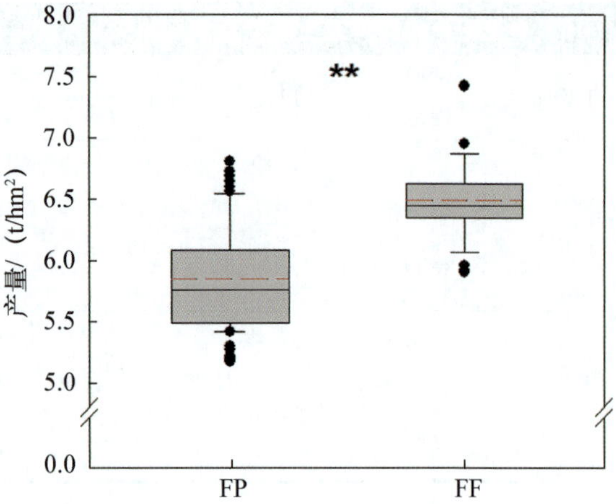


图 9-13　不同处理对冬小麦产量的影响

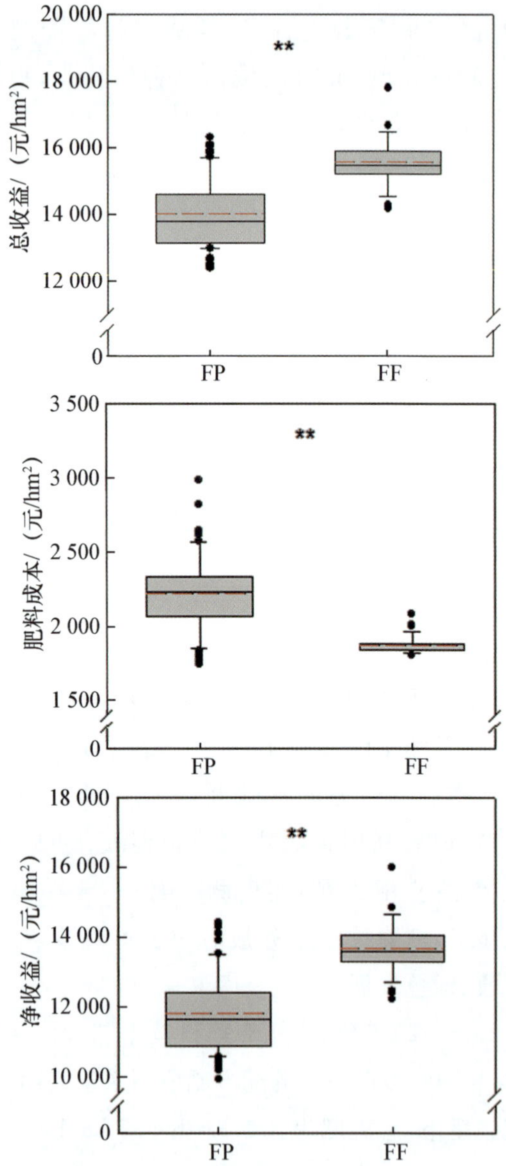


图 9-14　不同处理对冬小麦经济效益的影响

态区的小麦总节氮量为 23.10 万 t，节磷总量为 8.88 万 t，但需要增施钾肥，钾肥增施总量为 5.31 万 t。河南省小麦在配方施肥下的温室气体减排总量 $348.65\times10^4$ t $CO_2$ eq。各个生态区中以稻麦轮作区的温室气体减排潜力最小（$210.19\times10^4$ t $CO_2$ eq），西部山地区次之（$28.47\times10^4$ t $CO_2$ eq）。平原适宜区的减排潜力最大，达 $228.75\times10^4$ t $CO_2$ eq，占到河南省小麦总减排量的 65.61%。

五个生态区的小麦增收金额及成本节约金额均以平原适宜区最高，分别为 138.98 亿元及 7.82 亿元，在增收金额上以南部盆地区次之（为 43.13 亿元），而在节约施肥成本方面以中部丘陵区位居第二（1.74 亿元）。在小麦增收及成本节约的总金额上以稻麦轮作区最低，为 10.01 亿元（增收金额为 9.40 亿元、成本节约金额为 0.61 亿元）。各个生态区在配方下提高的经济效益分别为：146.80 亿、10.01 亿、44.44 亿、28.77 亿、23.20 亿元，而河南省在施肥配方下小麦生产中经济收益提高的总量为 253.22 亿元（图 9-15）。

（2）河南省配方施肥下玉米节肥增产潜力　农户玉米季氮肥施用量为 172～339 kg/hm$^2$，平均为 232 kg/hm$^2$，施氮量较高的县市以南部地区分布较多，普遍处于＞240 kg/hm$^2$ 的范围。另外在北部的濮阳、安阳等市的范县、濮阳、内黄、浚县等县的玉米习惯施氮量也较高（＞290 kg/hm$^2$）。而施氮量较低的区域主要分布在南部的信阳、驻马店、东部的商丘、周口及北部的新乡等市的部分县市。以目标产量推算，玉米种植体系平均可节约氮肥 54 kg/hm$^2$，单位面积节磷潜力为－63～67 kg/hm$^2$，但同时有 60.27% 的面积需要增施磷肥。对于钾肥而言，河南省玉米的节钾潜力较小（－63～55 kg/hm$^2$），大部分区域（78.63%）需要增施钾肥。但玉米生产仍有较大的增产空间，河南省玉米增产潜力范围为 109～3 051 kg/hm$^2$，平均 1 252 kg/hm$^2$，增产总量为 456.6 万 t。从肥料潜力来看，河南省玉米种植可节氮 18.84 万 t，但为了实现玉米产量潜力需要增施磷肥 3.81 万 t，增施钾肥 8.36 万 t，但同时可实现温室气体减排 $258.91\times10^4$ t $CO_2$ eq。

河南省玉米配方施肥下增加的经济收益总额为 75.61 亿元（图 9-16），其中由玉米增产而增加的收入为 73.06 亿元，由减少施肥量而降低的投入成本为 2.55 亿元。比较各个区域的经济总收益发现，水温协调区配方施肥下增加的经济收益最高，达 31.57 亿元，其中玉米增收 30.78 亿元，肥料投入降低 0.79 亿元；积温较少区次之，经济收益为

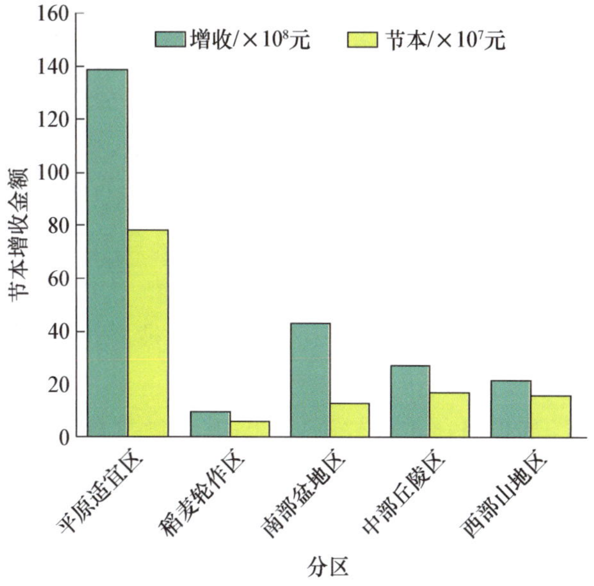


图 9-15　小麦各生态区节本增收状况及温室气体减排量及减排总量

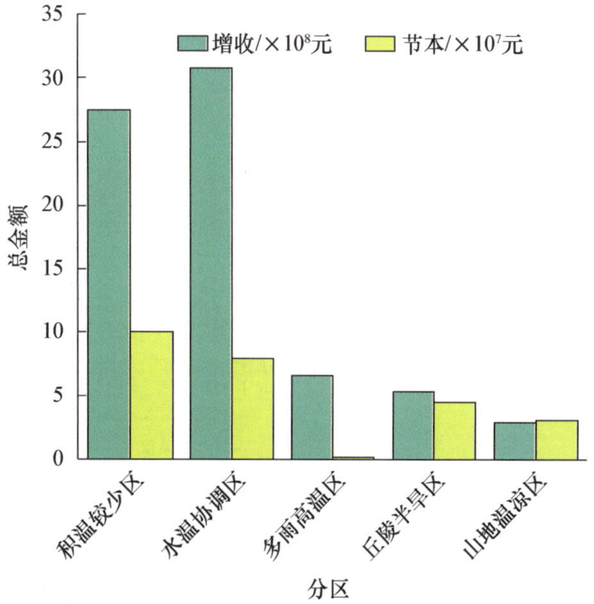


图 9-16　玉米各生态区节本增收和温室气体减排量

28.51 亿元，这两个区域的经济总收益占到河南省玉米配方施肥下的总收益的 81.15%。在另外三个生态区中以多雨高温区的经济收益较大（6.60 亿元），丘陵半旱区次之（5.74 亿元），山地温凉区最小（3.18 亿元）。

**5. 玉米生产优化管理设计**

通过优化管理以实现 2030 年的粮食安全和地下水安全。在玉米生产中，多种方法可在增产的同时降低 $NO_3^-$ 淋洗。考虑到当前的管理水平以及在区域实施的技术难度，我们将各个县的高产农户（产量前 5%）作为我们的目标产量，即代表当地优化的管理水平。基于全国玉米农户调研数据，玉米地上部分吸氮量/氮肥用量均值为 0.64 kg/kg。6 089 个田间试验表明，运用土壤—作物综合管理系统（ISSM）可将该比值提高至 0.84 kg/kg。土壤—作物综合管理系统在 2005—2015 年期间被广泛推广使用，累计面积达到 3 770 万 $hm^2$。

为保障地下水安全，当优化氮肥用量超过临界氮肥用量时，建议施用新型肥料（EEF）进行部分或全量替代。我们的 Meta 分析结果与前人研究结果均表明，应用新型肥料可以显著降低农田 $NO_3^-$ 淋洗（图 9-17），这主要归因于应用新型肥料可提高肥料利用率，即控制氮素释放速率以与作物需求同步，从而减少环境污染，同时维持作物产量（Azeem et al.，2014）。此外，新型肥料的减损潜力在北方区域（NC）较低，低于中部（CC）和南方区域（SC）（图 9-17）。

**6. 绿色生产技术应用的潜力分析**

玉米优化管理在应用推广可行，且价格相对便宜，尽管不同县的管理措施有所不同。在高产农户中，面积加权平均产量和氮肥用量分别为 9.8 t/$hm^2$（范围 $5^{th}$～$95^{th}$，6.1～13.6 t/$hm^2$）和 218 kg N/$hm^2$（范围 $5^{th}$～$95^{th}$，104～366 kg N/$hm^2$）。相应的平均 $NO_3^-$ 淋洗量为 30.5 kg N/$hm^2$（范围 $5^{th}$～$95^{th}$，14.1～60.9 kg N/$hm^2$）。通过优化施肥管理，对 1 406 个县的高产农户进行优化设计，平均优化氮肥用量为 154 kg N/$hm^2$（范围 $5^{th}$～$95^{th}$，58～310 kg N/$hm^2$），比当前农民的氮肥用量低了 32%，新型肥料替代比例为 48%（表 9-11）。优化管理条件下的 $NO_3^-$ 淋洗量为 12.9 kg N/$hm^2$，比 $NO_3^-$ 淋洗阈值低了 31%。在优化氮肥管理下，玉米平均产量为 7.6 t/$hm^2$（范围 $5^{th}$～$95^{th}$，3.2～13.6 t/$hm^2$）。

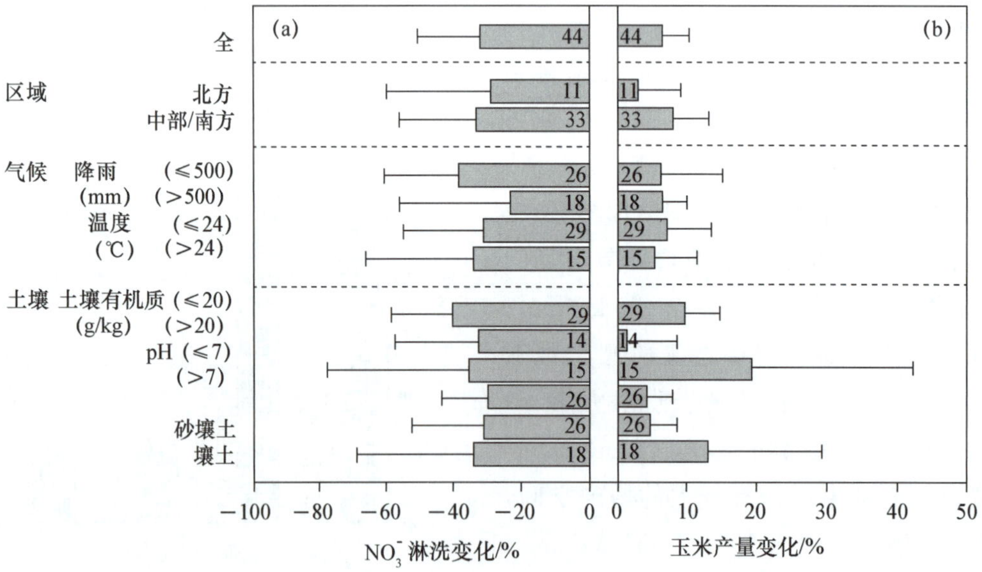


图 9-17　增效氮肥增产潜力分析

（柱状图底部的数字表示样本量）

表 9-11 当前农民生产、临界氮肥用量、高产农户及优化管理情景下玉米产量、施氮量、硝态氮淋失量

| 情景 | 玉米产量/($t/hm^2$) | 氮肥用量/($kg\ N/hm^2$) | $NO_3^-$ 淋洗/($kg\ N/hm^2$) |
|---|---|---|---|
| 当前 | 7.2<br>(4.8～10.4) | 208<br>(114～323) | 27.6<br>(14.9～52.3) |
| 临界氮肥用量 | 5.5<br>(1.3～9.4) | 142<br>(39～262) | 18.8<br>(5.4～44.9) |
| 高产农户 | 9.8<br>(6.1～13.6) | 218<br>(104～366) | 30.5<br>(14.1～60.9) |
| 优化情景 | 7.6<br>(3.2～13.6) | 154<br>(58～310) | 12.9<br>(2.8～23.5) |

注:括号内的范围表示第 5 至第 95 百分位。

假设玉米播种面积不变,如果所有县均使用优化管理,玉米产量将为 340 Mt。该产量水平可以满足中国人口直接消费及动物饲料的需求(2030 年为 315 Mt)。优化管理的氮肥用量为 6.9 Mt,其中包括 3.4 Mt 新型肥料。$NO_3^-$ 淋洗量为 0.49 Mt,比 $NO_3^-$ 淋洗阈值低 31%,比当前 $NO_3^-$ 淋洗量低 53%。所有县 $NO_3^-$ 淋洗量均等于或低于淋洗阈值,其中 30%的县低于淋洗阈值的 80%。优化管理方案使氨($NH_3$)挥发量从 2.2 Mt 降低至 1.5 Mt,并将氧化亚氮($N_2O$)排放量从 0.091 Mt 降低至 0.063 Mt。尽管新型肥料的成本增加了,但由于产量的增加和氮肥、环境成本的降低,作物的净效益增加至 204 亿美元。

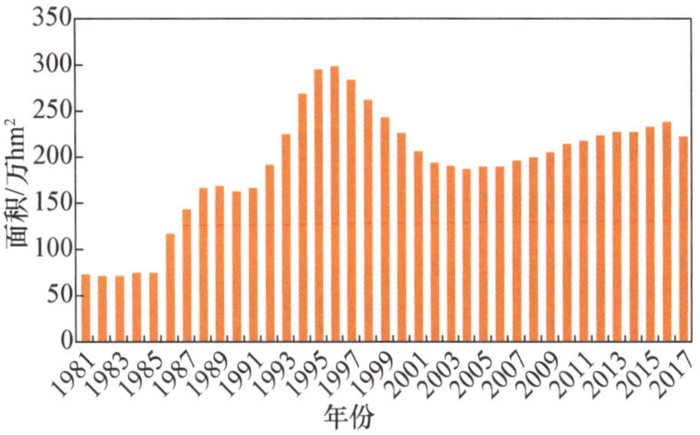


图 9-18 1981—2017 年中国苹果栽培面积变化情况

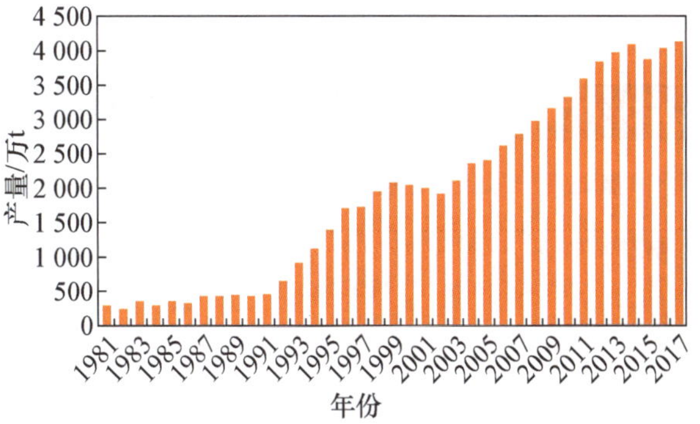


图 9-19 1981—2017 年中国苹果产量变化情况

## 9.3.4 苹果产业绿色发展技术与模式

### 1. 苹果种植产业现状

改革开放以来,我国苹果产业发展迅速,经过几次波动后目前栽培面积处于稳定增长局面,总产量一直稳步提高(图 9-18 和图 9-19)。根据联合国粮食及农业组织的统计数据,2017 年中国苹果栽培面积和产量分别达 222 万 $hm^2$ 和 4 139 万 t,分别占全世界的 45%和 50%(FAO,2018),中国已成为世界第一苹果生产大国。

我国苹果单位面积产量从 1980 年的 3.20 $t/hm^2$ 提高到 2017 年的 18.64 $t/hm^2$(表 9-12),比世界单

表 9-12 2017 年中国和苹果生产发达国家单产水平 $t/hm^2$

| 中国 | | 苹果生产发达国家 | |
|---|---|---|---|
| 山东 | 32.64 | 瑞士 | 58.77 |
| 河北 | 15.94 | 新西兰 | 52.02 |
| 辽宁 | 15.07 | 智利 | 48.79 |
| 陕西 | 15.84 | 意大利 | 43.72 |
| 山西 | 27.56 | 法国 | 36.68 |
| 甘肃 | 12.22 | 美国 | 35.61 |
| 河南 | 25.77 | 德国 | 32.96 |
| 中国平均 | 18.64 | 阿根廷 | 30.01 |

产平均水平(16.85 t/hm²)高10.62%。但是与苹果生产发达国家的单产相比(30～50 t/hm²)仍有进一步提高的空间。从主要苹果生产省来看,山东省苹果单产水平最高,达到了32.64 t/hm²,接近苹果生产发达国家水平;其次是山西省和河南省,分别为27.56 t/hm²和25.77 t/hm²;陕西省、辽宁省和河北省苹果单产水平较低,约为15 t/hm²。

**2. 苹果生产化肥施用现状**

肥料成本是生产物质成本中非常重要的部分。从2002年以来中国苹果化肥使用成本快速升高且所占生产物质成本的份额一直最高,2011年达到最高为520元/亩,之后稍有回落,但仍维持在较高水平。平均看来,化肥成本约占生产物质成本的30%,苹果种植中化肥使用成本与苹果市场的需求变化相关,也与化肥的零售价格和苹果的出售价格密不可分。

1)氮养分投入特征

不同苹果生产区域的氮投入量均处于较高水平,从全国平均水平来看(表9-13),苹果园投入氮平均为1 056 kg/hm²。不同生产区域间存在差异,其中山东投入量最高,为1 302 kg/hm²。从投入氮的来源来看,来自化肥的远高于有机肥,化肥氮占总投入氮的比重为67.11%～88.91%,平均为80.10%。

通过对我国6个苹果生产区投入氮养分评价可知(表9-14),不同区域果园投入氮适宜程度不同。山东苹果生产氮投入适宜程度占比仅为2.34%。从全国来看,也仅有17.84%的果园氮素投入处于适宜水平,超过70%的果园氮素投入过量,11.93%的果园氮投入不足。

2)磷养分投入特征

不同苹果生产区域的磷投入量均处于较高水平,从全国平均水平来看(表9-15),苹果园磷投入平均为687.3 kg/hm²。山东投入量最高,达793.1 kg/hm²。其中,化肥磷占总投入磷的比重处于65.06%～87.57%,平均为78.61%。

从全国各个苹果产区来看(表9-16),磷养分投入总体上处于严重过量水平,所有产区磷投入处于过量程度的样本量均超过了80%,最高的是山东,高达95.08%,仅有2.48%的果园磷投入处于适宜程度。从全国平均来看,仅有6.35%的果园磷投入处于适宜水平,88.12%的果园磷投入处于过量水平,接近5.53%的果园磷投入处于不足水平。

表9-13　不同产区苹果园氮养分投入量　kg/hm²

| 区域 | 氮投入量 | 化肥氮 | | 有机氮 | |
|---|---|---|---|---|---|
| | | 数量 | 比例 | 数量 | 比例 |
| 山东 | 1 301.79 | 1 093.11 | 83.97% | 208.68 | 16.03% |
| 辽宁 | 797.42 | 535.15 | 67.11% | 262.27 | 32.89% |
| 河北 | 1 110.45 | 887.69 | 79.94% | 222.76 | 20.06% |
| 陕西 | 1 093.80 | 972.50 | 88.91% | 121.30 | 11.09% |
| 山西 | 842.85 | 620.08 | 73.57% | 222.77 | 26.43% |
| 甘肃 | 1 190.43 | 1 036.98 | 87.11% | 153.45 | 12.89% |
| 平均 | 1 056.12 | 845.95 | 80.10% | 210.17 | 19.90% |

表9-14　不同产区苹果园氮养分投入评价

| 区域 | 适宜氮投入量/(kg/hm²) | 评价样本分布频率/% | | |
|---|---|---|---|---|
| | | 不足 | 适宜 | 过量 |
| 山东 | 306.04～459.06 | 2.34 | 9.32 | 88.34 |
| 辽宁 | 181.89～272.83 | 22.47 | 33.64 | 43.89 |
| 河北 | 238.28～357.42 | 11.57 | 16.64 | 71.79 |
| 陕西 | 190.46～285.68 | 10.28 | 17.87 | 71.85 |
| 山西 | 183.74～275.60 | 17.54 | 26.56 | 55.90 |
| 甘肃 | 201.38～302.06 | 7.37 | 2.99 | 89.64 |
| 平均 | 216.94～325.42 | 11.93 | 17.84 | 70.24 |

表 9-15　不同产区苹果园磷养分投入量　kg/hm²

| 区域 | 磷投入量 | 化肥磷 | | 有机磷 | |
|---|---|---|---|---|---|
| | | 数量 | 比例 | 数量 | 比例 |
| 山东 | 793.09 | 632.73 | 79.78% | 160.36 | 20.22% |
| 辽宁 | 647.37 | 423.77 | 65.46% | 223.60 | 34.54% |
| 河北 | 664.80 | 533.97 | 80.32% | 130.83 | 19.68% |
| 陕西 | 686.08 | 586.94 | 85.55% | 99.14 | 14.45% |
| 山西 | 558.95 | 410.27 | 73.40% | 148.68 | 26.60% |
| 甘肃 | 773.77 | 677.59 | 87.57% | 96.18 | 12.43% |
| 平均 | 687.34 | 540.80 | 78.68% | 146.54 | 21.32% |

表 9-16　不同产区苹果园磷养分投入评价

| 区域 | 磷适宜投入量 kg/hm² | 评价样本分布频率 / % | | |
|---|---|---|---|---|
| | | 不足 | 适宜 | 过量 |
| 山东 | 153.02～229.53 | 1.64 | 3.28 | 95.08 |
| 辽宁 | 90.94～136.42 | 6.38 | 8.94 | 84.68 |
| 河北 | 119.14～178.71 | 4.58 | 7.51 | 87.91 |
| 陕西 | 95.23～142.84 | 6.61 | 7.54 | 85.85 |
| 山西 | 91.87～137.80 | 10.69 | 8.35 | 80.96 |
| 甘肃 | 100.69～151.03 | 3.27 | 2.48 | 94.25 |
| 平均 | 108.47～162.71 | 5.53 | 6.35 | 88.12 |

3)钾养分资源投入特征

从全国平均水平来看(表 9-17),苹果园钾投入平均为 861.1 kg/hm²,其中山东平均投入高达 1 073.5 kg/hm²。化肥钾占总投入钾的比重处于 68.64%～91.58%,平均为 81.31%。

由表 9-18 可见,不同区域果园钾养分投入适宜程度不同。从全国来看,仅有 17.54%的果园钾投入处于适宜水平,56.39%的果园钾投入过量,26.08%的果园钾投入不足。可见,全国苹果园钾投入过量与不足并存。

表 9-17　不同产区苹果园钾养分投入量　kg/hm²

| 区域 | 钾投入量 | 化肥磷 | | 有机磷 | |
|---|---|---|---|---|---|
| | | 数量 | 比例 | 数量 | 比例 |
| 山东 | 1 073.52 | 885.76 | 82.51% | 187.76 | 17.49% |
| 辽宁 | 846.42 | 627.54 | 74.14% | 218.88 | 25.86% |
| 河北 | 897.30 | 759.03 | 84.59% | 138.27 | 15.41% |
| 陕西 | 780.88 | 674.76 | 86.41% | 106.12 | 13.59% |
| 山西 | 719.01 | 493.53 | 68.64% | 225.48 | 31.36% |
| 甘肃 | 849.58 | 778.05 | 91.58% | 71.53 | 8.42% |
| 平均 | 861.12 | 700.18 | 81.31% | 160.94 | 18.69% |

表 9-18　不同产区苹果园钾养分投入评价

| 区域 | 钾适宜投入量 kg/hm² | 评价样本分布频率/% | | |
|---|---|---|---|---|
| | | 不足 | 适宜 | 过量 |
| 山东 | 306.04～459.06 | 14.57 | 18.56 | 66.87 |
| 辽宁 | 181.89～272.83 | 30.43 | 14.52 | 55.05 |
| 河北 | 238.28～357.42 | 24.67 | 14.57 | 60.76 |
| 陕西 | 190.46～285.68 | 36.54 | 15.68 | 47.78 |
| 山西 | 183.74～275.60 | 39.57 | 19.54 | 40.89 |
| 甘肃 | 201.38～302.06 | 10.68 | 22.35 | 66.97 |
| 平均 | 216.94～325.42 | 26.08 | 17.54 | 56.39 |

**3. 我国苹果种植绿色发展的目标和路径**

从以上的数据分析可见，我国苹果平均单产水平大约是世界平均水平的一半，而化肥等资源消耗是发达国家的2～6倍，我们用了较多的资源生产了较少的苹果。以氮效率为例，我国苹果氮素效率为33 kg果品/kg N，是澳大利亚的1/10（图9-20），较发达国家差距较大。因此，我国苹果绿色生产的目标是以最少的化肥等资源投入获得较高的产量和优良的品质。

要实现我国苹果绿色生产的目标必须根据我国果园立地条件、栽培习惯、消费习惯，以提高产量、改善品质和减少化肥等资源投入为核心，与栽培、土肥、植保等多学科技术有机集成，才能事半功倍，实现绿色高质量发展。

**4. 苹果种植绿色栽培技术模式创新**

苹果矮砧集约栽培制度是世界苹果发展的趋势和方向，世界苹果生产先进国家矮砧集约果园已占苹果总面积的90%以上。矮砧集约栽培技术模式可以控制树冠大小，减少树体消耗，提早树体结果，增加苹果产量，改善苹果品质；便于机械化、设施化、标准化的集约栽培，可使果园管理省时省工，降低劳动生产成本，提高单位面积生产效率。而我国现阶段超过85%的苹果园采用的是乔砧栽培模式，树冠大、成花难、结果偏晚，果园容易郁闭，通风透光不良，管理费时费工。乔化栽培与矮化栽培相比，需要的肥水投入多，需要的栽培空间大，需要的管理成本高，是一种高消耗、低产出的苹果栽培方式。随着农村劳动力向城市及非农产业领域转移，农业劳动力已显不足，乔化栽培方式已不适应现代果业的发展需要。因此，应在我国大力推广矮化集约高效栽培制度，推动我国苹果栽培制度的变革。通过集成矮化砧木、采用宽行密植、选用大苗建园、设置立架栽培、采用高纺锤形和下垂枝修剪，集成水肥管理技术，通过国家苹果产业技术体系在全国大范围布点试验，业已证明其技术成熟度高、要素集约度高、适应性强、应用面广，且具有管理省时省工、果农容易接受的优点，具有良好推广应用前景。

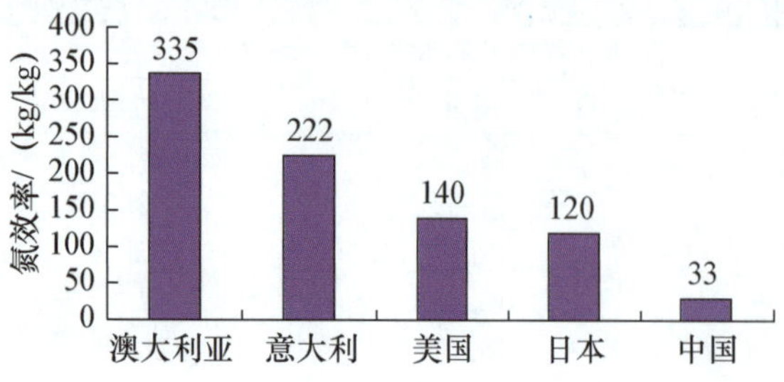


图 9-20　几个主要苹果生产国氮效率（kg产量/kg N）

通过优化施肥数量、施肥品种、施肥时期、施肥方法、果园土壤管理以及配套了优质丰产栽培技术等措施，集成了苹果最佳养分综合管理技术体系，在黄土高原产区6年59个试验点的结果表明，与农民习惯管理相比，苹果最佳养分综合管理技术在降低44.63%的无机氮磷钾肥投入下，产量提高了12.77%，单位产量的能源消耗、全球变暖、环境酸化和富营养化潜力分别降低25.31%、28.51%、39.36%和37.78%。

因此，我国苹果未来绿色生产技术要综合栽培和土肥管理技术，在改善品质和保证产量的基础上，最大限度减少化肥等资源投入，实现资源利用效率最大化。

### 9.3.5　蔬菜产业绿色发展技术与模式

**1. 蔬菜产业发展现状**

自20世纪80年代起步发展以来，随着高速公路、铁路运输网的快速发展，我国蔬菜产业形成了相对发达的蔬菜物流系统，促进了蔬菜生产的区域化、规模化和品种多样化，蔬菜“适地生产”格局已基本形成。常年种植的蔬菜达14大类150多个品种，在蔬菜供应总量和品种的多样化以及周年均衡供应等方面基本满足了中国居民的市场消费需求（国家发改委，2012）。2016年全国蔬菜播种面积2 549万$hm^2$，产量91 835万t，总产值首次突破2万亿元大关（张真和等，2017），为乡村居民提供了近7 000万个就业岗位，人均增收约993.5元

(杨其长，2016)，为保障我国蔬菜周年供应、推动农民就业创业、促进农民增收农业增效等做出了巨大贡献。

据统计，我国蔬菜化肥使用量占农作物化肥使用总量的近 1/5，其每亩化肥投入金额及折纯用量显著高于水稻、小麦、玉米三大粮食作物。我国蔬菜化肥养分（$N+P_2O_5+K_2O$）用量平均为 1 092.0 $kg/hm^2$，是全国农作物化肥养分用量的 3.3 倍，其中设施和露地蔬菜化肥养分用量平均分别为 1 355 和 859.5 $kg/hm^2$，分别是全国农作物化肥养分用量的 4.1 和 2.6 倍(黄绍文等 2017)。蔬菜生产化肥投入量远超发达国家化肥安全投入上线(225 $kg/hm^2$)、世界平均水平(120 $kg/hm^2$)和我国生态乡镇建设的化肥施用标准(250 $kg/hm^2$)。2014 年我国蔬菜亩均成本 4 192 元，是三大粮食作物的 4 倍(1 069 元)，其中化肥和农家肥的成本为 654 元，占物质与服务费用的 39%，是除人工成本外最大的投入(国家发改委，2005—2015)。肥料投入用量较大，品种较为固定、单一，施用量仍旧不均衡，且许多市面上的复合肥氮磷钾的配比不符合蔬菜养分需求。

按合理施肥条件下设施蔬菜有机肥替代化肥 45%、露地蔬菜有机肥替代化肥 35% 的比例估算，主要设施蔬菜化肥养分减施潜力平均为 34.8%～67.1%，主要露地蔬菜化肥养分减施潜力为 41.9%～76.8%(黄绍文等 2017)。

**2. 蔬菜产业绿色发展的技术与模式**

当前蔬菜供求的主要矛盾已经转变为消费者日益增长的对高品质蔬菜的需求与高品质蔬菜供应不足的矛盾。因此绿色发展、提质增效应该成为蔬菜产业发展的主旋律(邓秀新等，2016)。对蔬菜生产的全产业链进行优化升级，保障蔬菜品质价值，实现供应高品质蔬菜及蔬菜生产环境友好的蔬菜绿色发展目标。

蔬菜产业的绿色发展，首先需要保证优质安全的蔬菜生产。因此优质安全的蔬菜生产应重点关注三大问题：一是生产的标准化。应符合国家有关法规、技术规范和科学种植要求中的相关指标，体现环境友好和生态可持续发展的原则，制定生产技术规程和品牌标准，实行蔬菜标准化生产。二是化肥农药等投入品的使用，包括化肥农药的种类、数量、施用间隔期、施用技术设备的选择等等。三是蔬菜产品的品质、产量。蔬菜产业的绿色发展应摒弃传统种植观念，坚持品质优先，兼顾产量的原则。

针对目前我国蔬菜生产中存在的主要问题，为促进我国蔬菜产品优质、节本高效、环境友好和可持续发展，李衍素等(2018)提出蔬菜产业绿色发展模式的“4H”理念。

(1)蔬菜产品要安全优质，有利于消费者的健康(Healthy for customer，1H)。

(2)蔬菜生产的化学投入品和蔬菜废弃物不能污染环境，保持产地环境健康(Healthy for environment，2H)。

(3)蔬菜生产管理要实现机械化和智能化，降低劳动强度，有利于劳动者健康(Healthy for labor，3H)。

(4)蔬菜生产要节约成本，提高产出，获得高效益(High economic，4H)。

综上，从消费者(1H)、产地环境(2H)、劳动者(3H)和经营者(4H)等不同角度，对蔬菜绿色发展“4H”理念进行了阐述。只要是符合“4H”理念的技术模式，均能实现我国蔬菜产业的绿色发展。

目前，与之对应的蔬菜绿色发展技术主要可归纳为十大技术，包括：设施结构优化技术、集约化穴盘育苗技术、有机肥替代化肥安全提质技术、水肥一体节水减肥增效技术、机械化轻简化栽培技术、设施土壤消毒活化技术、病虫害绿色防控减药增效技术、设施蔬菜防灾减灾技术、无土栽培与蔬菜盆栽技术、物联网智能化环境监测与调控技术(狄政敏等，2018)。通过集成栽培设施、育苗栽培、养分管理、田间管理等相关技术，实现蔬菜的标准化绿色高效生产。

绿色农业是当前发展的方向，通过蔬菜产前、产中和产后全程绿色技术创新、组装、集成、示范，满足当前农业绿色发展的战略需求，带动农业投入品和农业生产环节的绿色化和可持续发展，对实现我国蔬菜产地绿色、农业投入品绿色、生产环节绿色、产品绿色等具有重要意义，对有效推动我国蔬菜产业绿色发展具有重大应用价值。

### 9.3.6 华北绿色种养一体化技术与模式

**1. 华北地区种养结合现状**

华北地区是重要的农产品供应基地，农林牧渔业总产值占到全国的 20%以上。2017 年华北地区乡村与农业从业人口占到了全国的 22%，仅河南、山东、河北三省的农业人口就占到了全国农业人口的近 21%(表 9-19)。华北地区种植业和畜牧业的产业占农林牧渔业总产值的 83%，是该区域的农业支柱产业。华北地区播种了全国 22.4%的粮食作物(表 9-20)，生产了全国 60%的小麦、31%的玉米、7%豆类，同时生产了全国 30%油料、32%蔬菜和 40%瓜果。同时其小麦、玉米、大豆生产也是我国畜牧业生产重要的饲料保障。

表 9-19　各省市乡村人口与从业人员数量

| 地区 | 各地区乡村人口与从业人员/万人 | 各地区农林牧渔业总产值/亿元 | 各地区农业产值/亿元 | 各地区牧业产值/亿元 |
|---|---|---|---|---|
| 北京 | 293.0 | 308.3 | 129.8 | 101.4 |
| 天津 | 265.8 | 382.1 | 183.2 | 108.0 |
| 河北 | 3 383.0 | 5 373.4 | 2 890.6 | 1 735.8 |
| 河南 | 4 764.3 | 7 562.5 | 4 552.7 | 2 368.9 |
| 山东 | 3 944.3 | 9 140.4 | 4 403.2 | 2 501.4 |
| 合计 | 12 650.4 | 22 766.7 | 12 159.5 | 6 815.5 |
| 全国数量 | 57 660.5 | 109 331.7 | 58 059.8 | 29 361.2 |

表 9-20　2017 年农作物播种面积　　$\times 10^3 hm^2$

| 地区 | 农作物 | 粮食作物 | 小麦 | 玉米 | 豆类 |
|---|---|---|---|---|---|
| 北京 | 120.9 | 66.8 | 11.3 | 49.7 | 2.9 |
| 天津 | 439.5 | 351.4 | 62.4 | 201.4 | 3.8 |
| 河北 | 8 381.6 | 6 658.5 | 1 504.1 | 3 544.1 | 90.1 |
| 河南 | 14 732.5 | 10 915.1 | 3 705.2 | 3 998.9 | 389.9 |
| 山东 | 11 107.8 | 8 455.6 | 2 495.1 | 4 000.1 | 125.0 |
| 华北地区合计 | 34 782.3 | 26 447.4 | 7 778.1 | 11 794.2 | 611.7 |
| 全国合计 | 166 331.9 | 117 989.1 | 24 508.0 | 42 399.0 | 10 051.3 |

华北地区是我国养殖重点区域之一，主要畜禽种类包括肉牛、生猪、羊、蛋鸡和肉鸡(表 9-21)，山东省、河南省与河北省三生是粮食生产和畜禽养殖大省，位于华北地区前三。随着畜牧业集约化的发展，2017 年畜禽养殖规模化率达到 58%左右，规模养殖已经成为畜牧业生产的中坚力量。但畜牧业的规模化发展加剧了养殖与种植的分离，畜禽粪污还田及废弃物循环利用已成为限制产业发展的重要难题。

2017 年华北地区的畜禽粪污总量合计为 5.46 亿 t，其粪污总氮量和总磷量分别为 409.47 万 t 和 75.67 万 t，分别为华北地区氮肥施用总量的 80.3%和磷肥总量的 37.9%。倘若完全利用畜禽粪污有机肥还田，该地区的化肥投入量可以大大降低。然而，养殖与种植的不匹配，导致部分地区粪污养分含量甚至超过了该地区的化肥需求量，饲料需求与实际可以提供的饲料量契合程度低(表 9-22)，导致需要从国内其他地区或者国外进口饲料。

表 9-21　华北地区的畜禽饲养情况

| 地区 | 牛出栏头数/万头 | 猪出栏头数/万只 | 羊头数/万只 | 家禽/万只 | 猪当量/万只 | 各省畜禽粪尿产量合计/万 t | 各省畜禽粪尿总氮生产量/万 t | 各省畜禽粪尿总磷生产量/万 t |
|---|---|---|---|---|---|---|---|---|
| 北京 | 8.4 | 242.1 | 64.5 | 3 115.2 | 449 | 581.98 | 4.45 | 0.65 |
| 天津 | 19.5 | 297.2 | 55.2 | 6 137.6 | 695 | 924.49 | 6.89 | 1.15 |
| 河北 | 340.5 | 3 785.3 | 2 168.9 | 60 637.8 | 9 348 | 11 895.50 | 82.24 | 15.49 |
| 河南 | 233.0 | 6 220.0 | 2 145.0 | 90 681.6 | 12 259 | 15 906.40 | 120.71 | 19.50 |
| 山东 | 361.6 | 5 180.7 | 2 629.8 | 220 172.0 | 17 450 | 23 842.80 | 180.62 | 41.00 |
| 华北地区合计 | 963.0 | 15 725.3 | 4 433.6 | 380 744.7 | 39 148 | 52 316.30 | 392.84 | 72.36 |
| 全国合计 | 4 340.3 | 70 202.1 | 30 797.7 | 1 302 190.0 | 154 863 | 212 712.50 | 1 557.42 | 285.05 |

注：100 头猪相当于 30 头肉牛、250 只羊、2 500 只家禽。

表 9-22　理论需求饲料量和实际饲料量　万 t

| 地区 | 猪饲料需求量 | 鸡饲料需求量 | 饲料需求量合计 | 实际麦麸量 | 实际玉米量 |
|---|---|---|---|---|---|
| 北京 | 77.47 | 113.70 | 191.18 | 1.55 | 33.20 |
| 天津 | 95.10 | 224.02 | 319.13 | 15.60 | 119.30 |
| 河北 | 1 211.31 | 2 213.28 | 3 424.59 | 376.03 | 2 035.50 |
| 河南 | 1 990.42 | 3 309.88 | 5 300.30 | 926.30 | 2 170.10 |
| 山东 | 1 657.84 | 8 036.30 | 9 694.14 | 623.78 | 2 662.20 |
| 华北地区合计 | 5 032.14 | 13 897.18 | 18 929.33 | 1 943.25 | 7 020.30 |
| 全国总产量 | 22 464.87 | 47 529.96 | 69 994.83 | 3 358.35 | 25 907.10 |

注：未考虑牛、羊对于玉米和麦麸的需求。

为了进一步推动区域种养一体化的落地，2017 年国家和部委先行支持 100 个畜牧大县，力争用 4 年时间实现畜牧大县整建制治理全覆盖，并计划在未来两年内大力扶持近 600 个大县。在此基础上，2018 年农业农村部、财政部按照畜禽养殖大县确定了 80 个县区开展畜禽粪污资源化利用试点，其中河北 5 个、河南 11 个、山东 6 个。中央通过以奖代补方式，对整县推进畜牧粪污集中处理设施和规模养殖场实施全量化有效处理适当支持。2017 年畜禽粪污资源化利用 51 个重点县中华北有 16 个，分别是河北 5 个、河南 6 个、山东 5 个。在 2018 年，畜禽粪污资源化利用整县推进专项中 85 个县区中华北有 18 个，为河北 5 个、河南 8 个、山东 5 个。

按照农业部发布的《畜禽粪污资源化利用行动方案(2017—2020 年)》要求，到 2020 年全国畜禽粪污综合利用率将达到 75%以上，规模畜禽养殖场粪污处理设施装备配套率达到 95%以上，大规模畜禽养殖场粪污处理设施装备配套率提前一年达到 100%。大规模畜禽养殖场资金相对雄厚，规模化畜禽养殖场的粪污处理装备容易实现。但对于经营规模较小的养殖户而言，由于其缺乏采购粪污处理的资金和操作粪污处理技术，应当引导其配合第三方粪污处理机构进行粪污无害化处理，可通过政府＋企业＋农户通过公私合营模式(Public-Private-Partnership，PPP)开展粪污处理与利用，或者通过对粪污处理机构或者施用者进行补贴进一步拉动畜禽粪污资源化利用。

**2. 华北地区的粪污处理的案例分析**

1)河北曲周案例剖析(县校合作＋第三方综合处理站共同推进整县种养循环)

中小规模蛋鸡养殖是曲周县畜牧业主要类型，通过全产业链的农业绿色发展理念推动种养一体化中粪污循环利用的模式，从县域尺度开展从低蛋白饲料到高效养殖到绿色产品与健康环境的畜禽养殖模式构建，为县域畜牧业绿色发展提供了蛋鸡样板。该模式依托中国农业大学曲周实验站和科技小院，结合当地养殖户，引入低蛋白饲料饲喂，在不影响产量的前提下从源头降低了污染物的排放；通过组织第三方堆肥处理中心，改良鸡粪储运堆肥模式，显著提高了鸡粪中营养物质的循环利用率，并生产了大量优质有机肥，显著降低当地大气污染和水体污染风险，并促进了养殖户和堆肥生产企业增收（图 9-21）。

2）山东案例剖析（规模化养殖场鸡粪资源化循环利用模式）

山东民和生物科技股份有限公司成立于 2009 年，是一家专业致力有机废弃物资源化循环利用的高新技术企业。通过利用养殖废弃物，开创养殖废弃物资源化处理的循环农业生态模式，在沼气沼肥资源化循环利用中起到引领作用。民和生物年可处理粪污 36 万 t、发电 2 200 万 kW·h、提纯生物天然气 1 500 万 $m^3$、生产固体有机肥料 5 万 t、生产水溶肥料 6 万 t。特大型集中式鸡粪沼气发电并网项目是国际最大的鸡粪沼气发电并网项目，为国内唯一可连续 12 年全天候高效稳定运行、国内首个成功交易的沼气清洁发展机制（CDM）项目。特大型鸡粪提纯生物天然气项目为国家首批规模化生物天然气试点项目、中德“国际最佳实践”沼气示范项目，高品质生物天然气供应车用、工业及农村生活用。300 $m^3$/d 沼液浓缩资源化利用工程是国际首个可连续运行的沼液浓缩工程，国际首次以沼液浓缩液为原料，开发高端有机叶面肥、冲施肥、药肥增效剂等“新壮态”产品（图 9-22）。

图 9-21　曲周绿色种养一体模式案例剖析

3）河南案例剖析（规模化养殖场猪粪资源化处理与利用）

牧原以生猪养殖为核心，集饲料加工、生猪育种、种猪扩繁、商品猪饲养、生猪屠宰、循环农业为一体的产业格局。在 2019 年出栏生猪达到 1 025 万头。牧原秉持“减量化生产、无害化处理、资源化利用、生态化循环”为原则，大力发展“养殖—沼肥—绿色农业”为一体的循环经济模式，追本溯源，让粪肥回归生态。从源头节约用水，减少污水量，上市一头猪用水量平均为 1.6 $m^3$，远低于生猪的规定用水量，设备配套率 100%，资源化利用率 100%，通过厌氧发酵，实现粪污处理，将粪尿腐熟成为有机液态肥料（图 9-23）。

### 9.3.7　农业氨减排技术与曲周行动

#### 1. 农业氨排放的环境代价

氮肥施用是保持作物高产、稳产的必备条件，其施用过程中向环境损失的途径主要包括了挥发、淋洗和反硝化，据报道华北平原农田氮肥各类损失途径分别占氮肥投入量的 24.7%、12.1% 和 3.3%（Ju et al.，2009），且氮素向环境损失的总量随氮素投入量的增加呈现指数增长（Cui et al.，2014）。氨挥发是农业生产中氮肥损失主要途径之一，氨作为碱性气体进入大气后与其他活性物质发生的一系列生物化学反应，对生态系统功能有很多负面影响，例如，挥发的氨会通过大气干、湿沉降回到陆地和水体，造成水体富营养化（Liu et al.，2013；Osburn et al.，2016），活性氮在陆地生态系统输入增加一方面会促进喜氮植物的数量增加，限制了其他物种的生长和发展，从而降低了系统的物种多样性（Clark and Tilman，2008）；另一

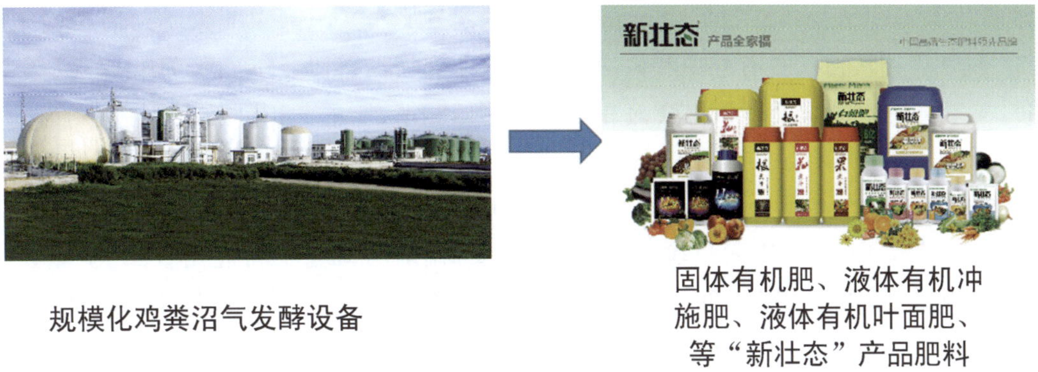


图 9-22　规模化养殖场的鸡粪发酵生产肥料

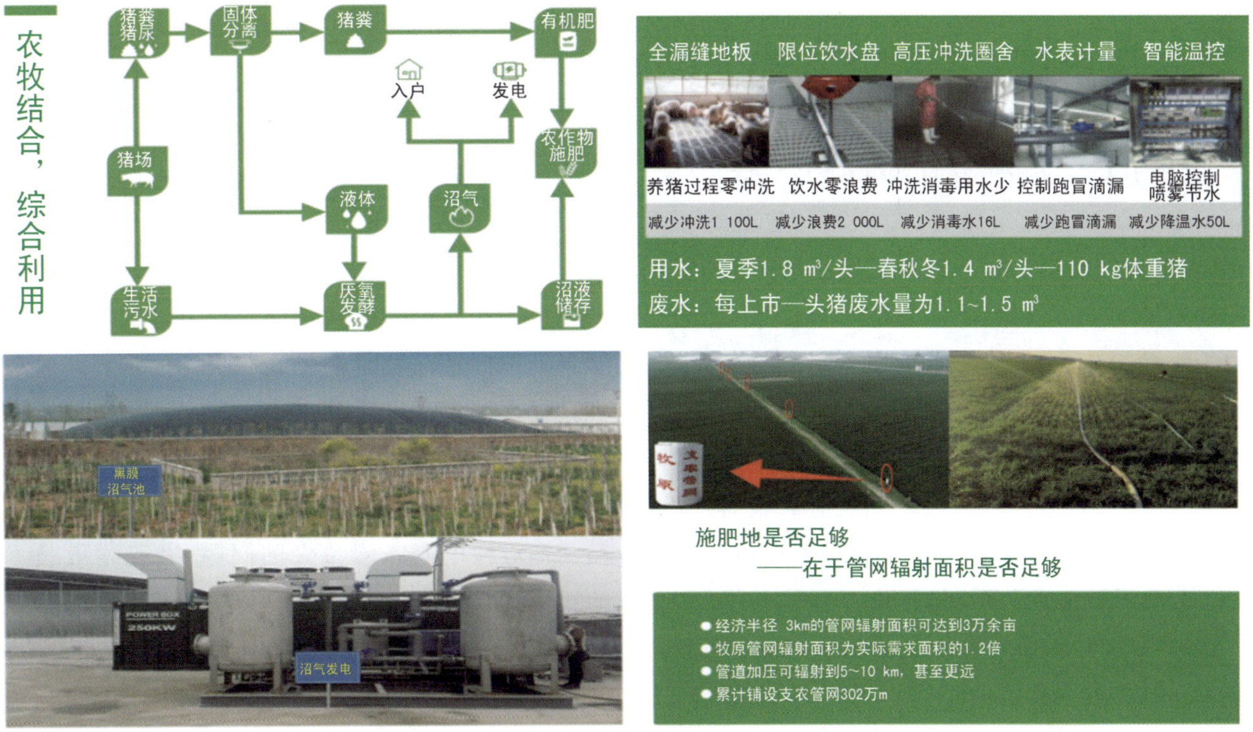


图 9-23　规模化养殖场的猪粪资源化利用

方面会造成土壤酸化(Zhu et al.，2016)。此外挥发进入大气的氨气可与酸性化合物(如 $H_2SO_4$、$HNO_3$)反应物形成二次气溶胶铵盐，其是大气颗粒物的主要成分，加剧雾霾污染的重要推手(Monks et al.，2009)。Pan 等(2016)等利用同位素模型分析 $PM_{2.5}$ 来源证实了农业源 $NH_3$ 在非霾天对 $PM_{2.5}$ 的贡献占 84%左右。

**2. 种植业氨减排技术潜力**

种植业生产过程的氨来源主要是氮肥的施用，其施用的方法以及肥料的形态和类型是影响其氨挥发的关键因素。加强畜牧业与种植业耦合，利用有机肥代替尿素有较好的减排效果，在全量替代的情况下可减少氨排放 55%，部分替代情景下也可减少 34%。另外，控制或减缓氮素释放速率以匹配作物所需氮素的供应，也可以有效减少活性氮损失。控释氮肥氨减排潜力可达到 52.83%，其中树脂包膜尿素效果最好，可达到 60%。脲酶抑制剂与尿素配施的减排潜力可高达 76%。从田间管理来看，氮肥深施可有效减少表层土壤的铵态氮(或氨氮)浓度，与表施相比可有效减少 64%氨挥发。欧美国家通过注射深施粪尿或液态无机氮肥等也可有效减少氨损失，在农牧区和集约化农业区具有更大的推广空间(Sommer et al.,2006)。碱性生物炭由于具有酸中和效应提升了土壤 pH,与不施用生物炭处理相比会潜在增加 35%的氨损失。而酸性生物炭由于其强大的吸附能力可潜在减少 45%的氨损失。

在农田施肥过程中,尿素进入土壤后迅速与脲酶结合,脲酶将尿素转化为氨气和二氧化碳后,土壤中的氨一部分将进行土壤的氮循环,而另一部分将会挥发进入环境。在施入添加脲酶抑制剂的尿素时,脲酶抑制剂首先与脲酶活性位点结合,钝化脲酶活性,从而有效降低了施肥后的氨排放,增加作物产量和氮肥的利用效率。因此,脲酶抑制剂在表施的情形下即可大幅度降低氨挥发损失,德国 BASF 公司研发的 Limus® 在华北平原上多年多点的验证效果来看(图 9-24),与普通尿素相比,脲酶抑制剂 Limus 整体氨阻控潜力为 78%、增产效应为 7%、氮肥增效率为 42%。因此,正是由于脲酶抑制剂减排潜力高,操作简便,2017 年 2 月 15 日德国联邦参议院颁布了新的肥料法规(Drucksache 148/17 Verordnung des),即从 2020 年 2 月 1 日起,尿素的施用必须配合脲酶抑制剂,或在 4 h 内进行翻耕入土,从而减少氨排放。

**3. 曲周县种植业氨减排行动**

针对华北平原严重的氨污染现状,在高校—企业—政府的合作机制下(图 9-25,即中国农业大学提供种植技术指导、氨排放检测以及技术培训,心连心化学工业集团有限公司提供含脲酶抑制剂

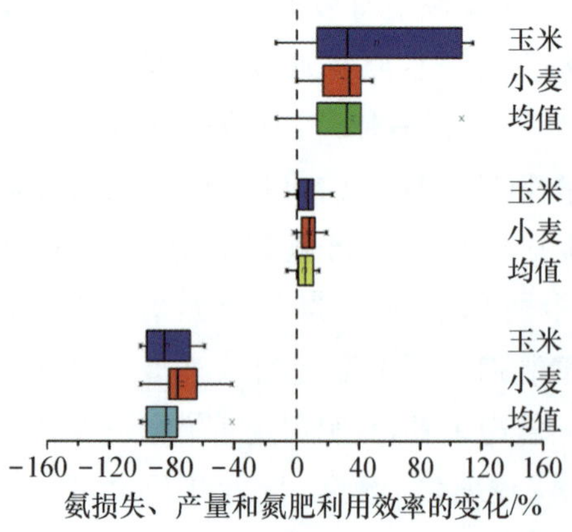


图 9-24 脲酶抑制剂 Limus® 产品保氮控氨潜力

稳定性肥料),中国农业大学曲周实验站与曲周县农业农村局密切合作,于 2019—2020 年在曲周镇、第四疃镇、里岳乡和白寨镇 4 个乡镇、13 个村、2 个合作社,共计落实 1.6 万亩新型脲酶抑制剂肥料氨减排示范区,集中应用测土配方施肥技术、添加脲酶抑制剂的新型肥料应用技术、卫星遥感影像氮素诊断精准施肥技术。目前,完成了一个完整的小麦周期的试验示范。

在 13 个示范村共布置对比田 30 块,设置示范区和对照区,其中示范区使用含脲酶抑制剂氮肥,总施纯氮量 13.3 kg/亩,其中播种底施 6.4 kg/亩,春季追施 6.9 kg/亩,对照区为农民习惯施氮肥处理,使用普通氮肥,总施纯氮量 18.5 kg/亩,其中播种底施 9.3 kg/亩,春季追施 9.2 kg/亩,示范区总施氮量比对照区降低 28%。除氮肥用量及肥料种类不同外,其他措施如小麦品种、土壤地力、磷钾肥用量和栽培管理措施相同。示范结果表明新型肥料处理比农民习惯施肥处理氨排放量平均降低 47.8%。示范区产量比对照区显著增加 52 kg/亩,增产率达 9%。

**4. 氨减排技术推广建议**

针对种植业施肥量大的问题,减肥增效技术的运用不仅可以降低生产成本,还可减少施肥过程中的氨排放。对于机械配套和灌溉设施条件较好区域,可采用深施肥以及水肥一体化等措施来减少肥料的氨损失;对于水源匮乏区域可加强节水灌溉等水肥一体化体系,从而实现节水—节肥—控氨的多重效果;虽然秸秆还田措施的控氨效果并不显著,但将秸秆制备成秸秆生物炭(特别是低温热解或酸改性的生物炭)具有较大的控氨潜力,但由于生产成本较高,可在一些基础地力较低的地区选择性推广;有机肥的全量和部分替代是充分利用资源的重要措施,但有机肥用量大导致运输成本高的问题需要在使用中进一步改进和协调;稳定性氮肥,特别是脲酶抑制剂,氨减排潜力大,成本相对较低,是值得推广的氨减排技术,特别适合农机配套较差的区域。

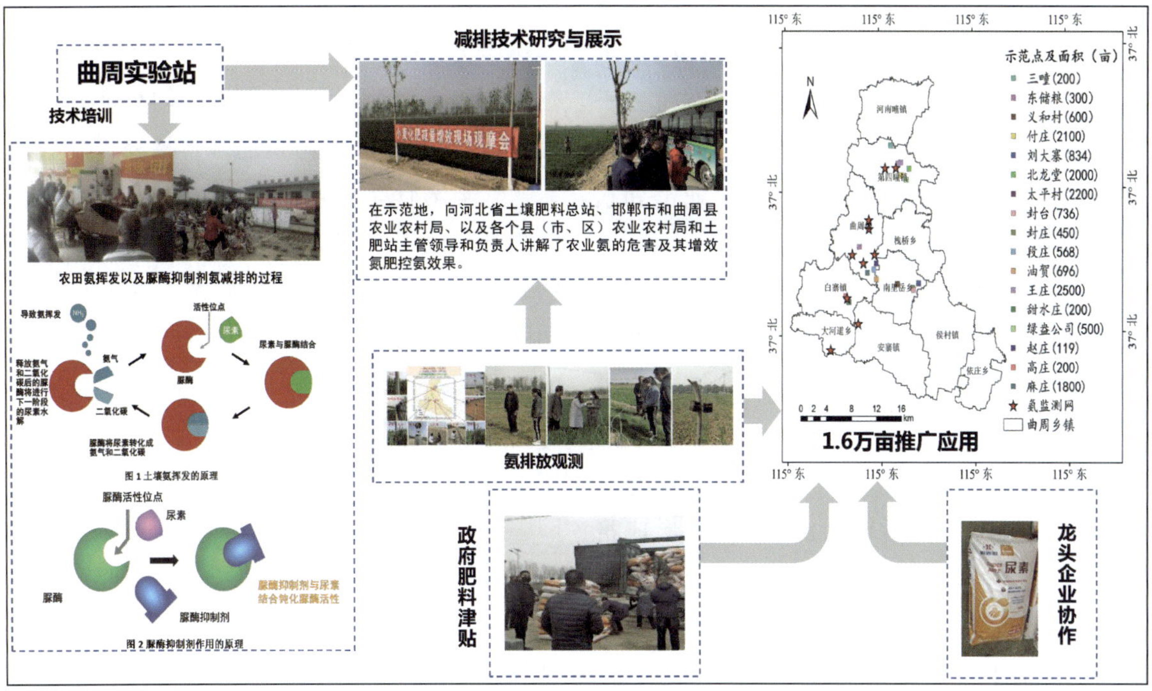


图 9-25　脲酶抑制剂保氮控氨技术推广示范模式

## 9.4 华北地区农业绿色发展展望

### 9.4.1 全面推行化肥施用定额，构建绿色种植技术体系

华北地区作物生产方式以集约化生产为主，作物的高产伴随着肥料的大量施用，造成了养分效率低、土壤酸化、水体富营养化及温室气体排放加剧等一系列环境问题，忽略了生产的可持续性。在华北平原全面推行化肥定额制度，将肥料用量控制在合理定额范围，以保障粮食稳产增产、土壤肥力培育和生态环境安全，有效支撑华北地区农业绿色发展。通过设置化肥用量定额上限以控制过量施肥对生态环境的影响，通过设置化肥用量定额下限以保障粮食安全和耕地地力提升。华北区域可在此定额范围内，根据土壤状况、作物生产水平、栽培管理条件等，编制氮肥施用技术规程和控制指标，科学引导减肥增效，助推农业绿色发展。在此基础上，构建作物绿色施肥技术体系，大力推广缓控释肥等新型肥料；推广科学施肥方法，集成应用机械深施、种肥同播、侧深施肥等高效施肥技术，提高肥料利用率；坚持施肥与培肥地力相结合，发展绿肥种植，鼓励增施有机肥，做好秸秆还田，多措并举，切实减少作物化肥用量。

### 9.4.2 推进区域种养结合，协同实现绿色低碳减排

近 30 年来，华北平原的畜牧业发展迅速，由传统的小农户养殖向规模化养殖转变，与此同时其资源环境代价也大幅增加。由于规模化养殖场不能占用基本农田，大多分布在偏远山区，空间分离进一步加剧了“种养分离”。华北平原的种植户多以小农户为主，人均可利用土地面积有限，导致畜禽粪便还田匹配难度较大。畜禽养殖规模化和集约化程度的提高，导致种养主体逐渐呈现分离趋势，畜禽粪便还田率较低，制约了华北平原农业绿色发展。种养结合是实现畜禽粪便资源化利用和华北平原农业绿色发展的重要途径，未来可主要从以下这几个方面来努力发展。

1）区域种植业与畜牧业发展相融合

按照畜禽排泄量和种植业养分需求相匹配的

原则，科学规划种植业、养殖业布局和规模，区域内种植业为养殖业提供饲料，养殖业为种植业提供有机肥等资源，大力推行“生态养殖＋有机肥＋绿色种植”循环模式，构建种养平衡、生态循环、环境友好的产业发展体系，延长生态链、产业链和增收链。

2)畜禽废弃物循环利用

采取堆肥、厌氧发酵和沼气发电等技术处理畜禽粪污，实现资源的再生利用循环发展。将养殖过程中产生的粪便加以生物技术处理后形成的产品，进行品质测定并确定达到标准后，再由专门的第三方服务组织进行运输和施用，从而形成畜禽粪污收集、运输、加工处理、农田灌溉的综合利用体系。

3)种养一体化全产业链发展

不断推进一二三产业融合发展，把种植业优势延伸到养殖业、加工业，着重抓好“农头工尾”，实现种养一体化产业发展的提档升级。通过全产业链无缝衔接，解决食品安全、防疫问题、环境污染等。根据区域特色，选择与当地资源禀赋、社会发展相关的行业或者产品，构建和打造种养一体化全产业链模式，助力农业全产业链绿色发展。

4)种养一体化政策与机制保障

制定畜禽养殖废弃物资源化处理的相关技术标准和技术规范；在区域测土配方施肥指南的基础上，根据作物种类、气候条件等，确定有机肥的合理施用范围；发展配套的有机肥生产措施及施用机械，保障有机肥施用真正落地；政府或相关部门应加强有机肥施用的相关立法和政策补贴，进而助力推进区域种养一体化的实现和农业绿色发展。

### 9.4.3 引导绿色健康膳食消费，推动农业绿色发展

华北平原是我国人口最密集的地区，然而由于城市化率和人口的不断增长，预计2050年食品需求量与当前相比仍需增加约50%，这将使得土地资源和水资源进一步紧缺。同时由于农业生产系统中大量的养分投入，导致了大气污染、水体富营养化等环境问题，未来华北地区将面临粮食危机、资源限制与环境污染的多重挑战。

人类膳食是食物生产的重要驱动力，影响着食物产品的生产规模、养分投入状况，并影响着食物系统的物质流动和养分损失。过去几十年间我国膳食结构快速变化，人均食物供应量由1961年的307 kg/(人·年)增加到2010年的839 kg/(人·年)；而且膳食结构中动物性蛋白的占比增加至40%以上，同时随着经济收入和城市化水平的不断提高，未来对动物产品的需求将进一步增加(郭孟楚，2018)。但是动物性食物的资源环境代价远高于植物性食物，不断增加的人均食物消费量和动物性食物需求量，将导致更高的环境代价和资源需求，意味着我们需要付出更多的资源环境代价来满足居民膳食需求。基于北京居民食物生产所需的土地和水资源消耗研究结果显示，北京的农业生产系统已处于严重的环境不可持续发展阶段，其中肉类和蛋奶生产的生态足迹占比最多(吴燕等，2011)。因此在不断提高农业生产力水平的同时，如何优化居民膳食结构与食物生产，以满足资源环境阈值的要求，是提高我国未来粮食安全水平和保证农业可持续发展亟待解决的问题。

我国营养协会于2016年发布了《中国居民膳食指南(2016年版)》，以食品类型作为分类标准，为居民的食物摄入量提供参考值，引导公众科学合理饮食。但总体来看，我国膳食营养的制定标准都是以提高公众健康水平为出发点，而食物生产造成的资源环境代价对膳食结构的调整反馈还关注较少。2019年世界粮农组织和世界卫生组织在充分考虑国际营养建议、粮食生产和消费的环境成本，以及对当地社会、文化和经济环境适应性的基础上，提出了可持续的膳食结构的指导原则，在可持续性和健康性的基础上，为各国饮食结构的目标调整做出了规划(FAO and WHO，2019)。同时2019年EAT-Lancet委员会在综合考虑不同

地区公众营养健康、资源环境限制、风俗文化传统和经济发展状况后，提出了可持续的健康膳食报告，强调了目前食物系统转型以及健康饮食的迫切性，需要通过合理规划以确保 2050 年满足全球人口可持续的享有健康膳食系统，并最大限度地保证地球生态环境的稳态。健康膳食在调整资源投入和环境效应方面表现出巨大潜力，与人类健康和环境可持续性之间存在重要的联系，未来应探索既满足居民膳食营养要求，又满足环境可持续发展要求的优化食物消费结构(图 9-26)。

图 9-26　华北平原农业绿色发展愿景

## 参考文献

狄政敏，郄东翔，张建峰，等. 河北省蔬菜绿色发展十大技术. 中国瓜菜，2018，31：40-43.

狄政敏，郄东翔，张建峰，等. 连阴雾霾天气设施蔬菜生产管理技术. 中国瓜菜，2016，29：37-38.

郭敬华，石琳琪，董灵迪，等. 秸秆生物反应堆对日光温室黄瓜生育环境及产量的影响. 河北农业科学，2009，13：17-19.

郭孟楚. 中国膳食结构变化对食物链氮素流动的影响及优化途径. 中国农业大学，2018.

国家发改委，农业部. 全国蔬菜产业发展规划(2011—2020 年). 中国蔬菜，2012，1-12.

国家发改委，农业部. 全国畜禽粪污资源化利用整县推进项目工作方案(2018—2020 年). 畜牧业环境，2019，14-19.

国家发改委. 全国农产品成本收益资料汇编. 北京：中国统计出版社，2015.

国家环境保护总局自然生态保护司. 全国规模化畜禽养殖业污染情况调查及防治对策. 北京：中国环境科学出版社，2002.

国家环境保护总局自然生态保护司. 全国规模化畜禽养殖业污染情况调查及防治对策. 北京：中国环境科学出版社，2002.

国家统计局. 中国统计年鉴 2017 年. 北京：中国统计出版社，2018.

国务院办公厅. 国务院办公厅关于加快推进畜禽养殖废弃物资源化利用的意见. 再生资源与循环经济，2017，10：1-2.

黄绍文，唐继伟，李春花，等. 我国蔬菜化肥减施潜力与科学施用对策. 植物营养与肥料学报，2017，23：1480-1493.

焦永刚，石琳琪，董灵迪，等. 蔬菜无土栽培基质初步筛选研究. 河北农业科学，2010，14：26-28.

李衍素，于贤昌. 我国蔬菜绿色发展“4H”理念. 中国蔬菜，2018，5-8.

农业部办公厅. 农业部办公厅关于印发《畜禽粪污土地承载力测算技术指南》的通知. 中华人民共和国农业部公报，2018，58.

农业部环境保护科研监测所，天津市畜牧局，上海市畜牧办公室，等. 畜禽养殖业污染物排放标准. 国家环境保护总局；国家质量监督检验检疫总局，2001.

农业部畜牧业司. 2018 年畜牧业工作要点. 中国畜牧兽医报,2018,001.

农业农村部办公厅,生态环境部办公厅. 农业农村部办公厅 生态环境部办公厅关于进一步明确畜禽粪污还田利用要求强化养殖污染监管的通知. 畜牧产业,2020,11-12.

邱国梁,姜昊,任庆棉,等. 中国农业科学院绿色发展技术集成模式的探讨与实践. 浙江农业科学,2019,60:1496-1499+1503.

盛婧,周炜,王子臣,等. 畜禽养殖粪污工程化处理对污水理化性状的影响. 中国生态农业学报,2018,26:877-883.

史彩华. "日晒高温覆膜法"在韭蛆防治中的应用. 中国蔬菜,2017,90.

司升云,周利琳,王少丽,等. 甜菜夜蛾防控技术研究与示范——公益性行业(农业)科研专项"甜菜夜蛾防控技术研究与示范"研究进展. 应用昆虫学报,2012,49:1432-1438.

王娟娟. 我国蔬菜施肥现状调查研究. 中国农技推广,2016,32:11-13.

王凯军. 畜禽养殖污染防治技术与政策. 北京:化学工业出版社,2004.

王新锋. 基于能源转化的沼液浓缩稀水微藻养分循环利用研究. 中国农业大学,2018.

吴燕,王效科,逯非. 北京市居民食物消耗生态足迹和水足迹. 资源科学,2011,33:1145-1152.

谢熠. 社会学视角下绿色发展的实现路径. 党政干部学刊,2017:62-66.

闫奎友,陆泳霖. 中国猪饲料市场变化及 2014 年展望. 饲料广角,2014:42-47.

杨其长. 供给侧改革下的设施园艺将如何发展? 中国农村科技,2016:40-43.

姚文捷. 畜禽养殖污染治理的绿色补贴政策研究. 浙江工商大学,2016.

张泽伟,狄政敏,郄东翔,等. 河北省蔬菜设施结构现状及优化建议. 中国蔬菜,2013:13-15.

张真和,马兆红. 我国设施蔬菜产业概况与"十三五"发展重点——中国蔬菜协会副会长张真和访谈录. 中国蔬菜,2017:1-5.

赵娜,冯军会,万宝春. 河北省畜禽养殖业污染防治对策建议. 中国环境管理干部学院学报,2014,24:47-50.

中共曲周县委,曲周县人民政府. 曲周县乡村振兴绿色发展三年行动实施方案(2018—2020 年)的通知. 2018.

中国农业年鉴编辑委员会. 中国农业年鉴 2017 年. 北京:中国农业出版社,2018.

Bai Z., Ma W., Ma L., et al. China's livestock transition: Driving forces, impacts, and consequences. Science Advances,2018, 4.

Clark C. M., Tilman D. Loss of plant species after chronic low-level nitrogen deposition to prairie grasslands. Nature,2008, 451: 712-715.

Craig J. R., Wollum A. G. Ammonia volatilization and soil-nitrogen changes after urea and ammonium-nitrate fertilization of pinus-taeda l. Soil Science Society of America Journal,1982, 46: 409-414.

Cui Z., Wang G., Yue S., et al. Closing the N-use efficiency gap to achieve food and environmental security. Environmental Science & Technology,2014, 48: 5780-5787.

Cui Z., Zhang H., Chen X., et al. Pursuing sustainable productivity with millions of smallholder farmers. Nature, 2018, 555: 363-366.

David R C, John R W, Yuelai L, et al. Strategies to reduce nutrient pollution from manure management in China. Frontiers of Agricultural Science and Engineering, 2020, 7: 45-55.

FAO and WHO. Sustainable healthy diets-guiding principles. Rome,2019.

John R. Porter. Opinion: agriculture green development. Frontiers of Agricultural Science and Engineering, 2020, 7: 117-119.

Ju X. T., Xing G. X., Chen X. P., et al. Reducing environmental risk by improving N management in intensive Chinese agricultural systems. Proceedings of the National Academy of Sciences of the United States of America,2009, 106: 3041-3046.

Li T., Zhang W., Yin J., et al. Enhanced-efficiency fertilizers are not panacea for resolving the nitrogen problem. International Plant Nutrition Colloquium with Boron and Manganese Satellite Meetings,2017,2017:359-360.

Liu X., Xu W., Sha Z., et al. A green eco-environment for sustainable development: framework and action. Frontiers of Agricultural Science and Engineering,2020,7: 67-74.

Liu X., Zhang Y., Han W., et al. Enhanced nitrogen deposition over China. Nature,2013, 494: 459-462.

Osburn C. L., Handsel L. T., Peierls B. L., et al. Predicting sources of dissolved organic nitrogen to an estuary from an agro-urban coastal watershed. Environmental Science

& Technology,2016, 50: 8473-8484.

Pan Y., Tian, S., Liu D., et al. Fossil fuel combustion-related emissions dominate atmospheric ammonia sources during severe haze episodes: evidence from 15n-stable isotope in size-resolved aerosol ammonium. Environmental Science & Technology,2016,50: 8049.

Shen J.,Zhu Q.,Jiao X.,et al. Agriculture green development: a model for China and the world. Frontiers of Agricultural Science and Engineering,2020,7: 5-13.

Sommer S. G., Jensen L. S., Clausen S. B., et al. Ammonia volatilization from surface-applied livestock slurry as affected by slurry composition and slurry infiltration depth. Journal of Agricultural Science,2006, 144: 229-235.

Willett W., Rockstrom J., Loken B., et al. Food in the Anthropocene: the EAT-Lancet Commission on healthy diets from sustainable food systems. Lancet,2019, 393: 447-492.

Zhang W., Cao G., Li X., et al. Closing yield gaps in China by empowering smallholder farmers. Nature, 2016, 537: 671-674.

GB/T 5084—2021. 农田灌溉水质标准. 北京:生态环境部,国家市场监督管理总局. 2021.07.01.

# 第 10 章 西北地区农业绿色发展

## 10.1 西北地区农业绿色发展的现状与挑战

### 10.1.1 农业发展的成就

我国西北地区地域广阔、土地资源丰富、日照时数长、光合有效辐射充足、自然资源多样，具有发展农、牧、林业的巨大潜力（王维敏，1994）。西北地区主要指陕西、甘肃、宁夏、青海、新疆、山西 6 省（自治区）以及内蒙古中西部地区，国土面积 396 万 $km^2$，占全国的 41%，耕地面积 3.85 亿亩、占全国的 21%（中国国家统计局，2019a）。该地区土地通常实行一年一熟和两年三熟农作制，是我国农业生产的重要区域之一。2020 年《中国农业年鉴》显示，西北地区粮、棉、油、果、蔬的总产量在 1980—2018 年实现了大幅增加[图 10-1(a)]。具体表现为，粮食作物产量从 2 936 万 t 增加到 9 311 万 t，增加了 2.2 倍；棉花产量从 24 万 t 增加到 516 万 t，增加了 20.5 倍；油料作物产量从 92 万 t 增加到 452 万 t，增加了 3.9 倍。水果产量从 2003 年的 1 913 万 t 增加到 2018 年的 5 158 万 t，增加了 1.7 倍。蔬菜产量从 1995 年的 1 937 万 t 增加到 2018 年的 7 096 万 t，增加了 2.7 倍。西北地区粮棉油果蔬的总产量逐步提升，主要归因于种植面积的增加以及单位面积产量的提升。在 1980—2018 年，粮食作物的种植面积从 1 797 万 $hm^2$ 增加到 1 882 万 $hm^2$，棉花的种植面积从 65 万 $hm^2$ 增加到 252 万 $hm^2$，油料作物的种植面积从 154 万 $hm^2$ 增加到 202 万 $hm^2$，水果的种植面积从 29 万 $hm^2$ 增加到 290 万 $hm^2$，蔬菜的种植面积从 37 万 $hm^2$ 增加到 165 万 $hm^2$。粮食作物的单产从 1 633 $kg/hm^2$ 增加到 4 949 $kg/hm^2$，棉花的单产从 369 $kg/hm^2$ 增加到 2 046 $kg/hm^2$，油料作物的单产从 596 $kg/hm^2$ 增加到 2 239 $kg/hm^2$。水果的单产从 2003 年的 11.7 $t/hm^2$ 增加到 2018 年的 19.7 $t/hm^2$，蔬菜的单产从 1995 年的 29.9 $t/hm^2$ 增加到 2018 年的 42.9 $t/hm^2$。西北地区作物的快速增长和全面发展，使其成为我国粮、棉、油、果、蔬的重要产区，有力地保障了区域粮食安全和食品多元化供应。

西北地区种植业生产的区域性较强。内蒙古、新疆、山西和陕西是粮食作物的主要产地，占西北地区粮食总产量的 82%[图 10-1(b)—(h)]。新疆是棉花的主要产地，占西北地区棉花总产量的 99%，占全国棉花总产量的 84%。内蒙古是西北地区油料作物的主要产地，占西北地区油料总产量的 45%。陕西、新疆、山西是水果的主要产地，占西北地区水果总产量的 78%。西北地区地域辽阔，气候条件特殊、地貌条件复杂多样、生物资源丰富，其中很多特色的农副产品和经济作物是其他地区无法比拟的。由此可见，西北地区具有发展区域特色农产品的天然条件和特殊优势。

西北地区也是我国重要的牧区，辖区覆盖了我国五大牧区，可利用草场达 2.03 亿 $hm^2$，是我国草食牲畜的重要产地之一。在 1980—2018 年期间，西北地区肉类产量从 101 万 t 增加到 809 万 t，增加了 7.0 倍；牛奶产量从 31 万 t 增加到 1 193 万 t，增加了 37 倍[图 10-2(a)]。禽蛋产量从 1982 年的 20 万 t

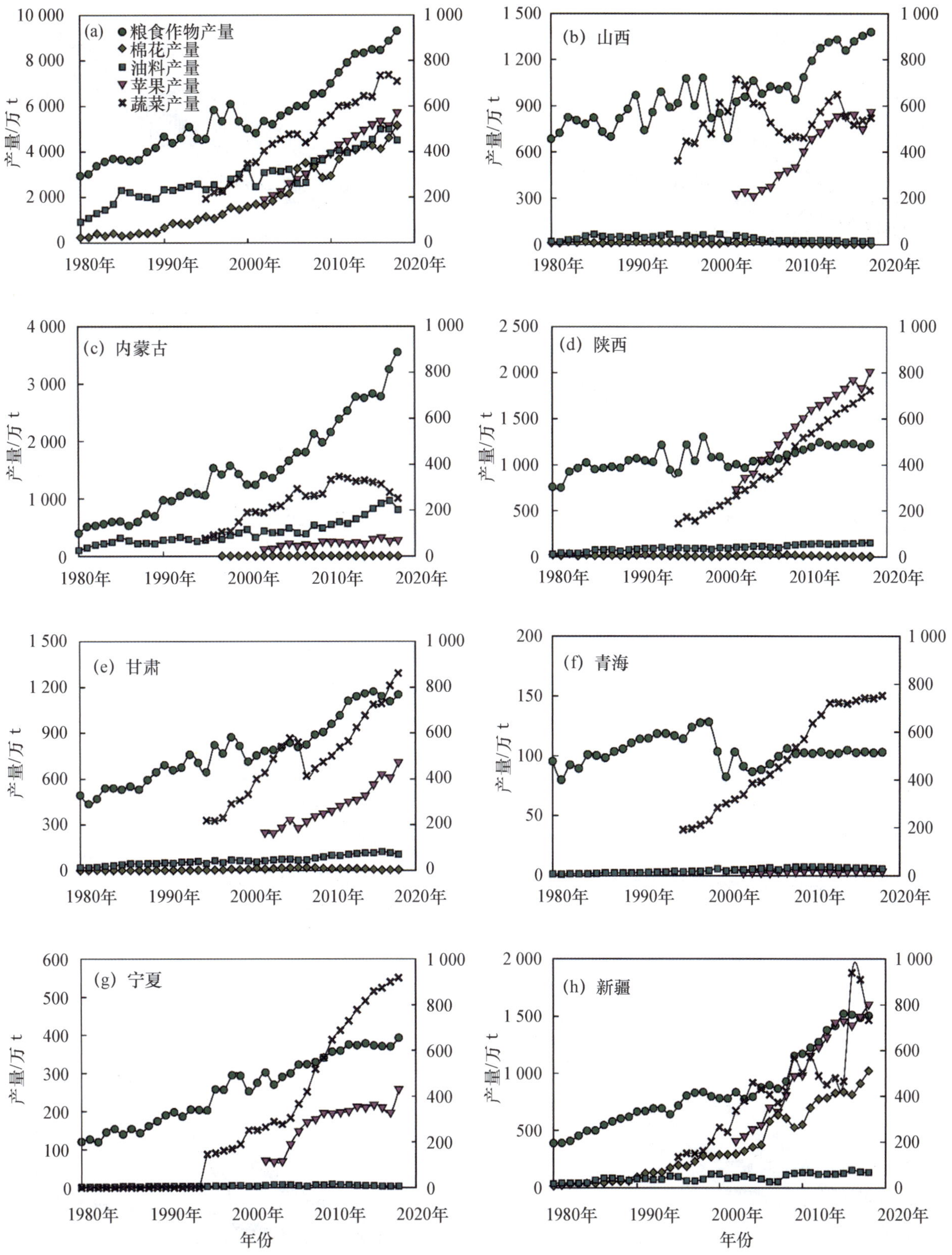


图 10-1 1980—2018 年西北地区主要农作物产量

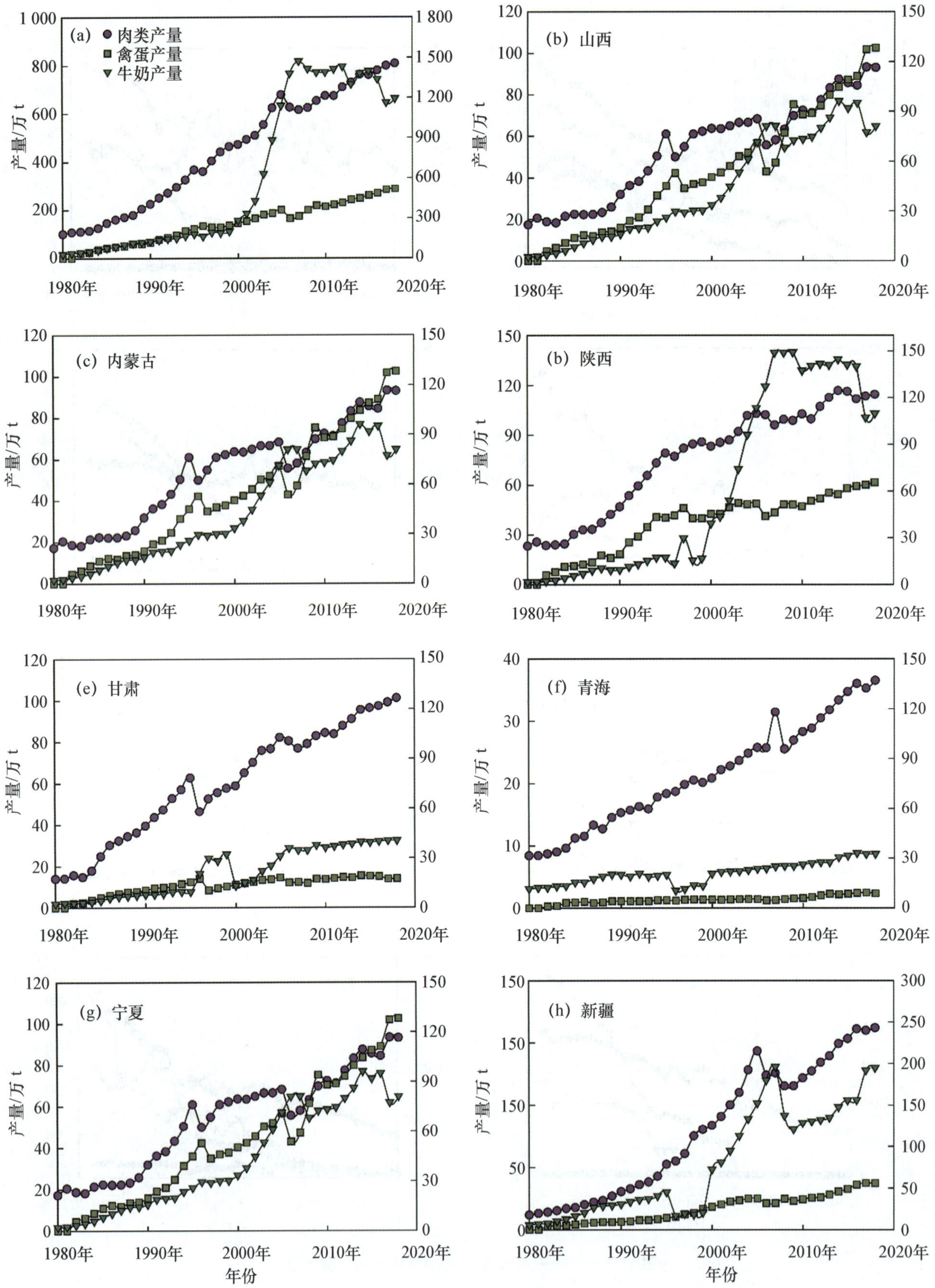


图 10-2　1980—2018 年西北地区肉蛋奶产量

增加到 287 万 t，增加了 13 倍。由此可见，西北地区是我国肉蛋奶的重要产地之一。然而，西北地区畜牧业生产的区域性也较强。内蒙古、新疆、陕西是肉类的主要产地，占西北地区肉类总产量的 67%[图 10-2(b)～(h)]。内蒙古、新疆和宁夏是牛奶的主要产地，占西北地区牛奶总产量的 78%。

### 10.1.2　农业绿色发展的挑战与限制因素

尽管西北地区的农业生产在 1980—2018 年取得了巨大的成就，但现阶段农业生产仍面临着新的严峻挑战。下面将从自然条件、生态环境、白色污染、化学品投入、草畜矛盾和农产品品质 6 个方面阐述西北农业绿色发展面临的挑战和限制因素。

**1. 产地环境自然条件艰苦**

西北地区地形复杂、气候条件差异大，给农、牧、林业发展带来了巨大挑战。该地区的降水变化范围大，从东到西逐渐减少，降水范围大概在 200～600 mm（娄成后，1989）。如陕西洛川的年均降水量为 582 mm，甘肃定西的年均降水量为 362 mm，新疆吐鲁番的年均降水量仅为 142 mm（图 10-3）。由于降水季节性强（陕西洛川、甘肃定西和新疆吐鲁番 7—9 月降水量占全年降水量的比例分别为 54%、56% 和 54%），即使在降水较多的旱地，也易出现季节性干旱。旱地降水少且分布不均的基本情况，使得水分成为限制旱地作物生产力的主要因子。该地区地形复杂，大于 25° 的坡耕地占到耕地面积的 30%，一些坡耕地仍处于边开垦边弃耕状态。这不仅给农业生产带来诸多不便，而且在降雨和径流冲刷的作用下易造成氮磷等养分流失。此外，受气候变化和人类活动影响，西北地区盐土含盐量高、积盐层厚、盐分组成复杂，盐渍土呈连片分布。据统计，西北地区的盐碱地面积达 1.5 亿亩，占全国盐碱地面积的 82%。盐碱地的广泛分布极大地限制了农作物生产。西北地区土壤肥力通常不到 1%（郭兆元，1992），低于全国平均水平。低的土壤肥力通常伴随着弱的保水保肥能力，不利于农作物生产。尽管西北地区的产地条件如此艰苦，但其人口密度仍在大幅度增加。1980—2015 年人口密度从 4.9 人/$hm^2$ 增加到 6.9 人/$hm^2$。增加的人口密度增加了对农产品的需求，加剧了对土地资源的开垦，一定程度上加剧了人与自然间的矛盾。

**2. 生态环境脆弱、水土流失严重**

西北地区深居内陆、远离海洋、干旱少雨、土质疏松、植被稀疏、生态环境脆弱，加之土地改造不合理，如毁林毁草开荒种地、围湖造田、矿产开采，导致林草地大面积减少，植被退化、地表塌陷等（李生秀，2004）。此外，在人口密集的内陆河流域，无节制的砍伐树木导致森林资源覆盖面积减少、森林生态系

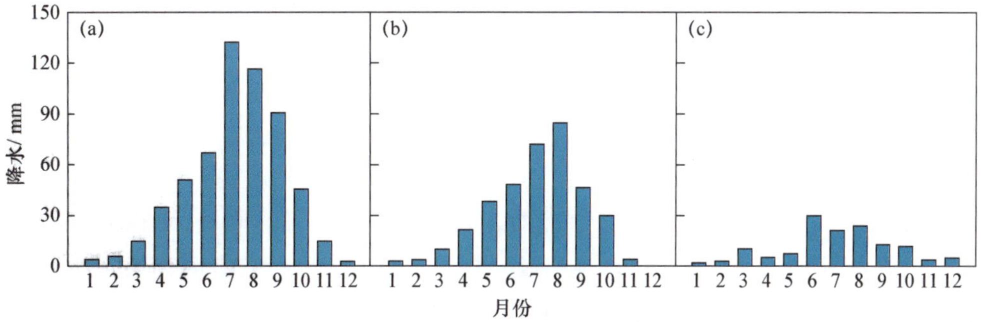


图 10-3　多年月平均降水(a)陕西洛川(1955—2013)；(b)甘肃定西(1992—2013)；(c)新疆吐鲁番(1955—2013)

（资料来源：中国气象科学数据共享服务网）

统功能减弱，粗放的农业灌溉模式造成水资源减少、沙漠侵袭、绿洲区域面积急剧萎缩等环境问题(安芷生等，2000)。在自然资源匮乏、人地矛盾突出的西北地区，生态环境问题已使人类生计遭到严峻的挑战(刘燕华和李秀彬，2007)。

西北地区地形复杂、沟壑纵横、坡耕地面积大、地表缺乏植被覆盖，雨季集中且暴雨常发，风蚀、水蚀严重(周毅，2015)。此外，西北地区的坡地小而分散，一些坡耕地处于边弃耕边开垦的恶性循环模式，这也加剧了当地的水土流失。特殊的地理和气候条件、不合理的土地利用方式致使西北地区成为我国乃至全球水土流失最严重的地区之一。该地区水土流失面积达 205 万 $km^2$，占全国水土流失总面积的 69%。其中，黄土高原的水土流失面积达 47 万 $km^2$，严重水土流失区约为 20 万 $km^2$，其中以山西、内蒙古、陕西、甘肃的水土流失状况最为严重[图 10-4(a)]。另外，黄土高原不仅水土流失面积大，水土流失量也大，每年从黄土高原流失的土壤约为 22 亿 t。据潼关试验站的统计数据显示，在 1960—1990 年期间潼关站输沙量长期居高不下，平均为 10.6 亿 t[图 10-4(b)]。由此可见，西北地区是典型的生态环境脆弱区，开展生态恢复、水土保持等工作对保护生态环境意义重大。

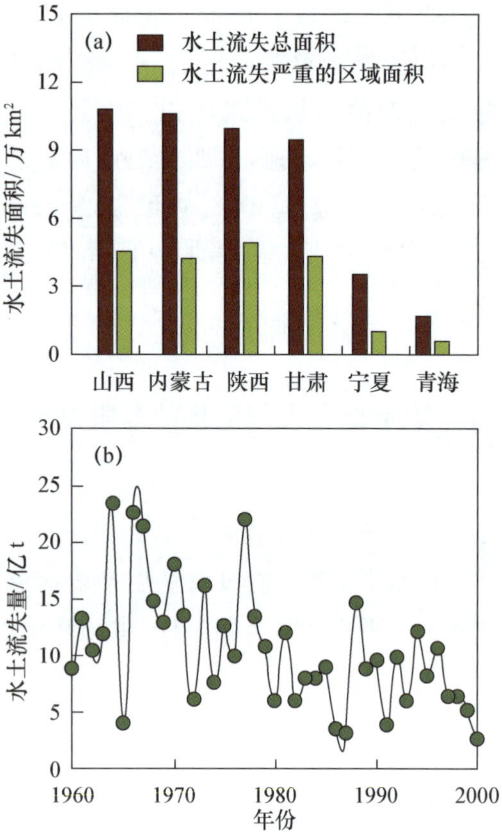


图 10-4　西北地区水土流失状况(a)黄土高原水土流失面积；(b)潼关输沙量

**3. 农业生产过度依赖地膜，白色污染问题日益突出**

在农田水分平衡中，降水是土壤水分最主要的来源(He et al., 2016a)。然而，我国西北地区年均降水量多位于 200～600 mm，且主要分布在 7—9 月，降水量少且分布不均，加之土壤水分蒸发强度大、径流和渗漏量大，使得水资源缺乏成为限制西北地区农业发展最重要因子之一。蓄住天然降水、减少降水的蒸发损失，使其尽可能地转化为土壤水，这是旱地农业高效用水的重要策略。地膜的透水透气性差，覆盖后在地表形成一个物理阻隔层，切断了土壤蒸发面与大气间水分、空气交换渠道，限制了膜下土壤水分蒸发，降低了土壤水分蒸发量，从而增加了土壤贮水量(He et al., 2017)。

同时，我国西北地区南北纵跨暖温带和温带地区，日照时数长，太阳辐射强度大，大多数地区的热量资源能够满足作物生长(李生秀，2004)。然而，在部分高纬度高海拔地区，依然存在热量资源不足、限制作物正常生长的现象。如甘肃部分地区的玉米有时不能完全成熟，致使大幅减产、甚至绝收(Zhou et al., 2009)。地膜的透光性强，太阳辐射能穿过地膜加热膜下的土壤和空气，有利于升温。地膜覆盖技术提高土壤温度，能改变农作物生长的小环境，扩大农作物的种植区域。据报道，地膜覆盖技术的应用使部分喜温作物的种植向北推进 500 km 以上、海拔高度提升 500～1 000 m(严昌荣等，2010；常瑞甫和严昌荣，2012)。此外，地膜覆盖技术在抑制杂草生长、防病抗虫等方面有显著作用(Qin et al., 2018)。介于在增温保墒、病虫草害防控等方面的突出效果，地膜覆盖技术从 20 世纪 90 年代被广泛应用。1991—2018 年，地膜用量从 31.9 万 t 增加到 140 万 t，增加了 4.4 倍[图 10-5(a)]，地膜覆盖面积从 491 万 $hm^2$ 增加到 1 776 万 $hm^2$，增加了 3.6 倍（中国国家统计局，2019d，2019c）。地膜覆盖技术的应用极大地提高了农作物的生产力（Zhang et al.，2013，2014）。据估计，在玉米生产中应用地膜覆盖技术，可使玉米总产量增加 2 800 万 t（Sun et al.，2020）。

然而，地膜覆盖技术虽然提高了农作物的生产力、增加了农作物生产的经济效益，但伴随地膜覆盖技术连续多年施用、地膜回收率低，以及地膜不易分解等特性，地膜覆盖技术在带来“白色革命”的同时，也使环境问题日益突出，造成了“白色污染”[图 10-5(b)]。我们总结的数据显示我国年平均地膜残留量为 8.4 kg/$hm^2$，占到地膜用量的 11%（He et al.，2018b）。地膜覆盖技术使用年限越长，地膜残留问题越严重。例如，大多数的新疆棉花田连续 20 年以上使用地膜覆盖技术，地膜残留量非常高。据报道，连续 20 年以上应用地膜覆盖技术的棉花田的地膜残留量高达 259 kg/$hm^2$（严昌荣等，2014）。地膜具有不易分解、不透气、不透水的特性，残留在土壤的地膜对土壤物理性质、生物学性状有较大影响。具体表现为，破坏了土壤结构、形成了阻隔层，不仅阻碍了土壤水分向上和向下的移动，而且阻碍了土壤空气的循环与交换，导致土壤中 $CO_2$ 浓度过高，从而限制了土壤微生物活动。此外，残留的地膜对农作物出苗、根系生长、幼苗成活、作物生长发育和产量形成都有一定的负面作用。

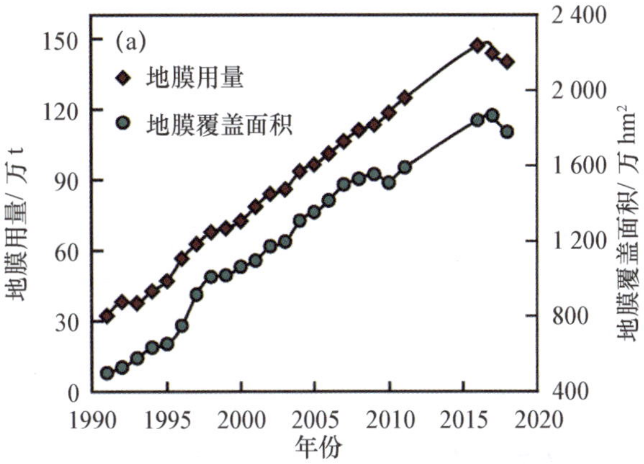

图 10-5　地膜覆盖技术在农业生产的应用
(a)1991—2018 年地膜用量和地膜覆盖面积；(b)农田中残留的地膜

**4. 不合理使用化学投入品制约农产品生产**

随着我国农业集约化的不断深入，为了追求高产，化肥、农药等化学投入品用量不断增加（Cao et al.，2017；Cui et al.，2018）。在 1991—2018 年期间，西北地区的氮肥用量从 110 万 t 增加到 363 万 t，磷肥用量从 28 万 t 增加到 156 万 t，钾肥用量从 3 万 t 增加到 83 万 t（图 10-6a）。过量的化学投入品不仅导致土壤板结、水体富营养化、生物多样性被破坏（Ju et al.，2009；Liu et al.，2013；MacDonald et al.，2011），而且导致农产品品质下降、经济效益降低。2018 年对陕西省 1 243 个农户调研情况显示（表 10-1），粮食作物生产的氮磷钾肥均过量。农户生产小麦、玉米、水稻和谷子的氮肥用量比推荐氮肥用量高 23%～60%，磷肥用量比推荐氮肥用量高 51%～66%，钾肥用量比推荐氮肥用量高 11%～51%。2009—2013 年在陕西渭北旱塬的小麦生产调研结果显示，用作基肥的氮肥分别占总养分含量的 96%，磷肥和钾肥全部一次性基施；来自有机肥的氮肥养分含量仅占总氮肥用量的 3.1%，来自有机肥的磷肥养分含量仅占总磷肥养分含量的 2.3%，重基肥、轻追肥，重化肥、轻有机肥现象特别严重（赵护兵等，2013）。

西北地区海拔高、昼夜温差大、土层深厚、气候干燥、空气湿度低，是我国优质水果的主产地。例如，黄土高原是联合国粮农组织认定的优质苹果产地，同时也是世界上最大的苹果连片栽植区。陕西省位于黄土高原核心地区，在 1980—2018 年，苹果种植面积从 5.6 万 $hm^2$ 增加到 60 万 $hm^2$，苹果总产从 9 万 t 增加到 1 009 万 t（中国国家统计局，2019d）。调研结果显示，大多数果园施肥不合适，化肥严重过量使用且重施氮肥，氮磷钾比例不协调，微肥应用很少，大量元素与微量元素配合不当（表 10-1）。施肥管理技术不合理严重制约了果品产量和品质，同时也造成严重的环境问题，并减少了农户的经济效益。

农药是农业生产重要的化学投入品之一，使用农药是防治病虫草害的重要方法，每年为农作物生产挽回接近 30%的损失（袁会珠等，2011）。在 1991—2018 年，西北地区的农药用量从 3.7 万 t 增加到 13.9 万 t，增加了 3.8 倍[图 10-6(b)]。然而，农药的利用率通常仅为 50%～60%，损失的农药漂浮在大气中，或随风向、雨水对地面作物、水生生物产生影响；或沉积在土壤中通过农作物的根系吸收进入组织内部，进而直接进入人体或通过转入牲畜体内间接进入人体，对人体健康造成潜在危害。农药化学污染物残留问题一直是国际共同关注的重大食品安全问题之一（庞国芳等，2017）。

尽管黄土高原是苹果的优质产区，但由于果农在生产过程中滥用各种高毒高残留的农药，尤其是在苹果采收后期施用农药，引起苹果果汁中农药残留超标，给农产品安全消费带来了挑战。除农药外，生物药剂也影响着农产品生产和农户的经济效益。例如，在猕猴桃的生产中，使用膨大剂能明显增大果实直径，为果农增产增收起到了积极作用。然而，长此以往土壤养分得不到及时补充，有机营养不断降低，树体得不到足够养分，产量受到影响，只有通过加大膨大素的剂量或缩小稀释倍数来增加产量，以致造成树体抗性降低、溃疡病泛滥、果实品质下降、货架期缩短、不耐贮藏等严重后果。此外，目前使用的膨大剂主要成分是氯吡脲，属低毒外源激素。由此可见，外源农药和生物制剂的不合理使用不仅威胁到农户的经

**表 10-1　作物的施肥现状及减肥潜力**

| 作物分类 | 作物类型 | 产量/($t/hm^2$) | 氮肥/(kg $N/hm^2$) | | 磷肥/(kg $P_2O_5/hm^2$) | | 钾肥/(kg $K_2O/hm^2$) | |
|---|---|---|---|---|---|---|---|---|
| | | | 农户习惯 | 推荐施肥 | 农户习惯 | 推荐施肥 | 农户习惯 | 推荐施肥 |
| 粮食作物 | 小麦 | 4.6 | 177 | 128 | 102 | 48 | 37 | 33 |
| | 玉米 | 7.3 | 247 | 127 | 103 | 35 | 47 | 34 |
| | 水稻 | 8.3 | 186 | 143 | 88 | 43 | 64 | 46 |
| | 谷子 | 3.7 | 255 | 101 | 141 | 54 | 53 | 26 |
| 经济作物 | 苹果 | 23.8 | 731 | 238 | 482 | 143 | 535 | 190 |
| | 西红柿 | 79.8 | 435 | 255 | 342 | 120 | 395 | 199 |
| | 烤烟 | 2.7 | 104 | 93 | 118 | 56 | 132 | 127 |

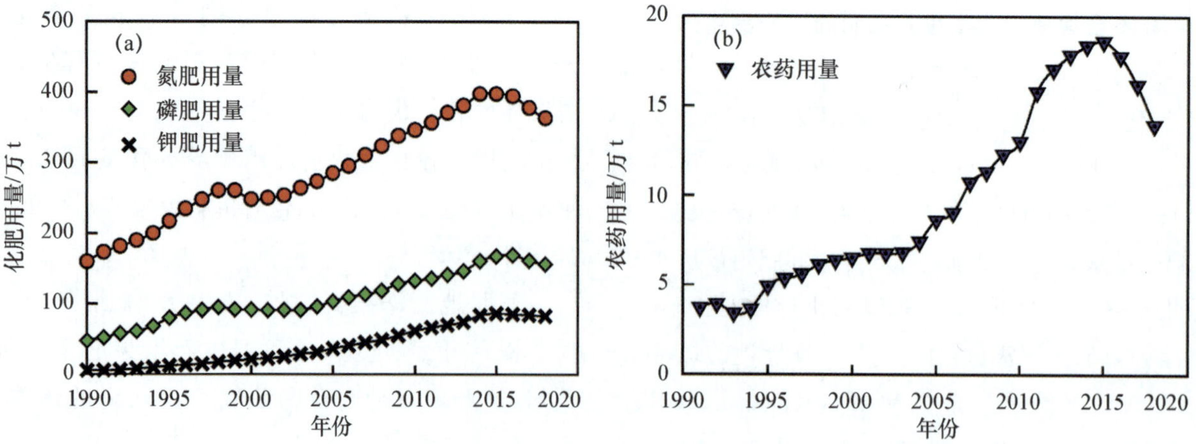


图 10-6　1991—2018 年西北地区农业生产的化肥用量(a)和农药用量(b)

济收入，同时对生态环境和人体健康也造成巨大危害。

**5. 草畜矛盾严重制约畜牧业的可持续生产**

西北地区地域辽阔、牧草资源丰富，是我国牧区的主要分布地，也是我国肉类的重要产地之一。据统计资料显示，西北地区可利用草场达 2.03 亿 $hm^2$、占全国 52%，大牲畜年末存栏量达 2 804 万头、占全国 29%（中国国家统计局，2019d）。长期以来，西北地区一直沿袭着“粮食作物—经济作物”的二元结构种植模式，这在一定程度上制约了饲料产业的发展。超载放牧进一步加剧了我国天然草地退化，草地沙漠化、沙化、碱化现象严重，草地生产能力普遍下降。此外，自然灾害对草原生产力也造成了较大的影响。西北地区鼠害影响面积达 2 155 万 $hm^2$，虫害影响面积达 1 048 万 $hm^2$ [图 10-7(a)]，由于发生火灾导致的受害面积也有 3.6 万 $hm^2$。由此可见，随着畜牧业的快速发展，牲畜的平均牧草分配量逐渐减少，不断加剧的草畜矛盾成为制约西北畜牧业发展的一个重要因素。

近年来，随着政府部门的管理力度加大，天然草地退化现象有所遏制。2015 年，西北地区的天然草原鲜草总产量为 4.4 亿 t（中国国家统计局，2016），载畜能力约为 1.1 亿羊单位。各省间草原鲜草产量差异巨大，内蒙古的鲜草产量最高，达到 1.9 亿 t，其次为新疆，达到 1.0 亿 t[图 10-7(b)]。2015 年全国重点天然草原的平均牲畜超载率为 13.5%（中国国家统计局，2016），新疆、青海、甘肃的平均牲畜超载率为 10%、11.9% 和 14.2%，与全国平均水平相近。西北地区发展草食畜牧业的潜力巨大，特别是大牲畜，妥善处理草畜矛盾是实现畜牧业可持续发展的重要环节。

**6. 农产品微量元素缺乏影响身体健康**

随着经济发展和生活水平提高，人们对身体健康的关注不断增加。微量元素缺乏被称为“隐性饥饿”，2014 年中国农业科学院公布的数据显示，中国存在“隐性饥饿”问题的人数高达 3 亿。锌、硒是人体所必需的微量元素，其中锌被近代医学界、营养学界誉为人体的“生命之花、智慧元素”，硒是迄今为止发现最重要的抗衰老元素，享有抗癌之王的美称。锌、硒缺乏严重威胁人类健康，引起一系列的人类疾病，如缺锌导致伤口愈合不良或蛋白质代谢受抑制、免疫功能改变、夜视力受损等，缺硒易导致心肌病、冠心病、高血压等疾病高发（Cakmak，2008）。锌、硒缺乏成为影响全世界人体健康和导致死亡的主要危险因子之一。农产品是人类所需能量、蛋白质和矿物质的主要来源，尤其是发展中国家。农产品的生产过程是影响农产品营养的重要环节之一，强化农产品的大中微量营养元素含量是提高日均摄入量的重要举措之一。

小麦是我国北方广大群众的主粮，是日常所需能量和矿质元素的供给源，其养分含量直接关乎人民群众的身体健康。我国小麦籽粒锌、硒含量普遍偏低（李孟华，2013；于荣，2015）（图 10-8）。北方麦区的小麦籽粒锌含量平均为 26.8～29.3 mg/kg。据中国营养协会推荐，标准人体每天的膳食锌摄入量约为 15 mg。为实现这个目标，小麦籽粒锌含量需提高至 40～60 mg/kg。在河北、陕西、山东和重庆的调研结果显示，小麦籽粒硒平均含量

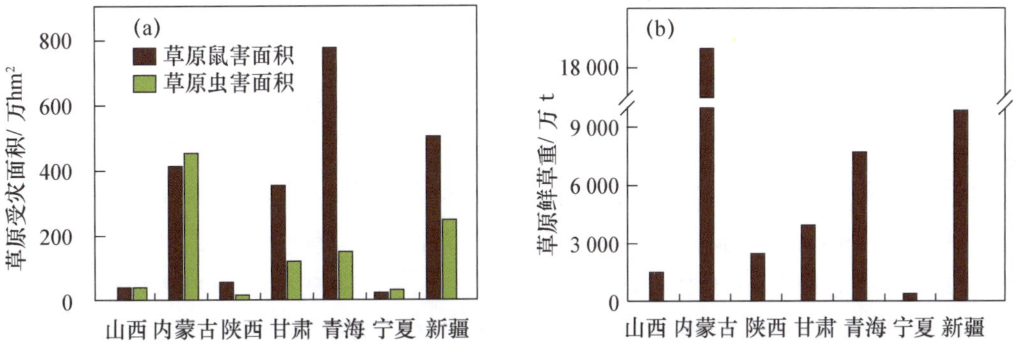


图 10-7　西北地区草原生物灾害状况(a)和草原生产力现状(b)

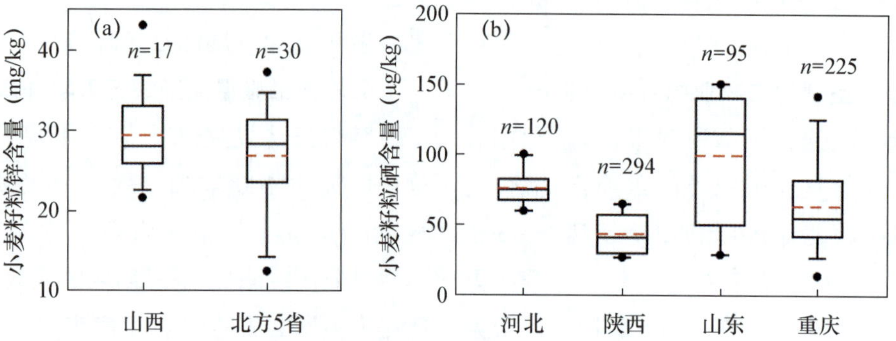


图 10-8 北方麦区小麦籽粒锌含量

位于 29～70 μg/kg。据中国营养协会推荐，标准人体每天的膳食硒摄入量约为 50 μg。为保障人体不缺硒，标准人体每天的膳食硒摄入量约为 100 μg。由此可见，现在的小麦籽粒锌、硒含量难以满足人们的锌、硒营养需求，因此提高小麦籽粒锌、硒含量对解决人体缺乏问题具有非常重要的意义。

## 10.2 西北地区农业绿色发展的区域路径与策略

### 10.2.1 农业绿色发展的区域路径

推动农业绿色发展是农业发展观的一次深刻革命(农业农村部，2018)，对科学技术创新、农产品质量提升、资源环境保护、生态服务功能提出了更高的要求。西北地区土地资源储量大、农业发展潜力巨大，然而产地环境艰苦、自然资源环境对农牧业发展的限制强烈。立足现有水土资源的环境承载力、突破资源环境约束、匹配好农业生产各要素、协调好草畜矛盾、提高资源利用效率、增强生态服务功能，促进西北地区农牧业绿色发展，对保证我国农产品供给意义重大。另外，西北地区经济基础薄弱、低收入人口占比高，农牧民收入仅为全国平均水平的 77%[西北旱区农牧业可持续发展规划(2016—2020 年)，2016]。农牧业是农牧民的重要收入来源，推进西北地区农牧业绿色发展，有利于发挥地方特色资源优势，促进现代农牧业建设。此外，伴随着人口的快速增长和经济的高速发展，人民群众对食物的需求量越来越大、对食物的品质要求越来越高。总的来看，西北地区自然条件艰苦、食物需求不断增加、草畜矛盾依然严重、生态环境要求不断提高、增加经济收入需求迫切，从种植业、畜牧业、区域农业发展等方面思考西北农业绿色发展的区域路径是必要的。

西北地区具有降水量少、土壤肥力低、土壤中关键营养元素缺乏、产地环境艰苦、生态环境脆弱的天然禀赋。对于种植业，要坚持生态优先、绿色发展、以水而定、量水而行的基本原则，坚持提质增效、稳粮增收的主线，着力推进农业绿色发展(农业部，2016)，走出一条丰产优质、资源高效、环境友好、节本增收的农业绿色发展道路。西北地区虽然牧草地资源丰富，但其生产能力普遍较低，超载放牧现象普遍，严重的草畜矛盾制约着畜牧业的绿色发展。对于养殖业，要坚持以草定畜、增草增畜、舍饲圈养、加快出栏的基本原则，通过扩大牧草面积、提高牧草生产力、适度规模化来缓解草畜矛盾；更新牲畜品种，提高畜牧业的产量和品质、增加牧民收入(王启贵等，2019)；通过种养结合，减少面源污染、保护生态环境，进而发展一条绿色可持续的发展路径。西北地区生态环境脆弱、水土流失严重，是典型的生态脆弱区；该地区经济基础薄弱，农牧民收入普遍较低，贫困人口较多。通过调整区域农业结构、优化空间布局，大力推进农业供给侧结构性改革，发展地方特色农业、优势产业，着力延伸农业产业链条，加快推进一二三产业融合，不断提升农产品附加值，实现水土保持、草地恢复、森林覆盖率增加、经济收入提高的目标，助力西北农业绿色发展(图 10-9)。

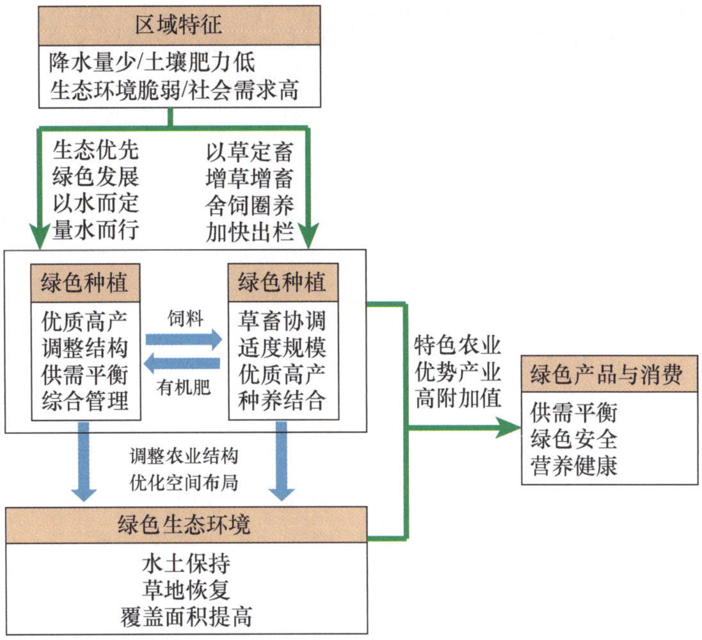


图 10-9　西北旱区农业绿色发展的区域路径示意图

## 10.2.2　农业绿色发展的区域策略

### 1. 依据区域降水特征，发展旱作节水农业和特色种养殖产业

降水量少且月份间分配不均、年份间变异大是我国西北农业发展最核心的限制因子（李生秀，2004）。以水而定、量水而行是西北农业绿色发展的基本准则，基于区域降水特征，集成关键技术，发展主导产业，是西北农业绿色发展的重要策略。具体来看，在半干旱偏旱区，降水少、蒸发强，水资源不足以支撑粮食生产，以开展草田轮作，发展草业和畜牧业为宜。在半干旱区，降水偏少且蒸发较大，风蚀强烈、水土流失严重，以发展小杂粮产业、草业和畜牧业为宜。值得注意的是，该地区大量使用地膜覆盖技术，减少甚至避免地膜污染是该地区需重点关注问题之一。在半湿润易旱区，降水条件有所改善、光温条件较好，该地区可种植粮食作物、发展果蔬等经济产业。在半湿润区，气候相对湿润、光温条件较好，该地区能支撑大多数作物生产，以生产粮食为宜，该地区对保障区域口粮绝对安全有重要贡献（表 10-2）。

西北地区降水量少、蒸发量大，发展旱作节水农业是西北农业发展的重要举措之一（Reynolds et al.，2017）。长期以来，在相关政策和高等院校的支持下，引进、创新和发展了一批旱作农业节水技术措施（马耀光等，2005）。例如，坡耕地治理、等高种植、垄沟集雨、保护性耕作、深松蓄水、节水抗旱抗病品种选育等技术的发展，极大地丰富旱作农业技术体系，为提高农作物生产力、提高水资源利用效率做出了重要贡献。通过优化关键单项及集成技术，进一步挖掘水资源生产潜力，是旱作农业重要的发展方向之一。

西北地区地理与气候条件特殊，是发展特色种养殖业的优质地。例如，新疆的棉花和林果、青海的牦牛、甘肃的制种玉米、宁夏的枸杞、内蒙古的羊肉、陕西的苹果、山西的小杂粮等优势特色产品在现阶段影响力均较大（农业部，2016）。应进一步做大做强优势特色产业，大力发展农产品加工业、延伸产业链条，加快推进一二三产业融合，不断提升农业附加值。西北地区也是我国主要的牧区地之一，然而该地区牧草生产力普遍较低、牲畜超载养殖现象常见，草畜矛盾严重（王莉和沈贵银，2015）。

表 10-2　西北旱地农业绿色发展策略

| 区域 | 降水 | 区域特点 | 主要产业 |
|---|---|---|---|
| 半干旱偏旱区 | 250～350 mm | 降水少、蒸发强，水资源不足以支撑粮食生产，开展草田轮作为宜 | 草业<br>畜牧业 |
| 半干旱区 | 350～450 mm | 降水偏少且蒸发较大，风蚀强烈、水土流失，水资源不足以支撑粮食生产，以草牧业为主 | 草业<br>畜牧业 |
| 半湿润易旱区 | 450～550 mm | 降水条件、光温条件较好，能支撑多数作物生产，可种植粮食作物、发展经济作物 | 特色果蔬产业<br>粮食产业 |
| 半湿润区 | 550～650 mm | 气候湿润、降水相对充沛，能支撑大多数作物生产，以生产粮食为宜 | 粮食产业 |

挖掘饲草料生产潜力，扩大人工草场面积，适当增加青贮玉米和苜蓿等饲草料种植，满足畜牧业发展对优质饲料的需求，对缓解现阶段的草畜矛盾意义重大。

**2. 坚持污染防治、农牧结合、生态脆弱区保护，改善生态环境**

西北地区降水量少、蒸发量大，地膜覆盖技术独特的增温保墒效果，带来“白色革命”的同时也造成了“白色污染”。西北地区地膜用量 144 万 t，占全国 35%，回收利用率不高，地膜污染日趋严重，残膜造成土壤结构破坏，土壤质量下降(Sun et al.，2020；Zhang et al.，2020)。此外，大量秸秆和畜禽粪污未得到有效利用，秸秆综合利用率和规模化畜禽养殖场畜禽粪便资源化率均不足 70%(农业部，2016)，成为农业环境治理的难题之一。加大秸秆还田力度、提高秸秆综合利用率，坚持污染防治、着力推动畜禽粪便污染治理，持续改善生态环境，坚持农牧结合，基于资源承载力、养殖粪污处理能力和消纳半径适度规模化畜牧业，基于畜牧业发展规模配套消纳畜禽粪便的土地，促进种养一体化进程，助力旱地农业绿色发展。

西北地区土地资源丰富，但多数为生态脆弱区。由于不合理利用，多数地区土地资源的生态系统功能正日益退化。例如，草原生态系统整体较脆弱，中度和重度退化草原面积占总面积的 1/3 以上。应加强草原生态建设、增加草原植被、提高牧草生产能力，转变畜牧业发展方式，实行以草定畜、增草增畜，发展草原生态畜牧业。西北地区地形复杂、沟壑纵横、坡耕地面积大、地表缺乏植被覆盖、水土流失严重，系统治理生态脆弱区、增加地表植被覆盖度、减少水土流失，对提高生态服务功能、助力旱地农业绿色发展有重要意义。

## 10.3 西北地区农业绿色发展的重点行动与案例分析

### 10.3.1 绿色种植的重点行动与案例分析

西北地区降水量少、无效蒸发强、土壤保水性差、季节性干旱严重。应用地膜覆盖、秸秆覆盖、土壤培肥等关键措施以减少土壤水分蒸发、增加土壤保水性，是西北旱地农作物绿色生产的关键途径之一(图 10-10)。大量研究显示，通过应用覆盖技术、培肥土壤能够减少土壤水分蒸发、增加土壤贮水能力，提高水分利用效率，进而提高农作物生产力和经济效益。

**1. 覆盖措施提高旱地农作物生产力**

长期以来，广大劳动人民在与干旱作斗争过程中创造、发展和积累了大量的节水技术。其中，以秸秆覆盖和地膜覆盖应用较为广泛，它们能改善土壤水、热、气、肥等微环境，在旱地农业发展中占有重要地位(许萱，1989)。秸秆覆盖隔断了地表与下层土壤水分的直接联系，减弱了土壤水气与大气间的交换强度，故而能降低土壤水分蒸发。此外，秸秆覆盖还能减弱降雨对地面的直接冲击，

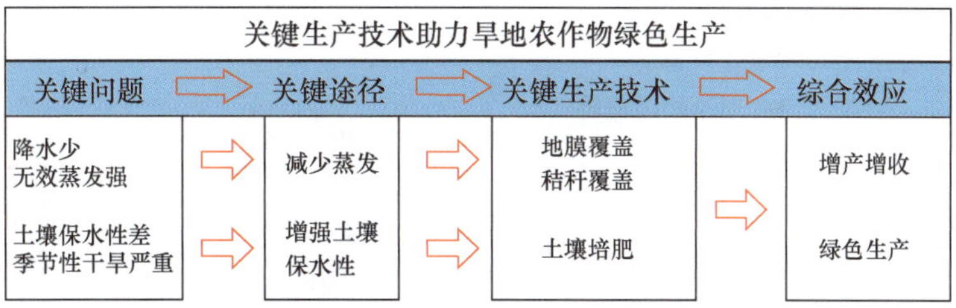


图 10-10　绿色生产技术助力西北旱区农作物绿色生产

防止地表径流产生;秸秆还田后,有利于改善土壤结构,促进降水下渗,增强土壤的持水性、导水性及土壤蓄水量(Ji and Unger, 2001)。由此可见,秸秆覆盖是改善土壤状况的一项有效措施。在作物休闲期和生育期覆盖秸秆均能增加土壤水分蓄积。例如,在水稻休闲期覆盖秸秆使土壤贮水量增加 25 mm (Jalota et al., 2001),在玉米生育期覆盖秸秆使收获期的土壤贮水量增加 33 mm(Liu et al., 2010)。

秸秆覆盖能改善土壤水分状况,势必也会影响作物产量。对于不同类型作物,秸秆覆盖均有提高作物产量的能力。在甘肃武威,Yin 等(2015)证实秸秆覆盖使玉米产量提高 11%,在甘肃天水,秸秆覆盖使桃产量提高了 29%(Wang et al., 2015)。尽管秸秆覆盖有提高作物产量的能力,但也应该认识到秸秆覆盖也有导致作物减产的风险。在吉林梨树连续两年覆盖秸秆使玉米产量降低了 22%(Lu et al., 2015),在河北栾城连续五年覆盖秸秆使小麦产量降低 3%~11%(Chen et al., 2007)。由此可知,秸秆覆盖能提高产量,但也有降低产量的风险。

地膜的透水透气性差,覆盖后在地表形成一个物理阻隔层,切断了土壤蒸发面与大气间的水气交换渠道,限制了膜下土壤水分蒸发,降低了土壤水分蒸发量,从而增加了土壤贮水量。来自陕西渭北旱塬连续 6 年的定位试验结果显示(图 10-11),应用周年地膜覆盖技术使冬小麦产量平均提高 11%、经济收入增加 12%,收获期土壤硝酸盐残留量减少 51%、温室气体排放量减少 12%,实现了增产、增收、减排(He et al., 2018a)。相似的,布置在甘肃宁县、崇信、通渭、会宁和榆中 5 个点的试验结果显示,应用地膜覆盖技术使春玉米产量提高 30%~107%(Wang et al., 2016b)。在甘肃定西(Zhao et al., 2014)和甘肃榆中(Zhou et al., 2015)的试验结果证实,马铃薯生育期覆盖地膜使块茎产量分别提高 64%和 128%。地膜覆盖不仅能提高粮食作物产量,同样也能提高经济作物产量。在山东蒙阴,花生生育期覆盖地膜使荚果产量提高 9% (Zhang et al., 2012)。地膜覆盖能改善土壤水分状况,提高土壤温度,促进作物生长发育,对于不同区域、不同作物种类,地膜覆盖均能提高作物产量,地膜覆盖的增产效益对我国粮食持续增加有着积极的作用。值得注意的是,地膜覆盖的增产效应在不同区域、不同作物种类的差异很大,选择适合地膜覆盖的区域和作物种类,有利于更好发挥地膜的增产效应。

**2. 地膜覆盖技术的未来**

长期以来,地膜覆盖技术是西北旱地增加作物产量的重要措施之一,对我国粮食安全起着重要作用(He et al., 2016b)。然而,长期覆盖地膜能降低土壤有机碳含量(Zhang et al., 2011),增加温室气体排放(Chen et al., 2017b; Nishimura et al., 2012; Cuelo et al., 2015),导致过多的地膜残留在土壤中,进而限制了土壤水分运移和作物生产(Liu et al., 2014)。介于地膜覆盖技术带来的诸多问题,我们不得不认真思考地膜覆盖技术的未来。总的来看,地膜覆盖技术未来的发展方向主要有:保留、替代、放弃(He et al., 2021)。

地膜覆盖技术在西北旱地,特别是在水热条件强烈限制区,带来了良好的增产效益。即便如此,也应该改善地膜覆盖技术应用的相关制度。例如,严禁不符合规定的超薄地膜生产使用。按照政府部门发布的《聚乙烯吹塑农用地膜覆盖薄膜》

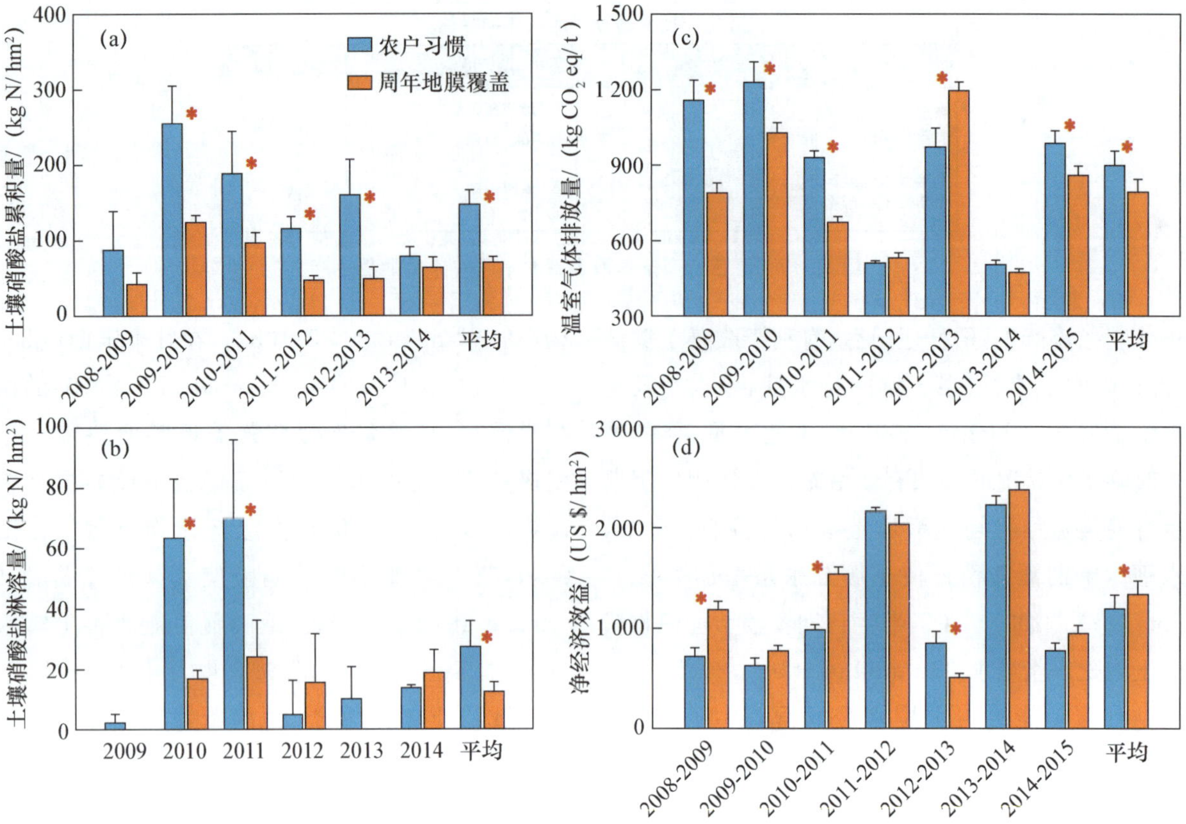


**图 10-11　地膜覆盖对冬小麦生产的影响地膜覆盖对冬小麦收获期土壤硝酸盐残留量(a)，夏季休闲期的土壤硝酸盐淋溶量(b)，温室气体排放量强度(c)和净经济效益(d)的影响**

"*"代表周年地膜覆盖和农户习惯处理间差异显著。

强制性国家标准要求，2018 年 5 月 1 日以后地膜厚度不能小于 0.01 mm。另外，扶持建设一批地膜回收和再加工企业，通过"以旧换新"等形式回收利用残膜，推动企业承担地膜回收的主要责任。此外，推进农膜捡拾机械研发、建立完善各级农膜回收网点、逐步建立健全废旧农膜捡拾、回收、资源化利用的市场化运行机制。

应用新型材料替代传统地膜是地膜覆盖技术未来重要的发展方向。例如，可降解地膜是传统地膜的一个重要替代产品。可降解地膜在完成使命翻压入土后能在微生物的作用下分解为二氧化碳、甲烷以及水，可大幅降低环境代价。近年来，随着可降解地膜的产业化发展，逐渐增加了其在作物上的应用，这对增加作物产量以及改善地膜覆盖技术引起的环境问题有积极作用(Kasirajan and Ngouajio，2012)。例如，在宁夏的河套地区，应用可降解地膜使西红柿产量提高了 54%(Saglam et al.，2017)。进一步开展可降解地膜、功能地膜等新型地膜的研发和试验示范有利于推动新型地膜的应用。作物秸秆具有来源广、价格低廉、无污染等优点，秸秆覆盖对改善土壤水分也有一定作用，但降低了地表温度，秸秆覆盖技术在作物生育期积温充足地区有一定应用前景。例如，在陕西永寿，结合秸秆周年覆盖技术与抗旱品种的小麦籽粒产量甚至比应用地膜覆盖技术还提高了 5%(Zhao et al.，2019a)。这个试验结果给使用秸秆覆盖替代地膜覆盖提供了一个成功的案例。

在西北旱地，对于水热条件限制强烈的区域，应用地膜覆盖技术可能是无奈的选择，而对于水热条件较好的区域，应用栽培、耕作和品种等综合管理措施，也能有效提高作物产量(Xia et al.，2017)，故而可考虑应用综合管理措施替代地膜覆盖技术的应用。总的来看，在未来地膜覆盖技术应在不同区域应采用不同的策略。

**3. 培肥土壤助力旱地作物生产力提高**

降水量少且分布不均、土壤肥力低严重制约着旱地农业生产，“旱”和“薄”往往是同时存在的。干旱的气候条件不利于植被生长，旱地主要以生长灌木、小灌木为主，使得进入土壤的有机残体量小，加之土壤矿化强烈、腐殖化程度弱，不利于土壤有机质形成，以至于土壤肥力低下。陕西土壤肥力调查结果表明，多数地区土壤有机质含量不足 1.1%(郭兆元，1992)。除土壤本身肥力低外，作物生产过程中有机肥投入少也是土壤肥力低的重要原因之一。陕西省冬小麦调研结果显示，96%以上的氮肥来源于化肥，有机肥用量很少(赵护兵等，2013)。培肥土壤、提高土壤肥力能改善土壤结构、增加土壤保水、保肥能力，能够实现以肥调水，改善土壤供水、供肥能力，促进作物生长发育，从而提高旱地作物生产力。

将秸秆和填闲作物等还田是提高土壤有机碳含量、培肥土壤的有效途径之一。土壤有机碳对土壤物理、化学、热力学特征及土壤微生物活性有很大影响(Maillard and Angers，2014)。增加有机碳能改善土壤团聚体结构，提高土壤结构稳定性、抗蚀性，改善土壤保水、保肥能力，对维持土壤质量和稳定作物产量有重大意义(Powers，2006)。秸秆还田给土壤带来大量碳源，产生激发效应，提高土壤微生物活性，促进秸秆碳矿化，提高土壤有机碳含量(Potthoff et al.，2005)。布置在陕西渭北旱塬连续 10 年的田间试验显示，应用秸秆还田措施使土壤有机碳含量提高了 5%(图 10-12)。与秸秆相比，绿肥的 C/N 比、水分含量高，更利于提高土壤微生物活性、提高土壤有机碳含量。我们布置在陕西渭北旱塬的田间试验显示，连续 10 年种植豆科绿肥并还田显著提高土壤有机碳含量 13%。由此可见，坚持秸秆还田、种植绿肥并还田等培肥土壤措施能有效地培肥土壤。

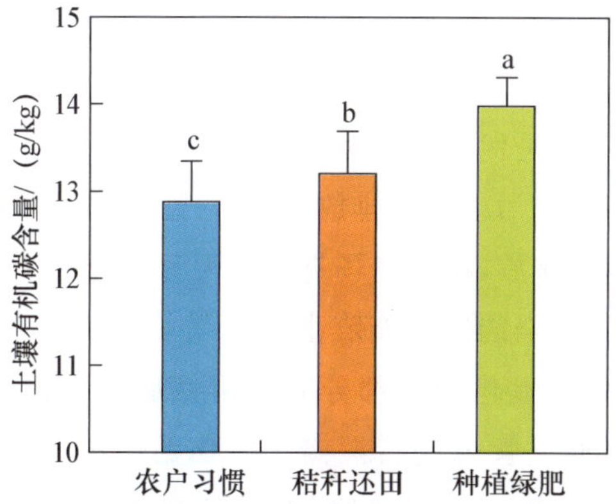


图 10-12　应用秸秆还田和种植绿肥提高土壤有机碳含量

## 10.3.2　绿色种养一体化的重点行动与案例分析

西北地区天然牧草面积大，牧草、秸秆等饲草资源丰富，是传统畜牧业基地。然而，该地区饲草资源生产力低且尚未被完全利用，牧区饲草料供给不足，天然草原放牧压力较大。应用综合管理技术提高牧草生产力，适度规模化控制牲畜量，做到以草定畜、草畜平衡，种养一体化以解决种养割裂的状态，是提高草原生产力、解决超载放牧、促进草原生态环境好转的关键途径之一(图 10-13)。

把握种养结合方向，打破种植业和养殖业割裂状态，统筹考虑种植业与养殖业的协调发展，建立完整的粮经饲三元种植结构，打通种植业与养殖业的循环渠道(董红敏等，2019)。配套养殖业用地与种植业用地是推进种养结合的关键之一。切实解决好规模养殖用地难问题，为畜牧业发展留足空间；促进畜禽粪便等有机肥就地还田，降低处理成本，解决有机肥使用成本高的问题，利于打通种养循环。下面通过农村养殖合作社和规模化养殖场两种典型的种养结合模式进行案例分析。

**1. 农村养殖合作社**

东风畜禽养殖场位于陕西省陇县，是种养结合典型示范场。2003 年以前，该养殖场以散养为主，仅有 45 头西门塔尔肉牛，饲草料来源全部依赖外购，年收入仅为 4 万元，粪肥收入基本为零。此后不断扩大养殖规模，到 2016 年存栏量达到 120 头，但饲草料来源较少，只能以外购的麦草秸秆和部分青贮饲料做饲草料，年总收入达到 8 万元，其

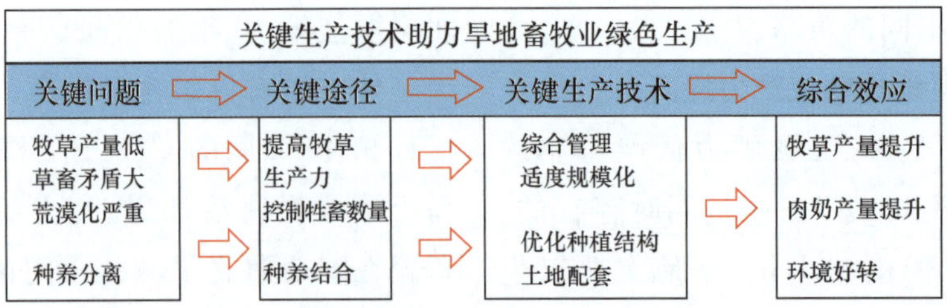

图 10-13　绿色生产技术助力旱地畜牧业发展

中粪肥收入 5 000 元。该养殖场从 2017 年开始发展种养结合并不断流转土地，至 2019 年底共流转 1 300 亩土地用于种植紫花苜蓿等青贮饲料，极大地丰富了饲草料来源。在满足养殖场饲草自身需求的同时，还出售部分青贮饲料，增加了收入。该养殖场生产的粪污经堆肥以及无害化处理后，一部分还田用作种植青贮饲料的肥料，剩下一部分出售给周边的种植合作社，粪肥收入达到 5 万元（图 10-14）。总的来看，该养殖场收入朝多元化方向发展，其中有机肥的生态受益大幅提高。

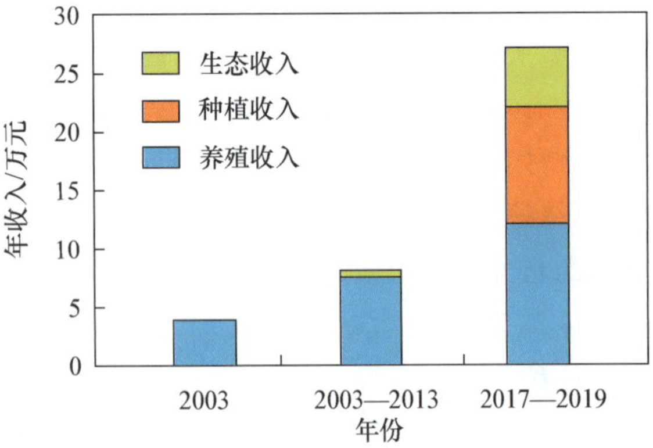

图 10-14　东风畜禽养殖站年收入与结构变化

**2. 规模化养殖场**

我国奶牛养殖长期处于种养分离状态，“种地的不养牛，养牛的没有地”。据国家奶牛产业技术体系的调研显示，我国有 56%的牛场无配套土地，种养分离的主要矛盾在于：①青贮饲料需外购，②消纳粪污的压力大，特别是液体粪肥。总的来看，2018 年以来奶牛养殖场呈加速退出态势，然而也有部分养殖场呈现出较好的现状，下面以山西永济市超人奶业有限责任公司（以下简称“超人奶业”）的发展历程为案例进行论述。

超人奶业属于大型规模化养殖场，存栏奶牛 1 700 余头，建有苜蓿、玉米饲草料种植基地 5 000 余亩，年牛奶生产约 10 000 t，每年可创收近 2 000 万元。然而，超人奶业在创建之初由于仅仅重视养殖业的发展，面临来自经济、环境等方面的严峻挑战。例如，国内玉米价格显著高于国际市场，豆粕等蛋白饲料依赖进口、苜蓿等优质饲草料缺口大，人口红利逐渐丧失、劳动力成本逐年增长，导致饲养成本高于国际奶业发达国家。2018 年我国规模牛场每千克牛奶成本为 3.2～3.6 元，大幅高于世界平均 1.8～2.2 元的水平。

为扭转这一局面，超人奶业通过建设饲料作物种植—奶牛标准化养殖—粪污无害化处理—作物种植的农牧结合循环农业产业链，实现了传统养殖业的转型。例如，采用“固液分离—堆肥＋氧化塘—农田利用”的粪便处理模式，结合机械清粪和水冲式清粪，经二次水冲，牛场粪水通过 5 级 S 弯，将泥沙沉降，部分粪水进入沼气池，另一部分进入氧化塘。沼气工程日处理量 30 t，年产沼气 21 万 $m^3$、沼渣和沼液 1 万 $m^2$。通过沼气发酵处理了牛场污水及部分粪尿，杀灭了粪污中存留的有害病原物，减少了环境污染。产生的沼气经过脱硫净化后用于发电、挤奶厅热水、犊牛用奶巴氏杀菌和食堂热源，节约了生产能耗、降低了生产成本。产生的沼渣、沼液是优质的肥料，可应用到饲草料基地，做到了牛场粪污减量化排放、无害化处理、资源化利用实现达标排放，将养殖场打造成为资源节约、生产高效、质量安全的健康养殖业。

另外，氧化塘中部分粪水可做肥料，氧化塘上清液可通过管道进行灌溉。氧化塘中浓稠部分通过罐车运输至种植基地，上清液可通过液体施肥车直接抛洒到土地，也可以倒入种植基地的氧化塘中，再混入灌溉水，通过喷灌设施进行喷灌。通过使用有机肥，提高土壤孔隙度、通透交换性及植物成活率、增加有益菌和土壤微生物及种群。同时，在作物根系形成的优势有益菌群能抑制有害病原菌繁衍，增强作物抗逆抗病能力，降低重茬作物的病情指数，连年施用可大大缓解连作障碍，化肥利用率提高 30%，每亩降低化肥使用成本 50 元。总的来看，通过粪污分离、有机肥还田、构建种养循环可持续发展机制、全面推进畜禽粪污资源化利用，公司规模、效益等方面连年上台阶。

### 10.3.3　绿色生态环境的重点行动与案例分析

西北地区干旱少雨、无效蒸发强，特殊的地理位置使得该地区的生态环境脆弱（Ouyang et al.，2016）。然而，由于该地区人口密度的快速增加，为了维持生计而过多地对自然进行索取和虐待（Chen et al.，2017a）。例如，盲目毁林开垦、陡坡地和沙化地耕种等措施造成了严重的水土流失和风沙危害，洪涝、干旱、沙尘暴等自然灾害频频发生（Liu and Diamond，2005）。这对西北地区生态环境产生了重大影响，使该地区变为我国生态退化最严重、经济发展较落后的地区（图 10-15）。为遏制生态环境日益恶化的趋势，开展了退耕还林还草、调整种植结构等关键措施，旨在减少水土流失量、增加植被覆盖度、增加农民经济收入。

**1. 退耕还林工程**

为增加森林覆盖率、减少水土流失、保护生物多样性、增加农村家庭的经济收入，政府部门开展了大规模的退耕还林工程。该工程第一阶段（1999—2010 年）投资 2 128 亿元、第二阶段（2014—2020 年）投资 636 亿元（Bryan et al.，2018）。该工程的投资力度大、针对性强、涉及范围广、群众参与度高，为改善我国生态环境做出了突出贡献（Chen et al.，2015）。

西北地区在退耕还林工程的开展中，生态环境改善成效显著。森林覆盖面积持续增加、从 2003 年的 2 692 万 $hm^2$ 增加到 2018 年的 5 620 万 $hm^2$，增长了 109%（中国国家统计局，2019b）。森林植被的增加，促进了野生动物的繁衍生息，有利于保持生物多样性的完整性（Isbell et al.，2015）。随着退耕还林工程的不断继续，西北地区水土流失面积逐年下降，水土流失治理面积逐步增加，从 2001 年的 283 万 $hm^2$ 增加到 2018 年 431 万 $hm^2$（图 10-16），黄河的泥沙流失量也大幅度减少（Wang et al.，2016a）。来自潼关站的数据显示，黄河输沙量从 1999 年的 5.0 亿 t 减少到 2018 年 1.3 亿 t，在近 10 年降低尤为明显，这意味着退耕还林工程推动了水土流失治理工作的稳步发展。总的来看，退耕还林工程实施的 20 年来极大地调动了西北地区广大群众参与林业建设的积极性，提高了林业管理水平，为大幅度减少水土流失奠定了基础。

退耕还林工程不仅生态效应显著，在经济效应方面也有着重要作用。退耕还林工程的不断推进促进了农业产业结构调整，有利于增加农民收入。例如，退耕的麦田逐渐发展为特色经济林、生态经济林等，这在一定程度上拓宽了农户收入渠道，使其从中受益。此外，退耕还林工程解放了农村劳动力。虽然减少了农业收入，但极大地增加了打工、转移性和经营等收入。西北地区退耕还林工程林业固定资产投资的生活补助费从 2006 年的 8.8 亿元增加到 19 亿元，呈现逐渐上升的良好态势，这也利于缓解退耕农户的生计问题（图 10-16）。尽管退耕还林工程在一定程

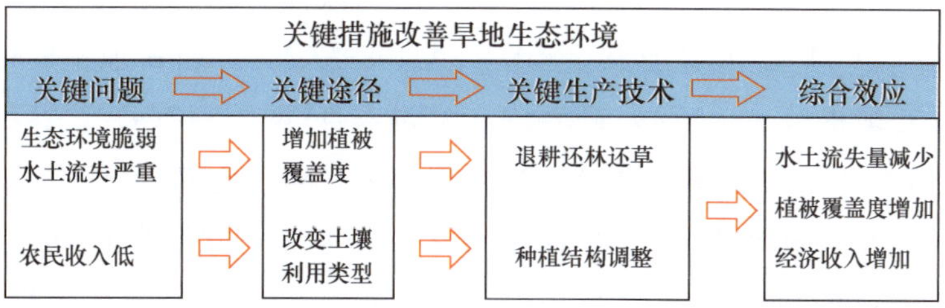


图 10-15　关键措施助力改善旱地生态环境

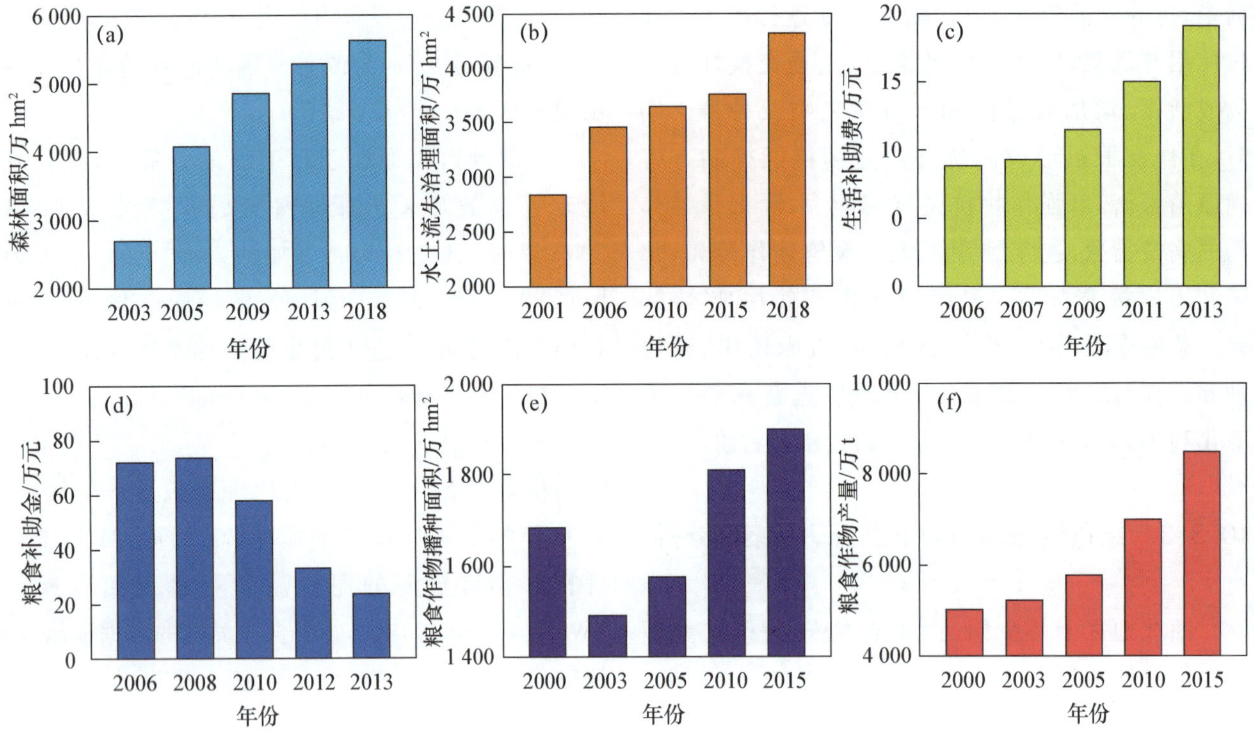


**图 10-16　退耕还林工程改变西北地区的影响**

度上减少了农户的可耕地面积，但并未导致粮食产量的降低。在 2000—2003 年，西北地区的粮食作物播种面积从 1 684 万 $hm^2$ 减少到 1 494 万 $hm^2$，减少了 11%，然而粮食总产量从 5 017 万 t 增加到 5 210 万 t，增加了 4%（中国国家统计局，2019d），这主要归因于单产面积产量的提高。总体来讲，退耕还林工程实现了生态环境保护、经济效益增收、粮食产量提高的协调发展。

随着退耕还林工程的实施，减少了可利用的耕地面积，使得农户的空余时间增多，大量农户由从事农业生产的第一产业转入到二三产业，推动了二三产业发展。在 1999—2010 年的黄土高原地区，第一产业的产值由 516 亿元增加到 579 亿元，仅增加了 12%；然而第二产业的产值由 1 499 亿元增加到 4 711 亿元，增加了 2.1 倍，第三产业的产值由 1 051 亿元增加到 3 107 亿元，增加了 2.0 倍（刘国彬等，2017）。随着农户增收渠道的扩展，其生产生活方式变化较大，促进了西北地区农村经济结构的调整。总体来讲，在进行退耕还林之后，农民群众深切地感受到退耕还林带来的好处，逐渐地形成了主动退耕、乐于退耕的良好氛围，退耕还林工程的社会效应显著。

**2. 种植结构调整**

土地是人类赖以生存的资源（Foley et al.，2005），土地利用通常是指人类开发利用土地资源的各项行为，伴随着城市化进程的不断扩大，对土地利用的深度和速度都在大幅度增长。我国是典型的农业大国，农业用地资源丰富。改变土地利用类型是增加农民收入的重要措施之一，故而农业用地的利用类型也在发生着深刻变化（王超等，2014）。在这里，我们列举了粮食作物生产转变为经济作物生产，以及种植业向养殖业转变，两种改变土地利用类型的典型案例。

在陕西省洛川县谷咀村，人民公社时代全村共 408 人、1 100 亩耕地主要种植小麦和秋杂粮，无灌溉条件[图 10-17(a)]。共种植 900 亩小麦，丰收时小麦产量仅有 72 t，平均亩产量仅 80 kg。农民几乎每年都依靠秋杂粮和政府救济粮生活，日子过得很苦。实行联产承包责任制之后，农民种地积极性大幅增加，小麦亩产达到 200 kg，基本解决了温饱问题。但小麦零售价约 0.6 元/kg，廉价的小麦产值导致农民生活水平依然很低。为了提高经济收入，全村大力发展种植烤烟，每户种植烤烟 1～2 亩，每亩烤烟收入高达 1 000 元，每户一年种植烤烟能收入 1 000～2 000 元，农民的日子依靠种植烤烟慢慢变好。1986 年，共有 4 户村民种植 52 亩苹果，1993 年每亩果园收入为 3 000 元。苹果产业的高效益不仅让先种苹果的农民富起来了，同时也极大地刺激了广大村民的积极性。全村苹果面积在 2000 年时已达 1 000 亩，每户苹果年均收入达到 5 万元，全村苹果年收入达到 500 万元。村民富起来后，下大力气投入资金，整理村容村貌，硬化村中道路、修建新房，发展农家乐等项目，全村建立 30 多个采摘果园，形成了绿荫环绕、苹果飘香、极富农家特色果游村。在发展旅游产业中，平均每户每年收入超过 6 万元，农家乐全村年均收入超过 240 万元。全村通过改变土地利用类型、调整种植结构，一二三产融合发展，极大地增加了村民收入。

在宁夏回族自治区海原县杨堡村，改革开放初期全村 1 800 口人，共有 280 头本地黄牛、300 头羊，主要种植谷子、糜子和小米等抗旱能力强的小杂粮。村民年均收入仅为 300 元[图 10-17(b)]，是远近闻名的贫困村。20 世纪 90 年代通过引入秦川牛等优良品种，并配合种植结构调整、发展青贮玉米、提高饲料供应能力，大力支持秦川牛的发展。秦川牛年存栏量在 2000—2009 年达到 1 000 头，村民年均收入达到 3 200 元，极大地改善了村民经济收入。在 2010—2018 年，通过引入西门塔尔杂交牛，并种植苹果等高附加值作物，走出了一条种养结合的农业绿色发展道路。在这期间，西门塔尔杂交牛年存栏量发展到 4 500 头，为苹果生产提供了充足的有机肥料，极大地促进了村民收入的增加、改善了村民的经济效益。

## 10.4 西北地区农业绿色发展展望

西北地区土地资源丰富、光热充足，是我国粮食生产的战略后备区和牲畜产品的重要产区之一。艰苦的自然条件、不合理的人为管理给西北地区农牧业发展造成了巨大的挑战。过去 40 年在政策的大力支持、科学技术的有效支撑以及广大人民群众的积极参与下，西北农业得到了巨大的发展。然而，当前西北农业发展仍然面临经济收入不高、环境问题突出、生态系统退化、农业资源紧张等重大瓶颈问题，迫切需要发展区域特色产业、融合区域一二三产业以增加农牧民的经济收入，需要加强环境保护和水土流失治理以缓解人与自然间的环境矛盾，同时需要加强保障的机制体制建设，从而构建支撑西北农业绿色发展的综合体系。

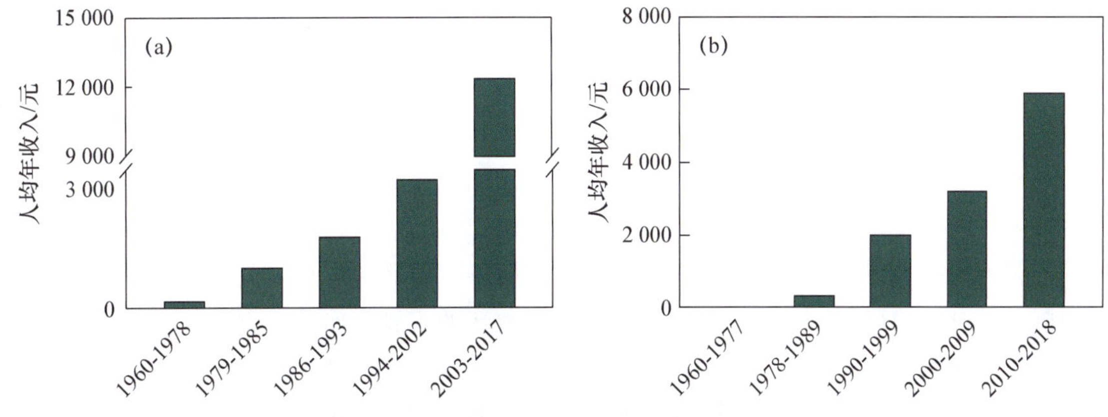


图 10-17　改变土壤利用类型、提高农民收入陕西洛川谷咀村粮食作物改为经济作物提高农户人均年收入(a)和宁夏回族自治区中卫市海原县杨堡村种植业转变为养殖业提高农户人均年收入(b)

### 10.4.1 发展区域特色产业、融合区域一二三产业

由于水资源限制，适宜开发利用的耕地资源有限，水资源缺乏是西北地区农业发展的主要制约因素之一。创新、发展、应用旱地节水关键技术，发展旱作节水农业是西北农业绿色发展的重点之一。西北地区光照资源丰富、昼夜温差大，适于栽培从耐寒类到喜温类的多种植物性产品，且不同产区均有发展特色农牧产品的独特优势。例如，西北地区大部分地方降水少、气候干燥，特别是内陆河灌区，病虫害发病率低，由于使用生物和化学用品造成的污染小，利于生产更安全的农牧产品。依托西北地区自身的资源禀赋，量身打造地方特色农牧产品，形成了一批特色主导产业，为保障国家农牧产品有效供给和农牧民增收做出更大的贡献(农业部，2015)。

大力发展农牧产品的生产加工、着力延伸农牧产品的产业链条，加快推进互联网应用、拓宽农牧产品交易平台，不断提升农业附加值。加快推进休闲农业、乡村旅游与民族文化产业示范创建活动，推动农牧产品生产的第一产业与第二三产业融合，以利拓宽农牧民的收入渠道、提高农牧业的经济收入。

### 10.4.2 加强环境保护和水土流失治理

受限于水资源因素，西北旱地农产品的生产力通常较低；然而，由于人口的急剧增加，盲目开垦现象常见，造成土地资源不合理利用，致使西北地区生态环境脆弱、水土流失严重。推动土地利用类型改变、深入推进退耕还林工程，加强生态环境保护、加强水土流失治理是西北农业发展的必由之路。例如，在降水量低于 450 mm、干燥度大于 1.5 的地区，水分条件已接近于作物需水的下限，该区域不在适宜粮食作物生产，将该区域种植粮食作物的土地转变为种植牧草、发展农牧结合型模式，保护生态环境、推进生态循环农业发展、提升生态服务功能。

西北地区植被覆盖度低、水土流失严重，在退耕还林工程实施后，生态环境得到大幅提升。然而，该地区当前仍然面临着严重的生态环境问题，特别是在沿河流域地区。应保护和高质量发展沿河流域生态，坚持生态优先、绿色发展，着力加强沿河流域生态保护治理、促进全流域高质量发展、助力西北农业绿色发展。

### 10.4.3 加强机制体制保障

西北地区各农业相关部门应加强统筹协调，加强与其他相关部门的沟通协调，创新工作机制，以推动西北地区农业的绿色发展(农业部，2016)。例如，在区域尺度上通过顶层设计、总体规划，支持区域农作物种植结构调整，对低产田调种牧草、粮草轮作给予适当补贴。水资源缺乏是限制西北农业绿色发展的关键因素之一，要深入实施节水农业的补助政策，加强农牧业基础节水设施建设、推广应用水肥一体化，切实促进节水农业的发展。地膜覆盖是一项关键的节水农业技术措施，但其不合理管理导致“白色污染”问题严重，修订完善地膜国家标准，加快制定出台“农田废旧地膜综合治理条例”，从法律上明确生产者和使用者回收的责任与义务，逐步改变依赖财政推动农膜回收的形式。同时，也需要建立健全其他农业废弃物的回收机制，降低农业生产带来的环境问题。不合理的养分资源管理同样给西北农业绿色发展带来了严峻挑战，特别是在高附加值的经济作物，支持配肥站建设和配方肥生产，通过优化肥料产品、科学施肥，最大限度地降低肥料产品应用产生的环境污染。西北地区地域辽阔、牧草资源丰富，是我国牧区的主要分布地。深入实施草原生态保护补助奖励政策，提高牧草生产力，利于缓解紧张的草畜矛盾。西北地区经济基础薄弱、生态环境脆弱，应做好顶层设计、落实好农业资源保护、环境治理和生态保护等各类法律法规，加强法律法规执行

监督力度，加强机制体制保障，以助力西北农业绿色发展。

总的来看，西北农业绿色发展需统筹协调绿色种植、绿色养殖、绿色生态环境、绿色产品与消费等方面(图 10-18)；需在创新体制机制、强化政策保障等方面持续发力以充分调动各方积极性；需加快关键技术研发、集成和推广应用，以此为西北农业绿色发展提供强有力的政策和科技支撑。在过去 40 年，西北农业在作物和畜牧产品生产、经济收入增加、环境保护、生态服务功能恢复上取得了重大成就。在全社会共同努力下，我们相信未来的西北农业有能力、有底气、有信心实现绿色发展。

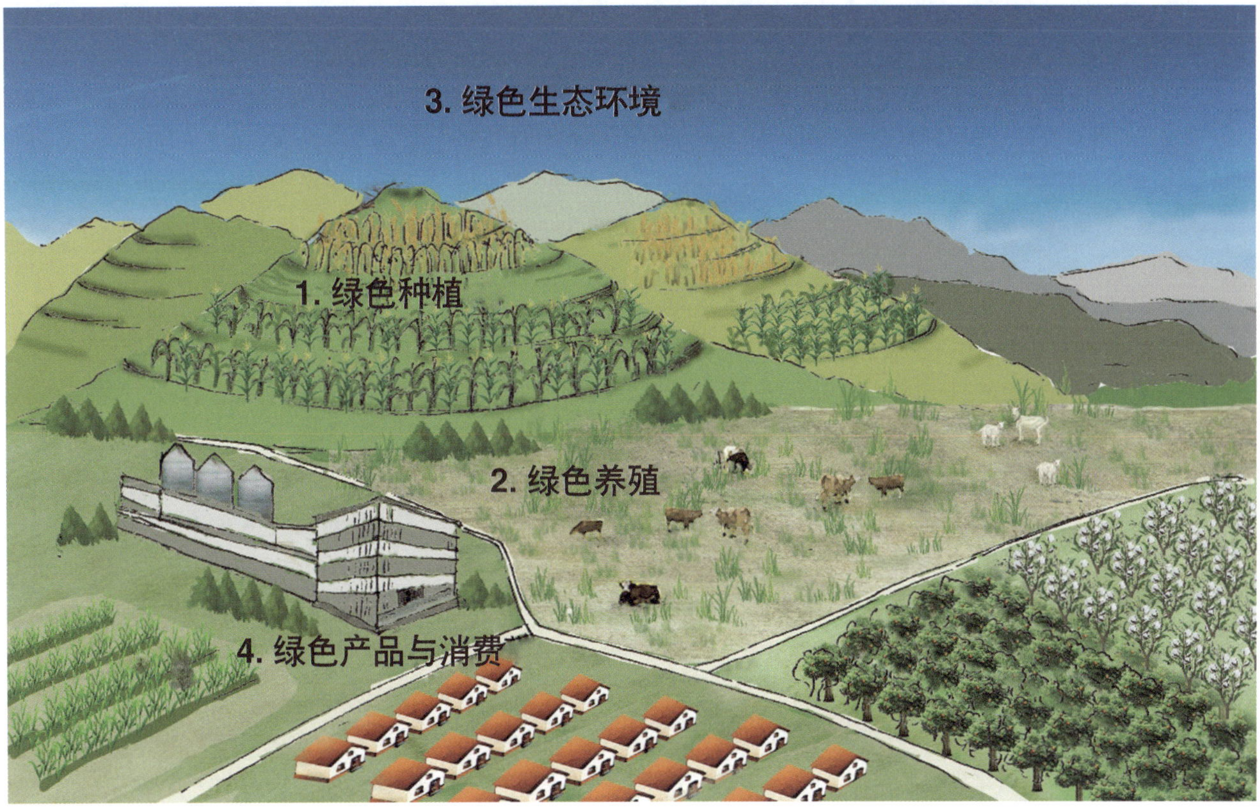


图 10-18　西北农业绿色发展的愿景图

## 参考文献

安芷生，程国栋，刘宝，等. 西部大开发中的生态环境建设和产业结构调整咨询意见. 中国科学院院刊，2000，403－406.

常瑞甫，严昌荣. 中国农用地膜残留污染现状及防治对策. 北京：中国农业科学技术出版社，2012.

董红敏，左玲玲，魏莎，等. 建立畜禽废弃物养分管理制度 促进种养结合绿色发展. 中国科学院院刊，2019，34：180－189.

郭兆元. 陕西土壤. 北京：科学出版社，1992.

李孟华. 冬小麦对锌肥及土壤水分的响应. 西北农林科技大学，2013.

李生秀. 中国旱地农业. 北京：中国农业出版社，2004.

刘国彬，上官周平，姚文艺，等. 黄土高原生态工程的生态成效. 中国科学院院刊，2017，32：11－19.

刘燕华，李秀彬. 脆弱生态环境与可持续发展. 北京：商务印书馆，2007.

娄成后. 我国北方旱区农业现代化. 北京：气象出版社，1989.

马耀光，张保军，罗志成. 旱地农业节水技术. 北京：化学工业出版社，2005.

农业部. 全国农业可持续发展规划（2015—2030 年），2015.

农业部. 西北旱区农牧业可持续发展规划（2016—2020 年），2016.

农业部. 农业绿色发展技术导则(2018—2030年),2018.

庞国芳，常巧英，范春林. 农药残留监测技术研究与监控体系构建展望. 中国科学院院刊,2017, 32: 1083-1090.

王超，甄霖，杜秉贞，等. 黄土高原典型区退耕还林还草工程实施效果实证分析. 中国生态农业学报,2014, 22: 850-858.

王莉，沈贵银. 中国草食畜牧业发展研究. 北京：中国农业出版社,2015.

王启贵，王海威，郭宗义，等. 加强畜禽遗传资源保护推动我国畜牧种业发展. 中国科学院院刊,2019, 34: 174-179.

王维敏. 中国北方旱地农业技术. 北京：中国农业出版社,1994.

许萱. 旱地农业覆盖栽培技术. 北京：农业出版社,1989.

严昌荣，何文清，梅旭荣，等. 农用地膜的应用与污染防治. 北京：科学出版社,2010.

严昌荣，刘恩科，舒帆，等. 我国地膜覆盖和残留污染特点与防控技术. 农业资源与环境学报,2014, 31: 95-102.

于荣. 黄土高原典型缺硒区不同价态硒和施硒方式对小麦产量和硒含量的影响. 西北农林科技大学,2015.

袁会珠，杨代斌，闫晓静，等. 农药有效利用率与喷雾技术优化. 植物保护,2011, 37: 14-20.

赵护兵，王朝辉，高亚军，等. 西北典型区域旱地冬小麦农户施肥调查分析. 植物营养与肥料学报,2013, 19: 840-848.

中国国家统计局. 全国草原监测报告. 北京：中国统计出版社,2016.

中国国家统计局. 中国环境统计年鉴. 北京：中国统计出版社,2019a.

中国国家统计局. 中国林业和草原统计年鉴. 北京：中国统计出版社,2019b.

中国国家统计局. 中国农村统计年鉴. 北京：中国统计出版社,2019c.

中国国家统计局. 中国统计年鉴. 北京：中国统计出版社,2019d.

周毅. 中国西部脆弱生态环境与可持续发展研究. 北京：新华出版社,2015.

Bryan B. A., Gao L., Ye Y., et al. China's response to a national land-system sustainability emergency. Nature, 2018, 559: 193-204.

Cakmak I. Enrichment of cereal grains with zinc: Agronomic or genetic biofortification? Plant and Soil, 2008, 302: 1-17.

Cao H., Wang Z., He G., et al. Tailoring NPK fertilizer application to precipitation for dryland winter wheat in the Loess Plateau. Field Crops Research, 2017, 209: 88-95.

Chen D., Wei W., Chen L. Effects of terracing practices on water erosion control in China: A meta analysis. Earth-Science Reviews, 2017, 173: 109-121.

Chen H., Liu J., Zhang A., et al. Effects of straw and plastic film mulching on greenhouse gas, emissions in Loess Plateau, China: A field study of 2 consecutive wheat-maize rotation cycles. Science of the Total Environment, 2017, 579: 814-824.

Chen S. Y., Zhang X. Y., Pei D., et al. Effects of straw mulching on soil temperature, evaporation and yield of winter wheat: field experiments on the North China Plain. Annals of Applied Biology, 2007, 150: 261-268.

Chen Y., Wang K., Lin Y., et al. Balancing green and grain trade. Nature Geoscience, 2015, 8: 739-741.

Cuello J. P., Hwang H. Y., Gutierrez J., et al. Impact of plastic film mulching on increasing greenhouse gas emissions in temperate upland soil during maize cultivation. Applied Soil Ecology, 2015, 91: 48-57.

Cui Z., Zhang H., Chen X., et al. Pursuing sustainable productivity with millions of smallholder farmers. Nature, 2018, 555: 363-366.

Foley J. A., DeFries R., Asner G. P., et al. Global consequences of land use. Science, 2005, 309: 570-574.

He G., Wang Z., Cao H., et al. Year-round plastic film mulch to increase wheat yield and economic returns while reducing environmental risk in dryland of the Loess Plateau. Field Crops Research, 2018a, 225: 1-8.

He G., Wang Z., Hui X., et al. Black film mulching can replace transparent film mulching in crop production. Field Crops Research, 2021, 261.

He G., Wang Z., Li F., et al. Soil nitrate-N residue, loss and accumulation affected by soil surface management and precipitation in a winter wheat-summer fallow system on dryland. Nutrient Cycling in Agroecosystems, 2016a, 106: 31-46.

He G., Wang Z., Li F., et al. Soil water storage and

winter wheat productivity affected by soil surface management and precipitation in dryland of the Loess Plateau, China. Agricultural Water Management, 2016b, 171: 1-9.

He G., Wang Z., Li S., et al. Plastic mulch: Tradeoffs between productivity and greenhouse gas emissions. Journal of Cleaner Production, 2018b, 172: 1311-1318.

He G., Wang Z., Ma X., et al. Wheat yield affected by soil temperature and water under mulching in dryland. Agronomy Journal, 2017, 109: 2998-3006.

Isbell F., Craven D., Connolly J., et al. Biodiversity increases the resistance of ecosystem productivity to climate extremes. Nature, 2015, 526: 574-577.

Jalota S. K., Khera R., Chahal S. S. Straw management and tillage effects on soil water storage under field conditions. Soil Use and Management, 2001, 17: 282-287.

Ji S. N., Unger P. W. Soil water accumulation under different precipitation, potential evaporation, and straw mulch conditions. Soil Science Society of America Journal, 2001, 65: 442-448.

Ju X. T., Xing G. X., Chen X. P., et al. Reducing environmental risk by improving N management in intensive Chinese agricultural systems. Proceedings of the National Academy of Sciences of the United States of America, 2009, 106: 3041-3046.

Kasirajan S., Ngouajio M. Polyethylene and biodegradable mulches for agricultural applications: a review. Agronomy for Sustainable Development, 2012, 32: 501-529.

Liu E. K., He W. Q., Yan C. R. 'White revolution' to 'white pollution'—agricultural plastic film mulch in China. Environmental Research Letters, 2014, 9.

Liu J. G., Diamond J. China's environment in a globalizing world. Nature, 2005, 435: 1179-1186.

Liu X., Zhang Y., Han W., et al. Enhanced nitrogen deposition over China. Nature, 2013, 494: 459-462.

Liu Y., Li S., Chen F., et al. Soil water dynamics and water use efficiency in spring maize (*Zea mays* L.) fields subjected to different water management practices on the Loess Plateau, China. Agricultural Water Management, 2010, 97: 769-775.

Lu X., Li Z., Sun Z., et al. Straw Mulching Reduces Maize Yield, Water, and Nitrogen Use in Northeastern China. Agronomy Journal, 2015, 107: 406-414.

MacDonald G. K., Bennett E. M., Potter P. A., et al. Agronomic phosphorus imbalances across the world's croplands. Proceedings of the National Academy of Sciences of the United States of America, 2011, 108: 3086-3091.

Maillard E., Angers D. A. Animal manure application and soil organic carbon stocks: a meta-analysis. Global Change Biology, 2014, 20: 666-679.

Nishimura S., Komada M., Takebe M., et al. Nitrous oxide evolved from soil covered with plastic mulch film in horticultural field. Biology and Fertility of Soils, 2012, 48: 787-795.

Ouyang Z., Zheng H., Xiao Y., et al. Improvements in ecosystem services from investments in natural capital. Science, 2016, 352: 1455-1459.

Potthoff M., Dyckmans J., Flessa H., et al. Dynamics of maize (*Zea mays* L.) leaf straw mineralization as affected by the presence of soil and the availability of nitrogen. Soil Biology & Biochemistry, 2005, 37: 1259-1266.

Powers J. S. Spatial variation of soil organic carbon concentrations and stable isotopic composition in 1-ha plots of forest and pasture in Costa Rica: implications for the natural abundance technique. Biology and Fertility of Soils, 2006, 42: 580-584.

Qin X., Li Y., Han Y., et al. Ridge-furrow mulching with black plastic film improves maize yield more than white plastic film in dry areas with adequate accumulated temperature. Agricultural and Forest Meteorology, 2018, 262: 206-214.

Reynolds J. F., Stafford Smith D. M., Lambin E. F., et al. Global desertification: Building a science for dryland development. Science, 2007, 316: 847-851.

Saglam M., Sintim H. Y., Bary A. I., et al. Modeling the effect of biodegradable paper and plastic mulch on soil moisture dynamics. Agricultural Water Management, 2017, 193: 240-250.

Sun D., Li H., Wang E., et al. An overview of the use of plastic-film mulching in China to increase crop yield and water-use efficiency. National Science Review, 2020, 7: 1523-1526.

Wang S., Fu B., Piao S., et al. Reduced sediment transport in the Yellow River due to anthropogenic changes. Nature Geoscience, 2016, 9: 38-41.

Wang Y. P., Li X. G., Zhu J., et al. Multi-site assessment of the effects of plastic-film mulch on dryland maize productivity in semiarid areas in China. Agricultural and Forest Meteorology, 2016, 220: 160-169.

Wang Y., Hu N., Xu M., et al. 23-year manure and fertilizer application increases soil organic carbon sequestration of a rice-barley cropping system. Biology and Fertility of Soils, 2015, 51: 583-591.

Xia L., Lam S. K., Chen D., et al. Can knowledge-based N management produce more staple grain with lower greenhouse gas emission and reactive nitrogen pollution? A meta-analysis. Global Change Biology, 2017, 23: 1917-1925.

Yin W., Yu A., Chai Q., et al. Wheat and maize relay-planting with straw covering increases water use efficiency up to 46%. Agronomy for Sustainable Development, 2015, 35: 815-825.

Zhang D., Ng E. L., Hu W., et al. Plastic pollution in croplands threatens long-term food security. Global Change Biology, 2020, 26: 3356-3367.

Zhang H., Liu Q., Yu X., et al. Effects of plastic mulch duration on nitrogen mineralization and leaching in peanut(*Arachis hypogaea*) cultivated land in the Yimeng Mountainous Area, China. Agriculture Ecosystems & Environment, 2012, 158: 164-171.

Zhang S., Li P., Yang X., et al. Effects of tillage and plastic mulch on soil water, growth and yield of spring-sown maize. Soil & Tillage Research, 2011, 112: 92-97.

Zhang S., Sadras V., Chen X., et al. Water use efficiency of dryland maize in the Loess Plateau of China in response to crop management. Field Crops Research, 2014, 163: 55-63.

Zhang S., Sadras V., Chen X., et al. Water use efficiency of dryland wheat in the Loess Plateau in response to soil and crop management. Field Crops Research, 2013, 151: 9-18.

Zhao H., Wang R. Y., Ma B. L., et al. Ridge-furrow with full plastic film mulching improves water use efficiency and tuber yields of potato in a semiarid rainfed ecosystem. Field Crops Research, 2014, 161: 137-148.

Zhou L. M., Li F. M., Jin S. L., et al. How two ridges and the furrow mulched with plastic film affect soil water, soil temperature and yield of maize on the semiarid Loess Plateau of China. Field Crops Research, 2009, 113: 41-47.

Zhou L. M., Zhang F., Liu C. A. Improved yield by harvesting water with ridges and subgrooves using buried and surface plastic mulchs in a semiarid area of China. Soil & Tillage Research, 2015, 150: 21-29.

# 第11章 东北地区农业绿色发展

## 11.1 东北地区农业绿色发展现状与挑战

### 11.1.1 区域基本概况

东北地区广义上包括黑龙江、吉林、辽宁、内蒙古东五盟(呼伦贝尔市、兴安盟、通辽市、赤峰市、锡林郭勒盟)和冀东北(承德、秦皇岛),土地面积约152万 $km^2$,是我国重要的农牧业生产区。狭义上,东北地区一般特指东三省,即黑龙江省、吉林省、辽宁省,这也是以黑土为代表的主要农业生产区。东北黑土区主要分布在东三省的松辽流域,面积约103万 $km^2$,与乌克兰大平原黑土区、北美洲密西西比河流域黑土区、南美洲阿根廷延至乌拉圭的潘帕斯大草原黑土区并称世界四大黑土区。黑土区土壤有机质含量高、土质疏松、最适宜耕作,对农业生产十分有利,是闻名海内外的"北国粮仓"(佟宝全,2006;蔡壮,2010;李天奇,2012)。

作为我国重要的商品粮生产基地,东三省目前拥有耕地2 472.8万 $hm^2$,较1978年增加56.4%,占全国耕地总面积的14.9%(表11-1)。同时,人均耕地资源也非常丰富,目前人均拥有耕地面积0.23 $hm^2$,是全国人均耕地面积的2倍,其中黑龙江省人均耕地面积最高,超过全国平均水平3倍以上。2018年东三省粮食总产量达1.71亿t,较1978年增长超过2倍,占全国粮食总产量的1/4以上(表11-1)。与此同时,东北地区的畜禽

表11-1 1978年和2018年东北地区人口、耕地面积及粮食产量情况

| 年份 | 省份 | 人口/万t | 占全国比例/% | 耕地面积/万 $hm^2$ | 占全国比例/% | 粮食产量/万t | 占全国比例/% | 人均耕地面积/$hm^2$ | 与全国比值 |
|---|---|---|---|---|---|---|---|---|---|
| 1978 | 黑龙江 | 3 186.3 | 3.2 | 806.3 | 5.5 | 2 293.7 | 7.0 | 0.25 | 1.67 |
| | 吉林 | 2 197.7 | 2.2 | 382.0 | 2.6 | 1 272.8 | 3.9 | 0.17 | 1.13 |
| | 辽宁 | 3 464.8 | 3.5 | 392.3 | 2.7 | 1 895.8 | 5.8 | 0.11 | 0.73 |
| | 东三省 | 8 848.7 | 9.0 | 1 580.5 | 10.7 | 5 462.3 | 16.7 | 0.18 | 1.20 |
| 2018 | 黑龙江 | 3 773.1 | 2.7 | 1 425.7 | 8.6 | 8 241.4 | 12.5 | 0.38 | 3.19 |
| | 吉林 | 2 608.9 | 1.9 | 602.6 | 3.6 | 4 189.1 | 6.4 | 0.23 | 1.93 |
| | 辽宁 | 4 359.0 | 3.1 | 443.4 | 2.7 | 4 710.4 | 7.2 | 0.10 | 0.84 |
| | 东三省 | 10 741.0 | 7.7 | 2 471.8 | 14.9 | 17 141.0 | 26.1 | 0.23 | 1.93 |

数据来源于中国统计年鉴。1978年和2018年全国人均耕地面积分别为0.150 $hm^2$ 和0.119 $hm^2$。

养殖业近年来也得到快速发展，目前东三省畜禽养殖数量以 LSU 单位（欧盟统计局方法，将奶牛作为标准单位折算其他动物数量）计高达 4 376.2 万头，较 1978 年增长超过 3 倍。

### 11.1.2　农业绿色发展现状

#### 1. 种植业发展状况

1978—2018 年东北地区作物的种植总面积从 1 580 万 $hm^2$ 增加到 2 470 万 $hm^2$，增长了 56%。其中，黑龙江省作物种植面积增幅最大（77%），吉林省次之（58%），而辽宁省相对较低（13%）。40 年来，东北地区的作物种植结构出现了较大变化（表 11-2），大多数作物种类的种植面积呈上升趋势，仅蔬菜和其他作物（包括油料、麻类、烟叶、甜菜、薯类等）出现了减少。总体来看，种植面积增长最多的为谷类作物，2018 年种植面积为 1 857.7 万 $hm^2$，较 1978 年增长了 75.5%，在全国谷类作物种植面积中占比达到 18.6%。其次为豆类和水果，2018 年种植面积分别为 416.8 万 $hm^2$ 和 40.7 万 $hm^2$，较 1978 年分别增长了 49.2% 和 54.2%。而蔬菜种植面积总体有所下降，与 1978 年相比，2018 年减少了 20.8%，目前占全国蔬菜总种植面积的比例不足 3%。

不同省份之间作物种植结构的变化趋势并不一致（表 11-2）。黑龙江省以谷类和豆类作物的种植面积最大，而且四十年间的增加最多。2018 年黑龙江省谷类和豆类作物种植面积分别为 1 007.2 $hm^2$ 和 374.2 万 $hm^2$，较 1978 年分别增长了 120% 和 92.7%。与此同时，水果面积增长了 70.6%，但蔬菜和其他作物的面积则大幅下降。吉林省以谷类作物为主，其种植面积在 40 年间增加了 90%，水果种植面积增幅达 5.5 倍，增至 2.6 万 $hm^2$。但是，豆类作物与蔬菜的种植面积较 1978 年分别减少了 64.5% 和 33.9%。其他作物的种植面积基本维持不变。辽宁省蔬菜和水果增幅最大，较 1978 年分别增长了 51.9% 和 45.5%；其次为谷类作物，增长了 26%，其他作物的种植面积仅增长了 6%。而豆类种植面积下降了 83.1%，目前已降至 8.3 万 $hm^2$。

随着作物品种的改良、种植技术的发展和种植方式的改进，各类作物的单产水平均呈现大幅提高（表 11-3）。目前，东北地区谷类作物的单产平均为 6.7 t/$hm^2$，相比 1978 年增长了 76%。其中，玉米、水稻、小麦的单产平均分别为 6.5、7.3 和 3.3 t/$hm^2$，较 1978 年分别增长 86%、52% 和 83%，高粱与谷子的种植面积尽管较少，但 40 年间单产的相对增幅较大，均超过 1 倍以上。蔬菜和水果的平均单产分别为 49.9 和 15.5 t/$hm^2$，相比 1978 年分别增长了 2 倍和 3 倍。相比之下，豆类的单产水平变化相对较小，从 1978 年 1.5 t/$hm^2$ 增加至 2018 年 1.8 t/$hm^2$，增幅度为 20%。

作物单产与种植面积的变化共同驱动了作物总产量的变化。东北地区谷类作物的总产量在 40 年间呈现显著的增长趋势，从 1978 年的 3 100 万 t 增至 2018 年的 1.24 亿 t，增长超过 2 倍（图 11-1）。

表 11-2　1978 年与 2018 年东北地区主要作物种植面积与占全国总种植面积比例

| 年份 | 省份 | 东北地区种植面积/万 $hm^2$ | | | | | 占全国总种植面积的比例/% | | | | |
|---|---|---|---|---|---|---|---|---|---|---|---|
| | | 谷物 | 豆类 | 蔬菜 | 水果 | 其他 | 谷物 | 豆类 | 蔬菜 | 水果 | 其他 |
| 1978 | 黑龙江 | 522.8 | 173.6 | 33.4 | 1.7 | 74.8 | 5.3 | 23.5 | 10.4 | 2.5 | 3.8 |
| | 吉林 | 274.3 | 56.6 | 16.8 | 0.4 | 33.7 | 3.2 | 5.1 | 5.3 | 0.6 | 1.7 |
| | 辽宁 | 261.7 | 49.1 | 20.6 | 24.2 | 36.7 | 2.7 | 3.6 | 6.4 | 35.0 | 1.8 |
| | 东三省 | 1 058.8 | 279.3 | 70.8 | 26.4 | 145.2 | 11.2 | 32.1 | 22.1 | 38.2 | 7.3 |
| 2018 | 黑龙江 | 1 007.2 | 374.2 | 16.2 | 2.9 | 25.2 | 10.1 | 33.8 | 0.8 | 0.2 | 2.2 |
| | 吉林 | 520.9 | 34.4 | 11.1 | 2.6 | 33.8 | 5.2 | 4.7 | 0.5 | 0.1 | 1.5 |
| | 辽宁 | 329.7 | 8.3 | 31.3 | 35.2 | 38.9 | 3.3 | 1.0 | 1.5 | 2.0 | 1.4 |
| | 东三省 | 1 857.7 | 416.8 | 58.6 | 40.7 | 97.9 | 18.6 | 39.5 | 2.9 | 2.3 | 5.1 |

表 11-3　1978 与 2018 年东北地区主要作物的单产水平变化情况　t/hm²

| 年份 | 省份 | 谷物 | | | | | 豆类 | 蔬菜 | 水果 | 其他 |
|---|---|---|---|---|---|---|---|---|---|---|
| | | 玉米 | 水稻 | 小麦 | 高粱 | 谷子 | | | | |
| 1978 | 黑龙江 | 2.9 | 3.6 | 1.8 | 2.1 | 1.4 | 1.8 | 15.4 | 1.8 | 4.0 |
| | 吉林 | 3.2 | 4.1 | 1.1 | 2.7 | 1.5 | 1.1 | 17.9 | 10.0 | 3.9 |
| | 辽宁 | 4.6 | 5.9 | 1.5 | 4.0 | 1.2 | 1.1 | 28.0 | 3.7 | 1.2 |
| | 东三省 | 3.5 | 4.8 | 1.8 | 3.2 | 1.4 | 1.5 | 19.6 | 3.7 | 3.3 |
| 2018 | 黑龙江 | 6.5 | 7.1 | 3.3 | 5.0 | 3.5 | 1.8 | 39.2 | 10.0 | 6.3 |
| | 吉林 | 6.6 | 7.7 | 0.3 | 7.0 | 4.1 | 1.8 | 39.5 | 10.0 | 3.8 |
| | 辽宁 | 6.1 | 8.6 | 5.8 | 7.5 | 3.4 | 2.4 | 59.1 | 16.4 | 3.4 |
| | 东三省 | 6.5 | 7.3 | 3.3 | 6.5 | 3.6 | 1.8 | 49.9 | 15.5 | 4.3 |

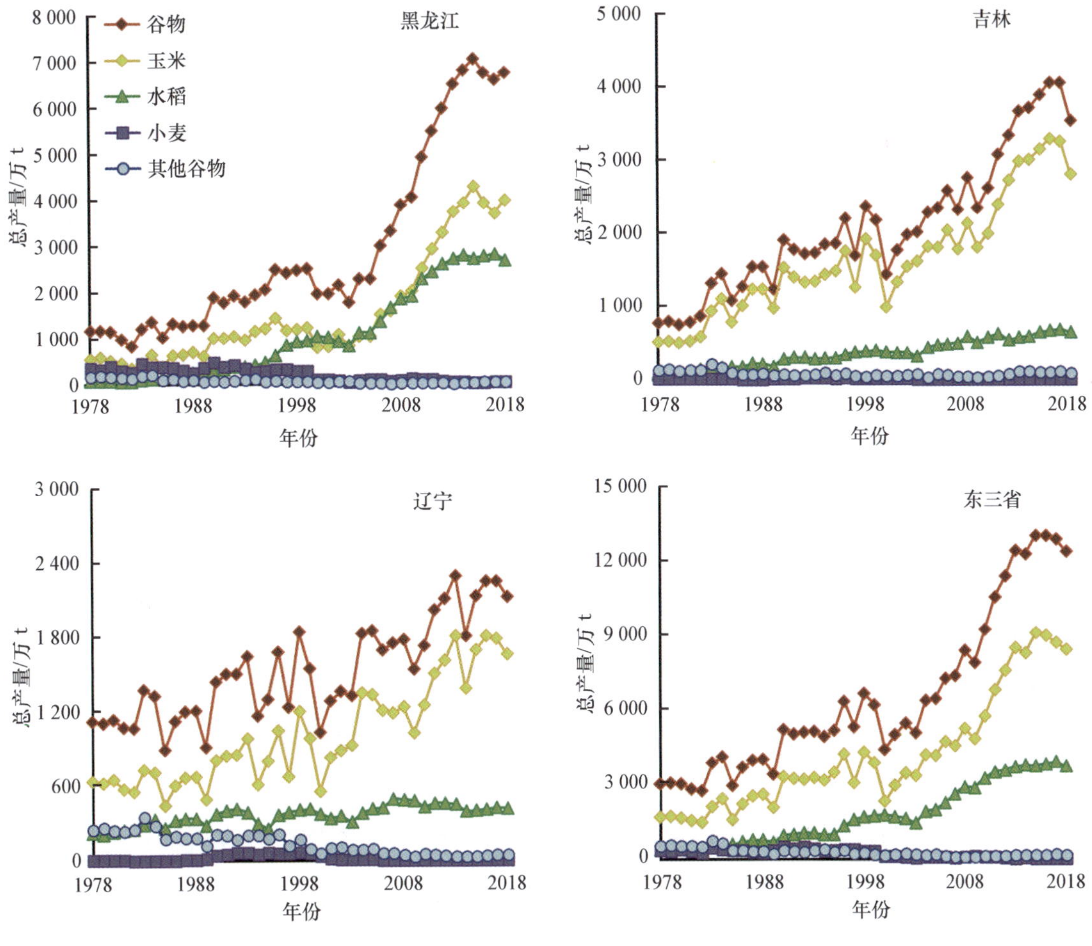

图 11-1　1978—2018 年间东北地区谷物产量的变化趋势

目前，东北地区谷类作物产量占全国谷类作物总产量的 20.3%，相比 1978 年的 12.8%呈现大幅提高，也说明了东北地区在全国粮食生产中的地位更为重要。不同省份中以黑龙江省谷类作物的产量和增幅最大，目前其谷物总产量达到 6 700 万 t，较 1978 年增幅超过 4.6 倍，而吉林省和辽宁省谷类作物的产量分别为 3 534 万 t 和 2 129 万 t，较 1978 年分别增长了 3.6 倍和 0.9 倍。东北地区谷物总产量的增加主要是玉米和水稻增产的贡献，其分别从 1978 年的 1 712 万 t 和 404.2 万 t 增长至 2018 年的 8 445 万 t 和 3 750 万 t，分别增长 2.9 和 7.3 倍，目前分别占全国玉米和水稻总产量的 32.8%和 17.7%(表 11-4)。小麦、高粱和谷子的产量则出现持续下降，目前分别为 37.6 万 t、132.4 万 t

表 11-4 1978 与 2018 年东北地区主要作物产量占全国总产量比例的变化情况 %

| 年份 | 省份 | 谷物 | | | | | 豆类 | 蔬菜 | 水果 | 其他 |
|---|---|---|---|---|---|---|---|---|---|---|
| | | 玉米 | 水稻 | 小麦 | 高粱 | 谷子 | | | | |
| 1978 | 黑龙江 | 9.0 | 0.5 | 6.2 | 8.7 | 20.2 | 22.9 | 1.8 | 0.5 | 7.2 |
| | 吉林 | 8.5 | 0.7 | 0.3 | 9.7 | 11.0 | 4.5 | 1.0 | 0.6 | 3.2 |
| | 辽宁 | 10.5 | 1.6 | 0.1 | 32.5 | 4.2 | 3.9 | 2.0 | 13.1 | 1.1 |
| | 东三省 | 27.9 | 2.8 | 6.6 | 50.9 | 35.3 | 31.3 | 4.8 | 14.2 | 11.5 |
| 2018 | 黑龙江 | 15.5 | 12.7 | 0.3 | 9.9 | 3.2 | 35.3 | 0.9 | 0.2 | 2.1 |
| | 吉林 | 10.9 | 3.0 | 0.0 | 25.9 | 5.2 | 3.3 | 0.6 | 0.2 | 1.7 |
| | 辽宁 | 6.5 | 2.0 | 0.0 | 9.7 | 8.0 | 1.0 | 2.6 | 3.4 | 1.7 |
| | 东三省 | 32.8 | 17.7 | 0.3 | 45.5 | 16.3 | 39.6 | 4.2 | 3.7 | 5.5 |

和 38.2 万 t，占全国总产量的 0.3%、45.5% 和 16.3%。

近几年，东北地区豆类作物的产量有所回升。相比 1978 年的 427.3 万 t，2018 年豆类作物产量增长了 78.2%，占全国豆类总产量的 39.6%。蔬菜和水果产量也呈上升趋势，分别从 1978 年的 1 389.6 万 t 和 97.9 万 t 增至 2018 年的 2 924.9 万 t 和 631.6 万 t，分别较 1978 年增长 1.1 和 5.5 倍。东北地区其他作物的产量有所下降，2018 年较 1978 年减少了 11.1%，其中甜菜和麻类作物的产量大幅减少，较 1978 年分别下降了 77.8% 和 41.2%。

1978—2018 年，东北地区作物种植系统的养分利用率总体呈先略有上升而后下降并保持持平的趋势（图 11-2）。氮、磷利用率均在 1988 年前后达到最大值，分别为 47.7% 和 83.6%。目前，作物种植系统的氮、磷养分利用率分别为 40.1% 和 57.6%，相比 1988 年均有明显下降。不同省份之间，作物种植系统的养分利用率差异明显。作物的氮素利用效率均以黑龙江省明显最高，其次为吉林省，而辽宁省相对较低且变幅很小；磷素利用效率在 1978—1988 年黑龙江省与吉林省较为接近，且明显高于辽宁省，1988 年之后辽宁省相对较低，但省域间差异明显缩小。

**2. 养殖业发展状况**

40 年来东北地区畜禽养殖业迅猛发展，畜禽养殖数量大幅增加，尤其在 1990—2010 年的 20 年中呈爆发式增长（图 11-3）。畜禽养殖数量以 LSU 单位折算计，从 1978 年的 1 042.7 万头增长至 2018 年的 4 376.2 万头，增长超过了 3 倍。其中，大型动物（猪、牛、羊）数量从 1978 年的 926.8 万头增长至 2018 年的 2 890.0 万头，增长了 2 倍。其中以猪的数量变化最为显著，从 1978 年的 417.4 万头增长至 2018 年的 1 809.2 万头，增长了 3.3 倍；牛的数量变化较小，2018 年总量为 886.0 万头，较 1978 年增加 1.0 倍。禽类养殖数量增幅巨大，2018 年禽类动物养殖总量为 1 486.3 万头，相比 1978 年增加了 11.8 倍。

随着畜禽养殖数量的增加，东北地区畜禽产品产量也随之提高（图 11-4）。2018 年东北地区肉、

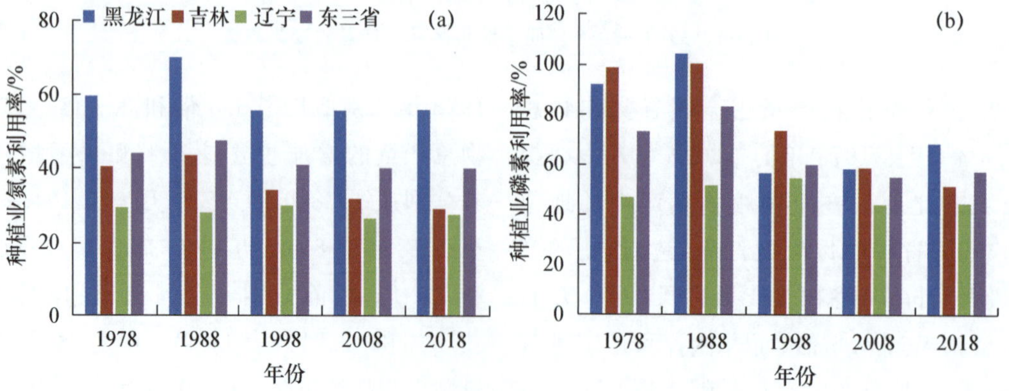


图 11-2 1978—2018 年东北地区种植业氮(a)、磷(b)利用率的变化趋势

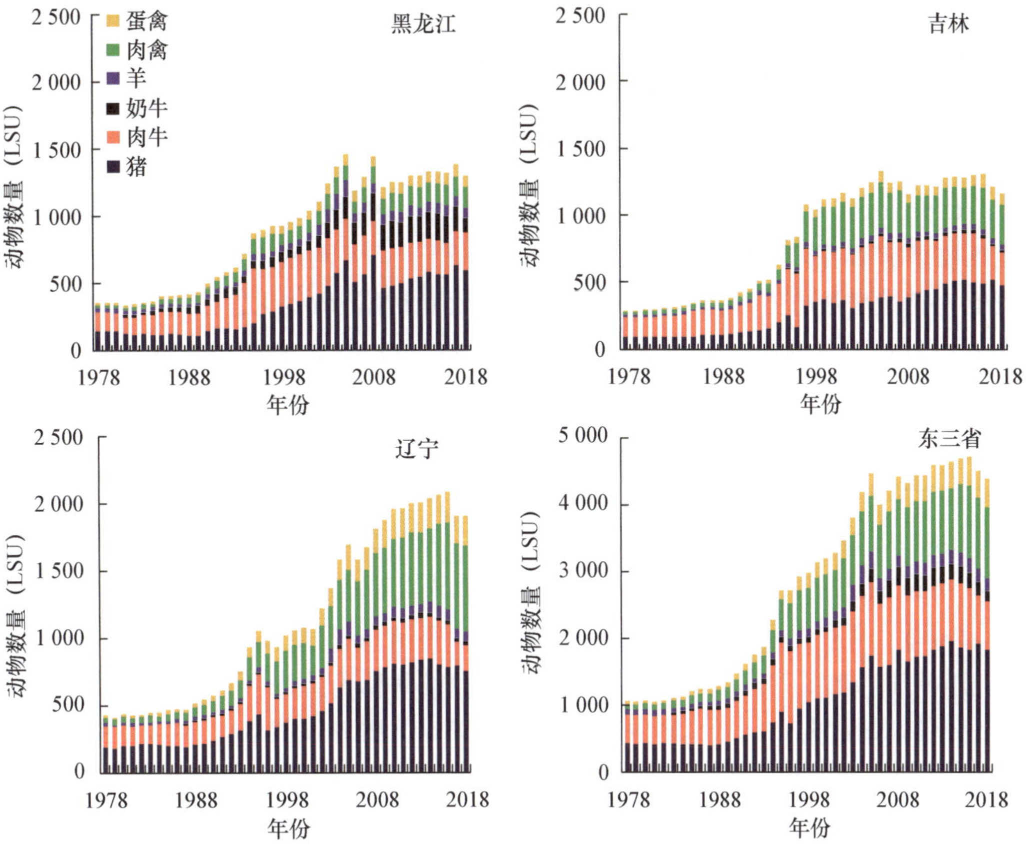


图 11-3　1978—2018 年东北地区畜禽养殖数量的变化趋势

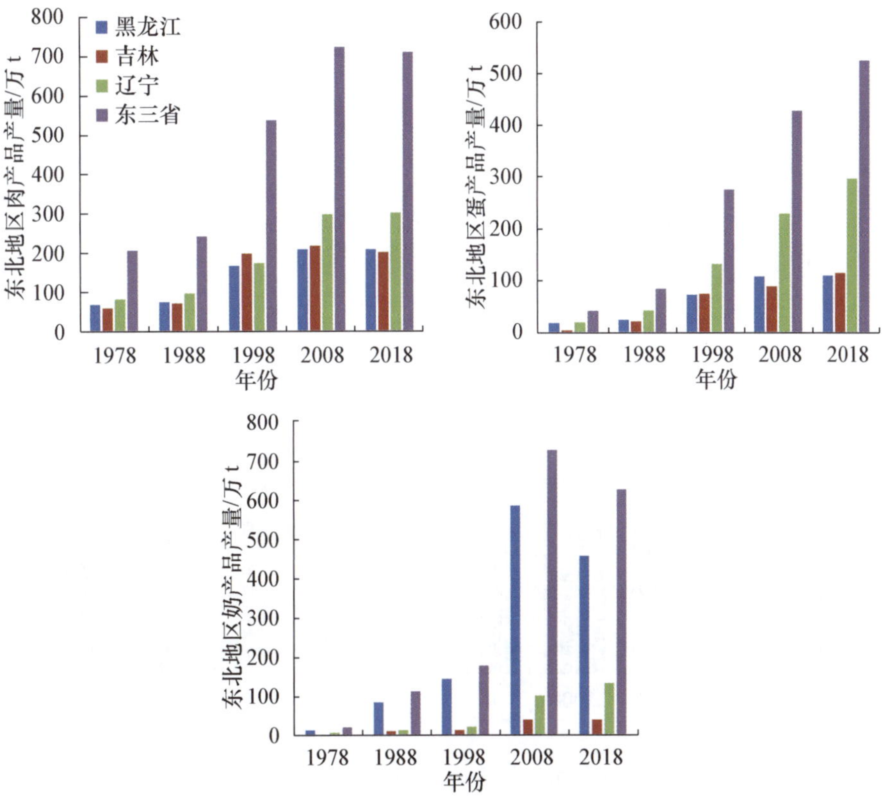


图 11-4　1978—2018 年东北地区畜禽产品数量的变化趋势

蛋、奶总产量为 1 861 万 t，较 1978 年增长了 5.9 倍。其中，肉产品的产量最高，达到 711.1 万 t，是 1978 年的 3.4 倍，占全国总产量的 8.2%；奶、蛋产品的产量接近，分别为 626.5 万 t 和 523.3 万 t，占全国总产量的比例分别为 20.4% 和 16.7%。40 年间东北地区畜禽产品中，肉产品的产量总体上在 2008 年之前呈持续增加趋势，近十年变化较小。目前，不同省份中以辽宁省的肉产品产量最高，达 300.9 万 t，而后黑龙江省、吉林省接近，分别为 209.0 万 t 和 201.2 万 t。畜禽蛋产品的产量在各个时期总体上呈持续增加趋势，主要是受辽宁省蛋产品数量持续增加的带动，而黑龙江省在近 10 年的增长较少。奶产品产量总体上在 2008 年之前呈大幅上升趋势，而后则有所下降。

1978—2018 年东北地区养殖业系统的养分利用率总体呈上升趋势(图 11-5)。氮和磷利用率分别从 1978 年的 10.7% 和 4.2% 上升至 2018 年的 14% 和 6.6%。尽管养殖业系统的养分利用率持续提高，但依然处于较低水平，尤其是磷素利用效率。各个时期，养殖业系统的氮素养分利用率在不同省份间差异较小，近 30 年以辽宁省略高于黑龙江省和吉林省。而磷素养分利用率则始终以黑龙江省最高，其次为辽宁省，吉林省则相对较低。

**3. 城乡人口发展与膳食结构变化**

2018 年东三省的总人口为 1.07 亿人，较 1978 年的 8 796 万人增长了 22%，明显低于全国人口增长幅度。尤其是从 20 世纪 90 年代至今，东三省总人口基本维持在 1 亿人左右。目前，东三省的城镇总人口为 6 520 万人，较 1978 年增加了约 2 倍，农村人口为 4 221.2 万人，较 1978 年减少 23.8%(图 11-6)。总体上，城镇化率由 1978 年的 37.4% 持续增长至目前的 60.7%，总体城镇化率和城镇化进程均高于全国平均水平。不同省份之间，辽宁省的城镇化率最高且城镇化进程最快，其次为黑龙江省，而吉林省的城镇化率相对较低，目前还未超过 50%(吉林社会经济统计年鉴，1978—2018；黑龙江社会经济统计年鉴，1978—2018；辽宁社会经济统计年鉴，1978—2018)。

人口数量与结构变化的同时，东北地区居民的食物消费和膳食结构也发生了明显变化(图 11-7)。四十年来，东北地区居民膳食中谷物和蔬菜的消费数量和比例不断下降，而肉类、水果和蛋奶的消费比例则持续提高。人均谷物消费量从 1978 年的 238.5 kg 下降至 2018 年的 97.6 kg，减幅达到 59.1%。辽宁省的人均谷物消费量降幅最大，较 1978 年减少了 68.6%。人均蔬菜消费量从 1978 年的 201.2 kg 下降至 2018 年的 97.8 kg，减少了 51.4%。吉林省人均蔬菜消费量降幅最大，2018 年较 1978 年减少了 58.7%。与此同时，人均肉类消费从 1978 年 11.3 kg 增长至 2018 年 25.1 kg，增长超过 1.2 倍；人均水果消费量从 1978 年 9.6 kg 增长至 2018 年 50.9 kg，增加了 4.3 倍；人均蛋奶消费量从 1978 年 4.8 kg 增长至 2018 年 20.0 kg，增加了 3.1 倍。不同省

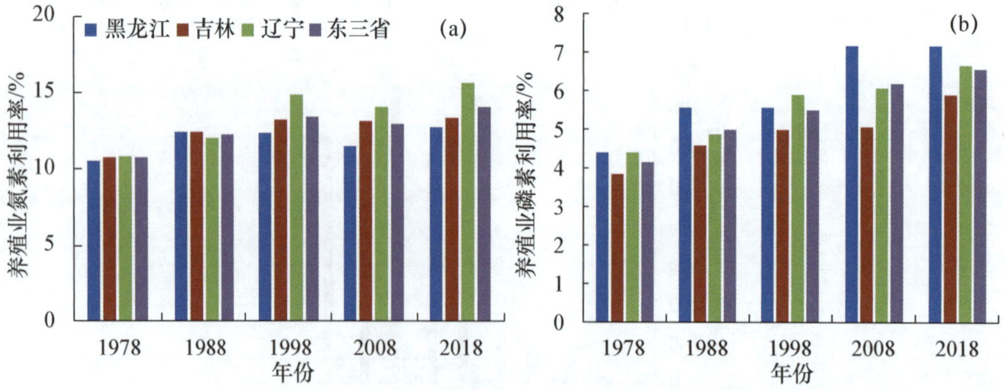


图 11-5　1978—2018 年东北地区养殖业系统氮(a)、磷(b)利用率的变化趋势

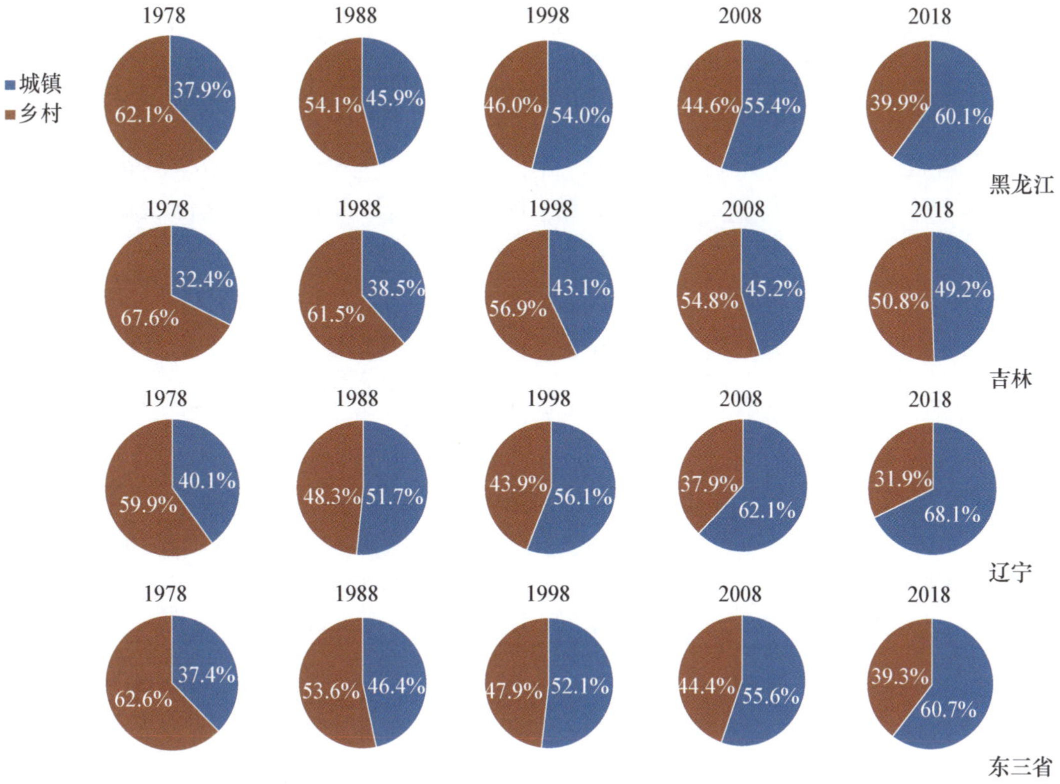


图 11-6　1978—2018 年东北地区城镇农村人口占比的变化趋势

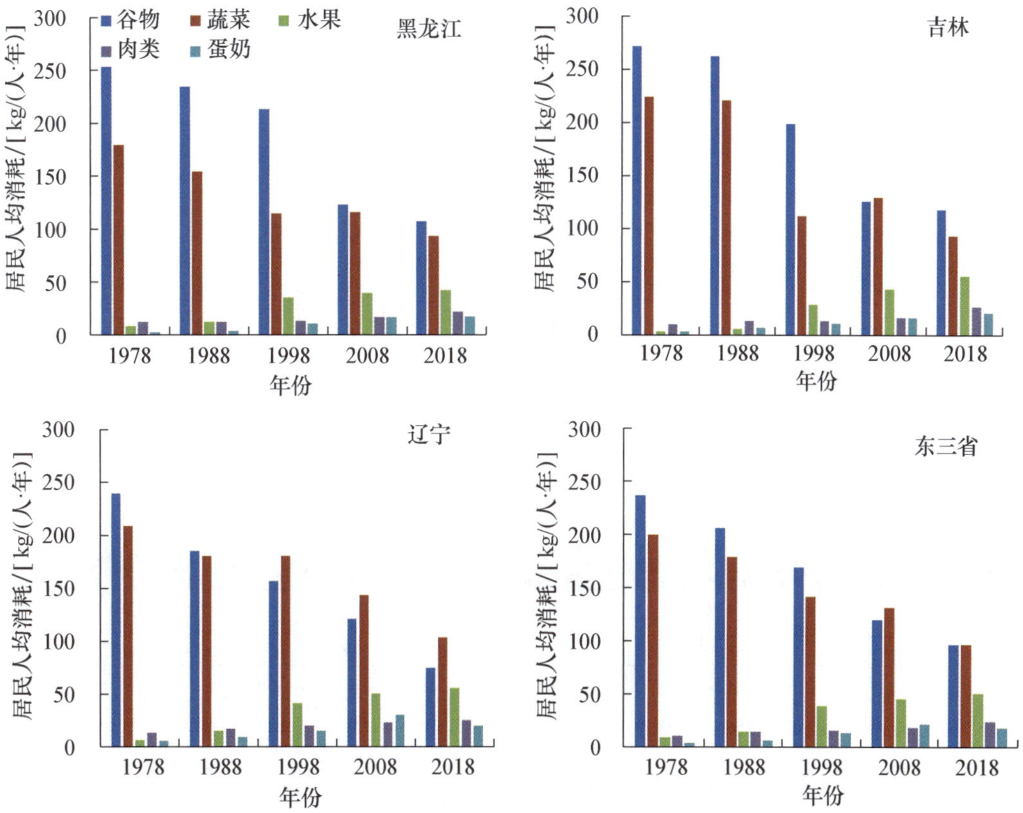


图 11-7　1978—2018 年东北地区居民人均膳食结构的变化趋势

份中，居民肉类、水果和蛋奶消费量增幅最高的均为吉林省，其2018年人均肉类、水果和蛋奶消费量平均分别为26.5、55.2和20.6 kg，相比1978年的增幅分别达到2倍、14.1倍和7.5倍。

1978—2018年东北地区食物生产和消费系统的氮、磷养分总利用率均呈现显著下降趋势（图11-8）。氮、磷养分总利用率分别从1978年的22.7%和38.0%下降至2018年的9.5%和9.0%。不同省份中，食物生产和消费系统的氮、磷养分利用率均以辽宁省最高，其2018年利用率分别为11.3%和10.1%，而吉林省分别为6.6%和10.6%，均为最低。

**4. 绿色食品与产业发展状况**

东北三省独特的地理位置、气候条件及丰富的物产，使之成为全国乃至世界闻名的绿色食品盛产区域。区域内绿色产品种类之繁、企业数量之多、销售规模之巨，在行业内举足轻重。如表11-5所示，目前东北地区获得的绿色食品认证数达到5 092个，占全国的12.7%；绿色产业认证数达到2 051个，占全国的11.4%；绿色食品种植面积达到8 881万亩，占全国的56.6%。其中，黑龙江省的绿色食品认证数、绿色产业认证数和绿色食品种植面积最大。

2017年起国家开始启动农业可持续发展试验示范区建设，开展农业绿色发展先行先试工作。目前，第一批、第二批共获批了81个农业绿色发展先行示范区，其中东北地区已获批7个（表11-6），分别为黑龙江省的大庆市肇源县、绥化市兰西县，吉林省的吉林市舒兰市、延边州和龙井市、通化市通化县，以及辽宁省的朝阳市喀左县、锦州市凌海市（中华人民共和国农业部公报，2018）。

但整体而言，东北绿色食品加工企业目前大多处在起步发展阶段，尚未发展成为一个完善的优势产业，企业普遍面临销售渠道、产品类型、精深加工、战略布局等方面的困难与挑战，还需要进一步在结构和产业链优化、加工水平和品质提升、管理水平和服务意识等方面实现创新和突破。

**5. 生态环境与农业源污染状况**

东北地区的生态环境质量总体较好，2018年国家环境质量公报显示东三省生态环境质量属于

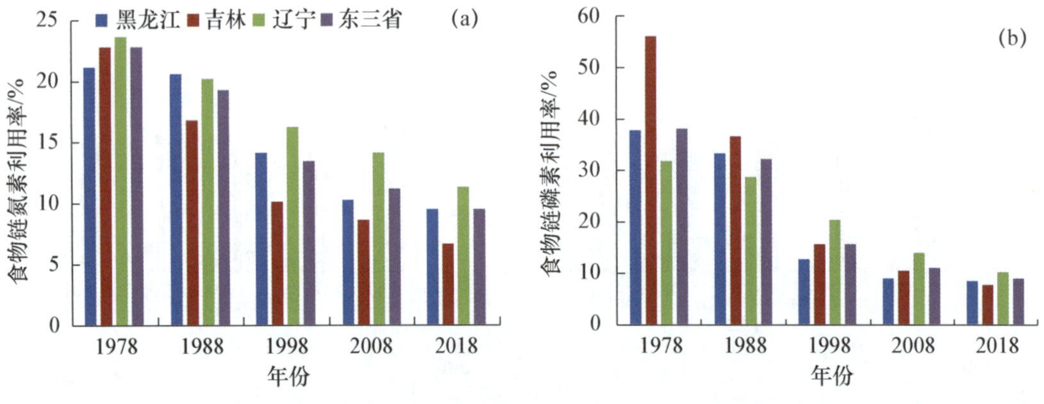


图11-8 1978—2018年东北地区食物链系统氮(a)、磷(b)利用率的变化趋势

表11-5 东北地区绿色食品和产业发展现状

| 省份 | 绿色食品认证数/个 | 全国占比/% | 绿色产业认证数/个 | 全国占比/% | 种植面积/万亩 | 全国占比/% |
|---|---|---|---|---|---|---|
| 黑龙江 | 2 924 | 7.3 | 1 134 | 6.3 | 8 047 | 51.3 |
| 吉林 | 1 105 | 2.8 | 394 | 2.2 | 298 | 1.9 |
| 辽宁 | 1 063 | 2.7 | 523 | 2.9 | 536 | 3.4 |
| 东三省 | 5 092 | 12.7 | 2 051 | 11.4 | 8 881 | 56.6 |

数据来源于中国绿色食品发展中心。全国绿色食品认证总数39 891个，绿色产业认证总数17 928个，全国种植面积1.57亿亩。

优级的县域共 37 个，占整个区域县域数量的 20.1%；质量分级为良的县域共 81 个，占总数的 44%；质量分级为一般的县域共 57 个，占总数的 31%；质量分级为较差的县域共 9 个，占总数的 4.9%；没有质量分级为差的县域(表 11-7)。不同省份之间，黑龙江省质量分级为优和良的县域数量最多，达到 63 个，并且无分级为较差和差的县域；其次为吉林省，质量分级为优和良的县域数量有 32 个；而辽宁省质量分级为优和良的县域数量较少，有 23 个(中国生态环境状况公报，2019)。

松花江和辽河是东北地区的主要河流，两条河流的水质污染情况均不容乐观，尤其是辽河流域(图 11-9)。2004—2019 年辽河流域Ⅳ～Ⅴ类水质占比先上升后下降，2018 年占比达 28.8%，相比 2004 年下降 0.9 个百分点；而劣Ⅴ类水质虽相比 2004 年下降 15.8 个百分点，但占比仍达到 22.1%。松花江流域的水质在同时期略好于辽河流域，Ⅳ～Ⅴ类与劣Ⅴ类水质占比持续下降，2018 年占比分别为 29.2%和 12.1%，相比 2004 年分别下降 23.9 和 12.3 个百分点。

2009—2018 年东北地区的空气质量状况持续改善，优级天数明显增加(图 11-10)。除臭氧外的四项指标(二氧化硫、二氧化氮、可吸入颗粒物、细颗粒物)均达到历史最低值。其中，黑龙江省四项指标分别为 0.012 mg/m$^3$、0.021 mg/m$^3$、0.052 mg/m$^3$、0.028 mg/m$^3$；吉林省四项指标分别为 0.014 mg/m$^3$、0.024 mg/m$^3$、0.057 mg/m$^3$、0.032 mg/m$^3$；辽宁省四项指标分别为 0.023 mg/m$^3$、0.030 mg/m$^3$、0.069 mg/m$^3$、0.038 mg/m$^3$，2018 年东三省(黑龙江、吉林、辽宁省)臭氧平均年浓度分别为 0.120 mg/m$^3$、0.141 mg/m$^3$、0.157 mg/m$^3$。重金属含量整体处于中低风险，少部分地区超标(Cd、Hg)。2018 年黑龙江、吉林和辽宁三省空气优良天数占比分别为 81.1%、93.5%和 90.3%，与全国平均水平相比，黑龙江省基本持平，而吉林省和辽宁省则明显较优。

表 11-6　东北地区国家级农业绿色发展先行示范区获批数量

| 省份 | 农业绿色发展先行示范区/个 | 占全国比例/% |
|---|---|---|
| 黑龙江 | 2 | 2.5 |
| 吉林 | 3 | 3.7 |
| 辽宁 | 2 | 2.5 |
| 东三省 | 7 | 8.6 |

表 11-7　2018 年东北地区生态环境质量不同分级的县域数量

| 省份 | 优 | 良 | 一般 | 较差 | 差 |
|---|---|---|---|---|---|
| 黑龙江 | 16 | 47 | 16 | 0 | 0 |
| 吉林 | 14 | 18 | 14 | 4 | 0 |
| 辽宁 | 7 | 16 | 27 | 5 | 0 |
| 东三省 | 37 | 81 | 57 | 9 | 0 |

注：生态环境质量分五级：优、良、一般、较差和差。

**6. 东北黑土地现状**

黑土是世界公认的最肥沃的土壤，形成极为缓慢，在自然条件下形成 1 cm 厚的黑土层需要 200～400 年。东北黑土区是指分布在东北平原及周边以“黑土”为主要土壤的地区，地形以海拔 600 m 以下的低山、丘陵及平原为主。主要包括黑土、黑钙土、白浆土、草甸土、暗棕壤、棕壤等土壤类型。该区域是世界著名的三大黑土带之一，也是我国最大的商品粮基地所在地，承担着保障中国粮食安全的重任。由于长期高强度地开发利用，黑土区耕地长期透支，地下水超采严重，资源利用的弦绷得越来越紧，生态环境亮起了“红灯”(蔡壮，2010)。

黑土变“瘦”了。黑土地之所以“黑”，就在于它覆盖着一层黑色的腐殖质，这种土壤有机质含量高、土质疏松、最适宜耕作。老百姓常用“一两黑土二两油”来形容黑土地的肥沃。但过去多年的重用轻养导致黑土地有机质含量逐渐下降。据监测，近 60 年来，东北黑土地耕作层土壤有机质含量平均下降 1/3，部分地区下降 50%。有机质含量过低导致土壤肥力下降、保水保肥能力减弱。老百姓讲，现在的黑土地越来越“馋”，化肥越上越多(图 11-11)。

黑土变“薄”了。东北黑土区坡耕地较多，主要采用顺坡种植，坡面较长，雨后极易形成地表径流，夏季暴雨冲刷，导致土壤流失；春季干旱少雨多风，一场大风就能把地表浮土刮去一层，土壤风蚀严重。据有关部门统计，东北黑土区水土流失面

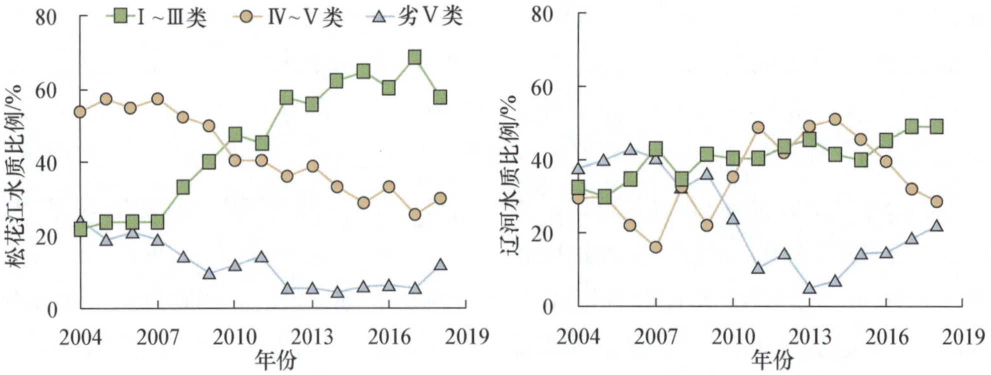


图 11-9　2004—2019 年东北地区主要河流的水质污染状况

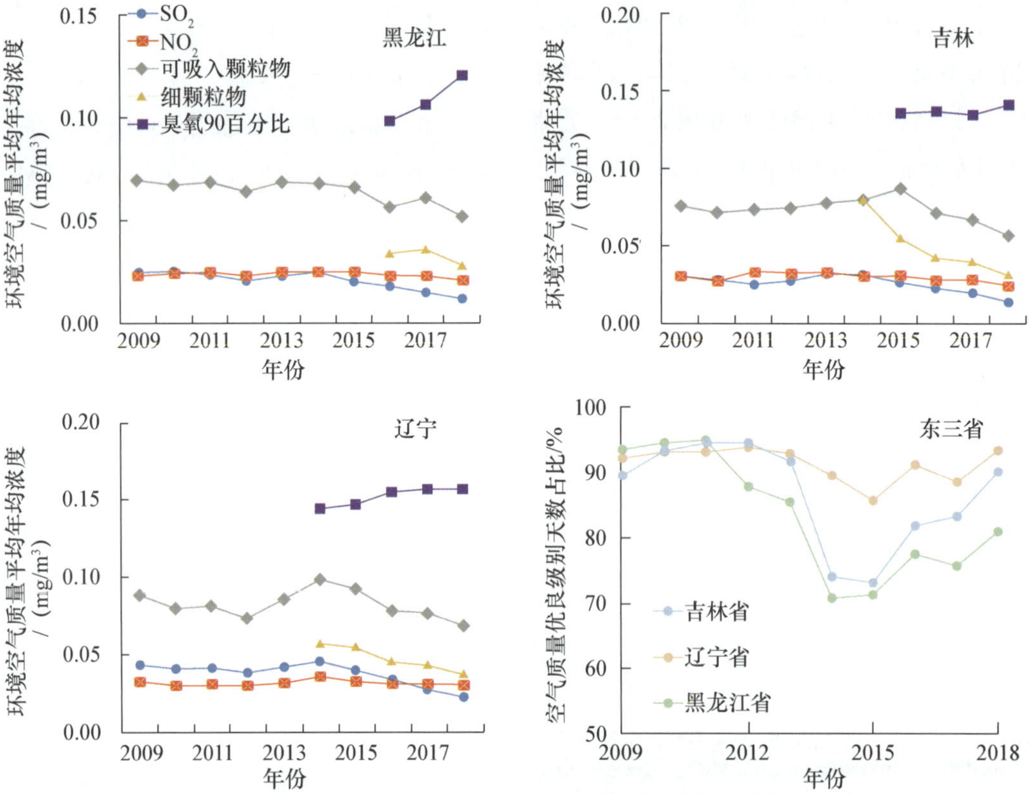


图 11-10　2009—2018 年东北地区大气污染状况

图 11-11　东北黑土地现状

积有 27 万多 $km^2$，形成大型侵蚀沟 29 万余条。目前，东北黑土区耕地的黑土层平均厚度只有 30 cm 左右，比开垦之初减少了约 40 cm。部分坡耕地已变成肥力较低的薄层黑土，有的甚至露出了底层的黄土，成为老百姓俗称的"破皮黄"黑土。

黑土变"硬"了。过去，东北地区大马力机械少，一般使用小马力拖拉机作业，翻耕深度只有 15 cm。加之受水蚀风蚀和农机具碾压等因素影响，导致犁底层上移，致使土壤结构退化、土质硬化、蓄水保墒能力下降，农作物根系难以利用土壤深层水分和养分，降低了土壤、水、肥、气、热协调能力。

多年来，东北地区为保障国家粮食安全做出了极为重要的贡献，但也带来黑土地退化问题。当前，我国农业发展的主要矛盾已由总量不足转变为结构性矛盾，深入推进农业供给侧结构性改革成为当前和今后一个时期的工作主线。进入新时代、适应新形势、顺应新要求，我们要把推进农业绿色发展摆在更加突出位置，加强黑土地保护和治理修复，让过载的黑土地"减减压"，实现黑土地可持续利用(韩长赋，2018)。

习近平同志指出，坚持以绿色发展理念为引领，推进农业绿色发展是农业发展观的一场深刻革命。东北黑土区生态类型多样，既有大平原、大草原，又有大森林、大湿地，这是实现农业绿色发展的天然优势。保护好黑土地，是推进东北农业绿色发展的重要内容，必须按照绿色发展的要求来推进。坚持从保护和治理修复黑土地入手，强化土壤污染管控，大力发展种养结合、生态循环农业，加快形成绿色生产方式，把东北黑土区打造成为绿色农业发展先行区。

### 11.1.3　农业绿色发展的挑战

总体上，东北地区作物种植业规模大，畜禽养殖业发展快，农业发展水平在全国总体处于较高地位，生态环境也普遍属于较好水平。但是整体而言，东北地区农业绿色发展仍然面临着众多的问题和挑战(图 11-12)，具体包括以下方面。

**1. 社会经济方面**

近 30 年来，东北三省人口总量稳定在 1 亿人左右，增长率仅 7.1%，远低于全国平均水平。人口增长的缓慢导致社会经济发展的内需不足，限制了经济发展和居民人均收入增长。近五年，东北三省的年 GDP 总量平均为 5.36 万亿元，占全国总 GDP 的比例不足 7%。而人均 GDP 为 4.96 万元，明显低于全国平均水平 5.5 万元。较低的收入进一步抑制了消费，影响了对农、牧产品的消费数量及膳食结构的变化，出现了膳食结构失调、营养摄入不均衡的问题。另外，尽管东北地区人口占比较低、增长较慢，但受开发模式和工业产业布局等历史因素的影响，城市化率较高，城市人口占比较大，这也导致了居民食品消费和废弃物在城市的积累，相应地也造成污染问题和污染区域较为集中。社会发展作为食物链养分流动的主要驱动力，对区域农牧业的发展及生态环境具有重要影响。

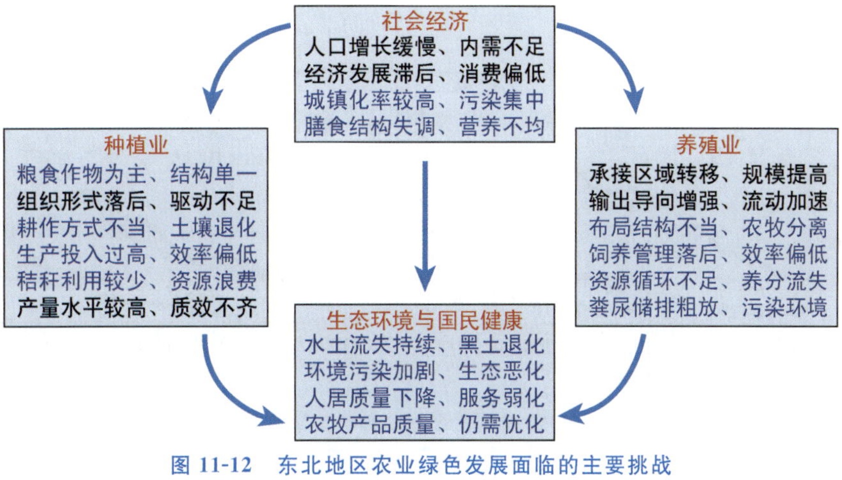


图 11-12　东北地区农业绿色发展面临的主要挑战

**2. 种植业发展方面**

作为我国最重要的商品粮生产基地，东北地区近 20 年粮食作物种植面积和总产量持续高速增长，目前粮食作物种植面积占区域农田总面积的 76%，结构过于单一。同时，东北地区除黑龙江农垦实施的大农场模式和一些地区兴起的农民专业合作社模式，很多地区仍然是一家一户的小农户经营模式。尽管单位农户的种植面积高于全国平均水平，但小农户经营的模式对新种植技术的接受与应用驱动力不足，技术的到位率和执行率较低，很难实现新技术的良好效果及进一步推广。在生产技术层面，小农户采用的耕作方式通常不合理，配套机械效率较低，容易造成土壤物理结构的破坏和生物化学性质的下降，引发土壤退化。

生产资料投入方面（图 11-13），目前，东北三省农田的年肥料投入量平均达到 630 万 t，占全国化肥投入的 10.7%，农药、农用地膜的年使用量分别为 19.7 万 t 和 27.4 万 t，分别占全国 12% 和 10.5%，农用机械耗电量为 1.1 亿 kW，农田灌溉面积为 9.15 万 $km^2$，分别占全国的 14% 和 11.5%。总体来看，东北地区的农业生产资料投入量在全国处于较高水平，而且是在一年一季的种植模式下，其单季单位面积的农资投入量更高，因此导致水、肥、药的利用效率相对较低。而且，种植业产生的大量作物秸秆没有得到合理有效地还田利用，而由秸秆焚烧带来的资源浪费与环境污染问题也是近十几年来困扰东北地区农业发展和社会生活的重要问题。另外，尽管产量水平总体较高，但受自然条件、种植技术、组织形式和市场波动等因素的影响，东北地区不同区域、不同农户之间的农产品品质和经济收益差异巨大，影响了地区农产品的品牌效应和相关加工产业的发展。

**3. 养殖业发展方面**

东北地区的养殖业规模在 20 世纪 90 年代至 21 世纪初迅速提高，成为我国重要的肉蛋奶生产和供应基地。近几年，国家调整了养殖业的布局与规划，加强了对养殖业污染的管控与治理，如 2014 年国务院发布实施了《畜禽规模养殖污染防治条例》，2015 年农业部发布了《关于促进南方水网地区生猪养殖布局调整优化的指导意见》，2016 年农业部发布了《全国生猪生产发展规划（2016—2020 年）》。在布局上，国家将南方水网地区（江苏、浙江、福建等 8 个省）规划为养殖约束发展区，辽宁、吉林、黑龙江和内蒙古规划为养殖潜力增长区。东北地区成为南方地区养殖业主要的转移承接区，尤其是猪的养殖规模大幅提高。仅黑龙江一省近 3 年就已接纳国内 20 多家著名农牧企业集团，建设 3 000 头以上规模的生猪场 197 个，并计划在未来 5 年投资超过 800 亿元建设出栏 4 000 万头生猪产业项目。随着养殖规模的大幅提升和本地消费的增长缓慢，东北地区养殖业的输出导向持续增强，由此带动的物质与养分流动加速、流量增加，相应产生的饲舍和粪尿污染问题也日益严重。而且，目前很多新建的大型养殖场布局在农田较少的地区，产生的大量畜禽粪尿无法有效还田，加剧了农牧分离的现象。再加之饲

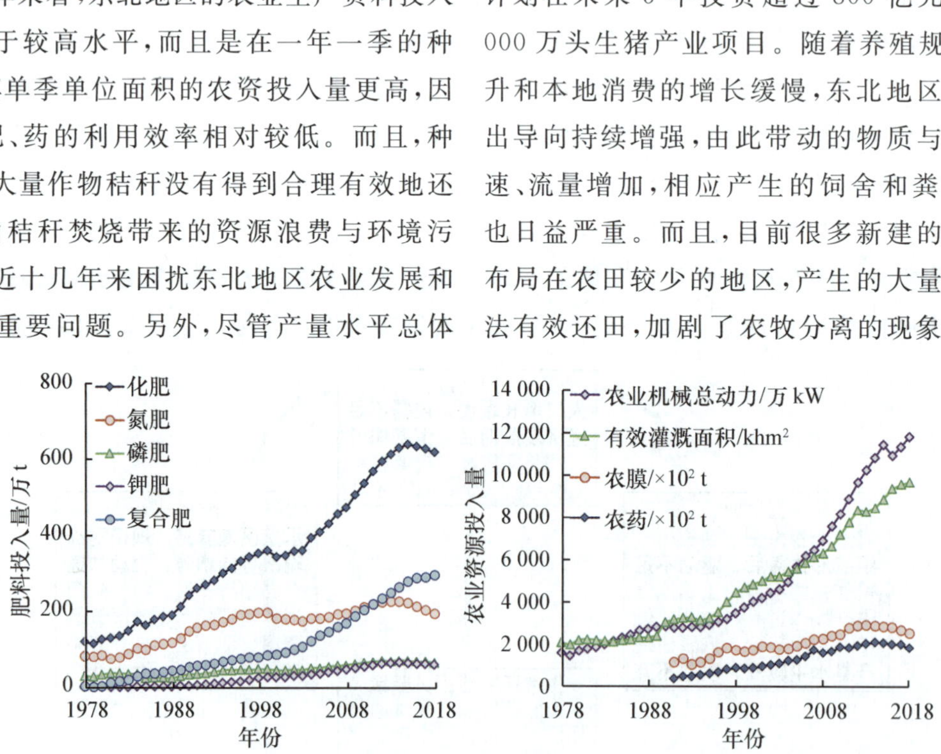


图 11-13　1978—2018 年东三省作物种植系统生产资料投入情况

料种类、饲舍管理、粪尿存储及资源化利用的方式粗放，导致养分利用效率偏低、资源浪费、环境污染。

**4. 生态环境与国民健康**

黑土地作为东北地区最为宝贵的农业生态资源，其退化问题是目前区域农业生态绿色可持续发展的主要问题和关键问题。自 20 世纪 50 年代大规模开发以来，东北黑土区逐渐由林草自然生态系统演变为人工农田生态系统，长期高强度、粗放的耕作利用方式加上水蚀、风蚀与冻融侵蚀等因素影响，导致黑土地数量在减少、质量在下降，理化性状与生态功能严重退化，极大影响了东北地区农业生态可持续发展。据监测，近 60 年来黑土耕作层土壤有机质含量下降了 1/3，部分地区下降超过 50%，而辽河平原多数地区土壤有机质含量已降至 20 g/kg 以下。生态环境的恶化导致城乡居民的居住环境、生活质量也随之下降，生态服务功能明显弱化，而且还进一步限制了农牧产品质量和品质的提高，从而也影响了国民的营养健康。

### 11.1.4　农业绿色发展的机遇

为进一步促进和优化东北地区农业绿色发展，提升商品粮生产和肉蛋奶供应基地的保障作用，增加农牧产品的品质与营养安全，改善农业生态环境和促进乡村振兴，国家制定了一系列的指导政策、发展规划与项目行动（表 11-8），特别是在黑土地保护方面设立了专门的项目给予支持。这些政策、规划和项目为东北地区农业绿色发展提供了发展机遇、确定了目标定位、指明了前进方向、注满了发展动力。

表 11-8　近五年国家发布的与东北地区农业绿色发展相关的文件和政策列单

| 发布机构 | 发布年份 | 文件/政策名称 |
|---|---|---|
| 农业部、国家发展改革委、科技部、财政部、国土资源部、环境保护部、水利部、国家林业局 | 2015 | 全国农业可持续发展规划（2015—2030） |
| 农业部 | 2015 | 到 2020 年化肥使用量零增长行动方案、到 2020 年农药使用量零增长行动方案 |
| 农业部、国家发展改革委、财政部、科技部、国土资源部、环境保护部、水利部、国家林业局 | 2016 | 国家农业可持续发展试验示范区建设方案 |
| 农业部 | 2017 | “十三五”农业科技发展规划 |
| 农业部 | 2017 | 特色农产品区域布局规划（2013—2020 年） |
| 农业农村部、财政部 | 2018 | 绿色循环优质高效特色农业促进项目 |
| 农业农村部 | 2018 | 农业绿色发展技术导则（2018—2030 年） |
| 农业农村部办公厅 | 2019 | 农业绿色发展先行先试支撑体系建设管理办法（试行） |
| 中央农办、农业农村部等 11 个部门和单位联合印发 | 2019 | 关于开展农民合作社规范提升行动的若干意见 |
| 农业农村部办公厅、财政部办公厅 | 2020 | 2020 年畜禽粪污资源化利用工作 |
| 农业农村部办公厅 | 2020 | 2020 年东北黑土地保护利用工作 |
| 农业农村部、财政部 | 2020 | 东北黑土地保护性耕作行动计划（2020—2025 年） |
| 农业农村部办公厅、财政部办公厅 | 2020 | 东北黑土地保护性耕作行动计划实施指导意见 |
| 农业农村部 | 2020 | 新型农业经营主体和服务主体高质量发展规划（2020—2022 年） |
| 农业农村部办公厅、生态环境部办公厅 | 2020 | 关于进一步明确畜禽粪污还田利用要求强化养殖污染监管的通知 |

党中央和国家领导人也非常重视对东北黑土地保护和农牧业生产。2018 年 9 月 25 日至 28 日，习近平总书记在东北三省考察，主持召开深入推进东北振兴座谈会并发表重要讲话，他强调：要贯彻绿水青山、冰天雪地都是金山银山的理念，绿色发展要有可持续性，农业生产不能竭泽而渔，并指出人无远虑必有近忧，北大荒的土质要不断优化，不能退化；保护生态和发展生态旅游相得益彰，这条路要扎实走下去。2020 年 7 月 22 日，习近平总书记在吉林省调研期间，专门前往梨树县视察国家百万亩绿色食品原料（玉米）标准化生产基地和卢伟农机农民专业合作社，了解粮食生产、黑土地保护利用、农业机械化规模化经营等情况。再次强调：“要保护好黑土地，这是‘耕地里的大熊猫’，这儿是‘黄金玉米带’，也是‘大豆之乡’，一定要采取一些措施。你们现在秸秆还田覆盖，摸索的这种梨树模式，值得深入地总结，然后向更大的面积去推广。”他同时指出“农业合作社对咱们国家来讲也是非常有意义的事情。你们走出了一条符合省情、县情的农业合作化道路。土地平缓，适于机械化操作，黑土地得天独厚。在这个基础上整个农业的提高，科技水平的提高，农民素质的提高，在你们这都体现出来了，这个很好。走好农业合作化的道路，我们要总结经验，在全国不同的地区实施不同的农业合作化道路”。

## 11.2 东北地区农业绿色发展的策略与路径

### 11.2.1 农业绿色发展的策略

针对东北地区农业绿色发展的现状与挑战，构建了东北地区农业绿色发展的主要策略（图 11-14）。东北地区农业绿色发展系统是以食物链为发展线，连接了农资产品—土壤—作物—畜牧—农牧产品—食品加工—环境等主要环节的整体，其按照生产功能划分为四个主要的子系统，即种植业系统、养殖业系统、食品加工与消费

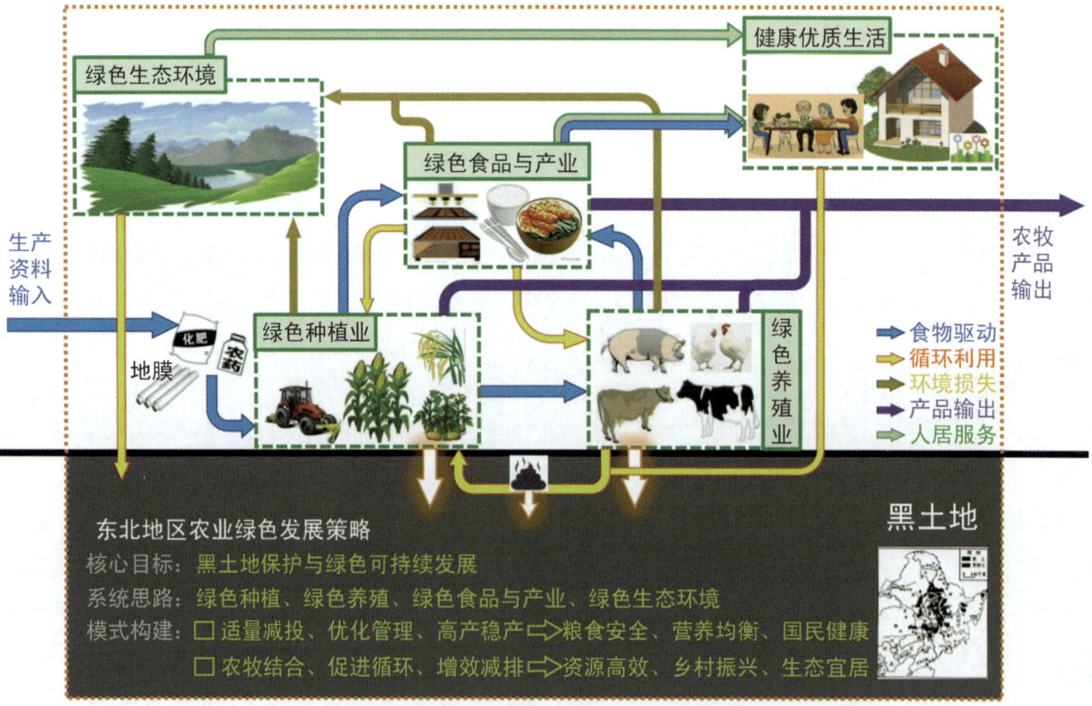


图 11-14　东北地区农业绿色发展的策略

系统和生态环境系统，同时还与人类营养安全和生活质量密切相关。该系统的绿色发展策略是以黑土地保护与绿色可持续发展为核心目标，以四大子系统的绿色化发展和协调耦合为主要内容，采用多种模式开展综合管理而实现。

### 11.2.2 农业绿色发展的区域路径

农业绿色发展的实现需要“研究＋教育＋政府＋农户＋产业”五个参与主体的共同协作与相互支撑。东北地区农业发展均有明显的区域特征，因此农业绿色发展策略在不同区域也应针对参与主体的差异采用不同的路径进行探索和实践（图 11-15）。

目前，东北地区农业绿色发展的研究主体主要包括各农业高校和农业科学院系统，教育主体则以科技小院为代表的农业类相关专业人才为主体，而不同省份的政府主体、应用主体和产业特征存在差异。黑龙江以大规模农场的粮食生产为主要特征，可以采取由农垦集团领导的面向粮食作物生产的大农场尺度生产模式，实现信息化、智能化的农业绿色发展路径；吉林以中等规模的粮食生产为主要特征，可以采取由合作社主导的面向粮食作物生产的中等规模尺度生产模式，实现机械化、规模化的农业绿色发展路径；而辽宁以集约化的设施农业生产为主要特征，可以采取由地方政府引导的面向设施蔬菜和水果种植的县域尺度生产模式，实现标准化、产业化的农业绿色发展路径。农业绿色发展的根本实现途径是多主体协作，以农业全产业链提升为抓手，实现效率和效益的最大化，进而实现“绿色”与“发展”的协同提升。

## 11.3 东北地区农业绿色发展的重点行动与案例分析

### 11.3.1 农业绿色发展的重点行动

**1. 东北黑土地保护**

东北是我国重要的粮食生产优势区、最大的商品粮生产基地，在保障国家粮食安全中具有举足轻重的地位。当前，东北黑土地数量在减少、质量在下降，影响粮食综合生产能力提升和农业可持续发展。原始黑土具有暗沃表层和腐殖质，土壤有机质含量高，团粒结构好，水肥气热协调。20 世纪 50 年代大规模开垦以来，东北黑土区逐渐由林草自然生态系统演变为人工农田生态系统，由于长期高强度利用，加之土壤侵蚀，导致有机质含量下降、理化性状与生态功能退化，严重影响东北地区农业持续发展。因此东北黑土地保护的重点任务就是要提升黑土区农田系统、资源利用、生态环境、生产能力的可持续性。东北黑土地保护的技术模式及保障措施如下。

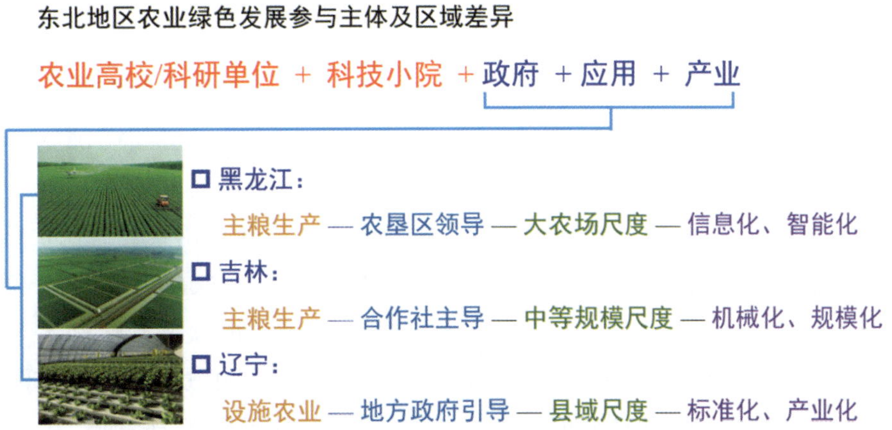


图 11-15 东北地区农业绿色发展的区域路径

1)积极利用有机肥,控污增肥

通过增施有机肥、秸秆还田,增加土壤有机质含量,改善土壤理化性状,持续提升耕地基础地力。建设有机肥生产设施,在城郊肥源集中区,规模畜禽场(养殖小区)周边建设有机肥工厂,在畜禽养殖集中区建设有机肥生产车间,在农村秸秆丰富、畜禽分散养殖的地区建设小型有机肥堆沤池(场),因地制宜促进有机肥资源转化利用。推进秸秆还田,配置大马力机械、秸秆还田机械和免耕播种机,因地制宜开展秸秆粉碎深翻还田、秸秆覆盖免耕还田等。在秸秆丰富的地区,建设秸秆气化集中供气(电)站,秸秆固化成型燃烧供热,实施灰渣还田,减少秸秆焚烧。

2)控制土壤侵蚀,保土保肥

加强坡耕地与风蚀沙化土地综合防护与治理,控制水土和养分流失,遏制黑土地退化和肥力下降。对漫川漫岗与低山丘陵区耕地,改顺坡种植为机械起垄等高横向种植,或改长坡种植为短坡种植,等高修筑地埂并种植生物篱,根据地形布局修建机耕道。对侵蚀沟采取沟头防护、削坡、栽种护沟林等综合措施。在低洼易涝区耕地修建条田化排水、截水排涝设施,减轻积水对农作物播种和生长的不利影响。

3)耕作层深松耕,保水保肥

开展保护性耕作技术创新与集成示范,推广少免耕、秸秆覆盖、深松等技术,构建高标准耕作层,改善黑土地土壤理化性状,增强保水保肥能力。在平原地区土壤黏重、犁底层浅的旱地实施机械深松深耕,配置大型动力机械,配套使用深松机、深耕犁,通过深松和深翻,有效加深耕作层、打破犁底层。建议占用耕地耕作层表土要剥离利用,将所占用耕地耕作层的土壤用于新开垦耕地、劣质地或者其他耕地的土壤改良。

4)科学施肥灌水,节水节肥

深入开展化肥使用量零增长行动,制定东北黑土区农作物科学施肥配方和科学灌溉制度。促进农企合作,发展社会化服务组织,建设小型智能化配肥站和大型配肥中心,推行精准施肥作业,推广配方肥、缓释肥料、水溶肥料、生物肥料等高效新型肥料,在玉米、水稻优势产区全面推进配方施肥到田。配置包括首部控制系统、田间管道系统和滴灌的水肥设施,健全灌溉试验站网,推广水肥一体化和节水灌溉技术。

5)调整优化结构,养地补肥

在黑龙江省冷凉区,以及吉林省和黑龙江省东部山区,适度压缩籽粒玉米种植规模,推广玉米与大豆轮作和“粮改饲”,发展青贮玉米、饲料油菜、苜蓿、黑麦草、燕麦等优质饲草料。在适宜地区推广大豆接种根瘤菌技术,实现种地与养地相统一。推进种养结合,发展种养配套的混合农场,推进畜禽粪便集中收集和无害化处理。积极支持发展奶牛、肉牛、肉羊等草食畜牧业,实行秸秆“过腹还田”。

保护东北黑土地是一项长期而艰巨的任务,需要加强规划引导,统筹各方力量,加大资金投入,强化监督评价,合力推进东北黑土地的保护。同时,加强组织领导,强化政策扶持,推进科技创新,创新服务机制,强化监督监测。

**2. 农业面源污染防治**

要努力实现耕地数量稳定、耕地质量提升、地下水不超采,加快治理农业面源污染,实现“一控、三减、三基本”目标,农业清洁生产水平显著提高,农业面源污染监测网络常态化、制度化运行,农业面源污染防治体系和运行机制基本建立,农业资源环境对农业可持续发展的支撑能力和农业生态文明程度明显提高。

“一控”:严格控制农业用水总量。大力发展节水农业,控制水稻发展规模,推进全省地下水压采工作,农业灌溉地下水量控制在105亿 $m^3$ 以内,农业灌溉水有效利用系数达到0.6。

“三减”:实施减化肥、减农药、减除草剂使用量行动,加大测土配方施肥政策支持力度,推进测土配方施肥、侧深施肥、水肥一体化等精准施肥技术,推广应用配方肥、缓释肥、水溶肥、有机肥及生物肥等高效新型肥料,推广生物、物理等绿色防控技术及高效、低毒、环保新型农药，更新施药装备，开展专业化防治，强化病虫害统防统治和全程绿色防控。2020年，全省化肥亩均施用量要达到10 kg(折纯)以下，除草剂及杀虫、杀菌剂等化学农药使用量比“十二五”末减少20%以上，肥料、农药利用率均达到42%以上，测土配方施肥技术覆盖率达到80%以上，农作物病虫害绿色防控覆盖率达到40%以上，黑土耕地质量大幅提高。

“三基本”：畜禽粪便、农作物秸秆、农膜基本实现资源化利用。畜禽粪污综合利用率达到75%以上，规模养殖场粪污处理设施装备配套率达到95%以上。秸秆综合利用率达到75%以上。农膜回收率达到80%以上。

推行农业“三减”。2016年黑龙江省委、省政府出台《关于深入推进农业“三减”行动的实施意见》。采用新型经营主体带动、绿色食品产业拉动、精准农业推动等措施，推广化肥减量增效、农药减量控害技术，指导农民配方施肥、达标用药，加快推进农业“三减”行动计划。2019年黑龙江省农业“三减”高标准示范面积达到4 000万亩；“十三五”期间全省累计推广测土配方施肥面积6 901万亩，截至2020年全省累计推广测土配方施肥技术面积2.159亿亩，2019年化肥施用量223.27万t，比2015年减少32.04万t(折纯)，减幅12.5%。全省农作物重大病虫乡村监测点扩建到2 200个，建成了全国唯一省区农田全覆盖的重大病虫监测预警体系，配备高空虫情测报灯、害虫性诱捕器等监测设备超过8 000台；“十三五”期间，全省累计组织开展稻瘟病、稻曲病等重大病虫疫情统防统治1 528万亩次，其中采取非化学防治技术占比超过60%；累计组织开展病虫害绿色防控试验示范143项；全省累计补贴更换节药喷头59.7万套，改造打药机车5万余台，更换比例接近35%。

防治面源污染。全面开展农药包装废弃物和农用残膜回收处理，强化粪污资源化利用；将无害化处理后的畜禽粪便还田利用；在养殖密集区建设畜禽粪便集中处理中心。到2020年，黑龙江省耕地保有量保持在2.08亿亩以上，耕地质量平均比2015年提高0.5个等级，农田灌溉水有效利用系数达到0.60。全省化肥亩均施用量比2015年减少10%以上，化肥利用率达到42%；除草剂用量减幅达到20%以上；农药利用率达到45%；秸秆综合利用率达到75%以上，养殖废弃物综合利用率达到75%，农膜回收率达到80%。全省粮食综合生产能力稳定在750亿kg以上，绿色、有机认证面积达到9 000万亩。

**3.“政府—高校—企业—农户”多主体协作**

提高农业科技成果到位率，促进农业生产规模化发展，同步实现大面积高产与资源高效利用，从而推动农业绿色发展，是我国农业发展所面临的重大挑战，也是世界集约化可持续农业发展亟待解决的重大科学命题。中国农业大学、吉林农业大学等高校和科研单位与吉林省梨树县农业技术推广总站紧密结合，以组织实施“农户玉米高产高效竞赛”为平台，以培养优秀科技示范户为核心，与政府企业紧密结合，探索“政府—高校—企业—农户”多主体协作，将科学技术高效地推广到广大农户，从而实现大面积高产高效，并探索推动农业发展的重要途径。

(1)政府层面　大力发展新型农业经营主体。2019年吉林省家庭农场发展到3.12万个，同比增长16%；农民合作社发展到8.94万个，发展质量明显提升；各类龙头企业发展到2 600个，其中省级以上重点龙头企业530户(含47户国家级龙头企业)，效益、规模明显提高。2019年，全省新型经营主体经营规模达到2 455万亩。

培育新型职业农民。吉林省深入组织实施农民培训“1231”工程。组织135名农民赴日本、韩国、法国、德国和荷兰培训；组织赴北京、浙江、江苏、上海等省市实训2 000人。培训新型职业农民15 099人，完成青年农场主培训100人，职业经理人培训100人，冬春培训农民及技术员114.42万人(图11-16和图11-17)。

(2)高校层面　中国农业大学和吉林农业大学于2009年在吉林省梨树县建立梨树科技小院，最先由两名学生驻扎在四棵树乡王家桥村崔忠武

图 11-16　吉林省 2015 年新型职业农民培育工程项目管理培训班

图11-17　新型职业农民证书

家里。2010 年以来，科技小院迁到三棵树村，同时在小宽镇西河村、付家街村建立科技小院工作站，同时与梨树县农技推广总站合作建立工作办公室，重点开展测土配方施肥技术、养分高效品种筛选、养分资源综合管理等技术创新与技术转化推广模式探索。随着土地适度规模化的发展，梨树县的农民专业合作社发展迅速，在此大背景下，2014 年以梨树科技小院为核心，以合作社为平台，以小院学生点对点服务为机制，以 10 个合作社为试点，建立科技小院联盟，开展高产高效养分综合管理技术转化与推广。黑土作为东北地区重要的农业生产资源，随着农业生产的发展，不合理的耕作模式、养分管理等措施导致黑土质量在逐年下降，2014 年科技小院从美国引进条耕施肥一体机，开展玉米条耕秸秆覆盖技术研究，2018 年科技小院结合黑土地保护与利用科技创新联盟，通过信息化手段，借助微信群、公众号开展秸秆覆盖条耕技术的推广。

梨树科技小院的工作机制可以概括为以下几点：①与农技推广站紧密合作，工作内容与推广站的工作密切结合，充分利用推广站工作系统，提高工作效率；②把技术创新与组织农户有机结合起来，通过组织农户提高技术的推广效率。在初期小农户阶段，主要通过组织“梨树县农户玉米高产高效竞赛”的方式，将农民组织起来。在培养优秀科技农户的基础上，科技小院重点支持农民建立合作社，促进土地规模化经营，进而提高技术服务的效率；③围绕梨树当地农业经济、气候条件及土地规模化经营需求开展技术创新，不但优化了种植密度、耐密品种、测土配方施肥、适时播种、化控、病虫草害控制、适时收获等传统高产高效技术，而且引进优化了秸秆覆盖免耕播种施肥一体化技术、高地隙机械化追肥技术、条带耕作技术、水肥一体化技术等现代农业技术。针对不同生产条件，将这些技术集成为“农机农艺结合玉米高产高效技术规程”，有效地组织农民和农民合作社，不仅在梨树实现了大面积高产与水肥高效利用，而且达到了保护土壤、减少环境污染的效果。梨树科技小院发展历程见图 11-18。

(3)企业层面　抓农资流通服务降成本，开展农资经营服务方式创新试点，在公主岭、农安、梨树等县(市)探索构建“农资经营企业＋合作社＋农民”的服务模式。联合供销系统农资生产、经营企业及专业合作社等组建吉林供销农资联盟，降低进货成本。在永吉、农安、公主岭等县(市)开展农资物联网应用与示范试点，做好农资质量溯源工作，维护农民权益。开展全程农业社会化服务，利用配肥站、农民合作社服务中心等网点，促进先进技术和产品入田到户(图 11-19)。

**4. 设施农业绿色发展重点行动**

设施农业在东北地区农业生产中占有重要地位，黑龙江省实施“三个五年”计划菜篮子工程以来，设施农业面积达到 50 万 $hm^2$(李金波，2015)。吉林省蔬菜生产发展迅猛，2017 年，吉林省设施农业种植面积新增 2 万 $hm^2$，累计达 10 万 $hm^2$。2008 年辽宁省政府启动千万亩设施农业工程，揭开了辽宁省设施农业发展的序幕，截至 2017 年全省设施农业占地面积发展到 75 万 $hm^2$(贾倩，2017)，居全国第二位。

目前，东北地区设施农业进入了提质增效、绿色发展阶段。以科技为助力，克服设施农业面临的连作障碍问题，提升设施农产品质量，并在政策支持和配套技术的支撑下，健全市场体系和标准体系建设，是当前东北地区设施农业重点行动(图 11-20)。

设施农业提质增效亟须开展两方面工作，首先减少化肥农药施用量。通过减肥减药，降低化肥、农药在环境和农产品中的残留，达到提质增效的效果。其次，增施中微量元素肥料，设施蔬菜和水果是人体摄取维生素和微量元素的主要来源，蔬菜和水果的内在品质、外在品质与中、微量养分的供应密切相关，因此在设施农业中更注重中、微量元素肥料的施用。

克服设施农业连作障碍。第一采取有机替代，增施有机肥，缓解土壤酸化、盐渍化、土壤板结等问题，通过有机肥的调节，增加土壤微生物多样

图 11-18　梨树科技小院发展历程

图 11-19　吉林省梨树县中化智能培肥机器

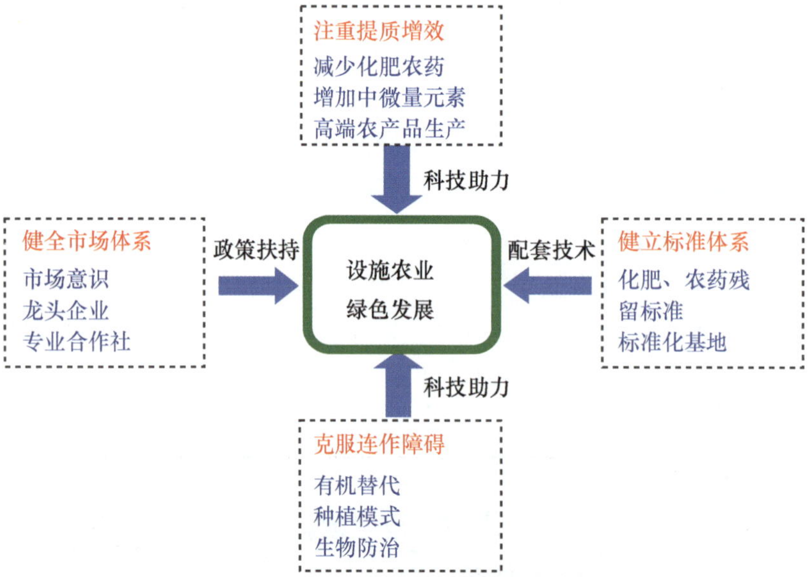


图 11-20　东北地区设施农业绿色发展重点行动

性，克服由于养分失衡导致的土壤微生物群体失衡，克服有害微生物的繁殖和破坏，减少蔬菜、果树自毒物质分泌。第二改变种植模式，不同作物之间轮作、间作、套作，通过作物根际物质之间的相互克制作用，消除连作障碍因子。通过地上部的生物多样性，增加地下部微生物的生物多样性，削弱有害微生物引起的障碍。土壤消毒、轮作都是克服连作障碍的有效方式。

设施农业生产中缺乏面向整个行业的技术推广平台和持续的技术扩散机制。健全市场体系，首先增强市场意识，以市场为导向的思想逻辑、行为准则以及对市场预测和信息发布的预警机制。成立农产品专业合作社，评选龙头企业，提高设施农业深加工水平，提高品牌创建能力，争创名牌产品，大力提升品牌效应，进入高端市场。开发销售市场，不断拓宽设施产品的销售渠道。建设大型的农产品物流园，扩大农产品交易市场的辐射面，多开展与其他专业合作社的合作，提高其综合服务功能，进一步增强设施农产品的市场竞争力，扩大在市场上的影响力。

现行颁布的标准远不能满足设施农业快速发展的需求，制约了设施农业规范有序发展。建立完整的标准化体系势在必行，具体包括：制定修订化肥、农药残留标准，创建标准化基地，推广设施作物生产全过程高质高效技术模式，实施对标达标提升行动，鼓励龙头企业、农民专业合作社等规模生产经营主体按照标准生产和经营。

### 11.3.2 农业绿色发展的案例分析

**1. 黑龙江省现代化绿色种植案例——建三江胜利农场**

建三江是我国“最早迎接太阳的垦区”，地处黑龙江、乌苏里江、松花江冲积而成的三江平原腹地，辖区总面积 12 400 $km^2$，现有 15 个大中型国有农场（八五九、胜利、红卫、七星、大兴、创业、青龙山、前进、勤得利、洪河、鸭绿河、浓江、前哨、前锋、二道河），耕地面积 1 141 万亩，人口 22 万人。建三江是国家绿色食品生产基地，国家“粮食生产先进单位”，省级绿色产业经济技术开发区，“国家级生态示范局”，“中国绿色大豆、水稻之乡”。2004 年被中国粮食行业协会授予“中国绿色米都”称号。

经过 64 年的开发建设，建三江分公司累计为国家生产粮食 1.085 亿 t，提供商品粮 9 891 万 t。全局年均粮食产量约占全省 1/11、占全国 1/105，粳稻年产量占全省的 1/5、全国的 1/20。2019 年，建三江管理局粮食作物播种面积 1 123 万亩，实现粮食总产量 551 万 t；人均可支配收入达到 28 146 元。全国水稻栽培首席专家凌启鸿称赞建三江：“创寒地稻作之最!”，昔日北大荒已建成了“中华大粮仓”，建三江已成为国家重要的商品粮基地，为保证国家的粮食安全做出了重要的贡献。

1）建三江农业绿色发展现状的综合分析

参考县域农业绿色发展指标体系的分级标准，以 2017 年（农业绿色发展政策出台基准年）为例，分析了建三江农业绿色发展的现状与特征。具体按照社会、经济、资源、生产力和生态环境进行指标分类和分析，明确各指标所处的等级，从低到高依次用红、黄、浅绿和深绿颜色来表征，通过对建三江 50 个指标进行分类统计（图 11-21），其中Ⅰ级指标占 28%，Ⅱ级指标占 12%，Ⅲ级指标占 8%，Ⅳ级指标占 16%，暂时不能计算指标占 36%。可见，在 50 个指标中，处于红色和黄色的部分超过三分之一，说明建三江农业发展整体上还没有达到绿色，仍有很大的改进空间。

结合图 11-22 分析，从社会发展的视野来看，建三江农业绿色发展程度整体处于中等水平，单位耕地面积机械动力，食物氮自给率等 2 项指标处于高水平；建三江农村人口受教育程度比例为 19.36%，处于较差水平；此外还有单位耕地面积人口数指标处于较高水平；而农业土地占比，人均乡村劳动力耕地面积指标则均处于较差水平。

从经济发展的角度来看，单位耕地面积农业产值为 40.15 万元，处于高水平。建三江人均 GDP 为 4.3 万元，处于Ⅱ级水平。农村居民可支配收入 2.7 万元，均处于Ⅳ级水平。整体上看建三江农业绿色发展在经济方面还具有较大提升潜力。

2）胜利农场农业绿色发展的瓶颈问题及解决途径

胜利农场始建于 1956 年，辖区面积 922 $km^2$，常住人口 1.5 万人，是以种植水稻、玉米为主，工、商、林、牧、副、渔各业并举的大型现代化农垦企业，垦区重要的商品粮生产基地之一。农场先后被国

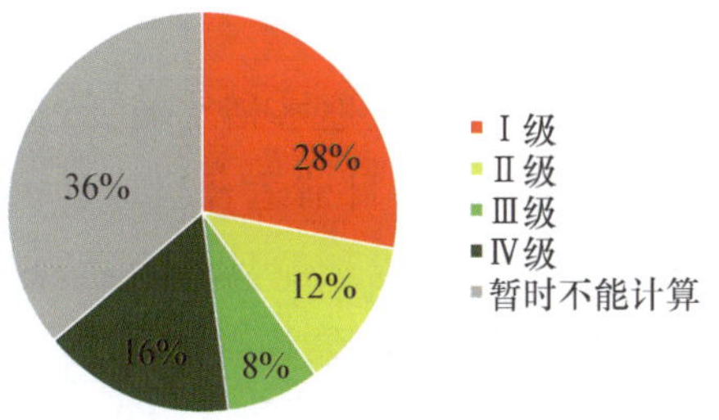


图 11-21 2017 年建三江绿色发展指标分析情况

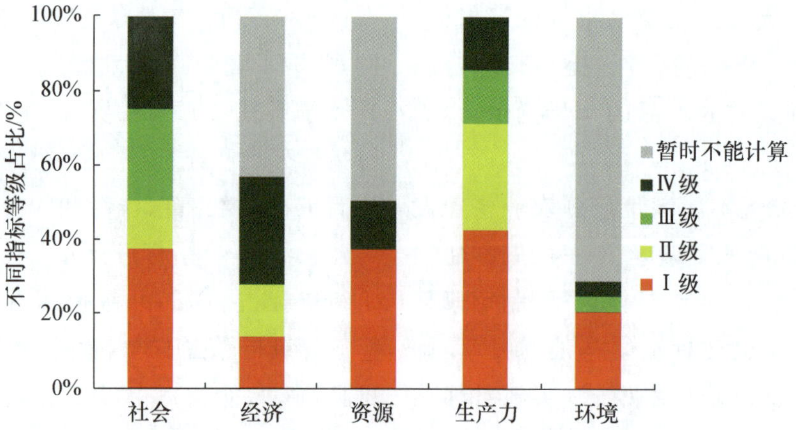


图 11-22　2017 年建三江农业绿色发展指标整体情况

家评为全国农业标准化示范场，全国粮食生产先进县(场)，全国农机优秀示范合作社，国家优美乡镇，是全省仅有的两家有机产品认证示范区之一。被黑龙江省委省政府命名为“平安农场”、省级精神文明单位；被农垦总局评为农业标准化提升活动标兵单位、高产创建先进单位。

多年来本着“种好地、产好粮、吃放心米”的原则，农场提高生产标准，加强作业质量，生产中划定农场 4 万亩基地全程不使用化肥农药、严格按照国家标准《有机产品》(GB/T 19630.1－19630.4－2011)及欧盟有机标准生产健康环保农产品，几年来通过认证的作物品种有：有机水稻、有机大豆、有机玉米、有机小麦、有机杂粮等十余种作物，认证加工产品有：有机大米、有机糯米、有机面粉、有机豆油和多品种的有机挂面等。农场粮油企业生产的“长乐”牌有机挂面系列获得“国家部优产品”称号，并在第十届国际农产品交易会获得金奖，长乐挂面已远销英国，为农场提高农产品产值奠定了坚实基础。

(1)瓶颈问题

①水稻生产方面：寒地水稻水温低，抑制水稻生育进程和提质增产。目前适合当地种植的优质水稻品种比较单一，且以长粒品种为主，收获后要面向市场线下销售，受销售订单和销售量限制无法大规模生产。

②品牌意识方面：种植户平均年龄在 43 岁，学历主要为初中，受年龄和学历的限制，种植户对农业科学技术的认知程度不够。传统种植观念强，对有机种植认识少：由于垦区水稻以商品粮销售为主，有机种养没有形成当地自主品牌，终端产品附加值不高，因此大多数农户比较认可传统种植方式种植水稻，对有机水稻、绿色水稻认识少，主观上不愿意接受，认为投入大、费力又没有可观的经济效益。

③资源投入方面：农户用水较粗放，水资源浪费严重，肥料利用不合理，造成浪费。当前农业生产操作中还要进一步在节本增效方面下功夫，要与高校进一步合作共研，进一步优化生产方式，降低生产成本，提高种植户效益。

④秋后秸秆综合利用方面：当地能够利用秸秆为原料的工厂较少，导致秸秆“五化”利用量不高，作物收获后的秸秆只能采取直接粉碎后还田处理。

⑤智慧农业部分：停留在农业单一环节方面，应用程度不高，还需要系统、长远地做出整体可行性规划。

(2)解决途径　胜利农场紧紧围绕绿色、长效、节本、可持续发展的总体思路，结合自身实际，以“互联网＋农业”为依托，以创新发展为动力，按照“生产有规程，质量有标准，产品有标志，市场有监督”的建设要求，积极开展“互联网＋农业”高标准示范基地和水稻高科技示范园区建设。以打造精准智慧农业为首要前提，以发展适度规模经营、提高质量效益为主攻方向，以降低成本、促进可持续发展为重要内容，以尊重农户意愿和主体地位为基本遵循，加快构建完善现代农业生产经营和产业体系，着力转变农业生产、经营、管理和资源利用方式，努力实现“两创、两精、三减、三提”。即创新技术和创新经营；精准施肥和精准叶龄管理技术；适度“减少”化肥投入量、适度“减少”除草剂施用量和适度“减少”农药使用量；提高农产品质量、提升农业市场竞争力和提升农业可持续发展能力。

①胜利农场水稻绿色种植技术

A. 前氮后移施肥新技术。针对寒地水稻前期氮肥比例过高这一突出问题，根据水稻不同生育期对氮素的需要定量调控氮肥，按土壤和水稻品种特点诊断施用其他元素，形成了以前氮后移为核心的寒地水稻施肥技术，借助与肥料企业合作研发的粒径、比重基本相同水稻系列肥料进行示范，克服了以往施肥时肥料分层、施肥不匀的问题，真正做到配方施肥。解决了寒地水稻优质高产栽培中氮肥施用的关键问题。

■ 总量控制前氮后移：按照目标产量和 100 kg 籽粒养分需求量确定氮肥施用总量，按照水稻需肥情况确定基蘖穗肥比例，并且按照水稻分蘖和氮素状况诊断施用蘖肥，确保足穗；根据拔节期水稻长相长势，诊断施用穗肥，防止水稻后期叶片早衰，促进水稻灌浆，促进大穗形成并增加粒重。

■ 磷钾衡量监控：根据稻田土壤磷钾养分状况，结合养分收支平衡，提出“提高”“维持”或“控制”的管理策略及对应的施肥推荐。当土壤肥力中等时，采取维持策略，施肥量等于水稻收获带走的养分量；当土壤肥力较高时，采取控制策略，施肥量等于养分带走量的 50%～75%；当土壤肥力较低时，采取提高策略，施肥量等于养分带走量的 125%。当秸秆大部分还田时，根据目标产量，可以再适当减少施钾量。

■ 微量元素因缺补缺：微量元素需求量少，是否需要施用微量元素主要取决于土壤特性、作物种类和产量水平。通过监测土壤中微量元素的有效含量，大致判断某种微量元素的丰缺状况，选择性地施用适量某种肥料。高产作物体系中，生育中后期进行植株诊断，可以避免土壤因素造成的问题，准确判断作物植株的微量元素营养状况，配合喷施微肥等措施及时补充缺乏或者临界缺乏的微量元素，提高对各种生物、非生物胁迫的抗性，延缓衰老，增长光合期。

■ 旱育壮秧：适期早播、稀播，秧田前期保温防冻；中期控制温度和水分、通风炼苗、防病灭草、调酸追肥抗冷、防早穗；后期加大通风炼苗、严控浇水次数和浇水量、追肥促根、培育旱育壮秧。

该技术已推广到黑龙江省 1、2、3、4 积温带的 40 多个市县，以及吉林省的吉林市和松原市等水稻主产区，累计推广面积超过 4 000 多万亩，新增农民纯收入 40 多亿元，经济效益、环境生态效益十分显著。寒地水稻前氮后移施肥新技术能显著减少水稻无效分蘖，提高分蘖成穗率，改善水稻群体质量，显著减少水稻病害和倒伏的发生；还能提早抽穗 3～5 天，水稻穗型整齐、穗大；结实率提高 5 个百分点以上，千粒重增加 0.9 g 左右，产量提高 10%～15%，平均节省氮肥 20%以上，氮肥利用率平均提高 18 个百分点，减少磷肥用量 20%以上。该技术通过增产和节本，可使每亩平均增收 100 元以上。

B. 定量水肥管理技术。按照水稻需肥和土壤供肥规律控制氮肥总量，科学补充其他养分；减少每穴移栽株数；采用轻干湿交替灌溉技术；配合科学化控措施。应用水、肥、密度和化控技术协同优化（图 11-23、图 11-24 和表 11-9），控制了水稻株高，优化了节间配置，显著提高了水稻抗倒伏能力，并能保证水稻大穗，促进水稻增产 10%左右（图 11-25）。

C. 机械侧深施肥技术。水稻机械侧深施肥技术是在水稻机械插秧的同时，用水稻侧深施肥机将肥料按照农艺要求一次性定位、定量、均匀、可靠地施在稻苗根侧下方泥土中，从而实现节肥、省工、增产、减少污染的目的。

图 11-23　寒地水稻前氮后移施肥技术效果

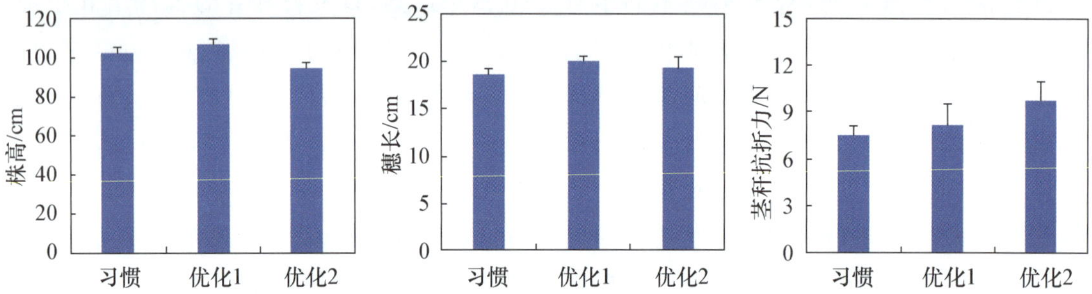


图 11-24　优化水肥管理对水稻株高、穗长和茎秆抗折力的影响

表 11-9　水稻齐穗后 20 天水稻节间配制及茎粗、壁厚

| 处理 | 第一节间 /cm | 第二节间 /cm | 茎粗 /mm | 壁厚 /mm |
|---|---|---|---|---|
| 习惯 | 6.18a | 16.52a | 3.59b | 0.65b |
| 优化 1 | 5.46a | 15.66ab | 3.95a | 0.85a |
| 优化 2 | 4.28b | 14.87b | 4.00a | 0.68b |

图 11-25　定量水肥管理技术提高水稻抗倒伏能力

2019 年东北农业大学和建三江管理局合作开展寒地稻田侧深施肥技术研究，按照土壤养分状况和水稻需肥规律，确定水稻需肥总量，并施用适合稻田机械施用的高效肥料，通过应用聚能网技术和前氮后移技术减少氮素损失。上述技术能减少化肥 10%以上，提高水稻产量 5%以上，实现高产、优质和高效的统一（图 11-26）。

试验结果显示（表 11-10），习惯施肥的氮磷钾用量平均为 99～104 kg/hm$^2$、19～56 kg/hm$^2$ 和 82～87 kg/hm$^2$，与习惯施肥相比，F1 点优化施肥处理节约氮、磷、钾肥分别为 3.0%、17.9% 和 23.2%，F2 点优化施肥处理节约氮、钾肥为 7.7% 和 27.6%，增加磷肥 142.1%。

由表 11-11 可知，习惯施肥的产量平均为 8.52 t/hm$^2$，一次施肥的平均产量为 9.14 t/hm$^2$，3 个试验点增产为 9.0%～10.4%；以前氮后移为核心的侧深施肥技术平均产量为 9.57 t/hm$^2$，比习惯施肥增产 7.7%～12.9%。在保证收获穗数和水稻结实率的条件下，增产主要是促进了大穗形成。

D. 简化高效施肥技术。根据稻田土壤供氮特性和高产水稻氮肥需求特征，优选了适合寒地水稻生产的环保型控释氮肥，通过控释氮肥的应用可以减少 1～2 次的人工施肥，还能保证高产水稻氮素需求，简化了施肥技术环节；在水稻有效分蘖临界叶龄期和拔节期，建立了简单易行的“叶色叶形”诊断指标，配合水稻茎蘖数观察可以指导水稻拔节期科学施肥；根据稻田土壤磷钾养分情况和不同区域的水稻产量情况，构建了适合不同区域的磷钾衡量监控的施肥指标体系，简化为不同区域氮磷钾

图 11-26　侧深施肥技术促进水稻大穗形成

表 11-10　各个试验地点不同处理的施肥量　kg/hm$^2$

| 试验地点 | 处理 | 基肥 N-$P_2O_5$－$K_2O$ | 追肥 N-$P_2O_5$－$K_2O$ | 化肥总量 N-$P_2O_5$－$K_2O$ |
|---|---|---|---|---|
| F1 | 习惯施肥 | 79－56－60 | 20－0－22 | 99－56－82 |
| | 优化施肥 | 66－46－56 | 30－0－7 | 96－46－63 |
| F2 | 习惯施肥 | 64－19－15 | 40－0－72 | 104－19－87 |
| | 优化施肥 | 66－46－56 | 30－0－7 | 96－46－63 |

表 11-11　各试验点产量和产量构成因子及增产量

| 地点 | 处理 | 穗数/m$^2$ | 穗粒数/粒 | 结实率/% | 千粒重/g | 产量/(t/hm$^2$) | 增产/% |
|---|---|---|---|---|---|---|---|
| F1 | 习惯施肥 | 438 | 92.1 | 81.9 | 25.01 | 8.26 | |
| | 优化施肥 | 430 | 98.4 | 84.5 | 25.08 | 8.93 | 8.1 |
| F2 | 习惯施肥 | 400 | 101.2 | 85.0 | 26.01 | 7.58 | |
| | 优化施肥 | 450 | 102.2 | 80.9 | 26.40 | 8.39 | 10.7 |

配比。综合以上施肥指标，构建了寒地水稻简化高效施肥新技术，既能减少水稻施肥环节，又能保证水稻高产和养分高效利用，实现了高产、高效和生态安全相统一的目标。

图 11-27 表明，2018 年，$N_0$、FFP 和 OPT 处理的产量均值分别为 4.96、7.10 和 7.51 t/hm$^2$，2019 年，$N_0$、FFP 和 OPT 处理的产量均值分别为 4.87、6.91 和 7.17 t/hm$^2$，2018 年和 2019 年 $N_0$ 处理产量变幅分别在 4.41～5.60 t/hm$^2$ 和 3.24～6.13 t/hm$^2$，与 $N_0$ 处理相比，2 年各地点施氮处理产量均有明显增加，2018 年各地点施氮处理产量集中在 6.31～8.74 t/hm$^2$，2019 年施氮处理产量主要集中在 6.77～8.60 t/hm$^2$，2018 年 60%的地点 OPT 处理产量大于 FFP 处理，2019 年 80%的地点 OPT 处理产量大于 FFP 处理，2 年间 OPT 处理产量较 FFP 处理分别增加 0.1%～29.7%和 2.3%～10.7%，2 年平均增产 9.0%。

E. 稻田培肥与丰产增效耕作技术。东北农业大学彭显龙教授团队在重点研发计划的支持下，针对寒地稻田土壤板结，容重增加，土壤肥力下降等问题。开展了以少免搅浆为核心的耕作模式研究，构建了秸秆和化肥合理配施的培肥模式，多年多点研究证实，少免搅浆为核心的耕作培肥模式具有明显的培肥改土效果。

秸秆粉碎抛洒均匀不影响整地，该技术优化了秸秆粉碎抛洒装置，秸秆粉碎更细，抛洒幅宽提高了 10%以上；该技术获得国家发明专利 2 项，实用新型专利 1 项。采用反旋秸秆还田机，秸秆入土效果好，作业后地表平整；在此基础上配合埋茬平地机（免搅浆），改善秸秆埋茬效果，秸秆入土率提高了 10%以上；采用轻干湿交替灌溉技术和诊断施氮技术，能够减轻秸秆还田对水稻生长的抑制作用。秸秆还田不用增加氮肥，2 年后还能减少氮肥和钾肥应用。

由图 11-28 可知，秸秆不还田条件下常规模式的实收产量为 7.84 t/hm$^2$。秸秆全量还田条件下常规还田模式的实收产量为 7.90 kg/hm$^2$。优化还田模式Ⅱ（改传统的水整地为平地埋茬，配合施用钙镁磷肥调酸）在第二年产量提高了 5.5%，第三年产量提高 13.3%，还能减少 10%的氮肥投入。而优化还田模式Ⅲ（缩株增密 20%，减少穗肥 N 20%）第二年可增产 6.5%，第三年增产 4.39%。从水稻长势看，与不还田模式相比，秸秆还田后水稻后期颜色较深，活杆成熟。

②胜利农场“互联网＋智慧农业”高标准示范基地建设。胜利农场紧紧围绕“建设一个基地，建好一套体系，挖掘一个龙头，树立一个品牌，带动大米产业，致富一方农户”为目标，在胜利农场第六管理区十作业站 4 号地，利用可视化溯源系统种植有机稻 350 亩，种植优质水稻品种三江六号，全面打造有机、溯源稻米基地。

A. 智能化管理，助力新技术应用转化。2019

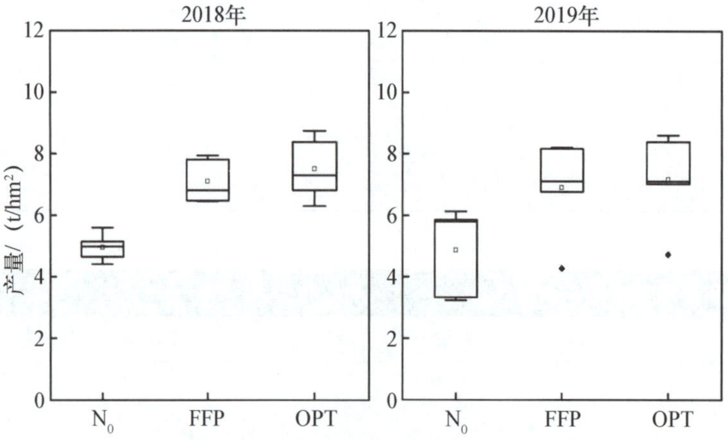


**图 11-27　简化高效施肥对水稻产量的影响**

$N_0$ 为不施肥处理；FFP 为农户常规施肥处理；OPT 为养分优化管理

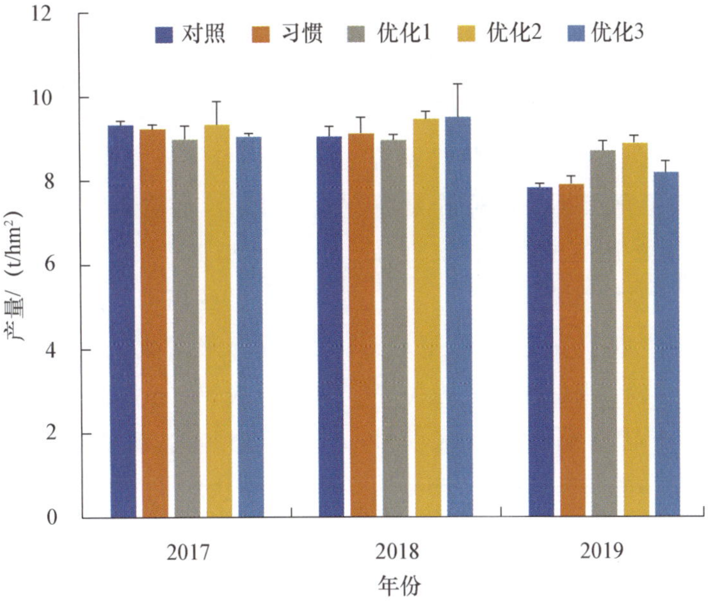


图 11-28 不同培肥模式水稻产量

年农场在应用可视化溯源管理系统的同时，借助全国农技推广补助项目智能化叶龄跟踪系统实时监测温度、湿度、降雨量、蒸发量、风速、风向、日照强度等气象信息，实现水稻本田全生育期的叶龄、水层、肥料、水温、泥温、防病、防虫、水循环等综合性的智能化管控。近年来统计气象数据 2 100 余条；总结撰写防病、防虫技术措施及相关技术论文 30 余篇，完成论文发表 20 余篇；收集水稻全生育期照片近万张，为指导农业生产、做好病虫害预测预警奠定坚实基础。

B. 订单销售，保障农户效益。该基地采取“基地＋农户＋企业＋市场”的生产经营模式，实现基地对农户履行技术指导和服务职能。2019 年年初，农场引导农户与企业签订订单，农户按照订单要求进行标准化生产，企业对市场履行保证产品优质和经济增效的职能。而可视化田间监控设备的投入使用，让订单用户可以通过手机 App 随时监控田间作物全生育期长势情况，基地实现全程有机可追溯和全程可视化管理。截至目前基地 350 亩有机稻已完成收获和销售，基地生产投入 1 800 元/亩，订单销售后实现亩纯效益 600 余元。

C. 精准农业与智慧农业技术应用。胜利农场在农业田间管理方面充分发挥信息传输技术优势，构建了“技术创新—技术熟化—技术扩散”的信息快速传递通道。2011 年科技园区引进八一农垦大学研制的格田智能化控制灌溉系统，该系统实现水稻田全生育期的叶龄、水层、肥料、水温、防病、防虫、水循环综合利用的数字化、精准化监控管理。整个生育期可提高有效积温 50℃左右；田间弃水二次回收利用 40 $m^3$；与常规田相比，亩节约用水 $10^4$ $m^3$，节水率 22%；园区收获的水稻加工后，出米率都在 72%以上，与常规田相比，提高了 3%；示范区与常规田相比，平均亩增产 110 kg，平均亩增效 290 元；还建立了辐射全场的精准靶标病虫害综合防治体系；按照水稻生育期叶龄进程，定制精准管理技术措施，以短信的形式发送到各级管理人员、技术人员、种植户的手机上，实现资源共享，全面提高技术的到位率、普及率和科技成果转化率。

精准 GPS 定位及导航体系。旱田从播种、施肥、植保到收获作业均采用 GPS 定位系统，对机械实施跟踪及导航，及时了解机械作业情况，实现了精准农业的智能化和集约化。

双氧智能化集中催芽设备。成立集中化催芽车间，建立智能浸种车间监控调度系统，省去繁琐的浸种过程，缩短水稻品种催芽时间、降低能源消耗、实现水稻春播时期的安全、高效，为抢夺农时备耕生产打下坚实基础。

智能育苗温室监控系统。建立大棚集中育秧中心监控系统，采用多级无线采集终端，快速、实时的获得水稻生长信息。通过系统内部传输系统控制棚室内温度、湿度等量化指标。根据作物生长适宜指标进行棚室内温湿度智能控制，实现作物秧田期全程快速、精准的温室管理。

D.农产品质量追溯与电子商务销售平台。2009年胜利粮油食品公司的面粉、挂面成为黑龙江省首批农业部农垦农产品质量追溯系统项目追溯产品；2012年胜利农场的“长乐牌”大米又被纳入农业部农垦农产品质量追溯系统；几年来，通过系统化、数字化、网络化的管理，全面实现了面粉、挂面、大米产品的种植—生产—加工—销售等全程可追溯。

胜利农场农副产品在2010年就开始涉足电子商务平台，比如：黑蜂蜂蜜、粮油挂面、大米等在淘宝、京东、天猫等电子商务平台均可查询到旗舰店。大面积农产品打开电子商务平台是从2015年下半年才开始的，目前已在大农网注册并成立属于胜利农场的电子商务平台，平台建设初见规模，大量产品信息也陆续上传至该平台。

③胜利农场水稻高科技示范园区建设。胜利农场科技示范园区占地面积400亩，利用现代科技手段，实现水稻本田全生育期叶龄、水层、肥料、水温、防病、防虫、水循环综合利用的数字化、智能化监控管理。主要由五大系统组成，即井水综合增温系统、排水循环利用系统、本田智能化灌溉系统、本田生长环境监控系统和集成控制中心系统。发挥十大功能，即井水综合增温、弃水回收利用、水层自动管理、生长环境监测、本田病害监测、本田虫害监测、技术信息群发、节本增效核算、标准管理模型、农业观光景点。通过园区标准化建设和多项技术集成，实现了由传统农业、模式化农业向数字化、智能化的现代农业方向迈进。

近几年来水稻生产上取得了六项突破性成果：

A.井水增温　主要解决了寒地水稻水温低，抑制水稻生育进程和提质增产的问题。井水5～7℃，通过莲花池瀑布增温、叠水增温和延长渠道三项增温措施，实现进入田间的水温度达16℃以上。同时，通过应用水稻浅湿干灌溉技术和水稻智能化灌溉技术，与常规相比，本田平均每天增加有效积温0.5℃以上，水稻全生育期增加有效积温达56℃以上，为水稻提早成熟、提质增产增效提供了保障。

B.节约用水　通过应用水稻智能化灌溉技术和田间弃水回收二次利用，园区本田实际每亩抽取地下水320 $m^3$，田间弃水二次回收利用40 $m^3$，与常规田相比，亩节约用水$10^4$ $m^3$，节水率22%。同时，通过弃水回收二次利用，减少了对环境和江河的污染。

C.提质增产　园区建有水稻本田生长环境监控系统，按照水稻叶龄管理进程，进行严格的调温、控水、控肥等多项先进技术集成管理，园区收获的水稻加工后，出米率都在72%以上，与常规田相比，提高了3%。与常规田相比，平均亩增产110 kg，平均亩增效290元。

D.病虫综合防治　以园区为中心，在全场水稻本田内设有十处孢子捕捉仪和捕虫灯监测点，对稻瘟病和虫害进行监测预警预报，建立了辐射全场的病虫害综合防治体系。

E.科研试验　园区每年都承担国家、省、总局试验示范课题，2016年承接黑龙江省品种试验75项；垦区品种试验14项；肥料试验25项；总局“一控三减”技术示范及农场特色灌溉模式试验示范。2016年预计转化科技成果3～5项。

F.服务带动　园区每年在不同生产阶段为农场现场培训技术人员、农户0.6万人次。同时，园区集成控制中心建有技术信息群发平台，按照水稻生育期叶龄进程，将当前的重点管理技术措施，以短信的形式发送到各级管理人员、技术人员、种植户的手机上，实现资源共享，全面提高技术的到位率、普及率和科技成果转化率。

**2.吉林省梨树县高产优质种植案例**

1)梨树县农业绿色发展现状

梨树县是吉林省典型的农业大县，总人口64.59万，其中农业人口47.61万。拥有耕地面积

27 万 $hm^2$，粮食总产量达到 267 万 t，在全国县(市、区)排名第 4 位。梨树县先后被确定为全国粮食生产先进县、国家重点商品粮基地县、全国瘦肉型商品猪生产基地县、国家级农畜产品加工新型工业化示范基地、国家现代农业示范区。参考县域农业绿色发展指标体系的分级标准，以 2017 年(农业绿色发展政策出台基准年)为例，分析了梨树县农业绿色发展的现状与特征。具体按照社会、经济、资源、生产力和生态环境进行指标分类和分析，明确各个指标所处的等级，从低到高依次用红、黄、浅绿和深绿颜色来表征，通过对梨树县 50 个指标进行分类统计(图 11-29)，其中Ⅰ级指标占 24%，Ⅱ级指标占 24%，Ⅲ级指标占 22%，Ⅳ级指标占 22%，暂时不能计算指标占 8%。可见，在 50 个指标中，处于红色和黄色各占四分之一，说明梨树县农业绿色发展整体上仍有很大的改进空间。

2)梨树县农业绿色发展的瓶颈问题及解决途径

(1)社会经济方面，主要存在发展水平低、农业产业作用不明显等问题。种植结构不合理，粮食作物比重大，经济效益低；种养结合脱节、畜牧业用于饲料的成本增加；畜牧业没有形成优势品牌，没有竞争力；农村劳动力老化，不易接受新的技术。

(2)生产力水平低下。农村劳动力对农业科学技术的认知程度不够。作物种植类型相对单一，生产力水平体现不足，农户生产水平参差不齐，绿色技术运用不足等。

(3)资源投入方面，主要存在过量投入的问题。梨树县种植体系过量施肥情况较多、且多为一次性投入，养分效率没有得到很好发挥；畜牧业规模和集约化程度不好，导致畜牧业发展程度不足。

3)梨树县农业绿色发展的解决途径

2015 年为顺应梨树县农业生产形式，按照“政府主导、农民主体”“部门服务、政策倾斜”的“三个方式转变”的总原则，开展耕作方式、经营方式和生活方式的转变，打破一家一户分散经营方法，把土地集中起来，走合作经营的路子，秋后分红，真正实现利益共享，风险共担。为了加速推进“三个方式转变”，梨树县先后制定了《梨树县三个方式转变推进工作实施方案》等四个方案和细则，统一编印了《梨树县农业生产方式与经营方式转变操作指南》并下发至各级干部、科技人员和广大农户手中；县农业局成立了 10 个宣传指导服务组，每组包保 2 个乡镇，详细解读“三个方式转变”的具体内容、重大意义，落实步骤，并指导签订合同、契约，及时解答农民在操作过程中遇到的难题。合作社在具体工作中全部采取“四统一、一分散”的经营模式。“四统一”指统一采购生产资料、统一采用免耕宽窄行分散种植方式、统一机械播种，统一田间管理。“一分散”是秋后按户分散收获。农民将土地

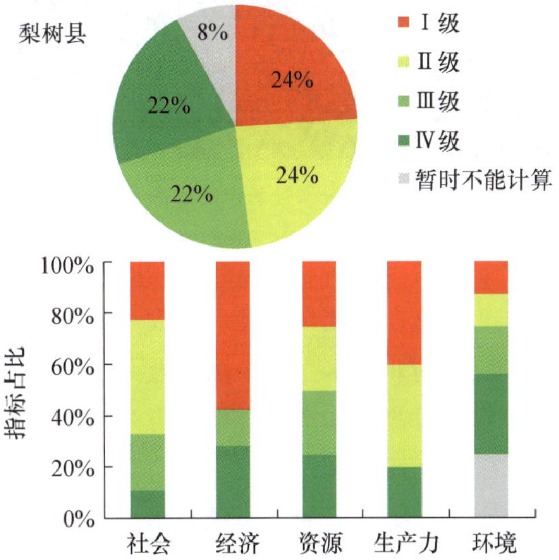


图 11-29 2017 年梨树县农业绿色发展指标整体情况

托管给农民专业合作社，形成大地块规模种植，便于机械化作业，节约成本。种子、化肥团购，节约成本 300 元。农机作业集中连片，多年保护性耕作减少化肥用量 200 kg，节约成本 500 元。各项技术集成服务，从种到收不用农户参与，农民可以完全进城务工，增加收入，享受城市生活。加入合作社的妇女在周边做钟点工的有 60 多人，人均收入可达 17 000 多元，真正做到了互利双赢。经营体系的转变解决了土地由谁种、怎么种的问题，同时促进了农业机械化的发展，为农业产业化发展创造了条件，实现了个体与区域的共同发展。

梨树县卢伟农机农民专业合作社是集配方施肥、秸秆还田、肥料产品升级、提高机械化手段等多项技术于一体的先进技术合作社，经多年探索创新，在节肥、增产、减排等方面均取得显著成果，是农民专业合作社实现农业绿色发展的典型案例。

2018 年卢伟农机农民专业合作社承担国家千万亩高标准农田示范区（图 11-30），示范田采用测土配方施肥技术，确定肥料合理用量，较农民习惯处理有效节肥 19.6 $kg/hm^2$，增产 7.2%，增效 17.7%，减排 18%，增产减排效果显著，有利于推动农业绿色发展（表 11-12）。

**表 11-12　合作社应用测土配方施肥与农民习惯施肥节肥增效对比**

| 示范类型 | 施氮量 /($kg/hm^2$) | 节肥 /($kg/hm^2$) | 产量 /($kg/hm^2$) | 增产 /% | $PFP_N$ /(kg/kg) | 增效 /% | 氨挥发 /($kg/hm^2$) | 减排 /% |
|---|---|---|---|---|---|---|---|---|
| 农民习惯 | 221.3 | | 11 082 | | 51.8 | | 20.2 | |
| 测土配方施肥 | 201.7 | 19.6 | 11 878 | 7.2 | 60.3 | 17.7 | 16.5 | 18.0 |

图 11-30　卢伟农机农民专业合作社承担国家千万亩高标准农田示范区

为有效解决梨树县农民施肥"一炮轰"，肥料利用率低的问题，梨树县卢伟农机农民专业合作社针对一次性施肥的地块，选择缓控释肥料，防止玉米生长后期脱肥导致减产。缓控释肥可显著提高玉米产量 23.5%，降低土壤氨挥发 12.3%（表 11-13）。

针对东北地区气候冷凉，秸秆还田效果差的问题，梨树县卢伟农机农民专业合作社与科研单位合作，探索秸秆还田的有效技术。近几年合作社承担大小田间试验和田间示范共 8 项，其中包括中国农业大学资环学院、吉林农业大学资环学院合作的玉米全程机械化项目，吉林省农业科学院的玉米高产（超高产）系列玉米新品种及配套技术集成与示范项目。秸秆全覆盖免耕播种技术得到了领导、专家、农民朋友的认可，该项技术体系对

表 11-13　采用新型肥料对玉米产量、氮素吸收和氮肥利用效率的影响

| 处理 | 产量 /(t/hm²) | 增产量 /(t/hm²) | 增幅 /% | 氮素吸收量 /(kg/hm²) | 氮肥回收利用率 /% |
|---|---|---|---|---|---|
| 不施氮 | 10.3 b | | | 214.9 c | |
| 尿素 | 12.2 a | 1.93 b | 18.7 b | 262.5 b | 21.2 c |
| 树脂包膜尿素 | 12.2 a | 1.96 b | 19.0 b | 277.5 ab | 27.9 b |
| 脲甲醛氮肥 | 12.6 a | 2.35 a | 22.8 a | 299.3 a | 37.7 a |
| 稳定性氮肥 | 12.7 a | 2.48 a | 24.1 a | 279.3 ab | 28.8 b |

抗旱保墒提高保苗率，防止风沙侵蚀和肥力退化具有明显效果，是提高秸秆利用率，解决秸秆焚烧问题的有效途径。

2018 年合作社又探索了用秸秆做基料，在玉米地利用宽窄行的休闲行种植蘑菇，每平方米可生产蘑菇 5 kg 以上，通过高温灭菌发酵等生产农家肥，减少体积的同时，高温堆放能有效杀死病虫，成为绿色玉米生产的优质肥料来源。2019 年合作社进一步扩大种植规模，将蘑菇菌种分给本村贫困户管理，带动农民发家致富的同时，推动了区域秸秆的综合利用。

**3. 吉林省通榆县高产优质种植案例**

通榆县人均耕地和草原面积居全省之首，但粮食产量不及全省平均水平，风沙土多、盐碱地多、降水少，施肥管理和种植技术相对滞后，低收入人口多。参考县域农业绿色发展指标体系的分级标准，以 2017 年(农业绿色发展政策出台基准年)为例，分析了通榆县农业绿色发展的现状与特征。具体按照社会、经济、资源、生产力和生态环境进行指标分类和分析，明确各个指标所处的等级，从低到高依次用红、黄、浅绿和深绿颜色来表征(详见附表 4)，通过对通榆县 50 个指标进行分类统计(图 11-31)，其中Ⅰ级指标占 30%，Ⅱ级指标占 20%，Ⅲ级指标占 18%，Ⅳ级指标占 20%，暂时不能计算指标占 12%。可见，在 50 个指标中，处于红色和黄色的总和仅占总共的二分之一，通榆县农业绿色发展整体上改进空间巨大。

为切实改进通榆县农业绿色发展的关键问题，通榆县与吉林农业大学开展全面合作，在通榆的 8 乡 8 镇设立科技小院工作站，覆盖通榆县全境，为吉林省玉米产业提供技术支撑。

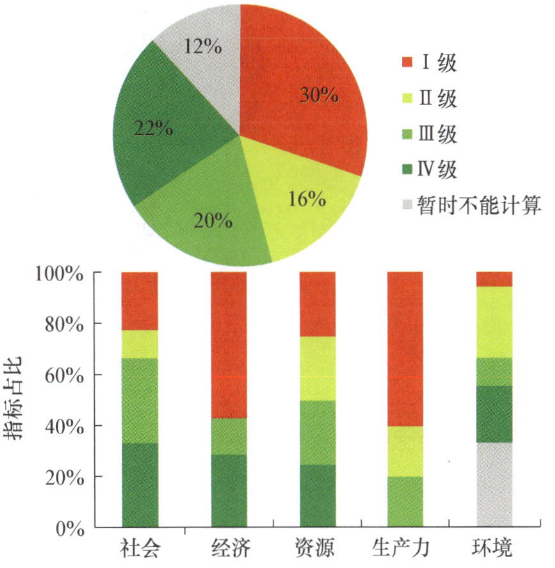


图 11-31　2017 年通榆县农业绿色发展指标整体情况

1)科技小院的农业产业科技支撑

四年来，科技小院累计为种植大户和贫困户开展测土配方施肥 1 100 余次，技术覆盖农田 100 万亩；建设科技小院示范田 32 处，推广先进种植技术 10 余项。科技小院在技术支撑的基础上积极打造玉米产业链，实现科技帮扶与产业帮扶相结合，促进产业链的延伸，增加农民受益。通过测土配方精准施肥，在生产成本上每公顷节省肥料开支 360 元；在种植过程中，开展科学种植管理，玉米产量由 3 500～4 500 kg/hm² 提高到 7 500～9 000 kg/hm²，按每千克玉米 1.6 元计算，毛收入约 13 000 元，每公顷去除成本 6 000 元，净利润约 7 000 元；低收入人口通过在农产品加工厂务工，每人每年收入约 6 000 元，实现了产业发展带动农民增收。

通榆县农业产业链示意见图 11-32。

图 11-32　通榆县农业产业链示意图

2）培养新型职业农民，加强农民能力建设

科技小院通过开展“田间课堂”“农民夜校”及“科技暖冬”等形式的培训，培养出包括国家级示范合作社理事长王建福，吉林省 5A 级金牌家庭农场主王天宇在内的新型职业农民 27 人。他们成了“不走的农业专家”，是通榆农业建设与发展的重要力量（图 11-33）。

以通榆县瞻榆镇向阳村建福农作物种植专业

图 11-33　通榆县政府与企业共同主办农业知识培训

合作社(以下简称建福合作社)为例,2010 年合作社成立之初只有 5 户社员。2016 年通榆扶贫科技小院成立,在详细了解合作社发展现状后,“扶贫科技小院”与王建福和他的合作社“结伴”同行。如何充分发挥专业合作社的示范带头作用,让更多的合作社都能达到这样的效果,让更多的百姓从中受益就成为小院与王建福的共同目标(图 11-34)。

2016 年科技小院与合作社携手开展测土配方施肥,为合作社“量身定做”了合理的施肥量,根据不同地块的不同肥力特征,化肥用量该降的降,该升的升,总体的化肥用量降下来了,产量却提高了,成本降低了 30%,产量提高了近 30%(图 11-35)。

自 2016 年“扶贫科技小院”与通榆县瞻榆镇向阳村建福农作物种植专业合作社结伴,中国农业大学李晓林教授、米国华教授,吉林农业大学高强教授多次来合作社指导农业生产,并将“大学生、硕士生、博士生”安排在这里开展科研活动。《干旱半干旱区农作物栽培技术研究与应用》《水肥一体化研究与应用》《玉米春播技术应用与推广》等 20 多项课题在这里展开,科研成果就地转化,当地农户受益明显。四年来,测土配方施肥技术推广取得极佳效果,经历了“给你测”向“我要测”的转变。到 2019 年合作社共有 123 户社员,基本实现全村农户加入合作社中来的目标(图 11-36)。

图 11-34　吉林农业大学高强教授(左一)指导建福合作社理事长王建福(右一)春耕准备工作

图 11-35　吉林农业大学高强教授(左一)指导合作社示范田施肥

图 11-36　扶贫科技小院研究生采集玉米示范田相关数据并指导氮肥追施

2017 年 9 月由中共中央办公厅、国务院办公厅印发并实施《关于创新体制机制推进农业绿色发展的意见》是为创新体制机制、推进农业绿色发展提出的意见。为响应国家号召，在“扶贫科技小院”指导下，王建福成立了用水协会，加大力度推广节水滴灌技术。测土配方施肥和节水滴灌两项技术叠加使用，玉米最高增产 75%、绿豆最高增产超过 100%，合作社成为全县节水增粮的典型；借鉴吉林梨树“科技小院”的植保经验，引进无人机进行喷药作业，省时、省力、省药，更有效杜绝了农药伤人事故发生，无人机植保作业不仅给合作社带来了经济效益，而且带来了社会效益。

2016 年以来，“扶贫科技小院”承办 1 000 人以上大规模田间现场观摩培训会 4 次、中小规模田间观摩培训会 12 次，“五统一”管理模式、测土配方施肥技术和节水滴灌技术、农业绿色发展成果深深吸引着家庭农场主、合作社理事长、种地大户、农村经纪人、小农户，还有周边兄弟市县慕名而来的农业人，促进了农业经营主体的绿色认知，带动了农业产业的绿色发展。

**4. 辽宁省设施农业案例——大洼县***

1）大洼县绿色农业发展关键问题

大洼县地处辽河平原，水利资源丰富，沃野千里，气候适宜，十分适合农业经济发展，其依托县域内丰富的农业资源，优越的自然环境和快速发展的社会经济，已经发展成为绿色农业示范县。

大洼县农业绿色发展案例分析示意见图 11-37。

根据调研分析，大洼县绿色农业发展仍然存在着诸多问题和限制因子，主要表现在：劳动者学历低，年龄大，接受知识和技能较为困难。调研结果表明，从事水稻种植的劳动者 50%以上年龄超过 50 岁，从事蔬菜种植的劳动者 66%超过 50 岁，80%～90%的劳动者只接受过 6～9 年教育，高中学历以上者仅占 0.3%（表 11-14 和表 11-15）。

表 11-14　大洼水稻、蔬菜种植户年龄分布

| 年龄段 | 水稻种植户 | | 蔬菜种植户 | |
|---|---|---|---|---|
| | 人数 | 比例/% | 人数 | 比例/% |
| 35 岁以下 | 4 | 4.5 | 3 | 3.5 |
| 35～50 岁 | 39 | 44.3 | 26 | 30.2 |
| 50～60 岁 | 32 | 36.4 | 38 | 44.2 |
| 60 岁以上 | 13 | 14.8 | 19 | 22.1 |
| 总和 | 88 | 100 | 86 | 100 |

表 11-15　大洼水稻、蔬菜种植户受教育程度分布

| 受教育程度 | 水稻种植户 | | 蔬菜种植户 | |
|---|---|---|---|---|
| | 人数 | 比例/% | 人数 | 比例/% |
| 小于 6 年 | 15 | 17.0 | 11 | 12.8 |
| 6～9 年 | 72 | 81.8 | 75 | 87.2 |
| 9 年以上 | 1 | 1.1 | 0 | 0 |
| 总和 | 88 | 100 | 86 | 100 |

* 2016 年经国务院批准撤县设区

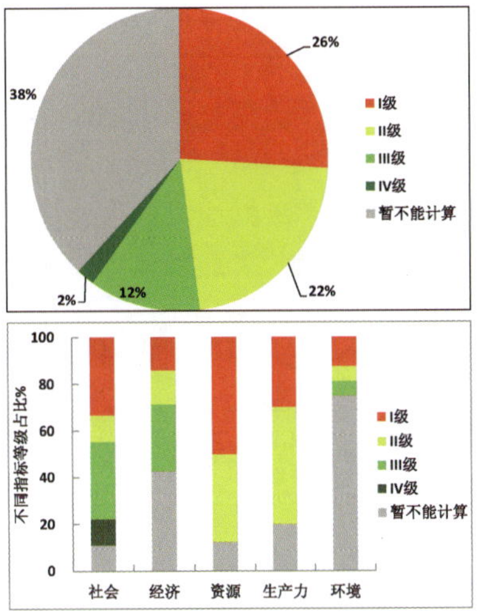


| | 社会 | 经济 | 资源 | 生产力 | 环境 |
|---|---|---|---|---|---|
| I级 | 3 | 1 | 4 | 3 | 2 |
| II级 | 1 | 1 | 3 | 5 | 1 |
| III级 | 3 | 2 | 0 | 0 | 1 |
| IV级 | 1 | 0 | 0 | 0 | 0 |
| 暂不能计算 | 1 | 3 | 1 | 2 | 12 |

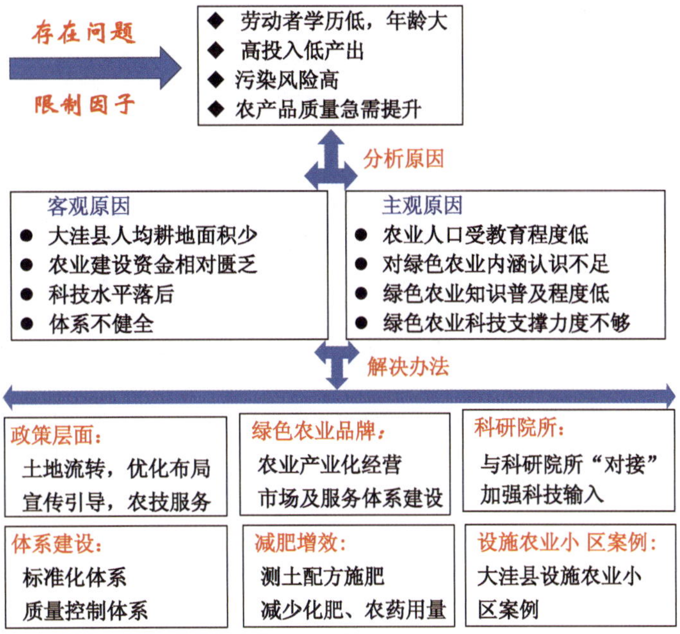


图 11-37　大洼县农业绿色发展案例分析示意图

农业处于高投入低产出，污染风险高的状况，农产品质量急待提升。例如大洼单位农田氮素投入量从 1997 年的 200 $kg/hm^2$ 增加到 2017 年的 400 $kg/hm^2$，磷素投入量从 1997 年 35 $kg/hm^2$ 增加到 2017 年 80 $kg/hm^2$，农药投入量则从 6 $kg/hm^2$ 增加到 8 $kg/hm^2$。单位农业产值从 2012 年的 6 万元/$hm^2$ 降低到 2017 年的 3 万元/$hm^2$。大量施用肥料和农药，不但造成环境污染风险高，而且导致农产品质量下降。大洼县社会、经济、资源、生产力以及环境处于绿色的区域所占比例较小，仅为 14%，而红色和黄色比例远远高于绿色，高达 48%，主要表现为资源、生产力和环境风险较高(图 11-38)。

大洼县绿色农业发展缓慢的原因有客观原因和主观原因两大方面。客观因素在于大洼县人均耕地面积少，农业建设资金相对匮乏，科技水平落后以及体系不健全等。而主观因素则为，劳动者对绿色农业认识不足，绿色农业知识普及程度低，科技支撑力度不够，调研过程中发现 60%以上农户未听说过绿色农业，这部分农户主动学习科技知识的意识相对薄弱。解决办法主要是从宏观层面，进行土地流转，合理布局农业种植机构，逐步完善和建立设施农业栽培技术体系、技术服务体系、流通体系和农产品质量保障体系，以及不断提高农民设施技术水平和面向市场生产的运行机制。从科学技术手段层面，与科研院所“对接”，加强知识普及，技术培训，进行测土配方施肥，田间示范等，缓解高投入低产出，农产品质量下降等问题。

2)大洼县绿色农业发展模式

随着大洼城镇化进程越来越快，人民生活水平不断改善，消费观念与消费意识逐渐转变，人们对绿色优质农产品的需求越来越多，大洼县绿色农业发展需求越来越大。基于大洼县居民对绿色农业发展的需求，绿色农业发展存在的问题及宏观解决方案，大洼县提出农业绿色发展的模式，即设施农业小区模式(图 11-39)。

大洼县隶属于盘锦市，盘锦市根据省委、省政府加快发展设施农业小区建设的指示，突出“园区化承载、集约化经营、市场化运作、产业化提升”的设施蔬菜发展新机制，采取“市场＋基地＋合作社＋农户＋超市”的经营管理模式。从 2014 年秋开始，在全市新建集中连片 100 栋标准化日光温室或冷棚设施农业小区 30 个，每个小区占地面积 350 亩以上，全市发展 1 万亩；大洼县大洼区 2018 年新建设施农业小区 11 个，占地面积 576 亩；新建日光

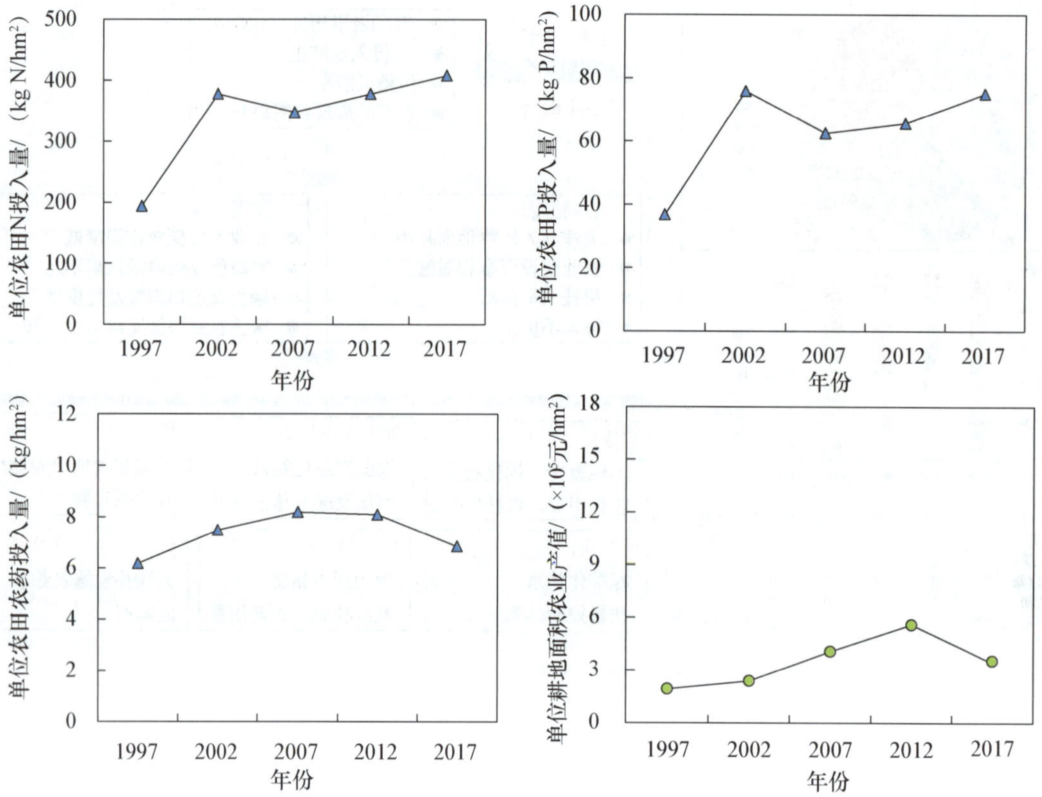


图 11-38　大洼县单位农田氮、磷、农药投入量和单位耕地面积农业产值

温室 188 栋，设施内面积 259.91 亩；新建冷棚 21 栋，设施内面积 36.3 亩。

大洼县开展水稻优化施肥和增施镁肥试验，并在县域内进行推广。针对水稻氮肥、磷肥过量施用、钾肥相对不足的现状，对农民习惯施肥进行优化，即减少氮、磷肥用量，增加钾肥用量并添加镁肥。如表 11-16 所示，氮素投入（N）从 352 kg/hm² 降低到 172 kg/hm²，磷素（$P_2O_5$）投入从 165 kg/hm² 降低到 45 kg/hm²，钾素（$K_2O$）投入从 60 kg/hm² 增加到 75 kg/hm²，同时补充镁素（MgO）。优化施肥中氮肥注重追肥，按照 40%基肥＋35%穗肥＋25%粒肥的比例施用。

表 11-16　大洼县水稻优化施肥和增施镁肥试验施肥量

| 处理 | 施肥量（kg/hm²） | | | |
|---|---|---|---|---|
| | N | $P_2O_5$ | $K_2O$ | MgO |
| 农民习惯 | 352 | 165 | 60 | 0 |
| 优化施肥 | 172 | 45 | 75 | 0 |
| 优化＋Mg 10 | 172 | 45 | 75 | 10 |
| 优化＋ Mg 20 | 172 | 45 | 75 | 20 |
| 优化＋ Mg 喷 | 172 | 45 | 75 | 3.6 |
| 优化＋ Mg-Si | 172 | 45 | 75 | 20 |

注：喷施镁肥，将七水硫酸镁溶于水，按照 4%浓度，于拔节期和孕穗期各喷一次，喷施总量为 3.6 kg/hm² MgO。

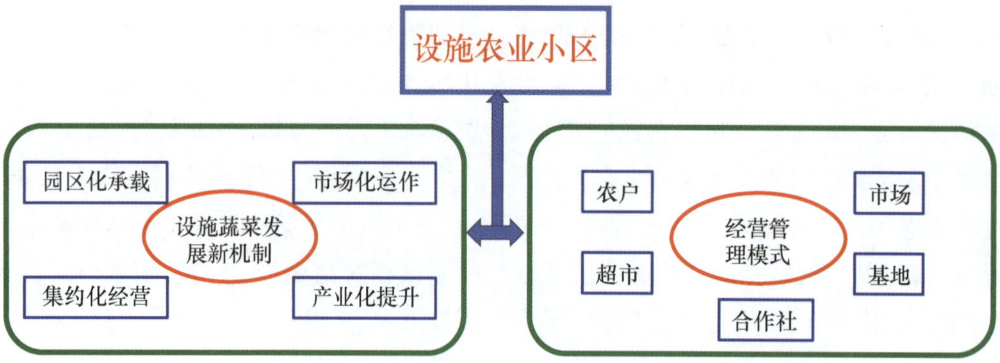


图 11-39　大洼县设施农业小区发展模式

试验结果证明，优化处理和优化＋Mg 处理水稻产量均高于农民习惯施肥。优化＋Mg 喷处理产量最高，比农民习惯施肥增产 29.5%，比优化施肥增产 10.3%，增产的主要原因在于优化施肥和优化＋Mg 处理千粒重有所增加。除此之外，施用镁肥还能增加水稻籽粒中粗脂肪和粗蛋白含量，提高稻米品质(表 11-17)。

## 11.4 东北地区农业绿色发展展望

农业绿色发展事关国家食物安全、资源安全和生态安全，事关乡村振兴和美丽中国建设，事关当代人福祉和子孙后代永续发展。农业绿色发展贯穿农业发展的方方面面，推进农业绿色发展是农业发展观的一场深刻革命。实现农业绿色发展需要实现工作导向和工作重点的重大调整，尤其是各级政府和农业农村行政主管部门价值导向和思想观念的转变。

东北地区农业绿色发展要以食物链为发展线，连接农资产品—土壤—作物—畜牧—农牧产品—食品加工—环境等主要环节，其按照生产功能划分为四个与人类营养安全和生活质量密切相关的子系统，即种植业系统、养殖业系统、食品加工与消费系统和生态环境系统。东北地区的农业绿色发展以黑土地保护与绿色可持续发展为核心目标，以四大子系统的绿色化发展和协调耦合为主要内容，采用多种模式开展综合管理而实现。为此针对东北地区农业绿色发展，提出如下几点展望。

(1)种植业系统　坚持东北地区国家粮仓的定位，在生态环境承载能力范围内，在优化作物种植结构的基础上，通过采用土壤—作物综合管理等技术进行优化种植管理，适量减少种植业农业资源与产品投入，保障粮食安全、提升产品品质，积极发展绿色、有机等优质农产品，打造区域特色、优质品牌，实现种植业提质增收。

(2)养殖业系统　在综合分析区域自然气候条件、农田畜禽粪便承载力和资源化利用的基础上，对大型养殖企业进行合理布局，以排定养，创新体制机制，提高粪尿还田比例，加强粪尿及有机肥质量监控及风险预警，在加强种养循环的基础上实现耕地与畜牧业的可持续发展；同时，做好畜禽养殖场从饲料—饲舍—粪尿—储排等环节的全过程管理，减少点源污染。

(3)食品加工与消费系统　在作物种植和畜禽养殖的基础上，完善绿色产品从初级农牧产品生产到产品深加工的增值提效产业链，优化食品生产和消费结构，同时宣传和推广均衡营养、健康优质的膳食习惯，以促进营养安全、国民健康。另外，通过绿色农产品加工与消费带动相关产业发展、促进乡村振兴。

(4)生态环境系统　通过促进作物种植系统和畜禽养殖系统的有机耦合，实现作物秸秆和畜禽粪尿的有效循环利用，减少由此带来的资源浪费和环境污染问题，同时促进食品加工和居民消费系统废弃物的循环再利用，促进整个系统的资源高效率和环境可持续，以实现生态环境改善和人民生活质量提高。

东北地区在全国农业版图中举足轻重，是我

表 11-17　不同施肥处理水稻产量和品质指标

| 处理 | 产量/(kg/亩) | 千粒重/g | 籽粒粗脂肪含量/% | 籽粒粗蛋白含量/% |
|---|---|---|---|---|
| 农民习惯 | 667.4±28.8 | 23.4±2.4 | 1.14±0.05 | 7.09±1.56 |
| 优化施肥 | 783.8±15.9 | 25.5±0.4 | 0.90±0.07 | 6.77±0.09 |
| 优化＋Mg 10 | 771.2±181.3 | 25.0±1.2 | 0.95±0.45 | 7.52±0.79 |
| 优化＋ Mg 20 | 763.1±273.4 | 24.2±0.8 | 1.28±0.06 | 7.20±0.35 |
| 优化＋ Mg 喷 | 864.5±68.4 | 24.9±1.1 | 1.07±0.02 | 7.25±0.38 |
| 优化＋ Mg-Si | 738.4±71.2 | 26.5±0.2 | 1.72±0.03 | 6.76±0.08 |

国重要的商品粮基地，粮食产量占全国的1/4，商品量占全国的1/4，调出量占全国的1/3。农业绿色发展是未来东北地区农业的必由之路。坚持国家定位守护国家粮食安全的同时，保障农业产业发展和生态环境的协同提升。这一方面需要科技创新的支撑，更需要支撑保障体系的不断完善，包括耕地保护制度、粮食安全责任制度、耕地质量监测网络建设、黑土地保护补奖政策等，积极探索农业经营主体与市场和国家政策的衔接，实现政产学研用五位一体协作，探索农业、农民与农村的协同提升，探索山水林田湖草生命共同体的系统治理，逐步实现东北地区的农业绿色发展。

图11-40为东北地区农业绿色发展展望图。

图11-40　东北地区农业绿色发展展望

## 参考文献

蔡壮. 东北黑土区农业可持续发展研究. 吉林大学，2010.

韩长赋. 加强东北黑土地保护推进农业绿色发展. 北京：人民日报，2018(007).

李天奇. 东北黑土区侵蚀沟成因与模型研究. 中国科学院研究生院(东北地理与农业生态研究所)，2012.

佟宝全. 区域整合理论体系的构建与实证研究. 东北师范大学，2006.

# 第 12 章 华南地区农业绿色发展

## 12.1 华南地区农业绿色发展的现状与挑战

### 12.1.1 区域特征与农业发展概况

本章所述华南地区包括福建、广东、广西及海南四省份。该区地形以河谷、平原、山间盆地为主，呈浅、低、中山交错分布。气候为典型的亚热带、热带湿润气候，年降水量介于 1 200～2 000 mm，≥10℃积温为 6 500～9 000℃，无霜期 350 天以上。土壤类型以发育自玄武岩和花岗岩的砖红壤及赤红壤为主，为我国典型的红壤分布区，亦分布有相当数量的水稻土。

自然资源是农业生产的物质基础，决定着农业生产的方向和方式。华南地区林业资源较为丰富，森林面积总量达 3 381.70 万 $hm^2$，占全国水平的 15.34%，平均森林覆盖率达到 60.15%，是全国森林覆盖率平均水平的 3 倍(表 12-1)。相对地，人多地少是限制华南地区农业发展的主要问题。截至 2018 年末，华南地区人口达 21 147 万，占全国总人口的 15.16%，但土地总面积仅为全国的 6.01%，耕地面积占比 7.96%。该区人均耕地面积占有量为 0.06 $hm^2$，约占全国人均耕地面积(0.11 $hm^2$)的一半。其中，广东省人均耕地面积最低，仅有 0.03 $hm^2$。广西壮族自治区人均耕地面积为 0.12 $hm^2$，为华南地区人均耕地面积最高的省份(表 12-2)。耕地面积少，单位面积地块小是该地区农业耕地的基本特征。

表 12-1 华南地区森林覆盖率及全国占比情况

| 省份 | 森林覆盖率/% | 森林面积/万 $hm^2$ | 全国占比/% |
|---|---|---|---|
| 全国 | 22.96 | 22 044.62 | — |
| 福建 | 66.80 | 811.58 | 3.68 |
| 广东 | 53.52 | 945.98 | 4.29 |
| 广西 | 60.17 | 1 429.65 | 6.49 |
| 海南 | 60.10 | 194.49 | 0.88 |
| 华南 | 60.15 | 3 381.70 | 15.34 |

表 12-2 2018 年华南地区人口、耕地面积、粮食产量及占全国比例

| 省份 | 人口/万人 | 全国占比/% | 面积/万 $hm^2$ | 全国占比/% | 耕地面积/khm² | 全国占比/% | 粮食产量/万 t | 全国占比/% | 人均耕地面积/$hm^2$ |
|---|---|---|---|---|---|---|---|---|---|
| 全国 | 139 538 | — | 960.00 | — | 149 761.0 | — | 66 384.0 | — | 0.11 |
| 福建 | 3 941 | 2.82 | 12.40 | 1.29 | 1 879.6 | 1.26 | 493.9 | 0.74 | 0.05 |
| 广东 | 11 346 | 8.13 | 17.97 | 1.87 | 3 640.4 | 2.43 | 1 240.8 | 1.87 | 0.03 |
| 广西 | 4 926 | 3.53 | 23.76 | 2.48 | 5 791.0 | 3.87 | 1 332.0 | 2.01 | 0.12 |
| 海南 | 934 | 0.67 | 3.54 | 0.37 | 611.73 | 0.41 | 145.0 | 0.22 | 0.07 |
| 华南 | 21 147 | 15.16 | 57.67 | 6.01 | 161 683.0 | 7.96 | 3 211.7 | 4.84 | 0.06 |

数据来源于《中国统计年鉴》；耕地面积包括果园与茶园面积。

此外，本区耕地质量多以中低产田为主，低产田占比为50.75%，中产田为30.41%，中低产田累积占比达到81.3%(表12-3)。其中，旱田的低产田占比更高，达到了64.3%，远高于水田的低产田占比22.3%。耕地质量差，中低产田面积大等问题已成为该地区农业生产的重要限制因素。

随着城市化建设的推进，30年间华南地区城镇人口比例逐渐增加，由1985年的16.5%上升至2015年的62.6%(图12-1)，农村人口占比由83.5%下降至37.4%。社会经济发展带来了显著的饮食结构变化，1985年至2015年，人年均粮食作物食用量由243.1 kg下降至115.5 kg(图12-2)，蔬菜食用量由133.8 kg下降至102.1 kg，水果食用量由9.5 kg上升至43.8 kg，猪、牛、羊、禽等肉类总食用量由14.2 kg上升至32.0 kg，蛋、奶食用量由4.9 kg上升至20.0 kg。

受区域土地数量限制和饮食结构变化影响，自20世纪80年代末期，华南地区作物种植结构发生重大变化，果树、茶园和蔬菜等经济作物逐步取代粮食作物成为该区域的主要作物。1988年至2018年，福建省经济作物(水果、蔬菜、茶)播种面积占比由21%增加到53%，农作物总播种面积由$2.9\times10^6\ hm^2$下降至$2.0\times10^6\ hm^2$；广东省经济作物占比由19%增加到45%，总播种面积由6.0×

表12-3 华南地区高、中、低产田面积结构表

| 类型区 | 高产耕地/% | | | 中产耕地/% | | | 低产耕地/% | | |
|---|---|---|---|---|---|---|---|---|---|
| | 占总耕地比 | 水田 | 旱地 | 占总耕地比 | 水田 | 旱地 | 占总耕地比 | 水田 | 旱地 |
| 华南地区 | 18.84 | 93.66 | 6.34 | 30.41 | 78.28 | 21.72 | 50.75 | 49.36 | 50.64 |
| 全国 | 21.55 | 25.96 | 70.04 | 37.23 | 29.52 | 70.48 | 41.22 | 14.31 | 85.69 |

资料来源：吴传钧主编《中国土地利用》，科学出版社，1994.12，110页。

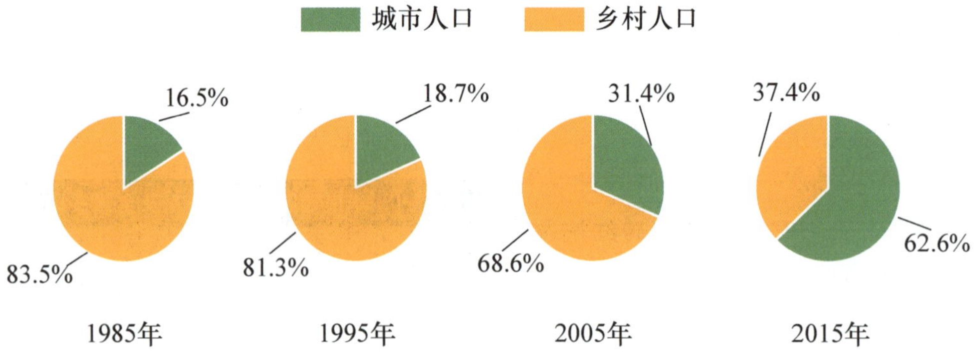


图12-1 华南地区城镇农村人口占比

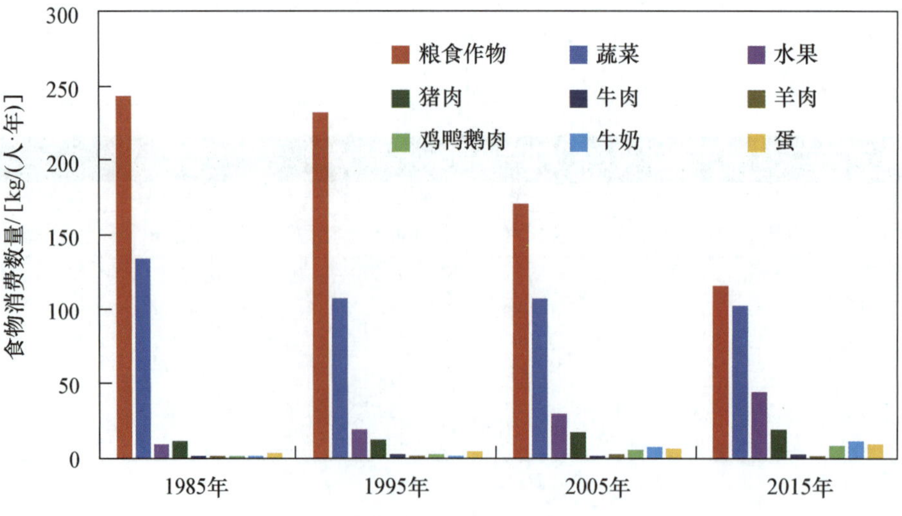


图12-2 华南地区饮食结构变化

$10^6$ $hm^2$ 下降至 5.3×$10^6$ $hm^2$；广西壮族自治区经济作物占比由 8%增加到 40%，总播种面积由 4.9×$10^6$ $hm^2$ 增加到 7.2×$10^6$ $hm^2$；海南省经济作物占比由 14%增加到 53%，总播种面积由 0.8×$10^6$ $hm^2$ 增加到 0.9×$10^6$ $hm^2$。华南地区不同作物类型全国占比依次为果园＞茶园＞蔬菜＞水稻＞薯类＞油料＞豆类＞玉米，其中作物产量占比排名前三的果园、茶园及蔬菜分别为全国的 26.49%、22.65%和 12.36%(图 12-3，表 12-4)。

华南地区畜禽养殖业发展较为迅速，1995—2015 年华南地区畜禽养殖数量总量增加了 80%。其中，生猪及禽类饲喂占比较高，可达 95%。20 年间，生猪饲喂数量由 16.5×$10^5$ LU（Livestock unit)增加至 29.6×$10^5$ LU(图 12-4)，禽类饲喂数量由 9.2×$10^5$ LU 上升至 17.2×$10^5$ LU，羊、牛养殖数量由 1.3×$10^5$ LU 上升至 2.9×$10^5$ LU。华南地区各省耕地畜禽负荷量各不相同，福建省单位面积畜禽负荷量最高，为 8.0 LU/$hm^2$；广东省次之，为 7.7 LU/$hm^2$；海南省为 6.8 LU/$hm^2$；广西壮族自治区最低，为 4.0 LU/$hm^2$(图 12-4，表 12-5)。

### 12.1.2 农业绿色发展的现状与挑战

应用 NUFER-AGD 模型，以华南地区广东、福建、海南三省为例，对区域农业绿色发展特征开展评价，分析华南地区农业绿色发展的现状(图 12-5)。评估体系基于社会、经济、资源、生产力和生态环境等模块进行指标分类和具体分析，明确各指标所处等级，从Ⅰ级到Ⅳ级，等级越高代表指标越好。结果显示，广东省Ⅰ、Ⅱ、Ⅲ、Ⅳ级指标分别占 22%、26%、14%和 10%，暂时不能计算指标占 28%；福建省Ⅰ、Ⅱ、Ⅲ、Ⅳ级指标分别占比 34%、16%、16%和 8%，

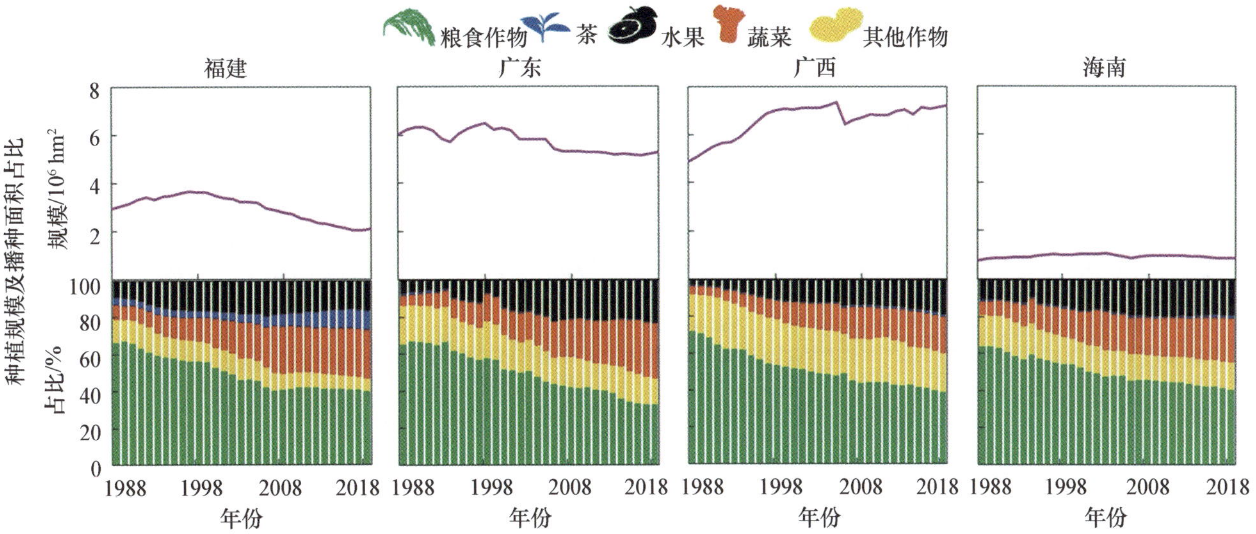


图 12-3 华南地区种植业种植规模及播种面积占比

表 12-4 2018 年华南地区主要作物产量在全国的比例 %

| 省份 | 玉米 | 豆类 | 油料 | 薯类 | 水稻 | 蔬菜 | 果园 | 茶园 |
|---|---|---|---|---|---|---|---|---|
| 福建 | 0.07 | 0.56 | 0.62 | 2.62 | 1.88 | 1.94 | 3.80 | 15.71 |
| 广东 | 0.28 | 0.59 | 3.09 | 3.32 | 4.86 | 4.73 | 9.08 | 3.95 |
| 广西 | 1.39 | 1.36 | 1.94 | 1.78 | 4.79 | 4.88 | 11.21 | 2.96 |
| 海南 | — | 0.10 | 0.25 | 0.52 | 0.62 | 0.81 | 2.39 | 0.04 |
| 华南 | 1.74 | 2.61 | 5.90 | 8.24 | 12.15 | 12.36 | 26.49 | 22.65 |

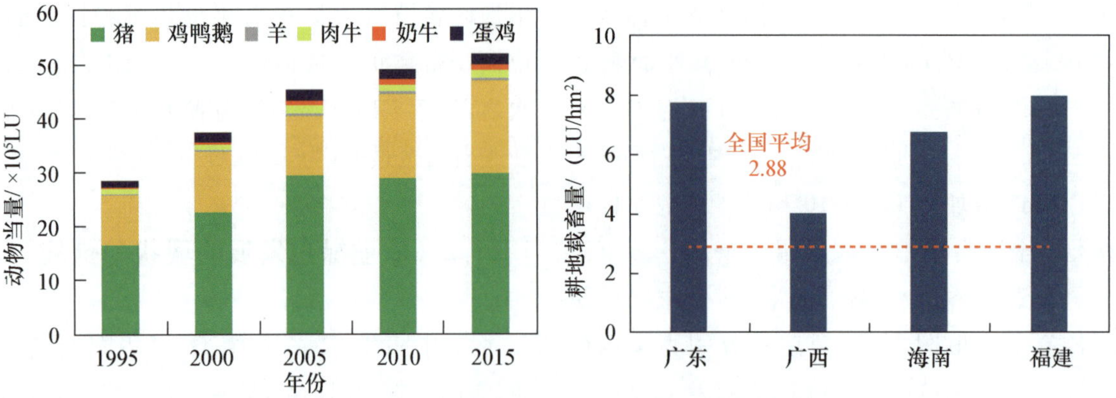


图 12-4　华南地区畜禽养殖数量及耕地畜禽负荷量变化

表 12-5　2015 年华南地区养殖业状况

| 项目 | 华南地区占全国比例/% | 产量 | | |
|---|---|---|---|---|
| | | 全国 | 华南地区 | 其他地区 |
| 猪出栏量/万头 | 12.63 | 69 382 | 8 762 | 60 620 |
| 家禽出栏量/万头 | 23.36 | 1 308 936 | 305 725 | 1 003 211 |
| 牛年末存栏量/万头 | 6.00 | 8 915 | 535 | 8 381 |
| 羊存栏量/万只 | 1.62 | 29 714 | 481 | 29 233 |
| 淡水产品产量/万 t | 20.78 | 3 156 | 656 | 2 500 |
| 海水产品产量/万 t | 44.72 | 3 301 | 1 476 | 1 825 |

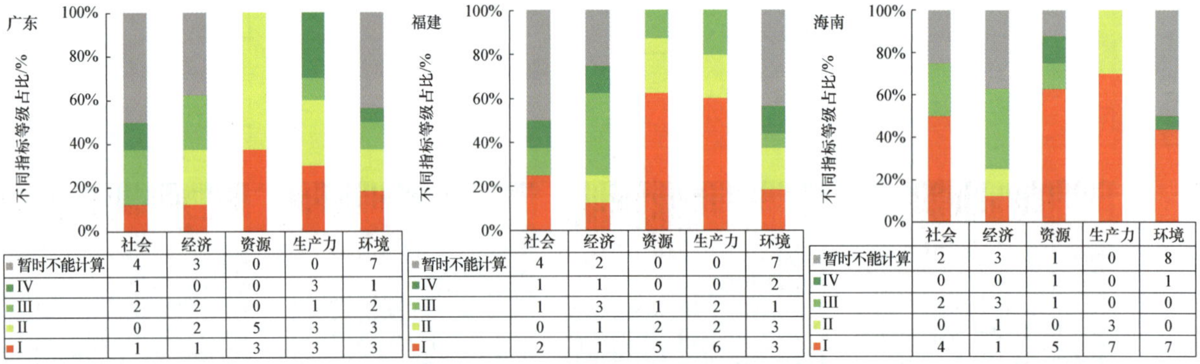


图 12-5　NUFER-AGD 模型不同指标等级占比

暂时不能计算指标占 26%；海南省Ⅰ、Ⅱ、Ⅲ、Ⅳ级指标分别占 48%、8%、12%和 4%，暂时不能计算指标占 28%。广东省Ⅰ级和Ⅱ级指标占比相对较低，表现相对较好，但其Ⅰ级和Ⅱ级占比综合也达到 48%，农业绿色发展提升空间较大。其中，资源与生产力方面指标主要处于Ⅰ级和Ⅱ级状态，表现为资源投入量大、利用效率低和农牧系统分离等方面问题突出，这主要是由于经济作物的收益较高导致农户投入较高的肥料和农药等资源。

2018 年数据显示，华南地区当年氮、磷、钾肥分别投入 292.2 万 t、148.7 万 t 和 204.5 万 t，分占全国化肥投入的 10.36%、10.01%与 15.19%。相对于较低的耕地面积占比(仅为全国水平的 7.96%)，华南区农业生产中化肥投入明显偏高。华南地区单位耕地面积氮肥、磷肥与钾肥投入分别高出全国平均水平的 51.85%、46.82%和 122.69%(表 12-6，图 12-6)。在农药投入方面，华南地区 2018 年农药年使用量为 235 791 t，占全国农药年投入总量的 15.68%，华南地区单位耕地面积的农药平均使用量为 26.9 kg/hm²，超过了全国用量水平的 2 倍(表 12-7)。

表 12-6　2018 年华南地区氮磷钾肥年投入量及全国占比

| 省份 | 氮肥 (N, 万 t) | 全国占比/% | 磷肥 ($P_2O_5$, 万 t) | 全国占比/% | 钾肥 ($K_2O$, 万 t) | 全国占比/% | 耕地面积占比/% |
|---|---|---|---|---|---|---|---|
| 全国 | 2 821.67 | — | 1 485.17 | — | 1 346.57 | — | |
| 福建 | 52.37 | 1.86 | 25.97 | 1.75 | 32.37 | 2.40 | 1.26 |
| 广东 | 112.20 | 3.98 | 50.60 | 3.41 | 68.50 | 5.09 | 2.43 |
| 广西 | 105.57 | 3.74 | 61.77 | 4.16 | 87.77 | 6.52 | 3.87 |
| 海南 | 22.07 | 0.78 | 10.37 | 0.70 | 15.87 | 1.18 | 0.41 |
| 华南 | 292.20 | 10.36 | 148.70 | 10.01 | 204.50 | 15.19 | 7.96 |

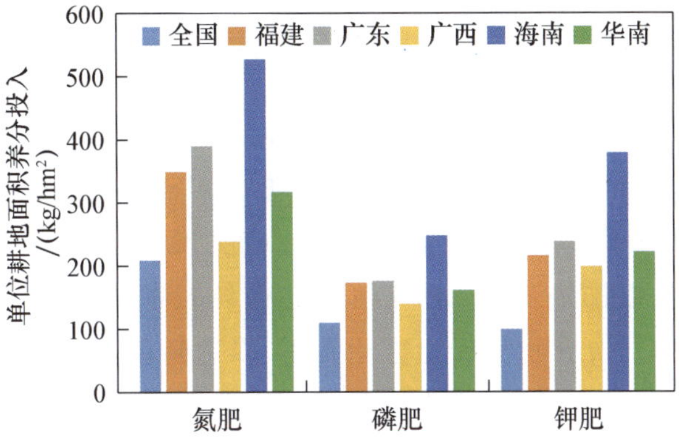


图 12-6　华南地区单位面积氮磷钾肥投入状况

表 12-7　2018 年华南地区农药年使用量及全国占比情况

| 省份 | 农药使用量/t | 全国占比/% | 单位耕地面积农药使用量/($kg/hm^2$) |
|---|---|---|---|
| 全国 | 1 504 000 | — | 11.15 |
| 福建 | 49 143 | 3.27 | 36.76 |
| 广东 | 93 684 | 6.23 | 36.04 |
| 广西 | 69 714 | 4.64 | 15.89 |
| 海南 | 23 250 | 1.55 | 52.96 |
| 华南 | 235 791 | 15.68 | 26.91 |

1980—2005 年全国平均 NUEa（N use efficiency in livestock system，畜牧系统氮素利用效率）及 PUEa（P use efficiency in livestock system，畜牧系统磷素利用效率）皆有所提升。2005 年数据显示，华南地区 NUEa 平均值为 19%，略高于全国平均值 16%；PUEa 平均值为 12%（图 12-7），在全国平均值 17%之下（Ma et al.，2012）；在华南地区中，福建和广东 NUEa 较高（分别为 23%和 22%），海南次之（17%），广西最低（14%）；广西 PUEa 最高（15%），福建和海南次之（分别为 13%和 12%），广东最低（9%）。

1995—2015 年的耕地面积畜禽粪污氮、磷土地承载结果显示，全国和华南地区土地承载明显高于欧洲，我国华南地区和欧洲地区该指标逐年增加，但全国平均承载呈现下降趋势。以 2015 年为例，华南地区畜禽粪污氮土地承载为 38.2 $kg/hm^2$，低于全国平均值的 48.5 $kg/hm^2$，但明显高于欧洲平均值（图 12-7，26.9 $kg/hm^2$）；而华南地区畜禽粪污磷土地承载为 11.64 $kg/hm^2$，略低于全国平均值的 13.5 $kg/hm^2$，也明显高于欧洲平均值（7.18 $kg/hm^2$）（图 12-8）。

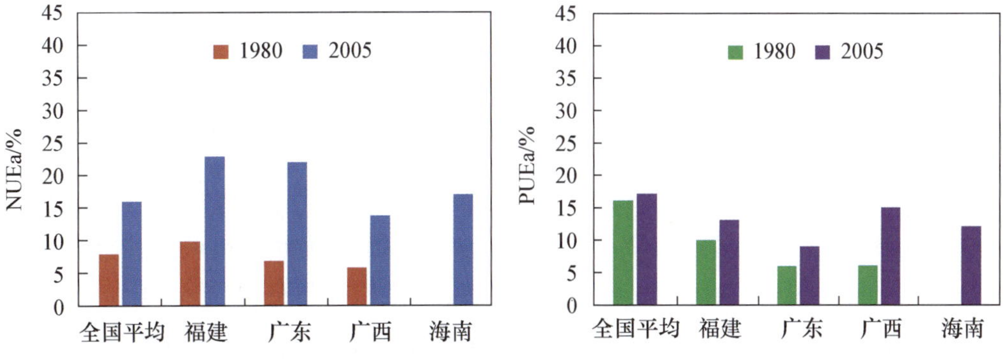


图 12-7　1980—2005 年华南地区畜牧系统氮（左）、磷利用率（右）

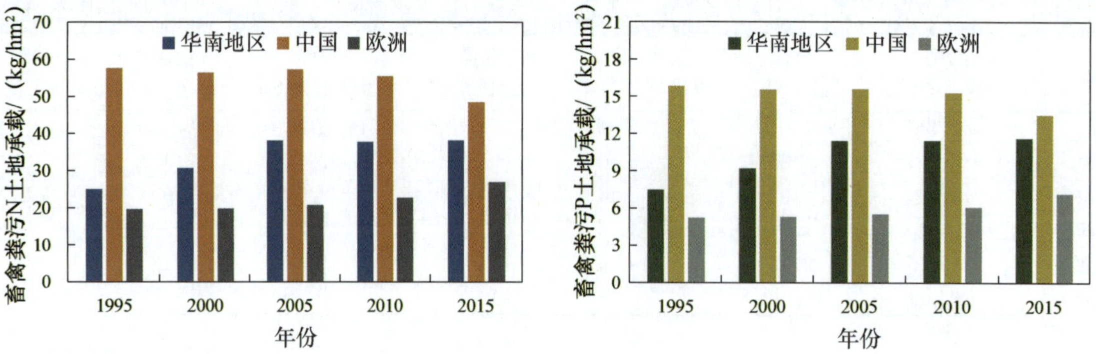


图 12-8 以 N(左)、P(右)核算的欧洲、中国、华南地区畜禽粪污土地承载

华南地区主要以经济作物种植和规模化养殖为主，种植经济作物带来了高收益的同时也给环境带来了高风险，华南地区的面源污染影响已经超过了点源污染。在 20 世纪 70 年代，珠江流域农业生产和生活污水的氮磷排放量相当；到了 2000 年，珠江流域中农业生产的氮磷已经完全超过了生活污水中氮磷的排放。随着种植业和养殖业规模的扩大，化肥使用量和粪便排泄量的增加是导致水体氮磷增加的主要原因。福建省九龙江流域污水排放、畜禽养殖和化肥施用占水体总氮投入的 18%、39%和 43%，污水排放、畜禽养猪和化肥施用占水体总磷投入的 8%、46%和 46%。有效降低水体中农业源投入的氮磷浓度，减少下游水体富营养化是实现区域农业绿色发展的关键一环。

## 12.2 华南地区农业绿色发展的区域路径与策略

### 12.2.1 农业绿色发展的区域实现路径

华南地区农业绿色发展应充分发挥区域自然生态环境特色，以“两山”理论为指导，依托政府决策协调区域自然资源，优化资源空间布局，开展酸性土壤保育和流域面源污染阻控技术研发，通过河湖治理、山林修复、农田整治、水土保持和绿色技术推广等多项措施并举，统筹山水林田湖草系统治理。种植方面，在夯实“绿水青山”的生态条件基础上，打造本地特色，优化资源投入，改良土壤，研发优质栽培技术，以实现区域绿色种植。养殖方面，应立足本区养殖特点，实现产业合理布局，以排定养，推动养殖生态系统资源的循环利用，对废弃物实现无害化利用，以达到种养结合的目的。同时，推动政、产、学、研、农一体化，政府指导，市场调控，推动一批龙头企业开展绿色产品和绿色技术研发，打造绿色可持续品牌，将“绿水青山”转换为“金山银山”，建立品质一流、规模合理、安全可靠、高附加值的绿色高值农产品与产业发展模式，因势利导发展绿色农业休闲观光旅游，发挥绿色生态服务功能，带动上下游产业发展，最终优化构建绿色经济产业带，因地制宜创立特色产业绿色发展集群(图 12-9)。

### 12.2.2 解决策略

**1. 水土健康管理**

华南地区降雨量大，山地坡度大，水土环境问题较为突出。土壤方面，华南区为典型的脱硅富铁铝化土壤分布区，该类土壤发育较完备，在富铁铝化和生物富集两种过程的长期作用下，土壤偏酸，黏重易板结，土壤风化淋溶作用较强，肥力较差，土壤铁、铝游离度高，次生矿物含量较丰富。农业生产资料连年持续投入、土地过度利用、耕作管理不当等问题，加剧了土壤酸化，制约着区域农业的绿色可持续发展。水体方面，华南区多省临海，水域纵横，渔业养殖较发达。近年来，雨季连续降雨引起的水涝、农业—工业—生活用水供需失衡、农牧业不合理发展带来的水体富营养化、工农渔业发展引起的水体污染等问题较为突出，为区域农业的绿色可持续发展带来更多挑战。

在华南地区，应基于区域自然水土资源禀赋，以区域农业绿色发展策略为指导，从水土环境问题现状出发，开展健康水土环境构建工作。同时，通过政策法规调控推动水土保持、农渔合理布局、土壤酸化修复、增加地表覆盖、减排控污等管控措施扎实落地，构建健康山水林田湖草命运共同体，从而为区域精品优质绿色农产品提供保障(图 12-10)。

**2. 绿色种植**

以构建区域绿色种植体系为目标，通过农业绿色发展指标体系建设，设计区域适应性农业生产系统，全程精准调控生产过程，实现绿色产地环境、优质高值农产品产出和精品品牌打造，并推动技术标准化、信息产业化、机械加工化体系建设，联动政府、科研、企业、国际、科技小院、农户联盟等平台，实现全区农业绿色种植体系规范化、标准化覆盖(图 12-11)。

**3. 种养结合策略**

物质和能量从作物生产环节以食物和饲料的形式进入人类消费和畜禽水产养殖体系，在“输入—输出”环节进行优化管控的同时，系统内部物质和能量的高度耦合和循环也是实现区域农业绿色发展的有效途径。结合华南地区农业生产特色，

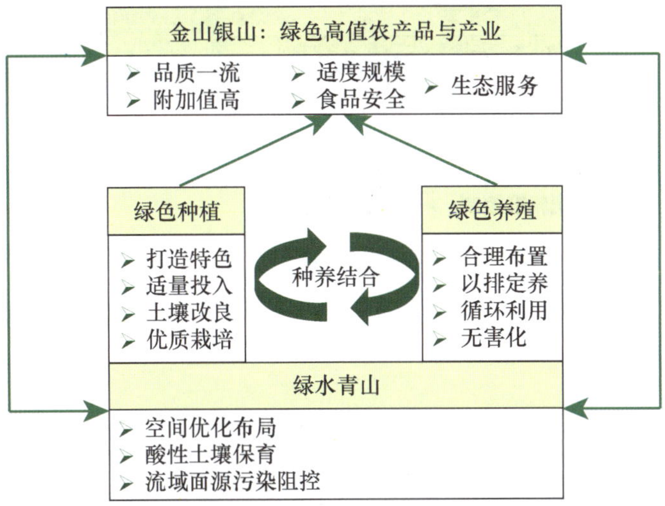


图 12-9 华南地区农业绿色发展的区域实现路径

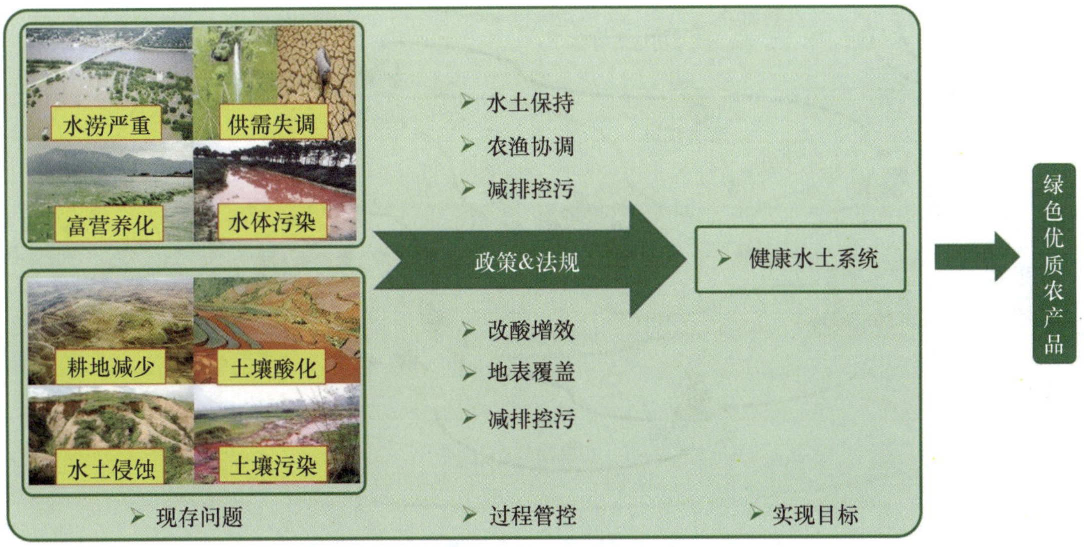


图 12-10 华南地区农业绿色发展水土健康管理策略

设计出如图 12-12 所示的种养结合农业绿色发展模式。如：①作物生产系统的秸秆直接（有机堆肥）还田或者用作养殖业的粗饲料；②畜禽养殖的粪尿和清洁污水经过沼气发酵，沼液沼渣亦可当作有机肥还田，或者当作饵料用于水产养殖；③水产养殖系统的废弃物（如贝壳粉）可用作酸性土壤的改良剂；④人类消费阶段的生活污水和食物生产过程中的边角料可通过污水处理或者直接用于作物生产系统和畜禽养殖。综上，复杂化和网络化物质流和食物链系统既减少了各子系统物质和能量的输入，也降低了系统内部物质和能量的损失，从而以更低的资源环境代价获得更高的产量、

图 12-11　华南地区农业绿色发展绿色种植策略

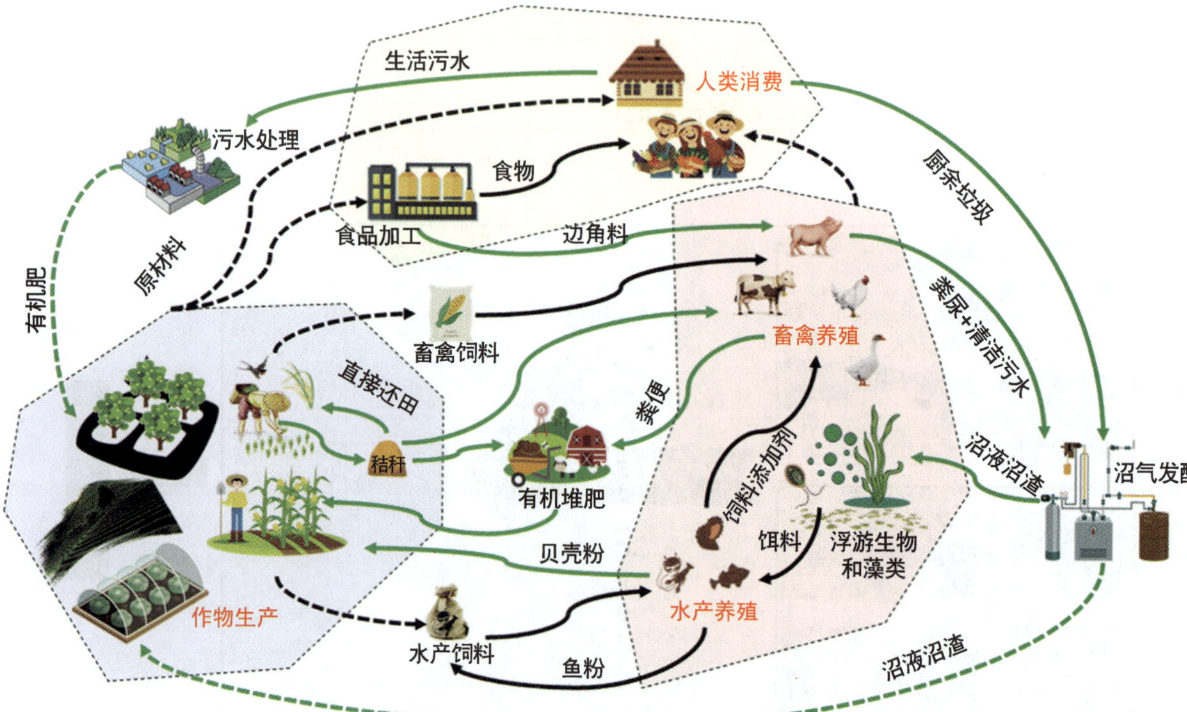


图 12-12　华南地区农业绿色发展种养结合策略

品质和经济效益，实现农业的绿色发展。

## 12.3 华南地区农业绿色发展的重点行动与案例分析

### 12.3.1 政府行动

华南四省立足区域特色，均已开展了系列的农业绿色发展行动并取得了一系列的成效。福建省是习近平生态文明思想的重要孕育地，也是践行这一重要思想的先行省份。2016 年 6 月，福建成为全国首个国家生态文明试验区，多年来积极探索和实践"一地一品""一品一策""一策一业""一业一龙头"的生态文明建设和绿色发展模式，在生态文明试验区体制机制创新、集体林权制度改革、国家公园体制试点建设等方面取得了丰硕成果与宝贵经验。福建积极以试验区制度创新推动调结构、优布局、强产业、全链条，扎实做好经济绿色发展和生态环境保护相互协调和促进，推动产业生态化与生态产业化融合发展，打通"绿水青山"向"金山银山"转换的通道，探索以生态优先、绿色发展为导向的高质量发展新路子。在以绿色消费需求为导向，以提高市场竞争力和可持续发展能力为核心的基础上，福建积极推进高投入、高产出、高效益、优质安全、可持续发展、集约化经营与生态化生产有机耦合的现代农业，实现新时期生态文明建设，服务乡村绿色振兴战略。福建以建设国家生态文明试验区为突破口，坚持绿色发展，深化绿色创新，把牢绿色导向，做大绿色福利，努力建设"机制活、产业优、百姓富、生态美"的新福建。2019 年，福建森林覆盖率达 66.8%，连续 41 年保持全国第一；水、大气、生态环境质量常年保持全优，万元 GDP 排放强度仅为全国一半；在 2019 年中国工程院发布的全国生态文明指数中，福建排名第一。

广西积极推动全区农业绿色发展行动。广西是主要的石漠化分布区，通过综合实施山水林田湖海湿地生态保护和修复工程综合治理，在"十二五"期间，全区实施植树造林、封山育林 24.5 万 $hm^2$ 以上，使石漠化地区森林覆盖率增加了 9.4%。在农产品品质方面，全区持续推进"三品一标"（无公害农产品、绿色食品、有机农产品和农产品地理标志的统称）认证、良好农业规范认证，打造标准化生产示范基地，加速推进化肥农药使用量负增长行动，落实有机肥替代化肥扶持政策，大力推广测土配方施肥和病虫害绿色综合防控技术，深入实施高剧毒农药替代计划，创新推广生物防治技术，不断扩大节水农业规模。推动国家农产品质量安全追溯管理平台应用，加快实现绿色食品、有机农产品和地理标志农产品基本实现追溯管理全覆盖。

广东省立足农情实际，深入贯彻落实中央关于推进农业绿色发展的决策部署，于 2019 年颁布了《关于创新体制机制推进农业绿色发展的实施方案》，指导全省特色产业、资源保护、产地环境、农业生态系统、激励机制等方面工作。在该方案指导下，广东省加快农业绿色发展，实现产出高效、产品安全、资源节约、环境友好的现代农业绿色发展道路。同时，广东省积极打造岭南特色现代农业功能区制度，建立岭南特色农业布局，建立相对贫困村农业绿色开发机制，着力构建岭南特色现代农业发展新格局。在水土资源保护方面，建立健全耕地保护和轮作休耕制度、完善农业节水机制、健全岭南农业生物资源保护与利用体系、建立健全产地环境保护与治理制度，加强农业资源保护与节约利用。根据土地承载能力，建立农业绿色循环低碳生产制度，调整畜禽、水产养殖布局，引导畜牧业生产向环境容量大的农区和山区转移。深入推进化肥农药使用量零增长，推广测土配方施肥、有机肥替代化肥，建立农业废弃物资源化利用制度，推进畜禽养殖废弃物资源化利用设施标准化建设和升级改造，完善畜禽养殖污染监管制度。全省以建立农业绿色生态系统为目的，构建岭南田园生态系统、加强水生生态保护修复、推进湿地公园和热带雨林建设，持续推动美丽乡村建设。

海南省积极推动整省农业绿色发展示范，2019 年入选国家农业绿色发展先行区，是全国第二个整省创建国家农业绿色发展先行区的省份。近年来，海南省稳步推进农业绿色发展工作：一是稳步推进高标准农田建设，提升耕地质量，2011—2018 年，全省各部门共建设高标准农田 368.82 万亩；二是有效推广绿色生产方式，落实化肥农药减施措施，大力推进秸秆综合利用，着力实施农膜回收计划，积极推进畜禽粪污资源化利用，2018 年全省秸秆综合利用率达 79.3%，农膜回收率达 80%，畜禽粪污综合利用率达 81.5%；三是加强建设生态农业品牌，提升绿色供给能力，重点培育十大生态农产品品牌，调减甘蔗等低效农业，发展南药、热带水果等热带特色高效农业；四是改善农村人居环境，推进美丽乡村建设。

### 12.3.2 案例分析——镁素综合管理助力华南地区农业绿色发展

#### 1. 镁素综合管理技术的应用效果

以经济作物为种植主体的华南地区肥料投入过高，养分资源利用效率低、环境代价大。此外，该区域高温多雨，土壤 pH 较低，养分淋洗严重，镁营养缺乏较为普遍。镁是植物必需的营养元素，对作物产量提高、品质提升、抗逆境胁迫具有重要意义，被誉为是继氮、磷、钾之后的第四大营养元素，但生产上镁肥的补充却常常被忽视。因此，通过减少过量的氮磷钾肥投入，适量补充镁肥，可起到“四两拨千斤”的作用，可协同提升作物产量、品质和养分利用效率，是实现农业绿色发展的重要措施。

数据分析显示(数据自农业部测土配方数据、全国镁营养协作网土壤调研数据和相关文献数据)，华南地区有高达 86.6% 的土壤存在缺镁(交换性镁含量 <120 mg/kg)，30% 的土壤极度缺镁(交换性镁含量 <60 mg/kg)，而该区农业种植过程中氮、磷、钾肥施用量普遍偏高，忽视镁肥的投入。国际镁营养研究所组织全国镁营养研究协作网开展广泛的镁肥增效研究，结果显示，与习惯施肥相比，通过氮、磷、钾养分优化管理(平均施用量分别减少 23.8%、47.6%、26.6%)，仍可以维持作物产量稳定并提高氮肥偏生产力；在此基础上增施镁肥，可平均提高 14.4% 的作物产量，氮肥偏生产力显著提高 68.5% ($P<0.05$)(图 12-13)。在华南区开展基于镁营养综合管理的区域减肥增效工作，对区域经济发展和农业绿色发展具有重要意义。

#### 2. 基于镁素综合管理的平和县蜜柚绿色发展行动

福建省平和县是“琯溪蜜柚”原产地，种植历史悠久。琯溪蜜柚果品优良、果大无核，消费者认可度高，产业自 20 世纪 90 年代快速发展，当前蜜柚种植面积达到 110 多万亩，被誉为当地农民的脱贫致富果。传统的高投入高收益种植观念使得平和琯溪蜜柚产区的化肥施用量远超推荐量，居全国柑橘主产县化肥投入第 1 位，土壤中累积了大量的无法被有效利用的养分。调研结果显示，柚农

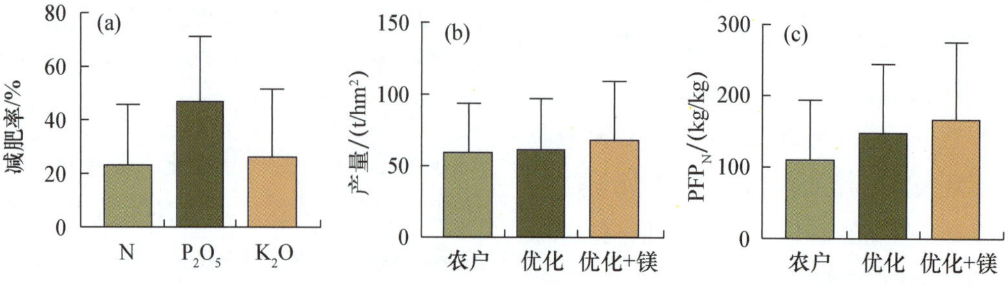


图 12-13 华南地区镁素综合管理氮磷钾肥投入量平均减少率(a)及其对作物产量(b)和氮肥偏生产力(c)的影响

氮、磷、钾肥投入量可分别高达 1 206 kg $N/hm^2$、971 kg $P_2O_5/hm^2$ 和 955 kg $K_2O/hm^2$，是国际上柑橘优化施肥推荐量的 6 倍。过量的资源投入不仅增加了种植成本，还引起了土壤的严重酸化、有益菌群丰度下降、土壤镁素有效性下降、水体富营养化和温室气体过量排放等环境问题，进而导致果实品质和养分利用效率的降低。

以蜜柚养分需求规律、区域土壤养分供应特征及专家施肥经验为基础，国际镁营养研究所团队开展了镁肥增效技术集成和示范工作，研究结果表明，氮磷钾投入减少 50%，可实现蜜柚稳产，进一步补充镁肥可实现增产 11%；优化加镁可减少每公顷肥料投入成本 0.7 万元，实现每公顷增收 2.6 万元，氮肥偏生产力提高 173%(图 12-14)。如全县柚园推广“优化＋补镁”技术，全县每年可以减少 5.3 亿元肥料成本投入，实现增收 19.8 亿元，对蜜柚产业向绿色内涵发展“转型”具有重要意义。

由国际镁营养研究所发起的平和县蜜柚绿色发展行动，紧密依托中国农技协平和蜜柚科技小院开展工作。与当地政府、企业和柚农紧密合作，开展政产学研用一体化建设，坚持科技小院“零距离、零时差、零费用、零门槛”的服务原则，积极开展蜜柚绿色种植技术推广和示范，广泛开展科技服务工作，为平和蜜柚产业的提质增效和转型升级提供技术支撑，服务乡村振兴战略行动计划，助力平和县农业绿色发展。平和蜜柚科技小院通过知识传播渠道和平台，结合技术培训、田间观摩和宣传活动有效开展蜜柚绿色种植技术传播，打通了技术推广的最后一公里(图 12-15)。2016—2019 年，国际镁营养研究所共组织了大学生队伍参加三下乡社会实践活动 6 次，参与人数达 80 余人，在全县范围内开展了免费的测土配方施肥服务和减肥增效技术科普，在人民日报等媒体上报道 19 次；与政府和企业组织了大量的技术培训和现场观摩推动技术应用，累积开展田间活动日 8 次(受益 600 余人次)(图 12-16)。农户和企业培训 6 次(培训人数 1 280 余人次)；借助各级媒体和技术手册开展知识传播，与中央电视台二套《经济半小时》、中央电视台军事农业频道等媒体合作拍摄科普节目 6 次，节目播出后在当地获得良好的反响。通过微信集合了专家学者、企业人员和柚农 200 余人，针对实际生产中的问题进行及时研讨和解答，在微

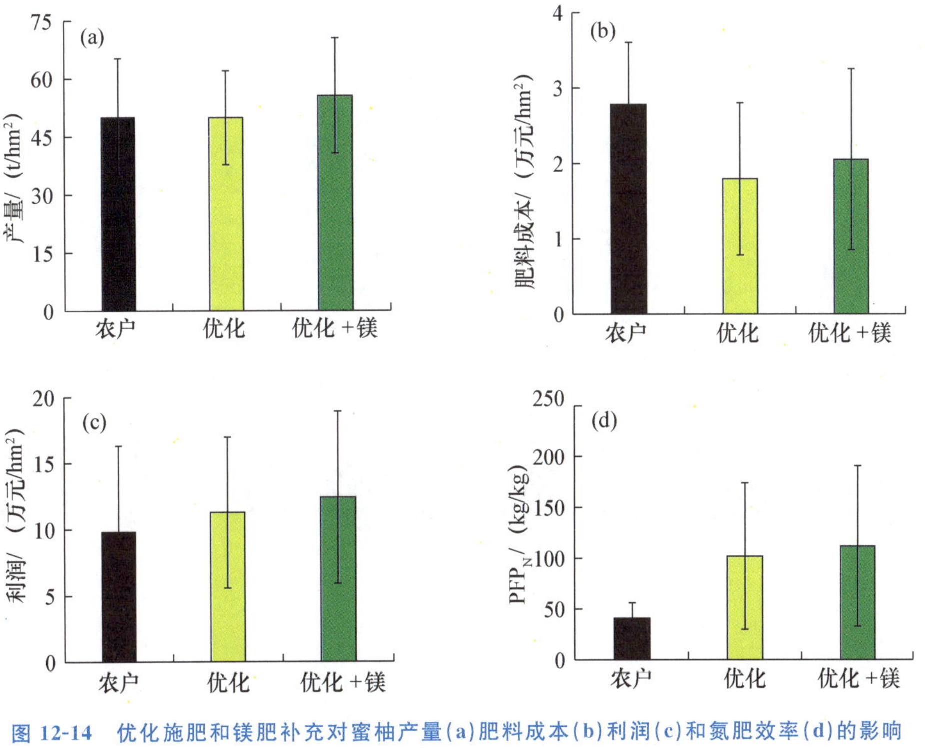


图 12-14　优化施肥和镁肥补充对蜜柚产量(a)肥料成本(b)利润(c)和氮肥效率(d)的影响

信公众号累积发送推文 40 余篇(单篇推文阅读量为 300～1 000)。共发放《蜜柚绿色增产技术手册》1 500 余份,并将有关技术资料做成科技长廊,落在田间地头,供柚农随时查阅(图 12-17)。在国际镁营养研究和科技小院全体师生和社会各界的共同努力下,从科学技术、社会服务以及产业改革多个方面入手,整合多方资源,为服务平和县蜜柚产业的绿色发展行动开创了一条新的路子。

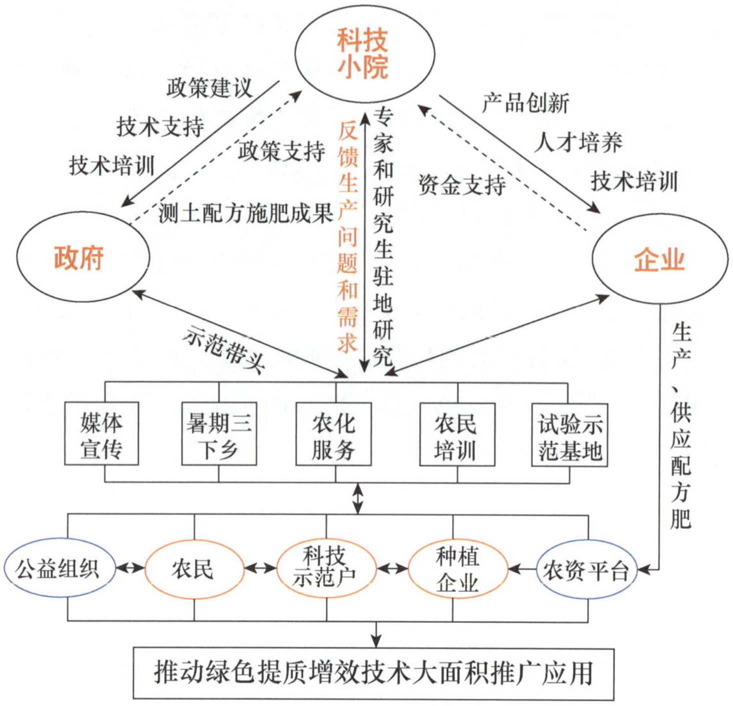


图 12-15　以科技小院为依托的技术推广模式

图 12-16　科技小院师生不定期开展农民培训(左图)和现场观摩(右图)

图 12-17　科技小院向柚农及大型经销商开展减肥提质增效技术培训

## 12.4 华南地区农业绿色发展展望

华南地区人多地少，农业资源拥有量较为紧缺，过去在农业发展上主要依赖过量的肥料、农药等物质投入获得高产出，甚至在部分地区存在过度开发的问题，导致生态环境遭到破坏，付出了极大的资源环境代价，农业发展亟须向绿色内涵拓展与高优方向“转型”。如何解决上述问题并全面实现农业绿色发展和乡村振兴战略的目标，这无疑是新时代对华南农业提出的重要实践命题。

总体上，华南地区自然条件优越、生态环境良好，发展绿色农业具有得天独厚的条件和优势，但绿色农业的发展仍属起步阶段，有许多理论与实践问题亟待深入探索。在未来，华南地区农业绿色发展应以得天独厚的自然条件和生态环境条件为基础，通过优化产业布局，构建流域的土壤—作物—养殖系统绿色综合管理体系，坚持优质农产品生产，由龙头企业带头打造绿色高优农产品品牌，实现物质流、能量流、价值流的优化配置，充分挖掘农耕文化，适当开展休闲观光农业，创新绿水青山转化金山银山的机制，打造沿江流域绿色农业经济带，实现环境友好、生态和谐、乡村宜居，最终实现全域的农业绿色发展(图 12-18)。

图 12-18　华南地区绿色发展模式图

## 参考文献

Ma L., Velthof G. L., Wang F. H., et al. Nitrogen and phosphorus use efficiencies and losses in the food chain in China at regional scales in 1980 and 2005. Science of the Total Environment, 2012, 434: 51-61.

Strokal M., Kroeze C., Li L., et al. Increasing dissolved nitrogen and phosphorus export by the Pearl River (Zhujiang): a modeling approach at the sub-basin scale to assess effective nutrient management. Biogeochemistry, 2015, 125: 221-242.

Zhou P., Huang J., Hong H. Modeling nutrient sources, transport and management strategies in a coastal watershed, Southeast China. Science of the Total Environment, 2018, 610: 1298-1309.

# 第 13 章
# 长江经济带农业绿色发展

长江经济带是以长江为轴线，自东向西覆盖上海、江苏、浙江、安徽、江西、湖北、湖南、重庆、四川、云南、贵州 11 个省份的国家重大战略发展区域，面积约 205 万 $km^2$，占全国的 21%，人口和经济产值分别占全国的 42%和 45%。同时，经济带内自然资源丰富，拥有全国近一半的自然保护区，生态系统服务功能多样，涵盖川西河谷森林生态系统、南方亚热带常绿阔叶林森林生态系统、长江中下游湿地生态系统等具有重要的生物多样性的全球优先保护区域。长江流域森林覆盖率达 41%，河湖、水库和湿地面积约占全国的 20%，物种资源丰富，珍稀濒危植物占全国总数的 40%，淡水鱼类占全国总数的 33%。然而，历经多年开发建设，长江经济带生态环境状况不断退化。目前，随着长江经济带发展战略的全面实施和生态文明建设的加快推进，探索生产力发展和生态环境保护的有效途径，实现"生态优先、绿色发展"目标已成为长江经济带发展的重大需求。

长江经济带是我国最重要的农业生产区之一，农业农村发展是长江经济带发展的重要内容。在作物生产方面，长江经济带以全国 33%的耕地面积生产了 65%的水稻、56%的薯类、84%的油菜籽、73%的烟草、71%的茶叶、60%的柑橘和 43%的蔬菜；在动物生产方面，生产了全国 49%的猪肉、30%的禽蛋和 10%的牛奶。然而，由于经济带内农田集约化程度高、耕地缺乏用养有机结合机制，农业成为长江经济带大气和水体污染物的主要来源，制约着长江经济带的绿色发展。因此，系统地剖析长江经济带农业绿色发展现状及其面临的挑战，提出未来科学的发展途径与策略对于实现农业投入品减量化、生产清洁化、废弃物资源化和产业模式生态化，控制农业面源污染，从而推动长江经济带农业绿色发展，构建人与自然和谐共生的农业农村发展新格局具有重要意义。

## 13.1 长江经济带农业绿色发展的现状与挑战

### 13.1.1 农业生产系统

近年来，长江经济带农业生产力大幅度提升，2018 年粮食、油菜、蔬菜、茶叶和柑橘总产分别达 21 714 万 t、1 112 万 t、30 440 万 t、186 万 t 和 2 467 万 t，与 2003 年相比，15 年间分别提高了 38%、19%、60%、250%和 191%。而同期粮食、蔬菜、茶叶和柑橘种植面积分别增加了 14%、37%、163%和 63%，油菜种植面积减少了 6.3%，因此，长江经济带农作物生产力的大幅度提高主要归因于单产水平的提高。水稻、蔬菜和油菜是长江经济带的主要作物种类，2018 年三种作物播种面积之和占经济带作物总播种面积的一半以上(《中国农业农村年鉴》，2019)。目前，长江经济带水稻单产为 7.1 $t/hm^2$，据估算，仅实现了产量潜力的 74%(Deng et al. 2019)；长江经济带蔬菜和油菜单产水平虽接近于全国平均水平，但与美国相比仍有较大增产空间(表 13-1)。

表 13-1 2016 年长江经济带农业生产力、资源投入情况与全国平均、美国和欧盟的比较

| 指标 | 单位 | 上游 | 中游 | 下游 | 长江经济带 | 中国 | 美国 | 欧盟 |
|---|---|---|---|---|---|---|---|---|
| 水稻单产 | $t/hm^2$ | 6.93 | 6.89 | 7.54 | 7.14 | 6.92 | 8.11 | 6.20 |
| 蔬菜单产 | $t/hm^2$ | 23.4 | 28.3 | 32.4 | 28.0 | 23.0 | 35.0 | 29.0 |
| 油菜单产 | $t/hm^2$ | 2.01 | 1.91 | 2.57 | 2.18 | 2.07 | 2.27 | 1.14 |
| 化学氮肥 | $kg/hm^2$ | 215 | 283 | 315 | 263 | 225 | 75.0 | 107 |
| 化学磷肥 | $kg/hm^2$ | 86.6 | 145 | 121 | 115 | 94.1 | 25.8 | 24.5 |
| 氮肥偏生产力 | $kg/hm^2$ | 51.8 | 55.1 | 52.6 | 53.1 | 52.3 | 136 | 50.9 |
| 农药 | $kg/hm^2$ | 7.2 | 27.7 | 21.9 | 17.7 | 14.8 | 2.59 | 3.47 |
| 猪肉生产力 | kg/头 | 79.5 | 76.1 | 80.1 | 78.8 | 78.7 | 95.7 | 91.0 |
| 牛奶生产力 | kg/头 | 2 645 | 1 225 | 3 881 | 2 707 | 2 439 | 10 348 | 6 879 |

注：长江经济带及上、中、下游，中国数据来自《中国农村统计年鉴》(2017)；美国和欧盟数据来自联合国粮食及农业组织(FAO)(http://www.fao.org/faostat/.)。

此外，与美国和欧盟相比，长江经济带农用化学品投入量大，氮肥、磷肥和农药投入量分别为 263、115 和 17.7 $kg/hm^2$，分别是美国的 3.5、4.5 和 6.8 倍，欧盟的 2.5、4.7 和 5.1 倍，然而，氮肥偏生产力不足美国的 50%。

此外，长江经济带经济作物种植面积不断扩大，加剧生态环境污染风险。1989—2018 年，长江经济带种植结构经历了由粮食作物为主的生产模式向粮食—经济作物协调发展的转变，经济作物面积占比由 26.4%增加至 44.5%。其中，蔬菜、果园、油菜、茶园面积分别增加了 737 万 $hm^2$、310 万 $hm^2$、135 万 $hm^2$ 和 152 万 $hm^2$，2018 年占到总播种面积的 38%(《中国农村统计年鉴》，2019)，高于全球平均值(27%)(FAO，2019)。长江经济带处于亚热带湿润气候带，雨量充沛，以丘陵山地地形为主，经济作物化肥、农药投入量一般高于传统粮食作物。以柑橘和辣椒为例，柑橘和辣椒种植过程化肥氮素投入量分别高达 598 $kg/hm^2$ 和 301 $kg/hm^2$，温室气体排放潜值分别达 642 kg $CO_2eq/t$ 和 368 kg $CO_2eq/t$，均高于国际优势主产区(Wang et al.，2018；Yang et al.，2020)。

长江经济带畜禽生产系统同样存在载畜量超标，生产力不高和养分效率低的问题。2016 年长江经济带单位耕地面积畜禽密度达 5.1 $LU/hm^2$(以奶牛作为标准单位，LU，Livestock Unit)，高于全国平均(4.2 $LU/hm^2$)、美国(1.7 $LU/hm^2$)、欧盟(2.6 $LU/hm^2$)和澳大利亚(1.2 $LU/hm^2$)(FAO，2017)；单胃动物(猪、家禽)养殖数量占长江经济带畜禽养殖总量的 90%以上，而单胃动物对精饲料的高度依赖造成长江经济带对玉米和大豆的需求量高。其次，长江经济带畜禽规模化养殖程度增长较快，2000—2015 年，养殖数量大于 500 头的养猪场和大于 1 万只的养鸡场分别增加了 64 倍和 5.84 倍，长江经济带猪、家禽和奶牛养殖场的平均养殖数量分别为 65 只、1 162 只和 251 只(头)，均高于中国平均值(《中国畜牧兽医年鉴》，2016)。然而，目前，长江经济带平均每头猪出栏的猪肉生产量是 79 kg，仅达到美国和欧盟的 82%和 87%；奶牛产量仅为美国和欧盟地区的 35.2%和 64.9%。长江经济带动物生产系统的氮、磷利用效率分别为 17%和 14%，低于中国平均值和发达国家平均水平(Bai et al.，2016；Ma et al.，2012)。畜禽集约化养殖导致抗生素大量投入，中国作为世界上抗生素最大的生产国和消费国，23%的抗生素用于畜禽养殖，其中单胃动物是重点投入对象(Van Boeckel et al.，2015)。而养殖中使用的抗生素可通过动物直接向环境排泄，或通过畜禽粪便施入土壤，从而污染土壤、作物和水源(Liu et al.，2017；Zhou et al.，2019)。此外，重金属常作为饲料添加剂在畜禽养殖中被使用，因此，污染的畜禽粪便有机肥用于种植业生产从一定程度上造成了长江经济带部分土壤的重金属累积现象(Yang et al.，2018)。

另外，长江经济带农牧系统氮素流动效率低。

1980—2015 年，该区域农牧系统氮素输入总量从 $8\times10^6$ t 增加到 $21.1\times10^6$ t，增长了约 2.64 倍。虽然畜禽粪尿产生氮素总量在 35 年间增加了 136%，但其还田量增长率较低，仅为 14%（图 13-1）。同时，经济带内作物秸秆资源量大，据估算，2016 年长江经济带作物秸秆生产量达 $336\times10^6$ t（刘晓永等，2018）。但单胃动物养殖数量的快速增长导致作物残茬以饲料形式向动物系统的流动利用机会大大减少，大部分被直接丢弃或焚烧。因此，单胃动物养殖比例较高成为长江经济带作物和动物生产系统充分耦合的阻碍原因之一。

综上所述，长江经济带农业生产虽然在过去的十多年取得了大幅度提升，但仍有较大的产量潜力。通过养分高效管理，在现有的耕地面积上提高作物产量，对于节省土地资源、提高区域生物多样性具有重要意义。在动物生产方面，匹配种养循环，提高长江经济带动物生产力，加强动物营养效率管理，减少养分资源浪费与环境污染，对于长江经济带农业绿色发展具有重要作用。

### 13.1.2　快速城镇化对农业生产提出了更高的挑战

近年来，长江经济带城镇人口比例大幅度增加，1983—2013 年增加了 32%。1983 年，长江经济带上、中、下游城镇化率分别为 14%、16% 和 19%，均低于全国平均城镇化率（22%）；2013 年，上、中、下游城镇化率分别为 37%、50% 和 63%，下游比全国平均城镇化率高出 9 个百分点（图 13-2）。同时，人口分布呈现地域性集中的特点，形成了长三角、长江中游和川渝三大城市群，从子流域来看，下游（安徽，上海，江苏和浙江）是长江经济带人口密集度最高的地区，以经济带 17% 的面积承载了 38% 的人口。快速城镇化使得经济带内食物消费状况也发生了变化，人均植物源食物消费降低，如谷物和蔬菜消费量分别降低 118 和 39 kg；然而，动物源食物（肉、蛋、奶）消费量均有所增加，人均每年消费增长量从大到小依次是：牛奶＞猪肉＞禽肉＞禽蛋＞羊肉＞牛肉，30 年分别增加了 11、9.1、6.4、4.1、2.8 和 1.5 kg（图 13-2）。

长江经济带快速城镇化也导致城市废水排放量的逐年增加。2008—2015 年，长江经济带的城市污水的氮、磷总量分别增长了 74% 和 51%，以长江下游地区贡献较高，上海，江苏和浙江三个省市贡献了整个经济带约 50% 的城市污水氮、磷产生量。快速城镇化加剧了城镇污水向水体的氮、磷排放量，尤其是承担着生态屏障功能的长江经济带上游区域，如何在快速城镇化进程中实现农业的绿色转型，降低农业面源污染贡献是长江水体生态保护的主要挑战之一。

### 13.1.3　农业发展与自然生态保护

长江经济带动、植物物种资源丰富，淡水鱼类占全国总数的 33%，珍稀濒危植物占全国总数的 40%，不仅有中华鲟、江豚、扬子鳄和大熊猫、金丝猴等珍稀动物，还有银杉、水杉、珙桐等珍稀植物，是我国珍稀濒危野生动植物集中分布区域。然而，长江经济带高强度的集约化农业生产和快速的城镇化占据和破坏了植物和动物的栖息地，导致经济带生物多样性持续下降，多种动、植物面临功能性灭绝等极危态势，农业发展与生物多样性保护矛盾突出。尤其是秦巴、武陵等所在的中上游地区，经济发展落后、农民收入低，迫切希望发展农业生产以增加收入，然而该区域是国家重点生态功能区，农业发展势必会破坏自然生态格局。尽管可以利用丰富的自然资源发展旅游业，但仍不足以抵消为保护自然资源牺牲农业发展的成本，因此，急需整合长江经济带上中下游自然资源和生态利益，并建立相应生态补偿机制。

长江经济带水体环境污染严重，农业生产中化肥、农药和抗生素等投入品是水体污染物的主要来源。在过去 50 年，长江口及其附近海域发生的有害赤潮次数和面积逐年增长，2003 年赤潮次数高达近 90 次，2005 年的赤潮面积达到了近

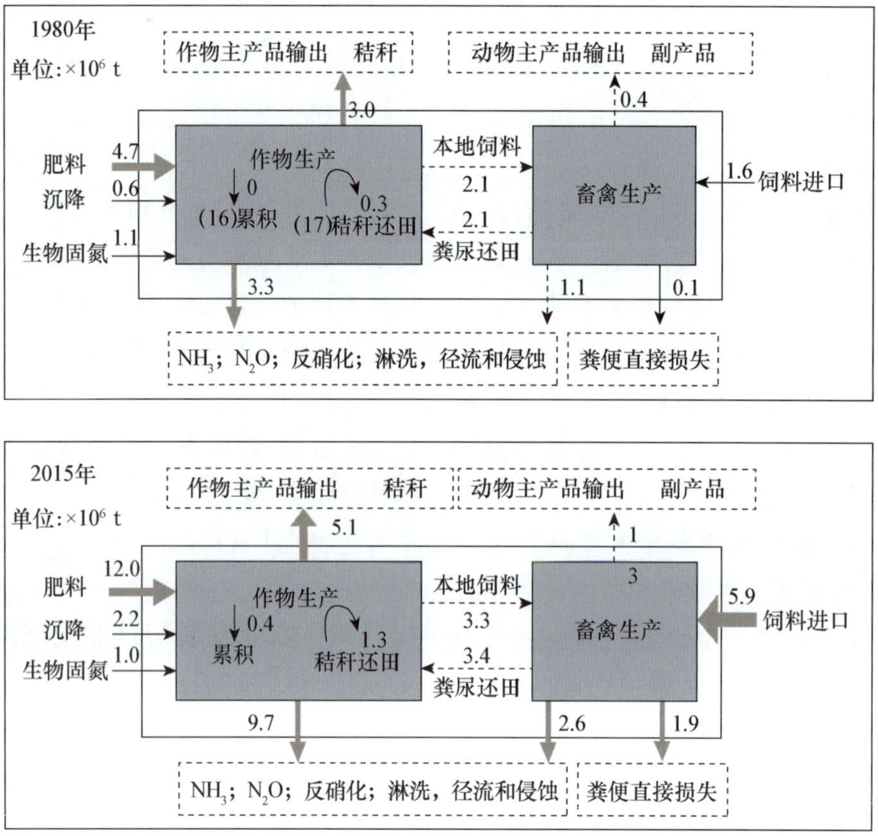


图 13-1　长江经济带农牧系统氮素流动特征及历史变化趋势

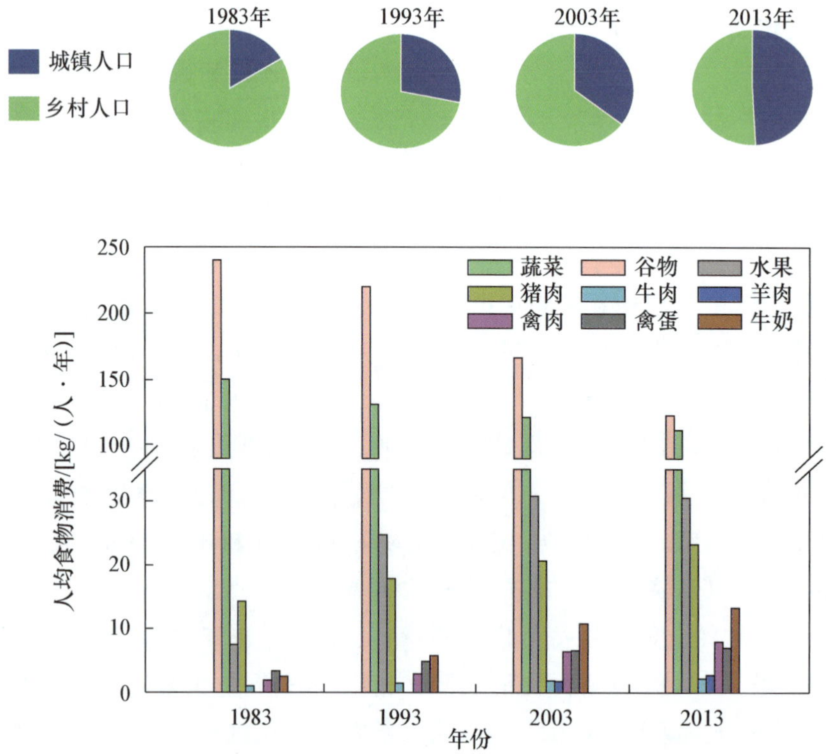


图 13-2　1983—2013 年长江经济带人口分配变化及植物源、植物源食品生产变化

20 000 $km^2$。位于长江中游的汉口水质监测站的监测数据表明，在 1963—2010 年溶解氮总量总体呈上升趋势，其中，1980—2010 年溶解氮总量增加了 4.7 倍，溶解磷总量增加了 5.6 倍（Liu et al.，2018）。研究表明，农田氮素对长江水体氮输入总量的贡献率为 43%～85%（Chen et al.，2019）。此外，农业点源污染也严重影响着长江经济带的水体环境质量，比如，动物粪便的直接排放。模型结果显示畜禽粪便的直接排放是长江和淮河水体最主要的养分来源，占养分来源的 22%～69%（Strokal et al.，2016）。

此外，长江经济带空气污染严重，目前已成为我国除京津冀城市群外大气 $PM_{2.5}$ 浓度的第二热点地区。大气 $PM_{2.5}$ 含量的增加与肥料的过量施用所导致的氨挥发以及集约化畜禽养殖有关（Bai et al.，2019）。同时，长江经济带中下游也是农田氨挥发和氮沉降的热点区域，而氮沉降是影响该区域自然生态系统稳定性和生物多样性的重要因素（Wu et al.，2016；Xu et al.，2018）。

综上所述，长江经济带是我国重要的农业生产区，兼顾着农业生产和长江流域水生生态保护的重要使命，如何平衡二者关系，实现农业生产与生态环境的协同是该区域迫切需要解决的问题。农业生产由集约化的高投入高产出转向低投入高产出高效率和高品质的绿色优质生产可能是该区域未来农业的出路。

## 13.2 长江经济带农业绿色发展的区域路径与策略

通过与自然系统相耦合实现长江经济带农业绿色发展，探讨人为系统（农业生产子系统、人居生活子系统）和自然系统的协调发展，不仅有利于保障区域粮食安全，持续发挥农产品供应功能，而且对于该区域生态系统改善与人居生活质量提升具有重要意义。长江经济带农业绿色发展应以自上而下系统设计、自下而上技术集成两个策略有机结合，兼顾政府政策干预共同推进长江经济带农业生产力提高、生态环境清洁和经济发展健康的目标（图 13-3）。

### 13.2.1 自上而下系统设计

**1. 农业空间重构**

以国家提出的三条红线（生态红线、环境质量安全标准和耕地红线）为优先参照标准，统筹协调长江经济带上、中、下游各区域生产、经济与环境的

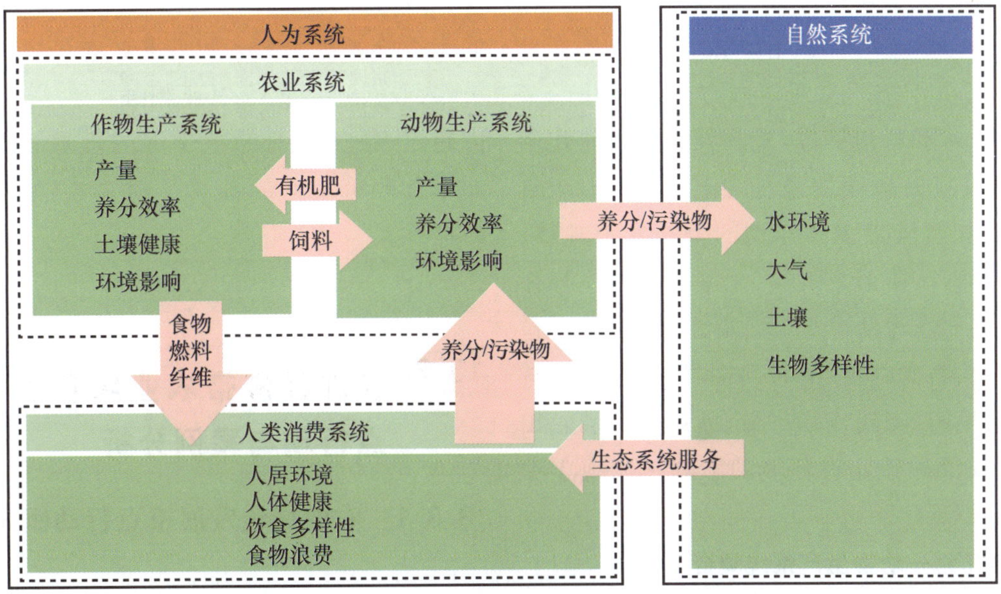


图 13-3　长江经济带农业绿色发展思路与策略框架

需求。明确各区域发展定位,依据高空间分辨率数字地图编制长江经济带农业生产优化发展区、适度发展区和保护发展区,并与硝酸盐和磷素损失的空间脆弱区域、氨排放和沉积敏感区域相结合(Bai et al.,2019)。针对区域定位,制定差异化的管理措施和耕作许可。通过空间布局优化,协调农业生产和环境承载力,完善农业生产的顶层设计,从而减少潜在的环境风险,促进农业绿色发展。

**2. 生产结构重构**

以长江经济带农业绿色发展为目标,系统设计长江经济带区域特色的农业产业结构。为全面理解农业生产结构对食物生产、多重污染物以及生物多样性保护的影响,发展高精度的包含"水体—养分—温室气体—微塑料—抗生素—农药—食物—生物多样性"的模型框架,帮助政府对农业生产区域进行种植作物的重新分配,充分发挥该地区光热资源充沛的优势,发展草牧业,在对单胃动物和反刍动物养殖比例调优的基础上,进一步加强种养循环,促进种养系统的耦合,实现农牧系统效率的整体提升。

### 13.2.2 自下而上技术集成

**1. 绿色作物—土壤综合生产系统**

发展和集成一系列田间管理技术,提高养分利用效率、缩小作物产量差。大力挖掘长江经济带温、光、热、水和耕地资源,重新设计作物轮作制度和栽培模式,提高作物系统生产力,缩小产量差。基于长江经济带主要作物的生长发育规律、养分吸收规律、品质形成规律、土壤养分供应规律系统,制定主要作物的养分综合管理技术(其中包括土壤、肥料、畜禽粪便、有机污泥等)。集成全链条农业绿色生产,实现作物产量、品质目标和农田养分平衡,减少种植业对环境的影响并实现土壤健康。

**2. 绿色作物—动物生产系统耦合**

增加作物—动物系统之间物质(饲料和有机肥)交换,耦合作物和动物生产系统。在动物饲喂方面,采取先进的饲喂技术,控制蛋白质、磷和抗生素摄入量,保障动物福利;在改善畜禽养殖场场所方面,积极开发适用于长江经济带不同地形条件和养殖规模的低氨排放圈舍和粪便收集设施、运输和施用设备,引入绿色高效减排技术与措施,减少收贮运用各环节的污染物排放;在促进畜禽粪便资源化利用方面,建立综合考虑不同地区土壤类型、降雨、作物种类和肥料类型差异的有机肥养分施用推荐系统。

### 13.2.3 政策干预与引导

为保障长江经济带关键农业绿色发展措施落地,需建立健全农业绿色发展支撑保障体系。在区域内设置金融激励(财政补贴、生态系统服务补偿、贷款等)和惩罚(环境税、碳税等)制度,奖罚并举,引入社会资本加入流域农业绿色发展行动,充分发挥市场驱动力,提高长江经济带作物和动物生产力,同时减少环境损失(如温室气体排放、硝酸盐、磷素、杀虫剂、塑料和抗生素向水体的迁移),落实生态环境保护政策。同时,建立匹配的天空地一体化监测体系、预警体系和监管制度,完善数据共享机制,从而增加信息公开度、透明度,加强监测数据对系统生态环境提升的支撑作用。此外,应加强对农民、农资销售人员、农技推广人员等农业相关产业从业人员的能力建设,强化农业绿色发展的理念认知,加强农业绿色政策制度的普及及相关技术和管理技能的提升。

## 13.3 长江经济带农业绿色发展的重点行动与案例分析

### 13.3.1 农业绿色发展重点行动概述

2018 年 9 月,随着《长江经济带发展规划纲要》的制定，为进一步推动长江经济带农业绿色发展，农业农村部发布了《关于支持长江经济带农业农村绿色发展的实施意见》。该意见强调，推动长江经济带农业绿色发展是促进长江经济带高质量发展的内在要求，是解决长江经济带农业农村生态环境问题的迫切需要。目前长江经济带农业农村绿色发展的重点任务有以下三点：①强化水生生物多样性保护。推进长江禁捕、拯救濒危物种、加强生态修复、完善生态补偿和加强资源监测；②深入推进化肥、农药减量增效。支持长江经济带 11 省份实施化肥、农药用量负增长行动，推进有机肥替代化肥，支持各省（市）在果菜茶优势产区、核心产区和知名品牌生产基地全面实施有机肥替代化肥政策；③促进农业废弃物资源化利用。加强畜禽粪污、农作物秸秆、农膜废弃物资源化利用，开展农业面源污染综合治理示范区建设，实施长江绿色生态廊道项目。同时，建议从优化农业农村发展布局、推进乡村产业振兴和农村人居环境整治三方面协同推进长江经济带农业农村绿色发展与乡村振兴。

长江经济带各省份也发布了适应于本省的农业绿色发展建议（表 13-2）。位于下游的浙江省作为“两山理论”的发源地，在长江经济带各省（市）农业绿色发展中走在前列、勇立潮头，多项国家级试点、示范接踵而至。2018 年 7 月，浙江省农业厅发布关于印发《浙江省农业绿色发展试点先行区三年行动计划（2018—2020 年）》的通知，将调整农业产业结构，调整农业生产方式，调整农业经营机制，治理畜禽养殖业污染，治理农业投入品和治理田园环境拟定为 2018—2020 年全省农业绿色发展试点先行区的重点行动计划。处于长江经济带中游的湖南省是养殖业大省，生猪人均出栏量，猪肉、牛肉出口量均位居全国第一，家禽、牛羊出栏量居全国前列。在近年农业绿色发展的实践中，湖南省坚持保供给与保生态相统一，优化养殖区域布局，加快畜牧业转型升级，大力促进畜禽粪污资源化利用。四川盆地位于长江经济带上游，不仅是我国重要的农产品提供功能区，同时由于毗邻长江源水源涵养功能区和凉山、岷山—邛崃山生物多样性保护功能区，该区域又是生态环境保护的重点区域。近年来，四川省牢固树立“绿色生态”和“保护生态环境就是保护生产力、改善生态环境就是发展生产力”的理念，紧紧围绕“一控两减三基本”总体目标，以综合防治、有机肥替代化肥和社会化服务为特色全面推进农业绿色发展，实现“零增长”并确保“双提升”，践行“绿色”发展新理念。

科技创新是破解农业绿色发展难题的关键。西南大学凭借地处长江上游（重庆）、学科历史厚重的先天优势，于 2019 年 5 月，成立了长江经济带农业绿色发展研究中心（下称“研究中心”）。研究中心以交叉创新、系统研究为主要工作思路，自下而上解决绿色发展瓶颈问题，并通过多学科交叉创新的技术集成实现全产业链和全区域的解决方案与区域落地模式。

2019 年 11 月 30 日，由张福锁院士发起、西南大学牵头成立的长江经济带农业绿色发展联盟（下称“联盟”）签约仪式在重庆北碚举行，29 所高校、科研院所和 6 个长江流域地方政府联合成立该联盟，致力解决长江经济带农业绿色发展在研究和应用中的重大战略和关键技术问题。联盟以服务长江经济带农业绿色发展为宗旨，集聚长江经济带相关高校和科研院所优势科研力量和科技资源，构建政府支持、任务牵引、资源共享、激励评价等协同创新机制，促进长江经济带农业绿色发展的理论创新、技术创新、管理创新和成果转化创新，助力实施乡村振兴战略，实现长江经济带农业绿色发展。依托“研究中心”和“联盟”，以长江经济带核心农业产业和农村生产生活为对象，不断创新农业绿色生产新技术，新模式，有力地推动了长江经济带的绿色转型，为全国绿色发展提供可复制可借鉴的科学模式和成功经验。

### 13.3.2　上游柑橘提质增效与土壤培肥案例

长江经济带是我国柑橘传统优势产区，柑橘总

表 13-2 长江经济带各省份关于农业绿色发展文件信息汇总

| 省份 | 文件名称 | 重点行动内容 | 发布日期 |
|---|---|---|---|
| 安徽 | 《安徽省农业委员会关于印发推进农业绿色发展五大行动计划实施方案的通知》 | a)畜禽粪污资源化利用行动；b)果菜茶有机肥替代化肥行动；c)秸秆综合利用行动；d)农膜回收行动；e)以长江为重点的水生生物保护行动 | 2017/7/10 |
| 江苏 | 《江苏省关于加快推进农业绿色发展的实施意见》 | a)优化农业主体功能和生产空间布局；b)强化农业资源保护与节约利用；c)加强产地环境保护与治理；d)养护修复农业生态系统；e)健全创新驱动与约束激励机制；f)强化农业绿色发展的组织保障 | 2018/1/29 |
| 浙江 | 《浙江省农业厅关于印发〈浙江省农业绿色发展试点先行区三年行动计划(2018—2020年)〉的通知》 | a)调整农业产业结构；b)调整农业生产方式；c)调整农业经营机制；d)治理畜禽养殖业污染；e)治理农业投入品；f)治理田园环境 | 2018/7/4 |
| 上海 | 《上海市人民政府办公厅关于印发〈上海市都市现代绿色农业发展三年行动计划(2018—2020年)〉的通知》 | a)优化功能布局，发展绿色产业；b)保护生态资源，守住美丽田园；c)提升农产品质量，满足市场需求；d)强化创新驱动，支撑绿色发展 | 2018/5/28 |
| 江西 | 《中共江西省委办公厅、江西省人民政府办公厅印发〈关于创新体制机制推进农业绿色发展的实施意见〉的通知》 | a) 健全绿色生态农业发展机制；b) 建立农业生态环境综合治理机制；c) 构建农业资源保护利用和生态系统修复机制 | 2018/3/9 |
| 湖南 | 《湖南省人民政府办公厅关于创新体制机制推进农业绿色发展的实施意见》 | a) 优化区域功能结构，推进农业绿色布局；b) 提升产业发展质量，实现产品绿色高效；c) 强化生态保护修复，促进资源绿色开发；d) 严格污染源头管控，确保产地绿色利用；e) 健全激励约束体系，建立发展绿色机制 | 2018/12/26 |
| 湖北 | 《2020年全省农业农村绿色发展工作要点》 | a) 积极推进农业绿色生产，增加绿色优质农产品供给；b) 加强农业突出环境问题治理，净化产地环境；c) 强化农业资源保护，提高资源利用效率；d) 持续推进农村人居环境整治，不断改善村容村貌；e) 强化统筹和试验试点，夯实农业绿色发展基础 | 2020/4/16 |
| 四川 | 《中共四川省委办公厅、四川省人民政府办公厅关于印发〈四川省创新体制机制推进农业绿色发展实施方案〉的通知》 | a) 优化农业主体功能与空间布局；b) 强化资源保护与节约利用；c) 加强产地环境保护与治理；d) 养护修复农业生态系统；e) 健全创新驱动与约束激励机制 | 2018/9/24 |
| 重庆 | 《重庆市农业农村委员会办公室关于印发全市农业农村绿色发展2019年工作要点的通知》 | a) 夯实农业农村绿色发展基础；b) 推进农业绿色生产；c) 加强农业污染治理；d) 保护与节约农业资源；e) 开展农村人居环境整治；f)强化农业农村绿色发展统筹推进 | 2019/5/30 |
| 云南 | 《云南省人民政府〈关于创新体制机制推进农业绿色发展的实施意见〉》 | a) 优化农业主体功能与空间布局；b) 提升农业资源保护和利用水平；c) 加强农业生态环境保护和治理；d) 加强生态系统养护与修复；e) 健全创新驱动与约束激励机制 | 2018/9/12 |

产量占全国的 62%（《中国农村统计年鉴》，2018），主要产区及品种布局包含赣南湘南桂北的脐橙带、鄂西湘西的宽皮柑橘带和长江上中游的杂柑和甜橙带，形成了品种丰富、周年供应等特色。近年来，柑橘产业从东向西转移的趋势明显，长江上游（四川、重庆、贵州和云南）柑橘产区种植面积和产量不断增加，目前，种植面积已超过全国四分之一，产量超过全国 20%。

然而，该地区柑橘园肥料投入量高、土壤退化严重，是制约该地区柑橘产业绿色发展的重要限制因子。为响应《关于支持长江经济带农业农村绿色发展的实施意见》，实现长江经济带柑橘产业绿色发展，课题组采用系统调控的设计思路，构建了以绿肥和柑橘专用肥为抓手的柑橘土壤—作物综合管理体系（ISSM）（图 13-4）。该体系主要包括以下四个方面：①土壤改良。施用有机肥、生石灰、生物炭等碱性物料改良土壤酸碱度，提高土壤有机质含量，改善土壤物理结构，增加土壤生物活性，改善根系生长环境，提高根系活力。②水肥管理。基于柑橘生长发育规律、养分吸收规律和气候特征，构建柑橘最佳养分管理技术，保证全生育期土壤水肥供应与柑橘水肥需求匹配。③绿肥覆盖。结合区域的气候特征，筛选柑橘园适宜的绿肥品种，实现化肥替代、地表覆盖、抑制杂草、改善土壤结构、促进根系生长、调节果园小气候、提高柑橘品质等多重目标。④栽培管理。通过冠层调控技术，实行宽行密植和合理修剪，提高机械化作业程度；利用花果调控技术，合理疏花疏果，避免大小年；针对柑橘病虫害周年发生特征建立病虫害绿色防控技术；针对季节性干旱、冬季低温等气候特征，建立滴灌、深耕扩穴、避雨、覆膜抗冻等稳产措施，最大化利用光热资源，促进柑橘稳产和优质。这些技术措施旨在提高柑橘产量，减少养分损失，提高养分效率，促进柑橘绿色发展。

针对长江上游地区传统柑橘园养分管理偏施大量元素，忽视中微量元素，导致土壤质量退化和柑橘品质差等问题，课题组探索镁肥配施、化肥减量与土壤改良技术。田间试验证明，适量的镁肥施

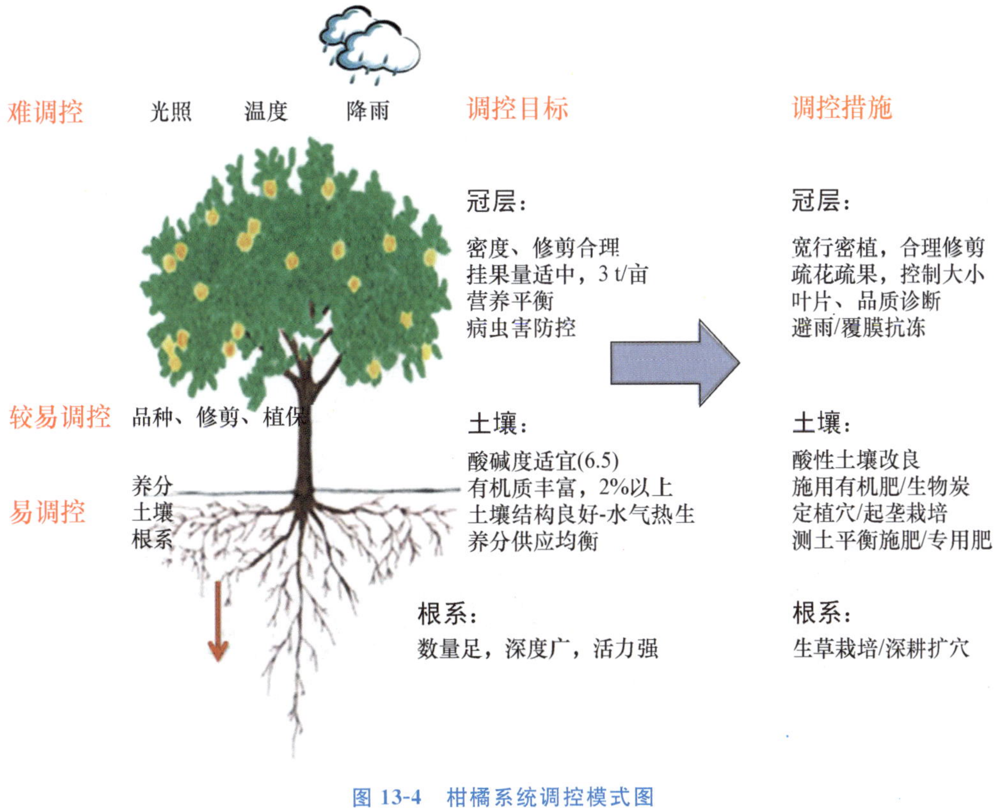


图 13-4　柑橘系统调控模式图

用可以提高果实单果重，增产趋势明显。此外，在氮磷钾投入减少30%～35%的同时，优化镁肥施用时间和配比，可显著提高柑橘产量14%～25%，有效缓解柑橘大小年。其次，柑橘园添加土壤改良剂对产量也有积极作用，与不添加改良剂相比，土壤改良显著地促进氮素转化，柑橘产量增加了36.1%～67.6%。

针对坡耕地柑橘园水土流失严重的问题，探索水土流失与绿色生产协同技术。整合分析结果表明，秸秆覆盖和果园生草平均可减少50.7%和70.2%土壤径流损失。基于柑橘—绿肥周年肥水竞争和供给的时空匹配模式，课题组提出长江上游柑橘园绿肥替代化学氮肥技术模式（图13-5）。柑橘园绿肥栽培利用的物候学模式为：10月初在柑橘园播种苕子等冬绿肥，并在4月初绿肥盛花期进行翻压作业；而后在6月初种植印度豇豆等夏绿肥，并在8月初进行翻压作业。在此栽培模式下，绿肥—柑橘的养分匹配模式为：在12月初至1月底期间每棵柑橘树补充20 g氮肥，以弥补绿肥竞争吸收的氮素；4月初和6月初为柑橘氮素的最大需求时期，此时将冬/夏绿肥翻压至柑橘根际后，分别相当于供应柑橘氮素需求量的10%～12%和4%～5%。

### 13.3.3 下游集约化蔬菜系统提质增效与土壤改良案例

由于特殊的地理位置和气候条件，长江经济带是我国冬春蔬菜生产的优势区域（全国蔬菜产业发展规划（2011—2020年））。近年来，中下游集约化设施蔬菜产业形成了“春提早，秋延后”的大中棚设施种植模式，保障了长三角城市群、长江经济带乃至全国人民的蔬菜供应。然而，长江中下游地区集约化设施蔬菜生产养分投入量高、土壤质量退化严重、栽培管理措施不合理等问题严重制约了该地区蔬菜产业的绿色发展。

针对以上问题，为实现长江经济带集约化设施蔬菜绿色生产，通过“自上而下”和“自下而上”相结合的设计思路，构建了基于根层养分调控的理论和技术，以肥料产品为抓手的设施蔬菜土壤-作物综合管理系统（ISSM），集成以下三个方面的相关措施：①土壤修复调理。施用碱性土壤消毒剂

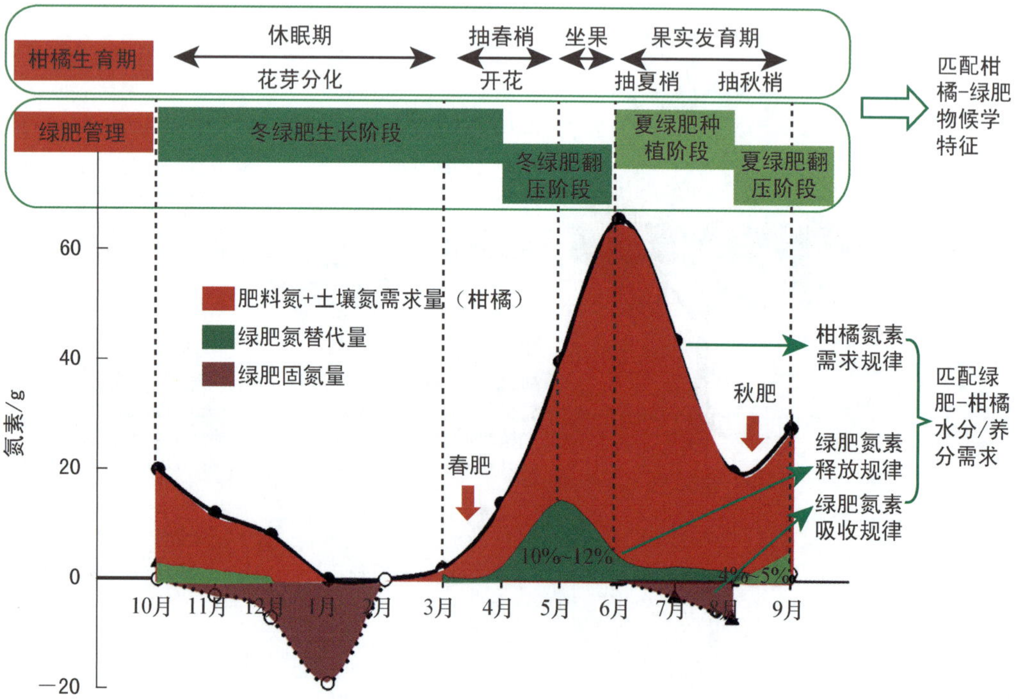


图13-5 经济带上游柑橘园绿肥替代化学氮肥技术模式

石灰氮，改良土壤酸碱度，杀灭土壤病原菌；微生物有机肥增加土壤有益微生物，提高土壤有机质。②水肥投入管理。基于蔬菜生长发育规律和养分吸收规律，通过根层养分调控技术保证全生育期土壤水肥供应与作物水肥需求的匹配。③作物栽培管理。通过合理高产优质蔬菜品种筛选、合理种植/移栽时期选择、合理的种植密度等，最大化利用光热资源，促进蔬菜营养与生殖生长。通过合理的农业措施选择，以最大化蔬菜产量，提高资源利用效率，提高蔬菜品质，促进蔬菜产业绿色转型。ISSM 绿色生产技术主要包括以下方面：绿色种苗技术（缓控释育苗技术）、绿色施肥技术、土壤修复技术、作物群体优化技术等，其中涉及的主要绿色投入品包括：缓控释肥、配方肥、水溶肥、有机肥、硝化抑制剂等。针对该地区设施茄果类蔬菜（辣椒、番茄）的 ISSM 关键技术集成模式如图 13-6。

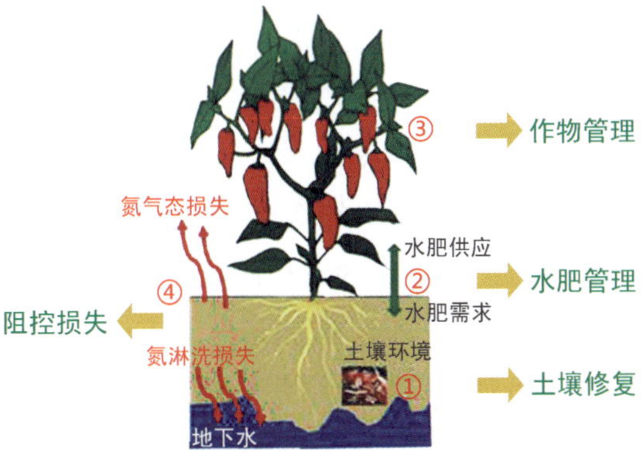

图 13-6　设施蔬菜 ISSM 模式图

ISSM 系统具有明显的增产效果。连续 3 年的辣椒田间试验和 2 年的番茄田间试验结果表明，ISSM 管理较农户常规管理辣椒和番茄增产 17% 和 28%。同时，通过降低前期有机氮投入量和调整化肥氮施用量，ISSM 管理节约总氮投入量分别为 247 kg/hm$^2$ 和 296 kg/hm$^2$，同时，ISSM 管理氮吸收量分别增加 13 kg/hm$^2$ 和 27 kg/hm$^2$，氮盈余显著降低，氮肥偏生产力提高了 1～2 倍，取得了明显的减肥、增产、增效效果。在环境代价方面，ISSM 管理氧化亚氮、氨挥发和氮淋洗均有所降低，农作阶段的活性氮排放较农户常规管理分别降低了 29% 和 41%，氮足迹分别降低了 0.8 kg/t 和 0.6 kg/t；GHG 排放分别较农户常规管理处理减少了 19% 和 24%，碳足迹分别减少了 54 kg/t 和 38 kg/t。这是因为 ISSM 管理较农户常规管理土壤 pH 提高了 0.4 个单位。同时，ISSM 管理的生物有机肥投入能够在减少有机肥投入的情况下，提高土壤有机碳的转化效率，使土壤有机碳维持在较高水平（图 13-6 和图 13-7）。

图 13-7　设施蔬菜 ISSM 关键技术集成

综上所述，通过创新集成土壤修复、群体匹配、水肥运筹等关键绿色技术，实施绿色集约化设施蔬菜生产策略，能够在提高蔬菜产量、增加经济收益的同时，减少环境排放，推动长江经济带集约化设施蔬菜绿色发展。

### 13.3.4　养殖废弃物资源化利用——以江苏省射阳县为例

江苏省射阳县地处长江下游，是传统的畜禽养殖大县，是“全国生猪调出大县”和“江苏省生猪产业大县”。2018 年，全县 354 个养殖场出栏大牲畜（牛、马、驴）1 600 头、生猪 71.08 万头、羊 4.24 万头、家禽 1 683 万羽，畜牧业总产值达 44 亿元。据测算，全县年畜禽粪污产生量达 180 万 t，单位耕地面积畜禽粪污负荷 11 $kg/hm^2$，标准猪负荷 6 头/$hm^2$。目前射阳县养殖业绿色发展的关键问题包括：养殖区域发展规划不合理、散户养殖比例较高、粪污产量大但处理设施简陋、资源化利用率低、氨排放量高等问题。为推动畜牧业农业绿色转型，当地政府针对以上问题，开展一系列政策行动：包括划定禁养、限养区，强化生产与环保监管，增加畜牧业绿色发展的财政补贴，引进先进的畜禽粪污处理技术并兴建公益性设施，致力于推动县域畜牧业的绿色发展。

首先，射阳县政府采用“统一收集、集中处理”和“一场一罐、原位处理”模式，投资建设覆盖全县的 11 个集中处理中心，并采用“政府建设—公司运行—农户配合”的运营方式（图 13-8）。针对小散户较多、畜禽粪污收集处理困难的养殖现状，通过政府雇佣与第三方招投标的方式，集中收集中小散户的畜禽粪污，并在乡镇集中处理中心进行有机肥深加工，实现养殖废弃物的资源化利用。针对规模化养殖场，通过政府补贴大力推动密闭堆肥反应器的推广应用，以实现养殖废弃物的原位无害化处理，并通过智能控制系统，对堆肥反应过程进行优化调控，结合功能性微生物菌剂实现氨排放的原位控制，串联尾气处理反应器，利用酸雾、结晶反应等方式对排放出的氨气进行固定回收利用，生产液态氮肥或固态结晶缓释肥，实现粪污处理过程氨气零排放（图 13-9）。

目前，射阳全县共建成乡镇级处理中心 11 家，集中处理中心占地面积约 3 300 $m^2$，总投资 600 余万元，具备每年 2 000 t 的有机肥生产能力。镇级粪污集中处理中心日处理粪污 40～50 t，占全镇粪污产生总量的 65%～80%，年产有机肥约 1 500 t，可实现畜牧业氨减排 50%～60%，降低氨排放 1 000～1 200 t。综上所述，“统一收集，集中处理”和“一场一罐，原位处理”相结合的县域畜禽粪污无害化处理与资源化利用，既考虑了畜牧业散养农户的畜禽粪污

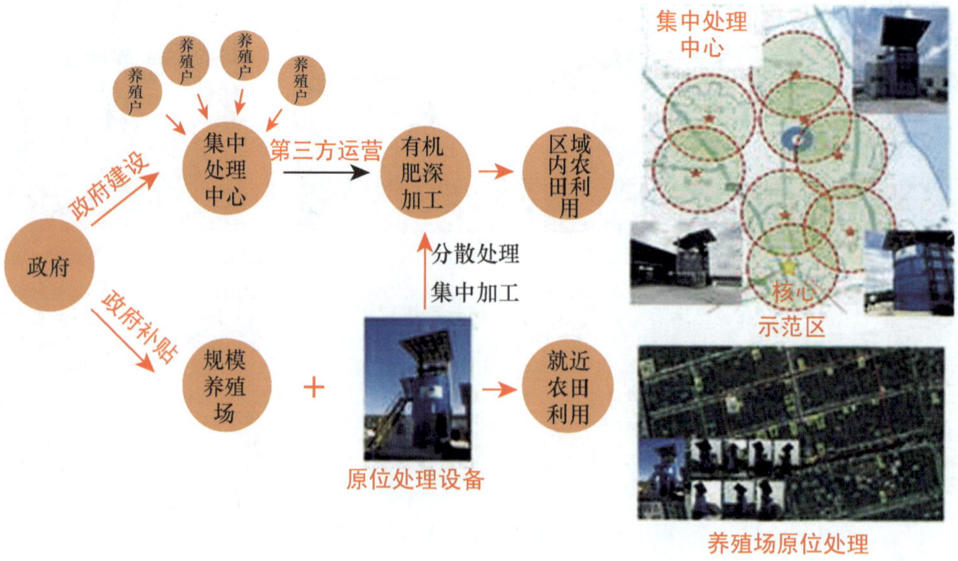


图 13-8　射阳县养殖废弃物资源化利用模式图

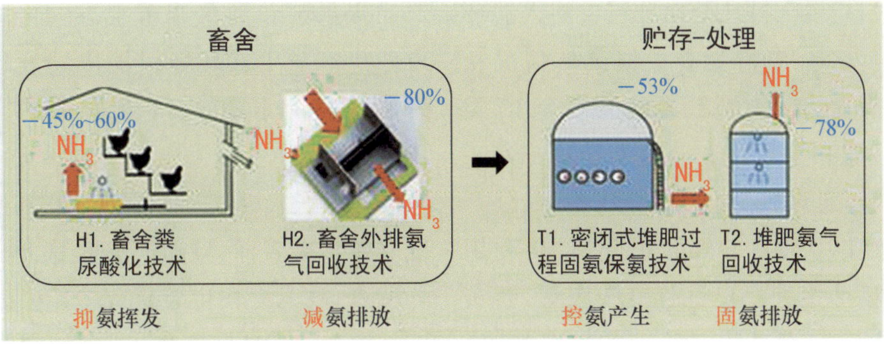


图 13-9 养殖场全链条氨减排技术体系

处理的困境，又为集约化大型养殖场提供了环保原位解决方案，通过散户＋规划化养殖的一揽子方案实现了射阳县畜牧业 50%的氨减排目标，极大地推动了区域农业绿色发展和大气环境治理，对推动长江经济带乃至全国养殖业健康发展具有重要意义。

### 13.3.5 乡村振兴与绿色发展——以重庆市铜梁区为例

位于长江上游、成渝城市群中轴线、渝西南的铜梁区是重庆市传统农业生产大县，曾荣获全国蔬菜生产重点县、全国产粮大区、产油大区和蔬菜产业重点区等多项国家级荣誉称号。为深化落实《中共中央、国务院关于实施乡村振兴战略的意见》和习近平总书记提出“加强推动城乡融合发展，建立健全城乡一体融合发展的体制机制和政策体系，推动区域协调发展”的建议，铜梁区委、区政府以乡村振兴和城乡融合发展为抓手大力推进全区农业绿色发展进程。2018 年，铜梁区委、区政府在巴川、南城、土桥、太平、侣俸乡镇（街道）的部分村建设乡村振兴西郊示范片，并出台《铜梁区乡村振兴西郊示范片建设工作方案》，要求按照“产业兴旺、生态宜居、乡风文明、治理有效、生活富裕”的总要求建设西郊示范片，通过区域建设和典型示范带动，推动全区农业绿色发展与乡村振兴。

在全区绿色发展的空间布置上，铜梁区通过建立全区空间规划体系，划定生产、生活、生态空间，使生态空间融入生产空间与生活空间，并编制《重庆市铜梁区城乡总体规划（2020—2035 年）》，形成永久基本农田、城镇开发边界、生态保护红线三线一体的“空间规划一张图”，严格落实区、镇街、村、社四级耕地保护责任，加强全区耕地数量、质量、生态“三位一体”保护，集中开展“卫片执法”和常态化动态巡查，严格控制建设用地占用耕地。2018 年，全区建设高标准农田 8.5 万亩，补充耕地 0.48 万亩，整治坡耕地 0.32 万亩，复垦矿山 12 个，净增耕地 267.2 $hm^2$，实有耕地保有量占规划保有量的 114%，从区域土地利用的角度有效地保障了农业农村绿色发展的基础。

乡村振兴的关键是产业振兴。针对基本产业缺乏、小农户对接大市场能力弱的问题，铜梁区政府坚持向闲置土地、闲置产业、流转土地、农村电商、大户带散户、产业融合发展六条路径要新型农村集体经济（“六要”路径）。发展壮大特色产业，带动村民增收致富，完善群众利益联结机制，改变过去农业资金“垒大户”的局面，激发群众内生动力。截至 2019 年，铜梁区通过“六要”路径推动水果、蔬菜、中药材等多个产业发展，建设新型农业项目 315 个，村社集体收入 817 万元，198 个“空壳村”已消除 174 个。例如，依托铜梁西南地区最大的菜秧培育基地项目建设，年嫁接培育菜秧 500 多万株，销售到重庆及周边多个省市，解决了 30 多名留守村民的务工问题。

绿色是乡村振兴的底色。铜梁区大力推进农村人居环境综合整治，在全国率先采取“积分制度”，围绕厕所革命、生活垃圾、污水治理、村容村貌和农业生产废弃物资源化利用等进行环境治理工作。目前，全区300多个村社全面推行农村人居环境改善积分制度，各个镇街党委根据具体情况从庭院绿化、整齐有序、风貌协调、自然生态等10类26个方面科学设置积分项目和分值标准，“一户一档”建立积分台账，通过入户打分、群众签字、公开公示等方式开展集中评比。根据积分情况，利用乡情馆、荣誉墙等对先进农户进行集中表彰，切实增强农民群众获得感、荣誉感。截至2019年3月，共清理农村垃圾36万t，全区260个行政村有效治理比例达到100%，实现农村面源污染整治无盲区。此外，通过政府购买服务的方式，将5个镇(街道)的垃圾分类、清理收运以及日常保洁等工作外包，委托专业公司负责日常运行维护，破解农村生活垃圾治理管护难题。通过PPP模式(Public-Private-Partnership，公共私营合作制)，借力重庆环保投资有限公司对全区镇街污水处理设施“投、建、管、运”一体化运营，不断提升农村生活污水治理水平。

铜梁区以乡村振兴为特色的农业绿色发展道路取得了显著成果，2019年被评选为中国乡村振兴先锋十大榜样。同时，“铜梁模式”对于长江经济带乃至全国各县域、地区乡村振兴与农业农村协同绿色发展具有重要的参考价值和推广潜力。

## 13.4 长江经济带农业绿色发展展望

### 13.4.1 统筹空间利用，坚持规划先行

长江经济带对于保障全国总体生态功能格局安全稳定具有重要作用，尊重自然、顺应自然地进行国土空间开发对于实现长江经济带绿色发展具有重要的战略意义。长江经济带是我国“两屏三带”生态安全战略格局的重要组成部分。《全国生态功能区划》明确指出，长江上游地区涵盖了水土流失和石漠化敏感性生态功能区、生物多样性保护和水源涵养生态功能区；长江中、下游湖泊湿地众多，是我国重要的战略性饮水水源地、水产品提供区和洪水调蓄生态功能区。因此，坚持农业生产与生态环境保护协同发展，走农业绿色发展道路是长江经济带未来农业生产的必然出路。

针对长江经济带地形复杂、灾害多发、生态系统服务种类多样、城市扩张密集迅速、粮食需求高等特点，政府应在生态优先、绿色发展政策的引导下，结合遥感卫星影像、图像解译、数据建模等方法，合理划定长江经济带生态系统功能分区，推进生态脆弱敏感区状态改善，从而保障国家及区域尺度的生态安全。在区域范围内，坚持要抓好生态文明建设和生态环境保护，实现人与自然和谐共生、建成美丽中国的宏伟目标，在实践中还须坚守生态保护红线、环境质量底线、资源利用上线“三条红线”。以区域关键问题和产业发展为依据，遵循农业生态系统整体性、生物多样性规律，统筹山水林田湖草系统，坚持宜农则农、宜牧则牧、宜渔则渔、宜林则林，从科学的角度规划乡村地域空间布局，合理区分农业空间、城镇空间、生态空间。通过优化农业产业布局和确立适合的产业发展路线来规范乡村发展空间秩序，推动形成与资源环境承载力相匹配、生产生活生态相协调的农业发展格局。与此同时，强化规划的约束力和执行力，坚持一张蓝图绘到底，坚持规划在农业绿色发展中的引领性和指导性。

由于长江经济带东西部经济发展水平、农业生产等条件差异明显，区域间农业发展水平不均衡，需针对不同功能定位因地施策。在具有重要生态服务功能的上游地区，在生态承载力范围内，高效利用温、光、热资源，严格控制农业投入，适度开展农业生产，重点打造特色农业，发展精品农业、有机农业、循环农业和休闲农业。经济带中、下游地区农业生产历史悠久、基础扎实、农业经济雄厚、农业人才资源丰富，应着力提升该地区的农业功能，在坚守生态红线的前提下，大力发展农业生产，提高农产品供给能力，发展智慧农业，打造长江经济带乃至全国的农业现代化生产示范区，以农业绿色发展引领农业现代化建设。

其次，长江经济带农业绿色发展要充分利用沿河、沿江、沿海和铁路的交通优势，下游地区利用与亚太地区的便捷交通，中上游借力“渝新欧”“蓉新欧”铁路，通过外向型农业发展农业经济，加快农业产业的国际化，培育重点龙头企业，吸纳优秀人才共同推动区域农业发展。

### 13.4.2　推动农业绿色技术创新与集成，促进农业高质量发展

长江经济带是我国最重要的农业生产区，耕地面积 5.2 亿亩，占全国总耕地面积近 30%；草原面积约占全国的六分之一；农林牧渔生产总值近 4 万亿元，约占全国的 40%。同时，长江经济带也是我国最重要的粮油、生猪、水产品等大宗农产品生产基地。然而，目前长江经济带农田土壤瘠薄、西南喀斯特地区石漠化、四川盆地及云贵高原典型土壤（紫色土、黄壤、红壤）酸化等土壤退化问题突出。因此，加强农业耕地质量培育，提高耕地产能是推动农业现代化建设的基础。未来应加强区域农田土壤退化的阻控机制和对策研究，强化土壤—生物—环境相互作用，合理运用化肥减量增效、农业废弃物循环利用、养分资源高效利用等手段构建土壤退化阻控与肥沃耕层的模式，培育健康土壤。从农业生产方面，要加强绿色生产技术创新与集成，加强绿色农资投入品应用，强化农资准入制度和定额施用制度，凝练典型种植体系的绿色生产规程，实现绿色生产。在应用端，强化技术落地，联合农业院校、科研单位及政府农技推广体系，加强农技推广人员和规模化经营主体技能培训，依托科技小院等社会化服务体系培育农业生产经营主体，促进绿色投入品和绿色生产技术在区域范围内的推广应用。

2003 年以来，长江经济带大部分地区农业绿色生产总值占农业生产总值比例呈现不同程度的下降趋势，这说明当前长江经济带农业产值的增长存在一定的效率低下、资源环境损耗加剧的问题，因此，未来在促进农业经济发展的同时，应注重资源的高效利用，努力降低资源环境成本，加快农业绿色增长。其次，应加强具有区域特色的农业品牌建设。例如，上游地区应在保护林地草地的前提下进行合理开发，结合退耕还林和林业基地建设，重点发展有机牧业，创建绿色品牌，把生态保护和有机农业发展结合起来。2019 年 2 月，位于上游的贵州省出台了《省委省政府领导领衔推进农村产业革命工作制度》，将茶叶、辣椒、水果、油茶、石斛、食用菌、竹、中药材、蔬菜、刺梨产业和生态畜牧业、生态渔业作为全省大力打造的 12 个农业特色优势产业。据统计，仅 2019 年，贵州省农业产业革命就带动了全省 111.8 万贫困人口脱贫。在长江经济带中游地区，由于平原人口较为稠密，人均土地资源短缺，导致了土地经营分散化，难以推广机械化耕作，限制了农民收入增加。因此，应完善土地流转制度，发展适度规模经营；其次，加强农业基础设施和农业机械投入，提高农业生产装备水平，提高劳动生产率和土地产出率；严格保护耕地，依法加强耕地占补平衡规范管理，建设高标准农田；延长农业产业链，推进农业产业化，提高农产品附加值。长江经济带下游地区资本、技术、人才资源密集，可以在稳定粮食生产的前提下，重点发展高效精品农业和都市农业，加快推进标准化生产和集约化品牌化经营。着重吸引高素质专业人才进入农业领域，培养新型农民，同时，加强农业科技推广，提高农业生产科技水平；在加强监管和防范风险的前提下，引导工商业资本开展农业经营；深化供销合作社改革，完善农业社会化服务体系；制定农业生产标准，保障农产品质量安全；创新都市农业发展和管理体制，增强农业的生态和服务功能，为城市提供生态屏障，为居民提供休闲场所。近年来，长江经济带农产品加工为提升长江经济带在全国农产品出口贸易中的地位越发重要。为了实现长江经济带农产品国际贸易的发展，未来应进一步加强对江河、湖泊以及海域资源的开发利用，持续创新农产品出口品种，此外，要创新对本地农产品的加工，延长农业产业链，增加农业产值。

### 13.4.3 打造长江经济带资源高效循环型农业

长江经济带不仅是农业生产密集地区，也是人口高密度地区。深入推进农业绿色化、优质化、特色化、品牌化发展，加快推进农业由增产导向转向提质导向，是党中央、国务院做出的重要部署。打造长江经济带资源高效循环农业是实施质量兴农、绿色兴农、品牌强农、特产富农战略的重要抓手，对深入推进长江经济带高质量发展，提高农业综合效益和竞争力具有重要意义（图 13-10）。

因此，遵循山、水、林、田、湖（库）、草、畜生态耦合、多业共生的绿色发展总体思路，阐明农业系统与全产业链的物质流动，针对突出短板提出解决方案，构建符合长江经济带的资源高效循环农业发展模式（图 13-11）。在县域尺度上，优化畜禽粪

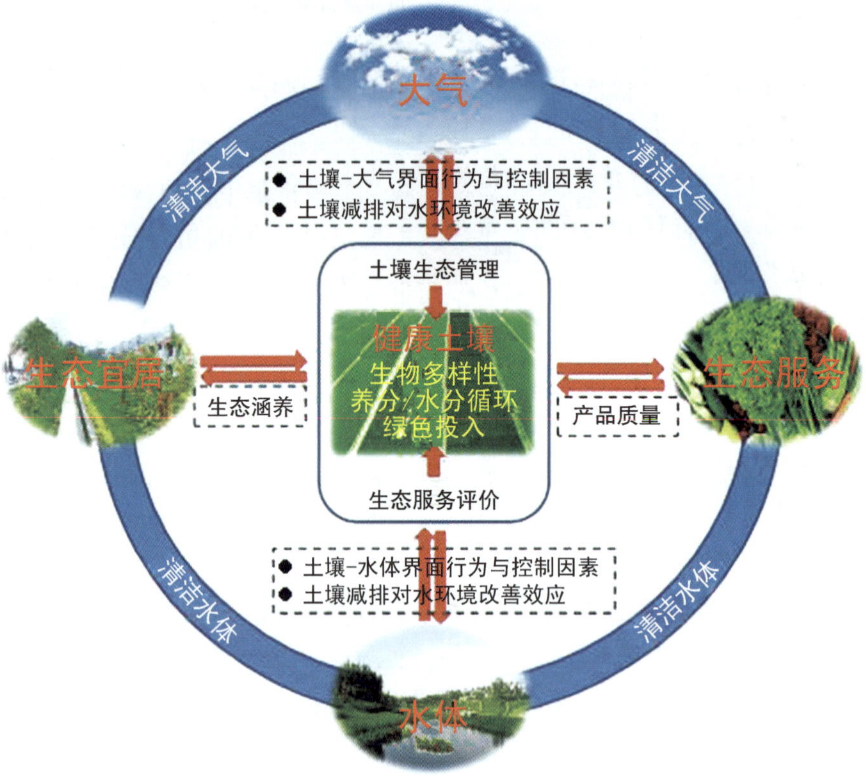


图 13-10　长江经济带绿色健康土壤培育模式

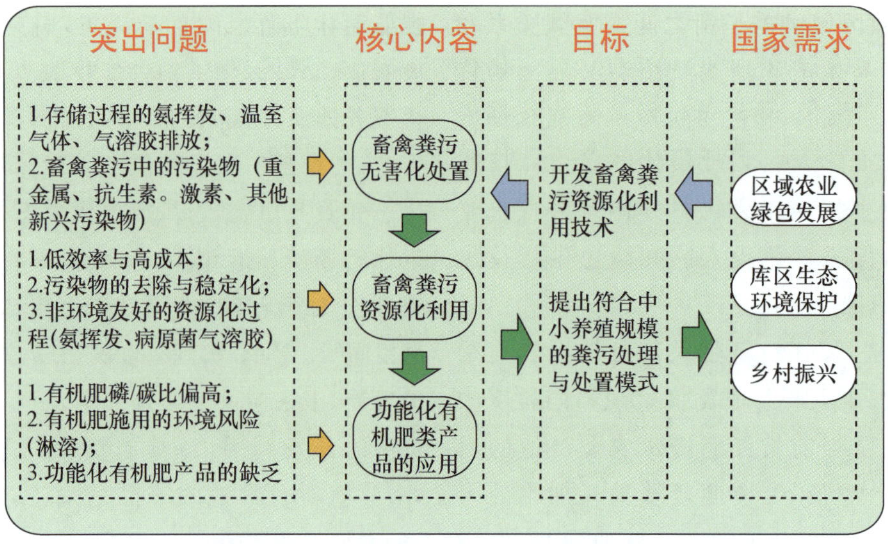


图 13-11　长江经济带“种—养”耦合的系统资源高效利用匹配机制与途径

污的还田比例和还田方式，核算作物生产的养分需求，进而确定县域土地承载力，合理规划畜禽养殖数量、养殖结构，制定区域养殖业发展规划与布局；从种植端，定量分析长江经济带不同作物系统的经济效益和生产环境代价，统筹设计长江经济带高产高效作物种植结构，突出特色化和优质化生产；在循环层面强化政策措施与保障体系建设，加强畜禽粪污资源化转移，以规模化经营主体为主要对象，强化补贴监管与畜禽粪污消纳的联动机制，提高种植业粪污消纳能力，实现种养结合。

从政府层面，应以物质流为核心，以协调资源高效利用与环境减排为目的，通过最优技术筛选与集成示范，推出区域"种—养"系统、"城—村"资源高效循环利用以及环境减排的综合技术途径，并围绕农业系统可持续生产力的瓶颈问题，打破原有以产量为核心的生产力提升思路，从资源、环境、生态角度围绕物质循环与流动，提出并推进实施符合长江经济带特点、平衡作物生产和生态稳定的农业生产模式。具体而言，在宏观层面合理控制养殖数量，指导和监督养殖场配备环境友好的养殖设施设备，并制订长江经济带循环农业的绿色保险和贷款业务，严格监督畜禽养殖废弃物回收，通过建立区域内养殖户与种植户绿色循环联盟，促进区域内"种—养"结合。同时，根据区域反馈响应，以绿色消费模式为导向，根据区域居民健康营养需求、膳食结构、消费行为、食物加工、流通、废弃物循环、区域供需平衡之间的互馈关系和影响，基于农产品生产和消费系统交叉界面的特征与资源环境代价，实施食物生产—消费系统耦合的资源高效利用策略。例如以县为单位，建立政府参与管理的餐厨垃圾回收利用体系，引进餐厨废弃物堆肥工艺生产有机肥，促进餐厨废弃物还田用于农业生产。

## 参考文献


刘晓永，王秀斌，李书田. 中国农田畜禽粪尿氮负荷量及其还田潜力. 环境科学，2018，39：5724－5739.

中国畜牧兽医年鉴编辑委员会. 中国畜牧兽医年鉴. 北京：中国统计出版社，2016.

中国国家统计局. 中国农村统计年鉴. 北京：中国统计出版社，2019.

Bai Z., Ma L., Jin S., et al. Nitrogen, phosphorus, and potassium flows through the manure management chain in China. Environmental Science & Technology，2016，50：13409－13418.

Bai Z., Winiwarter W., Klimont Z., et al. Further improvement of air quality in China needs clear ammonia mitigation target. Environmental Science & Technology，2019，53：10542－10544.

Chen X., Strokal M., Van Vliet M. T. H., et al. Multi-scale modeling of nutrient pollution in the rivers of China. Environmental Science & Technology，2019，53：9614－9625.

Deng N., Grassini P., Yang H., et al. Closing yield gaps for rice self-sufficiency in China. Nature Communications，2019，10.

FAO. Food and Agriculture Organization，2019.

Liu X., Beusen A. H. W., Van Beek L. P. H., et al. Exploring spatiotemporal changes of the Yangtze River (Changjiang) nitrogen and phosphorus sources, retention and export to the East China Sea and Yellow Sea. Water Research，2018，142：246－255.

Liu X., Steele J. C., Meng X. Z. Usage, residue, and human health risk of antibiotics in Chinese aquaculture: A review. Environmental Pollution，2017，223：161－169.

Ma L., Velthof G. L., Wang F. H., et al. Nitrogen and phosphorus use efficiencies and losses in the food chain in China at regional scales in 1980 and 2005. Science of the Total Environment，2012，434：51－61.

Strokal M., Kroeze C., Wang M., et al. The MARINA model (model to assess river inputs of nutrients to seas): Model description and results for China. Science of the Total Environment，2016，562：869－888.

Van Boeckel T. P., Brower C., Gilbert M., et al. Global trends in antimicrobial use in food animals. Proceedings of the National Academy of Sciences of the United States of America，2015，112：5649－5654.

Wang X., Zou C., Zhang Y., et al. Environmental impacts of pepper (*Capsicum annuum* L.) production affected by nutrient management: A case study in southwest China.

Journal of Cleaner Production, 2018, 171: 934-943.

Wu Y., Gu B., Erisman J. W., et al. PM2.5 pollution is substantially affected by ammonia emissions in China. Environmental Pollution, 2016, 218: 86-94.

Xu W., Zhao Y., Liu X., et al. Atmospheric nitrogen deposition in the Yangtze River basin: Spatial pattern and source attribution. Environmental Pollution, 2018, 232: 546-555.

Yang M., Long Q., Li W., et al. Mapping the environmental cost of a typical citrus-producing county in China: hotspot and optimization. Sustainability, 2020, 12.

Yang Q., Li Z., Lu X., et al. A review of soil heavy metal pollution from industrial and agricultural regions in China: Pollution and risk assessment. Science of the Total Environment, 2018, 642: 690-700.

Zhou L. J., Li J., Zhang Y., et al. Trends in the occurrence and risk assessment of antibiotics in shallow lakes in the lower-middle reaches of the Yangtze River basin, China. Ecotoxicology and Environmental Safety, 2019, 183.

# 第 14 章
# 农业绿色发展:中国与全球模式

自 1972 年 6 月联合国发表斯德哥尔摩《人类环境宣言》以来,可持续发展问题受到各国政府的重视。1992 年里约热内卢联合国环境与发展大会发布《里约环境与发展宣言》,正式确立了全球可持续发展的战略思想。针对人口增长、资源短缺、环境恶化和生态失衡等全球性危机以及“全球变暖”“臭氧层空洞”“酸雨沉降”等全球性问题逐渐加剧的现状,世界各国不断探索未来的可持续发展之路。世界环境与发展委员会《我们共同的未来》研究报告对“可持续发展”作了经典性定义,即“既满足当代人的需求,又不损害后代人满足其需求的能力的发展”(UN, 2005)。

## 14.1 联合国千年发展目标到可持续发展目标

### 14.1.1 联合国千年发展目标

2000 年 9 月,联合国首脑会议在纽约召开,会上全球 189 个国家领导人共同签署发布了《联合国千年宣言》。在《联合国千年宣言》中世界各国领导人就消除贫穷、饥饿、疾病、文盲、环境恶化和对妇女的歧视,商定了一套有时限的目标和指标,这些目标和指标统称为千年发展目标(Millennium Development Goals,MDGs)。千年发展目标提出到 2015 年极端贫穷人口比例减半,从遏止艾滋病毒/艾滋病的蔓延到普及小学教育等明确目标,共同描绘了一幅由全世界所有国家和主要发展机构共同展现的蓝图。联合国千年发展目标共有 8 项目标(图 14-1),分别为:

(1)消灭极端贫困与饥饿。在 1995—2010 年,日收入小于 1 美元的人口数量减半,饥饿人口数量减半。

(2)实现普及初等教育。截至 2015 年,确保每个地方的儿童都能接受完整的小学教育。

(3)促进两性平等,赋予妇女权利。争取在 2005 年,消除初等教育和再教育中的性别歧视。2016 年前,消除各阶层教育中的性别歧视。

(4)降低儿童死亡率。在 1995—2015 年,将五岁以下儿童死亡率降低 2/3。

(5)改善产妇报建。在 1995—2015 年,将产妇死亡率降低 3/4。

(6)与艾滋病、疟疾和其他疾病做斗争。到 2015 年遏制并开始扭转艾滋病的蔓延;到 2015 年遏制并开始扭转疟疾发病率和其他疾病的主要指标。

(7)确保环境的可持续能力。将可持续发展原则纳入国家政策和方案,健全环境资源指标。到 2015 年无法持续获得饮用水和基本卫生设施的人口减半。到 2020 年至少有 1 亿贫民窟居民的生活有明显改善。

(8)制定促进发展的全球伙伴关系。进一步发展开放的、有序的、可预见的、非歧视的贸易和金融体系;解决最不发达国家的需要(包括最不发达国家的免关税和免赔额准入与出口,加强重债穷国税务减免计划和取消国家双边债务，以及向致力于减贫的国家提供更慷慨的官方援助）；解决内陆发展中国家与岛屿发展中国家的特殊需要；与发展中国家合作，制定青年生产性工作战略；与制药公司合作，为发展中国家提供可负担的基本药物的机会；与私营企业合作，获取新技术，特别是在信息和通信领域。

2005—2014 年，联合国每年发布《千年发展目标报告》及进度表，展示全球在共同实现千年发展目标上取得的进展及遇到的问题，对各个目标实现的完成程度及期限进行预测，并针对具体目标进行专项的监控及评估。联合国秘书长多次针对千年发展目标进行专题报告，体现了联合国对千年发展目标的高度重视；此外，针对热点问题较为突出的地区，如亚洲和非洲，开展针对性的研究并执行问题解决方案。这些都充分说明，自联合国千年大会召开之后，"千年发展目标"已经成为全世界可持续发展的共同目标，如图 14-2 所示。

在千年发展目标的指引下，人类在很多全球或地区性问题上取得了重大进展。通过共同努力，

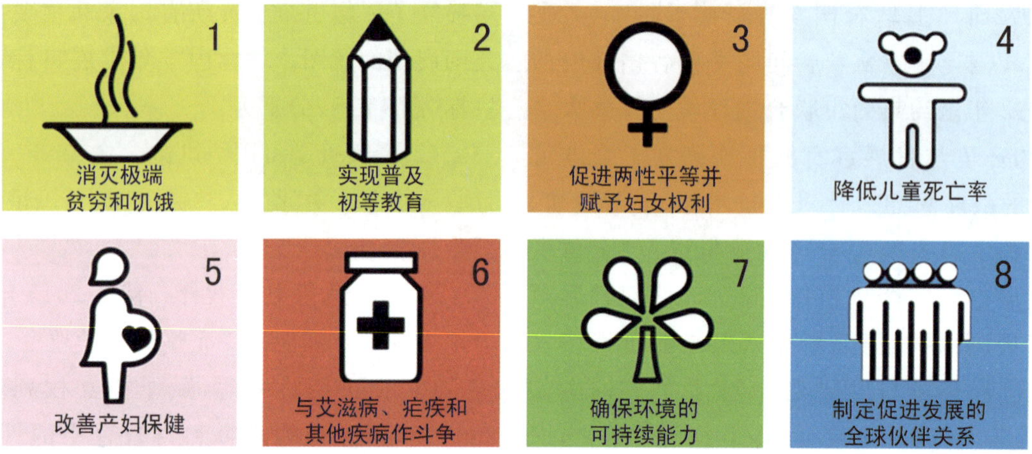

图 14-1　联合国千年发展目标

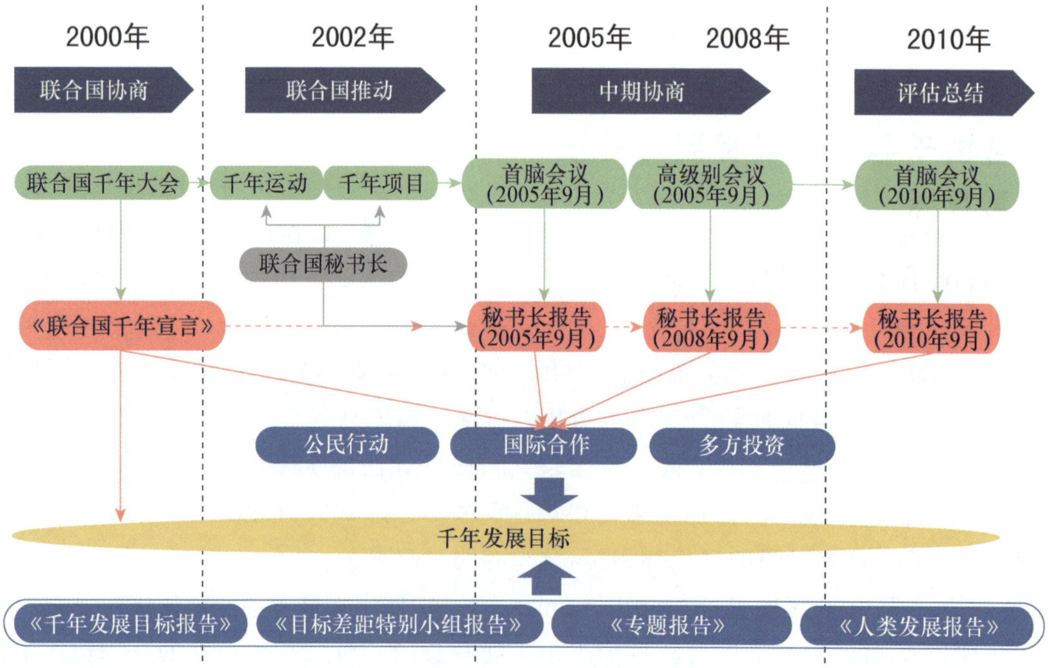

图 14-2　联合国千年发展目标进程

目前全球贫困和饥饿水平明显下降，贫困线以下的人口比例由 1990 年的 47% 降低到 2010 年的 22%，其中中国和印度做出的贡献最大。但不同国家和地区之间的进展有着较为显著的差异，全球在贫困、社会平等和环境变化等方面仍存在着引人关注的问题，全球仍有超过 10 亿人生活在极端贫困条件下；收入、性别、种族和年龄等方面的不平等很大程度上妨碍着人类社会发展；此外，生物多样性损失、水污染、土地荒漠化以及气候变化也在逐渐破坏已经取得的进展。而全球经济快速发展和贫困人口不断想要改变自身命运的现状，也使得人类未来的生活有更好的希望。在这样的背景下，一项名为“2015 年后发展目标”的计划由联合国提出，旨在发展制定一套可以继承“千年发展目标”的可持续发展目标，用来解决 2015 年后全球共同面临的可持续发展问题。“2015 年后发展目标”与“千年发展目标”的不同之处，主要体现在以下 5 个方面：①消除各种形式的贫困的能力提高；②人类对地球的影响力大大增强；③技术的快速发展；④不平等的日益加剧；⑤管理的扩散性和复杂性日益增强(Sachs，2012)。

**1. 联合国千年村庄项目**

联合国千年村庄项目由著名全球发展问题专家，哥伦比亚大学经济学教授，哈佛大学国际研究中心主任，前联合国秘书长安南的高级顾问——杰弗里·萨克斯 (Jeffrey Sachs)提出。千年村庄计划证明通过综合措施干预可以提高极端贫困地区食品安全性、减少饥饿、改善教育、降低母婴死亡率、改善当地基础设施，有效控制疟疾、艾滋和结核病等传染病暴发(Sanchez et al.，2007)。

(1)项目背景　在 2000 年 9 月的千年首脑会议上，世界各国领导人提出了量化的和有时限的目标，即千年发展目标，以减少极端贫困、饥饿、疾病、性别不平等、环境退化、缺乏安全饮用水和卫生设施等问题。2005 年 1 月，联合国千年项目发布了一系列报告，明确了实现千年发展目标的路径。针对撒哈拉以南非洲等地区极端贫困，包括粮食生产力极低、严重的传染病、基础设施不足等问题，杰弗里·萨克斯提出千年村庄项目，计划投入 1.2 亿美元，旨在向世界证明可以通过在农业、教育、医疗、公路、电力、信息和通信技术、水利和公共卫生以及商业发展方面所采取综合干预措施，推动农村贫困地区千年发展目标的实现，让非洲村庄摆脱贫困。

(2)参与人员及组织　联合国千年项目由杰弗里·萨克斯担任负责人和秘书长以及千年发展目标特别顾问，该项目一直与联合国粮食计划署、联合国人口基金会、联合国儿童基金会等组织保持着密切合作。学术界、民间团体、当地政府、联合国各专门机构以及私营部门间为实现《千年发展目标》建立了一种紧密协作的伙伴关系，共同推进千年目标实现。

(3)项目运行　联合国千年项目的基本假设是通过有针对性的公共部门投资，提高农业农村生产力，从而增加私营部门的储蓄和投资，解决非洲农村贫穷问题。项目通过加强对自然(土壤养分)、基础设施(道路、电力、电信)、人力(技能和健康)和金融(家庭资产、抵押品、小额信贷)等资本的注入，强化关键要素的基础水平至一定程度后实现自发经济增长。项目基于以市场为基础的经济发展战略，得到了非洲绿色革命、全球疟疾、艾滋病和热带疾病治疗以及信息技术的改进三个重大项目的支持。千年村庄项目以 5 年为期计划投入 1.2 亿美元，在多个领域的总投资水平达到 110 美元/人，覆盖农业与营养、卫生、能源、交通、通信基础设施建设、教育及水、环境等领域(表 14-1)，包含改良品种、使用化肥以提高农作物产量、建立小额信贷制度、免费分发经杀虫剂处理过的蚊帐以对抗疟疾等具体措施。千年村庄项目第一阶段于 2006 年启动，在非洲最贫困地区实现联合国千年发展目标取得了“重大突破”。第二阶段增加投资 7 200 万美元，重点是帮助当地发展商业，以打破贫困的恶性循环，使当地居民实现自给自足。

表 14-1 联合国千年项目对非洲农村的建议投资水平

| 干预措施 | | 每人投资(美元/年) | 每 5 000 人村庄投资/(美元/年) |
|---|---|---|---|
| 资金来源 | 家庭捐助 | 10 | 50 000 |
| | 政府财政 | 30 | 150 000 |
| | 捐赠 | 70 | 350 000 |
| | 总投资 | 110 | 550 000 |
| 资金分配 | 农业与营养(15%) | 16.5 | 82 500 |
| | 卫生(30%) | 33 | 165 000 |
| | 基础设施(能源、交通、通信)(20%) | 22 | 110 000 |
| | 教育(20%) | 22 | 110 000 |
| | 水、卫生、环境(15%) | 16.5 | 82 500 |

(4)项目效果　该项目在十几个非洲国家及地区开展,覆盖 50 万余人,于 2010 年阶段性结束、于 2015 年全面结束。评估报告显示,千年村庄项目得到了显著进展,实施区域的疟疾发病率降低了 72%,获得干净饮用水的家庭数目翻了三番,2 岁以下幼儿患慢性营养不良的人数减少了 1/3 等。下面以肯尼亚 Sauri 村为例,分析该项目的成就。

在健康方面:在该项目实施前,距离最近的卫生服务是 5 km 外的 Yala 街道医院(没有电、水和医生)。项目支持 Sauri 成立社区药房,由肯尼亚卫生部提供一名临床官员,项目资助两名护士和一名实验技术员,当地社区提供社区卫生工作者。社区医院第一年收治患者 3.5 万名,其中 72% 是 Sauri 居民,其他来自周围的非项目村庄。最常治疗疾病是疟疾、呼吸道感染、皮肤病、肠道蠕虫和腹泻。2005 年前 Sauri 疟疾发病率与其他地区没有显著差异,通过采用药物处理蚊帐后,本地区居民疟疾发生率降低至非项目区的 1/3。

在农业生产方面:2005 年该村玉米产量比 2004 年增加了 2.6 倍,平均为 5.0 t/hm$^2$,同时玉米种植面积增加了近 50%,全村玉米总产量增加 3.9 倍,基本能量需求从 43%增加到 166%。所有收入群体的产量增加幅度相似,1/4 收入群体的产量也相似。平均而言,收入最低的 1/4 家庭生产了 1.8 t 玉米,超过了一个 5.7 人的家庭 1.1 t 的基本粮食安全需求。为了粮食安全,生产 1.1 t 玉米所需的最小土地面积为 0.21 hm$^2$,而 1/3 的家庭面积不足。

不同收入群体之间干预前后的收益率及其增长相似,这一事实说明了两个重要的问题。首先,即使是相对富裕的家庭(每天 2.60 美元)在项目开始前也没有使用化肥和高产种子;其次,即使是最贫困的家庭(每天 0.11 美元)也可以有效地利用补贴农业投入和培训。2006 年的平均产量为 6.2 t/hm$^2$,较 2005 年增加了 10%。2006 年,该村剩余粮食近 1 300 t,生产 1.1 t 粮食所需的最小面积减少到 0.18 hm$^2$,这意味着只有 27%的家庭面积不足,无法实现基本粮食安全。该项目在化肥和种子方面的前期投资成本为每户 50 美元,2005 年每户平均种植 0.25 hm$^2$。大约 11%的玉米通过对学校膳食计划的贡献得到了偿还,这占到了净补贴的 89%。2006 年玉米生产中,肥料和种子的补贴减少到 37 美元,一些农民能够从市场上购买化肥和改良的种子。第三年,该项目取消了对收入最高的 1/3 家庭的种子和化肥补贴,仅对最贫穷和最脆弱的家庭给予全额补贴(Sanchez et al.,2009)。

### 14.1.2 联合国可持续发展目标

2011 年 3 月 16 日,联合国常务副秘书长米吉罗代表潘基文秘书长出席了在纽约总部举行的第 65 届联大与全球可持续发展高级别小组的成员之间的一场互动对话会。米吉罗在会议上指出,从长远来看,全球将面临“三个 50 的挑战”,即到

2050 年，世界总人口将增加约 50%，达到 90 亿；如要控制气候变化问题，2050 年需将全球温室气体排放量减少 50%。米吉罗呼吁国际社会抓住即将在巴西里约热内卢举行的联合国可持续发展峰会的机遇，为消除贫困、确保有尊严的生活探寻一条可持续的绿色出路。

2012 年 6 月，联合国可持续发展大会在巴西里约热内卢召开。此次会议决定将 2015 年后发展目标称作"可持续发展目标(SDGs)"，这一决定凸显了世界各国对全球发展可持续性的重视。为了定制"可持续发展目标"并使其被全世界国家通过并采用，联合国成员国同意并通过"2015 年后发展目标"的路线图，首先，由匈牙利和肯尼亚政府领导的一个政府间开放工作小组制定"2015 年后发展目标"的框架结构，其次，由联合国秘书长发表综合报告，之后，联合国成员大会成员就目标进行协商，最终在 2015 年 9 月首脑会议上通过"2015 年后发展目标"，计划路线如图 14-3 所示。

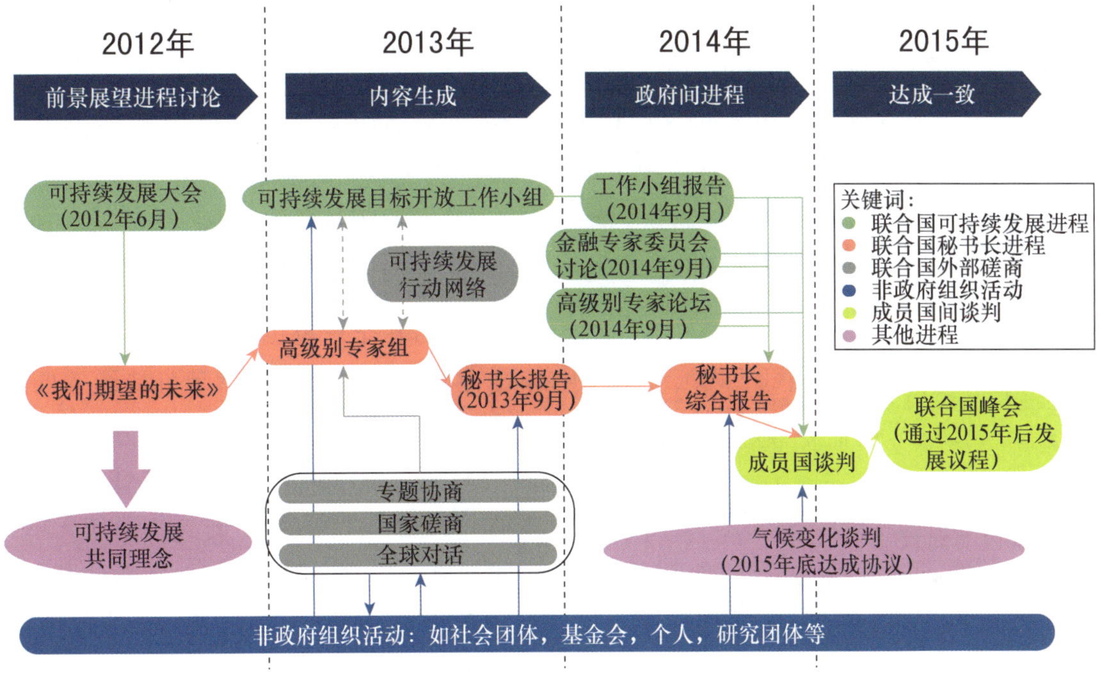


**图 14-3　2015 年后可持续发展议程进程**

(修改自联合国基金会《2015 年后发展议程的进程》)

可持续发展行动网络(SDSN)由科学家、工程师、工商界和民间社团领导人士及发展研究领域专业人员组成，主要作用是深入探讨不同区域尺度可持续发展问题解决途径，致力于探索一项整体的、简洁的、科学的路线，同时提出世界性的解决途径。在联合国内部，不同人员组成不同的小组，共同努力协助完成目标的制定和审议。这些小组包括由联合国秘书长直接负责的高级别专家组，世界各国政府间的工作组，可持续发展行动网络，联合国发展工作组等。可持续发展行动网络由 12 个主题小组完成，如表 14-2 所示。

**表 14-2　可持续发展行动网络主题小组**

| 小组编号 | 主题 |
|---|---|
| 1 | 宏观经济、人口动力学和地球边界 |
| 2 | 脆弱地区的减贫与和平建设 |
| 3 | 社会包容性的挑战：性别、不平等和人权 |
| 4 | 儿童早期发展、教育以及从学校到工作的过渡 |
| 5 | 全民健康 |
| 6 | 低碳能源与可持续农业 |
| 7 | 可持续农业与食物系统 |
| 8 | 森林、海洋、生物多样性和生态系统服务功能 |
| 9 | 可持续发展的城市：包容性、可塑性和互联性 |
| 10 | 合理采掘和土地资源 |
| 11 | 全球治理和可持续发展 |
| 12 | 重新界定商业在可持续发展中的作用 |

可持续发展行动网络在联合国制定"2015年后发展目标"工作中起到至关重要的作用。该行动网络向联合国秘书长提交可持续发展的行动议程报告，为高级别专家组和开放工作小组制定2015年后工作日程提供科学和商业领域的专业信息技术依据。此外，行动网络委员会还针对草拟的10个可持续发展目标和30个具体子目标进行指标参数的确定，部分主题小组已经发布相关报告，阐述2015年后行动议程中各项主题的优先顺序。

可持续发展行动网络第7主题小组的主题为可持续农业与食物系统，该小组于2013年9月发布为联合国"2015年后发展议程"撰写的专门技术报告，题为《农业与食物系统可持续发展战略》。报告围绕全球农业与食物系统面临的主要问题，对农业生产系统和食物供应系统进行技术分析，汇集全球农业与食物系统相关研究人员的意见和建议，并依据不同地区和全球客观条件提出相应的解决方案，并制定行动议程。该报告不仅对农业与食物系统可持续发展具有重要的指导意义，还为"2015年后可持续发展目标"的制定提供了相关科学依据和行动建议。

### 14.1.3 农业与食物可持续发展目标

2012年6月召开的联合国可持续发展大会提出的可持续发展的概念包括以下主要方面：经济发展(包括根除贫困)、社会包容、环境可持续以及良好的管理。研究者认为，农业与食物系统可持续发展的目标必须能够推动食物生产、加工、贸易和分配的可持续，公平且具有恢复能力，能够对人类健康和其他福祉起到积极的带动作用。农业与食物系统可持续发展目标的制定不仅要考虑其为普通民众解决实际问题的能力，同时要兼顾整个农业与食物系统利益相关者的利益诉求。如目标的制定需要考虑决策者的可执行程度，考虑零售商的销售利益等。

在以上基础上可持续发展行动网络制定了农业与食物系统可持续发展目标，共包括10个方面(表14-3)。

**表14-3 可持续发展行动网络制定的农业与食物系统可持续发展目标(SDSN，2013a)**

| 目标编号 | 内容 |
| --- | --- |
| 1 | 结束极端贫困和饥饿 |
| 2 | 实现不超出地球承受边界的可持续发展 |
| 3 | 确保儿童和青少年能够获得维持生存的教育机会 |
| 4 | 实现性别平等、社会包容和人权保障 |
| 5 | 实现不同年龄层人群的健康 |
| 6 | 改善农业系统，促进农村发展 |
| 7 | 增加有包容性的、生产效益高的和有适应能力的城市的自主权利 |
| 8 | 抑制人为造成的气候变化，保证能源可持续性 |
| 9 | 保护生态系统服务功能、生物多样性和自然资源良好管理 |
| 10 | 将管理模式向可持续发展转变 |

此外，在全球范围内，按照目前的模式，食物和土地利用系统已无法满足可持续发展的要求。食物和土地利用系统占据全球温室气体总排放量的1/4，加剧森林砍伐、生物多样性减少和水资源短缺等问题。此外，如今的食物系统无法为人类提供健康的饮食，肥胖和其他与食物相关的疾病发病率也日益增加。与此同时，全球大约8亿人口存在热量摄入不足和营养不良，大约10亿人口患有各种微量营养素缺乏症(Willett et al.，2019)。而食物系统的生产效率极低，且极易受气候变化的影响，高达1/3的粮食在生产和消费的过程中损失或浪费(Roe et al.，2019)。

随着世界人口增长和人均消费量的增加，食物系统的压力还将进一步增加。为了应对这些挑战，SDSN还组织了FABLE(The Food，Agriculture，Biodiversity，Land-Use，and Energy Consortium)联盟，主要围绕全球食物与土地系统面临的主要挑战和SDGs开展研究。Schmidt-Traub等(2019)提出了三步走的全球战略：①提出可持续食物和土地利用系统理论和战略框架，②探索各国可持续发展路径，③建立全球协作网。

在此基础上,粮食和土地利用联盟(Food and Land Use Coalition,FOLU)于 2019 年发布《更好的增长:粮食和土地利用的十大关键转型》这一重要报告。该报告提出了以十大关键转型为核心的具体改革议程,为各国应对农业、水、生物多样性、健康饮食和温室气体排放问题之间的协同和权衡问题,提出了全面的综合战略的方向(图 14-4)。

报告提出的十个转型包括(但不限于)保护和恢复自然和气候,投资基于自然的解决方案,推广多元化和健康的饮食,减少浪费和振兴农村经济等。该报告中的十个关键转型涵盖四个主题:①有营养的食物(健康饮食);②基于自然的解决方案(高产和再生农业,保护和恢复自然,健康和富饶的海洋),③更广泛的选择和供应(蛋白质供应多元化,减少食物损失和浪费,建立本地循环和联系),④人人都有机会(数字革命,改善农村升级,性别和人口)。报告指出,每年最多投入 3 500 亿美元可获得 15 倍以上的收益,改革收益远大于成本。即到 2030 年,转型每年将带来 4.5 万亿美元新商机,同时节约 5.7 万亿美元的成本。

## 14.2　农业绿色发展与全球可持续发展

为了应对日益严峻的资源环境问题,国际社会在经济领域相继出现了“绿色经济”“循环经济”“可持续发展”“低碳经济”等不同的发展模式(Adams,2009; Zhou et al.,2018)。与此同时,也有人提出了绿色发展的概念,其重点强调两点,一是经济发展中要关注减少温室气体排放和保护资源环境;二是将绿色新兴工业作为新的经济增长点和清洁经济增长的引擎,最终实现经济增长繁荣的目标(Adams,2009; Zhou et al., 2018)。在实际应用中,各国对绿色发展有不同的解释:发达国家强调解决环境问题,而发展中国家则聚焦在发展经济的同时保护生态环境。因此,绿色发展是一种发展模式的创新,核心是转变传统的“黑色”发展模式,更加强调资源和生态环境的保护,要通过技术进步和制度创新实现经济发展和环境保护的协同(Adams,2009; Zhou et al., 2018)。我国较早提出了绿色发展的发展理念(Zhou et al., 2018),

图 14-4　全球可持续粮食和土地利用系统的十大关键转型策略

(引自《更好的增长:粮食和土地利用的十大关键转型》报告)

特别是农业领域，在2015年联合国提出可持续发展议程的同时，我国就提出农业要优先实现绿色发展(金书秦等，2020；Yu，2020)。

利用DPSIR(驱动力—压力—状态—影响—响应)的理论，本节比较了我国农业绿色发展和国际上农业可持续发展的异同，研究发现两者之间存在很多的相同点，例如两者都强调以改善民生为基本方向的科学发展，同时也强调农业经济和社会发展不能以牺牲资源和生态环境为代价。但两者也存在不同：①在针对资源、生态环境等自然约束条件时，可持续发展更强调被动适应，而绿色发展则强调通过科技创新去主动解决；②在为后代预留发展条件方面，可持续发展强调可以通过放慢当代发展步伐以免牺牲后代的资源环境，而绿色发展则强调通过建立绿色发展的技术和模式，产生更多的生态资产，为后代发展奠定绿色基础；③从全球化角度考虑，在农业可持续发展模式下，发达国家为了区域生态环境系统迅速好转，农业发展变缓，食物需求更依赖进口，但是也可能会造成污染转移，而在农业绿色发展模式下，区域农业稳步发展，食物需求以区域自给为主，生态环境逐步改善，追求全球共同实现绿色发展。简言之，两者的不同主要体现在绿色和发展能否协调实现的理念上，农业绿色发展更强调不能因为保护资源环境而牺牲发展，更不是短期污染转移的权宜之计，需要绿色技术与模式促进发展，通过发展进一步带动绿色，最终促进绿色和发展的同步提升和全球实现(表14-4)。

## 14.3 中国农业绿色发展对全球的启示

中国人口众多，环境压力大，人均资源量匮乏，中国的粮食安全问题一直是我国及国际关注的重点。在世界百年未有之大变局的背景下，如何积极应对新时期下的主要社会矛盾，满足人民日益增长的美好生活需要是我国新阶段发展的必然需求。《中共中央关于制定国民经济和社会发展第十四个五年规划和二〇三五年远景目标的建议》提出，在新阶段、新理念、新格局下坚持中国农业绿色发展道路是必然的选择。粮食安全、社会经济发展和生态环境保护是农业绿色发展的三大支柱，绿色与发展协同是农业绿色发展的根本路径。粮食安全是国家安定的根本，必须保证足够的粮食供给，满足人口的基本口粮和营养需求，发挥农业压舱石的本色；绿色是农业的底色，生产过程的环境排放应在生态环境的承载力之内，坚持生态友好的根本底线。

新中国成立以来，我国农业持续快速发展，农产品供给能力明显增强，人民收入不断提高，物质生活水平明显改善，为发展中国家解决饥饿和贫困问题，保障粮食安全提供了最佳借鉴案例。而自

表14-4　基于DPSIR的农业绿色发展与农业可持续发展的比较

| DPSIR | 农业绿色发展 | 农业可持续发展 |
|---|---|---|
| 驱动力(driving force) | 以改善民生为基本方向的科学发展，同时也强调在农业经济和社会的发展不能以牺牲资源和生态环境为代价 | |
| 压力(pressure) | 通过科技创新去主动解决资源、生态环境等瓶颈问题 | 被动适应资源、生态环境等自然约束 |
| 状态(state) | 建立绿色的技术和模式，产生更多的生态资产，为后代奠定基础 | 放慢当代发展步伐以免牺牲后代的资源环境 |
| 影响(impact) | 区域生态环境系统逐步改善，全球共同实现绿色发展 | 区域生态环境系统迅速好转，可能造成污染转移 |
| 响应(response) | 区域农业稳步发展，食物需求以区域自给为主 | 区域农业发展变缓，食物需求更依赖于全球进口 |

2015 年以来我国不断探索农业绿色发展道路,所得的进展与经验也为世界发展中国家乃至发达国家未来的农业道路提供了中国经验。

### 14.3.1　政策与科技驱动的中国农业绿色发展

政策是国家政权及其职能部门或政党为实现其政治、文化、经济等方面的发展目标,根据当前状况而制定的一系列谋略、法令、措施、办法、条例等的总称,政府行为在其中发挥着主导作用。由于农业基础产业的特性以及在国民经济当中所处的地位,单一的通过市场调节作用往往不能促使农业产量良好健康运营,因此常常需要政府采取措施对农业进行主动干预,几乎所有的国家均对农业经济事务有不同的程度的干预调控。如 1982 年 1 月 1 日,中共中央发出第一个关于农业发展的"一号文件",文件明确指出农业生产包产到户、包干到户或大包干都是社会主义农业生产道路,肯定了家庭联产承包制,农民获得了剩余劳动产品和劳动时间的支配权,充分调动农民生产积极性,农业生产体制发生巨大变革。1982—1986 年,中央连续五年发布以农业、农村和农民为核心的一号文件,解放农村生产力,1978—1984 年,人均纯收入从 133.6 元增加至 355.3 元,年均递增 17.7%,粮食产量 1978—1988 年翻番,从 2 000 亿 kg 增加到 4 000 亿 kg。到 1997 年,农民收入增幅连续 4 年下降,城乡居民收入差距越发明显,农村各项社会事业也陷入低增长期,2004 年的中央一号文件重新回归三农主题,文件要求调整农业结构,加快科技进步,深化农村改革,增加农业投入,强化对农业的支持和保护,力争实现农民收入快速增长,尽快扭转城乡收入差距不断扩大的趋势。自此至 2020 年又连续十七年发布以"三农"(农业、农村、农民)为主题的中央一号文件,进一步强调了"三农"问题在我国"重中之重"的地位。改革开放以来,我国农业总产值从 1 028 亿元增加至 2018 年的 67 559 亿元,增加 65.7 倍,单位面积粮食产量从 2 527 $kg/hm^2$,增加至 2018 年的 5 621 $kg/hm^2$,农业生产得到长足的进步和发展(图 14-5)。同一时期,我国农村居民收入水平持续提高,农村居民人均可支配收入从 133.6 元增加至 2018 年的 16 021 元,增幅达 120 倍;贫困人口大幅度减少,按当年现行农村贫困标准衡量,1978 年农村贫困发生率为 97.5%,贫困人口约 7.7 亿人,2017 年农村贫困发生率为 3.1%,贫困人口为 3 046 万人,年均脱贫人口近 1 900 万人(中国农村贫困监测报告 2018)。政策对于我国农业发展的引领作用可见一斑。

科技是农业发展的重要驱动力。就化肥而言,

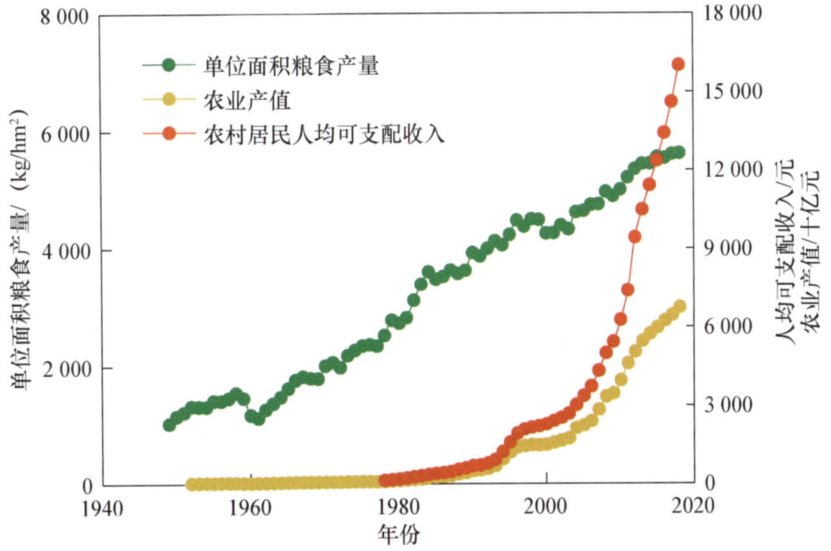


图 14-5　我国农业农村生产及发展情况

1960年中国著名化学家侯德榜博士领导开发了合成氨联产碳酸氢铵工艺，依托于该工艺，小型氮肥厂迅猛发展，到1979年，全国共建成了1 533个小氮肥厂，对保障我国化肥供应发挥了重要作用。到1979年，从国外引进的世界先进水平的13套大型合成氨、尿素装置在四川、黑龙江、辽宁、山东、湖南和湖北等地建成投产，氮肥产品类型从单一的碳铵产品结构迅速向高氮含量尿素和复合肥料转变，目前肥料产品越发多元化，有用于滴灌的水溶肥，喷施的叶面肥，兼具其他功能的药肥和微生物肥料等。氮肥产能由最初的不能满足国内农业生产需求至产能过剩，出口量逐渐增加(图14-6)。其中，技术创新与进步是化肥产业快速发展最深厚的内在推动力量。

于北京发布的《2017中国农业科技论文与专利全球竞争力分析》报告结果显示，2014—2016年，我国农业科技论文总被引频次排名全球第二，学科规范化引文影响力指标高于全球平均水平；农业科技论文产出质量受到研究同行和高级别期刊的高度认可，高被引论文发表量和Q1期刊论文发表量均在全球排名第二。

2019中国农业农村科技发展高峰论坛发布了《2019中国农业科技论文与专利全球竞争力分析》等5个专项研究报告。报告显示我国农业专利总体竞争力排名第二，仅次于美国。我国是全球最大的农业专利产出国，并以平均每年18.9%的增长率高速增长；在技术影响力上，我国农业专利总被引频次和专利被引率在22国排名第一；在技术认可度上，美国和中国的发明专利授权量以绝对优势高于其他国家。我国在动物养殖与管理、作物有害生物防控、农业机械装备、动物营养与饲料和植物营养与肥料5个领域相对技术优势排名第一。从机构专利竞争力来看，中国有11家机构入选全球50强机构，数量位居第二。

技术创新对于农业发展的推动作用主要表现在：①为农业发展提供先进的技术装备，从而改善和提高现有农业装备水平，提高劳动生产率，降低成本，提高投入产出率；②为农业不断开发和提供高质量的生产资料，提高生产效率；③为农业培育和提供动植物新品种，提高投入产出比；④为农业提供适用的耕作技术等，改善和提高农艺技术水品；⑤改善农民的劳动条件，降低劳动强度，从而调动农民努力学习与掌握科学文化知识和劳动技能的积极性，改变传统的价值观念、生产方式和生活习惯；⑥扩大农业资源的利用范围，提高农业资源的利用效率，促进和环境的统一、协调，确保农业生产不对生态环境造成危害。

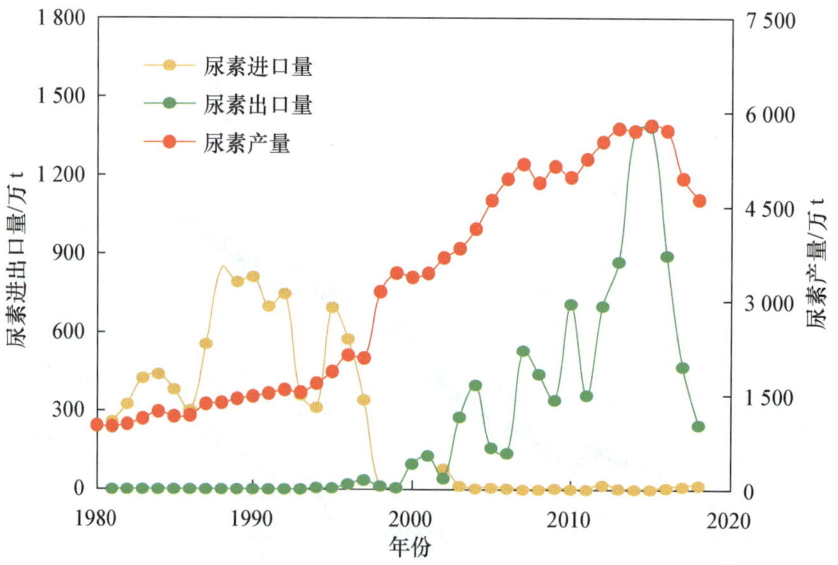


图14-6 我国尿素生产及进出口情况

**“一号文件”历年回顾**

| | |
|---|---|
| 2020 年 | 《关于抓好“三农”领域重点工作确保如期实现全面小康的意见》 |
| 2019 年 | 《关于坚持农业农村优先发展做好“三农”工作的若干意见》 |
| 2018 年 | 《关于实施乡村振兴战略的意见》 |
| 2017 年 | 《关于深入推进农业供给侧结构性改革加快培育农业农村发展新动能的若干意见》 |
| 2016 年 | 《关于落实发展新理念加快农业现代化实现全面小康目标的若干意见》 |
| 2015 年 | 《关于加大改革创新力度加快农业现代化建设的若干意见》 |
| 2014 年 | 《关于全面深化农村改革加快推进农业现代化的若干意见》 |
| 2013 年 | 《关于加快发展现代农业，进一步增强农村发展活力的若干意见》 |
| 2012 年 | 《关于加快推进农业科技创新持续增强农产品供给保障能力的若干意见》 |
| 2011 年 | 《关于加快水利改革发展的决定》 |
| 2010 年 | 《关于加大统筹城乡发展力度进一步夯实农业农村发展基础的若干意见》 |
| 2009 年 | 《关于促进农业稳定发展农民持续增收的若干意见》 |
| 2008 年 | 《关于切实加强农业基础设施建设进一步促进农业发展农民增收的若干意见》 |
| 2007 年 | 《关于积极发展现代农业扎实推进社会主义新农村建设的若干意见》 |
| 2006 年 | 《关于推进社会主义新农村建设的若干意见》 |
| 2005 年 | 《关于进一步加强农村工作提高农业综合生产能力若干政策的意见》 |
| 2004 年 | 《关于促进农民增加收入若干政策的意见》 |
| 1986 年 | 《关于一九八六年农村工作的部署》 |
| 1985 年 | 《关于进一步活跃农村经济的十项政策》 |
| 1984 年 | 《关于一九八四年农村工作的通知》 |
| 1983 年 | 《当前农村经济政策的若干问题》 |
| 1982 年 | 《全国农村工作会议纪要》 |

### 14.3.2　自上而下的农业绿色发展国家方案

党的十九大报告首次提出建设富强民主文明和谐美丽的社会主义现代化强国的目标，推进农业绿色发展，是贯彻十九大精神、落实新发展理念的必然要求。因此十九大提出要把农业绿色发展摆在生态文明建设全局的突出位置，全面建立以绿色生态为导向的制度体系，基本形成与资源环境承载力相匹配、与生产生活生态相协调的农业发展格局，努力实现耕地数量不减少、耕地质量不降低、地下水不超采，化肥、农药使用量零增长，秸秆、畜禽粪污、农膜全利用，实现农业可持续发展、农民生活更加富裕、乡村更加美丽宜居。

自十八大五中全会确立了绿色作为我国五大发展理念之一以来，国家出台了一系列的政策文件推进农业绿色发展，从技术创新、机制体制改革、金融与政策保障等途径探索农业绿色发展在我国的落地实现。2017 年 9 月，中共中央办公厅、国务院办公厅印发《关于创新体制机制推进农业绿色发展的意见》，这是党中央出台的第一个关于农业绿色发展的文件，也是指导我国农业绿色发展的纲领性文件。该意见指出农业绿色发展将摆在我国生态文明建设全局的突出位置，要全面建立以绿色生态为导向的制度体系，基本形成与资源环境承载力相匹配、与生产生活生态相协调的农业发展格局。据此纲领性文件，国家开展了一系列行动来保障其落地，包括建立工业和城镇污染向农业转移的防控机制、建立绿色农业标准体系、完善农业生态补贴制度、健全农业投入品减量使用制度等。

随后国家探索了通过一系列的措施行动来推动、保障这一发展理念。2017 年 11 月，农业部与中国农业银行继续深化合作，发行《关于推进金融支持农业绿色发展工作的通知》，利用金融工具，探索支持农业绿色发展的新模式、新机制。2017 年 12 月依托于国家农业可持续发展试验示范区，经农业部等八个部委组织遴选，成立了第一批 40 个农业绿色发展先行区，通过先行先试，创新机制，创造经验，总结模式，带动区域农业绿色发展。2018 年农业农村部组织编写了《农业绿色发展技术导则（2018—2030 年）》，提出到 2030 年要全面构建以绿色为导向的农业技术体系，稳步提高农业土地产出率，大幅提高农业劳动生产率、资源利用率和全要素生产率。在对于绿色发展理念宣传上，通过报纸、电视、互联网、标语横幅等各种途径、各种方式不遗余力地开展绿色发展的理念宣传，号召民众参与，通过光盘行动、垃圾分类、节约节俭等方式身体力行地加入全国农业绿色发展行动当中。

自 2015 年以来，我国化肥农药年用量呈下降趋势（国家统计局），生态环境部面向全国发布的《第二次全国污染源普查公报》普查结果显示，我国多项污染物排放总量较第一次污染普查结果显著降低（表 14-5）。《中国农业绿色发展报告 2019》结果显示，2012—2018 年间全国农业绿色发展指数从 73.46 提升至 76.12，生活富裕美好项大幅提高，指数增长 20.93%；生态环境安全项取得显著成效增长 3.92%；资源节约保护项和绿色产品供给项分别增长 2.12% 和 1.17%，农业绿色发展整体开局良好。

我国农业绿色发展工作能够在全国范围内快速打开局面并取得显著进展，是我国共产党执政能力和中国特色社会主义制度的具体体现，这主要表现在政府执行能力强、社会动员能力强、参与度高。面对我国农业集约化生产所导致的一系列环境问题，如面源污染、农业废弃物处理不当，水体富营养化等。党中央与地方政府齐心协力，始终把人民利益放在第一位，团结相关利益主体，积极引导，从机制体制改革、政策导向、技术补贴与推广、金融财政支持、基础设施建设等方面提供引导和支持；农业推广部门和大学等科研机构积极参与技术创新突破、专向技术推广，制定农业绿色生产标准与规程，致力于提高农业生产力和生产效率，减少农业生产向生态环境的排放。农资企业和农业服务业加强技术转化和产品革新，加强绿色生产技术应用和绿色产品开发、生产，为农业生产提供绿色农资和绿色服务，保障农业生产过程的绿色。农民通过专业合作社模式，公司＋农户，订单农业等不同模式积极参与到农业绿色发展行动当中，共同推进农业绿色发展。通过全方位的政产学研农不同利益主体的共同参与致力于我国农业发展道路从高资源消耗到绿色发展的转型。

**表 14-5　我国两次污染源普查情况**

| 排放源 | 年度 | 化学需氧量 /万 t | 氨氮 /万 t | 总氮 /万 t | 总磷 /万 t |
|---|---|---|---|---|---|
| 种植业 | 2007 | | | 159.78 | 10.87 |
| | 2017 | | 8.30 | 71.95 | 7.62 |
| 畜禽养殖业 | 2007 | 1 268.26 | | 102.48 | 6.04 |
| | 2017 | 1 000.53 | 11.09 | 59.63 | 11.97 |
| 水产养殖业 | 2007 | 55.83 | | 8.21 | 1.56 |
| | 2017 | 66.60 | 2.23 | 9.91 | 1.61 |
| 农业源 | 2007 | 1 324.09 | | 270.46 | 28.47 |
| | 2017 | 1 067.13 | 21.62 | 141.49 | 21.20 |
| 全国 | 2007 | 3 028.96 | 172.91 | 472.89 | 42.32 |
| | 2017 | 2 143.98 | 96.34 | 304.14 | 31.54 |

### 14.3.3　农业绿色发展自下而上的县域实施途径

在区域实现农业绿色发展需要聚焦整个区域的产业链，主要包括种植体系、畜牧生产体系和深加工体系。然而在区域范围内提供同时种植—养殖—深加工协调绿色发展是一项重大挑战（Shen et al.，2020）。农业绿色发展的实现涉及科学家、产业、农民、教育工作者和政府在技术创新与应用、知识转移与推广、政策支持与保障、人才教育等方面的合作（图 14-7）。科技小院通过培训农民向更广泛的农业经营主体传播新技术和产品，成功地将农民与研究人员、政府、企业联系起来。高校和科研单位针对当地的主导产业，联合攻关，以“DEED”的研究思路集成创新多项绿色生产技术。

以科技小院为载体，采用自下而上的途径进行技术创新与集成（图 14-8）。科技小院的老师和研究生深入生产一线，发现生产中限制农业绿色发展的主要问题，并对这一现象进行详细描述（describe）；研究生通过查阅相关文献、咨询专家和当地种植能手，深入剖析限制农业绿色发展的问题

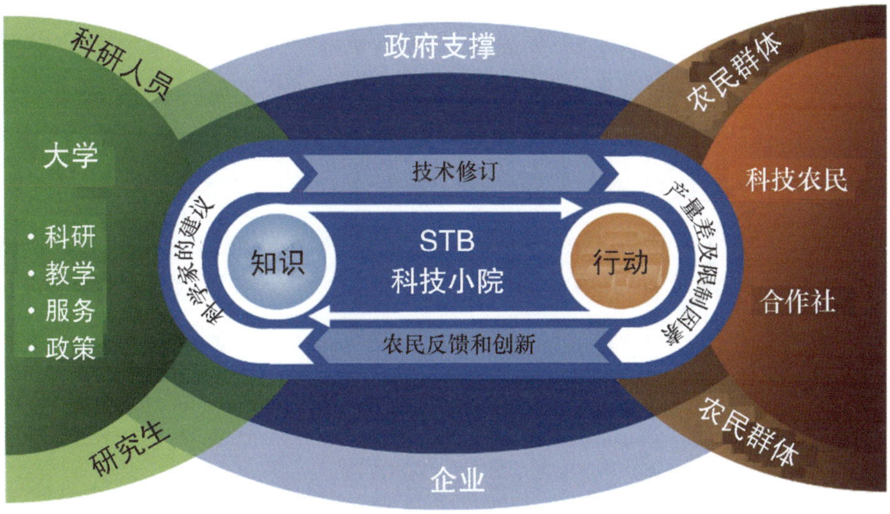


图 14-7　科技小院工作模式

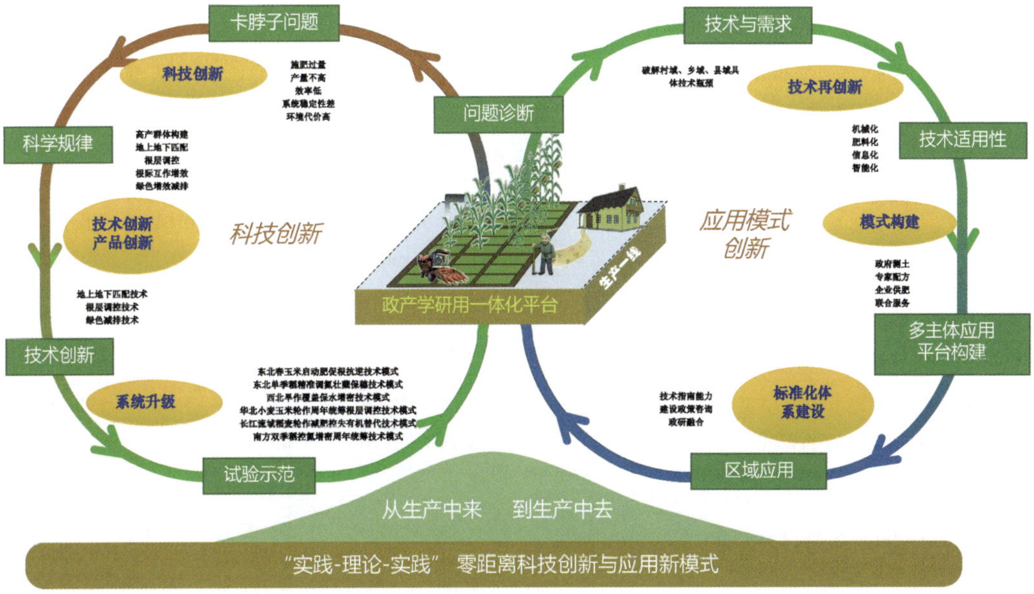


图 14-8　基于“DEED”的科技小院科技创新与应用

(explain);针对最关键的生产问题开展田间试验研究工作,进行技术研究与创新(explore);研究的新技术结合已有的生产技术集成绿色生产综合技术(design),通过农民培训、田间观摩、科技长廊等方式进行技术传播和推广,推动区域绿色生产技术落地,实现区域农业绿色发展。

小农户是技术的执行者,科技小院集成的技术在落地过程中会出现"打折扣"的情况。为了能最大限度地提升绿色农业生产技术到位率,科技小院师生提出"农民参与式创新"模式(图 14-9)。科技小院科研人员在调研中发现找到限制绿色生产技术采纳的因素,通过筛选技术带头人,与农民通过商讨技术创新和实施途径,进行技术方案修正。通过田间对比、开展农民田间学校和田间指导等形式进行技术实施,保证绿色生产技术"零距离"传播落地。在曲周县,依托农民参与式技术创新模式科技带头人的产量从可实现水平的 67.9% 提高到 97.0%(Zhang et al., 2016)。在曲周县,县委县政府与中国农业大学联合建立的科技小院模式提升了当地绿色生产技术到位率,提高了当地农作物的产量,全县 93 074 户农户五年平均粮食产量(小麦和玉米)从可实现产量水平的 62.8% 提高到 79.6%(Zhang et al., 2016)。2008—2014 年全县粮食产量增加了 36%,肥料投入量仅增加了 12%,农户的人均收入增加了 79%。

区域农业绿色发展的实现,政府应发挥重要作用。政府通过政策引导农户采用绿色生产技术,最大限度地提升当地农业生产的科技水平,实现"政产学研用"五位一体的融合。为了促进绿色生产技术的实现,应出台有效的政策和解决方案,以鼓励和保障相应行动的实施。此外,对基础设施的支持和加大对技术推广的资助力度也是实现绿色发展政策的重要组成部分。"政用产学研"是生产、学习、科学研究和时间应用的系统整合,是对产业上、中、下游与农户的对接与融合。以科技小院为核心,以农户为服务对象,以产业为抓手,以绿色生产技术为依托,实现区域一产、二产和三产的绿色可持续发展。

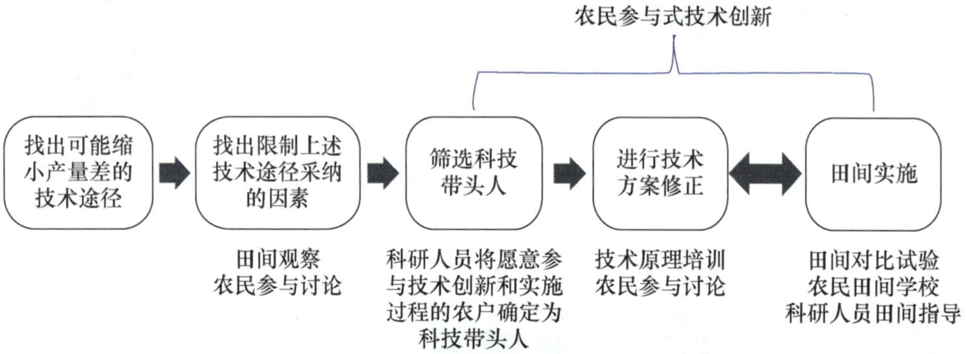


图 14-9 农民参与式技术创新

## 参考文献

金书秦,牛坤玉,韩冬梅. 农业绿色发展路径及其"十四五"政策取向. 改革,2020,312(2):31-40.

Adams W. M. Green Development: Environment and sustainability in a developing world (3rd edition). Routledge, 2009.

Roe S., Streck C., Obersteiner M., et al. Contribution of the land sector to a 1.5℃ world. Nature Climate Change, 2019,11:817-828.

Sachs J. D. From millennium development goals to sustainable development goals. Lancet,2012, 379: 2206-2211.

Sanchez P. A., Denning G. L., Nziguheba G. The African green revolution moves forward. Food Security,2009,1: 37-44.

Sanchez P., Palm C., Sachs J., et al. The African millennium villages. Proceedings of the National Academy of Sciences of the United States of America,2007,104: 16775-

16780.

Shen J. B. , Zhu Q. C. , Jiao X. Q. , et al. Agriculture green development: a model for China and the world. Frontiers of Agricultural Science and Engineering, 2020, 7: 5−13.

Willett W. , Rockström J. , Loken B. , et al. Food in the Anthropocene: the EAT-Lancet Commission on healthy diets from sustainable food systems. The Lancet, 2019, 393: 447−492.

Yu X. R. Promoting agriculture green development to realize the great rejuvenation of the Chinese nation. Frontiers of Agricultural Science and Engineering, 2020, 7(1): 112−113.

Zhang W. F. , Cao G. X. , Li X. J. , et al. Closing yield gaps in China by empowering smallholder farmers. Nature, 2016, 537: 671−674.

China-ASEAN Environmental Cooperation Center. China-ASEAN Environment Outlook 1 (CAEO-1): Towards Green Development. Springer, 2017.